中国农垦农场志丛

吉林

双辽农场志

中国农垦农场志丛编纂委员会　组编

吉林双辽农场志编纂委员会　主编

中国农业出版社

北　京

图书在版编目（CIP）数据

吉林双辽农场志／中国农垦农场志丛编纂委员会组
编；吉林双辽农场志编纂委员会主编. —北京：中国
农业出版社，2022.12
（中国农垦农场志丛）
ISBN 978-7-109-30643-1

Ⅰ.①吉… Ⅱ.①中… ②吉… Ⅲ.①国营农场－概
况－双辽 Ⅳ.①F324.1

中国国家版本馆CIP数据核字 (2023) 第070723号

出 版 人：刘天金
出版策划：苑 荣 刘爱芳
丛书统筹：王庆宁 赵世元
审 稿 组：柯文武 干锦春 薛 波
编 辑 组：杨金妹 王庆宁 周 珊 刘昊阳 黄 曦 李 梅 吕 睿 赵世元 刘佳玫
　　　　　王玉水 李兴旺 蔡雪青 刘金华 陈思羽 张潇逸 喻瀚章 赵星华 徐志平
　　　　　耿韶磊
工 艺 组：毛志强 王 宏 吴丽婷
设 计 组：姜 欣 关晓迪 王 晨 杨 婧
发行宣传：王贺春 蔡 鸣 李 晶 雷云钊 曹建丽
技术支持：王芳芳 赵晓红 张 瑶

吉林双辽农场志

Jilin Shuangliao Nongchang Zhi

中国农业出版社出版
地址：北京市朝阳区麦子店街18号楼
邮编：100125
责任编辑：王庆宁
责任校对：刘丽香　　责任印制：王 宏
印刷：北京通州皇家印刷厂
版次：2022年12月第1版
印次：2022年12月北京第1次印刷
发行：新华书店北京发行所
开本：889mm×1194mm 1/16
印张：33.75　插页：6
字数：800千字
定价：208.00元

图1　双辽农场办场精神

图2　吉林省四平市双辽农场场部大理石新区（2021年摄）

图3　双辽农场场部所在地一角（航拍）

图4　1964年5月，双辽农场党委书记裴志夏（后排左五）、场长王守权（后排右五）等与新接收的吉林农校毕业生合影

图5　1986年11月，第七届领导班子欢送原党委书记孙福生去双辽县工作
（左起：赵秀云、赵志芳、黄志远、孙福生、胡忠诚、唐恩华、辛凤水）

图6　1988年，第二任场长王守权（右）在双辽农场五分场北洼子与科技人员采集水稻生长期数据

图 7 双辽农场机关干部整修田间道路（任永庆摄）

图 8 1991年7月，双辽农场第九届领导班子欢送场长赵志芳赴四平市农业局工作
（前排左起：胡忠诚、孙玉琢、赵志芳、沈占明、李英才；后排左起：马国柱、张喜鹏、杜景生、赵秀云）

图9　双辽农场场志主编刘连成（右）、副主编郑守威（左）在一分场采访老队长王树祥（中）

图10　双辽农场党委书记、场长王长利（李润植摄）

图11 双辽农场党委副书记、副场长郑守威（李润植摄）

图12 双辽农场副场长王宇南（李润植摄）

图13　吉林双辽农场志编纂委员会在审核《吉林双辽农场志》稿件（李润植摄）

图14　双辽农场志编纂委员会在审核《吉林双辽农场志》稿件（李润植摄）

图15　吉林双辽农场志主编刘连成（右3）、副主编任永庆（右4）到双辽农场中学采访

图16　双辽农场春季水稻旱育秧（李润植摄）

图17 双辽农场丰收在望的水稻（李润植摄）

图18 双辽农场牧羊人（刘连成摄）

图19 双辽农场场部华星市场（李润植摄）

图20 双辽农场民营企业——国龙牧业

中国农垦农场志丛编纂委员会

主 任

张兴旺

副主任

左常升　李尚兰　刘天金　彭剑良　程景民　王润雷

成 员（按垦区排序）

肖辉利　毕国生　苗冰松　茹栋梅　赵永华　杜　鑫　陈　亮

王守聪　许如庆　姜建友　唐冬寿　王良贵　郭宋玉　兰永清

马常春　张金龙　李胜强　马艳青　黄文沐　张安明　王明魁

徐　斌　田李文　张元鑫　余　繁　林　木　王　韬　张懿笃

杨毅青　段志强　武洪斌　熊　斌　冯天华　朱云生　常　芳

中国农垦农场志丛编纂委员会办公室

主 任

王润雷

副主任

王　生　刘爱芳　武新宇　明　星

成 员

胡从九　刘琢琬　干锦春　王庆宁

中国农垦农场志

吉林双辽农场志编纂委员会

主　任

王长利

副主任

郑守威　王宇南　刘连成

顾　问

王乃玉　牛长贵　刘志孝　杨文江　张学光　赵志芳　胡忠诚
唐恩华　彭占山　梁宏臣

编　委（按姓氏笔画排序）

王　刚　王占伟　王立田　王庆波　田永春　任永庆　刘大军
李　仁　李　镭　李玉欣　李肖毛　李春山　张　莉　张海燕
张德才　陈　静　邵景威　单继忠　赵海军　侯双阳　姚振库
袁洪勤　席晓辉　曹　宇　曹顺海　商敬民　臧　涛　潘　义

吉林双辽农场志编纂办公室

主　编

刘连成

副主编

郑守威　张德才　王立田　袁洪勤　任永庆

参编人员

单继忠　田永春　李　镭　李玉欣　曹顺海　赵海军　王占伟

中国农垦农场志丛自 2017 年开始酝酿，历经几度春秋寒暑，终于在建党 100 周年之际，陆续面世。在此，谨向所有为修此志作出贡献、付出心血的同志表示诚挚的敬意和由衷的感谢！

中国共产党领导开创的农垦事业，为中华人民共和国的诞生和发展立下汗马功劳。八十余年来，农垦事业的发展与共和国的命运紧密相连，在使命履行中，农场成长为国有农业经济的骨干和代表，成为国家在关键时刻抓得住、用得上的重要力量。

如果将农垦比作大厦，那么农场就是砖瓦，是基本单位。在全国 31 个省（自治区、直辖市，港澳台除外），分布着 1800 多个农垦农场。这些星罗棋布的农场如一颗颗玉珠，明暗随农垦的历史进程而起伏；当其融汇在一起，则又映射出农垦事业波澜壮阔的历史画卷，绽放着"艰苦奋斗、勇于开拓"的精神光芒。

（一）

"农垦"概念源于历史悠久的"屯田"。早在秦汉时期就有了移民垦荒，至汉武帝时创立军屯，用于保障军粮供应。之后，历代沿袭屯田这一做法，充实国库，供养军队。

中国共产党借鉴历代屯田经验，发动群众垦荒造田。1933 年 2 月，中华苏维埃共和国临时中央政府颁布《开垦荒地荒田办法》，规定"县区土地部、乡政府要马上调查统计本地所有荒田荒地，切实计划、发动群众去开荒"。到抗日战争时期，中国共产党大规模地发动军人进行农垦实践，肩负起支援抗战的特殊使命，农垦事业正式登上了历史舞台。

20 世纪 30 年代末至 40 年代初，抗日战争进入相持阶段，在日军扫荡和国民党军事包围、经济封锁等多重压力下，陕甘宁边区生活日益困难。"我们曾经弄到几乎没有衣穿，没有油吃，没有纸、没有菜，战士没有鞋袜，工作人员在冬天没有被盖。"毛泽东同志曾这样讲道。

面对艰难处境，中共中央决定开展"自己动手，丰衣足食"的生产自救。1939 年 2 月 2 日，毛泽东同志在延安生产动员大会上发出"自己动手"的号召。1940 年 2 月 10 日，中共中央、中央军委发出《关于开展生产运动的指示》，要求各部队"一面战斗、一面生产、一面学习"。于是，陕甘宁边区掀起了一场轰轰烈烈的大生产运动。

这个时期，抗日根据地的第一个农场——光华农场诞生了。1939 年冬，根据中共中央的决定，光华农场在延安筹办，生产牛奶、蔬菜等食物。同时，进行农业科学实验、技术推广，示范带动周边群众。这不同于古代屯田，开创了农垦示范带动的历史先河。

在大生产运动中，还有一面"旗帜"高高飘扬，让人肃然起敬，它就是举世闻名的南泥湾大生产运动。

1940 年 6—7 月，为了解陕甘宁边区自然状况、促进边区建设事业发展，在中共中央财政经济部的支持下，边区政府建设厅的农林科学家乐天宇等一行 6 人，历时 47 天，全面考察了边区的森林自然状况，并完成了《陕甘宁边区森林考察团报告书》，报告建议垦殖南泥洼（即南泥湾）。之后，朱德总司令亲自前往南泥洼考察，谋划南泥洼的开发建设。

1941 年春天，受中共中央的委托，王震将军率领三五九旅进驻南泥湾。那时，南泥湾俗称"烂泥湾","方圆百里山连山",战士们"只见梢林不见天",身边做伴的是满山窜的狼豹黄羊。在这种艰苦处境中,战士们攻坚克难,一手拿枪,一手拿镐,练兵开荒两不误,把"烂泥湾"变成了陕北的"好江南"。从1941年到1944年,仅仅几年时间,三五九旅的粮食产量由0.12万石猛增到3.7万石,上缴公粮1万石,达到了耕一余一。与此同时,工业、商业、运输业、畜牧业和建筑业也得到了迅速发展。

南泥湾大生产运动,作为中国共产党第一次大规模的军垦,被视为农垦事业的开端,南泥湾也成为农垦事业和农垦精神的发祥地。

进入解放战争时期,建立巩固的东北根据地成为中共中央全方位战略的重要组成部分。毛泽东同志在1945年12月28日为中共中央起草的《建立巩固的东北根据地》中,明确指出"我党现时在东北的任务,是建立根据地,是在东满、北满、西满建立巩固的军事政治的根据地",要求"除集中行动负有重大作战任务的野战兵团外,一切部队和机关,必须在战斗和工作之暇从事生产"。

紧接着,1947年,公营农场兴起的大幕拉开了。

这一年春天,中共中央东北局财经委员会召开会议,主持财经工作的陈云、李富春同志在分析时势后指出:东北行政委员会和各省都要"试办公营农场,进行机械化农业实验,以迎接解放后的农村建设"。

这一年夏天,在松江省政府的指导下,松江省省营第一农场(今宁安农场)创建。省政府主任秘书李在人为场长,他带领着一支18人的队伍,在今尚志市一面坡太平沟开犁生产,一身泥、一身汗地拉开了"北大荒第一犁"。

这一年冬天,原辽北军区司令部作训科科长周亚光带领人马,冒着严寒风雪,到通北县赵光区实地踏查,以日伪开拓团训练学校旧址为基础,建成了我国第一个公营机械化农场——通北机械农场。

之后,花园、永安、平阳等一批公营农场纷纷在战火的硝烟中诞生。与此同时,一部分身残志坚的荣誉军人和被解放的国民党军人,向东北荒原宣战,艰苦拓荒、艰辛创业,创建了一批荣军农场和解放团农场。

再将视线转向华北。这一时期，在河北省衡水湖的前身"千顷洼"所在地，华北人民政府农业部利用一批来自联合国善后救济总署的农业机械，建成了华北解放区第一个机械化公营农场——冀衡农场。

除了机械化农场，在那个主要靠人力耕种的年代，一些拖拉机站和机务人员培训班诞生在东北、华北大地上，推广农业机械化技术，成为新中国农机事业人才培养的"摇篮"。新中国的第一位女拖拉机手梁军正是优秀代表之一。

（二）

中华人民共和国成立后农垦事业步入了发展的"快车道"。

1949 年 10 月 1 日，新中国成立了，百废待兴。新的历史阶段提出了新课题、新任务：恢复和发展生产，医治战争创伤，安置转业官兵，巩固国防，稳定新生的人民政权。

这没有硝烟的"新战场"，更需要垦荒生产的支持。

1949 年 12 月 5 日，中央人民政府人民革命军事委员会发布《关于 1950 年军队参加生产建设工作的指示》，号召全军"除继续作战和服勤务者而外，应当负担一部分生产任务，使我人民解放军不仅是一支国防军，而且是一支生产军"。

1952 年 2 月 1 日，毛泽东主席发布《人民革命军事委员会命令》："你们现在可以把战斗的武器保存起来，拿起生产建设的武器。"批准中国人民解放军 31 个师转为建设师，其中有 15 个师参加农业生产建设。

垦荒战鼓已擂响，刚跨进和平年代的解放军官兵们，又背起行囊，扑向荒原，将"作战地图变成生产地图"，把"炮兵的瞄准仪变成建设者的水平仪"，让"战马变成耕马"，在戈壁荒漠、三江平原、南国边疆安营扎寨，攻坚克难，辛苦耕耘，创造了农垦事业的一个又一个奇迹。

1. 将戈壁荒漠变成绿洲

1950 年 1 月，王震将军向驻疆部队发布开展大生产运动的命令，动员 11 万余名官兵就地屯垦，创建军垦农场。

垦荒之战有多难，这些有着南泥湾精神的农垦战士就有多拼。

没有房子住，就搭草棚子、住地窝子；粮食不够吃，就用盐水煮麦粒；没有拖拉机和畜力，就多人拉犁开荒种地⋯⋯

然而，戈壁滩缺水，缺"农业的命根子"，这是痛中之痛！

没有水，战士们就自己修渠，自伐木料，自制筐担，自搓绳索，自开块石。修渠中涌现了很多动人故事，据原新疆兵团农二师师长王德昌回忆，1951年冬天，一名来自湖南的女战士，面对磨断的绳子，情急之下，割下心爱的辫子，接上绳子背起了石头。

在战士们全力以赴的努力下，十八团渠、红星渠、和平渠、八一胜利渠等一条条大地的"新动脉"，奔涌在戈壁滩上。

1954年10月，经中共中央批准，新疆生产建设兵团成立，陶峙岳被任命为司令员，新疆维吾尔自治区党委书记王恩茂兼任第一政委，张仲瀚任第二政委。努力开荒生产的驻疆屯垦官兵终于有了正式的新身份，工作中心由武装斗争转为经济建设，新疆地区的屯垦进入了新的阶段。

之后，新疆生产建设兵团重点开发了北疆的准噶尔盆地、南疆的塔里木河流域及伊犁、博乐、塔城等边远地区。战士们鼓足干劲，兴修水利、垦荒造田、种粮种棉、修路架桥，一座座城市拔地而起，荒漠变绿洲。

2. 将荒原沼泽变成粮仓

在新疆屯垦热火朝天之时，北大荒也进入了波澜壮阔的开发阶段，三江平原成为"主战场"。

1954年8月，中共中央农村工作部同意并批转了农业部党组《关于开发东北荒地的农建二师移垦东北问题的报告》，同时上报中央军委批准。9月，第一批集体转业的"移民大军"——农建二师由山东开赴北大荒。这支8000多人的齐鲁官兵队伍以荒原为家，创建了二九〇、二九一和十一农场。

同年，王震将军视察黑龙江汤原后，萌发了开发北大荒的设想。领命的是第五师副师长余友清，他打头阵，率一支先遣队到密山、虎林一带踏查荒原，于1955年元旦，在虎林县（今虎林市）西岗创建了铁道兵第一个农场，以部队番号命名为"八五〇部农场"。

1955年，经中共中央同意，铁道兵9个师近两万人挺进北大荒，在密山、虎林、饶河一带开荒建场，拉开了向三江平原发起总攻的序幕，在八五〇部农场周围建起了一批八字头的农场。

1958年1月，中央军委发出《关于动员十万干部转业复员参加生产建设的指示》，要求全军复员转业官兵去开发北大荒。命令一下，十万转业官兵及家属，浩浩荡荡进军三江平原，支边青年、知识青年也前赴后继地进攻这片古老的荒原。

垦荒大军不惧苦、不畏难，鏖战多年，荒原变良田。1964年盛夏，国家副主席董必武来到北大荒视察，面对麦香千里即兴赋诗："斩棘披荆忆老兵，大荒已变大粮屯。"

3. 将荒郊野岭变成胶园

如果说农垦大军在戈壁滩、北大荒打赢了漂亮的要粮要棉战役，那么，在南国边疆，则打赢了一场在世界看来不可能胜利的翻身仗。

1950年，朝鲜战争爆发后，帝国主义对我国实行经济封锁，重要战略物资天然橡胶被禁运，我国国防和经济建设面临严重威胁。

当时世界公认天然橡胶的种植地域不能超过北纬17°，我国被国际上许多专家划为"植胶禁区"。

但命运应该掌握在自己手中，中共中央作出"一定要建立自己的橡胶基地"的战略决策。1951年8月，政务院通过《关于扩大培植橡胶树的决定》，由副总理兼财政经济委员会主任陈云亲自主持这项工作。同年11月，华南垦殖局成立，中共中央华南分局第一书记叶剑英兼任局长，开始探索橡胶种植。

1952年3月，两万名中国人民解放军临危受命，组建成林业工程第一师、第二师和一个独立团，开赴海南、湛江、合浦等地，住茅棚、战台风、斗猛兽，白手起家垦殖橡胶。

大规模垦殖橡胶，急需胶籽。"一粒胶籽，一两黄金"成为战斗口号，战士们不惜一切代价收集胶籽。有一位叫陈金照的小战士，运送胶籽时遇到山洪，被战友们找到时已没有了呼吸，而背上箩筐里的胶籽却一粒没丢……

正是有了千千万万个把橡胶看得重于生命的陈金照们，1957年春天，华南垦殖局种植的第一批橡胶树，流出了第一滴胶乳。

1960年以后，大批转业官兵加入海南岛植胶队伍，建成第一个橡胶生产基地，还大面积种植了剑麻、香茅、咖啡等多种热带作物。同时，又有数万名转业官兵和湖南移民汇聚云南边疆，用血汗浇灌出了我国第二个橡胶生产基地。

在新疆、东北和华南三大军垦战役打响之时，其他省份也开始试办农场。1952年，在政务院关于"各县在可能范围内尽量地办起和办好一两个国营农场"的要求下，全国各地农场如雨后春笋般发展起来。1956年，农垦部成立，王震将军被任命为部长，统一管理全国的军垦农场和地方农场。

随着农垦管理走向规范化，农垦事业也蓬勃发展起来。江西建成多个综合垦殖场，发展茶、果、桑、林等多种生产；北京市郊、天津市郊、上海崇明岛等地建起了主要为城市提供副食品的国营农场；陕西、安徽、河南、西藏等省区建立发展了农牧场群……

到1966年，全国建成国营农场1958个，拥有职工292.77万人，拥有耕地面积345457公顷，农垦成为我国农业战线一支引人瞩目的生力军。

（三）

前进的道路并不总是平坦的。"文化大革命"持续十年，使党、国家和各族人民遭到新中国成立以来时间最长、范围最广、损失最大的挫折，农垦系统也不能幸免。农场平均主义盛行，从1967年至1978年，农垦系统连续亏损12年。

"没有一个冬天不可逾越，没有一个春天不会来临。"1978年，党的十一届三中全会召开，如同一声春雷，唤醒了沉睡的中华大地。手握改革开放这一法宝，全党全社会朝着社会主义现代化建设方向大步前进。

在这种大形势下，农垦人深知，国营农场作为社会主义全民所有制企业，应当而且有条件走在农业现代化的前列，继续发挥带头和示范作用。

于是，农垦人自觉承担起推进实现农业现代化的重大使命，乘着改革开放的春风，开始进行一系列的上下求索。

1978年9月，国务院召开了人民公社、国营农场试办农工商联合企业座谈会，决定在我国试办农工商联合企业，农垦系统积极响应。作为现代化大农业的尝试，机械化水平较高且具有一定工商业经验的农垦企业，在农工商综合经营改革中如鱼得水，打破了单一种粮的局面，开启了农垦一二三产业全面发展的大门。

农工商综合经营只是农垦改革的一部分，农垦改革的关键在于打破平均主义，调动生产积极性。

为调动企业积极性，1979年2月，国务院批转了财政部、国家农垦总局《关于农垦企业实行财务包干的暂行规定》。自此，农垦开始实行财务大包干，突破了"千家花钱，一家（中央）平衡"的统收统支方式，解决了农垦企业吃国家"大锅饭"的问题。

为调动企业职工的积极性，从1979年根据财务包干的要求恢复"包、定、奖"生产责任制，到1980年后一些农场实行以"大包干"到户为主要形式的家庭联产承包责任制，再到1983年借鉴农村改革经验，全面兴办家庭农场，逐渐建立大农场套小农场的双层经营体制，形成"家家有场长，户户搞核算"的蓬勃发展气象。

为调动企业经营者的积极性，1984年下半年，农垦系统在全国选择100多个企业试点推行场（厂）长、经理负责制，1988年全国农垦有60%以上的企业实行了这项改革，继而又借鉴城市国有企业改革经验，全面推行多种形式承包经营责任制，进一步明确主管部门与企业的权责利关系。

以上这些改革主要是在企业层面，以单项改革为主，虽然触及了国家、企业和职工的最直接、最根本的利益关系，但还没有完全解决传统体制下影响农垦经济发展的深层次矛盾和困难。

"历史总是在不断解决问题中前进的。"1992年，继邓小平南方谈话之后，党的十四大明确提出，要建立社会主义市场经济体制。市场经济为农垦改革进一步指明了方向，但农垦如何改革才能步入这个轨道，真正成为现代化农业的引领者？

关于国营大中型企业如何走向市场，早在1991年9月中共中央就召开工作会议，强调要转换企业经营机制。1992年7月，国务院发布《全民所有制工业企业转换经营机制条例》，明确提出企业转换经营机制的目标是："使企业适应市场的要求，成为依法自主经营、自负盈亏、自我发展、自我约束的商品生产和经营单位，成为独立享有民事权利和承担民事义务的企业法人。"

为转换农垦企业的经营机制，针对在干部制度上的"铁交椅"、用工制度上的"铁饭碗"和分配制度上的"大锅饭"问题，农垦实施了干部聘任制、全员劳动合同制以及劳动报酬与工效挂钩的三项制度改革，为农垦企业建立在用人、用工和收入分配上的竞争机制起到了重要促进作用。

1993年，十四届三中全会再次擂响战鼓，指出要进一步转换国有企业经营机制，建立适应市场经济要求，产权清晰、权责明确、政企分开、管理科学的现代企业制度。

农业部积极响应，1994年决定实施"三百工程"，即在全国农垦选择百家国有农场进行现代企业制度试点、组建发展百家企业集团、建设和做强百家良种企业，标志着农垦企业的改革开始深入到企业制度本身。

同年，针对有些农场仍为职工家庭农场，承包户垫付生产、生活费用这一问题，根据当年1月召开的全国农业工作会议要求，全国农垦系统开始实行"四到户"和"两自理"，即土地、核算、盈亏、风险到户，生产费、生活费由职工自理。这一举措彻底打破了"大锅饭"，开启了国有农场农业双层经营体制改革的新发展阶段。

然而，在推进市场经济进程中，以行政管理手段为主的垦区传统管理体制，逐渐成为束缚企业改革的桎梏。

垦区管理体制改革迫在眉睫。1995年，农业部在湖北省武汉市召开全国农垦经济体制改革工作会议，在总结各垦区实践的基础上，确立了农垦管理体制的改革思路：逐步弱化行政职能，加快实体化进程，积极向集团化、公司化过渡。以此会议为标志，垦区管理体制改革全面启动。北京、天津、黑龙江等17个垦区按照集团化方向推进。此时，出于实际需要，大部分垦区在推进集团化改革中仍保留了农垦管理部门牌子和部分行政管理职能。

"前途是光明的，道路是曲折的。"由于农垦自身存在的政企不分、产权不清、社会负担过重等深层次矛盾逐渐暴露，加之农产品价格低迷、激烈的市场竞争等外部因素叠加，从1997年开始，农垦企业开始步入长达5年的亏损徘徊期。

然而，农垦人不放弃、不妥协，终于在2002年"守得云开见月明"。这一年，中共十六大召开，农垦也在不断调整和改革中，告别"五连亏"，盈利13亿。

2002年后，集团化垦区按照"产业化、集团化、股份化"的要求，加快了对集团母公司、产业化专业公司的公司制改造和资源整合，逐步将国有优质资产集中到主导产业，进一步建立健全现代企业制度，形成了一批大公司、大集团，提升了农垦企业的核心竞争力。

与此同时，国有农场也在企业化、公司化改造方面进行了积极探索，综合考虑是否具备企业经营条件、能否剥离办社会职能等因素，因地制宜、分类指导。一是办社会职能可以移交的农场，按公司制等企业组织形式进行改革；办社会职能剥离需要过渡期的农场，逐步向公司制企业过渡。如广东、云南、上海、宁夏等集团化垦区，结合农场体制改革，打破传统农场界限，组建产业化专业公司，并以此为纽带，进一步将垦区内产业关联农场由子公司改为产业公司的生产基地（或基地分公司），建立了集团与加工企业、农场生产基地间新的运行体制。二是不具备企业经营条件的农场，改为乡、镇或行政区，向政权组织过渡。如2003年前后，一些垦区的部分农场连年严重亏损，有的甚至濒临破产。湖南、湖北、河北等垦区经省委、省政府批准，对农场管理体制进行革新，把农场管理权下放到市县，实行属地管理，一些农场建立农场管理区，赋予必要的政府职能，给予财税优惠政策。

这些改革离不开农垦职工的默默支持，农垦的改革也不会忽视职工的生活保障。1986年，根据《中共中央、国务院批转农牧渔业部〈关于农垦经济体制改革问题的报告〉的通知》要求，农垦系统突破职工住房由国家分配的制度，实行住房商品化，调动职工自己动手、改善住房的积极性。1992年，农垦系统根据国务院关于企业职工养老保险制度改革的精神，开始改变职工养老保险金由企业独自承担的局面，此后逐步建立并完善国家、企业、职工三方共同承担的社会保障制度，减轻农场养老负担的同时，也减少了农场职工的后顾之忧，保障了农场改革的顺利推进。

从1986年至十八大前夕，从努力打破传统高度集中封闭管理的计划经济体制，到坚定社会主义市场经济体制方向；从在企业层面改革，以单项改革和放权让利为主，到深入管理体制，以制度建设为核心、多项改革综合配套协调推进为主：农垦企业一步一个脚印，走上符合自身实际的改革道路，管理体制更加适应市场经济，企业经营机制更加灵活高效。

这一阶段，农垦系统一手抓改革，一手抓开放，积极跳出"封闭"死胡同，走向开放的康庄大道。从利用外资在经营等领域涉足并深入合作，大力发展"三资"企业和"三来一补"项目；到注重"引进来"，引进资金、技术设备和管理理念等；再到积极实施"走出去"战略，与中东、东盟、日本等地区和国家进行经贸合作出口商品，甚至扎根境外建基地、办企业、搞加工、拓市场：农垦改革开放风生水起逐浪高，逐步形成"两个市场、两种资源"的对外开放格局。

（四）

党的十八大以来，以习近平同志为核心的党中央迎难而上，作出全面深化改革的决定，农垦改革也进入全面深化和进一步完善阶段。

2015年11月，中共中央、国务院印发《关于进一步推进农垦改革发展的意见》（简称《意见》），吹响了新一轮农垦改革发展的号角。《意见》明确要求，新时期农垦改革发展要以推进垦区集团化、农场企业化改革为主线，努力把农垦建设成为保障国家粮食安全和重要农产品有效供给的国家队、中国特色新型农业现代化的示范区、农业对外合作的排头兵、安边固疆的稳定器。

2016年5月25日，习近平总书记在黑龙江省考察时指出，要深化国有农垦体制改革，以垦区集团化、农场企业化为主线，推动资源资产整合、产业优化升级，建设现代农业大基地、大企业、大产业，努力形成农业领域的航母。

2018年9月25日，习近平总书记再次来到黑龙江省进行考察，他强调，要深化农垦体制改革，全面增强农垦内生动力、发展活力、整体实力，更好发挥农垦在现代农业建设中的骨干作用。

农垦从来没有像今天这样更接近中华民族伟大复兴的梦想！农垦人更加振奋了，以壮士断腕的勇气、背水一战的决心继续农垦改革发展攻坚战。

1. 取得了累累硕果

——坚持集团化改革主导方向，形成和壮大了一批具有较强竞争力的现代农业企业集团。黑龙江北大荒去行政化改革、江苏农垦农业板块上市、北京首农食品资源整合……农垦深化体制机制改革多点开花、逐步深入。以资本为纽带的母子公司管理体制不断完善，现代公司治理体系进一步健全。市县管理农场的省份区域集团化改革稳步推进，已组建区域集团和产业公司超过300家，一大批农场注册成为公司制企业，成为真正的市场主体。

——创新和完善农垦农业双层经营体制，强化大农场的统一经营服务能力，提高适度规模经营水平。截至2020年，据不完全统计，全国农垦规模化经营土地面积5500多万亩，约占农垦耕地面积的70.5%，现代农业之路越走越宽。

——改革国有农场办社会职能，让农垦企业政企分开、社企分开，彻底甩掉历史包袱。截至2020年，全国农垦有改革任务的1500多个农场完成办社会职能改革，松绑后的步伐更加矫健有力。

——推动农垦国有土地使用权确权登记发证，唤醒沉睡已久的农垦土地资源。截至2020年，土地确权登记发证率达到96.3%，使土地也能变成金子注入农垦企业，为推进农垦土地资源资产化、资本化打下坚实基础。

——积极推进对外开放，农垦农业对外合作先行者和排头兵的地位更加突出。合作领域从粮食、天然橡胶行业扩展到油料、糖业、果菜等多种产业，从单个环节向全产业链延伸，对外合作范围不断拓展。截至 2020 年，全国共有 15 个垦区在 45 个国家和地区投资设立了 84 家农业企业，累计投资超过 370 亿元。

2. 在发展中改革，在改革中发展

农垦企业不仅有改革的硕果，更以改革创新为动力，在扶贫开发、产业发展、打造农业领域航母方面交出了漂亮的成绩单。

——聚力农垦扶贫开发，打赢农垦脱贫攻坚战。从 20 世纪 90 年代起，农垦系统开始扶贫开发。"十三五"时期，农垦系统针对 304 个重点贫困农场，绘制扶贫作战图，逐个建立扶贫档案，坚持"一场一卡一评价"。坚持产业扶贫，组织开展技术培训、现场观摩、产销对接，增强贫困农场自我"造血"能力。甘肃农垦永昌农场建成高原夏菜示范园区，江西宜丰黄冈山垦殖场大力发展旅游产业，广东农垦新华农场打造绿色生态茶园……贫困农场产业发展蒸蒸日上，全部如期脱贫摘帽，相对落后农场、边境农场和生态脆弱区农场等农垦"三场"踏上全面振兴之路。

——推动产业高质量发展，现代农业产业体系、生产体系、经营体系不断完善。初步建成一批稳定可靠的大型生产基地，保障粮食、天然橡胶、牛奶、肉类等重要农产品的供给；推广一批环境友好型种养新技术、种养循环新模式，提升产品质量的同时促进节本增效；制定发布一系列生鲜乳、稻米等农产品的团体标准，守护"舌尖上的安全"；相继成立种业、乳业、节水农业等产业技术联盟，形成共商共建共享的合力；逐渐形成"以中国农垦公共品牌为核心、农垦系统品牌联合舰队为依托"的品牌矩阵，品牌美誉度、影响力进一步扩大。

——打造形成农业领域航母，向培育具有国际竞争力的现代农业企业集团迈出坚实步伐。黑龙江北大荒、北京首农、上海光明三个集团资产和营收双超千亿元，在发展中乘风破浪：黑龙江北大荒农垦集团实现机械化全覆盖，连续多年粮食产量稳定在 400 亿斤以上，推动产业高端化、智能化、绿色化，全力打造"北大荒绿色智慧厨房"；北京首农集团坚持科技和品牌双轮驱动，不断提升完善"从田间到餐桌"的全产业链条；上海光明食品集团坚持品牌化经营、国际化发展道路，加快农业

"走出去"步伐，进行国际化供应链、产业链建设，海外营收占集团总营收 20% 左右，极大地增强了对全世界优质资源的获取能力和配置能力。

千淘万漉虽辛苦，吹尽狂沙始到金。迈入"十四五"，农垦改革目标基本完成，正式开启了高质量发展的新篇章，正在加快建设现代农业的大基地、大企业、大产业，全力打造农业领域航母。

（五）

八十多年来，从人畜拉犁到无人机械作业，从一产独大到三产融合，从单项经营到全产业链，从垦区"小社会"到农业"集团军"，农垦发生了翻天覆地的变化。然而，无论农垦怎样变，变中都有不变。

——不变的是一路始终听党话、跟党走的绝对忠诚。从抗战和解放战争时期垦荒供应军粮，到新中国成立初期发展生产、巩固国防，再到改革开放后逐步成为现代农业建设的"排头兵"，农垦始终坚持全面贯彻党的领导。而农垦从孕育诞生到发展壮大，更离不开党的坚强领导。毫不动摇地坚持贯彻党对农垦的领导，是农垦人奋力前行的坚强保障。

——不变的是服务国家核心利益的初心和使命。肩负历史赋予的保障供给、屯垦戍边、示范引领的使命，农垦系统始终站在讲政治的高度，把完成国家战略任务放在首位。在三年困难时期、"非典"肆虐、汶川大地震、新冠疫情突发等关键时刻，农垦系统都能"调得动、顶得上、应得急"，为国家大局稳定作出突出贡献。

——不变的是"艰苦奋斗、勇于开拓"的农垦精神。从抗日战争时一手拿枪、一手拿镐的南泥湾大生产，到新中国成立后新疆、东北和华南的三大军垦战役，再到改革开放后艰难但从未退缩的改革创新、坚定且铿锵有力的发展步伐，"艰苦奋斗、勇于开拓"始终是农垦人不变的本色，始终是农垦人攻坚克难的"传家宝"。

农垦精神和文化生于农垦沃土，在红色文化、军旅文化、知青文化等文化中孕育，也在一代代人的传承下，不断被注入新的时代内涵，成为农垦事业发展的不竭动力。

"大力弘扬'艰苦奋斗、勇于开拓'的农垦精神，推进农垦文化建设，汇聚起推动农垦改革发展的强大精神力量。"中央农垦改革发展文件这样要求。在新时代、新征程中，记录、传承农垦精神，弘扬农垦文化是农垦人的职责所在。

（六）

随着垦区集团化、农场企业化改革的深入，农垦的企业属性越来越突出，加之有些农场的历史资料、文献文物不同程度遗失和损坏，不少老一辈农垦人也已年至期颐，农垦历史、人文、社会、文化等方面的保护传承需求也越来越迫切。

传承农垦历史文化，志书是十分重要的载体。然而，目前只有少数农场编写出版过农场史志类书籍。因此，为弘扬农垦精神和文化，完整记录展示农场发展改革历程，保存农垦系统重要历史资料，在农业农村部党组的坚强领导下，农垦局主动作为，牵头组织开展中国农垦农场志丛编纂工作。

工欲善其事，必先利其器。2019 年，借全国第二轮修志工作结束、第三轮修志工作启动的契机，农业农村部启动中国农垦农场志丛编纂工作，广泛收集地方志相关文献资料，实地走访调研、拜访专家、咨询座谈、征求意见等。在充足的前期准备工作基础上，制定了中国农垦农场志丛编纂工作方案，拟按照前期探索、总结经验、逐步推进的整体安排，统筹推进中国农垦农场志丛编纂工作，这一方案得到了农业农村部领导的高度认可和充分肯定。

编纂工作启动后，层层落实责任。农业农村部专门成立了中国农垦农场志丛编纂委员会，研究解决农场志编纂、出版工作中的重大事项；编纂委员会下设办公室，负责志书编纂的具体组织协调工作；各省级农垦管理部门成立农场志编纂工作机构，负责协调本区域农场志的组织编纂、质量审查等工作；参与编纂的农场成立了农场志编纂工作小组，明确专职人员，落实工作经费，建立配套机制，保证了编纂工作的顺利进行。

质量是志书的生命和价值所在。为保证志书质量，我们组织专家编写了《农场志编纂技术手册》，举办农场志编纂工作培训班，召开农场志编纂工作推进会和研讨会，到农场实地调研督导，尽全力把好志书编纂的史实关、政治关、体例关、文字关和出版关。我们本着"时间服从质量"的原则，将精品意识贯穿编纂工作始终。坚持分步实施、稳步推进，成熟一本出版一本，成熟一批出版一批。

中国农垦农场志丛是我国第一次较为系统地记录展示农场形成发展脉络、改革发展历程的志书。它是一扇窗口，让读者了解农场，理解农垦；它是一条纽带，让农垦人牢记历史，让农垦精神代代传承；它是一本教科书，为今后农垦继续深化改革开放、引领现代农业建设、服务乡村振兴战略指引道路。

修志为用。希望此志能够"尽其用"，对读者有所裨益。希望广大农垦人能够从此志汲取营养，不忘初心、牢记使命，一茬接着一茬干、一棒接着一棒跑，在新时代继续发挥农垦精神，续写农垦改革发展新辉煌，为实现中华民族伟大复兴的中国梦不懈努力！

中国农垦农场志丛编纂委员会

2021 年 7 月

吉林双辽农场志

JILIN SHUANGLIAO NONGCHANG ZHI

序言

　　华夏文明历史悠久，文化厚重，山川锦绣，人杰地灵。中华民族具有编史修志的优良传统。浩如烟海的史志，是中华民族的瑰宝，彰显着伟大中华璀璨的文化。双辽农场历经72年时间，在先辈们打下的良好基础上，乘着改革的东风，弘扬荣军精神，创建文明农场，刷新了双辽农场的历史，农场发展达到鼎盛。盛世修志，志载盛世。双辽农场利用两年时间，翻阅档案，查找资料，调查走访，认真撰写了洋洋洒洒约80万字，记载了双辽农场1949至2021年的历程。

　　这部80多万字志书，是双辽农场沧桑巨变的浓缩，是双辽农场恢宏伟业的结晶，是双辽农场灿烂文化的积淀，是双辽农场史记志林的硕果。从此，双辽农场有了一部前无古人、后无来者的志书。志书贯穿历史，横陈百业，全方位展示双辽农场这片热土的人文风貌、政治经济、文化教育等各方面历史。志书尽述历史沿革之要略，追忆先贤英烈之功绩，反映经济文化之盛衰，为双辽农场留下宝贵的历史遗产。主政者，可以之为镜，观兴废盛衰，沧桑变化，把握未来发展方向；为民者，可以之为师，觅家乡全貌，晓发展艰辛，珍惜今天的幸福生活。一卷在手，可明场史、知兴衰。志书翔实地记载了双辽农场的发展，既可以把开拓者、建设者、改革者丰功伟绩彰扬光大，又能使现在的人们得到启示，受益匪浅。

　　翻开这部生动的历史长卷，读者会形象生动

地看到，双辽农场在 72 年的历史长河中，各项事业发生的巨大变化。其中既有宏观鸟瞰，尽收眼底，又有微观透视，沧桑变化。双辽农场这块土地，人杰地灵、物华天宝，是经历战争洗礼的荣军战士之家，安身立业之地；是国家为了安抚、照顾辽沈战役受伤战士，休整待命的地方。这些荣军战士肩负着屯垦戍边的重任，其中又有轻伤员重返朝鲜战场，保家卫国，把忠骨留在了异国他乡。志书历史再现了荣军战士凭借南泥湾的精神，硬是把北大荒变成了良田北大仓。荣军战士先是自给自足，到后来农工商一同发展，各项事业突飞猛进、流光溢彩，为双辽农场的经济发展续足了后劲，成绩显著，有目共睹。

志书是双辽农场文化建设的又一重大成果。鉴古知今，继往开来，修志之意，旨在告慰前人、激励当代、启迪后世、造福桑梓。双辽农场本届领导班子深感修志的责任重大，意义深远。接到通知后，我们经过仔细研究，认真部署，聘请资深编辑刘连成为主编，成立了场志编纂委员会，确保高质量地完成场志的撰写工作。在此，对辛勤编纂的工作人员，对提供资料的各界人士，对给予关心和支持的原农场老领导们深表谢意。

双辽农场在东北这块黑土地上茁壮成长，枝繁叶茂。从"棒打狍子瓢舀鱼"的传奇到机械轰鸣的繁闹喧嚣，承载着祖国发展的厚望。在那峥嵘的岁月里，来自全国 15 个省（市）、自治区、直辖市的荣军战士抱着桑梓之心，奉命留守后方建设祖国。他们远离家乡，远离亲人，无怨无悔地来到双辽农场，初心不改，敢教农场换新天。后经各届领导的励精图治，一个一无所有的军垦农场被建设成为具有现代化气息的农业生产基地，结束了屯垦戍边的历史使命，现在仍为国家的粮食安全生产作出巨大贡献。

由于志书修撰工程浩繁，虽经各方共同努力，精雕细琢，但差错疏漏仍在所难免，希望读者不吝赐教，以便今后再次修志时纠谬补遗。

吉林双辽农场党委书记、场长

2022 年 12 月

吉林双辽农场志

JILIN SHUANGLIAO NONGCHANG ZHI

凡例

一、本志坚持辩证唯物主义和历史唯物主义观点，实事求是地记述本场自然和社会各方面的历史和现状，力求重点突出经济建设，又符合一般地方志的体例和要求。

二、本志上限起于1949年6月筹建辽西省荣军农场建场，下限止于2021年底。大事记及个别事物，适当追溯源流。志书中出现的解放前（后）均指1948年当地解放时间。

三、本志按志书"横排门类、纵向叙述"的传统格局，分章、节、目、子目四个层次，以志为主，采用述记、志、传、录、图、表并用的综合体裁。

四、本志采用现代文、记叙体，略古详今，着重反映建场初期荣军农场功绩和72年里发生的重大事件及发展与变迁。

五、本志行文遵循《中国农垦农场志基本篇目要素》的规定及《中国农垦农场志行文规范》的要求。较长的专用名词（如文件、会议、公报、组织机构名称等）多次出现，在第一次出现时使用全称，并括注简称，再次出现时用简称。如"中国共产党第十一届中央委员会第三次全体会议"简称"中共十一届三中全会"，"吉林省四平市国营双辽农场"简称"双辽农场"，"中国共产党双辽农场委员会"简称"场党委"，第一生产大队第一生产小队简称"一大队一小队"。

六、本志人物一律直书其姓名，不加"先生""同志"等礼貌词，也不加褒贬之词。如"场长贾巨文"。

七、本志用第三人称表述，不用"我场"之类的词语。

八、本志引用文件一般不注文号，如文件名称不宜公开的，只写"根据有关规定"。

九、按照《中国农垦农场志丛》编纂要求生不立传（生可在志）的原则，本志仅对已故的场级领导撰写了传略。而各编中的劳动模范、先进人物、知识分子、场外知名人士则不受此限。

十、本志一律采用公元纪年。如辽西省荣军农场于"1949年11月15日"正式挂牌成立。

十一、计量单位，本志一般采用国务院1984年3月4日颁布的中华人民共和国法定计量单位，但对亩、亩单产等，则保持原有历史资料的习惯用法。

十二、本志译名、人名采用国内通用译法，并参照新编的《世界人名译名手册》；无通用译法者，按"名从主人"原则译出。地名根据地图出版社1972年出版的《世界地图集》，并参照新编的《世界地名译名手册》；自行译出者，仍遵"名从主人"原则。

十三、本志所用科学技术术语、名词、名称，以有关方面审定的为准；未经审定和统一的，按习惯说法。

十四、本志部分内容有重复交叉，但从各编、章、节的特点出发各有侧重。

十五、本志资料源自农场所存档案和采访当事人口述资料，均已整理核实。

中国农垦农场志

目 录

第三编　经　　济

第四编　农业分场

第五编　教育、 卫生、 文化、 体育事业

第六编　基本建设

第七编　各届领导班子及内设机构

第八编 改 革

第九编　党群工作

第十编　精神文明建设

第十一编　垦荒者足迹

中国农垦农场志

概　　述

　　吉林省四平市国营双辽农场位于吉林省西部，与公主岭、梨树、双辽三县（市）交界。地理位置在东经123°—123°33′、北纬43°30′，是松辽平原与科尔沁草原接壤带。境内的大哈拉巴山海拔254.4米。场区东西长15公里，南北宽4.5公里，面积为59平方公里。南面是一望无际的草原，其他三面是天然的沙丘。人们将这片气候寒冷、交通不便、人烟稀少的大荒原与黑龙江省、吉林省西北部一并统称为"北大荒"。老作家聂绀弩在他所写的《北大荒歌》中写道："北大荒，天苍苍，地茫茫，一片衰草和苇塘。"真实地反映了"北大荒"荒凉的自然环境。但这里地势平坦，有广阔的肥沃土地和丰富的自然资源，有很大的开发潜力。

　　新中国成立之初，国家面临着医治战争创伤、克服经济困难、迅速恢复和发展生产的局面，发展农业生产的任务尤为紧迫。同时，随着战争的结束，军人也要给予妥善安置。针对这种情况，中央人民政府人民革命军事委员会决定，组织军队参加农业生产。辽西省荣军学校550余名官兵，响应中央军委号召，于1949年6月3日在校长贾巨文带领下，奉命北上。从辽西省铁岭县（今辽宁省铁岭市）乘火车，经辽西省双辽县城郑家屯镇，来到了位于双辽县城（郑家屯镇）北端30公里处的卧虎屯镇，组建辽西省荣军农场。

　　场部暂时设在卧虎屯。职工分布在境内的六家子、沈家窝堡等地。建场时所有人员，都是在人民解放战争中流血负伤或积劳成疾，为人民立下功劳的军人。由于他们的身体因革命事业致残，党和人民政府为体现安抚政策，让他们在这里安家立业，建设农场，自给自足，实行供给制的分配方式。农场人员是中国人民解放军部队编制，生产组织是连排班军事建制，直属东北荣军工作委员会辽西省荣军管理处领导。

　　这500余名老荣军，响应党和毛主席发出的"扩大生产，荣军参加经济建设"的号召，抱着"有一分热，发一分光"的思想，紧紧依靠党的领导，在场长贾巨文的带领下，以军人作战姿态，在人迹罕至、长年积水的荒野上，展开了艰苦的垦荒建场工作。

　　经过半年的开垦，贾巨文他们积累了宝贵的垦荒经验，同时，他们边垦荒边踏查寻找更加适宜垦荒的土地。1950年春，辽西省荣军农场迁移到距离卧虎屯45公里的双山镇以东哈拉巴山脚下，场部设在马宝屯东的一个地势较高的沙岗上，取名为荣誉新村。农场先后在双山境内的三合屯、永安屯、新立屯、二丘等地开荒。本着边生产、边扩大、边巩固的方针，发扬艰苦实干、勤俭办场的精神，农场认真制定生产规划，发展农牧业生产。

1952年，辽西省政府批准将衙门屯县农场划归荣军农场，同时接收三家子一部分农民带地入场及朝鲜族合营户入场，变军事化组织为生产队组织，改供给制为工资制，隶属辽西省农业厅领导，改名为辽西省人民政府农业厅荣军农场。

1954年，因行政区调整，辽西省荣军农场划归吉林省农业厅国营农场管理处领导，并改名为吉林省双辽荣军农场。

1956年1月，根据中央军委批示，参与垦荒的官兵集体转为地方。吉林省双辽荣军农场由军事管理体制改为地方管理体制，更名为吉林省国营双辽农场。

1958年，吉林省农业厅党组与中共双辽县委沟通，决定成立中共双辽农场委员会。党的组织关系隶属中共双辽县委。

第一节　垦荒建场　艰苦奋斗

1949—1959年，双辽农场的各项生产建设都取得了一定成绩。一排排新建的土平房和砖瓦结构的"洋房"，出现在草原的沙丘上：有办公室、仓库、职工家属宿舍、工厂、福利性建筑和各种畜禽舍近3万平方米。修建了纵横交错的道路和蜘蛛网一般的渠道，开垦了千余公顷水田。经常泛滥成灾的东辽河水，按照人们的意愿，灌溉着这里的田地，为农业生产服务。经过创业者十年的劳动和奉献，双辽农场面貌一新，粮食生产、畜牧业生产逐年发展。到1959年，全场粮食总产量是1950年的6倍多；猪的存栏是1950年的100多倍，推广种猪1564头，向国家交售育肥猪809头；10年共开垦1600多公顷水田，推广优良品种2300多吨，向国家交售商品粮1.5万吨。工业生产也开始起步，建立了便民的粮食加工厂和为农业生产服务的农机修造厂。

10年当中，1950—1953年盈利4000元；1954—1958年亏损总额176.3万元；1959年盈利1000余元。

职工的物质文化生活也有显著的改善和提高。建场时，党和政府为照顾荣军身体健康，特设立卫生所。1959年，各生产单位设立了卫生保健站。全场分别设立供销部和代销店5家，托儿所8家，建立了小学4所，机械化农业技术学校1所。设有放映队1支，广播站、俱乐部、图书室各1处，各种文化学习班40余个。到1959年底，多数青壮年职工、家属脱离了文盲状态。

农场的职工家属人数也逐年增长。到1959年，双辽农场职工由四部分组成，一是荣军，二是招收当地农民入场，三是县农场及朝鲜族合营户入场，四是接收山东支边青年入场。建场十年，人口从 550 名荣军发展到 3037 人。其中职工 867 人，比 1950 年增长73.4%。特别是女职工人数增长 15.8 倍。

十年来，农场培养建设人才 158 名，各行各业还涌现出 200 多名劳动模范和先进工作者，他们当中有全国全省的"劳动模范"和县的"先进工作者"。建场初的十年，是艰苦创业的十年，是为农场以后的建设和发展奠定坚实基础的十年，是给后来者树立光辉典范的十年。

但是由于历史条件的限制，双辽农场这十年的建设和发展道路也是十分曲折的，从1958 年后，过分强调了集体化的作用，全场建起了一个个食堂，在客观上造成了不必要的损失和浪费。

1950—1959 年双辽农场经营成果见表 1。

表 1 双辽农场经营成果统计表（1950—1959 年）

年度	人口数	职工数	土地面积（幅员）（公顷）	耕地面积（公顷）	粮食产量（吨）水稻	玉米	大豆	向国家交纳商品粮（吨）	生产总值（万元）	经营成果（万元）	农田基本建设支出	固定资产投资（万元）	林地面积（公顷）
1950 年	461	461	3856	1163	0	703	764	0	0	0		6	
1951 年	650	415	3856	1189	210	1199	162	0	0	0.2		14	
1952 年	870	351	4720	1543	421	1942	55	656	86	0.2	26.9	8	
1953 年	1350	511	5223	1209	2322	213	66	2450	65	0	11.8	12	15
1954 年	1470	745	5333	1346	3030	280	66	2750	55	−3	6.2	6	37
1955 年	2045	799	2795	1750	3015	765	2	3015	55	−26	24.2	25	60
1956 年	2410	799	3102	2110	3015	2114	12	3470	76	−30	13.6	13	60
1957 年	2570	801	3070	2200	2282	1105	0	1123	27	−84	13.5	13	38
1958 年	2880	724	3070	2200	2350	1000	0	1850	61	−26	10.4	10	38
1959 年	3037	862	4098	2122	1065	629	830	500	79	0.1	29.5	32	38

由于 20 世纪 60 年代初期连续三年的自然灾害，农场的粮食大幅度减产。加上经营管理不善，劳动生产率和商品率降低，企业连年亏损。口粮供应低标准，使职工生活水平受到很大影响，造成了部分职工外流，严重影响了农场经济建设的发展。为解决以上矛盾，调动职工生产的积极性，场党委在 1964 年制定实施了"农业包工包产、超产奖励，畜牧多产仔、多成活、多提供畜产品、增加利润。农牧业结合，工副业包任务、包成本、节约奖励"的办法；1965 年在此基础上，进一步提出"以生产队为承包单位，在四固定的基础上，实行包商品粮、包利润、上死下活"的大包干办法。生产队职工改工资制为评工记分，试行工分制；服务部门实行独立核算，自负盈亏。从而使生产和职工的切身利益密切联系起来，充分体现按劳分配的原则。同时挖掘了劳动潜力，增强了干部职工的主人翁责任

感，密切了干部群众关系。这两次改革虽然远不到位，但对当时存在的问题起到了一定的缓解作用，省调查组也给予了很高评价。然而大包干办法刚刚实施，"文化大革命"便开始了。

在非常的岁月里，到处是各种"战斗队""兵团"等组织，领导班子大换班，1968年取消了党委会，成立了革委会。1969年以后，双辽农场由吉林省农业厅下放到双辽县管辖。10年累计亏损518.2万元，到1969年经济陷入建场以来的最低谷，经营亏损112万元。1970年以后，由于"文化大革命"的冲击，农场始终未能走出困境扭转亏损局面。

尽管如此，基层广大职工干部仍然积极工作，在全场经济极其困难的条件下，发扬老荣军的垦荒精神，坚持生产，发展事业。1969年粮豆播种面积达到1522公顷，粮食总产量达1946吨，比1960年增加544吨。1969年工副业产值16.3万元，比1960年增加1.56万元；1969年产鹿茸2770两，比1962年增长了21倍；1969年鱼产量达到20吨，比1967年翻了一番；畜牧业也有了一定的发展。1968年，全场都通上了电，为发展工农业生产和民用创造了条件。总人口增加到6283人，职工群众生活水平有了相应的提高，住房条件有了改善。文教卫生事业发展较快，成立了农业中学，各村屯都建立了小学和卫生所，社会治安秩序良好。

1960—1969年双辽农场经营成果见表2。

表2　双辽农场经营成果统计表（1960—1969年）

年度	人口数	职工数	土地面积（幅员）（公顷）	耕地面积（公顷）	粮食产量（吨）			向国家交纳商品粮（吨）	生产总值（万元）	经营成果（万元）	农田基本建设支出	固定资产投资（万元）	林地面积（公顷）
					水稻	玉米	大豆						
1960年	4130	1168	4298	2050	884	244	274	680	85	−21		37	58
1961年	4299	1060	4298	2138	1156	387	85	220	150	−34		30	58
1962年	4225	1015	4298	1953	1303	314	56	230	98	−29		18	58
1963年	4200	1020	4298	1454	2523	242	90	490	78	−31		13	58
1964年	4687	1204	3070	1317	2000	219	53	300	57	−42		23	64
1965年	4928	1361	3070	1457	2355	271	42	300	97	−36		35	64
1966年	5453	1361	3070	947	2142	343	0	300	114	−32		40	72
1967年	5873	1361	3070	1085	2436	401	50	300	105	−69		16	86
1968年	6039	1632	3070	1137	1812	305	80	300	105	−77		16	86
1969年	6283	2115	3070	1522	1315	561	70	300	78	−112		22	95

1975—1979年，在中共吉林省委及省农业、财政等相关部门的大力支持下，双辽农场集中力量建鸭场，共投资300余万元，建成了种禽舍2840平方米，填鸭舍5000平方米，育雏舍3000平方米，孵化室600平方米，冷冻库500平方米。一个总建筑面积2.8万平方米，具有可孵雏50万只、育雏20万只、养种鸭8000只、填鸭30万只、屠宰加工填鸭50万只规模的鸭场建成。1977—1979年养鸭10万余只。

建设鸭场的同时，1976 年投资 120 多万元上马了造纸厂，生产油毡原纸。到 1979 年已形成 2000 吨的生产能力。全场工副业产值由 1970 年的 28.7 万元，提高到 1979 年的 152.3 万元，年递增 50％以上。场办工业规模的扩大，使原有的供电量及供电能力远远不能满足机械设备等动力用电需求。双辽农场 1978 年建起了 10 千伏安的变电所，为发展场办工业奠定了基础。

为保证农业的丰产丰收，1976 年成立了农业实验站，在提供良种、科技示范等方面发挥了积极作用。1977 年恢复了农场气象站，不仅指导了农业生产，还积累了第一手气象资料。

随着党的十一届三中全会的召开，改革的春风也吹进了双辽农场。1979 年农场制定了在经济工作中实行经济手段的一系列政策。尽管人们还不能完全摆脱"左"的思想束缚，行动时显得有些畏首畏尾。如规定生产队内部，只要不分田单干，不包产到户，可以实行包工到组或以产定工等，但毕竟是向前迈了一大步。

纵观这十年，由于"文化大革命"的干扰及旧的办场模式的束缚，全场的生产力发展受到严重的影响。职工的收入低，而且常常得不到兑现。全场 2100 多户中，多数有欠款，欠款总额超过 200 万元，有的成了"欠款万元户"。

1970—1979 年双辽农场经营成果见表 3。

表 3　双辽农场经营成果统计表（1970—1979 年）

年度	人口数	职工数	土地面积（幅员）（公顷）	耕地面积（公顷）	粮食产量（吨）			向国家交纳商品粮（吨）	产值（万元）	经营成果（万元）	生产总值（万元）	农田基本建设支出	固定资产投资（万元）	林地面积（公顷）
					水稻	玉米	大豆							
1970 年	6383	2115	3070	1460	1763	797	90	300	121	−75	121		86	95
1971 年	6575	2243	3070	1381	1405	1543	112	300	168	−21	168		45	140
1972 年	7276	2440	3070	1264	3458	580	275	200	167	−69	176	9	31	140
1973 年	7336	2497	3070	1820	2117	404	253	200	150	−58	163	5	16	200
1974 年	7840	2400	3070	1500	3513	618	180	300	206	−40	218	6	17	200
1975 年	8086	2481	3070	1500	4576	513	186	800	253	−57	269	33	86	200
1976 年	8336	2662	3070	1370	3656	412	170	300	236	46	322	11	117	200
1977 年	9629	2987	3070	1699	3669	420	195	0	136	48	341	6	77	324
1978 年	10537	3454	3070	2011	3812	493	180	300	148	49	418	8	36	352
1979 年	10342	3503	3070	2068	4396	752	296	0	119	−41	285	15	28	199

第二节　兴办家庭农场　经济发展提速

从 1982 年末，借鉴农村实行联产责任制的经验，开始兴办家庭农场，分田、车马农具到户。工分制自然消除。这些职工家庭农场是在全民所有制国营农场领导下，以户为单位，实行家庭经营、定额上交、自负盈亏的经济实体，是国营农场有机整体的重要组成部分。开办家庭农场，第一次打破了建场30多年来统收统支、统一经营的模式，从根本上改变了干多干少一个样、干好干坏一个样、干与不干一个样的局面，职工踊跃承包土地，劳动热情普遍高涨。1983年共办起家庭农场1000多个，当年的粮食总产量达5200吨，工农业总产值404万元，实现纯利润1.8万元，人均收入260元。至此，双辽农场结束了建立以来多年连续亏损，累计亏损总额1451万元，平均每年亏损43万元的历史。

家庭联产承包，稳定和调动农工种粮的积极性。激发了广大农工开垦荒地的劳动热情，全场掀起了多包地、多开荒的热潮。1983年全场水田面积1700公顷，1989年增加到2000公顷，6年间扩大了300公顷。在稳定政策的条件下，大力普及科学种田新技术，不断提高农工的科技素质，先后推广了营养土旱育苗、机械插秧和药剂除草等技术，促进了水稻高产稳产。全场农工对科学种田有了较高的认识，并已基本掌握了旱育苗、机械插秧、药剂除草等技术，提高了劳动效率，减轻了劳动强度，保证了农时。又引进水稻良种，增加高产中、晚熟品种的种植面积，同时实行适时早种，从4月上旬开始浸种、育苗，5月末结束插秧，使水稻单位面积产量逐年上升。以前，平均亩产只有300公斤，1989年已达500公斤以上。粮食总产量年年有突破，1987年达9491吨；1988年首次突破了万吨大关，达10348吨；1989年在旱涝灾害交加的情况下，粮食总产量仍达到10695吨。

此外，加强农田建设，增加投入，加大生产措施，也促进了粮食生产的稳步增长，农工改变了只认追肥和氮肥的做法，采用追肥和底肥并举、氮磷钾肥和农家肥并举的科学方法，并加大投肥量。平均每亩地施肥50公斤，1999年达到近百公斤。据不完全统计，1989年承包土地在15亩以上的有500户；30亩以上的有100户；45亩以上的有10户。有70个家庭农场投资购买了大型动力插秧机，200多个家庭农场购置了小型人力插秧机，200多个家庭农场购买了小型拖拉机等农用机械。仅1983年后，全场就增加小型拖拉机153台，动力插秧机70台，井、泵800台（眼），大牲畜229匹（头），大车20辆等，价值近200万元，提高了农业机械化程度，推动了农业的发展。

随着农业科学技术的推广，种田又向新的领域迈进。1988年，农场对退化草原进行了治理，五分场小井种稻获得成功。1989年扩大到100公顷，在旱涝灾害面前显示了它的优势，获得较好的收成，从而结束了五分场不能种水田的历史。

针对全场存在一部分低产贫困户的实际，1987年和1988年，农场开展了技术扶贫工作，共有 200 多个低产贫困户脱贫，有的已成为高产富裕户。

农业作为全场商品经济的基础工程，十年中得到了应有的重视和发展，获得了建场以来前所未有的大丰收。为社会提供了大量的商品粮，特别是 1987 年以来，平均每年向社会提供商品粮 7000 吨，农业人口人均提供 1 吨商品粮，个人收入不断增加。与工资制相比，全场农工每年多收入 200 多万元，平均每户增收 2000 元。

为加快经济发展的步伐，在不放松粮食生产的同时，农场勇于跳出单一经营的圈子，认真调整产业结构，立足本场资源，跟踪市场大办工商业。农场年年有新项目，每年用于新项目的投资都在 100 万元以上。场办工业从无到有，从小到大，已形成一定的生产规模。

1985 年，在"发展林牧，大办工商"的办场方针指导下，农场决定筹建大理石厂。在各方面的大力支持下，引进了技术和设备，培养了农场自己的专业人员。经过半年时间的努力，双山大理石厂正式成立，并于当年生产出了双辽农场自己的玄武岩板材。1987 年投资 40 余万元引进了国内一流设备金刚石圆盘锯石机 2 台，淘汰了原来笨重的砂锯，经自行调试后的设备，发挥了应有的威力，高效率地生产出了合格的产品。经上级有关部门测定，"晶冠牌"玄武岩板材各项技术指标均达到或超过国家标准，有的达到国际标准；1987 年被评为四平市"优秀新产品"；中国建筑装饰石材协会秘书长欣然题词，誉为"中国石材界的一颗明珠"。大理石产品远涉重洋，打入了国际市场，远销美国、日本、加拿大等国家。在效益好的情况下，1988 年农场又投资 165 万元对大理石厂进行了扩建，使大理石厂的年生产能力提高 3 倍，年产量可达 2 万多平方米。同时，农场引进 8 台测光机等国内先进设备，提高了现代化作业水平，减轻了劳动强度，提高了经济效益。1989 年实现利润 100 万元。

大哈拉巴山蕴藏着丰富的石头资源，除加工板材外，也是建筑的好材料。党的十一届三中全会后，农民走上了富裕的道路，建筑用石成为抢手货。总场加强对采石的领导，对采石场进行了重点扶持，投资数十万元，购置了铲车、翻斗、粉碎机、空压凿岩机等设备，扩大了生产能力，增加了产品种类，降低了不安全因素。采石场的利润从十几万元猛增到 40 多万元。

造纸厂从油毡原纸的滞销而转产瓦楞纸，通过稻草转化使职工增收 20 多万元。1985 年新建车间增加 2 号纸机，通过改造蒸球、锅炉等设备，增强了消化能力。1988 年后，瓦楞纸销路不畅，造纸厂紧紧抓住市场动向，向多功能型转化，及时转产牛皮纸、袋用纸和油毡原纸，发挥船小掉头快的优势，在市场瞬息万变、竞争激烈的条件下，始终保持平稳、平衡的发展，取得了经济和社会的双重效益。

1988年，新建了塑料彩印包装厂。在生产经营过程中，塑料彩印包装克服了原料紧缺、销售市场不稳定等重重困难，加强生产管理，强化销售手段，在单层、复合包装袋打入市场后，积极研究新课题，开发新产品，向铝箔和层次印刷制品方向发展，并引进了打包袋生产线，创造了全年利费指标半年完成，一年收回全部设备投资的好成绩。被列入四平市食品包装定点生产厂家。

为满足农场各产业机械动力和百姓生活用电需要，1988年农场投资30万元进行了变电增容，在有关部门的协助下，由本场技术人员自行设计安装，缩短了工期，节约了经费开支。增容后的变压器从原来的10千伏安提高到20千伏安。

同时不断深化改革。1987年农场在制酒厂实行了经营承包责任制，1988年又将竞争机制、风险机制和法律机制引入承包；对造纸厂等单位实行公开招标，签订合同，向承包人颁发了聘用证书，实行经营权和所有权适当分离。各企业努力把核算单位划小、划细、划专，完善了经营机制，调动了生产者和经营者的积极性。经济效益较改革前大幅度增长，产品质量也有了提高。其中制酒厂生产的"玉米香"白酒荣获四平市1987年度"名优产品"称号。

其他工业企业都实行了厂长负责制。多种责任制有效地发挥了各自的优势以及在生产经营中的调节作用，推动了场办工业发展。1989年，在"五紧"的条件下，各工厂积极回收内外部欠款，解决资金不足的问题。投资购置发电设备，缓解电力不足的矛盾，使场办工业产值、利润同步增长。

农场本着对内做好服务，对外搞活经济的思想，不断转变观念，变部分职能科室为经营性公司，既解决了机构臃肿、人浮于事的矛盾，又搞活了流通，增加了收入。从行政管理科室分化出的4个公司，在经营过程中，从方便群众出发，不断扩大经营范围，努力满足生产生活需要，成为农场经济不可缺少的重要组成部分。

农业生产资料公司是开办家庭农场后从场物资科变化而来的商业实体，改为公司后，业务从对分场、小队变成对各农户。在人手少任务重的情况下，公司积极配合农时，及时购进化肥、农药等农用物资，并主动与农行协商，联合下基层办公，实行贷款与农用物资发放一条龙服务。仅经营化肥一项，平均每年就在2000吨，基本上满足了农业生产的需要。1989年农业生产资料公司在全省商业企业信用定级评审中，被评为一级信用企业。

农机公司随着养机户的迅速增加应运而生。在油料奇缺的情况下，公司积极组织货源，保证了生产用油。同时深挖内部潜力，消化涨价因素，使各种油料的价格均低于附近销售网点。

粮油公司努力扩大对外经营，大量购进议价粮油，调剂了职工生活，变亏损为盈利。

物资供应公司适应农村建筑的新格局，增加了预制板等经营项目，方便了群众。

为搞活经济，1988年初，农场建立了农贸市场，吸引了大量经商户来场贸易，日成交额都在千元以上。个体饭店、商店相继开办，一条街上人来人往，热闹非凡。再也不是过去冷落萧条的景象。

十年时间，全场教育、卫生等项事业有了新的起色，现有中学1所、小学5所，中小学生1700余人，教学班51个，教职工137人。各校认真贯彻党的教育方针，坚持德、智、体、美、劳全面发展，狠抓教学质量和学校管理，使校容校纪为之一新。小学普及教育工作，经省、市、县有关部门多次验收合格；中学在全县统考中始终名列前茅。开展实践教育为当地培养人才近千名。有50名教师被省、市、县、场评为"先进教师""优秀教师"或荣获"园丁奖"。

为解决双职工的后顾之忧，开发儿童智力，总场成立了学前班和托儿所。

职工教育工作有了长足的发展。

教育作为基础工程，每年都投入十几万元资金维修校舍，添置教学设施，改善办学条件，使全场中、小学校舍全部实现了砖瓦（石）化，课桌凳焕然一新。教学器材也比较齐备，教师实行了月薪制。确立教师节以来，9月10日前夕总要举行庆祝会，场领导坚持到会慰问。并在提高教师待遇上作出了一定努力，每年发给教师一定的补贴，1988年为教师每人增拨奖金300元，全场共计4万余元，还为教师统一着装。

职工医院有医护人员33名，已建成具有相当规模和技术力量的医院，下设4个卫生所，为扩大服务，提高诊疗技术能力，配备了X光机、超声波和心电图等电诊设备。不仅场内一般患者不出场，还吸引了场外的患者前来就医。

随着经济建设的发展，精神文明建设得到了大力加强。职工的物质文化生活水平有了明显的提高。1982年全场人均收入不足百元，1986年人均收入500元，到1989年达到1000元，是1982年的10倍。全场职工衣、食、住、行等条件得到了根本改善。文化生活丰富多彩，总场经常举行职工运动会、开展歌咏活动，组织老干部学气功活动。与此同时，干部职工通过"双补"和岗位培训，基本达到中专以上学历，职工基本达到初中以上文化水平。他们当中，许多人通过实践锻炼，成为所在岗位的行家里手或技术尖子。一些青年人被送往各类专业院校深造或培训，提高了理论水平和业务能力；一些优秀职工光荣地加入了中国共产党，壮大了党员队伍。

党组织也随之不断扩大和发展，到1989年全场已有党总支5个，党支部35个，党员329名；许多人被评为省、市、县、场的"劳动模范""优秀企业家""先进工作者""先进个人"。他们在各条战线上作出了突出贡献，有的走上了领导岗位。

职工的福利待遇有了提高。场工会建立了职工浴池，成立了理发烫发部。场内职工可以随时理发烫发，每周洗一次澡。老、弱、病、残、孤、寡职工得到了较好的照顾，对离、退休老干部实行了公费医疗。

场容场貌得到了明显改观。原来一条条狭窄、凸凹不平的道路已不能适应生产生活运输的需要，总场每年投资几万元进行道路修整，宽阔平坦、四通八达的公路网交织在农场的土地上。场区布局进一步合理，老村屯改造有条不紊地进行，一幢幢格局新、美观实用的职工住宅建设起来，宣告了贫穷历史的结束。绿化、美化成绩斐然，基本上达到了"春有萌、夏有花、秋有果、冬有绿"的要求，总场场部被评为市"绿化红旗庭院"；总场被评为吉林省"绿化红旗单位"；招待所被命名为"文明窗口单位"。

1980—1989 年双辽农场经营成果统计见表 4。

表 4　双辽农场经营成果统计表（1980—1989 年）

年度	人口数	职工数	土地面积（幅员）（公顷）	耕地面积（公顷）	粮食产量（吨）			向国家交纳商品粮（吨）	生产总值（万元）	经营成果（万元）	农田基本建设支出	固定资产投资（万元）	林地面积（公顷）
					水稻	玉米	大豆						
1980 年	9362	3107	3397	2015	3910	475	22	1136	171	—26	22	23	199
1981 年	9628	3219	3397	2015	4230	441	49	1200	205	23	16	20	213
1982 年	9847	3108	3397	2015	3668	383	27	1011	189	7	12	58	227
1983 年	9821	3223	5026	2314	4640	415	98	927	317	2	12	126	263
1984 年	9697	3231	5026	2314	6539	695	253	1200	307	15	10	56	263
1985 年	9311	3385	5026	1678	6547	1101	158	2390	340	21	11	98	285
1986 年	9395	3496	5026	1668	6979	847	87	950	407	25	11	135	285
1987 年	9479	3489	5026	1682	7881	1534	76	1703	613	165	18	258	385
1988 年	9524	3643	5026	1876	8107	2172	69	1703	675	195	10	379	400
1989 年	9595	3821	5026	1876	9126	1317	252	1703	783	207	37	395	406

第三节　深化改革　适应市场经济新形势

1990—2021 年，为深化改革、稳定提高阶段。

深入推进新一轮农垦改革发展，是党中央作出的重大决策部署，也是新时代全面实施乡村振兴战略，推进农业农村现代化必须"啃"下的"硬骨头"。20 世纪 90 年代初，党的十四大明确提出要建立社会主义市场经济体制，为农垦改革进一步指明了方向。农垦坚定社会主义市场经济体制改革方向，从放权让利转入体制机制创新，从单项改革为主转向多项改革配套，各项改革全面推进，初步形成了适应社会主义市场经济要求的体制框架和运行机制。

一、加快企业经营机制改革进程

根据中共中央、国务院及吉林省政府有关深化农垦改革的方针政策，双辽农场在管理体制和企业经营机制方面主要有四项改革。

一是推进管理体制改革，从行政管理向企业化管理过渡。1995年，根据农业部提出"逐步弱化行政职能，加快实体化进程，积极向集团化、公司化过渡"的改革思路，进一步强化所属农业生产资料公司、农机公司、粮油公司、物资公司服务职能，打破了传统行政管理体制，创造了新的企业管理体制和运行机制，为经济社会全面发展提供了体制保障。

二是大力推进劳动、人事、分配"三项制度"改革。转换企业经营机制。1992年，针对农垦企业在干部制度上的"铁交椅"、用工制度上的"铁饭碗"和分配制度上的"大锅饭"问题，在全场实施了干部聘任制、全员劳动合同制和劳动报酬与工效挂钩的"三项制度"改革。促进企业加快建立用人、用工和收入分配上的竞争机制，在深化企业经营体制机制改革上实现了重大创新。

三是创新农垦土地资产配置方式，通过出让、租赁、作价出资（入股）、授权经营等方式，推进农场土地资源资产化和资本化。积极有序开展国有农用地使用权抵押、担保试点，增强了企业资本实力。对所属工商企业实施"产权清晰、权责明确、管理科学"的现代企业制度，使企业成为自主经营、自负盈亏的市场主体，进一步增强了企业活力和市场竞争力。

四是在农业生产经营上实施二轮土地承包。为进一步解决人、地矛盾十分突出的问题，1998年认真贯彻落实中共四平市委〔1997〕20号文件，实施二轮土地承包。部门科室走家串户，开展调研，对全场在籍人口、在册职工等进行了全面清查摸底。起草小组依据中共四平市委〔1997〕20号文件，并借鉴周边县、乡镇、场调整土地的实践经验，场领导班子13次例会，6次修订定稿形成了《实施细则》。在2月召开的"双辽农场第十四届职代会"上，讨论通过了《双辽农场第二轮土地承包方案》，报请市委、市政府同意执行。1999年2月25日至4月30日，历经两个多月，全场6个农业分场、30个生产队土地调整全部结束。合同签订工作全面完成。通过二轮土地调整，共为7379人分得承包田2168公顷。为2376人分得基本生活田209公顷。预留地125公顷也得到合理承包。全场参加分份田人口平均分得土地2.94亩，较首轮土地承包人均增加0.86亩，增长41.3%。二轮土地调整，充分显示了"公开、公平、公正"原则。整体工作做到了精心组织，合理安排，秉公办事，取信于民，密切了党群干群关系。二轮土地调整，妥善解决了祥云、博爱集体入场社员的养老待遇和五分场小井种稻补偿等历史遗留问题。二轮土地调整工作的全面结束、标志着这一代历史使命的完成,给农户吃了一颗定心丸。

在创新土地管理方式方面,积极推动完成农垦国有土地使用权确权登记发证,为加强农垦土地保护和信息化管理奠定基础,截至 2021 年底,全场农垦国有土地已全部确权,确权发证率达到 100%,基本做到应确尽确。

1990—1999 年双辽农场经营成果统计表见表 5。

表 5　双辽农场经营成果统计表（1990—1999 年）

年度	人口数	职工数	土地面积（幅员）（公顷）	耕地面积（公顷）	粮食产量（吨）			向国家交纳商品粮（吨）	生产总值（万元）	经营成果（万元）	农田基本建设支出	固定资产投资（万元）	林地面积（公顷）
					水稻	玉米	大豆						
1990 年	10242	3978	5024	2006	10350	2120	82	1703	3620	172	41	166	406
1991 年	10222	3404	5024	2006	11010	2329	23	4357	3835	129	13	397	423
1992 年	10229	3760	5024	2006	11030	2397	20	2000	3902	343	7	350	423
1993 年	10119	4400	5024	2006	12000	3542	20	2000	3865	568	20	280	423
1994 年	10202	4462	5024	2020	11200	2835		2000	3987	15	12	418	423
1995 年	10497	4494	5024	2028	12500	2981	163	2000	4102	−99	12	830	423
1996 年	10413	5098	5024	2028	12600	3200	200	2000	4300	−618	17	145	423
1997 年	10432	5060	5024	2028	14500	2495	5	2000	4201	−627	19	85	448
1998 年	10465	5014	5024	2028	15000	1995	5	2000	4406	−925	18	90	448
1999 年	10401	4979	5024	2028	16000	2000		2000	4190	−740	20	120	448

二、改革职工养老保险制度

在社会保障和民生建设方面,主要是改革职工养老保险制度,从企业承担职工养老保险金向国家、企业、职工个人共同承担过渡。主要是全面推进社会保障制度建设,完善国家、企业、职工共同承担的社会保障制度。按照新制度要求,在落实农场职工、家属户口政策的基础上,还将农场职工的养老、医疗、失业、工伤等社会保障和困难职工家庭的城镇居民最低生活保障等纳入社会统筹。1992 年,根据国务院关于农垦企业职工养老保险制度改革的精神,在双辽农场内部建立了养老保险系统统筹等新的保险制度,参加了当地养老保险社会统筹。

2000 年 11 月,吉林省农委提请省政府将农垦国有企业社会养老保险纳入各级社会保险统筹,各级财政部门对农垦企业给予必要的社会养老保险金补贴,减免农垦企业拖欠养老统筹保险费,各级民政和社保部门对农垦企业职工实行最低生活保障金和最低生活费政策。2001 年 1 月,吉林省民政厅复函吉林省农垦局,同意将吉林省直属农垦企业职工纳入城市居民最低生活保障待遇。

2003年6月30之前，农场职工退休金由企业管理费列支。随着退休职工数量逐年增长，企业负担越来越重，也增加了企业亏损额度。由于农场拿不出更多的资金支付退休金，从1997年1月起，农场执行年底用发放水稻代替退休职工工资。即把每位退休工人的养老金按当年的水稻价格换算成应领取水稻数量，然后分配到各农业职工家庭，顶该户应交农场的派购粮任务。这样很麻烦，还有的农户用质量差的水稻顶替。2003年7月，根据上级有关农垦企业职工全面纳入社保的规定，全场在册职工4596人（包括2003年6月30日前场内离退休的344人）全部纳入社保，由四平市社会劳动保障局统一管理。职工上缴养老保险费用按上个年度吉林省平均工资下线标准的28%缴费。2021年底全场共有3787名职工享受社保待遇。同时，积极构建新型劳动用工制度，健全职工招录、培训和考核体系，逐步建立以劳动合同制为核心的市场化用工制度，并按照属地管理原则，将农垦职工和垦区居民纳入相应的社会保险、社会救助等社会保障体系。

三、分离农场办社会职能

在国有农场办社会职能改革方面，加快分离企业社会职能，明确社会事务社会化管理。全国各垦区积极推进自办普通中小学、医疗卫生机构、公检法司机构的移交工作，一些没有移交出去的职能也实行内部分开，基本理顺了政企、社企权责关系。2005年5月省政府下发《吉林省人民政府关于进一步深化全省国有农垦企业改革发展的意见》；同年8月，省政府办公厅下发《吉林省人民政府办公厅关于妥善解决全省国有企业办中小学教师待遇问题的通知》和《吉林省属企业分离办社会职能工作实施办法的通知》；10月，省政府办公厅下发《吉林省人民政府办公厅关于转发国有农场税费改革实施意见的通知》，规定在上年国有农场税费改革基础上进行分离办社会职能改革，2008年1月，双辽农场所办全日制普通中小学，国家教师和场办教师一次性全部分离并按属地移交辽河垦区统一管理，由四平市财政列支。结束了场办教师的历史。2014年吉林省农村综合改革工作领导小组下发《吉林省深化国有农场办社会职能改革实施方案》，确定将农场承担政府职能范围的事务：包括公共卫生和基本医疗服务、社区管理服务以及尚未移交的国有农场义务教育等职能移交给当地政府承担和管理。2018年根据吉林省政府有关规定，双辽农场从四平市辽河垦区划归双辽市属地管理，其社会职能由双辽市政府及双山镇政府相关部门接管。双辽农场的经济运行由双辽市农垦集团管理。

72年的光阴，在人类历史长河中只是短暂的一瞬，而双辽农场大地却发生了天翻地覆的变化。经过农垦人的辛勤耕耘，昔日荒原、沙土盐碱地已经变成了良田千顷、环境优美、人民安居乐业的米粮仓。

2000—2009 年双辽农场经营成果统计表见表 6。

表 6 双辽农场经营成果统计表（2000—2009 年）

年度	人口数	职工数	土地面积（幅员）（公顷）	耕地面积（公顷）	粮食产量（吨）			向国家交纳商品粮（吨）	生产总值（万元）	经营成果（万元）	农田基本建设支出	固定资产投资（万元）	林地面积（公顷）
					水稻	玉米	大豆						
2000 年	10241	5304	5024	2028	13102	5420		2000	4323	−589	22	32	448
2001 年	10184	5304	5024	2028	14320	6800		2000	4352	−461	17	35	448
2002 年	10245	5292	5024	2028	15700	7010		2000	4541	−368	22	45	448
2003 年	10302	4034	5024	2028	15646	7025		2000	4661	−293	20	36	448
2004 年	10272	3984	5160	2897	16830	7130		2000	5646	−232	16	80	448
2005 年	10419	3936	5160	2897	16830	7320		2000	5570	−1.182	26	32	448
2006 年	10877	3936	5160	2897	18810	7532		2000	5949	−345	15	36	448
2007 年	11033	3654	5160	2897	18810	7795		2000	6002	−394	30	22	448
2008 年	11038	3555	5160	2897	18810	8253			6563	−699	45	70	448
2009 年	11293	3480	5160	2897	15840	8253			6577	−639	21	75	448

2010—2021 年双辽农场经营成果统计见表 7。

表 7 双辽农场经营成果统计表（2010—2021 年）

年度	人口数	职工数	土地面积（幅员）（公顷）	耕地面积（公顷）	粮食产量（吨）			生产总值（万元）	经营成果（万元）	农田基本建设支出	固定资产投资（万元）	林地面积（公顷）
					水稻	玉米	大豆					
2010 年	11340	3391	5160	2897	17820	8253		7976	−630	22	22	448
2011 年	11282	3300	5160	2897	18810	8712		8257	−640	18	50	448
2012 年	12200	3190	5160	2897	17820	8253		8293	−682	25	391	448
2013 年	12099	3025	5160	2897	15840	9170		7841	−685	21	200	448
2014 年	12125	2925	5160	2897	17820	8253		8319	−656	24	460	448
2015 年	12079	2770	5160	2897	19800	6878		9041	−578	20	774	448
2016 年	12001	2654	5160	2897	17820	8253		8694	−599	25	375	448
2017 年	11897	2525	5160	2897	16830	7795		8236	−592	23	173	448
2018 年	11853	2290	5160	2897	16830	7114		8833	−843	22	50	448
2019 年	11822	2183	5160	2897	17820	8253		9400	−609	28	289	448
2020 年	11784	1961	5160	2897	17325	7336		9871	−822	22	580	448
2021 年	11584	1338	5160	3078	19120	6192		10169	−409	28	11	420

大 事 记

● **1949 年**　6 月 3 日　贾巨文（曾用名贾聚文）带领辽西省荣军学校两个学员连和驻湖南省部队的两个大车连官兵，共 550 人，保持部队编制，全副武装，生产待命。他们从辽西省铁岭县（今辽宁省铁岭市），来到人烟稀少的辽西省双辽县郑家屯镇（今吉林省双辽市老税务局胡同）暂住，选址筹建辽西省荣军农场。

6 月 20 日　贾巨文率领辽西省荣军学校学员来到位于双辽县城北部的卧虎屯镇，组建辽西省荣军农场。其经营方针是自给自足，实行供给制分配方式。生产组织实行军事化管理，直属东北荣军工作委员会辽西省荣军管理处领导。生产组织是连排班军事组，首先成立中国共产党辽西省荣军农场党总支委员会。党总支书记、场长贾巨文，党总支副书记王文明、周立英，副场长吕兆行、周立英。

11 月 15 日　经过半年的努力，辽西省荣军农场经辽西省政府批准，在双辽县卧虎屯镇正式成立。

● **1950 年**　1 月　双辽县利用伪满时期日本开拓团在衙门屯（现三分场）开发的水田，由当地朝鲜族人和本地部分农户在衙门屯组建双辽县农场。共有水田 10 公顷。

3 月　双辽县农场在衙门屯建立朝鲜族学校。校长裴东珠（朝鲜族），学生都是该农场朝鲜族子女。

4 月　在认真踏查后，经辽西省政府批准，辽西荣军农场场址最终确定在双辽县东侧哈拉巴山脚下，马宝屯东 1 公里的一片向阳高岗空地，取名荣誉新村（也叫东山）。为了便于集中领导，一分场从卧虎镇沈家窝堡迁到三合屯、永安屯。二分场从卧虎镇林马场迁到双辽县新立屯、怀德县二丘等地。先期来这里的荣军官兵有的连排班暂时借住在村民家中，有的连排班搭起简易帐篷。

5 月　新场址确定后，农场把马宝屯的原住户马占良、马占江、马占友三兄弟等十余名当地住户吸收为农场的第一批工人。19 岁的马占良成为农场的拖拉机驾驶员。

7 月　牧畜场从卧虎屯迁到双辽农场场部以东的大哈拉巴山下。在山北建了 4 栋青砖红瓦的宿舍，俗称红房子，住 8 户人家。老荣军曹万江第一个把家属接到辽西荣军农场安家。

8 月　一分场迁到双辽县双山镇南一片荒无人烟的沙岗上，取名腰坨屯。该屯地势四周平洼，土质为沙碱性，耕地面积 100 公顷，主要作物为水稻。

9 月　总场在新场部所在地建了卫生所，成立了供销社、放映队、广播站、俱乐部、图书室，方便职工就地就医、购物，丰富了职工的文化生活。

10 月 19 日　中国人民志愿军开赴抗美援朝战场的消息传到了辽西省荣军农场后，全体官兵们自发组织起来，扛着枪、排着队、打着军旗，从场部新址荣誉新村出发，徒步 45 公里到卧虎火车站，请愿赴朝参战。场长贾巨文立即向东北军区报告。经过体检，89 名符合条件的官兵再次扛起枪，从卧虎屯出发奔赴朝鲜战场。

12 月 31 日　全场共有职工 461 人。房屋面积 1858 平方米，其中：职工宿舍 1680 平方米，办公室 178 平方米。土地面积 2520 公顷，有苏联生产的纳齐拖拉机 3 台，拖拉机驾驶员 2 人，还有马、骡 333 头，黄牛 79 头，绵羊 157 只，猪 107 头，鸡 517 只。

● **1951 年**　3 月　三分场从原卧虎屯场部迁到双山东三合屯南荣誉新村。

7 月　根据上级有关规定，办理返回原籍复员荣军 160 人。

12 月 31 日　共有职工 415 人。经过体检有 46 名严重伤残不能参与农业生产的荣誉军人，由东北荣军工作委员会重新安置到四平、沈阳、长春等地。农场房屋面积增加到 4957 平方米，新建职工住宅分布在衙门屯、三家子及双山镇南的西坨两地。有牛羊马舍 1142 平方米，办公室 734 平方米，其他房屋（文化娱乐、食堂等）336 平方米；土地面积 2224.4 公顷。粮食总产 1409 吨；草原 500 公顷。有苏联产的斯大林 80 号拖拉机 3 台，五铧犁 5 台，24 行条播机 2 台，拖拉机驾驶员 7 人，其中苏联专家 4 人。女荣军刘慧志成为荣军农场的第一名女驾驶员。

● **1952 年**　1 月　辽西省荣军农场由辽西省农业厅领导，改名为辽西省人民政府农业厅荣军农场（简称辽西荣军农场），经营方式改为企业经营，变军事化生产组为生产队组，改供给制为工资制。根据农场新的企业经营形式，总场领导班子及科室、生产单位进行了进一步调整，把原来的科改为股，农业分场改为生产队，畜牧场划归第四生产队。各生产队划分若干生产小组。总场成立工会，由党总支副书记于方和兼任工会主席。

2月　经辽西省政府批准，将衙门屯县农场划归荣军农场，同时接收三家子一部分农民带地入场及朝鲜族合营户入场。

3月　面对大量待垦的荒地，辽西省农业厅从苏联引进了3台80马力①的斯大林80号拖拉机，划拨给双辽农场。机后挂着由人控制的五铧犁和圆盘耙，实现了翻耙一次完成，大大提高了开荒进度。

4月　毕业于日本早稻田大学的农艺师张启勋，根据荣军农场水田开发规划，带领农业股的荣军们，测绘农场可开发的水田。经过一年的开发和踏查，绘制了辽西荣军农场的水田开发蓝图，并开始逐步实施。

12月31日　辽西荣军农场共有职工351人。经过体检，有64名严重伤残不能参与农业生产的荣誉军人，由东北荣军工作委员会重新安置到四平、沈阳、长春等地休养。

12月　为适应水田开垦的需要，经过培训，驾驶员队伍也在逐渐扩大，1952年末又增加了拖拉机驾驶员孙振友、马井贵、张海峰、褚凤发、王克俭、张国栋、翟喜斌等。

本年　国家基建投资26.9万元。房屋面积7206平方米，其中新增家属住宅1546平方米、职工宿舍2736平方米（全部是干打垒土平房），分布在场部西山、东山、衙门、三家子、西坨、腰坨等地；牛羊马舍1573平方米；土地面积2280.3公顷。有斯大林80号拖拉机4台，五铧犁4台，拖拉机驾驶员14人（包括苏联专家4人）。当年盈利1.3万元。

● 1953年　1月中旬　农场领导班子、内设科室、基层单位等做了如下调整：付中出任场党总支副书记；于方和任场专职工会主席。总场机关内设科室5个：政治室、会计室、供销室、农业室、卫生所。基层农业生产单位3个：4个生产队改为2个分场、1个畜牧场。服务单位3个：拖拉机队、福利工厂、大车队（马车）。

---

① 马力为非法定计量单位，1马力≈0.735千瓦。——编者注

2月中旬　经辽西省政府批准，吸收场区内、场周边村屯农民带土地、车马等生产资料加入农场，搞公私合营，当时称合营户。新立乡荷花泡村村主任王守德辞去村主任职务，带领120户荷花泡村民与农场签约，带土地、车马、农具加入了辽西省荣军农场。

6月30日　经与双辽县协商，在双辽永家乡洪源村开垦荒地500公顷，主要种植玉米、大豆。

12月31日　全场共有职工511人。国家基建投资11.8万元。房屋面积11186平方米，其中家属住宅6136平方米、职工宿舍2736平方米（全部是干打垒土平房），分布在场部西山、东山、衙门、三家子及双山镇南的西坨、腰坨等地，牛羊马舍767平方米。土地面积5223.5公顷。有斯大林80号拖拉机6台，五铧犁6台，拖拉机驾驶员20人。当年亏损0.3万元。

● **1954年**　7月上旬　根据国家有关行政区划调整规划，原辽西省双辽县划归吉林省管辖。辽西省荣军农场更名为吉林省国营双辽农场。经吉林省政府批准，吉林省国营双辽农场领导班子做如下调整：党总支书记兼场长贾巨文，副书记霍发明，工会主席于方和，秘书高崇山。

12月31日　双辽农场共有职工745人。国家基建投资6.2万元。房屋面积13242平方米。培养基本建设人员44人，房屋建设不再请外来人员。土地面积5223.5公顷。有斯大林80号拖拉机6台，热特拖拉机1台，五铧犁12台，拖拉机驾驶员25人。当年亏损3.8万元。

● **1955年**　1月　各农业生产队改为生产大队，所属生产组改为生产小队。

1月　在位于腰坨屯东部的东坨屯成立新的生产小队，主要农作物为水稻。

2月　将16名不能参加劳动的伤残荣军，安置到公主岭疗养院疗养。

5月6日　吉林省省长栗又文签署吉林省人民委员会命令：任命张国栋为吉林省双辽荣军农场场长（列贾巨文之后），同时免去张国栋吉林省前郭旗荣军农场场长职务。

12月31日　全场共有职工799人。国家基建投资624.2万元。房屋面积14673平方米，其中家属住宅6531平方米、职工宿舍2736平方米（全部是干打垒土平房），分布在场部西山、东山、衙门、三家子、畜牧场及双山镇南的西坨、腰坨、东坨等地；牛羊马舍2760平方米；培养科技人员36人。土地面积2795公顷。斯大林80号拖拉机8台，东德拖拉机 2 台，五铧犁 12 台，拖拉机驾驶员 27 人。马、骡 60 头。绵羊 202 只。猪 114 头，推广种猪 70 头，交售国家育肥猪 65 头。当年亏损 26.9 万元。

1956 年　1 月　根据中央军委批示，参与垦荒的官兵集体转为地方管理，由军事管理体制改为地方管理。吉林省政府正式任命贾巨文为吉林省国营双辽农场场长兼党总支书记。其他领导班子成员是：副场长张国栋（列贾巨文之后）；党总支副书记柳植；党总支委员王占元、王德忠、徐殿武、于方和、张国栋；工会主席于方和。场部机关内设科室：办公室、会计室、经理室、卫生所。生产单位 6 个：4 个农业生产大队、1 个畜牧场、1 个拖拉机队。一分场垦荒面积达到了一定规模，西坨、腰坨、东坨的耕地面积达到 300 公顷，以种植水稻为主。

7 月 3 日　吉林省区划调整后，双辽县划归白城专区管辖，双辽农场随之划归白城专区领导。

8 月　成立三家子小学，校址选在三家子屯中，邻近八里和二十九号地，拥有 10 间教室，总面积 750 平方米。

12 月 31 日　全场共有职工 797 人。国家基建投资 136 万元。房屋面积 17000 平方米。土地面积 3102 公顷。拖拉机 10 台，其中斯大林 80 号拖拉机 8 台，东德拖拉机 2 台；五铧犁 12 台，拖拉机驾驶员 42 人。马、骡 57 头，绵羊 376 只，猪 247 头，推广种猪 362 头，交售国家育肥猪 150 头。当年亏损 30.3 万元。

1957 年　1 月　农场自己筹建了一座大型粮米加工厂，职工及家属的口粮由总场统一供给。各大队设立仓库，大队管理员每月到总场粮库按定量领取口粮。有了这个粮米加工厂，职工生活方便多了。

12 月 31 日　全场共有职工 801 人。国家基建投资 13.5 万元。拖拉机 10 台，五铧犁 10 台，拖拉机驾驶员 42 人。马、骡 62 头，黄牛 75 头，绵羊 371 只，猪 826 头，推广种猪 455 头，交售国家育肥猪 185 头。当年亏损 84.7 万元。由于 4 月初开始，双辽县内接连发生的水、旱、冰雹、暴雪、霜冻等严重自然灾害，双辽农场粮食大幅度减产。1957 年全场粮食总产只有 2231 吨。其中水稻产量 1254 吨。

1958 年　2 月　根据吉林省农业厅党组意见，经中共双辽县委批准，成立中国共产党吉林省国营双辽农场委员会。党委书记裴志夏。

2 月　吉林省人民委员会批准省农业厅将双辽农场分为 3 个独立农场：双山农场场址设在双山南腰坨，共有 6 个生产队，场长霍发明，党总支书记王占元；三合农场场址设在总场场部，共有 5 个生产队，场长张国栋，党总支书记裴世学；三家子农场场址设在三家子，共有 6 个生产队，场长王守权，党总支书记邓云泽。双辽农场场部机关科室职能不变，正常运转。农场在各独立农场设立供销部和代销店 5 家，托儿所 8 家，有保教员 32 名，入托儿童 285 名。各单位都设有食堂，全场共 9 家。职工家属一律到食堂就餐，使妇女劳力从烦琐的家务中解放出来。

3 月　吉林省农业厅批准双辽农场办农业机械化学校（简称农机校），主要培训拖拉机驾驶员。由吉林省农业厅发出向社会招收学员的通知，之后由省农业厅命题统一考试。考场设在双山双辽三中，录取 50 人，学制 2 年。主要课程设置有农业机械、农业、水利。校长由场党委书记裴志夏兼任，教导主任梁汉书，教员刘祖业（农业机械）、郝替（数学）。文化课学习半年，之后就是主课拖拉机驾驶和维修，边学习边实践（以实践课为主）。实践课教师由农机站站长孙振友、赵凤武兼任。

4 月 23 日　吉林省人民委员会在《关于省属镇赉等七个农场下放所在县领导的通知》中决定，将省属国营双辽双山、三合、三家子农场下放，由所在县（双辽县）领导。

5 月 30 日　双辽农场根据双辽县委决定和文教会议指示精神，建立双辽农场科学技术普及协会，由 13 人组成委员会，主席裴志夏，副主席张国栋、王守权，秘书梁汉书。下设五个研究室：农具改革研究室（修理厂），主任徐殿武；农作物综合技术研究室（场部），主任梁汉书，副主任朱政文；畜牧技术研究室（畜牧队），主任王守权；工业综合技术研究室（场部），主任张国栋；卫生防治技术研究室（场部），主任曹庆吉。

10 月 23 日　四平专区成立，将原白城专区管辖的双辽县划归四平专区。

12 月　全场共有职工 724 人，其中荣军 339 人，培养技术人员 26 人。国家基建投资 10.4 万元。房屋面积 22137 平方米。牛羊马舍 21841 平方米，猪舍 2522 平方米，鸭舍 163 平方米。土地面积 3070 公顷。斯大林 80 号拖拉机 6 台，五铧犁 10 台，拖拉机驾驶员 42 人。马、骡 209 头，黄牛 109 头，猪 656 头，推广种猪 45 头，交售国家育肥猪 158 头。当年亏损 26.6 万元。

● **1959 年**　1 月　吉林省农业厅恢复双辽农场建制，将下放到双辽县管理的双山农场、三合农场、三家子农场收归双辽农场。同时对双辽农场领导班子做了如下调整：党委书记裴志夏，党委副书记霍发明。场长王守权，副场长李秀石。场部机关内设3个科（组）室：办公室、农业室、财经组。2个服务单位：卫生所、拖拉机队。基层设6个生产单位：4个农业生产队、1个畜牧场、1个鸭场。

8月　暑期开学后，双辽农场在场部所在地成立双辽农场小学（是在衙门屯朝鲜族小学基础上建立的），校长裴东珠。设置1～6年级6个教学班。新的学校有两栋青砖瓦房，共300平方米，每栋五间教室。衙门屯朝鲜族小学师生全体迁移到中心小学，并开始招收汉族班，相继把在新立、三合读书的学生接回农场小学读书。同时在衙门屯成立三大队小学，招收7～12岁的适龄儿童入学进入小学一年级学习。校长宫会。

10月1日　在中华人民共和国成立十周年大庆之际，双辽农场党委书记裴志夏荣获"全国劳动光荣勋章"。

10月上旬　根据国家和吉林省农业厅统一部署，双辽农场接收来自山东省诸城县（今诸城市）的支边青年80名，分配到所辖五个农业生产大队，吃住在大队集体食堂、宿舍。

11月15日　召开了吉林省国营双辽农场建场十周年庆祝大会。场长王守权在庆祝大会上做了工作总结。

12月31日　全场人口从500多人发展到3037人，其中职工867人，比1950年增长73.4%，特别是女职工人数，增长了15.8%，培养技术人员14人。国家基建投资29.5万元。房屋面积29848平方米。牛羊马舍2218平方米，猪舍5369平方米，鸭舍463平方米。土地面积4098公顷。草原400公顷。林地38公顷。拖拉机14台。拖拉机驾驶员42人。马、骡199头，黄牛128头，猪1008头，推广种猪227头，交售国家育肥猪251头，鸭2257只。盈利1496元。

1960年

1月　为了便于管理，双辽县将时归双辽县双山人民公社三合大队的前后衙门屯两个生产队及八里营子生产队并入双辽农场。其中前后衙门屯归三大队管理，八里营子归四大队管理。至此，实现双辽农场全场国有化。

3月　双辽农场制定出台了《三包一奖制度》方案，各单位、各行业、全体职工全部实行"三包一奖"制度。其中心内容是以"包产量、包成本、包产值、超额奖励"的制度为标准，衡量和确定每个干部职工的工作业绩和工资标准，按月评定。

4月 双辽农场为安置已经在双辽农场结婚成家的山东支边青年，经请示吉林省农业厅批准，在二大队窑地开垦水田，并成立二大队第三生产小队。由国家拨款拨物，在窑地沙岗上建起了6栋干打垒土平房，每栋4个门，共住8户人家，使所有到窑地参与开发的职工，都得到了妥善安置，为完成新的水田开发提供了保证。

5月 根据中共双辽县委的指示，接收双辽县郑家屯镇无业青年刘明海、石宝光等18人，将他们安置在第二生产大队食宿，在新建的四号地第二生产小队参加农业劳动。

7月 根据吉林省农业厅分配指标，双辽农场接收山东省高密县（今高密市）移民100户。7月3日至10日，双辽农场责成行政科长郭兴久带队，前往山东高密考察并接收移民，分别安置在所属五个农业生产大队。

8月 双辽农场向吉林省农业厅申请基建投资，在各生产大队为山东省高密移民和已婚荣军建了家属住宅，每栋长30延长米，宽5.6米，共168平方米（干打垒），四开门对开，每栋八户人家。当地人们把这些住宅称为"六栋房"或"八间房"。这些房属于公房，职工不交一分钱，只负责维修，解决了所有移民的住宿问题。

12月18日 根据《吉林省干部定期统计报表》统计，双辽农场内设机构有党委办公室、场长办公室、财经组、农业指导组，下属6个生产大队和畜牧分场、联合工厂、机耕队、基建队、卫生所、运输队。

● **1961年** 1月 经请示双辽县政府批准，在双辽县永加乡的洪源村组建双辽农场第六生产大队，开垦旱田500公顷，以种植黄豆为主。

3月 经请示双辽县政府批准，在牧畜场附近的双辽县秀水公社川头大队开垦荒地120公顷，以种植玉米、小麦和稗草为主，主要解决牧畜场牲畜饲料。

4月 从长春第一汽车厂购入新下线的大解放卡车两辆，车号在双辽登记为040和041，主要负责从双辽郑家屯往返双辽农场，运输各种生产资料及基建物资。

9月 吉林省农业厅根据当时国家"调整、巩固、充实、提高"的发展方针，大力发展吉林鹿业。在吉林省国营双辽农场的哈拉巴山的东面，投资筹建了一个年存栏 500 只的鹿场。建鹿舍 4 栋，每栋 900 平方米，还有 1 栋炸茸室。

● **1962 年**　2 月　为了提高水稻种子品质和解决水稻种子自给自足的问题，双辽农场在二大队五小队（原二小队）成立了种子站，为总场的独立生产科级单位。共有水田 30 公顷，当年以"水稻长毛"品种为主。

3 月　双辽农场成立果树蔬菜园艺队，哈拉巴山南没种水田的岗洼地至八里营子东头的土地划给果树蔬菜园艺队管理种植。队长王守德，技术员吕作岐，一些调来的老职工做工人，当时人们戏称"爹队"。果树园艺蔬菜队归总场办公室领导，办公室主任裴世学。

4 月　双辽农场哈拉巴山鹿场正式成立。吉林省农业厅将吉林省农业学校（九站农校）的 34 只梅花鹿划拨给双辽农场鹿场，选调吉林农校的优秀教师、驯养梅花鹿专家邓再修到双辽农场鹿场驯养梅花鹿。

5 月　吉林省农业厅干部常贵才、李向仁、翟连芝、芦胜忠、张启贤、黄彦麟下放到双辽农场工作。

8 月　吉林省农业学校（九站农校）、白城农校 28 名应届毕业生，到双辽农场参加劳动待分配。吉林省农业厅长滕文亲自主持了欢送大会，鼓励他们做一名有文化、有作为的新型农民。他们被分配到二大队种子站和畜牧大队，从工人做起。他们给这个缺少文化的农垦企业带来了新知识和新思想，提升了双辽农场职工队伍的文化素质。

11 月 10 日　省农业厅从吉林省国营敦化大清沟鹿场给双辽农场调拨 120 只梅花鹿。之后，吉林省农业厅又从东丰县各鹿场陆续划拨了 30 只质量上乘的梅花种鹿。壮大了双辽农场鹿场的规模。

12 月　为了发挥刚从吉林省农业学校毕业的学生的特长，双辽农场在畜牧场成立了全场第一支园艺队，借助哈拉巴山优势，在哈拉巴山南规划果园面积 10 公顷。

● **1963 年**　3 月　在全场范围内实行按劳付酬，取消个人补贴和家属补助。

4 月　总场决定在第四大队 1962 年试行工资加奖励的基础上，全场推行工资加奖励的分配方式。一是场部根据各嘉奖单位工资级差、人员出勤率和完成生产任务确定奖励范围；二是工资加奖励不低于 25%，最高的不超过 40%；三是按月核算，事前将指标比例落实到小队或车间。经评定后，根据奖励条件发给个人；四是对获得工资嘉奖者成绩优异的可按工资逐级增加奖励；五是嘉奖的比例根据本人的等级工资，按级差奖励。

4月　时任国务院副总理谭震林，在吉林省副省长张士英、农业厅厅长滕文陪同下，视察双辽农场哈拉巴山，并指示要利用哈拉巴山资源优势开发植树、养鹿、养鱼和旅游业等。之后双辽农场在省农业厅指导下制定了《哈拉巴山旅游业发展规划》。

5月11日　双辽农场公安派出所成立。

5月16日　双辽农场党委向全场职工发出学习《好带头人——马玉峰的决定》。

7月16日　场长王守权出席双辽县第五届人民代表大会。

7月下旬　双辽农场小学改为双辽农场中心小学，共设1至6年级等6个教学班，每个班30～40名学生。在二、三、四、五生产大队分别成立初级小学校，每个小学只设一至四年级。

12月19日　召开中共双辽农场第二次党代会，党委书记裴志夏向党委会做《国营双辽农场关于开展社会主义教育运动的动员报告》，场长王守权通报双辽农场1963年经济发展成果。

12月31日　全场粮食总产2855吨，是双辽农场建场以来，粮食总产量增长幅度最高的一年。

● **1964年** 1月　为了表彰全场职工在农业生产上的贡献，双辽农场隆重召开了全场劳动模范表彰大会。场党委决定给全体职工每户奖励1袋大米（100公斤）。大力宣扬突出贡献的先进模范人物。场党委书记裴志夏、场长王守权及其他总场领导班子成员亲自为作出突出贡献的双辽农场劳动模范一等功臣马玉峰（小队长）、二等功臣肖广才（小队长）、三等功臣喻判文（大队书记）、三等功臣祝洪英（大队长）等披红戴花，牵着马把这些模范从二大队一小队所在地西山出发一直送到一等功臣马玉峰所在的生产队窑地（2公里），其场面颇为壮观。

8月　双辽农场第一生产大队小学校正式成立，隶属双辽农场中心小学，地点设在一大队所在地腰坨。学校设1至5年级5个班。

8月　接收吉林省农业学校应届毕业生14名，他们被分配到各农业生产大队的生产小队劳动，从工人做起。

10月1日　场长王守权带领场党委选拔的优秀青年干部牛长贵、丁国富、张惠春、刘福祥、梁开润等，到梨树农场参加社会主义教育工作队。

11月　为培养提高农场职工子女文化水平，经吉林省农业厅的批准，成立了"吉林省国营双辽农场半工半读农业中学"，简称"农中"。校址设在三大队所在地衙门屯。招收1个班，学生30名，教师2名。

12月31日　双辽农场农业种植业结构调整为以发展水稻生产为主，放弃在双辽县永加乡洪源村的旱田开发。其参与开发的人员回到原来所在的生产队参加劳动。

● **1965年**　1月　为了减轻农工们往返劳作的负担，二大队经请示总场同意，单独在四号地成立一个生产小队，即双辽农场二大队第二生产小队。

1月　在黑龙江八五三农场工作的荣军律景春、薛文汉、弋启和、曲天春、李敬书、赵兴洲，因对当地水土不服，经吉林省农业厅批准调剂到双辽农场工作。他们在解放战争年代都是连排级干部，在八五三农场都是中层干部。双辽农场分别把他们安置在场部机关及生产大队，并安排相应职务。

2月20日　根据吉林省直属农牧场三级干部会议精神，双辽农场在各农业生产队实行大包干，畜牧生产队实行包、定、奖，服务部门实行独立核算，自负盈亏等责任制。

4月　为方便职工就近就地生产生活，吉林省农业厅投资在四号地附近的高岗上，建起了6栋职工家属宿舍和队部。每栋2~4户，40~60平方米，各户都是单开门，改变了初期的建房模式，减少了邻居纠纷。使所有到四号地参与开发的职工都得到了妥善安置。正式取名为四号地屯（二大队二小队）。

5月10日　双辽农场与吉林省农业厅工作组，向吉林省农业厅党组呈报《国营双辽农场改革制度以来工作情况的报告》。

11月25日　经吉林省人民委员会批准，吉林省特产研究所，以双辽农场哈拉巴山大泡子为基地，养殖獭狸和鱼。占用土地1320亩，其中荒地930亩，耕地390亩。由于农场自己土地不足，借用与养殖基地接壤的怀德县桑树台公社沈家屯生产大队第一生产队轮耕地450亩。

11月30日　双辽农场党委根据全场水田开发不断增长的实际，解散总场机耕队，在四个水田生产大队筹建各大队机耕队。其职能是全面负责本大队的水田秋翻地、春耙地、秋收、粮食运输等任务。每个机耕队配队长、核算员（保管员）各1人，其财务由大队统一管理。

● **1966 年**　1 月　三大队合并到二大队。

3 月　吉林省农垦系统领导干部岗位轮换，吉林省农业厅任命董彦平为双辽农场党委书记，张志政任场长，于方和任副场长。原党委书记裴志夏留任挂职，待上级组织分配工作。

5 月 10 日　根据吉林省农业厅关于直属国营农场接收知识青年下乡再教育的指示，双辽农场党委委员王德忠从 4 月上旬起带领考核组，赴长春市各中学考核选拔应届毕业生，自愿到双辽农场工作。这是一项政治任务，被选拔的知识青年，第一必须由本人申请，第二必须是应届毕业生，第三政治上在校学习期间没有劣迹，第四凡是经考核同意到双辽农场下乡的知青，一律转为双辽农场正式职工。经过一个月的考核，从长春市师大附中、四中、五中、六中、八中等中学，选拔出近 300 名合格应届毕业生，到双辽农场工作。

7 月中旬　坐落在场部所在地供销社西的双辽农场中心小学校校址建成。

8 月 13 日　双辽农场组织大马车队，把胸挂大红花的 300 名长春知识青年，从卧虎屯火车站接到各农业生产小队。

10 月　当时的双辽农场培育的水稻品种不能适应和满足双辽农场水稻种子需要，双辽农场撤销了种子站。二大队把种子站改为五小队。

12 月下旬　根据上级有关精神，在农场的长春知青，陆续返回长春市原学校参加"文化大革命"运动。

● **1967 年**　3 月 1 日　春季中小学开学时，为贯彻国家有关农村子弟就近就地读中学的政策，在双辽县第三中学读书的 1966 年农场初一中学生，农场"半工半读农业中学"的初一学生，已经到生产队劳动的 1966 届高小毕业生，返回高小毕业所在的双辽农场中心小学和四大队小学初中班读书。

4 月　双辽农场以大山泡子为基地成立养鱼场。集中全场青壮年搞"大兵团作战"，修建了湖堤和引排水渠道，成立养鱼场，蓄水养鱼。围湖工程完工后，修建了种鱼池、鱼苗孵化室、鱼苗养殖池、鱼苗越冬池等。

9 月 1 日　为了适应全国教育改革的新形势，双辽农场中心小学校成立"双辽农场小学附设初中班"。把农场中心小学校初中班、四大队小学校初中班、一大队符合初中一年级条件的学生，合并到"双辽农场小学初中班"，校长王富。

● **1968 年**　1 月　为解决双辽农场总场机关和场直工商业职工家属就业，双辽农场把二大队一小队的 1 号地、2 号地划出 20 公顷水田，成立"五七家属生产队"，共安置职工家属 50 名，归属综合厂领导。王树奇出任队长。

6 月下旬　长春市五中学生袁洪勤、颜惠欣、马铁骑等同学，由长春五中军训团领导指派学校孔老师专程陪送，重返双辽农场参加劳动。之后大批长春知青陆续返回农场。

8 月 22 日　双辽农场革委会研究确定双辽农场组织机构及具体工作任务。总场机关组建三个组一个部：政工组、生产组、办事组、武装部。

10 月　双辽农场农业中学在校学生（1964 年、1965 年入学）同时毕业，被分配到各自父母所在地参加劳动。他们作为国营双辽农场自己培养的"知识青年"，在各自的工作岗位上，为农场的事业发展，经济建设作出了应有贡献，成为农场各个工作岗位的骨干。

11 月　中央统战部到双辽农场，走访考察"五七"干校选址，选中一、二、五大队落户，当年冬季筹建中央统战部"五七"干校。

● **1969 年**　1 月　三大队从二大队分出，恢复三大队。大队书记李向仁，革委会主任杨泽。

4 月　中央统战部开始建设"五七"干校校舍和宿舍。

5 月中旬　双辽农场邀请来双辽农场视察中央统战部"五七"干校的中共中央统战部主要负责人，党的"九大"代表刘友法，在场部大礼堂做关于"中国共产党第九次全国代表大会"盛况的报告。

7 月 26 日　双辽农场首届活学活用毛泽东思想积极分子代表大会与首届职工代表大会召开，121 名代表与会，历时三天，树立活学活用毛泽东思想先进典型。大会通过了倡议书。表彰先进优秀个人：二大队革命委员会副主任张玉珍（长春知识青年），拖拉机站司机李树春，三大队革命委员会委员李淑英，家属尹开芝，小学生周忠兴，工人崔振。他们分别在大会作经验介绍。

9 月 10 日　双辽县革命委员会整建党领导小组，批复双辽农场建立整建党领导小组。组长黄明玺（军代表）；副组长张培德；成员任学祯（军代表）、裴世学、赵文秀、常贵才、刘彦英。

10 月　双辽农场原党委书记裴志夏等 23 人，下放到双辽县各人民公社生产队走"五七"道路。

12 月 6 日　双辽农场党委恢复工作。党委书记董彦平，党委副书记张志政。

12月下旬 双辽农场自建电网全部完工，至此双辽农场域内全部通电。

12月31日 全场耕地面积达1522公顷，粮食总产1946吨，经营亏损112万元，是建场以来亏损额最高的一年。

● **1970年** 1月10日 双辽农场中心小学更名为双辽农场二大队小学。各大队小学归大队管理。其教学管理由总场教育组负责。同时宣布二大队小学、四大队小学初中三年级学生毕业，返回父母所在地参加劳动。

3月25日 双辽农场革命委员会、双辽农场人民武装部联合发文，决定在农场各大队、直属工业企业建立民兵连、排组织。

7月 双辽农场中学正式成立。校址设在三大队衙门屯。共有4个教学班，一年级两个，二年级两个。

7月10日 葛保中、孙连有等26名长春知青被抽调吉林省扶余油田工作。

8月15日 双辽农场活学活用毛主席著作积极分子和职工代表大会召开，历时4天，来自全场各条战线115名代表出席大会。

10月 双辽农场卫生所药厂成立，设在卫生所对面两栋砖平房内，占地面积1000平方米。厂长李江，药剂师鄢德文。

11月10日 双辽县在双辽农场及各乡镇选拔优秀青年补充到双辽县商业系统。双辽农场共选送6人，他们是李森学、潘洪荣、王文发、穆雅琴、姜培珍、晏桂荣。

12月10日 双辽农场举办双辽农场财会培训班，共10天。主要培养生产队会计、出纳员、仓库保管员。主办单位双辽农场财经组，主讲老师翟连芝等。

● **1971年** 1月1日 双辽农场财务管理由两级核算改为三级核算，即总场、大队、生产小队。在各生产小队设会计、出纳和仓库保管员。生产小队建立财务账户，搞成本核算，负责日常生产生活财务往来。小队直接到总场粮库领取职工口粮，逐户发放。

1月8日 召开双辽农场第五次职工代表大会。通过如下决议：一是深入学习中国共产党第十次党代会精神；二是认真看书学习，广泛开展学习马列主义毛泽东思想群众运动；三是积极开展社会主义劳动竞赛，抓革命促生产、促工作、促战备；四是增强党的观念，抓好自身革命化的建设，不断提高工会组织的革命性和战斗性。

1月13日　中共双辽农场第四次党代会召开，代表总数60名。组建了第四届党委班子，董彦平任党委书记，刘彦英、侯英任副书记。隶属中共双辽县委领导。

2月　双辽农场成立农业试验站，站长王钧。

4月6日　农场召开职工代表大会，表彰四好单位10个，五好职工275人，五好家庭代表6名，红卫兵代表12名。四好条件：政治思想好，三大作风好，完成任务好，生活管理好；五好条件：政治思想好，本职工作好，三八作风好，完成任务好，锻炼身体好。

10月　因双辽农场是国有企业，到这里的长春下乡知青已经为农业工人，不能和其他乡镇知青按政策返回城市工作。所以在双辽农场的长春知青开始陆续转户。

1972年　1月　随着双辽农场的逐渐发展壮大，区域人口的日益增加，成立了双辽农场职工医院。院长由原卫生所所长曹庆吉担任。各农业生产大队设立卫生所。

3月　经基层推荐，场党委批准，赵艳华等4名返乡知青作为双辽农场首批工农兵学员进入省内大中专院校学习。

9月10日　经各大队党支部推荐，总场党委批准，刘志、刘连成等15名双辽农场返乡知青，抽调到双辽县油酒厂做亦工亦农合同工；赵艳茹、张桂芬抽调到双辽县委招待所工作。双辽农场职工子女第一次批量进入县城工作。

1973年　5月　双辽农场农机修造厂以延边插秧机厂为依托，自行设计制造的第一台插秧机投入大田作业。

7月1日　双辽农场革委会制定并执行《关于实行在工资总额控制下评工记分的暂行办法》。

1974年　3月29日　中共双辽县委组织部（双组发〔1974〕21号）任命白贵祥为双辽农场工会主任委员，王学友为工会副主任委员。

10月　时任吉林省委副书记、革委会副主任（副省长）张士英、省农业厅厅长朱瑞平来到双辽农场考察。决定在双辽农场哈拉巴山下的大泡子附近建一个吉林省最大规模的养鸭场。

11月30日　双辽农场向吉林省革委会呈报《国营双辽农场革委会建设

养鸭场的意见》。

● **1975年** 5月 吉林省革命委员会批复双辽农场成立养鸭场。双辽农场党委决定选择靠近哈拉巴山山泡子的五大队鱼队建养鸭场。五大队所属鱼队、大马队、菜园子及四大队的八里果园、二十三号地划归鸭场。选调二大队党总支书记邹大志任双辽农场鸭场党支部书记。

7月1日 实施职工代表大会通过的《评工记分实施方案》。方案指出：根据上级党委对农村基本经济政策的指示精神，为了进一步调动广大职工群众的社会主义建设积极性，执行"各尽所能，按劳分配，多劳多得，不劳不得"的社会主义分配原则，在工资支付形式上，仍实行等级工资总额控制下的评工记分，年终结算办法。实行评工记分后，工人仍是国家工人（保留原工资等级）享受国营农场职工福利待遇。

8月 接收双辽县政府安置双辽农场退伍军人23人。他们到农场后，被批准为正式农业工人。这批退伍军人到农场后，有5人安排到各大队担任党支部副书记，还有的被安排到生产小队担任政治队长。

10月29日 共青团双辽县委批复，王书林任共青团双辽农场团委副书记（主持工作）。各农业生产大队、中学成立团总支。

11月26日 双辽农场成立农业科学试验站。以二大队种子站为基地。

12月 综合厂"五七"家属队队长王树奇，作为农业工人代表出席吉林省第五届人民代表大会。

● **1976年** 6月18日 场党委决定杨泽、李向仁、于兆金、王书林、刘友、阚惠林、王淑琴等出席双辽县党的基本路线教育工作代表会议。

8月29日 成立造纸厂筹建工作领导小组。组长：刘震海（场革委会副主任）。投资120万元建立造纸厂，生产油毡原纸。

9月17日 中共双辽县委下发《关于组成中共双辽农场第五届委员会的批复》（双发〔1976〕60号），董彦平任党委书记，张志政、何金山任党委副书记。

9月26日 中共双辽农场第五次党代会召开，会期两天。张志政致开幕词，党委书记董彦平作报告。出席代表101名，其中妇女代表13名；选举产生双辽农场第五届党委班子成员12人。

● **1977年** 1月3日 双辽农场召开妇代会，选举闫玉琴为双辽农场妇代会主任。副主任俞桂云、杨桂兰。

1月4日　双辽农场召开共青团代表会议，选举产生双辽农场共青团委员会，委员由11人组成，专职副书记赵玉环。

1月4日　出席双辽县农业学大寨会议先进集体三个：三大队民兵连、二大队二小队家属队、综合厂团支部；先进个人3名：四大队潘生友、二大队王树奇、三大队李占生。

2月10日　恢复了农场气象站。

2月23日　召开双辽农场农业学大寨总结表彰大会。党委副书记、场长张志政作报告。会议表彰了二大队党支部等11个先进集体，邢国权等66名先进个人。

5月　王德忠、李向仁、牛长贵、王树奇出席双辽县人民代表大会。

12月　国家恢复高考，五大队邓奇云考入东北电力学院。

● **1978年**　1月30日　场党委会决定：出席双辽县农业学大寨的先进单位3个：二大队四小队、五大队马队、鹿队；先进个人王树奇、赵广山。

3月18日　中共双辽县委组织部任命于兆金、贺培金为双辽农场党委副书记、革委会副主任。

3月25日　双辽农场一大队、四大队被评为双辽县治保委员会先进单位；双辽农场二大队、三大队被评为双辽县调解委员会先进单位。

4月29日　四平地区革命委员会批转农林办公室《关于梨树、双辽农场收归地区领导有关几个问题的请示报告》将梨树、双辽两农场上收地区领导。双辽农场更名为吉林省四平地区国营双辽农场。

5月9日　双辽农场党委将"文化大革命"期间的机关办事组改为科室，农业生产大队改为农业分场。在五个农业分场和鸭场建立党总支，各农业生产小队建立党支部。

7月　双辽农场中学教师安明、二分场职工王彦考入双辽师范。

12月5日　场党委研究双辽农场出席双辽县第八届人民代表大会代表8名。其中工农代表4名：牛长贵、曹承山（女）、王秀玲（女）、王树奇；知识分子代表3名：李向仁、常贵才、熊志光；干部代表1名：王德忠。

12月12日　中共四平地委组织部（四地组发〔1978〕115号）任命张志政为四平地区国营双辽农场场长。常贵才、王德忠、李向仁、杨泽为四平地区国营双辽农场副场长。

1979 年　1月　双辽农场党委决定，在原二大队小学的基础上，恢复双辽农场中心小学校名。总场投资扩大中心校规模。相继建设校舍 1000 平方米，开设 18 个教学班。同时办育红班（即幼儿班），初期有大中小三个班，后改为托儿所。中心校设 4 个分校和 3 个教学点。全场学生总数 2600 余人，学校教育教学管理进入了发展的快车道。一大批优秀的长春知青和当地的优秀青年成为学校教学骨干。

4月下旬　时任中共吉林省委书记王恩茂，视察双辽农场。

7月　双辽农场中学学生彭占山考入双辽师范。

12月4日　中共四平地委下发《关于梨树、双辽农场党的关系下放县委领导的通知》（四地党发〔1978〕81号）。明文规定党的领导关系由所在县委领导。

12月31日　全场粮食总产量 5444 吨。

1980 年　1月14日　中共四平地委组织部（四地组发〔1980〕3号）任命曾宪山为党委副书记（主持工作）。

3月　二分场一小队队长王树奇，作为农业工人代表，继续参加吉林省第五届人民代表大会第二次会议。

3月17日　吉林省革命委员会向四平行政公署下发吉革发〔1980〕58号文件，同意双辽农场鸭场从双辽农场分出，成立双山鸭场，直属吉林省农垦局。

5月　二分场一小队队长王树奇被评为吉林省劳动模范。

7月27日　双辽农场成立计划生育办公室。

1981 年　3月2日　吉林省人民政府办公厅（吉政办函〔1981〕16号）致函四平地区行政公署：妥善处理好哈拉巴山的归属问题，由省政府办公厅综合处和省农委生产计划处，组成调查组到四平行署、双辽县政府有关部门和双辽农场进行了调查，并提出了解决东哈拉巴山归属问题的意见。（详见第三编　第四章采石业）

8月10日　四平地区农场局批复同意双辽农场《关于原荣军农场转业干部、战士申请补发转业金、生产资助资金、安家费的报告》。

8月26日　中共双辽农场第六次党代会召开，组成第六届党委。选举曾宪山等 5 人为新一届党委委员。

9月30日　吉林省人民政府（吉政发〔1981〕237号）下发《关于将梨

树、双辽农场收归省农垦局直接管理的通知》。双辽农场划归吉林省农垦局管理。

● **1982 年**　1 月 16 日　双辽农场二分场党总支被中共双辽县委，评为双辽县优秀基层党组织；宫信、张殿生、王满仓、王国兴被评为双辽县优秀党员。

3 月 15 日　双辽农场召开职工代表大会，会期 1 天。代表 169 名。

5 月 30 日　吉林省人民政府下发《关于梨树、双辽农场仍归地区管理等通知》（吉政发〔1982〕92 号）文件。省人民政府决定：撤销吉政发〔1981〕237 号文《关于将梨树、双辽农场划归会农星局直接管理的通知》，梨树、双辽农场仍由四平地区行政公署领导和管理。农场的所有制、包干补贴以及计划、生产、财务、人事、劳资等仍维持 1981 年 9 月 30 日前的关系不变。

● **1983 年**　8 月　国家行政区划调整撤销四平地区，设立四平市（地级）。双辽县归四平市管辖。双辽农场更名为吉林省四平市国营双辽农场。

8 月 27 日　中共四平市委组织部任命孙福生为国营双辽农场党委书记。杨文江为国营双辽农场场长兼党委副书记。

9 月 13 日　中共四平市委农村工作委员会根据中共四平市委批复，任命孙福生为双辽农场党委书记，赵连友为副书记。杨文江为场长，常贵才、李向仁、牛长贵、唐恩华任副场长。

12 月 31 日　全场办起家庭农场 1000 多个，多数是父子、兄弟、姐妹家庭联合组建家庭农场。当年的粮食总产量达 5153 吨。实现纯利润 2 万元。至此，结束了双辽农场建立以来多年连续亏损，累计亏损总额高达 1451 万元，平均每年亏损 43 万元的历史。

● **1984 年**　1 月　双辽农场第一轮土地承包正式启动。

3 月 1 日　农场党委根据四平市农委有关老干部管理的精神，成立老干部领导小组。组长由党委副书记赵连友兼任。

6 月 21 日　根据国发〔1983〕74 号文件精神，结合双辽农场实际情况，决定对分场以下从事农业、林业、牧业、农机第一线工作的科技人员，从 6 月 1 日起实行岗位津贴，每人每月 8 元。具体名单如下：张凤文、于海军、韩景奎、吕作歧、蔡光玉、张喜鹏、郭玉坤、宋国良、陈洪宇、黄振华。

7 月 23 日　吉林省财政厅〔84〕吉财预字第 265 号《关于补发双辽、前郭两个农场复原专业军人转业金、安置费、生产资助金指标的通知》："按省农业厅、省民政厅的调查核实情况，国营双辽农场204人，105129元。据此相应增加四平市1984年支出预算指标10.6万元，列入'其他事业费'科目。严格按照政策规定，抓紧核实补发，尽快落实。发放时要有手续，留存档案。"

7月25日　经市农牧局、人事局审查批准，对胡忠诚、刘连友等15人补办干部手续；将荣新明、常国军等20人转为干部。

9月20日　根据有关文件精神。经党委讨论决定，自9月1日起对唐恩华等人发给技术补贴：唐恩华、陈凤歧、马鸣中每月10元，杨文义、李喜才每月8元。

10月4日　向四平市农业局报送企业整顿开展情况。主要内容：①按照革命化、年轻化、知识化、专业化的要求，进行了各级领导班子的整顿和建设。②整顿和完善以经济责任制为核心的管理制度。③整顿劳动组织，按定员定责组织生产。④整顿财经纪律，健全财务会计制度和物资、产品管理制度。⑤整顿劳动纪律，加强精神文明建设。

● **1985年**　3月7日　中共四平市委农村工作委员会（四农发〔1985〕6号）任命孙福生为中共双辽农场党委书记，副书记赵连有、赵志芳。场长唐恩华，副场长胡忠诚、辛凤水、张德才。调研室主任杨泽（副场级）。

7月　四平市双山大理石厂正式立项，总场成立筹建双辽农场大理石厂领导小组。

12月16日　根据上级关于开展打击经济犯罪指示精神，场党委成立打击经济犯罪领导小组。组长赵志芳（党委副书记），副组长胡忠诚、赵秀云。成立打击经济犯罪办公室。各分场及场直单位由主要领导负责。

12月28日　四平市双山大理石厂建设完成。四平市、双辽县有关领导为大理石厂建设竣工剪彩。大理石厂以大哈拉巴山玄武岩石为原料，生产"晶冠牌"玄武岩装饰板材。

● **1986年**　4月　总场办了两期旱育苗技术培训班。组织科学种田报告团，到各分场生产队巡回报告。一分场老工人王文玉介绍旱育苗经验，给全场职工极大的启发，对全场实行大面积旱育苗起到了积极的推动作用。

5月1日　场党委书记孙福生被四平市委、四平市政府评为四平市劳动模范。

6月1日　四平市副市长姜义带领市委农委、农业局、计委、财政局和农行等部门的主要领导，专程来双辽农场现场办公，解决大理石厂扩建立项筹措资金等问题。

7月25—31日　一周内降雨量达246.5毫米，东辽河桑树台段堤坝决口，洪水经小辽河古道涌进农场引水干渠，致使全场范围内六段堤坝被冲毁，引水干渠三处决口，给全场人民生命财产特别是水稻生产带来严重威胁。为战胜洪水，保护农田，保护人民生命财产安全，总场成立抗洪抢险指挥部。在抗洪抢险中，全场出动人工2280人次。出动汽车、小四轮、28型拖拉机65台次，动用土方2500立方米，连续奋战15个昼夜，加固了渠堤，抢修了三支渠和狼洞子等处决口，修复水毁路面和渠道。并为127户职工解决了檩子、过梁（农村建房用的圆木材）等992根，使他们及时维修了危房。保证了职工住房安全。还接待了梨树、怀德，双辽三县六个乡镇的灾民近3000人。由于全场上下一心通力奋战，使经济损失减少到最低程度。

10月上旬　在四平市政府的大力支持下，大理石厂扩建和设备改造，筹措到位资金165万元，及时购入了4台金刚石圆盘锯，1台8头磨抛光机，1台切边机，1台叉车和6台手扶磨。依靠自己力量完成了库房、供水、供电、供暖及设备安装工程，于10月中旬正式投入生产。

11月12日　中共四平市委农村工作委员会任命唐恩华为国营双辽农场党委书记；赵志芳为国营双辽农场场长；辛凤水为国营双辽农场党委副书记。

12月　在中共四平市委农委整党巡视组指导下，双辽农场从6月20日在全场开展整党工作。12月31日经四平市整党办验收为搞得好的单位。

12月　全场788名职工获得了文化补习合格证。有54名职工参加农业会计函授学习。28人参加农业广播学校学习。2名职工获得中专毕业证书。2名副场长参加了国家农垦干部学院举办的场长培训班。

● **1987年**　1月　双辽农场以正式文件下发《国营双辽农场林木保护管理办法》。主要内容：一、林木所有权及林木利用；二、林木保护管理；三、林业组织机构及林业队工资办法；四、护林员职责。

2月9日　双辽农场召开第七届职工代表大会，场长赵志芳做了1986年全场工作总结，并提出了1987年的经济指标和工作重点。会议表彰了大理石厂等先进集体 33 个，表彰赵广山、张万贵等 63 名先进个人。

3 月 1 日　在制酒厂实行了经营承包责任制。

10 月　经四平市计划委员会批复，（四计号〔1987〕245 号）双辽农场成立四个商业经销公司：双辽农场农副产品公司，双辽农场农业生产资料公司，双辽农场农机公司，双辽农场物资供应公司。

1988 年　2 月　对造纸厂等单位实行公开招标，签订合同向承包人颁发了聘用证书，实行经营权和所有权适当分离。

7 月 18 日　四平市计划委员会批准，成立了双辽农场地毯厂、双辽农场塑料彩印包装材料厂、成立双辽农场机砖厂。

10 月 30 日　变电所完成投资 30 万元的变电增容。由本场技术人员自行设计安装，增容后的变压器从原来的 10 千伏安提高到 20 千伏安。

12 月　根据上级指示精神，开始实施场长负责制，场长为双辽农场主要领导责任人。场长赵志芳，党委书记唐恩华。

12 月 31 日　全场粮食总产 10348 吨，首次突破了万吨大关。

1989 年　2 月 27 日　双辽农场一分场被四平市农业局评为先进单位。

3 月 9 日　吉林省农业厅（〔1989〕农垦字 54 号）命名赵志芳为吉林省农垦系统优秀企业家。

11 月 15 日　双辽农场召开建场 40 周年纪念大会。大会在 40 响礼炮声后开启了庆典大幕。赵志芳场长作《双辽农场建场 40 周年总结报告》。第一任场长贾巨文代表老荣军、老领导讲话。吉林省农垦局局长陈书弟代表上级主管部门及来宾讲话。

12 月 31 日　全场粮食总产达 10695 吨，再次突破万吨大关。是有历史记录的 1951 年 1571 吨的 6.8 倍；固定资产 395 万元，是有历史记录的 1951 年 14 万元的 28.21 倍；实现经营利润 207 万元，创双辽农场经营利润最高纪录。

1990 年　2 月 20 日　召开第八届职工代表大会，会期 2 天。职工代表 173 人，表彰先进集体 7 个。场长赵志芳做工作报告，总结 1989 工作，部署 1990 年工作任务。

4 月 1 日　向四平市政府呈报双辽农场"七五"工作总结。

1991 年　3 月 2 日　中共四平市委组织部任命沈占明为中共双辽农场党委副书记。

7 月 5 日　中共四平市委组织部任命沈占明为双辽农场场长。

● **1992 年**　8 月　场党委研究决定在博爱分场建立博爱小学分校。

8 月 22 日　四平市计划委员会批准，成立四平市国营双辽农场商贸总公司。

8 月 29 日　吉林省计划经济委员会批准，成立双辽农场山鸡厂。

10 月 7 日　四平市计划委员会批准，成立双辽农场经济开发区综合商店。

10 月 8 日　四平市计划委员会批准，成立双山大理石厂四平经销处。

10 月 10 日　四平市计划委员会（四计字〔1992〕538 号）《关于中外合资生产 520 万只肉食鸡项目的批复》：一、双辽农场与德国罗曼家禽企业有限公司对华总代理香港霸涛公司，以补偿贸易方式生产肉食鸡，出口冻鸡肉 1.5 万吨的项目建设进行洽谈。二、建设规模：年出栏肉食鸡520 万只。三、建设主要内容：肉鸡饲养、种鸡及孵化、饲料加工、屠宰及冷冻等。四、补偿期限为 9 年。五、产品由港方负责全部销售。

12 月 31 日　根据国务院关于农垦企业职工养老保险制度改革的精神，在双辽农场内部，建立了养老保险系统统筹等新的保险制度，参加了当地养老保险社会统筹。

● **1993 年**　4 月 14 日　四平市计划委员会批准，四平市国营双辽农场重建彩塑复合软包装装潢材料厂。

7 月 12 日　四平市计划委员会批准成立双辽农场农机配件商店。

10 月 30 日　始于春季的改造以博爱水田区为主的中低产田面积达 400 公顷。修复和新建上排水桥涵 16 处，完成土石方工程 24 万立方米，植树造林5 万余株，全面提高了农田基本建设的整体水平。

11 月 13 日　四平市计划委员会批准，成立双辽农场粮库。

12 月 11 日　四平市计划委员会批准，成立双辽农场珍禽养殖场。

12 月 31 日　粮食总产实现 1.55 万吨，其中水稻 1.2 万吨，玉米 0.35 万吨，大豆 20 吨。是历史上第二个高产年。

● **1994 年**　3 月 30 日　召开了双辽农场第十届职工代表大会，场长沈占明做了 1993 年的工作回顾，并提出了 1994 年的经济指标和工作重点。

4 月　双辽农场场部迁至现址大理石。

7 月下旬　双辽农场境内温德河河水泛滥，全场干部群众连续奋战五昼夜，终于战胜了洪涝灾害。

11月　双辽农场中学由三分场的前衙门老校址，乔迁至新场部西侧新校舍。

1995 年　1月28日　中共四平市委组织部任命王乃玉为双辽农场场长、党委书记。

4月　落实稻瘟病防治方法，进行生化肥料试验及钵盘育苗试点工作，采取旋耕深耕，配方施肥。

5月　经四平市计划委员会批准，成立双辽农场种禽场。

6月　全面推广灭枯灵壮秧技术，使秧苗成活率达95％以上。

10月30日　通过举办学习班等形式对分场干部、家庭农场、薄弱户分别进行了专题培训。全场总计办班32个，参加人数累计1800多人次。

11月　利用农闲时间开展积造农家肥和农田基本建设活动。全场落实积肥任务2.4万立方米，每公顷投入15立方米；农田基本建设全年累计出工28万人次，动用土方15万立方米。

12月31日　全场粮食总产1.56万吨。

1996 年　1月　双辽农场成立农业总公司、畜禽总公司。

3月3日　双辽农场第十二届职工代表大会召开，场长王乃玉做了1995年的工作回顾，并提出了1996年的经济指标和工作重点。

5月　双辽农场所在地的双辽县，经国务院批准设立双辽市（县级）。

7月　双辽农场根据小城镇建设的需要，在新场部及现大理石新区，成立了双辽农场中心小学。新建校舍1400平方米，占地面积25000余平方米，同时将原三分校（校址在前衙门）与中心校合并，原场部中心小学校更名为双辽农场二分校。

11月30日　根据年初提出的外延开发计划，建立了专门的组织，制订了外延开发的目标。秋收结束后，吉林省农业厅把在白城的生产基地100公顷农田，划拨给双辽农场；在双辽市内的卧虎镇和玻璃山镇开发水田400公顷。

12月31日　全场粮食总产首次突破1.6万吨。

1997 年　1月　由于资金周转困难，双辽农场党委研究决定，从1997年1月起总场及分场所有干部、教师、医务人员和离退休人员实施以粮顶资政策。把这部分人员的全年工资以发放水稻的方式结算，年末到农场指定的职工户领取水稻。

3月5日　双辽农场第十三届职工代表大会召开，场长王乃玉做了1996年的工作回顾，并提出了1997年的经济指标和工作重点。

12月21日　中共四平市委组织部任命胡忠诚为双辽农场场长；张学光为双辽农场党委书记。

12月31日　继续开展外延开发，拓宽农工就业门路。镇南种羊场开发水田50公顷，迁移农户20户；曹永正以40万元一标投中承包采石场，年初一次性上缴；酒厂生产的"玉米香"站稳了市场；造纸厂与外商签订了租赁合同，加工出口稻草，使闲置厂房得到有效利用，农户稻草得以转化。

● 1998年　2月　生产资料公司、农机公司等12家企业实行利费上打租招标，年初上缴利润48.94万元，同时强化了责任，规范了经营管理；鹿场实行先租后售，明晰了产业关系，当年完成上缴费用30万元。

2月26日　双辽农场第十四届职工代表大会召开，场长胡忠诚做了1997年的工作回顾，并提出了1998年的经济指标和工作重点。表彰1997年度先进单位7个：一分场、四分场、种禽场、采石场、粮油公司、小学、计生委、场长办。表彰臧远德等47名先进个人。

7月　对畜禽总公司进行资产重组，下属3家养殖企业负债剥离，遏制了行业亏损，为养殖业全面走向市场铺平了道路。

9月1日　入夏以来，双辽农场遭遇百年不遇的洪灾，全场出动人工3000人次，拖拉机50台次，治理温德河险工险段，清除内涝隐患。为支援双辽市抗灾抢险，总场主要领导带队，慰问抗灾抢险官兵，并送去了价值5万余元的救灾物资和慰问品。

12月1日　四平市农业局批准，成立双辽农场第一粮库、第二粮库。第一粮库在确保完成国家定购粮的前提下，搞好农场水稻收购、加工、销售工作。第二粮库收购本场自产的玉米、杂粮，用于加工和对外销售。

12月31日　全场个体业户完成产值500万元，其中荀会媛养猪、朱海双种菜，成为土状元，并带动一大批各具特色的项目。刘景民、张海锋、邵景林、杨晓兴等，产值都超过5万元。通过向石油勘探队和公路工程处输出劳务，增加职工收入10万元。

● 1999年　4月26日　双辽农场第十五届职工代表大会召开，场长胡忠诚做了1998年的工作回顾，并提出了1999年的经济指标和工作重点。表彰先进单位6个；

四分场、生产资料门市部、土地水管所、种禽场、采石场、中学；表彰王宇南、王宝昌等先进个人46人。

4月30日　全面完成二轮土地调整工作。从2月25日至4月底，历经两个月，全场6个农业分场、30个生产队土地调整全部结束，合同签订工作全面完成。

5月8日　冷冻加工厂与温州实业家甘世园先生合作项目正式开业，租赁期限5年。采用租赁经营的方式，收购加工销售鸭产品。

11月15日　双辽农场召开成立五十周年庆祝大会。场直机关、各企事业单位负责人、老荣军代表、离退休干部代表及吉林省农业厅、四平市委、四平市政府、四平市委组织部、四平市委农村工作办公室、四平市农业局、双辽市委、双辽市政府、双辽市人大、双辽市政协、双辽市纪检委等部门有关领导应邀出席会议。特邀四平人大常委会原主任孙述昌，双辽农场原场长王守权（市水利局退休局长）光临大会。场长胡忠诚做建场50周年工作报告。省农业厅副厅长丁维联、省农垦局局长宿录瑞、四平市委秘书长宋洪涛分别代表来宾讲话祝贺。

11月30日　从春季开始的一分场万亩水田改造工程纳入国家开发项目完成，总投资225万元：建立1个提水站，修桥涵20座，缓解了西坨的水荒；共修农田路13万延长米，植树4万株，改造中低产田500公顷。全场引排清淤24公里，完成土方40万立方米；为完成双辽市三引干工程出动人工1万人次，完成土方15万立方米。

12月31日　冷冻加工厂，全年销售冷冻填鸭500吨，通过发展养殖业，转化粮食1500吨，并带动了个体养殖和相关产业的发展；饲料厂与辽宁客商合作，收购饲料粮500吨；随着小城镇建设的实施，个体私营经济迅速发展。全场个体餐饮20户，养殖户20家，零售批发户50家，运输贩运户30家，粮米加工厂25家，其他业户10户，从业人员达到450名，产值达1050万元。

12月31日　1999年粮食总产量达1.8万吨，比上年增产一成，创历史最高水平；工农业总产值达4190万元；商业销售总额达1500万元；个体私营经济产值达1050万元；招商引资总额534万元，在市农业局系统被评为第一名；全场干部职工工资全部兑现。年终经营成果较上年减亏190万元，圆满完成市农财两局下达的减亏任务指标。全面工作年终受到主管局表彰，被授予"农垦工作先进单位"，工作经验在省市农垦工作会议上作为典型发言。教育、卫生、计划生育、社会治安综合治理和小城镇建设等项工作也有长足发展，被四平市委、市政府评为"文明单位"。

● **2000 年** 3 月 7 日　双辽农场第十六届职工代表大会召开，场长胡忠诚做了 1999 年的工作回顾，并提出了 2000 年的经济指标和工作重点。

表彰先进单位 7 个：一分场、二分场、生产资料门市部、土地水管所、种禽场、畜禽公司、小学；李永成等 50 名先进个人。

6 月 12 日　经吉林省人民政府开发区办公室批准，成立四平辽河农垦管理区。双辽农场划归"四平辽河农垦管理区"领导。

9 月 10 日　夏季双辽农场遭遇百年不遇的灾情，连续干旱少雨，二龙湖断水，场党委充分发动群众组织抗灾自救，打井抗旱，新打小井 2700 眼，缓解了灾情。使灾害造成的损失降低到最低限度。为使农工休养生息，让利于民，2000 年总场根据灾情，调整了农业合同，一分场减免 10%，博爱减免 2%，全场旱田费用全部予以免除。

10 月 26 日　中共四平市委正式发文《中共四平市委、四平市人民政府关于组建四平辽河农垦管理区有关问题的通知》。双辽农场划归四平辽河农垦管理区。

11 月 20 日　场长胡忠诚签发《双辽农场关于调整白城水田开发区部分荒地耕作权的通知》（双农政发〔2000〕9 号）。根据吉林省农业厅的有关精神，双辽农场决定对双辽农场经营的白城水田开发区没有耕作的荒地，从 2001 年 1 月 1 日起，交给白城市农业局耕作经营。现有合同的种地户，继续执行原合同，到 2005 年 12 月 31 日止。合同期满后，由双辽农场或现有种地户继续与镇南种羊场续签土地承包合同。

12 月 31 日　年初对鹿场、种禽场实行了先租后售，养鸭户全部转为私有。全场有个体私营户 332 个，从业人员 775 人。其中个体商业户 122 家，加工业 130 家，种养业户 43 家，文卫个体业户 37 家。个体私营业固定资产 2415 万元。青年职工刘景民，自办木材加工厂，走出场区搞经营，生意红红火火。他还购置了运输车辆，养牛、羊近百头。青年职工朱海双，钻研大棚蔬菜，专攻黄瓜、西红柿等种植，带动了群众，成为远近闻名的庭院经济领头人。

● **2001 年** 1 月 12 日　中共四平市委组织部任命张学光为双辽农场场长、党委书记。

1月　双辽农场正式划归辽河农垦管理区。

2月16日　双辽农场第十七届职工代表大会召开，场长张学光做了2000年的工作回顾，并提出了2001年的经济指标和工作重点。表彰先进单位6个：土地所、生产资料公司、种禽场、中学、党办、农业科；李永成、刘连富等47名先进个人。

5月上旬　双辽农场遭受了严重的旱灾，由副场级以上领导带队，组成6个工作组。取消双休日，增加工作时间。直接下到各分场各户，百人包百户，靠前指挥、指导春耕生产、打井抗旱。帮助20余户抢墒播种20公顷。二分场发动分场小队干部，为刘福财等特困户打井插秧。土地所、变电所为旱田户，抢种旱田提供了诸多方便。土地所水塔、农行家属区深井24小时启动，为农户坐水播种和喷灌供水，缓解了旱情，全场2500公顷耕地，没有一分地撂荒。

12月　全年新增个体业户103家，其中加工业23家，种养户56家，从业人员215人。李林蔚的粮米加工厂、于立国的肉犬饲养厂、邢玉民的木材加工厂等企业，都达到了一定规模和档次，为个体私营经济发展树立了标杆。总场领导、科室干部及基层单位出资7.2万元，拓宽长通公路新区段2.2公里；四分场被四平市文明委授予"文明村"称号；小学在全县（市）统考中名列前茅，中学在双辽市农村中学中考中排名第一。本年粮食总产量1.7万吨，工业产值2000万元，商业销售总额1500万元，个体私营经济产值1800万元，社会总产值完成7500万元。完成减亏任务100%，招商引资任务指标100%，全场干部职工工资兑现100%，完成税费上缴和偿还农贷100%。被四平市委、市政府评为"文明单位"，被四平市政府授予"抗旱工作先进单位"称号。

● **2002年**　1月20日　双辽农场第十八届职工代表大会召开，场长张学光做了2001年的工作回顾，并提出了2002年的经济指标和工作重点。表彰先进单位9个：一分场、二分场、四分场、生产资料经销处、冷冻加工厂、变电所、中学、行政办公室、综合科。表彰李春山、任永庆等37名先进个人。

全年：

1. 退耕还林150公顷，打电机井30眼，建大棚50栋，修筑农道桥涵，疏通沟渠，栽种防护林，购置喷灌设施，在大灾之年，确保了农业的丰产丰收。

2. 订单农业，年初签订 1000 公顷优质水稻的订单，孤家子国储库诚信可嘉，按合同收购，价格比市价每吨高出 200 元以上，全场农工增收近 200 万元。

3. 全场新增养牛户 150 户，养猪户 360 户，养鸡户 210 户，推进了余粮向肉、蛋、奶的转化，吸纳了富余劳动力。

4. 优化载体建设，建立长郑经济开发带。5 个小区投资 350 万元，全部是个体投资，招商引资户占 31.6%，无国有成分。长郑经济开发带建设，被四平市授予"先进单位"。

5. 粮食总产量在种植结构调整的前提下，创下 1.8 万吨的历史新高；工农业总产值完成 4541 万元；商业销售总额 2000 万元；个体私营经济产值 3000 万元；招商引资额突破 2000 万元；全场总产值达 1.2 亿元；实现减亏 95 万元，减亏幅度 21%。

6. 双辽农场作为全省农村工作会议的唯一农垦代表，在大会上做了典型发言。二分场、一分场西坨、生产资料经销处、冷冻加工厂、中学等单位被四平市、辽河垦区命名为"文明村""文明单位"，姜建国等 10 个家庭，被授予"文明户"光荣称号。

2003 年 3 月 6 日 双辽农场第十九届职工代表大会召开，场长张学光做了 2002 年的工作回顾，并提出了 2003 年的经济指标和工作重点。表彰先进单位 7 个：一分场、采石场、生产资料经销处、变电所、中学、综合科、开发办；先进个人李永成、李春山等 47 人。通过了《2003 年生产经营管理办法》《财务管理办法》《林业管理实施细则》《畜禽养殖业管理实施细则》《职工培训方案》《职工包保方案》等六个文件。

5 月 31 日 对个别地块进行水改旱调整，全场水改旱面积 70 公顷，增种花生 200 公顷，大豆 200 公顷，其他经济作物 30 公顷。

6 月 10 日 全场退耕还林面积 398.6 公顷。新打抗旱井 30 眼，新修农道 15000 延长米，植树 30000 余株，新修桥涵 12 座。

7 月 根据上级有关农垦企业职工全面纳入社保的规定，全场在册职工 4596 人全部纳入社保（包括 2003 年 6 月 30 日前场内离退休的 528 人，这部分人由四平市社保局无偿接纳，按月发放退休金），由四平市社会劳动保障局统一管理。

本年全年养鸭 8 万只,鸡 12 万只,鹅 6 万只,牛 1500 头,羊 3200 只,猪 9600 头。冷冻加工厂投资 80 万元引进骡鸭生产项目,生产骡鸭 20 万只;全场 1600 名贫困职工都按要求享受了低保待遇;粮食总产量在种植结构调整的前提下达到 1.6 万吨,工农业产值完成 4000 万元,商业销售总额 2500 万元,畜牧业产值 1000 万元,个体私营经济产值 3500 万元,招商引资完成 2131.1 万元,全场社会总产值完成 1.1 亿元。

● **2004 年** 1 月 双辽农场中心小学根据双辽农场管理体制变更,划归辽河管理区教育局管理。

3 月 辽河农垦管理区委任命彭占山为双辽农场场长、党委书记。

4 月 8 日 双辽农场第二十届职工代表大会召开,场长彭占山做了 2003 年的工作回顾,并提出了 2004 年的经济指标和工作重点。与会代表 130 人:农业系统 57 人,工业、商业、个体系统 27 人,养殖业系统 10 人,文教卫生系统 17 人,总场机关 19 人。

4 月 执行国家对种地农户发放粮食直接补贴政策。

9 月 改变过去用水稻兑现干部工资的办法,实施按期足额发放干部工资。

12 月 农工管理费不再交粮食,把应缴粮食总量折算成现金(水稻每公斤 1.26 元、玉米每公斤 0.82 元)。

本年粮食总产量 1.8 万吨。职工人均收入 2600 元。向全场植树造林户发放退耕还林资金 47 万元。发放水稻良种补贴 44 万元。

● **2005 年** 1 月 根据国家相关文件精神,实现了场内教师的同工同酬,解决了国家教师和场办教师工资差别。

12 月 将全部在编 104 名教师(包括 14 名退休教师)纳入省财政转移支付开支。

12 月 2005 年农垦企业实施税费改革,农户上交种地费,只交原来种地费的 17.7%,剩余的 82.3%,由吉林省财政转移支付给企业。

本年粮食产量 2.4 万吨。职工人均收入 3000 元。发放退耕还林资金 51 万元。发放水稻良种补贴 44 万元。

● **2006 年** 1 月 1 日 国家废止《农业税条例》,取消除烟叶以外的农业特产税,全部免征牧业税,中国延续了 2600 多年的"皇粮国税"走进了历史博物馆。农场职工至此也同全国农民一样,不再向国家缴纳农业税。

5 月 1 日 场长、党委书记彭占山被四平市总工会授予"五一劳动奖章"。

7月1日　场长、党委书记彭占山被中共吉林省委授予"省优秀共产党员"。本年全场9000人参加农村合作医疗，参合率已达90%以上；粮食产量2万吨。职工人均收入3500元。发放退耕还林资金60万元。发放水稻良种补贴45万元。发放综合补贴60.6万元。

2007年　4月28日　双辽农场第二十一届职工代表大会召开，参加会议代表132人。场长彭占山做了2004年至2006年的三年工作回顾。大会审议通过了《双辽农场2007年工作方案》。

9月14日　《四平日报》报道：双辽农场在抗旱工作中，先后筹措资金6万元，修复机井16眼，形成了抗旱保苗供水网络，实现了水田至少两遍喷灌，有力地控制了旱情。特色产业逐步形成规模，初步形成四分场以花卉为主、五分场以香瓜为主的棚膜经济示范区。四分场的花卉销往四平、长春、沈阳等地，产品供不应求。五分场的香瓜基地，仅曹志福一家，就投资30万元，搭建了近3公顷的香瓜大棚，带动了广大种植户。同时总场协同分场领导带领种植户到双辽市学习，推动了棚膜经济发展。发展棚膜种植15公顷，从收益和效果上看，较种植玉米收入成倍增长。

9月28日　《四平日报》报道：2007年双辽农场实现招商引资3500万元，引进投资项目6个，分别是年产值5000万元的吉星牧业肉鸡车间屠宰改造项目；年产值1000万元的渤海化工有限公司糠醛生产项目；辽河牧业奶牛示范项目和方明木业公司高档木门项目等。这些招商项目的成功引进，实现年产值7000万元，创造税收105万元。

12月21日　《四平日报》报道：党的十六大以来双辽农场改革发展不断取得新突破，企业呈现出治理结构透明、管理水平提高、市场竞争力增强的新面貌，全场各项事业呈现出快速发展的态势。累计实现农业产值13593万元，工业产值4088万元，商业销售6000万元，畜牧业收入6246万元，招商引资5000万元，实现国内生产总值39600万元。累计发放各项惠农资金652万元，发放农业贷款2500万元，完成减亏605万元，偿还债务272万元，清欠42万元。

本年　大棚区利用现有大棚，建立6万平方米的绿色蔬菜生产基地。种植适销对路的优质、绿色蔬菜品种，统一管理、统一销售，向规模化要效益。水田示范区建成1000公顷的优质营养米生产基地。

● **2008 年**　1 月　农场党委结合本场经济状况实际，决定停止农场为职工缴纳的 20％社保基金。但为 2008 年 1 月以后办理退休手续的职工，承担 2003 年 7 月—2007 年 12 月 31 日前的 20％社保基金。从该职工发放退休金之日起，农场补发给该职工垫付的 2003 年—2007 年 12 月期间农场应承担的 20％社保费用。

1 月　双辽农场所办全日制普通中小学，国家教师和场办教师一次性全部分离并按属地移交辽河垦区统一管理，由四平市财政列支。结束了场办教师的历史。

2 月 26 日　《四平日报》报道：辽河垦区双辽农场邓飞云、李殿杰夫妇，1997 年承包养鹿场，从当年存栏 33 只，发展到今年（2008 年）存栏 118 只，而且鹿的品种越来越好。

10 月 10 日　为确保国家农垦系统泥草房改造工作的顺利进行，农场党委制订了《双辽农场 2008 年农村泥草房改造实施方案》，成立了由场党委书记任组长的领导小组。确定把博爱分场作为泥草房改造试点单位。

本年　国家分配给双辽农场改造泥草房 24 户，其中一般户 13 户，困难户 11 户，一般户每户 6000 元，困难户每户 12000 元，改造资金共计 21 万元。同时，总场配套资金 3.5 万元。由博爱分场班子成员包户改造，做到有事及时解决，一天一检查，一天一向总场泥草房改造小组汇报。博爱分场为更好地配合泥草房改造工作，新修砂石路 2 公里。国庆节后，24 户人家陆续从草屋中搬出，住进了宽敞明亮的砖瓦房。

● **2009 年**　12 月 26 日　《四平日报》报道：坐落在双辽农场的辽河垦区鑫达牧业有限公司，占地面积 1.2 公顷，房舍面积 2100 平方米，现饲养种猪 376 头、肥猪 650 头、后备猪 73 头、年出栏 3000 头。

本年　全场有 865 人享受低保，年发放低保资金 160 万元，累计完成泥草房改造 70 户，投入资金 29.4 万元。全年共落实各种惠农资金 620.5 万元，其中粮食直补 160 万元，综合直补 329 万元，良种补贴 54.7 万元，退耕还林补贴 53.7 万元，能繁母猪补贴 11.6 万元，汽车下乡补贴 10.3 万元，家电下乡补贴 1.2 万元。2009 年，粮食总产 1.8 万吨。玉米在干旱时期及时浇灌，每公顷产量在 1 万公斤以上。种植甜瓜 30 公顷，每公顷产量 1 万公斤。春季造林 12 公顷，发放林权证 391 本，采伐树木 200 立方米，全年无森林火灾发生，迎接省检合格面积 100％。为 3095 头猪进行了投保，保费是 3.71 万元，全年共为养殖户死亡的 81 头猪赔付资金 8.1 万元。投资 10 万元，对畜牧站进行了改造，增加了设备，提高了检验、检疫能力。争取区财政投资 280 万元，修建了 2 条 7.8 公里的柏油路，改变了农场 30 年没有硬化路面的历史。同时自筹资金，对场内 3.86 万延长米道路进行了维修，铺垫了沙石。投资建设人畜饮水工程和沼气项目，人畜饮水工程全面竣工，沼气安装共完成 25 户示范户。投资 29 万元对卫生医疗机构设施改造工作，新建门诊大厅 300 平方米。累计为全场 300 多人次报销医疗费用 40 万元。投资 25 万元对敬老院进行了改造。投资 100 万元为小学新建 440 平方米幼儿园，为中学学生宿舍安装太阳能热水器。共建保障性住房 130 户，争取国家补助资金 195 万元，为全场 1535 户租赁住房争取补贴 55.25 万元。博爱分场 269 人申报水库移民，移民补贴 60 万元。

● 2010 年　1 月 1 日　全场 8600 人参加新型农村合作医疗，参合率达到 98.1%。

4 月 9 日　双辽农场第二十二届职工代表大会召开，与会代表 139 人。场长彭占山做了 2007 年至 2009 年工作回顾。大会还通过了 2010 年工作方案。

6 月 1 日　《四平日报》报道：辽河垦区光明畜禽有限公司，2008 年双辽农场从安徽招商引资招来的企业。总投资 3200 多万元，年屠宰鸡鸭鹅能力 600 万只，年实际屠宰 200 万只，主要销往上海、浙江、江苏、湖北等地。

6 月 30 日　入夏以来连续 20 余天的偏高气温，致使农作物干旱。场党委带领机关干部包扶田间地头，指导种植户采用两套喷灌交替方式，最大限度地发挥灌溉效率。对大豆、玉米等作物适时开展中耕管理，实施铲前趟和铲前松作业，促进作物生长，增强抗旱能力。全场每天有 1000 余人奋战在抗旱一线，农田灌溉以每天 1000 亩速度推进，受旱作物灌溉面积达 85%。

9 月 20 日　从三合西部—前衙门—山鸡场—农场医院，7.8 公里柏油路开工。

9 月 20 日　农业综合开发项目，共分四个标段。分别在一分场、三分场，国家投入开发资金共 900 万元。

10 月 21 日　双辽农场进行第六次全国人口普查。

10月25日　双辽农场大理石新区各路口，首次免费安装监视器。对双辽农场的社会治安改善，起到一定的作用。

● **2011年**　1月　根据上级有关规定，场办教师正式纳入国家教师编制，实现了身份转变。

6月9日　双辽农场村村通工程，首次新修两条水泥路。一条是大理石新区—前衙门，一条是哈拉巴山前—三家子。

6月9日　双辽农场被确定为贫困农场。国家下发扶贫款50万元。

8月1日　金融系统对粮食直补贷款正式实施。

9月　改造廉租房52户，国家补助资金每户3万元，总计156万元。

10月　国家投资50万元在五分场修建水泥路1.5公里。

12月　全场危旧房改造650户，改造职工住房面积4.55万平方米，国家补助资金每户1.35万元，总计877.5万元。

● **2012年**　4月11日　全省农垦危房改造工作现场会，在双辽农场召开。

6月3日　双辽农场成立消防站，组建由5人组成的消防队。

9月　职工危旧房改造637户，改造面积4.45万平方米，国家补助资金每户1.5万元，总计955.5万元。

10月　五分场新修水泥路1.6公里，争取国家资金65万元；一分场修建水泥路4公里，国家投入资金160万元；大理石新区新修水泥路4.25公里，国家投资166万元。

● **2013年**　5月24日　双辽农场购置一辆7万元的消防车，用于消防工作。

7月3日　双辽农场中学，在2013年中考中，考试成绩名列双辽市农村中学第一。考入双辽一中18人，超额完成任务。

● **2014年**　3月21日　双辽农场四分场建成花卉苗木基地。

5月25日　在双辽农场中心小学建文化广场一处。

5月25日　双辽农场党的群众路线教育实践活动开始。

7月15日　原建筑公司、农业公司，进行开发商品住宅楼。

10月28日　双辽农场党委向辽河垦区委上报了《脱贫工作总结》。

12月31日　2014年全场农户种地费继续减免3.7%；税费改革，农业工人只交种地费用的14%。

● **2015年**　8月　新修环线水泥路18公里，国家投入资金644万元。

10月　改造职工危旧房397户，改造面积2.3万平方米，国家补助资金

595 万元。

12 月 17 日　双辽农场下发《双辽农场 2015 年工资调整方案》（双农政发〔2015〕19 号）：为进一步提高全场干部职工薪酬水平，提升广大干部职工的工作积极性，鼓励干部职工爱岗敬业，爱企如家。参照行业薪酬水平和当地平均生活指数，根据农场实际，制订了调资方案。

● 2016 年　1 月 3 日　根据中发〔2015〕33 号和吉发〔2016〕44 号文件精神，双辽农场按照上级提出"用三年左右时间，将国有农场承担的社会管理和公共服务职能纳入地方政府统一管理"的要求，协助上级相关部门立足于国有农场的基本情况，推进国有农场办社会职能改革。

4 月 28 日　双辽农场向辽河农垦管理区上报《脱贫工作总结》。2016 年春节后，针对全场最后的 19 户贫困户制定了精准扶贫措施。

● 2017 年　3 月 20 日　辽河农垦管理区任命梁宏臣为双辽农场党委书记、场长。

4 月 17 日　根据上级有关农垦企业改革精神，双辽农场党委召开农垦改革调查摸底工作专题会议，成立了领导小组，设立了农垦改革办公室。明确改革工作由党委办公室和财务科牵头，相关部门各司其职、密切配合，确保此次国有农垦企业改革进行顺利。在调研中全面了解农场干部职工思想，征求农场职工代表的意见，同时将方案中遇到的编制、社保等问题，向组织、人社、民政、财政、农业等部门咨询，拿出解决办法。制定了深化农垦改革专项试点任务书，上报省农委。确保改革方案合理可行。通过调查研究，摸清了农场的面积、人员、社会保障、债权债务、资产规模、社会事项、收支经营状况等情况。查清账务，对清查核实的情况登记造册，为实施资产评估，确保清产核资结果的真实性提供保障。

8 月 7 日　辽河农垦管理区决定由双辽农场党委副书记、副场长郑守威主持工作。

● 2018 年　4 月　根据双发〔2018〕14 号文件精神，双辽农场党委召开了全场干部大会，认真传达了双辽市委文件精神，积极做好现有分场社区工作人员的思想工作。按照过渡社区机构组成人员，由农场党委负责在分场和场部工作人员中择优选派的原则，在全场干部中采取自愿报名，组织考核，择优录用的方式，推荐了 35 名干部到过渡社区任职，并为每个社区推荐了负责人 1 名。

4 月　双辽农场划归双辽市管理，双辽农场中心小学由双辽市教育局管理。

6 月 20 日　双辽市双山镇在双辽农场 6 个分场挂牌成立了 6 个社区，办公用房由企业无偿划拨给地方政府使用。

6 月 26 日　中共双辽市委组织部任命王长利为双辽农场党委书记、场长。

9 月 20 日　双辽市农垦改革工作领导小组下发《关于双辽三场从事办社会职能工作人员到属地乡镇工作的安排意见》。首先确定了划入属地的社会职能范畴，严格按照文件要求认定划转人员，相关人员本人提出申请，自愿到属地政府工作，服从属地政府安排管理。企业承担的社会管理和公共服务职能部门：民政、社保、消防、畜牧站、农机站、合作医疗、计生等站所人员，按照现代企业制度构建新的部门。

● **2019 年**　1 月　双辽农场进行土地确权。

6 月 28 日　双辽农场首次进行田间飞防作业，作业面积 3.9 万亩。

7 月 17 日　双辽农场五分场落实农机项目扶贫资金 270 万元。

9 月 20 日　双辽农场开展"不忘初心、牢记使命"主题教育。

10 月 29 日　双辽农场申请注册了两个品牌大米：双农绿优、双农原味。

● **2020 年**　1 月 28 日　双辽农场召开新型冠状病毒疫情防控工作会议。

2 月 2 日　双辽农场与双辽市交通局沟通，对场区内原有破损的水泥路面进行白加黑处理（即铺一层沥青）。

4 月 24 日　双辽农场组织学习习近平总书记《关于总体国家安全观的重要论述》。

6 月 30 日　双辽农场召开国有资产三资乱象清理工作会议。对场内资金、资产、资源进行有序清理。

8 月 27 日　双辽农场水稻收割机项目，落实到一分场。共购进水稻收割机 10 台，稻草打捆机 20 台，农用 604 拖拉机 6 台，解放半截车 2 台。

● **2021 年**　1 月 18 日　双辽农场制定土地测量方案，对现有耕地重新测量。多余土地执行市场价收费标准。

4 月 19 日　组织全场党员、干部职工参加中共党史学习教育。

5 月 28 日　双辽农场组织双山镇 7 个社区两委换届选举工作。

6 月 9 日　按照《农业农村部农垦局关于公布第二批中国农垦农场志编纂农场的通知》要求，由双辽农场申请，经吉林省农垦管理部门择优推荐，中国农垦农场志编纂委员会办公室审核并报部领导审定，确定双辽农场为第二批中国农垦农场志编纂农场（共有 50 个国营农场）。

6 月 30 日　双辽农场党委召开《吉林双辽农场志》编委会。场党委书记、场长王长利主持会议。会议传达了《农业农村部农垦局关于公布第二批中国农垦农场志编纂农场的通知》；成立了双辽农场志编纂委员会。

7 月 1 日　双辽农场党委开展建党 100 周年庆祝活动。

9 月 22 日　主编刘连成、副主编任永庆赴四川成都，参加了中国农垦农场志编纂委员会办公室、中国农垦经济研究会举办的"第二批中国农垦农场志编纂培训班"。

中国农垦农场志丛

第一编

自然地理

中国农垦农场志丛

第一章　地形地貌

第一节　土　质

双辽农场地势东北高西南低。东北部受哈拉巴山地势影响，所以靠近水田区北部两端有高低不平的沙丘地。其土质根据地势的变化而变化，土壤的差异性很大，场区内共有四大类土质。

1. **砂壤土**（四类土壤）　这类土壤主要分布在东北部海拔130～140米、西南部129～121米的旱田区，即沙丘岗坡地。土壤砂性重，有机质含量低在1%以下，肥力差，保水保肥能力低，易风剥干旱。在春季易失墒，影响保苗。后期作物常常早衰，因此产量很低。这类土壤面积约2000公顷，在各分场都有分布。应采取改良土地，拉黑土压砂，多增施有机肥的办法；培肥地力，减轻砂性，增加土壤团粒结构；保证施用足够的农家肥提高地力，再配合施加化肥，便可提高产量，也可以种草肥田，做到用地和养地相结合，搞好植树造林防风保土。

2. **黑钙土**（一类土壤）　主要分布在海拔128～130米灌区上游二分场、三分场水田区域南侧和新立乡土地接壤处。土质较黏、有颗粒、有机质含量较高。黑土层较厚达50～70厘米，地下水位较高。地温回升较慢，作物生长前期土壤养分释放较少，不发小苗。入伏以后地温升高，养分供应较多，作物后期生长繁茂。因此应注重前期早施勤施化肥，后期少施、巧施化肥，同时加强农田建设，深挖排水沟，降低地下水位以利提高地温。这类土壤分布在二分场4号、7号、12号、13号地，三分场17号、18号地，四分场的25号、26号、29号地。总面积约300公顷。只要降低地下水，可变成水稻的高产稳产区。

3. **草甸土**（二类土壤）　这类土壤有重壤质盐化草甸土和轻壤质盐化草甸土两种，因该土受盐化和地下水位高的影响，养分释放不出来，所以一般肥力不高。砂性草甸土肥力更低，有机质含量在0.3%～0.5%、土质较黏、耕层浅一般只有10～15厘米下面是淘塘砂。保水保肥力差，酸碱度在7～7.5，该土分布在海拔130～125米水田区北侧。在二分场2号、8号、9号、10号、15号，三分场19号、20号、21号，四分场24号、25号、

27号、28号，面积约有700公顷。这种土质应多施有机肥，增加土壤肥力、改善土壤的物理结构，降低盐碱度。可适当增加施肥量，前期促进作物生长，后期保住肥劲，避免过早脱肥而早衰。

4. **盐土**　土质重板结，酸碱度高。pH达到7.5～8.5，缺乏腐殖质，肥力较低通透性差、对作物生长不利。常年产量低。这类土主要分布在海拔121～119米的一分场和二分场3号地，共计面积500公顷。需要改良盐化土，提高地力，多增施有机肥料提高有机质含量；形成团粒结构；增加土壤孔隙度，提高通透性，改善理化性质，要施用生理酸性化学肥料，减轻盐碱危害。

2021年双辽农场地形图如图1-1-1所示。

图1-1-1　2021年双辽农场地形图

第二节　气　象

双辽农场地处吉林省西部的科尔沁草原边缘，接近内蒙古地区，属半干旱半风沙地带。据1978—1983年双辽气象站的气象资料记载，平均年降水量460毫米，其中7—8月份平均降水为 280 毫米，占全年降水量的 60%。年平均蒸发量为 1468 毫米，其中 4—5 月份蒸发量为 529 毫米，占全年 36%。年平均相对湿度 63%，年平均温度为 4.7℃，月平均气温四月份为 7.7℃，5 月份为 15.5℃，6 月份为 21℃，7 月份为 23℃，8 月份为 21.6℃，9 月份为 15.6℃。历年初霜期最早在 9 月 23 日，终霜期最晚在 5 月 3 日，年平均无霜期 140～145 天，最长无霜期是 161 天，最短无霜期为 114 天。年平均地面温度为 7.5℃。4—9 月份地面温度为 20.7℃，在耕层下 25 厘米的温度为 17.7℃。历年封冻期 11 月 10 日，解冻期在 3 月 25 日。年平均日照时数为 2942 小时，年平均日照率在 66%，主害风向多为西南风，年平均频率为 60%，年平均大风时速为 13.8 米/秒，大于或等于 8 级风，日数平均为 35.8 天，最多达到 53 天，最少为 18 天。

按照双辽农场气象资料分析，春季干旱多风温度低，夏季增温少雨湿度大，秋季雨多温差变化大，冬季风大严寒少雪。按照这种气象看，4 月末至 5 月上旬抓紧播种不误农时，在雨季到来前旱田拿起大垄。水田要提前育苗，稻田在 5 月末插完秧，这样才能在作物生育期间不着霜冻，在稳定期 129 天中获取好收成。如不然，会遭到低温冷害或延迟性冷害及早霜的威胁而减产。

第三节 农田水利

据双辽农场所在地双辽县水利局 1983 年水文地质资料记载，东辽河流域由于河流的交替沉积，大青沟组相变为多层砂砾石、富水性能好。上部含水层厚 15～20 米，是砂或砂砾石；下部为大青沟组相砂砾石，该层累计厚 25～35 米，颗粒粗、渗透性能强，水动力条件良好。该地段为本县富水性最佳储量最大的地段，属于河谷平原，宽 3～8 公里，呈弧形条带状分布。该流域层位和厚度变化剧烈，砂砾石呈黄色或灰色松散分选及磨圆较差，颗粒成分以中粗砂为主，含 30% 左右的砾石，下部较纯、砾石径较大，一般在 2～10 毫米，最大达 50 毫米，其组成繁杂，以石英、长石、混合花岗岩为主，并有少量玄武岩及流纹岩。该地带潜水位与河水位有密切关系，两者水位动态基本一致。呈现互补关系。该地渗透系数一般为 20～30 米/昼夜。降深 3 米，单井出水量 70～200 吨/小时，水量极富，是双辽县第一丰水区。

双辽农场水田的开发，最早建于日伪时期。引二龙湖水库，东辽河水和上游灌区及小辽河泄水灌田。荣军农场建场时，灌溉工程不配套，当时以边建场边生产的原则逐年配套渠系工程。原是三级渠系网，后改为四级渠系网供水。有干渠 1 条，支渠 18 条，斗渠 800 条，并在田面上已全部建成毛渠条田。每条宽 25～30 米，条田长 500 米，多为东北西南走向。

耕种面积 3000 公顷，其中水田面积 2500 公顷，每公顷需水量为 2 万立方米，总的需水量是 5000 万立方米。由于接用上游灌区的泄水，水质含盐量稍高，再灌入田面后排出，pH升高到 7.5 以上。由于灌区处于下游，在丰水年时水量充沛，枯水年时水量短缺。为保证农田用水的需要，需打水田电机井补充水源（图 1-1-2、图 1-1-3）。1985 年农场共打电机井 14 眼，旱田电机井 5 眼，保证了区域农业生产供水需要。

图 1-1-2　东辽河双辽灌区渠首（任永庆摄）

图 1-1-3　贯通双辽农场场内的入水主干线（北旱河）（刘连成摄）

图 1-1-4　绿油油的稻田（刘连成摄）

第二章 自然情况

第一节 场址及区域

一、卧虎屯建场

吉林省四平市国营双辽农场1949年6月筹建，1949年11月15日正式成立，原名为辽西省荣军农场，有荣军转业官兵550人，场部设在卧虎屯六家子（现前六家子）。其经营方针是自给自足，实行供给制分配方式，生产组织实行军事化管理，直属东北荣军工作委员会辽西省荣军管理处领导（图1-2-1）。

图1-2-1 1949年6月辽西省双辽荣军农场所在地卧虎六家子（刘连成摄）

二、红色的心脏

1950年春季，辽西荣军农场迁至距双辽县（双辽市）45公里双山以东的哈拉巴山下的东山屯。地理位置在东经 123°—123°33′、北纬在 43°30′。东与怀德县（公主岭市）桑树台镇相邻，南与双辽县新立乡接壤，西与双辽县双山镇、柳条乡相连，北与双辽县双山镇三合村、秀水村接壤。场区东北有大哈拉巴山，海拔 254.41 米。场区东西长 15 公里，南北宽 4.5 公里，面积为 59 平方公里。场区南面是一望无际的草原，其余三面是天然的沙丘和人工防护林。长通公路贯穿其间，这里的自然环境优美，交通方便，土地肥沃，渠道纵横，主要盛产水稻、玉米等农产品，还有玄武岩石制品、各种纸制品等工业产品。全场常住人口在 1 万人左右。

辽西荣军农场建场初期共盖了 8 栋青砖房，总场部（荣誉新村）4 栋。哈拉巴山下的畜牧场（五分场）4 栋。当时和农场周围广大乡村来比较是鹤立鸡群。就是与 5 公里之外的大地主西于家的小青砖二层小楼比，它也是毫不逊色。

1950 年末，一个建筑面积 1000 平方米的带有挎耳的"红房子"建了起来。这座红房子共有 12 个房间。内室举架达 5 米高，大窗大门大走廊，后面有门斗很气派。这里成为双辽农场的红色心脏。70 年过去了，一代又一代的人们还叫它"红房子"。"红房子"的四周栽上了垂柳。2021 年大柳树尚存，最大的柳树直径为 1 米以上。

从 1950 年建场到 1994 年老场部搬迁，双辽农场共有 9 届领导班子在这里办公。这里不但是坚强的战斗堡垒，也是谋划农场发展的策源地。在这里工作过的有辽西荣军农场第一任场长、四平市政协副主席老荣军贾巨文；双辽农场第三任场长、副地级干部四平市水利局局长王守权；中共双辽农场第二任党委书记、四平市人民检察院检察长董彦平；下放干部双辽农场革委会副主任、周恩来总理机要秘书、四平地委副书记刘震海。还有建场初期为农场建设作出贡献的场级老领导裴志夏、张志政、霍发明、于方和、张国栋、李秀石、裴世学、王占元、王占山等，还有 1966 年军管时期的军代表黄明玺。双辽农场的后辈们将永远缅怀他们。

老场部（图 1-2-2）曾是双辽农场的政治、文化、经济中心。"红房子"是双辽农场人的主心骨，既是人民政权的象征，也是人民创造历史的见证，被永远载入史册。

20 世纪 70 年代中叶，为了给新建的双辽农场卫生院提供一个良好的环境和宽敞的空间。农场党委为满足事业发展需要和职工就医方便的需求，隐痛割爱，将场部迁移到原场部以西 500 米的一个向阳高岗处，共两排三栋。第一排东侧为办公区域，西侧一排是场领导办公室，东侧一排是机关办公区。第二排是生活区域，招待所和职工食堂。

图 1-2-2　双辽农场老场部（王立田摄）

三、华星新区新场部

1994 年 4 月双辽农场新场部迁至现址大理石，即交通便利的 105 省道 104 公里处的后衙门北（图 1-2-3）。大理石的由来是双辽农场为了发展经济的需要，1988 年先在这里建立了大理石厂，取名华星新区。当时这里没有地名，没有居民和住户，只有大理石厂，所以人们习惯上把双辽农场新场部称为"大理石"。新场部办公楼占地 4 万平方米，主楼建筑面积 2400 平方米，主楼共 4 层，第 1 至 2 层为办公区域，第 3 层是会议室、档案室和招待所，第 4 层是文体活动室。西侧为职工食堂，共 600 平方米。

双辽农场新场部所在地是一个新型的小城镇，距双辽县双山镇 6 公里，有公路直通双辽市、四平市、长春市。其交通方便，地势平坦，东西长 1925 米，南北宽 950 米，总面积 180 万平方米。

小城镇范围内除场部机关外，2018 年社企分离前附属单位有：职工医院，中学、中心小学、商店、邮局、银行、变电所、招待所。生产生活服务单位有：物资、建材、粮油、百货、饭店等。工业单位有：大理石厂、塑料彩印厂、预制板厂等。此外，在小城镇范围内还有三分场所属两个生产小队。

图 1-2-3　吉林省四平市国营双辽农场现址（任永庆摄）

小城镇内有人口 3000 人，其中农业人口为 620 人。从事商业及服务行业的有 80 人。小城镇内农业人口所经营的土地有 150 公顷，均不在小城镇规划范围之内。

小城镇内有建筑面积 6.7 万平方米。其中工业建筑面积 4725 平方米，商业及服务行业建筑面积 4500 平方米，文化、卫生事业建筑面积为 3500 平方米，居民住宅建筑面积为 5.5 万平方米。

小城镇内纵横街道各 6 条。路面宽 15 米，两侧修林台。巷道间隔 30 米，路面宽 6 米。各级街道路面为沥青路。

小城镇内各种建筑全部为砖瓦结构。公共建筑如场部办公楼、中小学校等，按照国家关于小城镇建筑标准，聘请吉林省内专家设计完成。私人建住宅每个住户为一个独立的生活庭院，统一规划庭院面积为每户 600 平方米。人居环境不逊色于城市。

第二节　社会经济情况

2021 年双辽农场共有 11584 人，其中农业人口 7379 人。2000 年全场在册职工最高峰时达到 5304 人。2003 年有 4596 名职工参加社保。2021 年全场在册职工 1338 人。

2021 年全场有 23 个自然屯，6 个农业分场，30 个生产队、1 个农科所。土地总面积 5283.3 公顷，其中耕地 3078 公顷、林地面积 419.6 公顷、草地 408 公顷、荒地 1377.7 公顷。2021 年粮食总产量达 26507 吨。

第三章　哈拉巴山

第一节　哈拉巴山图像

哈拉巴山图像如图 1-3-1、图 1-3-2 所示。

图 1-3-1　2000 年前的哈拉巴山图片（双辽农场历史资料）

图 1-3-2　21 世纪 20 年代的哈拉巴山图片（任永庆摄）

第二节　哈拉巴山的变迁

哈拉巴山是双辽市最高的山，坐落在双辽市的最东方，也是国营双辽农场的正东方。这是一座远古的独立山，是科尔沁草原东南方第一座山。那时的山因人烟稀少还处于原始状态。哈拉巴山距怀德县（公主岭市）边界桑树台镇3公里之遥。哈拉巴山古而有之，古称金山，是火山留下的喷岩，属火山岩——玄武岩。大哈拉巴山、小哈拉巴山、勃勃吐山、敖宝山属双辽市管辖，与今属内蒙古通辽市科尔沁左翼中旗的玻璃山、大小吐各尔祭山，七座火山排列恰如北斗七星的形状。其中大、小哈拉巴山、玻璃山和小吐各尔祭山表现出突兀耸立的优美山容，很受当地居民的仰望。过去蒙古族把这些大山当作圣山，非常尊崇，曾在这些山上建筑神庙祭祀，禁止随意上山取土采石，割取野草和砍伐树木。大哈拉巴山也一样，受到历代达尔罕王爷和蒙古族人民的保护。

哈拉巴山属蒙古族语，"哈拉"译汉文为"黑"，"巴"译汉文为"虎"，"哈拉巴山"译成汉文即"黑虎山"。1913年，始建辽源县（今双辽市）；1914年，始建双山县。双山县的双山即指大哈拉巴山和小哈拉巴山。大哈拉巴山占地约5平方公里，山高为海拔254.4米。直到1931年，此山也没有人动一树一石。1931年"九一八"事变后，日本侵占东北，日本开拓团来此开发种植水稻、开发采石，在衙门屯建立开拓团。

1945年日本投降后，辽源、双山县曾被国民党军占领。1947年5月15日双山县被共产党东北民主联军解放，5月24日辽源县被共产党东北民主联军解放，两县合并，成立县委，各取首字为双辽县。自此哈拉巴山回到人民手中。

第三节　哈拉巴山的资源

哈拉巴山坐落在双辽农场内的五分场。

这座山山上植被茂密，古树参天。正南面的山头如斧剁刀劈一样垂直90°。人根本无法攀登上去。山上绿树覆盖，多为径粗30～40厘米的柞树，密布山北山东坡；山西坡和山南坡遍野山杏、桑树和灌木；山东南坡多为枫树和臭李子树；山形坐西北朝东南，东南山头有一百多米深的悬崖峭壁，宏伟雄壮，气势恢宏，像一只雄伟的猛虎伏卧在科尔沁草原高岗上。只有盘旋的野鸟在山崖间筑窝繁衍。

老百姓都认为它是圣山仙境，山东南方的悬崖壁立高耸，近百米高下，悬崖石缝里栖息着山老鸹（乌鸦）和山鸽子，成群结队。

春季，从山下到山上分层次开满了野花，猫爪子花，桔梗花蓝如宝石；玉竹花像一串串白色的珍珠；黄的萱草、红的卷莲花（野百合），还有那大多洁白如玉的芍药花等。

夏季，哈拉巴山又换上了新装，满山遍绿。此时的雨天，山更为神奇，随着云雨变幻莫测，一会山戴帽了，一片云遮住了山顶；一会一片雾遮住了山脚，山就像升在天空中；雨过，太阳西下，一条或多条彩虹出现在山巅，高耸云端，七彩亮丽。

秋季，哈拉巴山又换了颜色，斑斓绚丽，红、绿、黄、紫等颜色把山装扮得五彩缤纷。

冬季，哈拉巴山满山的柞叶红了（柞树又称青杆柳、橡子树、老柞木，冬季叶枯不落，发春芽时顶落），配着白白的雪地，太阳一照火红火红，充满无限生机。

每年初春山花烂漫，尤其是东山坡的野杏花更是千姿百态。附近三四十里乡镇的中小学生都来这里踏青。晴日里顺着盘山小路登上山顶便可望见蓝瓦瓦的二百多里外的东南群山、奔腾不息的东辽河、辽阔的大草原、沼泽地及山下像木梳篦过的田垄和小到甲壳虫一样在稻田里耕作的人群。

动物有狐狸、山狸子、野兔、刺猬、狍子、狼、獾子、黄鼠狼、蛇、山鸡等。最奇特的是山上山下有很多狐狸洞，人们叫它"狐狸大院"，生活着许多狐狸，有黄、红、白、黑多种毛色，黄色的最多，人称草狐狸，红色次之，人称火狐狸。蛇就更多了，可能是食物丰富，蛙类、鼠类、鸟类繁多，蛇无处不见。蛇有绿色的"野鸡脖子"，这种蛇满身翠绿，红色的脖子，上半截身可像眼镜蛇一样直立，在草上行走如飞，又称"草上飞"，它敢攻击、追击人类；还有黑色的、浅白色的、黄褐色的等，都是些无毒蛇。俗话说："哈拉巴山的蛇不咬人。"可能就是因蛇无毒吧。

大哈拉巴山的青石，是方圆百里的双辽、梨树、怀德（今公主岭）、长岭公路建设和房屋建筑的必用原料。1964年开始先有双辽农场的采石队，后有附近乡镇的十几个采石队上了山。经过50年的开采，现在哈拉巴山只剩一个小山包。进入21世纪后，当地政府意识到哈拉巴山被开采后的危害，四平辽河农垦管理区发文停止了采石，开始保护这里的资源。

哈拉巴山东面有一座大湖泊，人们称呼它为"大山泡子"，盛水期有近500公顷的水面，枯水季节水面也近300多公顷。大泡子水产丰富，尤其是鱼类。天然野生的有鲫鱼、老头鱼、泥鳅鱼和捞不尽的河虾。后来农场又自己孵化投入了花白鲢和草鱼苗，每当节假日都有大批的鱼产品分配给全场的各个生产队和每个住户，成了双辽农场生生不息的菜篮子。水生物还有蛙类、水禽，如大雁、大鸨、鹤类、鸭类、水老鸹等，它们多数在此筑巢产卵繁殖。浅水区生有大片优质芦苇、蒲草、水草等杂草。

在哈拉巴山和大泡子北面是草原，地形图上显示是科尔沁草原的东南端。草原呈东西走向，西处科尔沁草原，东连松辽平原，南北两面是沙丘。荣军农场所辖草原西至双山镇的玉尺、永安二村，东至怀德县的二丘、围子里、耿家屯，草原水草丰盛。

哈拉巴山的西边，草原的西南面和草原的北面都是黄沙岗子，西南面的叫西南岗子，北面的叫北岗子。岗子上当时没有植被，每到春季西南季风吹来，漫天黄沙飞舞，遮天蔽日，巨大的沙丘一步一步地向东移动，不将草原吞掉誓不罢休。风停后，黄沙落地，这时再看沙滩荒漠，沙丘鳞次栉比，高低起伏，犹如大海的波涛，成为金黄色沙的海洋，在阳光照射下泛着金光。

1963年4月国务院副总理谭震林在吉林省副省长张士英、农业厅厅长滕文及场党委书记裴志夏、场长王守权的陪同下来哈拉巴山视察调研。之后，省农业厅立即派人来哈拉巴山勘测，并就充分利用大哈拉巴山林业、水利、草原资源，大力发展双辽农场经济制订了详细规划方案，并在省农业厅办公楼走廊里展示。其规划内容包括保护哈拉巴山植被、花草树木等资源，开发山泡子养殖业，引进东辽河水保护水资源及修建九曲旅游长廊和环湖路等。双辽农场在1964年至1966年按照省农业厅规划设计方案，利用农闲季节举全场之力在山泡子北侧，修筑了近两米高的围堰和引进小辽河的水闸，截住了放任的桃花水和汹涌的夏汛。开启环湖路修建工程，修壕护堤、植树造林。从东向西，每隔100米栽30米宽一趟树，南北走向，中间是杨树，两边是柳树，树趟子逐步成活升高，挡住了风沙。后又经多年种植改造，改土造田，沙漠变成了绿洲，沙土变良田。但此项工程因"文化大革命"而终止。

草原1989年被开垦，小井种稻。后由于地下水下降，改为旱田，种植玉米。现已成为丰富的黑土良田。

到2000年后哈拉巴山基本消失了，大泡子也枯干了。昔日的湖泊变成耕地。哈拉巴山、山泡子、周围的湿地和草原，一幅幅美丽的画卷只能成为历史，一去不复返，只能从文字和历史图片资料中给后人作为回忆。

中国农垦农场志

第二编

垦荒之路

中国农垦农场志丛

第一章　五百荣军奉命屯垦

第一节　不负使命　卧虎建场

中华人民共和国解放初期是开发北大荒的早期阶段，在东北解放战争中负伤致残的解放军官兵们，以惊人毅力，克服病残创建了一批荣军农场。1948 年 12 月，东北解放战争胜利结束，大批革命伤残军人（荣誉军人）需要妥善安置。在中央军委和中共中央东北局的关怀下，东北人民政府成立了荣军工作委员会，刘培植为主任。随后各省相继以省主席为首成立了荣军工作机构，有组织、有计划地进行荣军与复员军人的安置工作。1949 年前后，东北 6 个省都办起了荣军农场（1949 年至 1954 年东北行政区划为 6 个省，即黑龙江、松江、辽东、辽西、吉林、热河）。辽西省荣军农场就是在这一时期建立的。辽西荣军农场的创建及其取得的成就，反映了荣军农场的创业概貌。

1948 年 10 月，历经四战四平战役的解放军东北民主联军保安第一旅一团三营教导员贾巨文，被派到辽西省荣军学校担任首任校长。经过短时间的学习，中国共产党辽西省委为了安置这些毕业学员，决定组建辽西省荣军农场，保持部队编制，全副武装、生产待命，番号为辽西省荣军农场。这些学员因革命有功，有的摆老资格，必须选一名能管得住他们的场长，把他们顺利地带走。于是，1938 年曾跟随王震将军 359 旅在延安开垦南泥湾的校长贾巨文，放弃了组织派他去天津工作的机会，主动请缨，从铁岭县去北大荒建场。（详见第十一编）

1949 年 6 月 3 日，贾巨文带领 550 名辽西省荣军学校学员官兵，奉命北上。从辽西省铁岭县（今辽宁省铁岭市）乘火车来到人烟稀少的辽西省双辽县城郑家屯镇（今吉林省双辽市老税务局胡同）暂住。在当地政府的协助下，选址筹建辽西省荣军农场。休整半月后，贾巨文率领部队来到位于双辽县城北端 30 公里处的卧虎屯镇组建辽西省荣军农场。

卧虎屯，是中国铁路沈阳铁路局通辽车务段管辖的四等站，建于 1923 年。

场部设在卧虎屯，原名为辽西省荣军农场，场部所属单位分布于卧虎屯的六家子、林马场、沈家窝棚等地。建场初期的经营方针是自给自足，实行供给制分配方式，生产组织实行军事化管理，直属东北荣军工作委员会辽西省荣军管理处领导，首先农场成立中国共产党辽西省荣军农场党总支委员会。一分场（当时也叫第一连）场址设在六家子，主要种植玉米、大豆和高粱。

二分场（当时叫第二连）场址设在林马场和沈家窝铺（现双辽种羊场域内），主要种植玉米、大豆和高粱。

三分场（当时叫第三连）场址设在场部所在地卧虎屯。

牧畜场（当时叫独立一排）场址设在卧虎屯。这些为人民立下功劳业绩的500余名荣病军人，都是在人民解放事业中流血负伤或积劳成疾的英雄。由于他们的身体为革命而残疾，不适于军队工作，党和政府为了照顾他们，让他们在这里安家立业，建设农场。他们中有在解放战争中被敌人炮弹炸掉半个屁股的吴大福，有被炮弹炸伤嘴巴、脸部残疾的王大华，有被炸弹炸掉睾丸的周国松，还有腿部无法取出弹片的付景和，他们被称为荣军农场的"四大残疾"。当时在这支垦荒队伍中流传着这样一句顺口溜："吴大福的屁股，王大华的嘴，周国松的睾丸，付景和的腿"。他们虽然身带重伤，但他们意志坚定，响应党和毛主席提出扩大生产的伟大号召，战胜疾病，用前方战斗姿态在这一片荒无人烟，长满蒿草，长年积水的荒野中展开顽强的建场工作。垦荒的荣军每个人都有一段段光荣的历史，但他们居功不傲，在建场中爬冰卧雪，露营修建。为了解决用水，他们赤身挑水，烧雪熬冰取水。为了解决住宿，挖掘窑洞。仅用了一个半月，就胜利地完成了建场的工作，收获苇子1000多吨、烧柴150多吨、粪肥1000多车（马车）和几万元（东北币）副业收入，给农场打下了初期的生产物质基础。同时在1163公顷的荒地上播种了玉米、高粱、大豆。

第二节　移师双山　定居哈拉巴山下

1950春，场长贾巨文带领秘书李天立，来到距卧虎屯镇30公里的哈拉巴山附近选择场址。在认真踏查后，经辽西省政府批准，场址确定在双辽市东侧哈拉巴山脚下，一个叫马宝屯东一公里的一片向阳高岗空地上，取名荣誉新村（也叫东山），并挂牌辽西省荣军农场。同时，分别在马宝屯（西山6栋）、荣誉新村（东山4栋）建了10栋干打垒和土坯房职工宿舍。每栋宿舍四个对开门。每栋长30米，宽5.6米，共168平方米。已婚官兵享受单户住宅，未婚官兵是集体宿舍。自此在新场部劳动的官兵们有了不用交租金的家。但多数在其他垦荒点的官兵仍然借住在当地老百姓家中。

1950年第一分场由沈家窝棚迁到双山镇以东的三合屯、永安屯。第二分场由林马场迁到新立屯、二丘。1951年第三分场和畜牧场全部迁到总场场部所在地荣誉新村（老场部)。其经营方针是自给自足，为荣病军人安家立业。

在 1950 年春开荒中，由于这些地块长年积水，春季返浆过甚，80 台马拉机干了十几天，就拉坏 30 余台；52 马力的拖拉机深陷泥潭。大家在这样艰苦的条件下，为了不误农时，立即转入人力开荒，用镐头刨尽地里的树墩子和野草，夜间打着灯笼播种。终于在这片处女荒地上播下了种子，年末收获了 704 吨粮食。

1950 年 10 月 19 日，中国人民志愿军赴抗美援朝战场的消息传到了辽西省荣军农场后，全体官兵们自发组织起来，扛着枪、排着队、打着军旗从场部新址荣誉新村出发，徒步 30 公里到卧虎火车站请愿赴朝参战。场长贾巨文立即向东北军区报告，经过体检，89 名符合条件的官兵再次扛起枪从卧虎屯出发奔赴朝鲜战场。这些抗美援朝官兵只有刘本财在战争结束后回到双辽农场，1955 年担任三大队党支部书记。

建场初的十年，是艰苦创业的十年，是为农场以后的建设和发展奠定坚实基础的十年，是给后来者树立光辉典范的十年。垦荒先驱者功不可没，有关他们的事迹详见第十一编。

荣军农场取得的成绩有力地推动了农垦事业的发展，吸引了一批批复员军人、农业院校毕业生及技术人才、知识青年到农场参加农垦事业的建设。

第二章　农场扩建

1952年，辽西省荣军农场改为由辽西省农业厅领导，更名为辽西省人民政府农业厅荣军农场（简称辽西荣军农场），经营方式改为企业经营，变军事化生产组为生产队组，改供给制为工资制。本着边生产（开荒）、边扩大、边巩固的方针，农场发扬艰苦实干、勤俭办场的精神，认真制定生产规划，发展农牧业生产。

第一节　接收区域内集体经济组织和农民入场

1952年辽西省荣军农场把在卧虎屯的三分场迁到衙门屯。经辽西省政府批准同意衙门屯朝鲜族合营户、衙门屯县农场、三家子一部分农民带地划归辽西荣军农场，其中农田300公顷，从而壮大了荣军农场的基础设施，增加了土地面积和职工人数。朝鲜族合营户的加入，给农场的水稻生产带来了新技术，提高了农场的水稻生产水平。1956年水稻除草季节，第二生产大队朝鲜族生产小组组长金洪九在衙门屯的17号地、18号地实施《水稻直播幼苗深水淹稗草》新技术，即在水稻幼苗生长期（也是稗草生长期），让苗池的水漫过水稻秧苗，10天后把苗池的水排出到适合水稻秧苗生长的水位为止，晒田2~3天，这样因稗草生长速度高于水稻秧苗，超过水面部分的水一撤掉就开始腐烂，而水稻苗照样健康成长。实验证明，早期淹水对控制消灭稗草起到了良好效果。把腐烂的稗草彻底根除，还培肥了地力，促进了水稻秧苗生长。这两个地块经过试验，当年每公顷产量达到5000公斤，1957年在全场及吉林省水田产区推广。1960年为了便于管理，双辽县将时归双辽县双山人民公社管理的三合大队的前后衙门屯两个生产队，八里营子两个生产队并入双辽农场。至此衙门屯、八里营子的集体部分正式划归双辽农场管理，是双辽农场管辖的基层农业生产单位。

前衙门屯、八里营子、三家子等地是比较早开始种植水稻的地方。早在双山县（现在的双辽市双山镇），第一任县长牛尔裕就在这里开始了水稻种植。1913年，时任双山县安垦局局长的牛尔裕，首次将南方水稻引入东北平原。在怀德县（今公主岭市）冷家屯建立渠首闸门，通过一条旱河把辽河水引到三家子屯、八里营子屯、衙门屯，改善了这里原来单一种植旱田的传统。牛尔裕山东莱州人，清末的时候历任奉天省巡警总督办等要职。1913 年双山县建立，任双山县知事。1931 年"九一八"事变后，整个东北成为沦陷区。同年 9 月 22 日，日本侵略军侵占了双山县，进驻开拓团在三家子、衙门屯、八里营子、双山南西坨等地开垦水田，并招收朝鲜族参与开垦。一直到 1945 年 8 月 15 日日本投降后日本开拓团才离开。同年 11 月，中国共产党领导下的人民军队——东北民主联军解放了郑家屯，双山县也随之解放。1947 年 5 月 24 日，双山、辽源两县又合并为双辽县。1950 年双辽县政府在衙门屯原有水田的基础上成立了"衙门屯县农场"。充分利用了日本开拓团留下的二龙湖水库双山灌区自流灌溉系统。

随着垦荒进程的不断进展、扩大，哈拉巴山下，荣军农场周边有几个村庄，如边家店、八里营子、前后衙门、毛家营子、三合屯、长发屯等土地已被农场开垦的土地包围，村屯也被围在场区之中。为了进一步扩大农场的开垦范围和解决荣军农场内及周边村庄入场的实际问题。1953 年经辽西省政府批准，吸收场区内及周边村屯农民带土地、车马等生产资料加入农场，搞公私合营，当时称合营户。但农民过惯了"两垧地，一头牛，老婆孩子热炕头"的生活，抵触情绪很大，拒不入场。1953 年双辽县政府受命于辽西省政府的指令，协助荣军农场做当地农民的工作。县里派来原哈拉巴山南荷花泡村的工作队长荣生，会同荣军农场场长贾巨文等领导来荷花泡村做村主任王守德的工作。在县、区、荣军农场领导的多次劝说下，王守德答应做村民工作。1953 年正月，王守德辞去村主任职务，带领 100 多户荷花泡村民与农场签约，带旱田熟地 200 多公顷及车马、农具加入了辽西省荣军农场。他带领的队伍就近就地安顿下来，成立了三家子生产队（今双辽农场四分场，当时又名三家子农场），担任队长。

第二节　域外拓展开荒

1961 年，双辽农场在双辽县永加乡的洪源村组建双辽农场第六生产大队。以机械化开垦旱田为主，主要作物是黄豆。农场先后任命孙振友、孙玉琢为大队长，马志为副队长。农场抽调强壮劳力和优秀拖拉机手充实队伍。虽然是机械化播种，但由于当时的农业机械化还是初级阶段，除翻耙地、播种和脱粒外，夏锄、秋收大部分靠手工劳动。这里是科尔沁大草原，土质瘠薄，土地一眼望不到边。夏锄铲地时，从早晨 5 点开工到中午 11 点 30 分，一条垄才能铲到头（人们称之为大长垄）。马志和他的工友们日复一日地辛勤劳作，四年间机械化开垦土地 400 公顷。1964 年末，双辽农场的种植业转移到以开发水田为主，舍弃了洪源的旱田。

1961 年，经请示双辽县政府批准，在牧畜场附近的双辽县秀水公社川头大队胜利屯开垦荒地 120 公顷，以种植小麦、黄豆、玉米为主，草原 180 公顷，主要解决牧畜场牲畜饲料问题。总场机耕队派出以骨干驾驶员梁纯为组长的四台拖拉机日夜翻耙荒地，同时配备一台大马车、一台牛车。抽调各农业大队 20 名劳动骨干，组建双辽农场牧畜场川头生产小队。政治队长马玉伦，生产队长闫海文，生产组长周振起。同时请示省农业厅投资建起八栋职工住宅（干打垒），每栋 60 平方米 2 至 3 户。但由于这里地势低洼，每逢下雨庄稼就被淹，经过三年开垦收获甚微。1963 年秋收后，双辽农场党委决定放弃开垦。所有人员回到各自原来所在的生产队。

1996 年春季，根据吉林省农业厅的有关要求，为解决停工停产工商业人员的安置，在四平市农业局的统一部署下，双辽农场在白城地区的镇南种羊场开始开发水田。动员13 户职工家属参与开发。场党委选派懂经营会管理的水稻种植行家姚振山、王连昌担任场长、副场长，会计韩先礼。农场共投资打机井 20 眼，每眼机井浇灌 5 公顷。经过 5 年的开垦，因当地土质、水资源等限制，只开发 40 公顷。2000 年，因产量很低，经营亏损，农场党委决定放弃开发，人员逐步撤回。

第三节　以场带队

博爱分场，原是双辽县（现双辽市）柳条公社博爱大队，紧邻双辽农场一分场。1977年根据双辽县委意见，柳条乡博爱大队和双山镇祥云大队两个生产队，归双辽农场以场带队的名义管理。划归后博爱大队解散，人员全部搬迁至双辽农场一大队。1987 年总场决定增设博爱分场，下设两个生产队，总场派去了分场场长、副场长、会计等管理人员。之后总场又与八一水库领导协商，在水库旁边岗子上解决博爱人员盖房的宅基地问题，这样博爱人员基本安顿下来。为安排好生产、生活，1987 年春节前总场投资 3 万多元，给博爱住户通了电，在年三十晚上给博爱送电时，群众欢呼跳跃，放鞭炮庆祝。1988 年春组织全场 1100 多人的大兵团作战，对博爱分场的农田道路、引水渠、排水渠进行了整修，解决了农业生产中的实际问题。

祥云里，是双辽县（现双辽市）双山人民公社慈惠大队的一个生产小队。1977 年，根据双辽县委意见，和双山镇祥云大队两个生产队双辽农场以场带队的名义管理，划归双辽农场一分场。

第三章　优秀毕业生

双辽农场各项事业的开拓与发展除了建场功勋荣军以外，一批又一批来自省内农业学校优秀毕业生和省县机关下派的干部功不可没。最先落户双辽农场的是 1962 年和 1964 年的两批吉林省农业学校（九站农校）42 名应届毕业生。他们怀着一颗为建设农垦事业发光发热的信心来到双辽农场。其中 1962 年 28 名：牛长贵、俞桂云、丘和、王震、王艳馥、付华、张云才、郑树渊、刘凤茹、冯淑芬、张义、徐文 12 名同学被分配到畜牧场；刘志孝、滕万荣、张艳华、胡青兰、李艳欣、戴彩义、宁淑珍、王均、张建中、曹树琴、吴会青、杨宝龙、尤淑珍、罗佩服、谭维新、张吉昌 16 名同学被分配到二大队种子队。他们中的优秀代表有牛长贵、刘志孝、俞桂云等。1964 年的吉林农校分配到双辽农场的毕业生共 14 名，他们中的优秀代表有张喜鹏、杨桂兰等。

20 世纪 60 年代末期至 80 年代吉林农业大学、吉林农校、白城农校、通化农校、四平农机校一些毕业生陆续来到双辽农场。他们是知识的种子，无疑给农垦企业带来了新知识、新思想，提升了双辽农场职工队伍的文化素质。他们中一些人已经成为双辽农场农业技术推广方面中坚力量；一些人成为双辽农场子弟小学、中学教师，是教育战线的骨干，使双辽农场的职工子弟受到了良好的中小学基础教育；一些人成为双辽农场的中层或总场的领导者，把毕生精力都献给了双辽农场的建设事业。

本章选编的牛长贵、刘志孝、张喜鹏、赵志芳、唐恩华（以毕业年代先后顺序排列），是这些为双辽农场建设作出突出贡献的优秀知识分子的代表。

一、牛长贵

牛长贵，男，吉林省梅河口市杏岭镇人，1939 年出生，1962 年毕业于吉林省农业学校园艺专业，中共党员；在双辽农场二大队（二分场）担任主要领导 18 年，踏踏实实、爱场如家、居功不傲、两袖清风，深受上级领导信任和基层群众爱戴；1982 年当选为中共双辽县党代表。

1962 年秋，他和 11 名同学一起来到双辽农场畜牧场，住在鹿场的单身宿舍。他们首先参加畜牧场大田玉米秋收。收获玉米全靠人工操作，也没有什么劳动保护，就是光着手站在玉米地里掰玉米。时间长了，大家的手都磨出了血泡，无人叫苦。正值秋收季节，吉林省农业厅人事处处长张佳慧（女）来这里看望大家，很为同学们的精神所感动，鼓励他们要再接再厉，努力工作。一回到省里她就派人给他们每人送来一双水靴。秋收过后，双辽农场把他们分配到园艺蔬菜队，使这些从吉林省农业学校园艺专业毕业的学生有了用武之地。

牛长贵长着一副天生严肃的脸，不爱开玩笑。但人很正直，工作很认真负责，也是同期毕业生中的佼佼者。来场不久他就加入了中国共产党，被双辽农场列为后备干部，重点培养。

1964 年 4 月到 1966 年 5 月，他作为双辽农场重点培养的后备干部，连续 3 年参加吉林省农业厅系统"社会主义教育工作队"。通过在吉林省双辽种羊场、吉林省梨树农场、吉林省扶余农场"社教"工作队的历练，牛长贵在政治上、工作经验上逐渐成熟，为以后的领导岗位工作积累了宝贵经验。1966 年 6 月"社教"工作结束后，他被任命为双辽农场二大队副队长；1974 年起先后担任二大队（二分场）党总支书记、大队长；1976 年担任双辽农场党委委员；1983 年任双辽农场副场长兼二分场党总支书记、场长。二分场（二大队）是个大分场，有 7 个生产小队，是农场的中坚力量，在他的领导下一直稳步发展，各项评比始终名列前茅。

在水稻生产技术上，积极探索推广水稻旱育苗生产技术。1981 年在第一生产小队进行水稻旱育苗新技术试点，把在大田培育水稻秧苗的技术挪到生产队院内搞塑料大棚育苗。这项技术一是解决了防风防寒的问题，院内风力小，日照充足，利于水稻苗期生长，缩短了育苗期。二是节约用水，不像大地育苗那样整个育苗期都离不开水，旱育苗根据秧苗生长决定放水数量。三是减少了农业工人的劳动强度和水凉伤身的困扰。人们不用跑到几里地外的大田劳作，还解决了春季带冰碴作业导致关节炎和静脉曲张病的实际问题。四是苗全苗壮。由于采用了旱育苗技术，二大队一小队的当年的水稻平均亩产（大亩）达到 400 公斤，比往年提高 100 公斤。有的地块亩产达到 500 公斤（5 号地、7 号地、13 号地）。这在当时是一个了不起的数字，创造了双辽农场的水稻单产历史，1982 年在双辽农场普遍推广。

在用人上，大胆提拔有胆识的人担任生产队队长，如王树奇、王作先、贾忠和等，他们都是生产能手，有组织领导能力，他就用其所长，大胆起用，让他们担任生产队长。这些人任职后把生产队当成自己的家，爱岗敬业，积极进取，各项工作都走在全大队乃至全农场的前列。同时注重培养宣传先进典型人物，先后培养了"好队长马志""吉林省劳动模范王树奇"。他所在的大队连续数年被评为双辽农场先进集体。他本人也连续数年被评为双辽农场的优秀基层干部，1973 年当选为双辽县人民代表，并光荣地出席双辽县第九届人民代表大会。

1983 年 11 月，牛长贵被调到四平市农业局所属企业工作，先后任四平市良种繁育场场长，四平市种鹿场党委书记。

二、刘志孝

刘志孝，男，1943 年 11 月出生于长春市，从小学到中学的 9 年学习生活，都是在省城里度过的。1962 年，毕业于吉林省农业学校的刘志孝，当年 8 月被分配到双辽县国营双辽农场担任农业技术员，一干就是 14 年。在这 14 年的光阴里，他在实践中学习，在实践中探索，在实践中提高，在水稻栽培和水稻田间管理等方面积累了丰富的实践经验，并于 1963 年首先把塑料农膜育苗技术应用于当地水稻生产上，填补了双辽县农膜育苗技术空白。

1964 年在全场范围内推广化学药剂除草技术的应用，水稻增产效益明显。1976 年为发展双辽农场所在地双辽县（现双辽市）的水稻生产，刘志孝作为双辽农场优秀的水稻种植人才被调到双辽县。先后担任县农业技术员、县农业广播学校校长、县水稻办公室主任等职。多年来，他把在双辽农场水稻生产中积累的先进技术，在双辽地区普遍推广应用，因地制宜，结合双辽土地、气候和水资源等实际情况，提出了"两稀、两早"水稻高产栽培技术，解决了旱田改水田之后的技术难题。当时，双辽全县的水稻播种面积不到 200 公顷，产量也不高，平均亩产不足 500 公斤。1986 年，双辽县水田面积逐步扩大到 800 公顷。1986 年，刘志孝主持的水稻工厂化育苗和机械插秧技术荣获农业部一等奖，同时获国家科委技术进步二等奖；1989 年他应用"恶苗灵"浸种育苗，较好地遏制了恶苗病的蔓延和发生，获得省政府新技术推广二等奖；1990 年他主持的"水稻千公顷创高产技术集团承包"项目，效果良好，获省政府二等奖。

1991 年，刘志孝以党外人士身份被选为双辽市八届政协副主席，在这一职务上，他躬身敬业 16 年，一直到 2006 年 11 月份退休。

三、张喜鹏

张喜鹏，男，1944 年 9 月出生于吉林市永吉县口前镇。中共党员。1964 年 8 月，在吉林九站农业学校毕业后被分配到双辽农场工作。刚到双辽农场时主要从事教学工作，先后在农业中学、小学初中班、双辽农场中学任班主任，为双辽农场培养了一批又一批毕业生。1985 年 3 月他任双辽农场农业科科长，1991 年 2 月 22 日担任双辽农场副场长，1993 年任双辽农场总农艺师。这期间他不断探索双辽农场的水稻生产新技术。从 1985 年开始在全场全面推广水稻营养土旱育苗、机械插秧、配方施肥等技术措施，使水稻生产跃上了一个新的台阶，种植面积逐年扩大，产量逐年提高。1989 年全场水田面积和水稻产量都有新的突破。水稻亩产由 1984 年的 400 公斤增加到 550 公斤。农业机械化突飞猛进，1989 全场有大型动力插秧机（延吉产 CT935）68 台、人力插秧机 130 台，机械插秧面积达到 1600 公顷，占总面积的 70%。1990 年再增加 30 台机器，全部实现机械插秧。1985 年 10 月他组织农业科全体技术人员，经过对 1949 建场以来农业、工业、商业等经济运行情况的综合总结分析，统筹双辽农场经济发展总体思路，制定了详细完整的《四平市国营双辽农场规划设计方案》，内容包括：土地利用规划、农业生产规划、畜牧业生产规划、林业发展规划、家庭农场规划、工业发展规划、智力投资提高科学文化水平规划等，并付诸实施；他 1989 年撰写的《旱育苗、机械插秧、配方施肥是发展水稻生产，争取高产稳产的三项基本措施》论文在《北方农垦稻作学术及生产技术经验交流会文集》刊登，把双辽农场的水稻种植技术推广到全国农垦系统。

四、赵志芳

赵志芳，男，1966 年毕业于吉林省农业学校会统专业，分配到双辽农场农业生产队当核算员。由于他工作务实又善于联系群众，很受群众欢迎，先后任农场的综合厂会计、双辽农场主管会计、财务科长等职；1980 年 4—8 月，参加农业部举办的会计师培训班；在 1981 年举办的全场财会人员培训班上，全面系统地讲解财会知识，使双辽农场财会队伍的工作水平、业务能力得到了提高；1984 年起担任双辽农场副场长、副书记；1986 年 10 月任双辽农场场长。这期间农场的各项事业发展都比较好，是双辽农场的最好时期。

农业方面：在全场全面推行水稻旱育苗新技术，解决了多年水稻育苗难、育苗累、育不出壮苗、好苗的问题。为水田早插秧，插壮秧，水稻高产稳产打下了基础；利用两年时间，引进优质高产的好种子，淘汰了低产低质的老品种，实现良种化；为保证农场农业生产的良种供应，在试验站基地，培育适合本场的优良品种，保证了良种的及时更新，为农场农户提供了优质优价的优良品种；联产承包责任制落实后，帮助农业职工购入了大量四轮拖拉机、插秧机等农业机械，农业翻地、耙地、插秧都已实现了机械化；1987 年推行小井种稻。先由五分场作小面积试验性种植，取得成功后，第二年在五分场全面推广。为鼓励农户种植水稻，总场制定了三年不交提留的优惠政策。开发五分场北洼子碱地小井种稻 200 公顷，职工们增加了耕地、增加了收入。五分场结束了没有水田的历史，并派出农业技术人员帮助双辽县各乡镇发展水稻生产，起到了国营农场的带头示范作用。由于多年对农业工作的重视，通过增设博爱分场，开展小井种稻，一分场九支，长垄等地的荒地复垦等，为全场共增加水田面积近 500 公顷。

工业方面：改扩建造纸厂。1987 年农场投资 30 万元，对造纸厂进行改造，购入蒸球，改造了锅炉。以稻草为主要原料生产瓦楞纸，年消耗 3000 吨稻草，为农工增收 20 多万元，纸厂安排工人 130 人。

改扩建大理石厂。1985 年担任副场长期间，带领工业科喻判文、刘连友等人考察大理石生产线，先后去长春、沈阳、山东、洛阳等地的石材加工厂，了解石材加工技术、销售市场、经济效益等情况。经市政府批准，投资 200 万元扩建了大理石厂。

新建塑料彩印包装厂。1987 年利用场内旧的厂房，投资 30 多万元，新建了塑料彩印包装厂，主要生产食品包装袋，产品主要销往内蒙古、黑龙江等地区的奶制品厂。该厂当年筹建，当年投产，当年收回投资成本，同时安置职工就业 70 多人。

新建地毯厂。1987 年投资 30 万元，利用闲置的厂房，与双辽地毯厂合作建了双辽农场地毯厂，安排职工 80 人，解决了职工就业问题。

改造白酒厂。1987 年经报请国家批准，注册商标"双农牌"，生产了瓶装玉米香 50 度白酒，在四平市白酒评比中被评为第一名。后期又生产了口杯酒和小瓶装低度酒等，增加了品种，扩大了销路，提高了效益。

多种经营方面：全力办好农机公司。农机公司主要负责农用油料的供应，农机维修等工作。公司与双辽石油公司、四平石油公司、公主岭石油公司等积极协作，保证了农场生产的油料供应，还为周边乡镇农民提供服务，并取得了较好的经济效益。办好生产资料公司，为农业生产服务。生产资料公司主要经营农用化肥、农膜、农药、农用育苗棚架用料等。多年来与双辽生产资料公司、四平生产资料公司、省农业厅物资处等单位联系，在资源紧缺的情况下多渠道进货，保证了生产需要。生产资料的供应，农场是不计利润的，让利于农户。为保证购化肥资金，他同双辽农行魏股长去辽宁省工商银行借款 100 万元，确保化肥购入。他还去过吉林化肥厂，求购 55 吨硝酸铵，保证生产所需。抓好建筑公司，建筑公司主要负责本场农业桥涵的建设、维修。搞好水田节水渠的水泥铺设、桥涵的建设、水泥管生产、水泥板的生产。办好牧业公司，牧业公司主要负责场内畜禽养殖的疾病治疗、畜禽防疫等。各分场都安排了兽医，负责农户畜禽的疫苗接种和疾病治疗，多年来农场没有出现大的疫情。办好农场供电所。农场供电所是由国家 6.6 万伏高压电变为 1 万伏后向基层配送的变电所。各分场都配有电工。农场的供电所是自建、自管的。全场供电线路长 30 余公里，涉及管理、维修、计费、收费，工作量比较大。农场供电以服务为主，收费不体现利润，让利于民。

1991 年 7 月赵志芳调任四平市农业局任局党委副书记兼纪检组组长。只要见到农场来人，哪怕是一位普普通通的工人，他都要自掏腰包招待一番。所以对赵志芳的为人有口皆碑。晚年，他也时刻关注双辽农场的发展。在四平市农业局担任党委副书记期间为双辽农场的经济建设提供了很大支持。

五、唐恩华

唐恩华，男，1943 年 10 月出生于沈阳市，在双辽农场长大，20 世纪 50 年代在农场附近的三合村小学就读，1963 年在双辽县第二中学考入吉林农业大学。1968 年毕业，到黑龙江解放军农场劳动锻炼；1970 年先在双辽县新立中学任教，同年调回农场中学当教师；1983 年加入中国共产党；1985 年 3 月至 1989 年先后任双辽农场副场长、场长、党委书记。

双辽农场是标准的谷物农场，主要农作物就是水稻，还有少量的旱田。唐恩华是学农的，又是荣归故里，1972 年，总场把唐恩华从中学调到农业科从事农业技术研究，从此踏上了二十余年的水稻技术研究与农业生产管理之路。

唐恩华工作作风低调，行事沉稳。每年都骑着一辆自行车奔走在田间地头，并不断探讨水稻的种植技术。20 世纪 70 年代中期，外地有了小棚旱育苗的先例，他便带着各分场的农业技术员前去考察学习。并在全场各生产队搞了若干试点。取得了基本经验后，首先要求各生产小队队长、会计必须带头示范。经过近三四年的实践，这项新技术在全场全面推广。后来唐恩华又指导建拱门形大棚，使工作环境和育苗质量又有了大的提升，也使双辽农场水稻单位面积产量得到了大幅提高。他先后被提拔为双辽农场生产科副科长、科长。

1980 年，唐恩华被共青团中央选拔到日本学习一年，重点还是水稻种植。他对日本水稻实行工厂化管理、契约式经营很感兴趣，那就是制土的专门制土，育秧的专门育秧，插秧的专门插秧，分工特别明确。回国后他被提拔为总场分管农业的副场长，引进了两套日本的自动育苗系统，很快被群众掌握并推广。

20 世纪 80 年代双辽县也不断扩大了水田种植规模，急需双辽农场的技术支持。已任双辽农场党委书记的唐恩华二话不说，推荐了十几名场内的顶尖人才输送给双辽县的几个乡镇，把双辽县的水稻开发视为己任，彰显了他的政治站位和博大胸怀。1989 年他卸任双辽农场党委书记，奉调四平市农业局所属的四平市水稻办公室，协助市委和市政府研究布局东辽河流域的水田种植，并经常深入到县，乡指导水稻种植工作。以他为首的水稻办公室不但填补了四平机构设置上的一项空白，也成就了他大半生的水稻情结。

……

为双辽农场作出突出贡献的优秀毕业生数不胜数，牛长贵、刘志孝、张喜鹏、赵志芳、唐恩华只是其中的优秀代表，还有刘祖业、李向仁、马鸣忠、刘福祥、滕万荣、赵万荣、马国柱等来自省内其他农业院校的优秀知识分子，他们在双辽农场建设中的功绩，可圈可点。

第四章　山东支边青年与移民

1959年6月19日至25日，根据吉林省农业厅统一部署，双辽农场派财务科长裴世学带队前去山东诸城县考察接收支边青年80名（最终留在农场的有61人。详见附录），将他们分配到所辖五个农业大队的生产小队劳动，吃住在大队集体食堂、宿舍。他们当中很多人是有文化、有志向的有为青年，在双辽农场的经济建设中当尖兵、做模范。王学友、单亦正、孟宪凤、李伟兰、王树奇等是其中最为突出的代表，他们中有的担任生产大队领导，有的担任分场子弟小学领导。李伟兰成为双辽农场的女拖拉机手；王学友、单亦正曾担任双辽农场机关科室主要负责人；孟宪凤（女）长期在小学任教，曾任一分场小学校长。王树奇是双辽农场山东支边青年中的佼佼者。1959年6月19日，他响应"国家支援边疆、支援农业大搞粮食生产"的号召，踏上了支援双辽农场生产建设的火车，从山东诸城来到双辽农场二大队一小队（西山屯）。由于他工作踏实肯干，有一把好力气，干起农活来有窍门，很快就引起了生产队长的重视，不到半年就担任生产小组长，也就是所谓"打头的"。他先后任二大队一小队及二小队队长、双辽农场"五七"家属队队长、双辽农场一分场及二分场副场长。1982年他被吉林省政府授予吉林省劳动模范。采访中原二分场第三生产小队老队长苑广才说："王树奇这个人的最大特点就是干什么活都要样，干啥像啥。"原二分场党总支书记牛长贵评价说："王树奇是一头老黄牛，工作扎扎实实，执行上级决议一丝不苟，为群众办事全心全意，在工作上敢于创新，有超前意识。他所在的生产队总是走在全分场乃至全双辽农场的前头"。

1960年7月，由于连续的自然灾害和"苏联老大哥的逼债"。中国进入了最困难的时期。根据国家的统一安排，中共吉林省农业厅党组扩大会议决定分配给省直国营农场山东移民0.25万户，双辽农场移民100户。这些移民是由于当地修水库而被国家分配安置的，需要妥善安置。为落实这项政治任务，农场党委派财会科长裴世学、组织科长郭兴久等干部奔赴山东，逐户逐人进行摸底登记。经过精心安排，几百人的队伍从高密坐火车，三天两夜到了双辽县郑家屯火车站。当时正值盛夏，农场派了20辆大车搭着挎杠，在泥泞的县道上走了两天赶到了县城，把他们全部安全地拉回了农场。几个分场把新建好的房子分配给山东移民居住。1960年7月23日，在总场的一个露天场地上，几十张学生课桌摆放了备好的大米饭、白面大馒头和猪肉炖粉条，盛情接待了这批移民。之后他们被分别安置在农场所属五个农业生产大队。适龄者都被接收批转为正式的农业工人。为了便于沟通，带队来的骨干分子都适当地安排了职务。至此，这批山东移民成为双辽农场经济建设的一支生力军。几十年过去了，山东高密人在这里繁衍了一代又一代。这里成了他们的第二故乡，都过上了安居乐业的生活。

他们中涌现了一大批优秀人才，为双辽农场各项事业发展作出了应有贡献。山东移民优秀代表陈洪华（女）曾任双辽农场党委委员、革委会副主任；贺培金曾任双辽农场党委委员、纪律检查委员会副书记、分场党总支书记等职；臧远德、潘喜忠等曾任分场党总支书记和场长。

第五章 知识青年

双辽农场走过了光辉的 72 年，其间发生了无数次大大小小的历史事件，而知识青年上山下乡也可称为那波澜壮阔中的一朵浪花。为双辽农场垦荒建设作出贡献的长春知青、双辽知青给农场带来了活力，他们是农场广阔天地的阳光雨露，他们的足迹在农场发展的历史过程中描绘了一幅流光溢彩的画面。

第一节　长春知青

一、长春知青的到来

1966 年 5 月，短短的两个月，全国的学校全部停课，继而全国各地的工矿企业也相继停产。党中央和国务院洞察形势发展，为了稳定全国局势，立即发出了"抓革命、促生产、促工作、促战备"的号召。应届毕业生的分配事宜，立即列入了党中央和国务院的重要议事日程。随即党中央和国务院出台了"四个面向"的分配政策和方案，即面向边疆、面向工矿、面向农村、面向基层。要求毕业生走出学校，到边疆去、到工矿去、到农村去、到祖国最需要的地方去，接受工人阶级和贫下中农的再教育，去经风雨、见世面、锻炼成长。各校迅速制订了分配方案，并落实了学生要去的方向和接收单位。吉林省长春市政府为应届毕业生指定了四个下乡的农场：吉林省国营双辽农场、吉林省前郭红旗农场、白城洮儿河农场、吉林长白山劳动大学，号召初中毕业生自主选择，报名前去落户。与此同时，双辽农场派出了王德忠、丁国富、俞桂云、肖广富等干部，来到长春市各初中学校进行宣传、动员，招收各校合格的毕业生到双辽农场落户，成为新时代的国营农场工人。

首先由各学校领导组织毕业学生认真听取了双辽农场领导介绍农场的自然情况及招收国营双辽农场农业工人的相关事项、工资待遇情况。其次是学校领导特意组织毕业学生，做专题讲话，动员报告。班主任老师在班级再次做动员讲话，布置学生回家里和父母商量好，写出自愿到双辽农场的书面"申请书"。这个下乡"申请书"必须由学生本人、家长签名盖章同意方可生效，报名时间为一周。如袁洪勤所在长春五中三年六班，有 20 多名同学递交报名申请书，老师在班级公布报名名单，并给予了表扬和鼓励。有的学校为完成下乡农场指标，到学生家长工作单位做宣传动员工作。报名结束后，在学校领导的陪同下，由农场领导目测下乡农场学生，合格过关者当场确定接收为双辽农场工人。

历经一个多月的宣传动员，报名申请，学校领导和农场领导审核结束后，终于有320名长春市应届初中毕业生到双辽农场落户，成为新中国成立以来，首批新时代的国营农场工人。这些学生出身情况复杂，其中大多数学生在当时属于被认定家庭出身有问题或有严重历史问题的子女。仅以长春五中为例，只有1名同学家庭出身好，在1970年5月，抽调吉林省扶余油田工作。其他同学家庭出身在当时均被认定有一定问题。

当时报名下乡双辽农场，1个班级人数超过20多名。这些下乡农场的学生来自长春师大附中、长春市三中、长春市四中、长春市五中、长春市六中、长春市八中、长春市十三中、长春市十四中、长春市十五中学、长春市十八中、长春市十九中、长春市三十中、长春市三十二中、长春市三十三中、长春市三十四中、长春市四十六中、长春市五十中、长春市五十二中、长春市五十三中19所中学。

1966年8月10日上午，在长春市体育馆隆重召开了欢送长春知识青年上山下乡大会，全场座无虚席。1000多名即将奔赴吉林长白山劳动大学、吉林省国营双辽农场、吉林省前郭红旗农场、白城洮儿河农场的知识青年与会。大会听取了长春市政府程光烈副市长的欢送辞。长春市第十三中学苗利军同学，代表去双辽农场的知识青年，接过了为保护儿童生命安全舍己救人的英雄刘英俊母亲亲手赠与的毛主席画像，回农场后又转交了当年的双辽农场的团委负责人丁国富。8月12日中午，一行人乘火车离开长春，傍晚在四平市下火车并住宿；13日上午，乘火车经过郑家屯西辽河大铁桥，中午前到达卧虎屯站下车，再坐早已准备好的农场各大小队派来的大马车，被直接送到了各自落户的生产小队。

长春知青的到来，给位于科尔沁草原的偏僻农场注入了一股新鲜的血液。他们与老职工们一样日出而作，日落而息，播种、插秧、除草、收割、挖渠、修路、植树……从事着比较繁重的体力劳动。赵万富是长春市三十三中学的毕业生，在1966年去双辽农场的长春知青当中，由于身体健硕，会干农活，第一个被选为当生产队长，并带领本队农工，参加东辽河治理工程劳动。

建场初期，这里文化人少，信息闭塞，交通不便。自从来了长春知青，一下子变得活跃起来，田间地头经常能听到歌声，知青宿舍里还不时地传出琴声和笛声。他们的到来，给双辽农场的职工业余文化生活，职工子弟教育带来了蓬勃生机。双辽农场为活跃职工和家属文艺生活，组建文艺宣传队，其骨干都是长春知青。除了在场内巡演，还参加县里的会演。在双辽县每一次会演中，双辽农场文艺宣传队演出的节目都是最受欢迎的。还有几位知青演员被县剧团收编。其中的女高音歌手刘英欣和歌唱家不相上下。他们唱的样板戏也很有板有眼，赢得了广大职工一致称赞。王绍文、曹阳等后来在吉林省文艺界也小有名气。

体育运动也相继开展起来。每个分场都有自己的篮球队，每年总场都要举行比赛。而其中的主力队员大多是长春知青；以袁洪勤为教练的双辽农场中心小学校乒乓球队，经过两年的培训，在双辽县小有名气。在这种潜移默化中，城市文化悄悄地走进了农场，走到每个人的心中，使寂静的乡村一下子变得沸腾起来；有一批长春知青，特别是1968年接收的一批东北师范大学附中等名校毕业的高中生，在经过一段时间的锻炼后，被充实到双辽农场中小学教师队伍中。他们中的佼佼者有杨慧、张志平、袁胜先、王珏、李肖毛、袁洪勤、刘英欣、赵敬生等。由于这些人文化基础好、知识面宽，从教后使农场的教学质量大幅度地提升。中学开设英语课时根本不用培训和外请教师。很多知青都能轻松胜任。由于这些知青充当教学骨干，双辽农场中学升学率在二十几年里始终名列双辽县农村中学第一名。后来有的知青老师被调到双辽市一中任教。在双辽农场的部分知青老师中，经考试转为国家公办教师，终身从事教育事业。足见长春知青浑厚的知识功底。在他们挥洒汗水的征程中，为社会培养了众多有用的人才，为国家培育了大批农场子弟中的精英。

从1966年8月至2021年12月，星移斗转。尽管绝大多数知识青年早已返回长春，仍然有13名长春知识青年留在双辽农场。这13名知识青年实践了他们当年下乡双辽农场的铮铮誓言："扎根双辽农场干革命"。他们是：常绥生、孙立霞、李景民、刘兆平、张凤兰、袁桂兰、徐卫东、范秘武、王春台、王玉莹、赵文超、赵敬生、孔繁华。他们与《吉林双辽农场志》一样，青史留名，传于子孙后代。

二、长春知青的生活和劳动

接收知识青年的各小队，一般都是把知识青年安排在小队部里住宿。住宿的条件极其简陋，基本上是南北通长的大火炕。知识青年食堂设置在宿舍所在地，由小队派一名专职男职工担任炊事员。农场每月发给知识青年每人22.5公斤粮票、20元餐券。另外，1966年下乡的知青，上级每月还给每位6元钱的补助费，由省市政府统一支付。

各小队食堂的饭菜很简单，主食一般以大米饭为主，偶尔提供油饼、面条、馒头。菜则随季节而变化，都由当地自产。通常是一日三餐，一饭一菜。到农场后，经过两天的休息和调整，从第三天开始，长春知青就变成了正式的农业工人，开始和其他职工一样，下水田地干农活。

农场为知青发放了劳动工具和保护用品：每人一把镰刀、一把铁锹、一双水田专用靴子，然后割稻稗、积肥、割麻、沤麻、扒麻、种白菜、种萝卜……收割水稻，跟车拉稻子，打场。

知青的工资待遇和老职工一样，按日计算，月底发工资。每日出工 1 天，能得到工资 1.40 元。出勤满 30 天，即可获得收入 42 元。在当年，这笔收入足以养活一个三口之家，而用在知青一人身上，更是绰绰有余。

1966 年 12 月，吉林省和长春市政府下发文件，长春市下乡到双辽农场的知识青年可以返回长春，回到原来的学校。双辽农场领导在知青返城这项工作上做得很主动，也很到位。派专车把他们送到卧虎屯火车站。有少部分长春知识青年，继续留在了农场，他们有：范秘武、张凤兰，郝丽、竹汝顺、何平、邹兴华、李迎春、孙晓敏、张玉珍、李长林等。

三、长春知青的再归来

1968 年 12 月，毛泽东主席"知识青年到农村去，接受贫下中农的再教育，很有必要"这一指示的发表，标志着知识青年上山下乡已发展为一场席卷中国大地的运动。举国上下立即掀起了知识青年上山下乡的运动高潮。大势所趋，上山下乡成了全国各城市老三届（1966 年、1967 年、1968 年）毕业生的义务和人人都要认真面对的选择。在此形势下，选择落户地点，就成了当时每个学校和学生的关注点。

双辽农场因为是国营农场，吃大米饭，领工资，占据优势，使得 1966 年 8 月曾经来到过双辽农场的长春知青，迅速选择了重返双辽农场。但是，1968 年底再次来农场落户的长春知青，人员和方式就变得五花八门，大致有四种类型：一是绝大多数的知青重回农场的原来小队；二是随同学而来；三是兄弟姐妹互带而来；四是投靠亲戚而来等。

还有团体来农场插队的知青。"文化大革命"中，活跃于长春市的三中、四中红卫兵宣传队，后被长春市中学红代会接收，又吸收了其他学校的文艺骨干，组成了"长春市中学红代会宣传队"。1968 年 10 月，部分宣传队队员在王绍文和张釜的带领下来到双辽农场。宣传队员共计 24 人，男女生各 12 名。到农场后，先给场领导表演了文艺节目。因水平较高，得到了农场革委会主任黄明玺（军代表）的重视，破格招收了这些有文艺特长的中学生作农工。组建了"双辽农场文艺宣传队"。这些文艺知青被安排到第五大队，边劳动、边演出，足迹遍布农场及周边公社，受到老百姓的热烈欢迎。他们在双辽县很有名气，多次受到县革委会的表扬。

四、长春知青在农场的作用

20 世纪 70 年代初，农场实行了工资改革，近 30 年的现金工资制被取消了。所有的水田生产队及其他农田生产队的薪酬都变成了工分制。每日记录出勤，年底一次性评定工分等级。工分值以小队为单位，计算小队的实际收入结余来进行核算。效益好的小队，分值能达到 0.16 元。效益差的小队，分值在 0.06～0.10 元。职工人多的家庭，除去领口粮款还得欠生产队款。而其他工作岗位的职工仍然实行月工资制不变。一言以蔽之，就是只要是不在田地里干活的，全都能按月领现金工资。

从 1968 年大批长春知识青年再返农场起，由于农场工作分配的实际需要，知青的工作安排开始发生变化。一部分出身好或有特长技能、文化底蕴高的知青，被挑选到脱离农田作业的工作岗位上。

范秘武担任五大队马队队长。郭文生派到邮政局当邮递员。杨慧、张志平、袁胜先、杨广志、王珏等高中生被抽调到农场小学初中班和农场中学当了老师；冯淑华、江秀云、张东培、王鸿举、赵文超、王春台、李肖毛、纪述志、李迎春、董世坤、高殿鹏、李雨林、徐卫东、赵敬生、王见、张凤兰、袁洪勤、李白薇等被选任为中小学教师。袁洪勤还被抽调到二大队小学任专职乒乓球教练；王宝田、白立新、李雨林等进综合厂当技术工人；赵吉云、李峰当电工；刘向一到双辽农场招待所工作；白文峰、纪述志进场部小食堂当了厨师；吴元革、曹葵、马铁骑当了拖拉机手；邹天剑进了汽车队；孙晓敏进四大队卫生所当了赤脚卫生员；商杰之当了电影放映员。他们在各自的岗位上受到领导的重视，充分发挥了各自的作用，得到了群众的交口称赞，也令仍在水田里劳作挣工分的知识青年们十分羡慕。

1971 年之后，农场领导十分重视农场学校的基础教育，要全面加强和提高农场中小学教育教学质量。农场领导慧眼识人、唯才是举，不计出身成分，把大批知识青年抽调到各大队小学和农场中学任教师。从此开始，农场中小学教育教学管理和教学质量迅速提高，走向了新的历史台阶，开始谱写了农场中小学崭新的历史篇章。

五、长春知青唯一的集体户

1971 之后，由于下乡到国营农场的知识青年工作性质属于参加工作范畴，不享受知青回城的政策，大批知青陆续迁出农场，转户到全省各地的人民公社的知青集体户。农场知青所剩无几，居住分散。为了便于管理，农场决定，把农场内所有没安排工作的，没结婚的 20 几名长春知识青年，集中到四大队七小队（23 号），效仿人民公社接收知青的方式，建立了农场第一个长春知青集体户，户长李肖毛，伙食委员兼厨师纪述志。这个集体户从 1972 年 3 月建立，一直坚持两年，到知青全部离去才解散。

最后只剩下 13 名长春知青在双辽农场扎根一生。吉岩、纪述志等知青病逝于农场，被葬于哈拉巴山西侧，永远长眠于农场这块土地上。

六、走出农场的优秀长春知青

曾经在双辽农场工作过的长春知识青年，回到城市后，分散到全省各地乃至外省市，甚至国外，成为军人、工人、店员、教师、学者、医生、干部、商人……

艰苦的农场生活，繁重的体力劳动磨炼了他们坚忍的意志，造就了他们的刚强、昂扬进取的精神，使许多人成为各行各业的佼佼者，事业有成，令人瞩目。本志选编的 17 位优秀长春知识青年，有的在党政军机关担任副处级、副团级以上领导干部，有的在国家事业单位获得副高级职称。他们在不同年代、不同领域、不同岗位，胸怀大志、奋发拼搏、建功立业，在为我国的繁荣富强作出突出贡献的同时，也为曾经的故乡双辽农场赢得了荣誉，让故乡人民引以为骄傲和自豪。

王见　1950 年出生于吉林省长春市，高级中学教师；1966 年 8 月毕业于长春市第五中学；同年自愿报名下乡吉林省国营双辽农场，在四大队参加劳动，在五大队小学教书。

改革开放恢复高考后，他于 1978 年考入东北师范大学，1982 年毕业后留校任教，于 1988 年辗转来到深圳，继续从事教育事业；曾任中国地理学会会员。

王绍文　男，1947 年 6 月出生于吉林省长春市；1966 年在长春高中毕业；1969 年作为长春知青被安排在双辽农场宣传科任宣传干事；曾任北京儿童艺术剧院影视编导，北京长江三峡文化传播有限公司总经理。

王鸿举　1950 年 1 月 28 日出生于长春市，大学本科学历，高级中学教师；1963 年 8 月—1966 年 8 月，在长春市第三十二中学读书；1966 年 8—12 月，下乡双辽农场二大队参加劳动；1968 年 8 月—1969 年 7 月，在双辽农场二大队参加劳动；1969 年 8 月—1984 年 7 月，在双辽农场中学教书；1984 年 8 月—1991 年 8 月，在双辽县双山中学教书；1991 年 8 月调至长春市九十中教书。

白文峰　男，1950 年 10 月出生于吉林省长春市，中共党员，大学本科学历，高级工程师；1966 年 7 月毕业于长春市第二十九中学；1968 年 8 月下乡至双辽农场四大队，历任四大队食堂炊事员、双辽农场招待所食堂炊事员、管理员。

1973 年 10 月经农场推荐，前往吉林石油化工学校石油炼制专业学习；2010 年 10 月任中国石油吉林石化公司炼油厂企管处长。

付艳玲　女，1950 年 2 月 12 日出生，大学本科学历，中学高级教师；1966 年毕业于长春市第八中学，同年 8 月下乡到双辽农场二大队一小队务农；1972 年 1 月，转入怀德县大岭公社岭西大队一小队集体户；1980 年 3 月在长春市第七十中学任教师。

李肖毛 男，1950 年 2 月 25 日生于湖南长沙，中共党员，大学本科学历，中学高级教师；1966 年 8 月毕业于长春市第五中学，8 月下乡到双辽农场，在四大队七小队参加劳动；1972 年秋季开学起在双辽农场四大队小学、二大队小学、双辽农场中学担任教师。

1983 年，双辽农场中学应届毕业生第一次参加吉林省命题的中考，他所教的毕业班有 12 人考入双辽重点高中。1987 年 7 月调入双辽市第一高级中学任语文教师、教务处主任（副校级）。

李颖辰（原名孙颖辰） 男，1948 年 10 月 7 日生于哈尔滨市，大学本科学历，长春市税务局稽查大队处长；1966 初中毕业于长春市第五十中学，同年 8 月下乡到吉林省双辽国营农场，先后在二大队二小队和一小队（西山）种田务农；1972 年夏初从农场转出，落户长春市郊区新立城公社红光大队前十里堡生产小队知青集体户。

安新 男，1949 年 11 月出生于吉林省长春市，博士学位；1966 年 8 月毕业于东北师大附中，到国营双辽农场三大队二小队务农；1973 年被推荐到东北师范大学外语系英语专业读书，毕业后在长春五十二中学任教；2001 年在北京大学、同济大学等高校任教。

杨桂云 女，1950 年 7 月 3 日出生于吉林省长春市，中学高级教师；1966 年毕业于长春市第八中学，同年 8 月，下乡到双辽农场二大队一小队务农；1972 年 8 月转入德惠县（今德惠市）朝阳公社双城大队集体户（知青）；1975 年 8 月至 1977 年就读于德惠师范学校；1977 年 8 月在长春市八十九中学任政治教师。

宋人楷 男，1950 年 1 月 22 日出生于吉林省长春市，大学本科学历；1966 年 8 月从长春市八中，到双辽农场二大队一小队劳动；1972 年 5 月经双辽农场推荐，在吉林农业大学农机系农机专业学习；曾任长春市机械工程学院、建筑工程学院两院院长，教授。

郑向群 男，1950 年 5 月出生于吉林省长春市，大学本科学历，副高级建筑师，中共党员；1966 年 8 月于长春市第十四中学毕业后，到吉林省国营双辽农场二大队七小队（窑地）插队劳动。1972 年 5 月由双辽农场转户到长春市郊区西新公社双龙大队四小队集体户劳动；2010 年 5 月在天津市建筑设计院正式退休。

苗利军 男，1950 年 5 月 15 日出生于吉林省长春市，中共党员，高级工程师，长春市第十三中学毕业；1966 年 8 月下乡到双辽农场三大队二小队劳动。1969 年 12 月在双辽农场应征入伍，历任战士、班长、排长、连长、营长；1985 年在南京工程兵工程学院学习；1988 年被授予中校军衔；2010 年在中共吉林省委基建处工会主席岗位退休。

张釜 男，1948 年 9 月出生于吉林省长春市，吉林省民盟委员，大学本科学历，高级经济师；曾任中国民主同盟中央委员会委员、吉林省人大常委会委员、民盟吉林省第十二届委员会专职副主任委员；1968 年 10 月—1972 年 12 月，双辽农场下乡知识青年；

1972 年 12 月到吉林省林业物资供应站工作。1978 年考入东北师范大学，曾任长春市绿园区副区长。

赵德超　男，1950 年 12 月出生于吉林省长春市，中共党员，大专学历，高级工程师；1968 年 10 月长春市第五中学毕业后，下乡到双辽农场四大队一小队参加劳动；1973 年 4 月从双辽农场转到长春市九台县（今九台市）卡伦公社魏家大队；2001 年 1 月，任长春市建筑工程造价管理站科长。

徐明　男，1949 年 2 月出生于吉林省长春市，国家一级演员，长春市第九届政协常委民盟吉林省文化委员会副主任委员，现任吉林省长春市艺术研究所所长；1968 年，下乡到双辽农场五大队插队（知青）；1970 年，在双辽县文工团工作，同年，调入四平话剧团工作；1984 年，调长春话剧院工作；曾任中国演出管理家协会会员。

袁文多　男，1950 年 3 月 30 日出生于吉林省长春市，大学本科学历，中专高级讲师；1966 年 8 月长春市第五中学毕业后，下乡到双辽农场四大队；1970 年 3 月离开双辽农场，到父母下乡的吉林市舒兰县（今舒兰市）小城公社小城大队一小队劳动；1975 年毕业于吉林市财贸学校；2010 年 3 月在吉林市财经学校教学副校长岗位退休。

曹阳　女，1951 年 10 月出生于吉林省吉林市，中共党员，国家一级演员，中国戏剧家协会会员，曾任长春话剧院演员；1968 年 10 月作为长春知青下乡来到双辽农场；1970 年被调入双辽县革命委员会政治部样板戏学习班。

第二节　双辽知识青年

1960 年以来，双辽农场共安置接收双辽知识青年四批。第一批，1960 年接收双辽县郑家屯镇待业青年；第二批，1971 年接收双辽县郑家屯镇应届初中毕业知识青年；第三批，1971 年接收双山镇应届初中毕业知识青年；第四批，1974 年接收双辽县郑家屯镇应届初、高中毕业知识青年。

1960 年双辽农场二大队接收所在双辽县郑家屯镇无业青年 18 名，解决了城镇青年就业问题。这批青年来农场后，先是集中住在二大队集体宿舍，在二大队大食堂就餐，当时人们把他们的居住地叫"大食堂"。之后他们被安排到距离分场所在地两公里的四号地开发水田。因这些青年逐渐结婚成家，1965 年至 1966 年为方便他们就近就地生产生活，双辽农场请示吉林省农业厅投资，在四号地附近的高岗上建起了 6 栋职工家属宿舍和队部，每栋 2～4 户、40～60 平方米，各户都是单开门，使所有到四号地参与开发的职工都得到了妥善安置，为完成新的水田开发提供了保证。该队正式取名为二大队二小队（四号地屯)。他们在生产队长苑广才、马志的带领下，把一片一片苇塘和荒地变成了水田。他们中的突出代表是时宝光，不仅是生产能手，而且有一定的组织领导能力，经过几年历练，成为生产队长。

1970—1974年，双辽农场先后接收安置双辽县郑家屯镇、双辽县双山镇三批知识青年，分别分配到五个农业生产大队。这些知识青年到农场后，无论是在政治上，还是在工作上，都表现突出，是双辽农场发展壮大的一支生力军。其中王顺曾任双辽农场组织科长、中共双辽农场党委委员、中共双辽农场纪检委书记；赵广学曾任双辽农场大理石厂厂长、中共双辽农场党委委员；李永成终生扎根双辽农场，曾担任双辽农场一分场、博爱分场场长；赵淑芬、赵玉环、苗立军、孙玉海曾任大队副职和生产队队长，他们离开农场后都成长为所在单位的领导干部，为双辽农场赢得了荣誉。

一、李永成

李永成，男，1954年4月出生在双辽县郑家屯镇，中共党员，中专文化；1974年6月28日，李永成响应毛主席关于知识青年到农村去，接受贫下中农再教育，广阔天地大有作为的号召，与百名双辽县城应届高中毕业生，手捧毛主席语录，胸佩红花，在锣鼓喧天的欢送队伍欢送下，告别父母双亲，告别故土，乘坐解放牌大汽车从双辽县城郑家屯出发，直奔哈拉巴山下的双辽农场，从而踏上了上山下乡的峥嵘岁月之路。

这批下到双辽农场的双辽知青共102人，分别在一大队建立两个集体户，二大队、三大队各建立1个集体户。李永成被分配到一大队四小队集体户。一干就是40年，从农工开始，先后任生产队长、分场副场长、场长，双辽农场基建办主任、汽车队队长、粮油公司副经理、变电所所长。2005年在双辽农场一分场场长岗位内退。

在生产队经历了夏秋三季的艰苦劳动后，1975年春节过后，他随双辽农场深山采伐队来到了桦甸红石原始森林采伐木材。采伐工地上，他双手的茧子生了一层又一层，从一个白面书生成为一个黝黑的汉子。两年后的1977年春季，当他从山区采伐队回到一大队时，一起来的双辽县知青大多数都通过各种方式离开了双辽农场。有的转到各乡镇集体户，有的通过关系回到县城工厂。他所在的集体户也解散了。大队把他安排到大队食堂做饭，当了一名炊事员。

1978年他出任一大队四小队政治队长。这是一个烂摊子，几任队长都只干一年半载。李永成通过8年的辛勤工作，赢得了职工群众的拥护和信任。在生产方式上率先实施联产到劳责任制和家庭联产承包责任制，在水稻育苗上率先实施庭院大棚旱育苗。1986年水稻单产最高的户每公顷达到9000公斤以上，比1978年每公顷的2000～2500公斤大大增产。

单产最低的户每公顷也有 7500 公斤。职工粮食丰收了，口袋钱多了，都交口称赞李永成是个好队长。他担任生产队长 8 年，每年都被评为双辽农场的先进工作者。

1987 年，李永成出任双辽农场博爱分场第一任场长。在总场的支持下，他首先率领职工在八一水库浸润区的岗子上盖起了一栋栋、一排排崭新的家属住宅，解决了百余户老百姓的吃住难题。因修建水库，搬到一分场和其他村屯的住户陆续搬到博爱新村的家。由于博爱是个新建的分场，又是水库浸润区，所以建场初期没有一条像样的道路。春季水稻插秧季节，人们用麻袋、塑料布、簸箕等简易的工具，在沙土道上往地里运秧苗，很是辛苦。1988 年，李永成率领他的领导班子积极配合总场千人大兵团，利用农闲季节开始了规模宏大的修建农田道路、引水渠、排水渠工程，解决了农业生产中的实际问题。到 2021 年，这片曾经被遗忘的荒原上呈现出蓬勃生机。几十年前的土坯房荡然无存，新民房白墙红瓦，整齐划一。站在那高高的岗坡远望，便是波涛翻滚的稻浪。博爱变了，职工的腰包鼓起来了。被接收过来的村民口口相传。博爱的人们感慨地说："多亏双辽农场接收了我们，感谢李永成场长的辛勤努力和无私奉献，才有了今天博爱人的甜蜜生活。"

二、赵淑芬

赵淑芬，女，中共党员，双辽县下乡知识青年，高级教师；1954 年 4 月 18 日出生于吉林省双辽县；1970 年 12 月毕业于双辽县第四中学；12 月 18 日插队到双辽农场四大队三小队集体户并任户长。当时她只有 17 岁，但把集体户管理得井井有条。1972 年双辽农场四大队三小队集体户被授予全县先进集体户，她本人也受到场部和县里的表彰。由于表现出色，1973 年春天她被提拔到双辽农场四大队民兵连任副连长、农场团委副书记、第四大队革委会副主任。1974 年 9 月她被保送到双辽师范学校读书并担任学生会干部。

在双辽农场上山下乡近四年，这是她人生成长起步的开始，是革命的大熔炉锻炼了她，是农场这块土地培育了她，是农场的阳光雨露滋润了她，给她人生打下勇于吃苦、敢于拼搏、积极进取、奋发向上的思想基础。因此在她后来学习工作的各个岗位中表现突出。

中专毕业后，她被分配到红旗镇郝家中学任教，后调入到双辽县第三中学。在这里她先后担任过班主任、团委书记、政教处主任、党支部书记、校长等职务，曾获得过市、县优秀教师、省优秀班主任。学校工作也获得过省、四平市、双辽县的嘉奖。

赵淑芬常说"没有双辽农场四年的工作经历就没有后来的赵淑芬"。

三、孙玉海

孙玉海，男，1953 年出生于双辽县双山镇。1971 年 1 月初中毕业后下乡到双辽农场五大队鱼队参加劳动，是双辽农场接收的 21 名双辽县双山镇知识青年之一。1972 年 12 月他在五大队应征入伍，在部队加入中国共产党，曾任班长；1977 年 3 月部队复员回到他所下乡的五大队鱼队。这时的鱼队由于经营不善，职工生活水平进入低谷。危难之中，刚刚从部队复员的孙玉海被五大队任命为鱼队政治队长（当时政治队长是第一负责人）。经过一年的辛勤努力，把一个乱摊子搞活了，职工的收入也提高了。由于工作突出，1979 年他被调入双辽农场养鸭场任民兵连长、鱼队队长。1980 年 3 月双山鸭场成立后，他先后出任双山鸭场冷冻加工厂副厂长、畜牧公司经理、蛋禽厂厂长、场办主任、双山鸭场纪检书记、副场长（副处级）。2013 年他在辽河农垦管理区老龄委退休。

第六章　中央统战部"五七"干校

双辽农场作为国有农垦企业，建场初期550名荣军开启垦荒建场后，吸引了各界有志之士来农场参与建设。

1968年深秋，中央统战部到国营双辽农场走访考察"五七"干校校址，选中国营双辽农场一、二、五大队。当年冬季自己储存基建材料，1969年春开始建设"五七"干校校舍和宿舍。他们建房不雇用外面的技术人员，木瓦工等都自己伸手操作。月余时间，五大队五栋砖平房（每栋六间）宿舍、一栋（八间）砖平房食堂兼校舍拔地而起，这在当时当地基建速度是最快的。一、二大队的中央统战部"五七"干校也相继完工。

五大队拨给中央统战部"五七"干校一块地，他们用来种植蔬菜。他们的人没事就到地里劳动，表现很积极。他们衣着朴素，绝大多数人都穿着打补丁的旧衣，色差很大，很是显眼。

1969年"中共九大"刚刚开过，这里来了一位穿军装的人，叫刘友法，是"中共九大"代表，驻中央统战部的军代表。双辽农场党委邀请刘友法在场部大礼堂做了参加"中国共产党第九次全国代表大会"盛会的报告。

1970年初，因1969年3月"珍宝岛事件"爆发，中苏关系极度紧张。出于备战的安全考虑，在双辽农场的中央统战部"五七"干校决定转移到湖北省沙洋。能运走的物资设备全部运往湖北省沙洋，将房屋全部移交给了双辽农场。农场先后把这些房屋分给来自长春、双辽的知识青年和职工家属居住。

回顾72年来双辽农场事业的发展历程，人们永远不会忘记那些为双辽农场事业发展的创业者。一是500余名荣军官兵遵照毛泽东主席发布的人民革命军事委员会命令，一手拿枪、一手拿镐、屯垦戍边，成为新中国第一代农业产业大军的主体。二是省内农业院校毕业生及其他地区有志青年，他们响应党的号召，怀着好儿女志在四方的豪情壮志离开城市告别亲人，投入建设双辽农场的伟大事业中。当年那些风华正茂的创业者几十年如一日，为开发边疆、发展双辽农场事业呕心沥血，成为双辽农场的领导和骨干。他们不求名、不求利，把自己的青春年华、聪明才智都毫无保留地献给了双辽农场的事业。现在，第一代垦荒荣军基本离世，第二代垦荒者许多人鬓发已白，他们的子女第三代垦荒者，绝大部分继承父辈为之奋斗了一生的事业，继续在双辽农场建功立业。创业是艰难的，也是光荣的。双辽农场创业者的英雄事迹已经载入史册。他们的创业精神永远值得后来者学习。

第三编

经　济

中国农垦农场志

第一章 农 业

双辽农场是以生产水稻为主的谷物农场，是吉林省较大的农垦企业。始建之初，就被国家赋予了力求先进、带动乡村、做出榜样的历史使命。几十年的实践证明，双辽农场做到了。从 20 世纪 50 年代开始到新世纪初，这里一直是双辽大地一颗璀璨的明珠。

第一节 农业经济概述

1949 年 10 月中华人民共和国成立到 1952 年，我国进行全面国民经济恢复的工作。1950 年又开始了抗美援朝战争，需大批粮食支援前线。1951 年粮食又受灾减产，加之旧社会遗留下来的创伤，人民生活处于半年糠菜半年粮的窘境。这一切都给粮食生产和管理工作带来了更加严重的挑战。为了充分掌握粮食，保证城乡人民生活，支援全国解放和抗美援朝战争以及社会改革，双辽农场一面扩大开垦面积，加强粮食生产，抓好粮食征购工作；一面根据国家财经工作总的战略部署，认真贯彻执行国家制定的"稳定市场、稳定粮价"的方针，这在当时起了积极的作用。

1953 年，我国经过三年经济恢复时期以后，开始执行国民经济第一个五年计划，全国掀起了大规模的有计划的经济建设。党和国家为了从根本上解决粮食产需矛盾，在积极促进农业生产合作化，制定一系列方针政策，加快粮食生产速度的同时，另一方面，为保证人民生活和国家建设所需要的粮食，稳定粮价，消灭粮食投机，进一步巩固工农联盟，对粮食的分配和流通采取了一系列政策措施，并于 1953 年 10 月 16 日作了《关于实行粮食计划收购和计划供应的决议》，简称粮食统购统销政策。这是我国在一定的社会政治和经济历史条件下的产物。其内容即对农村余粮户实行粮食计划收购（简称统购）的政策，对城市人民和农村缺粮户实行粮食计划供应（简称统销）的政策。实行在党中央统一领导下，高度集中的粮食管理体制。这一年双辽农场积极贯彻执行国家和地方的粮食统购统销政策，把所生产的粮食如数上交国库，共 2450 吨。对稳定当时的粮食局势，缓和粮食供求矛盾，安定民心，发展生产起到了积极的作用。

1955年8月25日，国务院发布了《农村粮食统购统销办法》和《市镇粮食定量供应暂行办法》。在农村实行"三定"的规定，定产定购三年不变，增产不增购，定销一年一样，极大地鼓励了农民生产粮食的积极性，农村粮食形势基本稳定。

生产关系一定要适应生产力，这是人类社会发展的基本规律。而人为地不断变革生产关系，脱离生产力发展状况，不仅不能促进生产力的发展，反而会阻碍甚至破坏生产力的发展。1958年，农业生产大幅度下降。农场开始偏离以农业为基础的轨道。总场及各分场大办食堂，职工群众存在只管吃饭不管家的思想，吃粮无计划，用粮无制度，乱吃乱用，造成粮食严重浪费。农场一度组织全场职工家属，无论男女，还是在校学生（老人和学前儿童外），一律背井离乡，参与大兵团到外地大炼钢铁。本场生产的粮食得不到合理存放。不仅浪费粮食，而且增加成本费用。由于秋翻地任务紧，秋收草率拖拉，场院管理不善，人吃马喂，糟损的粮食占5%左右。上述种种原因，造成了1958年农业丰产而没有丰收。

1959—1961年，是我国国民经济严重困难时期，农业生产遭到严重破坏。粮食大幅度减产，人民生活保障任务十分艰巨，粮食工作面临着严峻考验。1961年全场粮食总产量1628吨，比1958年的3350吨减少1722吨。上交国家商品粮只有220吨，比1958年的1850吨减少1630吨。

1960—1962年，在十分困难的情况下，动员群众搞好"瓜菜代"。就是根据忙闲季节，分月落实口粮标准，做到忙时多吃，闲时少吃，干稀调剂，粮菜混吃，搞好做饭蒸量法和代食品。为了平稳度过8—9月的青黄不接季节，每年都有计划地种植早熟作物的瓜菜，把生产任务落实到生产队，狠抓小麦早熟作物的征购和秋粮征预购工作。由于3年自然灾害，农场的粮食大幅度减产，加上经营管理不善，劳动生产率和商品率降低，企业连年亏损，造成了部分职工外流，严重地影响农场经济建设的发展。为解决以上矛盾，调动职工生产建设的积极性，农场于1964年实行了定奖制度，于1965年制定了大包干方案。这两次改革虽然不到位，但对当时出现的矛盾起到了一定的缓解作用，吉林省农业厅调查组也给予了较高评价。

1966年，正当全国人民经历3年经济困难和调整恢复以后，渴望继续发展的时候，却开始了"文化大革命"。双辽农场党委一度被解散，农业生产面临危机，粮食的产需矛盾越来越突出。这期间双辽农场由省农业厅下放到双辽县管辖。为了稳定政治经济局面，1968年双辽农场所在地双辽县，及时派来了军代表，组建双辽农场"革命委员会"。结合农场实际情况，农场内设组织机构：三个组、一个部，为：政治工作组、生产指挥组、办事组和武装部。原双辽农场党委书记董彦平出任办事组组长，得以发挥作用。各生产大队都成立了以原大队干部为主体的革命委员会。新的"革命委员会"认真贯彻党中央提出的"抓革命、促生产"的指示，在全场范围内开展"农业学大寨""粮食上纲要、跨黄河、过长江"竞赛活动，确保了双辽农场生产秩序的正常开展。二大队、三大队、四大队等水田农业生产队的水稻产量多数"跨过黄河"，即亩产 500 公斤以上。虽然粮食增产，但由于经营管理不善，农场经济陷入建场以来的最低谷，企业亏损连年递增，10 年累计亏损 578 万元，其中 1969 年亏损达 112 万元。

1975—1979 年，双辽农场集中力量建设鸭场。设计施工、采购原材料和种禽蛋等工作，都由本场技术人员克服重重困难，独立完成。耗费了大量财力物力，共投资 300 万元，先后建成了种鸭舍、填鸭舍、育雏舍、孵化室、屠宰车间和冷冻库等设施，并在 1977—1979 年养鸭 10 余万只，成为吉林省内最大规模的畜禽生产基地。

在建设鸭场的同时，通过多方考察，投资 120 万元，建立了造纸厂，生产油毡原纸，于 1976 年投产，到 1979 年已形成 2000 吨的生产能力。全场工副业产值在 1979 年提高到 152.3 万元，年递增 50％以上。1978 年建起了 10 千伏安的变电所，为发展场办工业奠定了基础。

为保证农业的丰产丰收，1971 年成立了农业试验站，以二大队种子站为基地，在提供良种、科技示范方面发挥了积极作用。1972 年建立了气象站，不仅指导了农业生产，还积累了第一手气象资料。

1980 年为确保经济效益快速的增长，农场党委决定，换地架桥连接长通公路。这一年长春到通辽的公路，从双辽农场的哈拉巴山脚下，穿越农场林业队的几道林带向西奔向了科尔沁草原。但没有经过当时的总场场部，公路与场部之间隔着一条输水总干渠。这条干渠开口有 12 米左右。要实现与长通公路对接，就要修一座跨河大桥。可河对岸的土地有一部分不是农场的地，而是邻居双山镇三合村的集体土地。很多场办企业都办在总场周围，有很大的运量，仅造纸厂一家，购进原料和出售产品吞吐量就达到几千吨。基建物资水泥、钢材、木材、红砖等也是成千吨的。农场党委在权衡利弊后，下定决心要修筑这条路，打通这条只有 2.5 公里的路。他们积极与双辽县相关部门协商，用换地的方式对接长通公路，双方达成了共识。1980 年春季，农场便开始修建桥梁，同时动用推土机和平道器开始筑路。土路成型后，又修建了路肩和道沟，并从老道的林间间伐了近十年生的杨树，一次栽种成型。之后又从 5 公里外的哈拉巴山运来沙石相间的山皮土，用拖拉机和轧道机轧实了基础，上面再覆上约 50 厘米厚的石屑。场部动员机关和场直单位职工几百人分段后全部上路，用锹镐摊平石屑后再用轧道机碾压。只用了 3 个多月时间，桥上就铺好了预制的桥板并很快通车了。至此，双辽农场除了老道双山镇出口外，又多了一条三合村出口，而且缩短了 3.5 公里的路程。后来十几年，这条捷径一直成为双辽农场对外的主要出口，不但为场内单位节省了运力，也为赴场办事的外部单位提供了方便。这条路开通不久，双辽农场便开通了通往四平的长途客车。双辽农场农贸市场大集也于 1987 年宣告成立，每月三市，吸引了广大流动客商，也有效地调剂了场内职工的生产和生活。之后，这条路又改造成了沥青路，为这里的居民提供便利服务。

中共十一届三中全会召开后，1979 年总场制定了在经济工作中实施经济手段的一系列政策。尽管当时人们还不能完全摆脱"左"的束缚，行动时显得畏首畏尾，但毕竟是向前迈了一大步，在一定程度上减少了亏损因素。粮食总产量由 1970 年的 2650 吨增长到 1979 年的 5444 吨。1983 年前，中国广大农村，落实家庭联产承包责任制已有两三年时间，效果已经显现。而双辽农场仍像是一潭死水，没有掀起一点改革的涟漪。的确，很多农场的干部和群众有些想不通。辛辛苦苦几十年，一夜回到解放前的魔咒，紧紧地束缚着这群一路走来的农垦创业精英。大家一锹一镐开垦的土地，怎么一下子就归于个人经营了呢？国营农场那么多机械、车马、农具、房屋怎么变成了私人财产了呢？一些老荣军也在大庭广众之下倾泻着不满情绪。从维护国家利益的角度出发，农垦人的内心正进行着激烈的斗争。这时，四平地委的工作组到了三分场三小队，确定以三小队为分田到户，落实联产承包责任制的试点。农场党委抱着试一试的态度，不情愿地服从。工作组立即召开职工大会开宗明义。接着便丈量地块，核实人口，制订方案。当时插秧已过，有些人认为要分也得过年，秧都插完了怎么分？看来工作组的态度是势在必行，手中握有尚方宝剑，一锤定音：分青苗！一声令下，青苗很快就分完了。以后的管理收益都归承包者，一时间弄得好些人不知所措。其实，干部群众的抵触情绪是情有可原的。他们对国营企业的感情太深了，对这片土地的感情也太深了。

实践是检验真理的唯一标准。落实联产承包责任制的农村改革获得了巨大成功，极大地调动了农工的生产积极性，也使双辽农场的粮食产量，当年就比改革前翻了一倍。干部和职工尝到了甜头。年末在全场落实了家庭联产承包责任制，把所有土地全部分田到户。兴办家庭农场，分田、分车马、分农具到户。这些职工家庭农场是在全民所有制国营农场领导下，以户为单位，实行家庭经营、定额上交、自负盈亏的经济实体，是国营农场有机整体的重要组成部分。针对全场存在一部分低产贫困户的实际，1987 年以来，农场开展了技术扶贫工作，共有 200 多个低产贫困户脱贫，有的已成为高产富裕户。开办家庭农场，第一次打破了建场 30 多年来统收统支、统一经营的模式，从根本上改变了干多干少一个样，干好干坏一个样，干与不干一个样的局面。职工踊跃承包土地，劳动热情普遍高涨，1983 年办起家庭农场 1000 多个，当年的粮食总产量达 5153 吨，比 1982 年的 4078 吨增加 1075 吨；工农业总产值 317 万元，比 1982 年的 189 万元，增加 128 万元，实现纯利润 2 万元，人均收入 260 元。至此，结束了双辽农场建立以来，多年连续亏损，累计亏损总额高达 1451 万元，平均每年亏损 43 万元的历史。

分田到户以后，农场的主产品水稻产量大幅度地提高。每公顷比大帮哄时的 5000 公斤左右翻了一倍还多。也由于连年丰收，农工们手里有钱，购置了大量的农机具。只有农工们富裕了，才有具备解放生产力的条件，这是事实。中央稳定承包制度的举措，让农工们吃了定心丸，双辽农场的经济也真正再跨上一个新的台阶。

为鼓励农工开荒，扩大经营面积，发挥规模效益，总场根据上级有关精神，制定了一系列优惠政策，激发了广大农工开垦荒地的劳动热情，全场掀起了多包地、多开荒的热潮。1983 年全场耕地面积 2314 公顷，2021 年增加到 3078 公顷，其中 1983—1990 年就扩大面积 400 多公顷。

双辽农场不仅努力搞好自己的农业技术推广工作，而且在带动周围乡镇水稻技术上更是发挥了积极作用。1985 年 4 月，为提高双辽县水稻种植技术，双辽县调双辽农场水稻技术员杨文义任双辽县水稻办公室副主任。20 世纪 80 年代中期，双辽县的水稻种植大面积增加，当时乡镇农业站的技术人员不熟悉水稻种植技术，农民更不会种植水稻。双辽县政府决定，从双辽农场调入种植水稻技术好的优秀农工，到种植水稻的乡镇农业站当技术指导。农场先后派出五名农工到双山镇、新立乡、柳条乡、红旗乡，指导农民种植水稻。其中到双山镇农业站的杨明学担任了农业站的站长，一直干到退休。在新立乡的宋双，由于指导使用农药时，不慎中毒，双辽县政府负责治疗。他本人直到退休，享受事业编制的待遇。邢国权、徐少华、王文玉等，工作一段时间，先后回到了农场。他们为双辽县的水田开发作出了贡献，双辽县人民永远记住他们。

随着农业科学技术的推广，水稻种植又不断向新的领域迈进，推行小井种稻。小井种稻在当时是一种新事物，大多数群众不会种、不敢种。为了推行小井种稻，1987 年已经在四平市水利局局长岗位退休的原双辽农场场长王守权，首先在五分场进行小井种稻试验。取得成功后，第 2 年在五分场全面推广。为鼓励农户种植水稻，总场制定了 3 年不交提留的优惠政策。同时，对退化草原荒地进行了治理，大搞农田基本建设，在旱涝灾害面前显示了它的优势，确保农业生产再上新台阶。20 世纪 80 年代，由于多年对农业工作的重视，通过增设博爱分场，开发五分场小井种稻，一分场九支、长垄等地的荒地复垦等措施，全场共增加水田面积近 500 公顷。

大力普及科学种田新技术，不断提高农工的科技素质。农场先后推广了营养土庭院旱育苗、机械插秧和无人机药剂除草等技术，促进了水稻高产稳定。全场农工已对科学种田有了较高的认识，并已基本掌握了这几项新技术，提高了劳动效率，减轻了劳动强度，保证了农时。从 1985 年起，农场又逐步推广庭院营养土旱育苗技术。这种方法培育出来的稻苗比传统的大田湿润法育苗，不仅秧苗壮，返青快，成熟早，还能够适应各种异常气候。到 1987 年，全场 1800 公顷水田旱育苗率达到 100％，在全省水稻旱育苗评比中获第二名。通过不断引进水稻良种，增加高产中晚熟品种的种植面积，实行适时早种，从 4 月上旬开始浸种、育苗，5 月末结束插秧，使水稻单位面积产量逐年上升。以前，平均每公顷只有 3000 公斤，1989 年已达 5000 公斤以上。1990 年，双辽农场作为四平市"双千公顷竞赛"的参赛单位，水稻长势更加喜人。由于单位面积产量的提高，粮食总产量年年登新台阶。1988 年全场粮食总产达 10348 吨，突破了万吨大关。1989 年在春旱、夏涝、秋吊，自然灾害频繁的情况下，又创造了 10696 吨的建场以来的最高纪录。2001 年全场粮食总产达 21120 吨，首次突破 2 万吨。2021 年全场粮食总产达到 24093 吨，水稻每公顷平均产量 8000 公斤，玉米每公顷产量 1 万公斤。

第二节　科学技术推广

建场以来，双辽农场自始至终把农业科技放在首要位置。首先建立起科技组织，加大领导力度。其次是重视壮大科技队伍，除引进大中专毕业生外，还重点培养本地初高中毕业生成为农业技术骨干。最后，鼓励农业科技领域人才到省、地（市）及全国各地农业研讨会交流经验，取他人之长补己之短。以上举措，使双辽农场的农业科技工作走在双辽县乃至四平地区的前列。

一、建立科学技术普及协会

1958 年 9 月，国营双辽农场建立了科学技术普及协会。并制定了《双辽农场科学技术普及协会综合研究所方案》。

根据双辽县委决定和文教会议指示精神，为了适应双辽农场工农业生产的需要，必须进一步加强对科学技术研究工作的领导，以便使科学技术研究，切实地为工农业生产服务。为此场党委研究决定，大力开展群众性的科学技术研究活动。特决定成立双辽农场科学技术普及协会组织。

经场党委提名下列人员为协会委员：

主席裴志夏（党委书记），副主席张国栋（场长）、王守权（副场长），秘书梁汉书（负责日常工作）。委员王占元、霍发明、徐殿武、谢婉秋、徐惊、张启勋、曹庆吉、王德忠、祝洪英，共计 13 人组成委员会。

下设会员工作组。三家子农场成立 3 个工作组，三合农场成立 2 个工作组，双山农场成立 2 个工作组，共设 7 个工作组。

为迅速开展群众性的研究工作，根据全场生产情况和大办工业的特点，立即在全场建立单一定向的研究所和研究室，及综合研究所。单一定向研究室研究小组，把生产单位变成研究机关，真正做到科学上的百花齐放，从其业者研究其事。为此，要求场内各个单位建立各种单一定向研究室或组，制订双辽农场群众科学技术研究所方案。

根据省委提出的解放思想、破除困难、依靠群众、走群众路线，农场调动一切积极因素，挖掘潜力、全员动手、铆足干劲、力争上游，多快好省地大兴文化技术革命之风，在总场成立科学技术研究机构，制定草案，全力促进生产。

二、学术交流及农业科技工作总结

建场以来，特别是 20 世纪 80 年代活跃在双辽农场的农业科技人员，在农业生产技术上不断探索研究，通过参加国家和省级等农业技术交流会，使双辽农场的农业科研事业一步一个脚印地大踏步前进，确保了双辽农场农业生产不断取得新成绩。本志精选 4 篇参加全国学术交流文章，作为历史资料永存。

水稻庭院式营养土旱育苗技术总结
作者：张庆志

（一）自然概况

四平市国营双辽农场位于吉林省中西部，东经 123°，北纬 43°301″。辖区面积 50 平方公里，属于半干旱半风沙地带，平均年降水量 534 毫米，年平均蒸发量 1771 毫米，无霜期 146 天，年积温为 3192℃，日照时数 2942 小时，主要风向为西南风，年平均大于或等于八级风的日数为 35.8 天。

现有水田 2 万亩，80％为苏达碱土，pH 在 7.5～8.5，20％为碳酸盐黑钙土 pH 为 6.5。属于二龙山灌区，用东辽河水自流灌溉，近几年（1980 年以来）水稻主栽品种为早锦、京引 127。

（二）旱育苗的基本情况

水稻庭院式营养土旱育苗，是在水稻大棚盘育苗的基础上发展起来的一种新的育苗方式，它比水稻大棚盘育苗具有更广泛的适应性。它保留了大棚盘育苗的主要措施，精减了大棚育苗的机械设备，简化了育苗程序，因而在保证秧苗素质的情况下，大大降低了育苗成本，深受广大群众欢迎。双辽农场经过了1983—1984两年的试验示范后，1985年推广面积达到40%，获得成功，1986年推广面积达到了80%。

（三）庭院式营养土旱育苗的主要技术措施

1. 育苗场地的选择及棚架设计

育苗场地要因地制宜，在可能条件下，最好选择在背风、向阳、地势平坦、灌溉方便的地方，有自然或人工防风设备，有条件的最好利用房前屋后菜地。棚架设计不拘一格，大棚、中棚、小棚都可。实践证明，以中棚为最好，即棚高1.7米、宽3.3米。长度按需要和地势条件而定，用钢管或竹片做棚架都可。棚架间距以60厘米为宜。

2. 营养土的制备及置床处理

营养土的成分，草炭40%、旱田砂壤土30%、腐熟农家肥30%混合过筛，每百斤床土再加入硫酸铵1.5两（1两＝50克），过石2两，硫酸钾0.6两搅拌均匀。

营养土的调酸及消毒：一两敌克松加0.8公斤硫酸兑水50公斤，可调500公斤苗床土，调酸后床土pH在5.5左右。床土用量每平方米25公斤。

以中棚为例，每棚做两床，床长15米，床沟深20厘米、宽30厘米，床面要搂平，并用1000倍的敌克松和硫酸溶液进行消毒和调酸，每平方米2.5公斤药液。隔离层最好用盘子铺，也可用尼龙打孔平铺。床土厚度以虚土3厘米为好。床土铺好后播前要浇一次透水。

3. 种子处理与播种

（1）晒种：浸种前要将种子在阳光下晒2~3天，以便灭菌，提高发芽率。

（2）选种、浸种与种子消毒：把种子放入1：13的盐水中充分搅拌后，捞出秕谷，再把选出的种子放入清水中洗一次，然后用300倍克菌丹液泡浸72小时后，再放入清水中泡至饱和。

（3）种子催芽：催芽方式可根据实际情况而定，种子堆要保持28℃的温度，要经常翻动使出芽整齐、均匀，以种子破胸露白为标准。

（4）播种：育中苗每平方米播种量为0.4公斤，湿谷0.5~0.55公斤为宜，人工手播要力求均匀。播后镇压，再覆土0.5厘米厚，以种子盖严为标准。

（5）药剂封闭：覆土后每100平方米用50克杀草丹兑20公斤水喷雾，然后覆盖地膜，以保温、保湿。如出苗前床土过于干燥可揭开薄膜，浇一次透水。

4. 出苗后的管理

（1）青头至立针期，床面保持湿润状态。如特别干燥可浇一次透水，一般2~3天浇一次水即可。温度不能超过35℃。

（2）一叶一心至二叶一心期，温度控制在 20～25℃，随着需水量的加大，每天可浇 1～2 次透水。同时 1.5～2.5 叶期，再用 1500 倍敌克松溶液，进行消毒 1 次，以防立枯病的发生。

（3）三叶至插秧前，3.5 叶期喷一次 pH3～4 的酸化水，此时要使秧苗逐渐适应外界环境，在没有大风和特别低温情况下，要昼夜通风。为避免徒长，水分不宜过大。

（4）追肥：1.5 叶、2.5 叶和插前各追肥一次，每平方米 6 钱＊硫酸铵兑水 3 公斤进行叶面喷施，施后用清水冲洗一遍。

（5）插前一天或当天喷一次 300～1000 倍乐果溶液，以防潜叶蝇危害。

5. 插秧

营养土旱育苗插秧，可在 5 月 10 日以后相继开始。在稀播情况下，秧龄在 35 天左右。3.5～4 个完全叶，个别的已开始分蘖，短白根 5～7 条，叶片挺秀，叶色绿中带黄，茎宽 4 毫米，苗高 15 厘米左右。人工手插以 8×3 为宜，每穴插 3～5 株，每平方米 150～200 株。机插秧，要事先按规格割块，运秧过程中要特别注意不使秧块变形，以免影响插秧质量。要根据机插质量，随插随补苗。

（四）庭院式营养土旱育苗的经济效益

庭院式营养土旱育苗与大棚盘育苗相比，不需要复杂的机械设备，可大大节约育苗成本。与大地湿润育苗相比，可节约大批尼龙布和种子，且秧苗素质好。通过对 3 种育苗方式的成本进行对比，以 1 公顷地本田为标准，大棚盘育苗需 720 元，大地湿润育苗需 500 元，而营养土旱育苗只需 300 元。此外，营养土旱育苗还具有省水、省工、省力、作业方便，秧苗抗逆性强等优点，因此在推广过程中很受群众欢迎。

双辽农场自推广旱育苗以来，产量逐年上升，水稻总产由原来的 4500 吨增加到 7500 吨，每年可节约种子 200 吨，尼龙布 15 吨。每公顷成本由原来的 1200 元降到了 800 元。每公顷水稻总产由原来的 4000 公斤增加到 6000 公斤，并且出现了一大批每公顷产量 8000 公斤以上的农户。1986 年虽然受到了比较严重的自然灾害，但产量还能提高一成，计划 1987 年全面推行庭院营养土旱育苗，使每公顷产量稳定在 8000 公斤以上。

注：此文 1986 年 9 月在北方国营农场水稻技术协作会刊物《北方农垦稻作学术及生产技术经验交流会》农牧渔业部农垦局农业处《国营农场农业技术资料汇编（1986 年辑）》刊登。撰稿：张庆志，时任双辽农场总场农业试验站任副站长。

＊ 钱为非法定计量单位，1 钱＝5 克。——编者注

轻碱地水稻超稀植栽培试验分析

作者：张庆志

双辽农场于 1987 年引进本省东部山区偏酸性土壤条件下水稻超稀植栽培技术。1988 年在轻碱地上进行了栽培试验。所谓超稀植栽培就是引用当地栽培的中早熟水稻品种，采用稀育稀播的生产方式，充分发挥品种本身特点，在超稀植栽培条件下，每平方米争取 400 个有效穗，每穗结实粒数不低于 100 粒，从而获得亩产 600 公斤以上的较高产量。其具体措施如下。

（一）选择适宜的品种

根据本场的自然条件选择了滕系 138。该品种是从日本引进的，全生育期需温度指标 3100℃，在超稀植栽培下株高 105 厘米，平均一穗粒数 110 个，每簇得 35 穗，抗病能力中上等。在中等肥力地块每公顷施 650 公斤硫铵，产量水平可达到 9500 公斤。

（二）育苗

超稀植栽培的一项关键措施是培育壮苗，我们采用营养土旱育苗的全套技术措施，播种量定为每平方米芽谷 0.26 公斤。使秧苗有充分的营养面积在 35 天内可发育成 4.5 叶的壮秧。秧本田比例最低可达 1：100，每公顷本田用种量为干种 17.5～20 公斤即可。育苗时间为 4 月 10 日。

（三）插秧

插秧时间原则定为 5 月 15 日。最晚不超过 5 月 18 日。采用 9 寸*×8 寸的方式，即 9 寸行距。8 寸穴距，每平方米平均为 12.5 穴，每穴不低于 3 棵，不高于 5 棵。每平方米基本苗为 50 棵左右。从 6 月 5 日前后开始发生分蘖至 6 月末每穴为 35～40 个茎，每平方米可保证 450 个茎，秋后保证成穗 400 个/平方米，最低不少于 350 穗/平方米。

（四）施肥

超稀植栽培的施肥应以底肥为主，适时施用保蘖肥和穗肥。从肥料的配比上我们的做法是：在施用农家肥的基础上，每公顷地 175 公斤磷酸二铵，100 公斤硫酸钾和 325 公斤硫铵，结合整地在耙前施入田间。插后不施返青肥和分蘖肥，主要依靠底肥和秧苗自身的素质，早生快发。在 8 叶期（6 月 15—20 日）施保蘖肥（也叫补肥）每公顷施入硫铵 200 公斤，在 11 叶期（7 月 10 日前后），施入穗肥，每公顷 150 公斤硫铵即可。

其他如灌水，药剂除草等措施与一般栽培方法无大差别。

---

* 寸为非法定计量单位，1 寸≈3.33 厘米。——编者注

（五） 产量情况

1988 年 8 月 25 日对试验田进行了产量调查，实际产量最低不少 5000 公斤/公顷。

（六） 对本试验的综合分析

1. 如生产中采用上述主要技术措施，每平方米总穗数不能低于 350 个，而每穗粒数可保证 100 粒上下，则产量可保证在 9000 公斤/公顷。

2. 此项栽培措施使生产成本降低三分之一，用种量降低三分之二，插秧用苗减少二分之一。

3. 目前国内外还没有适应此项栽培措施的插秧机械，如果能有相应的机械推广速度可能更快。现在属于小面积试验，1989 年开始大面积、多点示范。

注：此文 1988 年 9 月在北方国营农场水稻技术协作会刊物《北方农垦稻作学术及生产技术经验交流会》刊登。撰稿：张庆志，时任双辽农场农业科副科长。

旱育苗、机械插秧、配方施肥是发展水稻生产
争取高产稳产的三项基本措施

作者：张喜鹏　陈宏宇　张庆志

国营双辽农场自 1985 年开始全面推广水稻营养土旱育苗、机械插秧、配方施肥三项基本措施，使水稻生产跃上了一个新的台阶，土地面积逐年扩大，产量逐年提高。1989 年全场水田面积和产量都有新的突破。耕种水田面积已由 1984 年的 1800 公顷增加到 1989 年的 2200 公顷。亩产由 1984 年的 400 公斤增至 550 公斤。现有大型动力插机（延吉产 CT935）68 台，人力插秧机 130 台，机械插秧面积 1989 年已达到 1600 公顷，占总面积的 70％。1990 年再增加 30 台机器，全部实现机械插秧。自落实生产责任制后，农场广大职工生产积极性空前高涨，各个家庭农场都想多种地、多打粮。但是历年延续下来的弯腰曲背的人力插秧费工、费力、费时间，不能保证适时插秧，且劳动强度大，职工家属苦不堪言，极大地限制了水稻生产的发展。针对这一情况因势利导，总场提出了以营养土旱育苗为基础，以配方施肥为保证，大力发展机械插秧的三项主要技术措施，深受广大职工欢迎，取得良好效果。

1985 年双辽农场利用总场农科站的几台机械进行了三项技术措施配套多点试验。群众看到机械插秧地块的秧苗返青快，分蘖早，成熟期提前，穗多、粒多，打消了稀植减产顾虑。1986 年有 4 户家庭农场，主要靠国家贷款购买了插秧机。1987 年自筹三分之一、贷款三分之二，又有 12 户家庭农场购买了插秧机。1988 年全部自筹资金，又购进 15 台

插秧机。1989 年在价格上涨的情况下，全部自筹资金又购进 32 台。从广大职工积极筹措资金，大量购买机器的劲头，可以看出生产效果是显著的。

三项技术措施的具体要求如下。

（一）标准化营养土旱育苗

必须在全面贯彻水稻旱育苗技术措施的基础上，重点突出以下几点，以利于机械作业。

（1）精选良种，均匀撒播。

（2）置床要严格整平、严实。

（3）必须用隔离层。

（4）床土厚度不超过 2.5 厘米。

（5）起运秧苗必须用专用切割工具使秧块整齐。

（二）提高机插质量

在对插秧机手进行技术培训的基础上，还安排专业技术人员，在每台机器下地作业前，都进行最后调试。不达到标准，不准进行作业。此外还要求机插地块必须提前五天整地。

（三）配方施肥措施

（1）每亩施优质农家肥一吨。

（2）结合整地每公顷施硝铵 200 公斤（或尿素 150 公斤），磷酸二铵 125 公斤，硫酸钾 75 公斤，硫酸锌 25 公斤。

（3）插后 5～7 天每公顷施用硫铵 100 公斤。

（4）第 1 次施肥后 10 天左右，每公顷需施入尿素 150 公斤或硝铵 225 公斤。

（5）第 2 次追肥后 10 天左右，每公顷再施入尿素 75 公斤（或硝铵 125 公斤）。

（6）7 月 15—20 日，根据秧苗发育状况适时施入穗肥，每公顷施硫铵 100 公斤。

由于三项措施配套使用，双辽农场水稻生产有了较快的发展。主要体会是：水稻营养土旱育苗，秧苗素质好，秧块整齐，比盘育苗节省成本，也能适应机械作业。机械插秧改善了劳动条件，加快了插秧进度，有条件的家庭农场可以大量开垦荒地，扩大耕地面积。目前全场已出现了一批种地大户，土地面积在 5～10 公顷。配方施肥可以促使秧苗早生快发，一哄而起。可以达到稀植、大穗、高产的目的。目前尚有可耕荒地 300 公顷，在农田基本建设工程配套的情况下，收到更好的效益。

注：此文 1989 年在《北方农垦稻作学术及生产技术经验交流会文集》刊登。撰稿人：张喜鹏（双辽农场副场长兼总农艺师），陈宏宇（双辽农场农艺师）、张庆志（双辽农场农业科副科长）。

低洼冷浆地种稻高产途径

作者：张庆志 黄振华 白占林

双辽农场水田是在大片盐碱沼泽地上开垦出来的，其中有一部分低洼冷浆、常年积水的难利用的土地。针对这种地力情况，在水稻栽培技术上，进行了探索和实践，取得一定成绩，具体措施如下：

一、改良土壤

1. 大力积造有机肥

水渍地由于排水困难，无法实施秋翻。为了改善土壤结构，我们加大了农家肥的投入。冬季上冻时拉入田间，春季化冻时均匀撒在田面。

2. 加强春季旋耕

由于秋季无法实施翻耕，春季带水旋耕尤为重要。利用旋耕的办法，破坏碱化土壤的结壳和碱化层，使紧实僵化的土层变得疏松多孔，增加渗透性，有利于灌溉、淋洗，改善土壤水、气、热条件。

3. 施用全元素复合肥

全元素复合肥，养分全，可有效缓解土壤盐渍化程度。避免胡麻叶斑病和赤枯病发生。具体施肥方法是：除返青肥施用速效氮肥外，底肥、追肥全部使用全元素复合肥，给水稻健康生长创造良好环境，提高分蘖力和生长量。

4. 施用富龙牌生物菌剂

结合底肥每公顷施入富龙牌生物菌剂7.5公斤。富龙牌生物菌剂是采用高科技手段生产的多种有益微生物与酶的复合菌群，能促进土壤有机质的矿化，增加有效养分含量，满足作物对氮、磷、钾及多种微量元素的吸收，促进水稻的生长发育。

二、选择优良品种，适时早插

我们选择吉林省农科院水稻所生产的中熟耐盐碱水稻品种玉丰、组培28、宝丰一号等，这些品种抗病、抗倒伏、抗盐渍化能力强，为提高产量提供了可靠保证。

稀播种（湿籽0.25公斤/平方米）、育壮秧，适时确定秧期。秋季在选好的苗床上铺50厘米厚乱稻草，春季3月20日放火烧掉，苗田基本未冻，立即扣棚，整理苗床。3月25日左右即可播种。当秧苗达到40日龄，叶片4.0～4.5叶，根数10～14条，分蘖1～2个，温度稳定通过14℃时，及时插秧，适当密植（60～100株/平方米）。保证插秧质量并及时补苗。

三、合理灌排

（1）合理灌水，在低洼冷浆地上尤为重要。在水耙地前先泡田洗碱，然后将其排掉。几次后，再进行施肥水耙，全生育期尽可能把水层控制到最低。每次施肥5～7天后进行一次洗田。防止盐碱浓度过高，造成死秧现象。

（2）建立通畅的排灌系统，低洼冷浆土壤地表水不用应及时排出，利用新水提高地温，防止新的水渍地形成，排水沟深要低于地表0.7～1米，大排水沟要达到1.5米深。

由于采取了上述几项措施，几年来，全场低洼冷浆地种稻产量都在7500公斤/公顷以上，获得了较好的经济效益。

注：此文发表在由辽宁省盐碱地利用研究所中国农垦北方稻作协会辽宁省农垦局主办的《垦殖与稻作季刊》1999年第1期（总第122期）。撰稿人：张庆志（双辽农场副场长兼农业总公司经理、书记）、黄振华、白占林。

第三节　农业机械化

一、机械化简述

实行农业机械化一直是双辽农场职工的追求，也是解放劳动力最有效的手段。

1952年，面对大量待垦的荒地，辽西省农业厅从当时的苏联引进了3台80马力的斯大林80号拖拉机，划拨给双辽农场。机后挂着由人控制的五铧犁和圆盘耙。实现了翻耙一次完成，大大地提高了开荒进度。

1958年，引进了苏联产的大型收割机康拜音。

1961年，从长春第一汽车厂购入新下线的大解放卡车两辆，车号在双辽登记为040和041，主要负责从双辽郑家屯往返双辽农场运输各种生产资料及基建物资。

同年购置了10台我国洛阳拖拉机厂生产的54马力的东方红拖拉机，分配到5个分场。实现了机耕作业全场覆盖，使所有地块都做到了秋翻晒阀。

1962年，为了加强旱田农场的运力，为旱田分场购置了4台28马力的胶轮拖拉机，为秋运和送粮增加了帮手。

1965年，农场自己的农机厂生产了由拖拉机牵引的开沟机和刮道器。为修渠和栽树，修道提供了有力支持。

1970年，由农机厂自行改造的，以东方红拖拉机为动力源的推土机制造出来，对平整土地，基建工程起到了革新性的应用。

1973 年，农机厂以延边插秧机厂为依托，自行设计制造的第一台插秧机投入大田作业。

1978 年，为配合水田大棚育苗技术，从日本国引进两台自动播种机，覆土育苗新技术。开创了双辽农场水稻带土移栽的新时代。

2021 年，双辽农场的水旱田耕种全部实现了机械化。

纵观双辽农场农业机械化的演变过程，可以说成功地引领了时代，每一步都走在广大农村的前头，成为附近农村学习的榜样。每项农业机械的引进、研发、使用，都与农村人民公社和后来的乡镇有 5 至 10 年的代差。

二、农业机械化简史

率先使用农业机械是双辽农场不断发展壮大的有力保障。为了支持双辽农场的水田开发，早在建场初期的 1950 年，国家就划拨了苏联生产的斯大林 80 号拖拉机 3 台。1951 年成立拖拉机队，第一任队长王茂林。拖拉机驾驶员 2 人张东祥、马占良。1952 年，起用懂技术会驾驶拖拉机的张东祥出任拖拉机队长，在农业股股长张启勋技师的指导下，带领他的徒弟马占良、李德祥、李景和、刘慧志（女）、杨泽等拖拉机手，驾驶着从苏联引进的斯大林 80 号拖拉机，开始了大面积的开垦水田的工程。

荣军们经过认真的踏查和实地测量和规划。从总场场部所在地荣誉新村（即现在的二分场）开始向东排开，设计了 29 个地段，每个地段约 50 公顷的土地。这样有了后来称谓的 29 号地。如今，已有 4 号地、23 号地和 29 号地已被列为永久村名，镶嵌在农场的土地上。这以后又接收了原双山县南部的大面积芦苇荡，筹建了国营农场第一分场。总面积超过其他 3 个水田分场的总和，使农场的疆域进一步得到扩展。20 世纪 50 年代中期，农场完成对所辖土地的整治。田成方、渠成网，若干个高产稳产地块依次排开。20 世纪 60 年代，各个分场都有了自己的机耕队，除了已有的斯大林 80 号拖拉机，又增添了 20 余台洛阳产的东方红机车。在附近人民公社还没有拖拉机的情况下，农场实现了从翻地、耙地、开沟、打垄到耕地的机械化。20 世纪 50 年代初期，先后有 8 个苏联专家（4 对夫妇）指导拖拉机驾驶及机耕作业。他们培养了刘慧志（女）、杨泽、王瑞云等双辽荣军农场第一批拖拉机驾驶员。双辽荣军农场的农业机械化，在 20 世纪 50 年代在吉林省是首屈一指的。

隆隆巨响回荡在天地之间，走到近前仿佛大地都在颤抖。机车后面牵引着五只犁铧，一人驾机，一人坐在五铧犁上当舵手，掌握着翻地的深浅。人们很好奇，当地又是头一次见到这样一个黑头黑脸的大家伙。围观的人很多，像是见到了西洋景。机车轰鸣前行，只见成片的芦苇和蒿草轰然倒下。五铧犁像五把钢刀瞬间斩草除根，把它们埋葬在黑油油的土浪里。沉睡远古的土地被唤醒了，终于可以为人类做出自己的贡献了。1950 年农场开发水田 354.3 公顷，1952 年水田面积达到 783 公顷，比 1950 年翻了一番多。到 1956 年，全场水田面积达到 1856 公顷。拖拉机拥有量在国家的大力支持下，1956 年达到 10 台，其中斯大林 80 号拖拉机 8 台，东德拖拉机 2 台。拖拉机驾驶员达到 42 人，都是自己培养的。

为适应日益发展的农垦事业的需要，1958 年 3 月，吉林省农业厅批准双辽农场办农业机械化学校（简称农机校），主要培训拖拉机驾驶员。在 1958 年、1959 年先后招收两批学员。首先，由吉林省农业厅发出向社会招收学员的通知，之后由省农业厅出题统一考试。考场设在双辽三中。两次共有 320 余人报考，设 8 个考场，每个考场 40 人。1958 年录取 50 人，1959 年录取 100 人。共有 3 个班级，学制 2 年，主要课程设置有：农业机械、农业、水利。校长由场党委书记裴志夏兼任。教导主任梁汉书。教员刘祖业（农业机械）、郝替（数学）。文化课学习半年，之后就是主课拖拉机驾驶和维修学习，边学习边实践（以实践课为主）。实践课教师由农机站站长孙振友、赵凤武等兼任。

通过大半年的学习，一些学员由于跟不上课程，加之受不了实践课的艰苦劳动，陆续退学。到两年后仅有 31 名同学毕业。他们是：隋凤珍（女）、丁淑珍（女）、李桂娟（女）、王伦德、李洪沛、张万贵、刘昌林、李振起、李树春、赵广山、李海泉、王崇会、王宝忠、董海、王宝昌、李才、赵国祥、张荣佳、赵兴文、戴和新、李德祥、韩海龙、孙玉国、柴昆、王景仁、张宪光、张威顺、陈凤金、潘成立、张德会、李树森等。这些学员两年毕业后被分配到拖拉机队工作，成为双辽农场农业机械岗位的主力军。20 世纪 70 年代后，他们中的一些骨干成为各大队（分场）机耕队的队长。王伦德、赵广山等分别担任分场场长、造纸厂厂长。

沧桑巨变，改革开放几十年过后，农场的生产力有了长足的发展。现代耕作技术已替代了繁重的体力劳动。21 世纪开始，双辽农场的农业机械化水平有了质的飞跃。水稻生产从庭院大棚旱育苗开始，到机械插秧，无人机施肥，喷洒农药，机械收割，全是机械化作业。一个职工经营 7~8 公顷土地成为现实，彻底结束了"脸朝黄土，背朝天"的历史。

正如前双辽农场副场长张德才所描写的那样："2020 年秋季回乡观看了好一阵机械收稻的作业，偶成几句小诗抒发了当时的感慨：昨日还在田中立，今晨新米舀入瓢。居城不觉时空变，回乡一瞥乐逍遥。但我却深深地体会到，这种愉悦的到来，正是在艰难的探索过程中，不屈不挠的农场职工们用一杯又一杯的苦酒和辛酸的泪水换来的。"

是农业机械化，为辽西省荣军农场（双辽农场）大面积的水田开发和生产奠定了坚实的基础。历史随着荣军农场的诞生，结束了北大荒不产水稻的历史。大米饭已成为双辽农场人的家常便饭。乾坤旋转，塞北江南也由海市蜃楼变成了触手可及。

第二章　工业及场办副业

双辽农场工业经济起步于 20 世纪 50 年代初期。为适应日益发展的生产、生活需要，农场先后建起了农机修造厂（即综合厂）、粮米加工厂（粮库）、酒厂等小型工业企业。20 世纪 70 年代起，为加快经济发展的步伐，在不放松粮食生产的同时，农场跳出单一经营的圈子，认真调整产业结构，立足本场资源，跟踪市场兴办工业，取得明显成效。20 世纪 80 年代，工业经济成为双辽农场的重要组成部分，开创了农场经济的新格局，促进了双辽农场经济的发展，一直持续到 20 世纪末。以下回顾双辽农场兴办工业的历程。

粮库：建立粮米加工厂，解决农场职工家属口粮自给。为解决农场职工家属口粮问题，在 20 世纪 50 年代初，辽西双辽荣军农场，就购买了一台当时在国内最先进的大型磨米机。各生产队把生产的粮食上交到场部粮库保管，之后加工成大米按国家定量供应给职工。

综合厂：为适应荣军农场生产需要，20 世纪 50 年代中期，辽西荣军农场建立了农机修造厂，也叫综合厂。其主要任务是维修维护农机具，生产一些简易的农业生产工具，为农业生产提供服务。

酒厂：充分利用自己生产的玉米生产白酒。早在 20 世纪 60 年代初，就在双辽农场场部西侧四公里处的温德屯的一片土岗上，农场建立了双辽农场制酒厂。其主要原料主要是当地产的玉米，高粱等谷物。

造纸厂：为充分利用水稻副产品"稻草"而兴建造纸厂。通过稻草转化，使职工每年增收 20 多万元。1985 年新建车间，增加 2 号纸机。20 世纪 80 年代又通过改造蒸球、锅炉等设备，增强了消化能力。根据瓦楞纸销路不畅，造纸厂紧紧抓住市场动向，发挥船小掉头快的优势，向多功能型转化，在市场瞬息万变的条件下，始终保持稳定平衡的发展。

采石场：充分利用大哈拉巴山蕴藏着丰富的石头资源，兴办采石场、大理石厂。党的十一届三中全会后，农民走上了富裕的道路，建筑用石成为抢手货。总场加强对采石的领导，对采石场进行了重点扶持，投资数十万元，购置了铲车、翻斗、粉碎机、空压凿岩机等设备，扩大了生产能力，增加了产品种类，降低了不安全因素。使采石场的利润从 10 万元猛增到 40 多万元。

大理石厂：1985年开始筹建大理石厂。在各方面的大力支持下，农场引进了技术和设备，培养了农场自己的专业人员。经过半年时间的努力，四平市双山大理石厂正式成立，并于当年生产出了玄武岩板材。

开发新项目，安置剩余劳力。20世纪80年代，农场大力发展场办工业，年年有新项目，每年用于新项目的投资都在100万元以上，兴办了一些适宜农场实际的其他小型工业企业，为双辽农场经济注入了活力。变电所，1988年投资30万元进行了变电增容，在有关部门的协助下，由场内技术人员自行设计安装，争取了时间，节约了经费开支。增容后的变压器由原来的10千伏安提高到20千伏安，为发展工业经济提供保障。1987年投资30多万元，利用闲置的厂房，与双辽地毯厂合作建了双辽农场地毯厂。双辽派师傅指导，生产手工地毯，产品交双辽地毯厂出口国外。此项目属劳动密集型项目，安排职工70余人，解决了职工就业问题。1987—1990年农场先后办了纸箱厂、医用胶囊厂、鬃毛厂。农场还曾办过采砂场、水泥预制板厂、小油漆厂、油毡厂、草绳厂、玻璃纤维厂、制瓦厂、机砖厂、塑料彩印包装厂等。

同时不断深化改革。1987年，农场在制酒厂实行了经营承包责任制，1988年又将竞争机制、风险机制和法律机制引入，对造纸厂等单位实行公开招标，并签订合同，向承包人颁发了聘用证书，实行经营权和所有权适当分离。各企业努力把核算单位划小、划细、划专，完善了经营机制，调动了生产者和经营者两个积极性。经济效益较改革前大幅度增长，产品质量也有了提高。其中制酒厂生产的"玉米香"白酒荣获四平市1987年度"名优产品"称号。

双辽农场的场办工业从无到有，从小到大，已形成一定的生产规模和系列产品。

场办工业的发展，为安排子女就业创造了条件。企业共安置待业青年500余名，1987年工业产值420万元，占总产值989万元的42.5%；到1989年，工业产值1004万元，已占总产值1754万元的57.2%，超过1987年的总产值。扭亏为盈，特别是1987年后，利润水平大幅度提高。1987年实现纯利润32.8万元，上缴国家税金34.8万元，1988年实现纯利润翻了一番，达65.8万元，利税总额突破百万元，1989年实现纯利润又翻一番，达121.8万元，利税总额160万元。实现了纯利润大幅度增长的总体目标，3年纯利润总额250万元。

然而，20世纪90年代中叶，农场的所有工业企业因受市场经济的影响和经营管理不善而逐渐倒闭。有些亏损大户已成为双辽农场身上沉重包袱，严重影响企业的经济效益。例如：大理石厂、彩印厂两家企业累计银行贷款600多万元，每年仅支付利息就高达100多万元，致使产品成本居高不下，严重亏损运行，如果继续生产下去，势必进一步加大亏损数额，增加开支，无益于大局。为此，场党委在 1995 年上半年，对工业进行了调整，对亏损严重的彩印厂和大理石厂进行停产，有效遏止了亏损，并较好地安置了职工，稳定了民心。1996 年以后，其他工业企业因经营管理不善，市场需求疲软，相继停产停业。到 20 世纪末，全场工业企业全部停产。

本志选取的工业企业及场办副业项目，在农场经济建设中功不可没。

第一节　粮米加工厂（粮库）

1949 年辽西荣军农场建场以后，实行了一段供给制，后来逐渐实行了长期的工资制。但职工的口粮仍由总场统一供给，实行的是计划经济统购统销。农场职工在 20 世纪 50 年代就使用上了农场内部流通的"绿本"。各生产队把生产的粮食上交到场部粮库保管，之后加工成精米，再按定量供应给职工。所以在附近乡村还使用原始的碾磨时，50 年代初荣军农场就购买了一台当时在国内最先进的大型磨米机。厂房有两层楼高。用提升机把稻谷提至二楼，然后筛去杂质，去皮去糠，成品大米从二楼的米桶处倾泻而下，每天加工上百吨的原稻。各个生产队，按人口和定量自己用马车拉回，一个月领一次口粮，节省了大量的人工。当时总场还没有交流电，使用了柴油发电机。这是附近乡村所望尘莫及的。直到 20 世纪 70 年代，生产队实行了三留，即种子，口粮和饲料。农场也从 1968 年开始，逐步接通了国家电网，各生产队也有了小型的粮米加工机械。总场的粮米加工厂才减少了加工量。但场直属部门的职工仍然凭绿本到粮库领粮，加工厂仍在运转。一直到 20 世纪 90 年代以后，粮食市场放开了，这座加工厂才寿终正寝。

在这 40 多年间，粮米加工厂为职工生活提供了诸多方便。这座占地 1 万多平方米的农场储粮和转运中心，伴随着全场万余人走过了辉煌的岁月。

应该说双辽农场职工是很幸运的，有了这个粮米加工厂，职工方便多了。国营农场是人民公社的榜样也彰显无遗。

注：本节部分资料由时任双辽农场主管工业副场长张德才提供。

第二节　农机修造厂（综合厂）

1950 年双辽农场引进了当时苏联产的斯大林 80 号拖拉机，主要用途是在荒原上翻耙地。到了 20 世纪 60 年代，根据发展生产需要，又购买了十几台洛阳拖拉机制造厂生产的 54 马力的拖拉机，分配到五个农业分场，各自成立了自己的机耕队。

随着全场农业机械化的广泛使用，农机的维修保养迫在眉睫。双辽农场于 20 世纪 60 年代初成立了农机修造厂。其中的部分骨干就是自己培养的农机校学员。为了加快农机修造厂的建设，农场从双辽县铁木社引进了一位八级技工常英为厂长，从双山镇引进一孟姓和邹姓两位打铁师傅，办起了双辽农场第一座小烘炉。

在以后的几年里，农机厂规模也不断地发展。由最初的给牲畜挂掌，到自己设计适合水稻生产的简单工具，如水田手推除草器，三人合用的拉锹，脚蹬打稻机，动力打稻机等。农机厂采取走出去请进来的办法，不断提高维修和制造水平。20 世纪 60 年代中期，农机厂（综合厂）可以自己生产推土机、平路机、开沟机。70 年代，便自行设计和制造了小型水耙地机，简易插秧机。后来农机厂购进 7 台机床。车、钳、铆、电、焊，包括制造模型、翻砂、浇铸等都可以自己完成。20 世纪 70 年代后期，自行设计生产的取暖用的小锅炉、对流暖气片、折叠椅等，已大量销售到场内外。其影响达到方圆百华里，成了双辽县城外唯一的一个农业机械维修制造中心。农场内部大到汽车，小到手推车，完全可以自己维修，同时引领了附近人民公社和乡镇对农机业的发展，在一定程度上，满足了他们的生产需求，国营农场的示范带头作用彰显得淋漓尽致。

注：本节部分资料由时任双辽农场主管工业副场长张德才提供。

第三节　制 酒 厂

双辽农场制酒厂兴办于 20 世纪 60 年代初。场址在总场西侧四公里处的温德屯的一片土岗上。当时只有十几名职工，原料主要是当地产的玉米、高粱等谷物，采用传统的土窖发酵酿制，以自给自足的方式，满足场内职工的需求。20 世纪 60 年代中后期，自酿白酒的需求量不断增大，场党委决定将酒厂迁至总场场部，并用红砖、水泥垒成深 2 米、长宽各 3 延长米 * 的 4 个大窖。场部还购置了直径 1.5 米的锡锅，锅下搭上铁篦子篾。用煤炭做燃料，安装大功率鼓风机，开始了大规模的烧制。

由于地下水质好，属东辽河流域厚沙层，酒厂生产的白酒口味纯正，深受全场职工的喜爱，双辽农场的散装白酒一直处于供不应求状态。酒厂职工也增加至 50 人。20 世纪 70 年代，酒厂在厂长薛海平的领导下，生产量不断扩大。储存库增设了两只大铝罐，并用柳条编织了四只用猪血、牛血蘸宣纸裱糊成型的传统酒罐。

由于当时实行的是计划经济，粮食紧张。酒厂主要是以粮换酒，覆盖面延伸到附近的

---

* 延长米是在某些工程领域的一种计算价格时的长度计量方式，计量方式是被计量物的实际计价长度。

四五个人民公社。同时把散装白酒也送到当时的农村供销社进行销售,而制酒的副产品酒糟,则以低廉的价格,销售给农户做猪牛的饲料。所以酒厂的生意一直红红火火,不但养活了 50 名工人和职工家属 260 口人,每年还给总场上缴 0.5~1 万元的利润。

改革开放后,制酒厂瞄准更加广阔的市场。先后在国家注册了"玉米香""稻香春"两个品牌。邀请省、市、县有关部门对产品进行品尝鉴定,这时的瓶装"玉米香""稻香春"走出了场门,远销省内外。

21 世纪农场酒厂转让个体经营后,仍饶有兴趣地借用"玉米香"的品牌。

注:本节部分资料由时任双辽农场主管工业副场长张德才提供。

第四节 造 纸 厂

双辽农场造纸厂始建于 1976 年。厂内职工 150 人。工厂主要产品是箱板纸、瓦楞纸、油毡原纸等,年产量均在千吨左右,是场内规模较大的一家企业。1995 年,其因环保等原因停产,其间运行了 20 年时间,消费场内稻草资源 6 万吨,生产各类纸制品 2 万吨,并兼有内设的自建纸箱厂,安排职工 30 人,产品远销省内外。

双辽农场是吉林省四平市大型谷物农场,主要作物是依靠东辽河水系种植水稻。至 20 世纪 70 年代,水稻年产量 3000 吨。其副产品稻草与水稻的比是 1∶1,即年产稻草 3000 吨。早年大多都作为职工取暖的烧柴用,仅有不到 1% 的稻草远送至双辽县的造纸厂,去了车脚费用,根本挣不了几个钱。而东辽河南岸的梨树农场,率先建立了造纸厂。受到邻场的启发,1976 年 8 月 29 日,双辽农场党委决定筹办自己的造纸厂。总场成立筹建造纸厂领导小组。组长刘震海(四平地委下放干部),副组长杨文义、修虹、曹中山、陈洪华,成员赵广山、于永福。场长张志政多次去省农业厅农垦局请示汇报,得到了省里财政支持,采取财政资金和自筹相结合的办法,农场基建队承建所有土建工程。由农机修造厂厂长常英带队,携技术员赵广山等人多次到梨树农场造纸厂学习。现场丈量尺寸,绘制图纸。农场动员双辽农场农机修造厂的全体职工,车、钳、铆、电、焊全部启动,从切割、打浆、抄纸、复卷、打包等几百个机器设备,全部由自己设计、制造、安装、调试,终于在 1976 年底顺利开机,依靠自己的力量生产了第一卷箱板纸。

造纸厂运行过程中,培养了一大批技术和业务骨干。随着外部市场的变化,也在不断地调整设备,先后生产出箱板纸、瓦楞纸、油毡原纸等产品。工厂适应市场的能力逐渐加强,经济效益和社会效益也逐步显现。

其中受益最大的是水田区的广大农工,从 1976 年开始,每年造纸厂要消耗掉稻草

3000 吨，按当年的价格计算，间接使农工每年稻草收益在 20 万元左右。由于运途很近，方便了场内职工，又节省了大量运力。

造纸厂三班作业，包括产供销和后勤人员，共计 150 余号人。按照当时的等级工资，按月足额发放工资，直接供养了 600 多口人。而且每年造纸厂，除了正常提取折旧外，还向总场上缴 1～3 万元的利润。

在双辽农场造纸厂运行 20 年的过程中，双辽农场党委始终以民生为第一宗旨。在造纸厂偶遇低谷时，总是从农场全局角度去权衡利弊，从保证农工稻草有去向，有收入这一点去思考问题。

1994 年 4 月 16 日，双辽农场向四平市农业局申请造纸厂停产。报告主要内容如下：

双辽农场造纸厂投产于 1976 年，是以生产箱板纸、瓦楞纸为主的全民所有制企业。现有职工 156 人。累计资产价值 413.68 万元，其中固定资产原值 150 万元，净值 73 万元。

近几年来，该厂产品销路不畅，企业连年亏损，虽多方革新挖潜，但扭亏无望，包袱越背越重。造成的原因分析如下：

一是纸市场供大于求；二是造纸设备陈旧。以致生产效率低，节能效果差，产品成本过高、质量较差、品种单一；三是原料、燃料、油料和电力价格上涨，提高了产品成本；回收款难，资金不能盘活，生产完全靠贷款。

自 1991 年以来，每生产 1 吨纸，净亏 200 元。到 1993 年末，三年累计亏损 123.6 万元。其中 1991 年亏损 37.4 万元，1992 年亏损 37.4 万元，1993 年亏损 48.8 万元；企业总负债 344.9 万元；银行贷款总额 356.3 万元；场内应付款 27.3 万元。因此，造纸厂已成为双辽农场经济再上新台阶的一个沉重包袱。根据上述情况，场党政班子为把损失减少到最低限度，经研究决定该厂停产。

注：本节部分资料由时任双辽农场主管工业副场长张德才提供。

第五节　建筑工程队

双辽农场建筑工程队（基建队）始建于 20 世纪 60 年代，主要由两组人组成，一组是瓦工，50 人。另一组是木工，40 人。队长为商胜来。

他们的主要任务就是承建场内所有的较大型工程。这支队伍都是土生土长的农场后代，都是采用师傅带徒弟，徒弟再带徒弟的办法培养的。有自己的设计员、施工员、质检员。其工作重点就是承建每一年总场下达的基建项目。建筑高度达 15 米的造纸厂厂房和复杂的打浆车间、锅炉房和仓储房；建筑高度达 20 米的鸭场冷库和屠宰车间；还有总场的办公楼、医院、中小学的校舍及围墙等；瓦工组人员长年奔波在各个露天工地上。木工组则全靠手工制作配套的各种门窗，房屋架构等。

这支工程队一直坚持到 20 世纪 90 年代，曾为双辽农场的建设贡献了力量。21 世纪 20 年代走进双辽农场，很多建筑都在，除了厂房、居所，还有桥梁、涵洞，仍然发挥着应有的功能。

第六节　大理石厂

大理石厂建于 1985 年，是以大哈拉巴山玄武岩石为原料，生产"晶冠牌"玄武岩装饰板材的专业厂，是四平市国营双辽农场的重点骨干企业之一。厂区占地面积 1.5 万平方米，建筑面积 3200 平方米，有固定资产 240 万元，职工 170 人。在党的十一届三中全会的路线、方针、政策指引下，在场领导班子的重视和关怀下，大理石厂的广大干部群众发扬自力更生、艰苦奋斗的精神，胸怀大志、知难而上、勤于探索、勇于拼搏，使产品质量和经济效益不断提高。"晶冠牌"玄武岩板材各项技术指标均达到国家标准，部分指标达到国际标准，1987 年被评为四平市优秀新产品，并销往日本、欧美等国家和地区，深受国内外广大用户的欢迎，被誉为"中国石材界的一颗明珠"。1989 年该厂实现利税总额突破百万元大关。

双辽农场大理石厂的建立，填补了四平市石材业的一项空白。它是双辽农场领导班子因地制宜发展场办工业的重大收获，同时也展现出农场建设者们敢为人先、艰苦创业的精神风貌。

1985 年春，一个偶然的信息传到双辽农场领导班子，大哈拉巴山的石头可以加工成装饰面板材，具有较高的经济价值和实用价值。于是，场领导班子立即派出以副书记赵志芳为组长和工业科的喻判文、刘连友为组员的三人考察组。为了争取时间，他们不顾疲劳，晚间乘车，白天办事，每到一地下车就将下一站的车票买好，仅 20 天时间，就考察了长春、沈阳、北京、洛阳、上海等 10 多家大理石生产单位和机械设备厂家。在获得有关大理石生产的第一手资料的基础上，1985 年 7 月，双辽农场领导班子决定筹建大理石厂。当时面对资金短缺、技术力量薄弱等困难，有人担忧、有人怀疑，还有的厂家提出与双辽农场联营办厂，但这些都没有动摇场党委自力更生上大理石厂的决心和信心。没有资金，他们千方百计筹措了 32 万元；没有厂房，他们修缮了原农机厂的旧车间；没有技术，他们派出 12 人到沈阳大理石厂学习。为节省资金和抢时间上马，除在沈阳大理石厂购进两台沙锯、三台手扶磨、一台初磨机、一台切车等主要设备外，他们还发动群众自制了两台料车、一台拉条机等附属设备，并靠自己的力量进行了设备安装。经过紧张的筹建工作，11月份大理石厂进行了试生产，12月28日正式投产，并请市、县有关领导为大理石厂剪了彩，实现了当年立项、当年考察、当年投产的愿望。

大理石厂不仅是在艰苦的条件下建立起来的，也是在不断地探索中前进的。由于上马时国内一流设备正在研制，如果等设备，就要推迟二年建厂。于是只好先买了两台沙锯试生产，为的是使自己的产品能早日占领市场。由于设备陈旧，生产效率低，第一年只生产板材2000平方米，实现利税只有5万元。值得庆幸的是，大理石厂的产品一问世，就深受广大用户的青睐和关注，纷纷前来订货，产品很快就出现了供不应求的局面。于是双辽农场领导班子果断地作出决定，改进设备，上国内一流的新设备金刚石圆盘锯石机。1987年8月，农场又筹措资金47万元，购进了两台金刚石圆盘锯，淘汰了原来笨重的沙锯，从而使年生产能力由原来的3000平方米提高到1万平方米，产品质量也有了明显提高。1987年11月10日，在双辽农场召开的玄武岩板材产品鉴定会上，鉴定组对双山大理石厂生产的"双辽墨晶"玄武岩装饰板材给予了充分肯定和高度赞扬。经鉴定："双辽墨晶"玄武岩装饰板材原系微密块状橄榄玄武岩，呈深黑色，石质细腻，具有较强的抗压抗折、耐酸耐碱和抗风化的能力，是国内较理想的装饰石材品种之一，有广阔的发展前景。同时双山大理石厂被国家建筑石材协会吸收为会员，"晶冠牌"玄武岩板材被评为四平市优秀新产品。

随着产品的畅销和大理石厂声望的日益提高，场领导班子进一步增强了没有信誉就没有生存，没有规模就没有效益的观念。根据市场需求和发展趋势，为发展拳头产品，增强企业后劲，1986年6月，大理石厂再次扩建，并得到了四平市领导和有关部门的高度重视和支持。6月1日，四平市副市长姜义带领市委农委、农业局、计委、财政局和农行等部门的主要领导，专程来双辽农场现场办公，解决大理石厂扩建立项筹措资金等问题，为加速扩建工作创造了条件。很快厂子筹措到资金165万元，及时购入了4台金刚石圆盘锯，1台8头磨抛光机，1台切边机，1台叉车和6台手扶磨。为节省资金，厂部依靠自己力量完成了库房、供水、供电、供暖及设备安装工程，于当年10月投入生产，使生产能力又由1万平方米提高到3万平方米。与此同时，在有关部门及专家的大力协助下，大理石厂又攻克了抛光技术难关，使产品光泽度由原来的70°提高到100°，达到了国际标准，为产品打入国际市场奠定了基础。1988年大理石厂的产品开始打入国际市场，出口到美国、日本、加拿大等国家，为国家创取外汇40多万美元。

在大理石厂的建立和发展过程中，双辽农场领导班子还十分重视该厂的领导班子建设和职工队伍建设，教育干部群众发扬自力更生、艰苦奋斗、勤俭办一切事业的优良传统，不断提高干部群众的思想政治觉悟和业务技术素质。这个厂的两届领导班子是双辽农场基层单位中最年轻的一个班子。第一届厂长赵广学，是双辽县知识青年，有文化、懂技术、事业心强。第二届厂长刘连友是双辽农场的职工子弟，在中国人民解放军当了九年工业技术兵，车、钳、铆、电、焊样样精通，曾任双辽农场工业科科长，场党委委员。他们在大理石厂工作期间不畏艰难、勇于拼搏、廉洁奉公、无私奉献，为群众作出了表率。1988年5月的一天，厂长赵广学在长春与加拿大一外商洽谈业务，外商出于友好，临别前赠给他一块电子石英手表作纪念，回厂第二天，他主动把手表交给了党组织，受到领导和同志们的赞扬。副厂长于海军，一心扑在事业上，在建厂初期经常外出联系业务，其爱人也常出差不在家，幼小的孩子只好寄托在别人家。副厂长樊荣德，为保证出口产品按期交货，带领职工群众连续奋战三昼夜，圆满完成了任务。这个班子不仅能够以身作则，而且懂经营善管理。他们通过认真落实承包责任制，优化劳动组合，实行计件岗位工资等有效方法，充分调动了广大职工群众的生产积极性和创造性。在电力紧缺时，工人们为抢时间，争进度，停电时也坚守岗位，保证一来电就开车生产。特别是夜班，为了等电，不怕夏天蚊咬和冬季严寒，坚守在车间。还有部分职工家有稻田，在插秧和秋收大忙季节，为保证正常生产，宁肯求亲靠友或花钱雇工干家里农活，也不耽误上班。尤其是切车、手扶磨光等工种人员，一年四季在水中作业，条件十分艰苦，可他们从不叫苦叫累。这个厂的采购员，为节省资金，外出不论多远，都宁肯挤公共汽车，从不坐出租车。有时购零配件百八十公斤重，为保证生产急需，宁肯往回背，也不搞托运。这个厂的干部职工还十分注重挖掘内部潜力，大搞技术革新。为解决汽车吊车上料卸料不应时的问题，他们群策群力，自行设计制造了3吨龙门吊，过去用的金刚石圆盘锯片全靠从北京购买，每年需经费75万元。1990年，在有关部门的大力支持下，经过广大干部群众技术攻关，自己焊接金刚石锯片获得成功，每年可节省开支20万元。

功夫不负有心人，在双辽农场领导班子的精心培育下，在大理石厂全体干部群众的辛勤耕耘下，四平市双山大理石厂犹如一颗璀璨的明珠迅速升起，并不断为国家的四化建设作出新的贡献。

20世纪90年代中叶，由于哈拉巴山玄武岩石资源枯竭，大理石厂停办。

注：本节部分资料由时任双辽农场党办秘书刘士心提供。

第七节　塑料彩印厂

双辽农场塑料彩印厂建于1988年4月，坐落在双辽农场老场部的北缘。南与农场的动力中心——供电所毗邻，西与造纸厂隔道相望，北面是一望无际的绿油油的稻田，东边是居民区。

联产承包责任制以后，生产力随着机械化的发展，出现了大量的剩余劳动力，就业压力很大。为了缓解这一态势，双辽农场塑料彩印厂，在 1988 年经多方考察论证后，应运而生。农场利用原基建队的闲置厂房和大院投资 30 万元筹建了该厂。

彩印厂一共收纳了 60 名员工，从筹建到开工，只用了 4 个月的时间，便顺利投产。它是以聚乙烯为基础原料，经过机械吹膜生产出口径不一的原袋。该产品以销定产。根据用户需要制作不同的文字和图案，再经刻板形成底模。通过彩印机工作一次可完成六种颜色的印刷，后经自动裁剪打包后发给用户。由于生产中不免会出现废料、边角。他们又增加了用废料加工成扁带的机器，销给从事包装的企业。

这是一支特别能战斗的集体，从厂长到普通工人很快就掌握了生产技术。一些 20 岁左右的人组成的销售队伍，足迹遍布东北辽吉黑和内蒙古三省一区。头一年生产，就达到了满负荷生产。仅仅一年时间，彩印厂便收回了全部投资。并且不但职工工资按月及时发放，年终还分到了人均 1500 元的奖金，创造了场办工业短平快，收益率最好的范例。

1992 年彩印厂发生了一次毁灭性火灾。但全体职工毫不气馁，仅用半年多时间，又在总场新场区复原了一个新的彩印厂。把厂子办得充满了生机和活力。

吹膜机吞下丙烯粒料，通过预温、加热、冷却，神话般地吐出了长长的匀称的透明的圆筒形的大气泡。然后经过对辊挤压，电晕处理，生产塑料食品包装袋的材料"白膜"便产生了。它的厚度均匀，误差宽度准确，误差不大于 1 毫米。有了白膜只是有了材料，关键的一环是印刷。具有国内先进水平的浙江海宁产六色凹版印刷机，细心地工作着，一条彩龙随着机器的运转上下翻飞起舞。这部机器可以同时使用六种颜色，一次印刷成功。每分钟就可以印 200 幅。这部机器不但印刷速度快，而且质量好、精确度高。层次印刷的误差不大于 0.5 道，也就是一根头发丝儿的 1/10。特别是兑油色更是一绝，它不仅要严格依据操作规程，还要依据各种原料的特性，以至天气、温度、湿度等进行处理，才能得到理想的效果。如果想提高塑料袋的承重能力，还可以再加上一层，这叫复合。复合机比印刷机小一些，也简单。它通过施胶、加热、对辊挤压使两层薄膜黏合得天衣无缝。最后一道工序是热合。热合原来是手工，需裁断后，才能一个一个地通过加热做成塑料袋。热合是一个又苦又累的工种。特别是在夏天，姑娘们常常热得汗流浃背。总场领导为了扩大生产能力，提高产品质量，减轻工人劳动强度，不惜花费 20 万元，购进了先进的电脑控制的自动制袋机。原来要十几个人完成的任务，现在只要几个人就可以完成了。机器制袋，由两道工序完成，先是由一台机器进行中封，也就是把塑料片儿，合成塑料筒儿。再由第二台机器进行底封。这台机器更妙，它不仅能封，而且能裁，还能数数儿。当数到

95 时，指示灯一亮，蜂鸣器赶紧报警，告诉人们，快到 100 个，快来打捆呀。

这个厂的生产全部实现了机械化、自动化，为小厂的发展蓄足了后劲儿，为小厂的腾飞奠定了基础。

实践使他们认识到，打铁还需自身硬，在激烈的市场竞争中，必须提高企业的内劲，以优异的质量去赢得用户。

建厂伊始，他们借鉴外厂管理经验，结合本厂的人员、设备等具体情况，制定了全面的、切实可行的技术操作规程，进行了全员培训，并进行严格的考核，考试不合格者不允许上岗。这第一步，就迈得正，保证了工人的技术素质，为企业实行全面的质量管理，打下了坚实的基础。他们从吹膜、印刷、复合……每一道工序，从原材料消耗，到各项技术指标，都有细致明确的规定，并进行严格的监督检查。建立明确的岗位责任制，实行定额计件工资，把每个班组、每个人的生产成果和每个人的收入紧密挂钩。严格的管理提高了质量，降低了消耗，降低了成本，赢得了信誉，增强了竞争力。

他们立足本厂，面向市场密切注视物价的涨落，行情的变化，进行正确的分析与决策。为适应市场需要，他们在稳定塑料印刷的基础上，开发了铝铂印刷新品种。1989年春天，他们注意到高压聚乙烯价格涨落，从每吨 8000 多元降到 7000 多元，他们没动心，只是给予更多的关注。价格落到了每吨 5000 元，他们当机立断，一次购入 40 多吨。年末，这种东西价格又回升到每吨 7000 元，只此一项，他们就节约开支 10 余万元。

在管理上，厂长陈凤学亲临第一线，参加生产、指挥生产。除出差外，不论是星期天还是节假日，他都坚持到厂上班。特别是祝荣家副厂长，分管生产，更是没黑没白地干，每天都是晚上 10 点以后才离厂，并且之后随叫随到。1988 年冬天，祝厂长感冒高烧，晚上 10 点多刚刚打完点滴，就听见外边有人喊祝厂长。原来车间的印刷机出故障了，工人请他去修理。他高烧未退，浑身无力，但一提到生产，一想到那一双双焦急期待的眼睛，翻身起床，不顾妻子的阻拦，拖着病弱的身子，顶着刺骨的寒风，毅然向工厂走去……说起来，祝厂长真可谓塑料彩印厂的"技术权威"。从一开始他就特别注意钻研技术，他觉得指挥生产不能当外行。他像熟悉自己的老朋友一样，熟悉工厂的每一台设备，像关心自己的孩子一样关心工厂的每一部机器。每一台机器的性能、特点、运行情况，他都了如指掌。因而，工人一遇到困难，首先想到的是"找祝厂长去"。

长期深入第一线，使厂长更加了解工人，关心工人。工人的胸怀、工人的情趣、工人的欢乐、工人的疾苦，都在厂长心中。记得在工厂刚刚开始生产的时候，厂长来到车间，一股刺鼻的气味扑面而来，原来是吹膜机生产时散发出来的。厂长立刻想到，这有可能影响工人的健康，于是马上派人到外地买来两台抽油烟机，解决了职工后顾之忧。

两位厂长与职工同甘共苦，协力同心终于打开了局面，站稳了脚跟，开拓了市场，争得了用户。工厂创造了优质、高产、低耗、高效的生产经营成果，培养了一支敢打敢拼、积极向上的"四有"工人队伍，把个小厂搞得红红火火。1989 年，塑料彩印厂上交总场利润 31.8 万元，人均上交利润 4000 元，创产值 150 万元，人均创产值 2 万元。

进入 21 世纪后，双辽农场塑料彩印厂，因销路不畅解体，但它为双辽农场经济发展所做的贡献功不可没，永载史册。

注：此文部分资料由张德才、孙宝岩提供。

第八节　胶　丸　厂

随着联产承包责任制的落实，20 世纪 80 年代初，农场出现了大量的剩余劳动力。当时又没有外出打工这一说，于是就业成了摆在各级干部面前的一道必答题。双辽农场四分场胶丸厂便应运而生了。它是一种纯手工的密集型劳动工厂。这个工厂是以邻县怀德县明胶厂（怀德县明胶厂厂长张德春是双辽农场走出去的子弟）为依托，利用四分场的闲置房屋自筹资金建起来的。厂长隋占山、李亚琴。安排当地家属工 40 余人。

胶丸生产工艺很简单，就是用一口电解锅将食用明胶溶化后，用铁制模具投蘸，之后进行水冷却后，逐一用小钳具拔出修剪后包装即可。它的用户就是一些中小制药厂。当时的家属工每个工日可以挣到 10 元钱左右，这对守家在地的家属们来说可是一笔可观的收入，曾开辟了分场兴办企业的先河。胶丸厂兴办了七八年时间，不但就地解决了就业，促进了安定团结，也鼓了职工的腰包。

1987 年之后，市场上便出现了机制胶丸，一些制药厂也使用了机械装填。顿时手工胶丸便失去了市场竞争力，双辽农场胶丸厂因此停产下马。

胶丸厂是属于投资小、见效快的短平快经营项目，即使下马也没有造成严重的损失。倒是通过办场开阔了人们的视野，学会了市场经营的手法，培养了人们的市场经济意识，是农垦人走向市场的一种尝试。

第九节　预制构件厂

双辽农场预制构件厂始建于 1987 年的老场部。厂长张文君、刘连喜。在原大理石厂院内铺设了七八条作业带，当时还不被很多人认识。只有一些公共场所的建筑所采用。随着职工的收入逐年增加和总场场部迁到长通公路后，原大理石厂、塑料彩印厂、中小学校大量搬迁北移。一些职工为了方便上下班，在新场部大兴土木。一下子预制楼板火了起来。为了顺应这一趋势，总场投资，将构件厂迁到了新场部，进行了大规模的扩建。产能由原来的年产3000平方米扩大至年产5万平方米。而且构件厂还添置了吊车，负责房屋的吊装铺设，极大地方便了客户。不但总场办公楼、新建厂房、中小学校舍、若干职工家属的小楼和平台砖房都用上了自己生产的预制楼板，其影响力也不断地扩大，辐射到附近的乡镇和百里之外的双辽市，一度风光无限。

进入20世纪90年代后期，建筑业有了很大改变，很多楼房和民用平台房采用了一次性浇注和框架式施工模式，加上附近建筑业逐渐饱和，预制楼板便失宠了，最后归于沉寂。

第十节　深山采伐队

20世纪60至70年代，木材极其缺乏，农场栽植的林木还未成材，职工改造房屋又迫在眉睫。这时从吉林省农垦局传来一个好消息，桦甸县（今桦甸市）内的红石要修建红石水库，有大量的原始森林在水库淹没线以下，有意向的农场可以申请采伐。双辽农场党委抓住了这一千载难逢的机会，于70年代初便组织了一支20余人的采伐队，由老荣军郭兴久带队，开进了红石林业局，争取了那片属于自己的淹没带，开始了向原始森林的宣战。从此10余年，大量木材便源源不断地运回到场部，在基建队大院堆积如山，有建筑房屋急需的落叶松木檩材，有打窗门用的红松、白松，有打家具用的山榆和水曲柳。当火车车皮紧张时。总场就会派出几台大解放，直接从红石汽运回来。全场人民喜笑颜开，不但有木料可用，而且都是上等材质。基建队又购置安装了火锯和带锯，可供原木加工。一时间基建队大院车水马龙。

1982年，因红石河水库开工，停止木材采伐，采伐队完成了使命。据初步统计，10余年，双辽农场共采伐万余立方米的优质木材。不少职工也走出了干打垒的土房，建起了窗明几亮的砖瓦房、砖石平台，职工居所有了质的改善。也使场内公有建筑全面开花，建起了许多办公场所和工厂厂房，有力地促进了双辽农场的基本建设。后来采伐队换了领导。由于领导利欲熏心，加上总场鞭长莫及，他们偷偷将一些木材销往山东、河南，不但使农场受到损失，也酿成了四平地区投机倒把的一起大案。最后主要涉案人员受到了法律的严惩。但总体上看，这支开赴深山的采伐队功不可没。

第十一节 湾沟采煤队

吉林省湾沟煤矿坐落在美丽的长白山下，处在江源县、抚松县、靖宇县三县交会处，是吉林省内大型矿业集团。20 世纪 70 年代，随着农场工农业、文教卫生等事业的发展，能源成了一大难题，计划内指标根本无法满足需要。而企业又承担着办社会的责任。双辽农场党委在上级有关部门的协调下，在偌大的湾沟煤矿获得了一口小矿井的开采权。农场只购置了一些简单的开采设备和维修了坑口，并派出总场供销科副科长唐景和负责此项目。在紧锣密鼓的准备下，农场雇用了当地的熟练采煤工，于 1973 年正式出煤。煤矿每年可为双辽农场提供 5000 大卡原煤 4000 余吨。因为湾沟煤矿交通方便，这些煤都是通过火车运至双辽县郑家屯火车站，然后汽运回农场的。至此，造纸厂、酒厂等单位大锅炉没有了后顾之忧。中小学校、卫生院所保障了冬季供暖。千家万户小暖气、小炉子，也不愁没有烧的了。这个小小的井口，也成了双辽农场的骄傲。

改革开放以后，市场放开了，能源渠道增加了，所以直到 20 世纪 80 年代，农场才放弃了湾沟那个小井口。应该说在那个特殊的年代，它曾发挥过不可替代的作用。

第三章　商业、服务业

双辽农场的商业发展源于 20 世纪 50 年代初期的辽西荣军农场供销社。供销社主要为农场职工提供生活用品和一些简易农用生产资料（如车马绳套、锹镐镰刀农具等）。到了 20 世纪 80 年代，本着对内做好服务、对外搞活经济的思想，农场不断转变观念，变部分职能科室为经营性公司，既解决了机构臃肿、人浮于事的问题，又搞活了流通，增加了收入。这些公司在经营过程中，克服无计划指标等困难，从方便群众出发，不断扩大经营范围，努力满足生产生活需要，成为农场经济不可缺少的重要组成部分。为搞活经济，1988 年初建立了农贸市场，吸引了大量经商户来场贸易，平均日成交额都在千元。个体饭店、商店相继开办营业，商业一条街人来人往，热闹非凡，再也不是过去冷落萧条的景象。1989 年，仅 4 个公司销售总额就达 453 万元。

第一节　供销合作社

辽西荣军农场供销合作社建于 1951 年，是建场初期的第一个商业经营单位，隶属双辽县供销合作社。合作社不仅满足农场职工生产生活需要，更是组织农场商品流通的主渠道，而且成为联结城乡、联系工农、沟通政府与农民的桥梁和纽带，对促进国民经济、稳定物价、保障供给、促进农业和农村经济发展，发挥了重要作用。

建场初期的供销社，只经营民用酱醋盐茶、小食品及一些简易的农业工具，以满足人们日常生活生产需要。20 世纪 60 年代末，随着农场人口的不断增加，为满足人们增加的生产生活需要，双辽县供销社在双辽农场场部西侧建起了一个 150 平方米的供销社（6～7 间），同时在各大队设立了供销社分店，方便职工就近购买日用商品。

经营品种除日用品外，增加了经销国家统购统销的生产资料，如农药、化肥等。人员也从当初的几个人增加到 30 余人，其职工从农场初中毕业生、复员军人中招收。1970 年 12 月供销社先后招收了农场子弟王文发、穆雅琴、姜培珍、晏桂荣、宋国才、陶元良等。

供销社经理由双辽县与双辽农场党委沟通后任命。第一任经理王振德，副经理姜林；第二任经理律景春；第三任经理赵忠和；第四任经理李树金，副经理潘秀；第五任经理杨明德。

1987年，随着市场经济体制改革的深入，双辽农场成立了农机公司、生产资料公司、粮油公司、物资公司等商业性经营组织。各种功能的小卖店应运而生，供销社一家独大的体制受到冲击，失去了竞争力。由此，双辽县供销联社将双辽农场供销社撤销，与双山供销社合并，各分场供销社也随之撤销。

第二节　商业服务公司

本着对内做好服务、对外搞活经济的思想，农场不断转变观念，变部分职能科室为经营性公司，既解决了机构臃肿、人浮于事的问题，又搞活了流通，增加了收入。

1985年1月，总场进行机构改革，把物资等行政指挥型的机关科室改为经营服务型的经济实体，成立了工交公司、建材公司、农机公司、农业生产资料公司、粮油公司、畜禽公司6个服务公司。

从行政管理科室分化出各公司，在经营过程中，克服无计划指标等困难，从方便群众出发，不断扩大经营范围，努力满足人民的生产生活需要，成为农场经济不可缺少的重要组成部分。

农业生产资料公司是开办家庭农场后从场物资科变化而来的商业实体。改为公司后，业务从对分场、小队变成对家庭农场。在人手少、任务重的情况下，这个公司积极配合农时，及时购进化肥、农药等农用物资，并主动与农行协商，联合下基层办公，实行贷款与农用物资发放一条龙服务。与双辽生产资料公司、四平生产资料公司、省农业厅物资处等单位联系，在资源紧缺的情况下多渠道进货，保证了生产需要。生产资料供应充足，农场不计利润，让利于农户。为保证购化肥资金，场长赵志芳曾同双辽农行负责人去辽宁省工商银行借款100万元，确保化肥购入；到吉林化肥厂，求购55吨硝铵，保证生产所需。仅经营化肥一项，平均每年就需要2000吨，基本上满足了农业生产的需要。1989年，公司在全省商业企业信用定级评审中，被评为一级信用企业。1996年初，生产资料公司承包给农场职工个体经营，仍然是全场农业生产资料供应的主要经济实体公司。每年向总场缴纳1万元管理费，不仅为农场职工提供充足的化肥农药，还服务于周边乡镇。

农机公司主要负责农用油料的供应，农机维修等工作。在总场的帮助下，公司积极组织货源，保证了生产用油；与双辽石油公司、四平石油公司、公主岭石油公司等积极协作，保证了农场生产的油料供应，还为周边乡镇农民提供服务，并取得了较好的经济效益。公司同时深挖内部潜力，消化涨价因素，使各种油料的价格均低于附近销售网点。

粮油公司努力扩大对外经营，大量购进议价粮油，调剂了职工生活，变亏损为盈利。

物资供应公司积极适应农村建筑的新格局，在经营建筑材料的同时，增加了预制板等项目，极大地方便了群众。1998 年农场对生产资料公司、农机公司等 12 家企业实行利费上打租招标，年初上缴利润 48.94 万元，同时强化了责任，规范了经营管理；1998 年 7 月份，对畜禽总公司进行资产重组，下属 3 家养殖企业负债剥离，遏制了行业亏损，为养殖业全面走向市场铺平了道路，当年完成上缴费用 30 万元。

第三节　供　电　所

"共产主义就是电灯电话楼上楼下"，这是新中国成立初期人们的憧憬，也是 1949 年建场初期，双辽农场老荣军和全场职工的向往。20 世纪 50 年代初，建场的荣军们首先在通信上起步。经历过战争年代话务兵经历的老荣军王瑞云等，懂这方面的技术。他们在农场自设电话交换台，把有线广播通过电话线传导。有了电话就方便多了，总场与分场之间，分场与分场之间有事可以用电话沟通，省去了过去的通信员。特别是总场医院的电话，为职工提供了请医生的方便。

电话有了，人们就开始盼电灯。电灯是什么样子谁也不知道。虽然在电影片子里出现过，但真正认识电灯的人寥寥无几。1959 年，双辽农场开始尝试自己发电，一次引进 2 台德国（东德）产柴油发电机组，每台功率为 90 千瓦。新建的发电站由荣军技术员王瑞云负责发电。场部办公场所和附近居民都享受供电的待遇。国庆十周年（1959 年）国庆节那天，双辽农场第一次出现了电灯。当场部机关及家属区四栋青砖房里点亮电灯的瞬间，人们都沉浸在无比的喜悦之中。国营农场用自己的柴油机发电，用上了电灯，给附近农村打了个样，起到了国营农场的示范和引领作用。

在吉林省农业厅的大力支持下，1967 年下半年双辽农场开始筹建变电所，把国家电网引入农场。筹建组由三人组成：吴醇日（朝鲜族）、丁国富、黄一春，并在每个大队抽调懂得用电知识的农工 8 人参与铺建线路、立杆等建设工作。不懂技术，农场就从长春请来教授给大家辅导电业知识。上午上课、下午实践，边学边干，同时还派丁国富、沈凤田等人到双辽县农电局学习安装技术。经过两年半的艰苦工作，在全场范围内共铺建高压线、输电线 150 公里（两条架空线、一条地埋线），安装高压配电器 5 个。整个施工过程保质保量，保证安全施工，没有发生一起事故。这在当时各地建电施工安全事故较多的时期，可谓奇迹。1969 年末，农场实现了全场供电，结束了双辽农场无电的历史。1968 年 7 月，变电所筹建负责人调到双辽县农电局，丁国富接任变电所负责人。全场通电后，经过不断完善，确保了全场供电顺畅。到 1974 年，双辽农场变电所逐步发展成熟。场变电所共配备 5 名电工，下属五个农业大队各配备一名专职电工，由总场变电所直接领导。场变电所在运行中始终坚持供电以服务为主，管理、维修、计费、收费让利于民，不体现利润，按时正常供应，保证了全场生产、生活用电，对双辽农场的经济发展起到了积极促进作用。

为保证农场各业的发展和职工需要，1988 年农场投资 30 万元进行了变电增容。在有关部门的协助下，由场内技术人员自行设计安装，争取了时间，节约了经费开支。增容后的变压器由原来的 10 千伏安提高到 20 千伏安，由国家 6.6 万伏安高压电变为 1 万伏安。

2003 年，双辽农场变电所划归双辽市农电局管理，用电系统并入国家电网。

第四章　采石业

按照矿产资源法的相关条款，从 20 世纪 50 年代初起，位于双辽农场内的哈拉巴山由辽西省荣军农场经营和管理。1950 年春，荣军们在无房无地的一片黄沙岗上开始修建场房、宿舍、牧舍等设施。为就地解决建筑材料，他们在窑地（距原场部东 2 公里的一个土岗）修窑烧砖；在哈拉巴山南坡下日本人开采的石窝子开采石头，用以建房地基和兴修水利所用。从此，哈拉巴山有了第一支采石队伍。

随着农田、水利、桥涵、道路等建设的刚性需求，人们开始开发哈拉巴山的资源。

哈拉巴山是死火山，由岩浆喷突而成。玄武岩的硬度达到 7 度，而金刚石的硬度为 10 度。柱状节理，非常便于开采。由于当时的人们缺乏环保理念，虽然 20 世纪 50 年代末期，吉林省有关部门明令愈加保护，可由于双辽农场的隶属关系一度多变，哈拉巴山的不幸来了。1958 年全国成立人民公社，大兵团作战，兴修水利成为主流，石料用量剧增，采购石料量增大。双辽农场把采石场划归畜牧场（五大队）管理，采石工人增加到 30 余人。随后四大队也组建采石队伍来山采石，采石场逐渐扩大。

1967 年春，大哈拉巴山开山采石掀起高潮。其中较大的采石场有怀德县（公主岭市）秦家屯采石场、八屋采石场、十屋采石场、桑树台采石场；梨树县有沈洋采石场、刘家馆子采石场；双辽县有双山采石场、新立采石场。另外，还有梨树农场采石场、双辽农场采石场等。这些大大小小的采石场，在大哈拉巴山开始了大规模的采石。虽然当时的块石只有 8 元钱 1 立方米，碎石只有 20 元 1 立方米，但从山上采石换钱的好事，谁都去争着抢着做。采石场是双辽农场多年的利润大户。同时各采石场向周边三县一场源源不断提供建筑石料。这些建筑石料除少部分用于房屋建筑基础石材外，大部分石料开采后经过粉碎机，加工成 5～7 厘米、3～5 厘米或 1～3 厘米的"瓜子石"，用于桥涵、道路建设。

为保持哈拉巴山的原生态，从 20 世纪 70 年代初，双辽农场领导多次分头分批上访省、市、县领导，要求明确哈拉巴山产权和采石场开发权限。

1978 年 4 月 29 日，四平地区革命委员会批转农林办公室《关于梨树、双辽农场收归地区领导有关问题的请示报告》，明确"双辽农场的哈拉巴山收归双辽农场所有，采石场收归农场管理。双辽、怀德、梨树县和国营梨树农场可继续采石。"

　　1987年双辽县政府再次向四平市政府打报告，要求把哈拉巴山收归双辽县管理，四平市政府以政府会议纪要形式发文，明确哈拉巴山归双辽县管理。双辽农场不得不再次（第三次）与双辽县打哈拉巴山的官司。全体场班子成员，还有两名老干部，先到四平市找四平市委农村工作委员会、四平市农业局，后找到市长，说明哈拉巴山在农场内，历史上一直由农场管理，双辽县政府，吉林省政府办公厅都明确过，哈拉巴山由双辽农场管理，要求四平市政府收回纪要，哈拉巴山由农场管理。市长决定让有关部门调查。最后四平市政府决定由市计委代管（实为农场管理），较好地保护了农场的资源。虽将大哈拉巴山归属保住，但开采批准权被双辽县沙石管理所收走，批准"三县两场"，十几个单位来大哈拉巴山开采。一时间，"三县两场"，十几个采石场纷纷落座在大哈拉巴山周围，开始了掠夺式的开采。从小开采到大开采，共用了50年时间，将一座大石山铲平。大哈拉巴山50年间，为附近方圆二三百里的县市（双辽、公主岭、梨树）奉献了大量基石，但原生态也被严重破坏了。到2005年左右，哈拉巴山基本被铲平，石头资源逐渐枯竭，各地采石场才开始撤销解散。年上缴利税百万元的大理石厂和每年上缴百万元利税的双辽农场采石场，因无石料相继停产、解散。

第五章 畜 牧 业

第一节 综 述

畜牧业是双辽农场支柱产业之一。建场初期曾一度把发展畜牧业列为荣军农场的发展方向，充分利用位于广阔的科尔沁草原、哈拉巴山、东辽河水系优势，发展马、羊、猪、鹿、牛及养鸭、养鸡等牧业经济。

马：建场初期主要是三河马将作为基础母马，种公马使用的是顿河马，繁殖军马。这部分军马1958年春由吉林省农业厅下令全部调往白城军马场，放牧员、饲养员随马调转。1965年，又从敦化大石头垦殖场调来20余匹苏重挽种公母马，成立大马队，在大山泡子东侧建厂，购进20余匹三河马做基础母马进行改良。1959年，在山泡子西北沿建立小马队，繁殖改良蒙古马、伊犁马和三河马，马群有60余匹，用以全双辽农场生产需要。

羊：20世纪50年代，羊的主要品种是细毛羊（美丽奴）和改良羊（东北细毛羊），当时叫中国细毛羊。改良技术先进，在全国牧区推广，经常有参观团来参观，还有东欧的参观团。1958年秋，吉林省农业厅将全部羊只和技术人员调往双辽种羊场。

1994年冬季，时任四分场副场长的彭占山，从双辽市玻璃山粮库引进100只带糕小尾寒羊（这个品种的羊每胎最低两只羔羊，一般都在2~3只，最高的一胎4只），购进公母羊比例为9母1公，第二年春季在分场建了4栋羊舍，每栋220平方米。1995年春季，这批小尾寒羊都顺利产羔，一下子发展到300余只。为进一步扩大养羊事业。1995年，四分场又从山东菏泽，购买400只小尾寒羊。分场副场长倪贵金亲自押车，用汽车运回。这个分场的小尾寒羊，数量最高峰时达到1000只，羊羔每只卖出价值在800~1000元，成龄羊1000~2000元。四分场集体养羊，一直坚持到1997年，不仅为分场增加了一大笔收入，也为全场发展养羊事业提供了种羊。到21世纪20年代，双辽农场域内养羊大户的羊品种基本来自那个时期，逐年更新换代。

牛：建场初期主要是蒙古红牛和朝鲜牛，用以生产劳作性繁殖，供种植水稻生产需要。进入21世纪，随着改革开放的步伐，饲养肉牛成为职工收入的一个主要项目。每个农业分场都有养牛大户。

猪：1957 年，开始在五分场建立千头养猪场，主要有吉林白猪、长白猪、巴克夏、约克夏、吉林民猪等，最多时年出栏千余头肥猪，这在当时是大规模了。

梅花鹿：1961 年，吉林省农业厅为充分利用大哈拉巴山的柞树资源，根据当时国家的"调整、巩固、充实、提高"的发展方针，在省直属的国营双辽农场的哈拉巴山建起了一个年存栏 500 只梅花鹿的鹿场。

禽业：以养鸭、养鸡为主。早在 20 世纪 60 年代，就开始大量发展养鸭和养鸡。1960 年起，在四大队养北京填鸭和蛋鸭，在三大队养鸡。时任双辽农场党委书记裴志夏，在 1963 年 12 月 19 日的《国营双辽农场关于开展社会主义教育运动的动员报告》中说"1963 年末全场饲养并交售北京鸭 2.5 万只，推广种鸭 1.5 万只，交售鲜蛋 10000 公斤（鸡蛋、鸭蛋合计 1 万公斤）。"

1975 年 1 月，在时任中共吉林省委副书记张士英的关注下，双辽农场党委为发展壮大农场经济实力，在认真总结 20 世纪 60 年代初期养鸭经验基础上，选择了靠近哈拉巴山山泡子的五大队养鱼队，建养鸭场。三年争取省里投资 258 万元，当年投资，当年生产。到 1979 年，鸭场成为省内最大规模的畜禽生产基地。（详见本章第三节 鸭场）。

1992 年 8 月 29 日，根据吉林省计划经济委员会批准，双辽农场建立了山鸡场，饲养美国七彩山鸡，年出栏商品山鸡 11 万只。山鸡场总投资 657 万元，其中固定资产 507 万元，流动资金 150 万元。资金来源上，申请农业银行贷款 455 万元，企业自筹 202 万元。1993 年，农场申请四平市计划委员会同意，在山鸡场增加珍禽养殖项目。山鸡场在场党委的精心管理和指导下，运行良好，经过三年努力，到 1995 年，年产值达 330 万元，利税 140 万元。

1995 年 5 月，经四平市计划委员会批准，成立双辽农场种禽场，主要经营范围是饲养种鸡、种鸭、孵化禽雏，回收商品鸡、鸭。禽场注册资金 30 万元，其中固定资产 20 万元，流动资金 10 万元。

中国共产党十一届三中全会以来，双辽农场的养鸭、养鸡事业，以家庭规模饲养为主。每个农业分场都有一到三户养鸡大户，饲养规模都在千只以上。

第二节 鹿 场

双辽农场鹿场坐落在哈拉巴山下。

双辽农场大哈拉巴山有着丰富的柞树（也称玻璃蕨子）资源。哈拉巴山当时地理位置偏僻，山上没有采石，地广人稀很适合梅花鹿胆小安静的生活习性。这里有山、有湖、有草原、有荒地、水草丰盛。梅花鹿喜食的柞树叶、蒿草漫山遍野。

为了发展多种经营，1961年秋季，吉林省农业厅根据当时国家"调整、巩固、充实、提高"的发展方针，大力发展吉林鹿业，开始在吉林省国营双辽农场的哈拉巴山的东面，投资筹建一个年存栏500只的鹿场。

1962年春双辽农场哈拉巴山鹿场正式成立，隶属双辽农场畜牧场领导，是畜牧场的一个生产队建制，叫鹿队。队长唐兴志，养鹿技术员是从吉林省特产学院畜牧专业毕业的宋佳文。养鹿工人有曹顺才、朱连成、李成林、石东灵、蔺德军、宋春成等。

1962年4月，吉林省农业厅吉林农校的34头梅花鹿全部被划拨到双辽农场哈拉巴山鹿场。另外，吉林农校的优秀教师、驯养梅花鹿的专家邓再修老师被调来驯养梅花鹿。11月，吉林省农业厅从吉林省国营敦化大清沟鹿场给双辽农场调拨120只梅花鹿。为了确保这批鹿安全到达，场长王守权亲自指挥调鹿全过程。为了不影响鹿场正常生产，由畜牧场管理员李野，带领刚分配到畜牧场劳动的吉林农校毕业生牛长贵、张云才、丘和、王震及木工刘兴焕、祝荣国7人，赴敦化鹿场调鹿小队，并指派总场武装部长孙传福督战。在调鹿过程中，大石头国营林场无偿提供了装鹿的木材。根据场长王守权指示，所制作的木材，必须选用可以用于房屋建设的门窗口料的最好红松木，制作过程不许用铁钉，确保这批梅花鹿安全到达。之后吉林省农业厅，又从东丰县各鹿场陆续划拨了30只质量上乘的梅花种鹿。从而壮大了双辽农场哈拉巴山鹿场的规模，到1964年，年存栏达到400只。1966年底，梅花鹿存栏已逾500只，进入选优留公产茸的阶段。

梅花鹿是一种十分敏感的动物，应激反应十分强烈，所以鹿舍设置在比较安静的山坡处。鹿舍的建设采用稻草裹碱泥编垒的方法。员工利用哈拉巴山自产的块石、自己的工程队，垒起了高达两米的围墙，留一南门。院内建筑面积5000平方米。其中6栋鹿舍，一栋炸茸室和晾茸楼。鹿舍南门外建一栋10间200平方米的职工住宅，一栋140平方米的办公室和饲料库。

鹿的精饲料，每年每只400公斤，由总场供应。粗饲料以收购落叶和青贮为主。农场分给鹿场好地20公顷，用来种植饲料。

每天养鹿人上山采摘柞树叶投放在鹿圈里，冬季则收集山上的落叶储备起来以备用。母鹿的产仔成活率很高，到1963年就发展到400余只。饲养梅花鹿，主要是以出售鹿茸为主。母鹿过多就是负担了，所以每年秋季，都要成批地淘汰母鹿。母鹿大多是怀胎的，他们把鹿胎剥离后，会送到总场卫生院的小制药厂，制成鹿胎膏。用割茸时流出的鹿血制成鹿茸血，用于治疗妇科病。养鹿场在炸茸室一楼安装了一口大锅，用于炸茸。就是把新割下的茸用开水浸榨。煮熟后的鹿茸被送到二楼通风透光处进行凉茸，待完全干燥后或整只或切割成片后，出售给当时的外贸部门，换回外汇。其中最值钱的是二杠鹿茸，如长成三叉了，价格就会下降。

梅花鹿虽然被圈养百年，但它终是生长在长白山山林里的野鹿。食草动物是食物链末端动物，天性胆小机敏，警惕性较高。觅食时，都时不时地挑起头，伸直脖子，瞪大双眼四望，竖起两耳细听，一有风吹草动，异物出现，马上四处逃窜，很难驯养。

1962年，42岁的邓再修老师到双辽农场哈拉巴山鹿场后，既是技术员又是饲养员，还是驯养员，全身心地投入驯鹿工作上。生物的共同天性是以食为天。梅花鹿也不例外。邓再修老师就从鹿喜欢吃食物入手，他每天背个兜子，里面装着豆饼块、胡萝卜等，在鹿圈里转来转去，不时掏出食物，引逗梅花鹿靠近抚摸、喂食。鹿对他渐渐地失去警惕，他成了鹿的好朋友。之后他扛着红旗进鹿舍，又拿来锣鼓和其他饲养员在鹿舍里敲起来，从低到高，从小声到大声，锻炼鹿适应突发声响。喂鹿时饲养员们都扛着红旗，吹着哨子进鹿舍给鹿添草加料。慢慢地形成条件反射后，驯化鹿看到红旗、听到哨音，就跟着打红旗人走。因小鹿容易改变习性，邓再修老师采取从小鹿入手，先小后大，先少后多的训练方法训练。先试探性地将十几头表现好的鹿引出舍外驯化，待这些鹿适应外部环境安全后，再往群里加鹿，慢慢地将十几头扩大到几十头，上百头。将大多数青壮雄梅花鹿驯养成可牧的鹿群。鹿能自然采食，食源广泛，品种多样，既节省了饲草，又增强了鹿的体质，提高了鹿茸的质量。

梅花鹿主要在晨昏活动，活跃，性情机警，行动敏捷，听觉、嗅觉均很发达，视觉稍弱，胆小易惊。由于其四肢细长，蹄窄而尖，故而奔跑迅速，跳跃能力很强，尤其擅长攀登陡坡，连续大跨度地跳跃，速度轻快敏捷。所以要养好鹿必须掌握它们的习性，严加看护，稍不注意就会酿成大祸。1963年初春的一天早上，队长唐兴志突然发现刚从敦化调来的那群鹿圈的大门、小门都被大风刮开，大敞四开，整圈的34只鹿都跑光了。这可吓坏了他，立即电话报告总场领导。总场场长王守权亲自指挥，成立了由总场办公室主任邓润泽、畜牧场党支部书记白玉厚、场长周全章等领导，由养鹿技术员邓再修参加的寻鹿领导小组，发动全畜牧场的职工，分别到哈拉巴山四周及附近三四十里的村屯、野草甸子寻找。白天邓再修和鹿工们把已经在附近找回来的几只驯化的鹿领到鹿圈附近，吸引跑回来的鹿一只一只入圈。经过四天四夜的寻找，34只鹿回来31只。1只鹿被怀德县桑树台镇二秋村的老乡当作野鹿用猎枪打死，1只鹿从哈拉巴山南坡的山崖上掉下来摔死。还有1只从哈拉巴山南坡山崖上掉下来摔伤的小鹿。鹿队从此吸取经验教训，加大了看护力度，重新加固了鹿圈的大门和小门，杜绝跑鹿事件的发生。

邓再修老师和他的饲养团队多年与鹿共伍，与鹿为友，悉心照料每一只鹿，哈拉巴山鹿场驯鹿牧养终获成功。邓老师工作勤奋，兢兢业业、任劳任怨，几十年如一日。由于邓再修老师的勤奋工作，哈拉巴山增添了一道亮丽的风景线——牧鹿，开创了国内放养梅花鹿先例，创造了奇迹。

1964年，双辽农场有几个采石队伍上山开采，开始还好，只是人工开采，一般不用炮炸。1967年，由于受"文化大革命"的影响，哈拉巴山一时上来"三县两场"（即双辽县、梨树县、怀德县、双辽农场、梨树农场）大小采石队，在山的四面开采。炮声隆隆，土石满天飞，惊得鹿群不得安生。

1969年开始，鹿舍迁移出哈拉巴山。鹿队在哈拉巴山北一公里处一土岗上修建新的红砖围墙，鹿舍6栋，200平方米的鹿茸加工晾晒楼房和一栋120平方米的饲料库。

1970年早春，鹿场全部搬迁至新鹿场。

1971年春，曾发生了一起采石放炮、飞石砸死1只成年鹿的事件，引起了双辽农场党委的重视。1972年吉林省农业厅再次投资，在哈拉巴山北2公里处建了新的鹿舍，共6栋，占地面积12000平方米，每栋鹿舍900平方米。1978年吉林省农业厅又投资建起一个一栋200平方米的二层小楼，用于炸茸和办公室。新鹿舍的扩建促进了鹿只存栏和产量的提高。1973—1983年是双辽农场养鹿事业发展的最好时期。年存栏保持在400只左右，年产鹿茸2000两以上，年盈利10万元左右。当时鹿茸二杠80元1两，三叉30元以上1两。双辽农场的梅花鹿也在吉林省养鹿行业有了一席之地。

1980年1月，鹿场独立为分场级。1980年秋鹿场与五大队合并，成立了国营双辽农场鹿场。

1984年，鹿场与五分场分开，升为分场级的鹿场。

进入20世纪90年代，由于70年代中叶哈拉巴山采石业疯狂开采，哈拉巴山逐渐消失。早在70年代末，山上的柞树叶已经不能满足四五百只鹿饲料的需求。双辽农场只好在五大队划出部分草原，开始植树造林，以东北白杨为主。开发荒地20公顷种植玉米、大豆，作为鹿的精饲料供应。不足部分由双辽农场总场向双辽县政府申请划拨。玉米秸秆作为青贮饲料窖藏。但从1990年开始，鹿场领导几次更换，经营管理不善，鹿业经济逐渐下滑。

1997年，双辽农场党委决定把鹿场卖给邓再修老师的长子邓飞云饲养。至此，邓飞云接任双辽农场鹿场场长。当时仅存栏180只鹿，定价60万元。鹿场固定资产归双辽农场所有。在管理形式上由集体经营改为租赁经营，每年向农场缴纳固定管理费用1万元（1997年上交总场管理费2万元）。邓飞云租赁后，在养鹿技术上大胆改革创新，广泛应用新技术——母鹿人工授精改良了鹿的品种，生下的小鹿仔长得又高又大。梅花鹿的存栏和鹿茸产量大幅提升。连续多年鹿群数量维持在 200～300 只。2021 年共有成年鹿 200 只，公鹿 70 只，母鹿 130 只。

注：此节部分资料由邓飞云、邓中云、牛长贵、王立田、张德才等提供。

第三节 鸭 场

1974 年 10 月，时任吉林省委副书记、革委会副主任（副省长）张士英、省农业厅厅长朱瑞平等人赴朝鲜参观考察。在考察中他们发现朝鲜一大型养鸭场，饲养着一大群一大群的白色京鸭，甚感好奇，仔细询问了朝鲜的养鸭饲养员，便产生了建一养鸭场的想法。回国后，张士英副书记与吉林省农业厅厅长朱瑞平商量建立养鸭场。朱瑞平提出："双辽农场哈拉巴山下有一个大泡子，有几百公顷，那里可以养鸭放鸭，可在那建场。"张士英副书记表示同意。几天后张士英副书记一行来到双辽农场查看场地，看好了大泡子这个地方，决定在此建一鸭场。随后，把已经调任双辽县大修厂厂长的张志政又调回双辽农场任场长，筹建养鸭场。

根据吉林省农业厅指示，双辽农场成立一个养鸭场筹建小组，由五大队的革委会主任吴宝堂及杨中兴、于文化、刘福祥组成，吴宝堂任组长。

1974 年 11 月 30 日，双辽农场在充分考察论证的基础上，正式向吉林省革委会（省政府）打报告。

1974 年 12 月 6 日，双辽农场成立筹建鸭场领导小组。组长：张志政；副组长：邹大志；成员：杨文义、吴宝堂、于文化。

1975 年 1 月，吉林省革委会正式批复在双辽农场建养鸭场。

1975 年春节后，鸭场筹建领导小组组长邹大志，率队到河南、辽宁大洼农场等地鸭场考察。

1975 年 5 月 6 日，双辽农场党委会研究决定成立双辽农场鸭场领导班子：选调二大队党总书记邹大志任双辽农场鸭场党支部书记，革委会副主任吴宝堂、于文化；选调双辽农场资深畜牧兽医杨忠兴、刘福祥为养鸭技术员。场址为靠近哈拉巴山山泡子的五分场鱼队。鱼队从五大队划出，划归鸭场。除五大队鱼队职工外，从各生产大队选调优秀青年充实职工队伍。

基建方面，建设工地如火如荼，有的盖厂房，有的建冷库，有的盖鸭舍，有的建办公室……

生产方面，1975 年 4 月河南预定的即将出壳小鸭雏种蛋运到鸭场。由于没有养鸭经验，大家一时手忙脚乱，损失了不少小鸭雏。小鸭雏长大后，什么颜色都有，且都是产蛋麻鸭。为了解决鸭子饲料问题，农场将五大队猪林队的 30 公顷样板田划给鸭场作为饲料基地，同时将这个生产队部分工人一并划给鸭场。

1976 年，总场在认真总结 1975 年养鸭经验教训的基础上，首先确定只饲养北京填鸭。

1975—1977 年，省财政厅共投资 258 万元，其中 1975 年投资 82 万元，1976 年投资 85 万元，1977 年投资 91 万元。同时双辽农场在鸭场建设期间投入了大量人力物力。设计施工、采购原材料和种禽蛋等工作都由本场技术人员克服重重困难，独立完成。种鸭舍、填鸭舍、育雏舍、孵化室、屠宰车间和冷冻库等设施先后建成了。在 1977—1979 年，养鸭 10 余万只。鸭场建成为吉林省内最大规模的畜禽生产基地。

生产的北京填鸭，除在全国各地出售外，远销日本。但由于没有饲养经验，病死率较高，亏损较多。其主要原因是当时粮食实行的是统购价和议价双轨制，农场自己提供饲料就要承担粮价的平议价差，加重了企业负担。为此，1980 年初，双辽农场经慎重研究，提出鸭场单设，并向四平地区行署、吉林省农垦局提出申请鸭场单设。1980 年 3 月 17 日吉林省革命委员会向四平行政公署发文批复同意鸭场分设。

省革委会文件下发当日，吉林省农垦局局长朱瑞平带领 12 人工作组（人事劳资组、财务组、土地组）到双辽农场开会研究鸭场从农场分家单设，决定把哈拉巴山山泡子、四分场 23 号地 105 公顷土地、五分场马队、农业队 20 公顷菜园地划给鸭场。鸭场的现有职工、现有的固定资产 225.4 万元、流动资金划拨给鸭场。同时农场拨给鸭场 5000 公斤玉米作饲料、5000 公斤水稻（口粮）、5000 公斤粮票。至此鸭场从双辽农场正式分出，成为吉林省农垦局直属国营双山鸭场（副县级）。

第四节　畜牧业管理方案选编

为促进双辽农场的畜牧业发展，历届农场党委都根据各时期党和国家有关发展畜牧业的政策，制定了切合本场实际的若干管理办法和实施方案。本志选择的是 2003 年 3 月 6 日，双辽农场第十九届职工代表大会通过的《农场 2003 年畜牧业管理实施细则》。

农场 2003 年畜牧业管理实施细则

一、总　　则

第一条　为预防和消灭家畜家禽（统称畜禽）传染病，保护牧业生产和群众身体健康，根据《中华人民共和国动物防疫法》，结合我场实际，特制定本细则。

第二条　本细则所称家畜为：猪、牛、羊、马、骡、兔、犬；家禽为：鸡、鸭、鹅；畜禽产品为：未经加工和熟制的肉、油脂、脏器、皮张、毛、种蛋。

第三条　农场辖区内的饲养户，经营生产和流通环节，必须按照本细则，接受并做好畜禽及其产品的防疫注射、检疫、驱虫等工作。

第四条　发展牧业生产，减少畜禽死亡，是搞好牧业商品经济的关键环节，也是富场裕民的重要措施。因此，要确定我场畜禽疫病的防治程序，建立各种规章制度，使防疫工作走上经常化、制度化、规范化、法治化的轨道，实行系列化管理。

二、畜防的管理

第五条　畜禽公司依照本细则，依法对全场辖区内的畜禽进行防疫，其他任何单位和个人计划外防疫均视为违法行为。

第六条　防疫工作量大，涉及面广，技术性强，因此每项防疫畜禽公司都要统一部署，统一时间，统一行动，即以分场为单位分组进行，确保防疫注射密度和质量。

第七条　各农业分场依照本细则，协助畜禽公司做好本场区域内的畜禽防疫工作，要安排一名兼职防疫员，负责本分场辖区内畜禽的防疫注射，牧业疫病普查等工作。

第八条　畜禽公司要定期对防疫员进行培训，使每个防疫员能正确掌握和熟练运用防疫实用技术，为以后的防疫工作奠定基础。

第九条　实行"动物耳标、标识"和"动物免疫合格证"制度，全场所辖区域内大牲畜在免疫注射后，一律填发动物免疫合格证，同时佩戴耳标卡，实行一畜一证一标识，对本辖区内新进或自产的牲畜，各分场要及时登记，上报畜禽公司，随时进行免疫注射、打耳标。

第十条　实行"畜照"管理制度，场辖区内的大牲畜（牛、马、驴、骡）全部实行一畜一照，新进或自产的家畜（出生六个月后）经调查核实后要及时补照，对没有畜照的单位或个人一律视为非法饲养，对持有外地畜照在区内饲养的全部更换场内畜照。

第十一条　场属区域内牲畜屠宰点、牲畜交易市场及过往车辆运载的大牲畜，必须持有畜照、动物免疫合格证及动物耳标卡，对没有上述标识的，纪检监察部门将予以扣留、没收及进行经济处罚。

第十二条　畜禽公司每年春秋两季要及时为饲养户做好免疫服务，并做好平时的补针工作，提高免疫密度和质量，农业分场要给予积极的支持配合。

三、动物检疫的管理

第十三条　农贸市场、屠宰加工厂、饭店、肉类销售点等加工和销售的生、熟畜禽产品的检疫工作，由畜禽公司具体负责，并实行检疫、检验，根据《吉林省家畜家禽防检疫实施办法》第五条之规定，由检疫员实施检疫，并对检疫、检验的畜禽产品按标准收费。

第十四条　检疫、检验：兽医卫生检疫员在检疫过程中，要严格执行《家畜家禽防检疫条例》和《肉食品卫生检疫试行规程》，秉公执法，严肃认真，按检疫操作规程进行检疫、检验，对玩忽职守、营私舞弊、出现问题的，由当事人自行负责，情节严重者，依法追究刑事责任。

第十五条　为搞好畜禽及其产品的检疫工作，扩大市场的知名度，对病死和有危害的畜禽及其产品不准外运，对农贸市场和畜禽肉类经销点，不准出售病死和有害畜禽肉，发现一次罚款 500～800 元。后果严重者追究其法律责任；各屠宰加工厂、肉类销售点要积极配合检疫人员的工作，对不接受检疫的单位和个人，谩骂和殴打检疫人员等妨碍社会治安的行为，移交司法机关，追究其刑事责任。

第十六条　出售畜禽及其产品，须经兽医卫生检疫人员现场检疫、检验后方可出售，否则一律停止交易。

第十七条　检疫检验收费标准，根据《吉林省畜禽防疫、医疗、运输检疫收费标准的通知》规定，宰前、宰后收费标准：肉类大牲畜、白条猪每头 8～10 元，禽类：鸡、鸭、鹅，每只 0.10 元～0.20 元，对场内招商引资企业给予优惠。

四、饲料兽药市场的管理

第十八条　凡在场辖区内从事饲料、兽药经营活动者，必须在畜禽公司登记造册，经公司同意后办理经营许可证，方可经营。

第十九条　未经公司批准，无证经营者，公司将派监察执法人员协同司法部门严肃处理，并没收其所经营的一切产品。

第二十条　取得经营许可证的兽药、饲料经销网点，严禁销售假冒伪劣产品，公司将对其进行严格查处，一经发现，按照《吉林省无规定动物疫病建设管理条例》第十八条规定进行处罚。

五、从业人员管理

第二十一条　凡在场属区域内从事兽医工作的人员，必须在畜禽公司登记注册，出示相关证件，经公司审查同意，办理动物诊疗许可证和兽医从业资格证后方可从事动物诊疗活动，否则视为无证非法行医。

第二十二条 对未经公司审查同意，没有动物诊疗许可证和兽医从业资格证，而从事动物诊疗活动的人员，除没收其所有药品和器械外，按《吉林省无规定动物疫病区建设管理条例》第二十三条规定，进行处罚。

六、禁牧管理

第二十三条 根据《吉林省无规定疫病区建设管理条例》第十二条规定：场属区域内各养殖户所饲养的动物一律实行舍饲圈养，对不执行舍饲圈养的单位或个人按照《条例》规定，处以50元～500元罚款，并责令限期整改。

第二十四条 牧业的安全生产。每年从4月1日至10月31日禁牧。禁牧期内，场属区域内不准放牧任何动物，对不按规定放牧的，予以警告，并责令其限期改正，逾期不改的，予以100～500元罚款。

七、附　则

第二十五条 为使全场检疫工作步入法治化轨道，打击非法经销生物制品、饲料、兽药及饲料添加剂，私购乱注，对拒不接受防疫的饲养户，按实际饲养数量，登记造册，采取强制免疫，并加倍扣缴防疫费。

第二十六条 非农业职工户防疫服务，畜禽公司直接收取现金，用于防疫药械的购置。

第二十七条 本细则由畜禽公司负责解释。

第二十八条 本细则从2003年1月1日起执行。

第六章　渔　　业

第一节　大山泡子

大山泡子是位于哈拉巴山东侧的湖。当地人称湖泊坑塘为泡子，所以人们习惯都叫它大山泡子。

大山泡子四周都是茂密的芦苇，水中自然生长多种水草，很适合花白鲢和草鱼的生长。过去山泡子的野生鱼也不少，但都长得很瘦小，产量也低。自从 20 世纪 60 年代初投放鱼苗后，只三四年的时间，大山泡子里的鱼就进入了盛产期。鱼队购置了一条铁皮船，有专人看护山泡子并不定期地打捞。每到节假日就会集中撒网下挂，每天会有几千斤四五斤重的大鱼出水。各个生产队会按照人口进行分配，一时间小小鱼队车水马龙，全场职工家属都能品尝到这一丰硕的劳动成果。大山泡子不但丰富了职工的餐桌，也创造了可观的经济和生态效益。

大山泡子的鼎盛时期在 1980 年以前。湖水面辽阔，丰雨季节水面可达 500 多公顷，枯水季节水面也近 300 多公顷。周边已完全被茂密的芦苇环抱，没有一处断档的地方。山泡子呈椭圆形，南侧由哈拉巴山（蒙语黑虎山）的一只虎爪横亘着，北侧则是一望无际的草原。1963 年，双辽农场举全场之力在此修筑了近两米高的围堰，截住了放任的桃花水和汹涌的夏汛。大泡子水草丰盛，芦苇茵茵，是苫房编席的上好材料；湖波荡漾，碧水连天，水鸟成群。每到春秋徙鸟遮天蔽日，芦苇荡呈岛状分布在湖里，为水鸟繁殖提供了极佳条件，是雁、鸭、鹤的繁衍天堂。由于大泡子是草原上的雨水汇聚而成的湖泊，不与其他湖河泡塘交叉，形成独立水系，没有外来鱼种干预。人站在大山泡子北沿的堤坝上，一望无际的草原碧绿如毡，各种红、黄、紫、白的野花争相竞放。农场自己的小马队、大马队，上百匹骏马在这里嬉戏。

山泡子既是天然渔场也是人工渔场。天然野生的有鲫鱼、老头鱼、泥鳅鱼和捞不尽的河虾。后来农场又自己孵化投入了花白鲢和草鱼苗，每当节假日都有大批的鱼产品分配给全场的各个生产队和每个住户，成了双辽农场生生不息的菜篮子。

哈拉巴山脚下的梅花鹿场，经过驯化的鹿吃饱了山上的柞叶便会去泡子边上饮水。青山绿水梅花鹿，构成一幅美丽的图画。不长茸的母鹿每年都要被不断地淘汰，人此时坐在山脚下、泡子边吃大锅炖鱼，红烧鹿肉。这是双辽农场职工、家属特有的休闲娱乐。这种状态一直持续到 20 世纪 70 年代后期。随着哈拉巴山 20 世纪末期的逐渐缩小，大山泡子也干枯消失了。

第二节　养　　鱼

双辽农场本来就是鱼米之乡。当年的野生鱼量很大。建场初期真可谓棒打野鸡瓢舀鱼。为了充分利用哈拉巴下大泡子天然资源，总场决定在畜牧场（第五大队）建立一个鱼队，由薛文汉任政治队长，王立堂任生产队长。

首先是修缮山泡子，农场党委集中全场青壮年搞"大兵团作战"，调动一千多号人，修建了湖堤和引排水渠道，蓄水养鱼；加高加宽了山泡子北堰工程，动用土方上万立方米，这样把山泡子与北甸子的野草相隔离，只留了一条可控的疏水渠道；又维修了日伪时期修建的山泡子南闸门，用以调解山泡子的水库存，并对日伪时期建的输水管道进行了清理。

1967 年，双辽农场在鱼队的基础上又成立了养鱼场，任命薛文汉任场长、王立堂任副场长。

薛文汉是抗美援朝归来的军官，一身正气，雷厉风行。王立堂 26 岁，任分场团支书记、农业队生产队长。他们年轻气盛，血气方刚，配合默契，齐心协力，共建渔场。

围湖工程完工后，农场先期往湖里投放了几十万尾鲤、鲢、鳙、草鱼苗，让其自然生长。

接下来在下游出水口处，农场又建了面积约 1000 平方米的一个种鱼池、鱼苗孵化室、鱼苗养殖池、鱼苗越冬池等工程，水深达 3 米，以便鱼种越冬增氧。

关于鱼苗孵化。鲫鱼属野生鱼类，自然繁殖。其他鱼类需人工辅助繁殖。当时的农场并不掌握鱼种的管理和鱼苗孵化技术，他们采取走出去、请进来的办法，派人到上游的二龙湖水库学习，又到当时的四平地区水利处请来专业水产技术员张喜刚等在农场长住，手把手地帮扶。终于，在 20 世纪 60 年代初他们获得了成功。首批的春片和夏花几万尾鱼苗被投放在大山泡子中。

鲤鱼的繁殖工作相对简单些，5—6 月，水温上升到 16~18℃时，在水深 60~80 厘米深的鱼苗池中插上草把鱼巢，将鲤鱼亲鱼（雌雄种鱼）放入池中，几天后小鱼苗就自然孵出了。

鲢鱼和鳙鱼（胖头鱼）的繁殖工作相对要麻烦些。鲢鱼和鳙鱼不在静水中繁殖，要在急流（激流）中产卵受精。这就需要建一个长 15 米，中间宽 5 米，两头窄圆的椭圆形排卵授精池。当 6—7 月，气温升到 20℃ 以上时，挑选好亲鱼（雌鱼肚大，挤压可见有卵流出；雄鱼胸鳍粗糙），注射垂体（取自鲫鱼脑下）和性激素，放入产卵池中。在产卵池一端设水管放水形成激流，另一端出水口上绑缚一细纱网接鱼子。然后将鱼子按比例放到鱼苗孵化室孵化缸内。缸底有眼，接一水管往缸里充水，形成活水，缸沿围一十几厘米高的纱网，防止鱼卵流出，控制水温在 25℃，3 天左右鱼卵脱壳，孵出小鱼苗，饲喂豆浆鸡蛋黄后，送往鱼苗池育养。入冬前投入大塘。

草鱼也可在激流池产卵受精，但因亲鱼体大，通常都采用人工授精的方法。方法是选好亲鱼，注射垂体和激素，放在池中观察，几个或十几个小时再注射一次，过会见亲鱼有卵排出，捞出亲鱼，按压雌鱼腹部，将鱼卵挤入盆中，再将雄鱼精液挤入盆中，边挤压，边用鹅毛翎搅拌，充分搅匀，以利受精。然后也送到孵化室，按孵鲢鱼的办法进行孵化、饲养。

5 年后，大山泡子里先期投放的鱼苗已长到几斤 *，十几斤，几十斤，丰收在望，已近捕捞期。

第三节　捕　　鱼

建养鱼场之前，由于大山泡子水深水旷，不易捕捞，当地人还不知道用丝挂子挂鱼，望鱼兴叹。他们只能在夏季雨水大时，鱼游到连接大泡子的沟塘里、草甸子上，才容易抓捕。春天到来，水冷不能下水摸鱼，上了年纪的人开始撒旋网捕鱼。网撒出去圆圆的，落入水底，再慢慢地拖拽上岸，网兜里就见鱼儿在蹦；夏季水温高雨水大，河沟有流动的水，人们修个叠水坝抬高水位，较宽的河坝中间开口架上晾箔接鱼，较窄的沟坝中间开口下蓄笼囤接鱼。浅塘里水面大，就用鱼罩扣和旋网打，小孩子们则用戗网子戗或直接用手摸鱼。秋季天干雨水少，阳光照射水汽蒸发，鱼被困到坑塘和断流的水沟河套中。人们扛锹携桶，分段垒堤淘水，将水舀干拣鱼，也叫拣干窝。冬季坑塘或深沟水窝结了厚厚的冰，有的冻实心了（冰和坑塘沟底冻在一起）、有的冻绝底了、有的冰下有水，人们就用不同的方法取鱼。冻实心的鱼和冰冻在一起，要将冰层用冰镩、镐、锹全部掀开才能取

---

* 斤为非法定计量单位，1 斤＝500 克。——编者注

鱼。冻绝底的从坑塘沟中心破个冰洞，视情况钻进去拣，空间小的仍须破冰。冰下有水的，就打冰眼，用抄网捞鱼。

真正的捕鱼是在1971年春节前，五大队组织职工在山泡子第一次实施冬捕，渔工不足，大队领导亲自到鱼队协助捕鱼。

晨曦刚现，冬捕队伍来到渔把头渔场事先选好的捕鱼下网点。刺骨的寒风卷起清雪直往脖子里钻，手脚脸冻得猫咬般疼痛。哈气成霜，个个都成了白胡子老头。

渔把头渔场场长王立堂从怀里掏出两瓶散装白酒："来，大家都喝一口暖暖身子。照惯例一组在左，二组在右，新来的同事分到一二组协助打冰眼、拉网。大家要注意安全。好了，开始工作。"

几十号渔工各就各位，打冰眼、走杆、走水线、出绦、下网、拉网，都忙活起来。下网开始，先凿开一个长约4米、宽约2米的下网口，由此分两扇网衣，一左一右同时下。再由下网口向两边雁翅分开，向前每隔10米打一个40～50厘米的冰眼，直打到网区最宽处（把头提前插有标旗，渔工叫它翅旗），再转换角度，向终点出网口方向打冰眼（出网点也插有标旗，渔工们叫它圆点旗）。两翼冰眼打到圆旗处会合，最后打一个三角形冰洞做出网口（也叫出鱼口）。整个网区呈一大大的杏叶形。

打冰眼在前，下渔网在后，在下网口处先左右各穿入冰下15米左右的细杆（也叫穿杆或走杆），杆尾拴一细绳（也叫水线），用一U形走钩拨动穿杆前行，一眼一眼推进；细绳连结大绦（粗绳），大绦拴在网纲上。拉网的渔工隔段距离将大绦从某一冰眼中拽出冰面，拉动大绦带网前行，然后再将大绦下回这个冰眼，再到前面拉动水线带动大绦，大绦不动了，再拽出大绦拉网，周而复始；网越下越多，人工拉不动了，固定绞盘套上马，用马拉绞盘一圈一圈绞动大绦拉网前行。就这样一段一段地倒，直至出网点；左右两侧网汇合到出网口一起出水。马拉动绞盘拉网出水，网衣一片一片出水，打冰眼的渔工们开始整理出水解下的网片，叠好装到爬犁上，准备下一网好用；随着网衣（网片）的出水，鱼也渐渐地出网了，鱼越来越多，一个大网兜可容纳几千斤、几万斤鱼。

这些鱼是农场职工春节餐桌上必不可少的佳肴。

随着大山泡子的消失。21世纪这里被开发成农田。

第七章 林 业

第一节 林业发展概述

双辽农场建场以来，十分重视林业生产，尤其是农田防护林建设。荣军农场时，虽然哈拉巴山上长满了各种花草树木，但山下农场开垦区域非常荒凉，除了一望无际的大草原和沙丘外，没有几棵树。一年四季除了夏季少有的一两个月雨天外，总是风沙弥漫，每逢春秋两季风沙狂卷，一刮就是几天或十几天。正如1962年从吉林农校毕业来双辽农场工作的俞桂云回忆所说：1962年，我们这些吉林农校毕业生刚到双辽农场那会儿，哈拉巴山下没有几户人家。整天整天的大风把宿舍的窗户纸刮坏了一茬又一茬，屋地的沙尘扫也扫不尽，晚上睡觉虽然蒙着头，早上起来仍然沙土满面，一个个脸上黑黢黢的……风沙肆虐是这里的常态。家家户户饱受风沙袭击，大风过后，风沙将门窗堵得严严实实，人们只能捅破窗户，爬出去一锹一锹地清除屋门沙土。春天刚刚发芽的玉米，被风沙袭走，不得不反复播种。过了农时，只能播种生长期较短的荞麦和蔬菜。年年都没有好收成。建场荣军一来到这里就开始了大规模的植树造林。年复一年不断更新，不断造林。

20世纪50年代至90年代主要是以农田防护林建设为主。在村屯周边、水田支渠、旱田隔离带植树造林。树的品种是适合东北气候的杨树。

1962年秋季，一批吉林农校毕业的学生分配到双辽农场。为了发挥园艺专业学生学有所用特长，改变双辽农场风沙干旱的恶劣环境，总场党委决定把他们安排到园艺队。他们一来到园艺队，就投入规划区内开始植树造林工作，封冻前把总场调拨的杨树栽子截成段埋到地里。每道防风林与果园间隔30米，利于防风和果树成长。同时把挖好一米见方的果树坑，在冬季马车拉、人力挑，把鹿粪、马粪、黑土放到果树坑里，以备来春栽植果树。人手不够，畜牧场团支部书记王立堂就发动全场团员，带领青年参加义务劳动，支援果园建设。经过一个秋冬会战，三道防风林带和果树栽培前期工程圆满完成。1963年春，牛长贵坐着火车到母校吉林农校求援各种果树苗，把100棵野生梨树苗、50棵苹果梨苗，肩扛背驮地带回园艺队进行栽植。他还栽植了123小苹果、海棠果等树苗，同时在树间种植蔬菜，提供给畜牧场食堂及职工。经过一年四季轮回考验，园艺队果树栽培成功。这一成果，当时在双辽地区是首例，为双辽农场的果树栽培积累了宝贵的经验。

随后各大队也开始了大规模的植树造林，防沙治沙工程。按林夹沟模式，沿着旱河主干线、各主要支渠干线、玉米带及村屯周边路旁植树，也叫"四旁植树"，到1969年末先后营造主林带。

1973年秋，猪林队成立。全双辽农场林地统一归猪林队管理，各分场的护林员调配给猪林队。当年栽种苹果10公顷，葡萄10公顷，枸杞10公顷，还有土地20公顷。

1975年，为了确保双辽农场造林树苗需要，农场党委在四大队八里营子屯西，旱河主干线北侧建立了双辽农场果园。除了种植培育杨树、柳树树苗外。还种植了123苹果、香水梨、海棠果、山楂、李子、葡萄等，以果养林。1982年林果产量0.7万公斤。

1979年春，农场党委决定重新组建双辽农场林业队，队址设在距哈拉巴山西2.5公里处的树林里，主要经营项目是林业，开垦、种植、护理全双辽农场所有林带。林带的树木主要品种以白杨为主，柳树、柞树为辅。

1980年，30公顷果园土地划规双山鸭场菜队，并调出一半人员归鸭场。

1982年，全场林地面积126公顷，其中国有林地面积26公顷。

1984年秋林队取消，总场成立林业科（林业站），全场护林员统归林业科领导。

1999年，5个农业分场的各自然屯都有防护林，20世纪70年代初期全场植树造林初具规模，20世纪90年代形成了林成网树成方的局面。风沙少了，粮食丰收了，人们尝到了植树造林的甜头。职工也从成年树木中获得了经济效益，增加了收入。

21世纪初在全场开展大面积的土地还林，全场退耕还林面积419.6公顷（表3-7-1）。

表3-7-1 双辽农场林地面积统计表　　　　　　　　　　（单位：公顷）

单位	合计	退耕还林					三北四期	过熟林
		小计	2002年	2003年	经济林	配套		
一分场	91.69	91.69	44.69			47		
二分场	13.26	10.62	1.6	1.82		7.2	0.2	2.44
三分场	104.73	101.06	20.86	50.8	0.4	29	1.6	2.07
四分场	65.17	53.99	27.99			26	1.6	9.58
五分场	134.75	76.55	42.63	28.92	4.5	0.5	5	53.2
博爱分场	10	10		10				
合计	419.6	343.91	137.77	91.54	4.9	109.7	8.4	67.29

2017年秋季，在全场范围内全面开展秋季植树造林。村屯绿化面积22.9公顷，道路硬化面积18.2公顷。植树1.3万株，其中金叶锦鸡100株，柳树1250株，糖槭树5450株，五角枫3000株，金叶梅4000株。

2021 年末，全场植树造林面积达 34.65 公顷。其中农田防护林网面积 33.2 公顷，林业户孟宪辉植树 1.45 公顷。

第二节　林业管理

20 世纪 70 年代以前，全场林业生产上，无专门的管理机构和管理制度，只是由农业科代管。1984 年总场成立林业管理站后，对林业实行统一领导与管理。各分场、生产小队设有一名干部、农业技术员、护林员专管或兼管，全场形成林业生产管理的三级领导管理网络。该期林业的生产计划与任务一律为指令性的，每年由场林业管理站统一下达，绿化造林用苗由场林管站统一调拨。对林业生产先进单位与个人的奖励和完不成任务及破坏林木行为的处罚均由场林管站执行，罚没款补充林业发展基金。对全场林业生产进行规划管理和技术服务，形成总场、分场、生产小队三级管理。此后逐渐建立健全林业管理责任制度和破坏林木的处罚条例等。

2003 年撤销林业科（站），林业管理职能并入农业科，全权负责全场林业生产管理与技术服务。同时随着林权制度的改革，林业生产管理计划指标与措施等也由指令性逐步向指导性和服务性转变。

随着农场经济体制改革的不断深入，20 世纪 90 年代前"大锅饭"式的林业生产管理体制已不能适应林业生产经营与发展要求。自 1998 年起，对新造或改造后的林地采取承包制形式，即实行林地承包到人、经费自理等制度。这有效地调动了广大职工植树造林的积极性，彻底改变了集体植树时期的"春栽秋发黄，冬天进灶膛，翌年再穷忙"的林业生产被动局面。至 2005 年，全场林权制度改革到位率已达 100%。

第三节　规章制度

为了加强日益发展的林业建设管理，双辽农场党委不断地出台林业管理条例实施细则，确保了林业生产的发展壮大。本志选取的是《双辽农场 2003 年林业管理实施细则》。

双辽农场 2003 年林业管理实施细则

第一条　为了加强我场林业管理，合理采育林业资源，保持自然生态平衡，根据《中华人民共和国森林法》及退耕还林有关规定制定本实施细则。

第二条　农林科负责全场林业管理和监督工作，并负责全场林业规划设计，指导林业技术和绿化工作以及病虫害防治工作。

第三条 农林科及农业分场对现有林木品种、普查地块、面积、基本株数登记造册，建立档案，按行政区域划分，落实到各农业分场看护管理。

第四条 根据省林业厅退耕还林有关文件精神，由农林科牵头，农业分场具体负责落实，必须保质、保量地完成退耕还林任务。

1. 当年造林苗木由区林业局向农户统一调拨和供给，补植自购或统购。

2. 农户在操作过程中，必须按林业部门设计要求进行运作，当年成活率必须达85%以上，如果成活率达41%以下，林业部门不予验收，并收缴当年土地承包费用。

3. 8年总场每年抵扣1000元，作为农户上缴土地承包费。剩余部分拨至分场，由总场统一自行调解（退耕地作配套部分，宜林地除外）。9年开始至截伐期止，每年收取土地承包费的15%，一年一结。8年后如国家另有政策随国家政策的调整而调整。

4. 成活率达标后，林木所有权归农户，由区林业局统一办理林权执照。

5. 新造幼林地和其他林地必须采取封山育林，封山禁牧，舍饲圈养等措施，保护退耕还林成果。由农业分场组织封山育林。严禁在林地内放牧，发现一次罚款300元，农业分场设专人和农户看护管理。

6. 宜林地和补植造林任务必须在春季完成。

7. 幼林抚育、护林防火、病虫害的防治工作由农户自行承担，但必须按林业部门的要求执行。采伐时，必须办理审批手续，否则按盗伐处理。

第五条 逾期未完成造林任务的，可处以未完成造林任务所需费用2倍以下罚款，擅自改变林地用途的，由农林科及分场责令限期恢复原状，并处非法改变用途林地每平方米10～30元的罚款。

第六条 现有林木林权归总场所有，采、间、伐收入总场与辖区分场实行4∶6分成，20%作为分场林木营造费用，80%作为营林基金。

第七条 严格林木采、间、伐审批手续，需要采伐时，经营者提供书面申请，由农林科向上级主管部门办理采、间、伐通知书，个人出售宅院林木须报场农林科办理审批手续方可出售，否则造成后果要追究当事人的法律责任。

第八条 加强场区内林业管理工作，严格掌握区内木材加工厂木材来源，农林科要定期或不定期地进行检查，发现问题及时处理。

第九条 加强护林防火工作，在护林防火戒严期（每年3—6月，9—12月）禁野外用火，发现野外用火者重罚。

第十条 严禁乱砍滥伐等毁林行为，违者根据《森林法》有关规定，以林木价值的

5～10倍价值罚款，依照刑法有关规定移交司法机关追究刑事责任。

第十一条　发现乱砍滥伐，森林火灾现象，各分场要及时上报农林科及派出所。情节严重的依照刑法有关规定报司法机关，依法追究刑事责任。

第十二条　对揭发检举乱砍滥伐有功人员，奖励其罚款的50％，并给予保密。

第十三条　各分场要广泛宣传退耕还林（草）的重要意义和紧迫性，宣传退耕还林面临的机遇及各项政策，形成强大的舆论氛围，使广大人民群众充分认清搞好退耕还林是改善生态环境的需要，促进林业工作健康发展的需要，是造福子孙后代的需要。

第十四条　本细则解释权在总场。

第十五条　本细则自2003年1月1日起执行。

国营双辽农场林木保护管理办法

为了大力发展全场的林业生产，合理采育，永续利用，扩大林地面积，防风固沙、绿化环境，增加收入，特制定本办法。

一、林木所有权及林木利用

1. 职工在房前屋后和在林业部门指定的地方种植的树木，归个人所有。各单位在林业主管部门指定的地方种植的树木，归单位所有。凡是由农场投资种植的树木均归农场所有，为保障林木所有权，由场部向有林权的集体和个人发林权执照。

2. 各单位职工可以兴办家庭林场或造林专业户，职工可向本单位提出申请，由本单位签署意见，然后由多种经营科审批。

3. 对于农场现有宅基地，规定为0.75亩，其中有0.25亩为宅基地绿化林地。限期栽植250棵林木。林权归己，否则由土地管理部门按超出宅基地面积征收土地费。

4. 林木利用和林木所有权是统一的。个人的林木可根据自己的需要进行采伐。集体的林木可在不能影响农田防护的前提下，根据需要提出申请，经主管部门批准，可以进行采伐。场有林在不影响农田的防护和环境保护的前提下，通过调查设计，按需要进行合理采伐。

二、林木保护管理

1. 严禁毁林开荒，毁树搞副业。如有违者可根据情节轻重赔偿损失，并处以罚款。严重者，予以法律制裁。

2. 严禁在幼林地放牧、走车、搂柴。不准随意割树条、剥树皮、刨树根。不准在林带内取土、挖坑、埋坟。不准在林道或公路两侧拴牲畜。如有违者，可根据被毁树种树龄，确定罚款金额。毁坏街道两侧新种植树每棵罚款：一年生、二年生5元，三年生10元。

3. 严禁乱砍盗伐，对违者，根据森林法赔偿损失处以罚款，重者予以法律制裁。

随意进林带割一棵树枝罚款1元。割一棵树条罚款0.50元，刨一个树根罚款5元，牲畜毁林，按树木损失价值3至10倍罚款。盗伐林木情节轻微的责令赔偿损失，补种盗伐树10倍的树木，并处以违法所得3至10倍的罚款。情节严重的依照《中华人民共和国刑法》128条的规定，追究刑事责任。

庇护、怂恿、窝藏、乱砍滥伐的单位和个人，除追究本人的责任外，还应追究其单位负责人或指使人责任，按情节轻重，严肃处理。

4. 加强护林防火工作。在护林防火戒严期间（每年3月至5月、10月至12月）严禁放火烧荒，严禁上坟烧纸，严禁在林带内吸烟，必要野外用火必须经本场护林防火指挥部批准。

5. 对检举揭发者给予奖励（包括护林员在内），奖励额按罚款金额40%。

三、林业组织机构及林业队工资办法

场部多种经营科设林业管理人员1人，负责林业行政管理和林业生产技术工作。

全场成立一个林业队。李喜才兼任林业队长，林业队下设两组。设兼职会计1名，组长2名。

林业队会计、组长在原有护林工资的基础上，每年增加100元，护林员每个工作日工资2.10元（不包括副食补贴、取暖费、劳动保护），由场直接付给林业队。取消口粮倒挂和级差补助。

护林员到各分场进行林业检查和其他具体行动。每天补助0.60元，不下去不补。其补助由林业助理具体掌握。

为了便于护林员工作，从1985年起，扣发护林员劳动保护。由林业队统一制作场内护林制服。印有双农林业字样，对每个护林员发放护林工作证。

四、护林员职责

1. 每个护林员定面积、定林带、分树种、树龄、查株数。造册上账，每两个月由林业主管人员、会计、组长，逐带检查丢失情况，如有丢失者，根据树龄作价由工资扣回。

2. 抓住盗树者，实行罚款处理，办理好一次性罚款手续。由护林员填写林业行政处罚单,填写后交给多种经营科。由林业主管人员签发正本林业行政处通知书。

3. 检查。护林员有权经常深入各家各户进行检查。各家各户应接受检查,不准对护林员讽刺、辱骂、殴打,违者按情节轻重严肃处理。

4. 树木丢失对护林员罚款。1至2年生罚款2元,3至5年生罚款3至5元,6至8年生罚款6至8元。丢失一个树根罚款2元,檩木罚款20元。梁材罚款80元。

5. 护林员所看管的地块,无丢树、毁树,无火灾发生,按规定完成各项生产任务,年终奖给护林员50元。

6. 丢树认真查找,有人证、物证,并追回所丢树木。经核实后,按罚款总额的10%奖给护林员。

各单位要广泛传达,做到家喻户晓,人人皆知。

国营双辽农场

1987年1月

中国农垦农场志

第四编

农业分场

中国农垦农场志

第一章 一 分 场

辽西省荣军农场一分场，于1949年6月在双辽县卧虎屯镇六家子屯建立，1950年春迁到双辽县双山南腰坨屯。距双山镇驻地南3公里，东邻双山镇杜力村，西邻柳条乡博爱村（后划归双辽农场），南邻新立乡公平村，北邻双山镇祥云村，区域总面积东西长4公里，南北宽3.5公里，共14平方公里。

2021年有五个自然屯，七个生产小队：东坨（一小队、二小队），腰坨（三小队、四小队），西坨（五小队），长垅屯（六小队），后社祥云里（七小队）。分场设在腰坨屯。总户数470户，总人口1830人，党员28人。域内离双山镇3公里，村内通有客车，交通十分便利。

这里以种植农业为主，养殖业为辅。土质及气候适宜农作物生长，地域地势平洼，部分沙性土质，部分黑碱性土质，主要农作物是以种植水稻为主，气候属于北寒温带大陆性气候，温度、雨量、光照等季节性变化显著。

区域内坐落双辽农场一分场小学1所，卫生室1个，解决了广大群众上学和就医的困难。

1960年安置山东移民19户，73口人。

1966—1968年，接收长春知识青年47名；1970—1974年，接收双辽知识青年27名。其中，1974年下乡的王书林曾任双辽农场革命委员会副主任（副场长）；1976年到省农业厅机关工作。1974年下乡的李永成扎根农场，从农工到分场场长，一干就是40年，践行了"扎根农场干革命"的初心。

1968年秋，双辽农场一大队被国家确定为中央统战部"五七"干校地点之一，共两个连，筹建期间在双山小学居住。建房过程中，他们自己建小砖窑，不雇佣外面的技术人员，木瓦工等都自己动手劳作，仅用半年时间，便在腰坨和东坨建起了15栋砖平房。其中，腰坨7栋：宿舍6栋（每栋6间，每间18平方米，一律是火炕），食堂、教室1栋；东坨8栋：宿舍7栋，食堂、教室1栋。在这里，中央统战部"五七"干校实行的是封闭式军事管理，除日常学习外，在农忙时节学员还会到附近的生产队参加劳动。1970年初他们与在双辽农场各分场的中央统战部"五七"干校一起全部撤离，能运走的物资设备全部运往湖北省沙洋新址，并将房屋全部移交给了双辽农场一大队（详见王立田有关统战部的论述部分）。一大队将这些房屋分给长春知识青年、双辽知识青年集体户和当地职工居住。

1950—1982年，生产的水稻全部由国家粮库按当时粮食价格收购；1983—1998年，农业生产实行家庭联产承包责任制后，每位农工每承包1公顷耕地每年向总场交售派交粮1200公斤，用以解决农业退休人员工资、农业应承担的总场和分场管理费用、农业税；1983—1998年，每年向总场交派购粮600公斤；除了交足总场前两项指标的剩余部分，要全部由国家粮库收购，每公顷2000公斤。1999年，第二轮土地承包后，根据国家市场经济的新形势，国家取消了征购粮，双辽农场取消了派交粮，职工生产的粮食直接与市场接轨，增加了职工收入。到2021年，全分场人均年收入达8000元，比1983年增加10倍。2005年12月29日，第十届全国人民代表大会常务委员会第十九次会议通过决定，自2006年1月1日起废止《农业税条例》，取消除烟叶以外的农业特产税、全部免征牧业税，中国延续了2600多年的"皇粮国税"走进了历史博物馆。农场职工至此也同全国农民一样不再向国家缴纳农业税。农场鼓励种植大户多发展一些特色种植业，从而增加农民的收入。鑫旺农机合作社和春雷种植专业合作社两家专业合作社每年吸收不少农户加入，带动农民发家致富，职工的收入稳步提高。

2008—2016年，国家对农垦职工投资改造泥草房和危房改造，9年时间全分场所有职工家庭都把过去的泥草房建成宽敞明亮的砖瓦房或北京平房楼座子，室内设施结构水暖与楼房不相上下。过去，农民出行骑的是自行车，到21世纪都换成了摩托车、电动车、小轿车。种地全是机械化，每户均有一台四轮拖拉机，翻地用旋耕机，插秧用插秧机，收割用收割机，减轻了农民的劳动强度。通信方面，人均一部手机，每两户有一台电脑，户户安上了光纤吉视传媒，丰富了广大群众的业余生活。分场五个自然屯，主路建设水泥硬化路面达15公里，方便了群众出行，分场建有一个面积1200平方米的文化广场，健身器材安装完善，方便群众锻炼身体，固定电话入户率为50%，房屋砖瓦率达95%以上。

1965年11月，双辽农场党委，根据全场水田开发不断增长的实际情况，解散总场机耕队，筹建各大队机耕队。一大队机耕队全面负责全大队的水田秋翻地、春耙地、秋收、粮食运输等任务。成立初期，机耕队有一台东方红链轨拖拉机，到1983年增加到三台东方红链轨拖拉机和一台胶轮拖拉机（运输用），共有职工16人，其中拖拉机驾驶员14人（链轨拖拉机每台配4个驾驶员，胶轮拖拉机每台配2个驾驶员）。队长1人，核算员兼保管员1人。历任机耕队长王伦德、张荣家、徐少华、冯义军，党支部书记王文玉（兼），核算员曹顺志，财务及工人工资由分场统一管理。

1984年，第一轮土地联产承包后，机耕队解散，其人员分到所在地生产队。拖拉机和配套农机具，优先卖给拖拉机驾驶员，购买者分三年还清购买农机款。

2021年，耕地888公顷，其中水田面积866公顷，旱田面积22公顷。

第一节　东　坨

东坨屯东距双山镇杜力村1.8公里，西距腰坨屯2.5公里，南距柳条乡通德村屯1公里，北距双山镇2.5公里。因此屯建于一分场场部东坨之上，故取名东坨。东坨屯地势四周平坦，土质轻碱，聚落为东西走向，呈块状，多边形结构。

1950年春，辽西荣军农场一分场从卧虎屯迁入现址双辽农场后，就来到位于双山镇东南的东坨（原名大胡屯）。借助1931年日本开拓团开垦的20公顷水田，进行大面积的水田开发。到2021年，全屯共开发水田258公顷。东坨屯有两个生产队，即双辽农场一分场第一、第二生产小队。常住居民95户，470人，皆系汉族。

一小队历任生产队长：王德福、贺培金、王震、刘子贵、邢国权、刘长海、潘喜忠、臧远德、王树祥、陈有森、张振武、姜建国。

二小队历任队长：冯占、张振武、陈秉然、邢国权、王洪太、潘喜忠、王树祥、王发成。

1971—1983年，双辽农场实行总场、大队（分场）、小队三级核算，各生产小队设立会计、出纳保管员。1984年，全场实行家庭联产承包责任制（大包干）后，各生产小队财务改为报账制，撤销仓库保管员和现金出纳员，只设核算员。

一小队历任财务人员：王谓斌、王加法、王树祥、王运和、张富。

二小队历任财务人员：贾军、贺仁贵、王树祥、陈敬民、王运和。

第二节　腰　坨

因建场时此地有三个坨岗，此屯建于中间的坨岗上，故名腰坨。1950年春，辽西荣军农场一分场从卧虎屯迁到腰坨。其经营方针是自给自足，实行供给制分配方式，生产组织实行军事化管理。1959年山东省支边青年、1960年山东省高密县（今高密市）移民相继来本屯落户，加之不断招收社会农民入场，人口迅速增长。到2021年末，此屯共有两个生产小队，即三小队、四小队。常住居民193户，890人，皆系汉族。该屯地势四周平坦，土质为沙碱性，耕地面积309公顷，主要作物为水稻。聚落为东西走向，呈块状长方形结构，交通方便。

三小队历任队长：王文玉、洪代、臧远德、于向军、徐长发、徐少华、姜世才、黄友才、刘震、范垂军、王谓斌、李永成、杨雨。

三小队历任财务人员：闫忠布、徐少华、潘长学、田河、尹淑云、王奎。

四小队历任队长：田海山、刘震、张西武、王永海、徐少华。

财务人员：张富、李长林。

第三节　西　坨

西坨屯东距柳条乡汤头村 2.7 公里，西距双辽农场博爱分场 2.5 公里，南距柳条乡红石村 2 公里，北距双山石头村哈海吐 3.6 公里。西坨屯始建于 1950 年。因建于双辽农场一分场西坨岗上，故名西坨屯。到 2021 年末，全屯 70 户，200 人，皆系汉族。该屯地势四周岗下平川，土质轻碱，耕地面积 111 公顷。东西长 500 米，南北宽 70 米。聚落内有东西走向村路 1 条，南北走向村路 1 条，交通方便。

历任队长：徐连发、孙德全、葛正茂、范垂军、王绍录、于向军、王少录、王建华。

财务人员：欧喜明。

第四节　长　垅　屯

长垅屯东距腰坨 2.5 公里，西距西坨屯 1 公里，南距汤头村 1.5 公里，北距双山镇石头村哈海吐 3.6 公里。长垅屯始建于 1976 年，因社会招收来的农民居多，在耕地垅长，故得名长垅屯。到 2021 年末，全屯常住居民 55 户，90 口人。均系汉族。耕地面积 85 公顷，主要农作物为水稻。聚落为东西走向，呈带状，条链形结构，交通方便。

历任队长：徐少华、齐凯、郝俊清、刘子学。

历任财务人员：顾振德、欧喜明。

第五节　后社祥云里屯

后社祥云里屯东距东坨 2 公里，西距双山镇慈惠村大慈惠屯 4 公里，南距腰坨 2 公里，北距双山镇 1.8 公里。该屯始建于 1910 年（清宣统二年）。初形成聚落时，据双山县《乡土志》安庄表记载，清宣统二年（1910 年）实行"安垦实边"之策。在双山立县时，经当任县知事牛尔裕编为"实"字乡，故名祥云里。形成聚落初，属双山县三合乡。1940年，双山、辽源两县合并，属双辽县三合乡。1947年，先后属双山区和第五区三合村。1958年，属双山人民公社双山管理区。1961年，属双山人民公社慈惠大队。1977年，划归双辽农场一大队。到2021年末，全屯57户，180口人，皆系汉族。该屯地势四周平原，土质为黄沙土和轻碱地。耕地面积124公顷，主要农作物为水稻。聚落为东西走向，呈块状，多边形结构，交通方便。

历任队长：杨秀川、李树森、齐凯、范垂军、廉宝太、周立章、辛海龙、谢景伟、辛大成。

历任财务人员：谢云山、李春湖、辛大成。

第六节　组织机构

一、分场（大队）历届领导班子更迭

1950年，一分场场长（连长）郭振华，副场长（副连长）王树奎。

1951年，一分场场长（连长）郭计庄，副场长（副连长）王树奎、申殿有。

1952年，一分场改为第一生产大队，队长（连长）齐忠选。

1953年，第一生产队改为一分场，分场场长（连长）王德忠，副场长（副连长）王树奎。

1954年，一分场改为第一生产大队，队长（连长）王树奎。党支部书记薛怀庭。

1955年，第一生产大队队长（连长）王树奎。党支部书记刘志。

1956年，第一生产大队队长王树奎，副队长赵树槐。党支部书记杨忠。

1957年，第一生产大队队长蔡逢春。党支部书记刘志。

1958年，下设三个农场。一分场改为双山农场。场址双山南腰坨。场长霍发明。党总支书记王占元。

1959年，吉林省农业厅恢复双辽农场建制。双山农场改为双辽农场第一生产队。大队长赵兴洲，副大队长王化学。党支部书记王德忠、副书记贾忠和。

1960—1981年（1978年4月改为一分场）。一大队历任大队长（1968—1978年3月为革命委员会主任、1978年4月为分场场长）、党支部（党总支）书记：刘彦英（兼党支部书记）、孙玉琢、喻判文、周志刚、周全章、杨文义、贺培金、赵万荣、徐少华。

1960—1981年，一大队历任副大队长（革命委员会副主任、分场副场长）、党支部（党总支）副书记：喻判文、周全章、王学友、张惠春、杨桂兰、贺培金、王伦德、孙德

全、赵君、张立山、徐少华、滕万荣、赵万荣、周志刚。

1982—2021年，分场历任场长、党总支（党支部）书记：张惠春、赵万荣、王伦德、臧远德、李永成、李春山。

1982—2021年，历任副场长、党总支（党支部）副书记：王树奇、臧远德、李永成、刘震、贾军、赵平、陈仁、明跃海、李春山、李聪、贺仁才、王立国、姜建国。

2018年，一分场社会职能划归所在区域双辽市双山镇。双山镇在一分场成立腰坨社区，主任姜建国。分场以下党的组织关系由所在社区管理。

二、历届团支部书记

1960年，根据双辽农场场党委批准，双辽农场一大队团支部正式成立。

历任团支部书记：周全章、王学友、王伦德、滕万荣、臧远德、赵君、贾军、刘震、李春山、姜建国、贺仁才、李聪。

三、历任妇女主任

历任妇女主任：杨桂兰、刘艳芬、赵秀芹、李春兰、臧秀丽、徐冬梅。

四、历任财务人员

历任财务人员：孙玉琢、喻判文、吴宝堂、王文玉、赵玉新、刘艳芬、胡忠诚、刘震、贾军、张富、贺仁才、崔华楠、王平。

第七节　教　　育

1964年，成立初级小学校，地点设在一分场（一大队）所在地腰坨，当时学校有1～5年级五个班。随着国家普及小学六年制教育，1986年开始实行六年制义务教育，每年保持1～6年级六个班级。

历任小学校长：孟宪凤、韩明显、王天久、宫会、尹逊科、郭殿恩、宣玉兰、赵宽、陈友金、高国芬、张春雨、林海红、王牛敦、王莲芬。

第八节　学子成长录

在一分场（一大队）读书的小学生，经过在双辽第三中学（双山中学）、双辽农场中学、双辽第一中学读书，到 2020 年共有 40 人考入大学。其中，研究生有 3 名，分别为：车海洋、王杰、廉春柳。

车海洋，出生于 1992 年 1 月，小学就读于双辽农场一分场小学，2004 年从双辽农场中学保送到双辽第一高级中学，2010 年考入吉林大学机械科学与工程学院，2014 年从吉林大学毕业并保送到北京航空航天大学可控性与系统工程学院硕博连读，获取工学博士。2021 年起，为北京航空航天大学自动化科学与电气工程学院"卓越百人"计划博士后，并担任该校研究生辅导员。在读研期间，曾获国家励志奖学金（2014 年）、北京航空航天大学优秀研究生（2016 年）、北京市优秀毕业生（2020 年）等奖励。作为"人机智能系统可靠性安全性建模与分析评价"项目研究负责人，车海洋先后参与了国家"十二五""十三五""十四五"装备预研课题、预研基金，科工局技术基础，国防重点实验室基金等 10 余项研究工作。研制了航空人机交互可靠性安全性分析软件平台，成功应用于某型直升机和无人机研制阶段的可靠性和安全性分析工作中，为航空装备的安全可靠运行，提供有力保障。

第二章 二 分 场

二分场（二大队）成立于 1949 年 6 月。1950 年春，由双辽县卧虎屯镇林马场迁到原址双辽农场老场部东山屯。在 1994 年 3 月之前，一直是双辽农场的政治文化中心。东与三分场衙门屯为邻，南与新立乡相望，西靠双山镇长发屯，北与双山镇三合村接壤。

2021 年，有六个自然屯，分别是西山屯、东山屯、窑地、四号地、新建屯、西南岗子屯。耕地 582 公顷，其中水田面积 570 公顷，旱田面积 12 公顷。总户数 586 户，人口 2760 人，党员 73 人，人均收入 6000 元。在册职工 554 人（其中退休职工 184 人）。主要以水稻生产为主，小型工商业发展为辅，多种经济并存。

1960 年，接收山东移民 5 户，20 人。

1959 年，安置山东支边青年 55 人。

1966 年，接收长春知识青年 103 名；1970—1974 年，接收双辽知识青年 28 名。（详见附录）

1965 年，成立机耕队，全面负责全分场的水田秋翻地、春耙地、秋收、粮食运输等任务。机耕队队长宫信。1984 年第一轮土地联产承包后，机耕队解散，其人员分到所在地生产队。

1983 年，三分场合并到二分场。1993 年，根据农场经济发展需要，总场决定恢复三分场。

党的十一届三中全会之后，二分场积极推广落实富民政策，实行以户为单位的家庭联产承包责任制，调动了群众的生产积极性。家庭联产承包责任制之后，七八户的粮食产量就相当于原来一个生产小队的粮食总产量。职工家庭年人均收入成倍增长，生活水平发生了翻天覆地的变化。2008—2016 年，国家对农垦职工投资，改造泥草房和危房。九年时间，全场所有职工家庭，都把过去的泥草房，建成宽敞明亮的砖瓦房，室内设施结构水暖与楼房不相上下。过去农民出行骑的是自行车，21 世纪初都换成了摩托车、电动车、小轿车。种地全是机械化，户均有一台小四轮拖拉机。翻地用旋耕机，插秧用插秧机，除草和施肥用"无人机"，收割用收割机，减轻了农民的劳动强度。通信方面人均一部手机，户均半台电脑，又安上了光纤，户户安上了吉视传媒。

第一节 西 山 屯

西山屯原名马宝屯（马饱屯），第一生产小队（简称一小队）、第四生产小队（原二小队），也是双辽农场家属"五七"队、农业科学研究所所在地。

1900年，河北石家庄闹蝗虫灾害，马成海等人担着担子一边讨饭一边往东北走，走了很多天来到这个荒无人烟的地方。他们看这里是一望无际的草原和芦苇荡，水里还有鱼，随处可见野鸡、野鸭，高兴坏了，因为有这些东西能填饱肚子，所以决定在此安家。他们先是砍来木棍子，架起个窝棚住了下来，后来就开荒种粮食，靠自己的辛勤劳动解决了温饱问题。由于一起跑来的几家人都姓马，大伙在一起吃饱饭，所以取名为马饱屯，渐渐地就成了现在的马宝屯。1950年4月，辽西荣军农场场长贾巨文，带领秘书李天立，来到距卧虎屯镇30公里的哈拉巴山附近选择场址。在认真踏查后，经辽西省政府批准，最终确定马宝屯东一公里的一片向阳高岗空地为辽西省荣军农场场址，取名荣誉新村（也叫东山）。不久，该地建了178平方米的砖瓦结构的办公室（青砖红瓦），并挂牌辽西省荣军农场。马成海的孙辈马占良、马占江、马占友三兄弟等十余名当地住户被吸收为农场的第一批工人。19岁的马占良成为农场的一名拖拉机驾驶员。老马家也都成了农场的工人和家属，马宝屯也由此改为荣军农场的西山屯。

建场初期，实行了两年供给制，大家吃食堂、住宿舍。后来实行了工资制，干部和工人有了区别，都按参加革命年限确定了等级，按月发放工资。尽管这一待遇对新招收的场员有很大的吸引力，但因为场员和荣军都到了应该娶妻生子的岁数，当务之急是给职工解决住房问题。在得到辽西省调拨的大批木材后，荣军农场便开始了艰苦卓绝的筑窝阶段。同时分别在马宝屯（西山6栋）、荣誉新村（东山4栋）建了10栋干打垒土坯房职工宿舍（干打垒：东北地区一种简易的筑墙方法，在两块固定的木板中间填入黏土）。每栋四个对开门。每栋长30米、宽5.6米，共168平方米。已婚官兵享受单户住宅，未婚官兵是集体宿舍，至此在新场部劳动的官兵们有了不用交租金的家。

筑窝就得先开路，没有路的乱泥塘是没有办法运送建筑材料的。在确定分场地址的基础上由总场统一规划，一条又一条土路开始施工。这些路全是靠职工用大铁锹完成的，插上小旗每人一段，开展劳动竞赛，棒劳力每天可以甩上20多立方米的土方。筑路人手上的血泡一茬接着一茬，最后定型为厚厚的老茧。路基成型后，到场部以西双山附近的石头山，用马车拉回沙砾，铺上厚厚的一层，经碾压后土路就完成了。

所有的土坯房，都是就地取材。在长满碱包的地块设立坯场，和泥脱坯。碱土加上茅草混合后，脱的大坯经久耐用，几十年都不变形。这种建房方式，在各分场普遍采用。20 世纪50 年代，双辽农场在七八个土坨子上，盖起了上百栋的干打垒。每栋房子8 小间、10 小间不等，每间房安排一户。各户样式一致，进屋就是灶台厨房，开二道门一铺顺山大炕。这些连排的房子都建在高处，隔远望去整齐划一，非常壮观，是当时几十里荒原上一道亮丽的风景。虽然进入21 世纪这些房子已被历史所淹没，但却永远留在老一辈的记忆里。

这些集中连片的房子，给人的感觉有点像当今城里的楼群，居住在其中的人们很像一个团结奋斗的大集体，他们像一家人一样生活着。吃过饭后，人们走出家门，三五成群地在一起嬉戏打闹。孩子们弹玻璃球、跳绳子、丢手绢；大人们也有自己的玩法，如打扑克、下象棋、唱东北二人转等。为了方便职工生活基本所需，荣军农场在屯子东头与场部连接处，成立了一个食品铺，卖一些糖球、饼干、麻花、火柴、油盐等。

1968 年，为解决双辽农场总场机关和场直工商业职工家属就业问题，双辽农场把西山屯一小队的 1 号地、2 号地划出 30 公顷水田，成立"五七家属生产队"，隶属双辽农场综合厂。双辽农场综合厂共安置职工家属 50 名，队长王树奇。这部分职工根据国家相关政策退休后享受农场职工待遇。

1984 年双辽农场第一轮土地联产承包后，这块地划给双辽农场农业科学研究所耕种。

西山屯聚落为东西走向，聚落内有东西走向村路 5 条，南北走向村路 4 条，交通方便。2021 年，一小队耕地面积 110 公顷，四小队耕地面积 108 公顷，双辽农场农业科学研究所耕地面积 20 公顷，主要作物为水稻。

一小队历任生产队长：马志、赵文秀、丁国富、贾忠和、张亚芬、王作先、王树奇、喻判福、刘日臣、刘明海、金海山、赵喜平、王玉、魏尚波、林孝森。

历任财务人员：金海山、巨井昌、王树华、赵德安、徐少金、孙厚福、张洪伟、闻伟、魏尚忠。

四小队历任生产队长：胡德明、丁洪木、侯振礼、郝玉发、丁继泉、赵建华、魏尚波、侯双阳、赵继刚；历任财务人员：郝玉发、丁继泉、宋才、王占伟、赵建华、张权、丁继生、王树海。

第二节　窑　　地

三小队窑地，东距三分场前衙门 2 公里，西距本分场场部东山屯 2 公里，南距本分场新建屯 1 公里，北距三分场后衙门屯 2 公里。该屯始建于 1960 年，因这里曾是当地农民建的砖窑，所以人们习惯上称这里为窑地。建屯前，这里是一望无际未曾开垦的荒草地和大苇塘。1960年，吉林省政府批准双辽农场在这里开垦水田。双辽农场抽调全场最强劳力集中开垦，大部分是已经在双辽农场结婚成立家庭的山东支边青年。吉林省农业厅拨款拨物，在窑地沙岗上建起了6栋干打垒土平房。每栋长30延长米、宽5.6延长米。每栋4个门对开，住8户人家。所有到窑地参与开发的职工都得到了妥善安置，为完成新的水田开发提供了保证。1963年5月16日，小队长马玉峰被总场评为"双辽农场好头行人"，在全场职工大会上进行表彰。马玉峰的先进事迹被打印成文字材料，在全场广泛传阅学习，一时间全场掀起了向马玉峰学习，争当"好头行人""好工人"的高潮。1964年1月，马玉峰被评为双辽农场劳动模范，并记一等功，双辽农场党委书记裴志夏、场长王守权，在表彰会上亲自为马玉峰披红戴花牵马祝贺。（先进事迹材料见第十一编）

到2021年，三小队共有耕地面积142公顷，主要农作物为水稻。聚落为东西走向，呈带状，条链形结构，交通方便。

历任生产队长：马玉峰、肖广才、苑广才、裴爱友、刘日臣、张文军、姚念元、唐树海、刘昌义、姜龙玉；历任财务人员：王西朋、李子凤、韩丙勤、宋才、李奎、周伟、李树山。

第三节 四 号 地

四号地是第二生产小队。该生产队前身是二大队的单身队，以安置双辽县郑家屯镇无业青年为主。1960年，双辽农场二大队接收所在双辽县郑家屯镇无业青年18名，解决了城镇青年就业问题。这批青年来到农场后，先是集中住在二大队集体宿舍，在二大队大食堂就餐，当时人们把他们的居住地叫作"大食堂"。二大队安排他们到距离分场所在地2公里的四号地开发水田，后因这些青年逐渐结婚成家，1965年4月，为方便职工就近就地生产生活，双辽农场请示吉林省农业厅投资，在四号地附近的高岗上，建起了6栋职工家属宿舍和队部。每栋2~4户，40~60平方米，各户都是单开门，改变了初期的建房模式，减少了邻居纠纷。所有到四号地参与开发的职工都得到了妥善安置，为完成新的水田开发提供了保证。农场选派本大队最有领导能力的苑广才、马志分别任政治队长和生产队长。他们到任后，带领青年工友们把一片一片苇塘和荒地变成了水田。队部和职工家属宿舍就建在水田地，农工就地就近参加劳动，不再往返几公里路程。夏季施肥也不用车辆运送，节省了很多劳动时间和费用。2021年末，全队共有耕地面积127公顷。主要农作物为水稻。聚落为东西走向，交通方便。

历任生产队长：张东志、王国顺、王作先、王树奇、苑广才、丁淑华、金海山、王宽、王云峰、赵继刚、唐海波；历任财务人员：刘丙录、金海山、于树学、迟金川、吴文海。

第四节　东　山　屯

东山屯（五小队），东距本分场窑地屯2公里，西距本分场西山屯1公里，南距四号地屯2公里，北距双山镇三合屯2.5公里。该屯始建于1950年，与双辽农场老场部同时建立。和西山屯遥相呼应，所以取名东山屯，也叫作荣誉新村，是双辽农场老场部。在老场部搬迁之前，这里是双辽农场政治、经济、文化中心。1994年，总场场部迁移到大理石新区（即双辽农场新场部），这里仍然是二分场场部所在地。

1962年，为了提高水稻种子品质和解决水稻种植种子自给自足的问题，双辽农场在二大队五小队（东山屯）成立了种子站，将30公顷水田划归种子站管理，为总场的独立生产单位。当时以"水稻长毛"品种为主。因当时的双辽农场培育的水稻品种，不能适应和满足双辽农场水稻种子需要，故撤销了种子站，改为五小队（当时二大队的生产小队排序以建队时间为序）。2021年，五小队有耕地面积65公顷，主要农作物为水稻。该屯聚落为东西走向，呈块状，多边形结构，交通方便。

历任生产队长：吴章根（种子队第一任队长）、李登富、赵德才、丁荣义、丁洪木、邹方科、吕国军、林桂森、姜长和、杨春和、姜龙玉、孙厚福、贺仁龙；历任财务人员：王景文、杨国良、王春海。

第五节　新　建　屯

新建屯即第二分场（二大队）三小队（原第六生产队），位于窑地屯二大队三小队之南的罗锅地，建于1974年。建队前，这里是大面积的苇塘和草甸子，是双辽农场计划开垦的荒草地。2021年共有耕地55公顷，其中水稻55公顷，年产水稻400吨。当年开发时，除安置二大队的一些身强力壮的农业工人外，还安置了双辽县知识青年22人，其中男生14人、女生8人。该队地势四周平坦，土质为黄沙土和轻碱地。聚落为东西走向，有东西走向村路2条，南北走向村路2条，交通方便。

历任生产队长：曲洪亮、丁洪木、姚念元、孙文举、商胜启、刘明海、姜龙玉；历任财务人员：宋才、李树山、付国。

第六节 西南岗子屯

1965 年 11 月，双辽农场党委根据全场水田开发不断增长的实际，解散了总场机耕队，筹建各大队机耕队。1966 年，二大队机耕队在总场机耕队的原址正式成立。成立初期，二大队机耕队有一台东方红链轨拖拉机、一台苏联进口的斯大林 80 号链轨拖拉机（原总场机耕队转过来），是双辽农场实力最强的机耕队。主要全面负责全大队的水田秋翻地、春耙地、秋收、粮食运输等任务。

1973 年，由于机耕队建在总场所在地双辽农场中心小学（二大队小学）附近，十几台拖拉机出出进进，不仅噪声影响学生上课，同时也存在安全隐患。因此，经双辽农场党委研究决定，把二大队机耕队搬出场部中心。新的机耕队建在西山屯西南 3 公里的一个坨岗上（西南岗子），与四号地毗邻。这个生产小队也是双辽农场机械化示范队。建队初期共有耕地 20 公顷，同时还有大片未经开发的涝洼地和大片苇塘。他们的耕作方式全部是机械作业。

到 1983 年，机耕队拥有斯大林 80 号链轨拖拉机 1 台、东方红链轨拖拉机 2 台、55 热特胶轮拖拉机 1 台，还配有其他翻耙地的农机具。共有职工 20 人，其中拖拉机驾驶员 18 人（链轨拖拉机每台配 4 个驾驶员，胶轮拖拉机每台配 2 个驾驶员）。队长 1 人，核算员兼保管员 1 人。机耕队长先后由宫信、杜才、赵广友担任，核算员郑忠仁。其财务及工人工资由大队（分场）统一管理。

1984 年，因全分场农业实施土地联产承包，机耕队解散，其人员分到所在地生产队。拖拉机和配套农机具优先卖给拖拉机驾驶员，购买者分 3 年还清购买农机款。

第七节 组织机构

一、历届领导班子更迭

1949—1950 年，二分场场长（连长）王占元，指导员王德忠。1949 年，场址设在双辽县卧虎屯镇林马场。1950 年，先后迁到双辽县新立屯、怀德县二丘屯和双辽农场新场址东山屯。场长（连长）王占元，指导员王德忠。

1951 年，二分场场长（连长）王占元，副场长（副连长）王炳越，指导员王德忠。

场部东山屯（下同）。

1952年，二分场改为二生产大队。队长（连长）闫贵芝。

1953年，二大队改为二分场。场长（连长）王占元，副场长（副连长）赵振玉、杨光宇、高殿阁。

1954年，二分场改为第二生产大队。队长（连长）赵振玉，董利民；党支部书记杨忠。

1955年，第二生产大队长（连长）董利民；支部书记杨忠。

1956年，第二生产大队队长赵振玉，副队长蔡逢春；支部书记刘本财。

1957年，第二生产大队队长张启勋；支部书记刘本财。

1958年，第二生产大队归三合农场。场址双辽农场场部东山屯。场长张国栋。第二生产队队长赵振玉。

1959年，吉林省农业厅恢复双辽农场建制。第二生产大队队长赵振玉、蔡逢春；党支部书记王占元。

1960—1979年（1978年改为二分场）。二大队历任大队长（1968—1978年3月为革命委员会主任、1978年4月为分场场长）党支部（党总支）书记：王德忠、裴世学、喻判文、关朝林、梁硕柱（朝鲜族）、赵文秀、周全章、邹大志、牛长贵。

1960—1979年，二大队历任副大队长（革命委员会副主任、分场副场长）、党支部（党总支）副书记：安顺吉（朝鲜族）、金洪九（女、朝鲜族）、邹大志、牛长贵、张玉珍（女、长春知识青年）、梁硕柱（朝鲜族）、李德生、辛凤水、于伦、杨桂兰、赵广友、王树奇。

1980—1991年，二分场与三分场合并。1992年，三分场从二分场划出，恢复三分场。

1980—2021年，二大队改为二分场。历任场长、党总支（党支部）书记：牛长贵、辛凤水、贺培金、辛学发、潘喜忠、张庆志、邹伟、王永海、赵平、单继忠、王庆彬、李仁。

1980—2021年，历任副场长、党总支（党支部）副书记：蔡光裕、张喜鹏、王立田、李永成、王树奇、赵贵祉、毕长山、明跃海、杨桂兰、王永海、赵平、迟金川、徐晓辉、单继忠、李仁、刘昌义、吕茂海。

2018—2021年，双辽农场划归双辽市管理，其社会职能划归所在区域双辽市双山镇。双山镇在二分场成立老场部社区，社区居民委员会主任刘昌义、闻伟。分场以下党组织关系由所在社区管理。

二、历届团支部书记更迭

1960 年，根据双辽农场场党委批准，双辽农场二大队团支部正式成立。历任团支部书记：丁国富、于伦、杨桂兰、李荣福、马和荣、常伦芝、孟昭江、徐晓辉、沈荣志。

三、妇女主任

历任妇女主任：张亚芬、邹凤珍、马和荣、王秀玲、于凤兰、张凤华、贾淑贤、刘雪飞、于景华、潘洪梅。

四、财务人员

历任财务人员：唐馥、刘淑芹、张文、蔡逢春、周全章、李德、李江、马玉峰、赵振民、王玉森、杨国良、周淑华、刘连举、夏国祥、王立珍、邹淑华、杨名菲。

第八节 教 育

从双辽农场 1949 年建场到 1994 年总场场部搬迁到大理石新区后，二分场（二大队）一直是双辽农场的政治文化中心。1959 年暑期，双辽农场中心小学成立，校长裴东珠（朝鲜族）。除招收 7 周岁以上适龄儿童入学外，将在双辽县双山镇管辖的三合村小学和双辽县新立乡小学读书的 2～4 年级小学生召回农场读书。1961 年暑期，双辽农场第一届高小毕业生正式毕业，有 2 名学生考入双辽县第三中学。1970 年，双辽农场成立教育组，双辽农场中心小学改为双辽农场二分场小学。1979 年，总场撤销教育组，双辽农场二分场小学改为双辽农场中心小学。这期间，学校每年都保持在 12 个班级以上。1996 年 7 月，双辽农场中心小学搬迁到双辽农场大理石新区，成立双辽农场二分场小学，继续实行六年制义务教育，共六个班级。

自 1960 年成立以来，在此读书的小学生，经过在双辽县第三中学（双山中学）、双辽农场中学、双辽第一中学读书，到 2021 年共有 56 人考入大学。

历任小学校长：裴东珠、王富、时宝光、李森林、尹逊科、宫会、郭殿恩。

第三章 三 分 场

三分场所在地前衙门屯，地处科尔沁草原，依山（大哈拉巴山）傍水（东辽河），土质肥沃（黑土地）。清代是蒙古达尔罕王围猎放马的地方，所以叫作养马屯。

1880年春，山东人刘玉春、徐景林、金成山最先从山东蓬莱经辽宁牛庄来到这满是杂草丛生、没有人烟的地方垦荒。他们凭着一把力气，仅用了两三年时间便把这里的荒草地变成了一块块良田，衙门屯开始有了人家。

前衙门屯是比较早开始种植水稻的地方。1913年，时任奉天省双山县安垦局局长的牛尔裕，首次将南方水稻引入衙门屯。在怀德县（公主岭市）冷家屯建立渠首闸门，通过一条旱河把东辽河水引到衙门屯，改善了这里原来单一种植旱田的传统。1931年"九一八"事变后，整个东北成为沦陷区。同年9月22日，日本侵略军侵占了双山县，进驻开拓团在衙门屯、三家子、八里及双山南等地开垦水田。前衙门共开发25公顷水田（三分场一小队的八大格子和三小队的十六号地），招收朝鲜人参与开垦。在这里设立衙门管辖附近的开拓团，人们渐渐地把这个村庄叫作"衙门屯"。一直到1945年8月15日，日本投降后，日本开拓团才离开衙门屯，朝鲜人继续留在这里种水田。前后衙门屯是三合乡的一个村，村民委员会主任刘德福。

1950年，双辽县政府在衙门屯原有水田的基础上，成立了"衙门屯县农场"。

1952年，辽西省荣军农场把在卧虎屯的三分场迁到衙门屯。为了充分利用日本开拓团留下的二龙湖水库双山灌区自流灌溉系统，经辽西省政府批准，同意衙门屯朝鲜族合营户及"衙门屯县农场"带地加入辽西荣军农场。至此，衙门屯同时存在两种所有制形式，一是隶属辽西荣军农场管理的全民所有制第三生产大队，二是由双辽县三合乡领导的集体所有制衙门村农业社。

1953年划归二分场。

1954年，从二分场划出单独建制，为第三生产大队。

1960年，经与双辽县政府沟通决定，吉林省农业厅报请吉林省政府批准，将时归双辽县双山人民公社三合大队的前后衙门屯两个集体所有制农业生产队，并入双辽农场。

1960年，接收山东移民20户，95人。（详见附录）

1964年1月，三大队大队长祝洪英被评为双辽农场劳动模范，并记三等功，双辽农场党委书记裴志夏、场长王守权在表彰会上亲自为他披红戴花牵马祝贺。

1965年，三大队与第二生产大队合并。

1966—1968年，先后接收长春知识青年59名；1974年，接收双辽知识青年19人。（详见附录）

1969年，从第二生产大队划出，单独成立第三生产大队。

1969年，三大队（分场）机耕队正式成立，全面负责全大队的水田秋翻地、春耙地、秋收、粮食运输等任务。成立初期，机耕队有一台75马力东方红链轨拖拉机，到1983年共有75马力、54马力东方红链轨拖拉机两台，一台胶轮热特（运输车）共有职工14人，其中拖拉机驾驶员12人（链轨拖拉机每台配4名驾驶员，胶轮拖拉机每台配2名驾驶员）。队长1人，核算员兼保管员1人。历任机耕队长梁纯、李才、张发、贾云普、李英。核算员刘兆平。其财务及工人工资由大队（分场）统一管理。1984年，机耕队解散，其人员分配到所居住的生产队，参与土地承包。拖拉机和配套农机具，优先卖给拖拉机驾驶员，购买者分3年还清购买农机款。

三分场的主要屯落两个，即前衙门、后衙门，分别坐落在两个高岗上。前衙门屯由于屯子较大，人们又按屯子区域将衙门屯划分为衙门西头、衙门腰街（gai）、衙门东头〔东北街（gai）〕。南邻双辽市新立乡刘家村。前后衙门屯东西长6公里，南北宽4公里。

1983年，第一轮土地承包前，三分场的耕地面积为260公顷，其中水稻220公顷、旱田40公顷。水稻产量487.5吨，上交国家商品粮487.5吨。向国家缴纳农业税1.95万元（每公顷75元）。党的十一届三中全会之后，农村推广落实富民政策，首先实行多劳多得，充分调动了各个生产小组人们的生产积极性，粮食产量成倍增长，收入普遍提高，生活水平极大改善。特别是家庭联产承包责任制之后，职工年人均收入成倍增长，生活水平发生了翻天覆地的变化。

21世纪以来，三分场共投资1300万元，在全分场各自然屯，主路建设水泥硬化路面达15公里，砂石路5公里；开发水田沟渠5公里，井柱桥1座，涵洞桥30个，渡槽1处，闸门5座；分场建有一个面积为1200平方米的文化广场，健身器材安装完善，方便了群众锻炼及健身活动。固定电话入户率为50%，房屋砖瓦率达95%以上，村容村貌发生了显著的变化。

2018年7月2日，四平农垦改革，企业脱离办社会，双辽农场企业经营划归双辽市农垦集团管理。社会职能划归双辽市双山镇管理，成立双山镇衙门社区。分场以下党组织关系由所在社区管理。

2021 年，耕地面积为 454 公顷，其中水田面积 386 公顷、旱田 68 公顷，林地（以东北白杨树为主）面积为 87.9 公顷。总户数 586 户，人口 2760 人（党员 73 人），人均收入 6000 元。在册职工 554 人（其中退休职工 184 人）。

第一节　前衙门屯东北街

三分场（第三生产大队）第一生产小队，1965 年前坐落在三大队（分场）所在地前衙门屯的东头。全队职工都住在总场统一建设的干打垒土屋中，以当时著名的六栋房为主。所谓六栋房，就是总场为解决已婚荣军、山东移民、新招收的农工住房问题，从 20 世纪 50 年代到 60 年代初期，由吉林省农业厅拨款，在前衙门屯东沙岗上，陆续建起了整齐划一的职工住宅。在横穿一条东西走向的泥沙路上的南北两侧，各建三栋房，每栋 10 户，1 户 1 门，每栋长 30 米、宽 5.6 米，共 168 平方米，每户 21 平方米。随着职工家庭人口的逐年增加，每户 6～7 口人，孩子们也都渐渐长大，21 平方米的房子已经不适应职工生活需要。从 1965 年开始，农场申请国家拨款，在前衙门屯东北一个适宜居住的沙岗（小地名老纪家房框子，因这里曾是当地一个姓纪的大户所建的房场得名），经过两年时间建起了 10 栋新的职工住宅。每栋两户，32 平方米，各户独立开门。按职工入场时间、人口状况分配。职工住房不交房费，只管维修，既解决了人口多的职工住房拥挤问题，又解决了邻里纠纷问题。同时，在职工住房的东头建起了新的队部，共 357 平方米。正房五间，每间 21 平方米：一间为更夫房兼财会室，一间为豆腐坊，三间会议室；东西两个厢房各 126 平方米（六间）。西厢房为马厩（马圈），东厢房为仓库。这也是双辽农场各生产小队的统一模式，彰显了国营农场的优越性，此模式一直延续到 1983 年。1984 年，双辽农场土地经营权承包给职工个人，生产队集体资产也分给（或变卖）各户，生产队的原队部卖给了个人，其费用上交总场。

实行家庭联产承包后，这里诞生了第一个家庭农场。1984 年，第一生产小队队长姚振山率领他的 7 个弟兄，率先办起了家庭农场，共承包耕地 36.5 公顷，其中种植水稻 25.5 公顷、玉米 11 公顷。其经验在双辽农场被广泛推广，各分场种地大户纷纷效仿，推动了全场土地经营权的改革深入开展。因姚振山贡献显著，1990 年，他被双辽农场党委派到新建的博爱分场任场长。聚落为东西走向，呈块状长方形结构，交通方便。

到 2021 年，耕地面积为 83 公顷，其中水田 65 公顷、旱田 18 公顷（以玉米为主）。

历任生产队长：李占生、朱广德、张文德、赵贵祉、申学英、潘喜忠、姚振山、姚振友、姚振库、时宝钢、徐鸿雁、姚振永。

历任财务人员：赵西祉、盖丙全、刘连举、沈海友。

第二节 前衙门西头

三分场第二生产小队位于衙门屯西头，东北距大哈拉巴山 3.5 公里，西距二分场窑地屯 2 公里，南邻双辽市新立乡域内的东辽河 4 公里。生产队人员组成：以衙门屯西头原住户及屯中间的十间房、八间房（这些职工住宅，都是 1960 年后国家投资陆续建的干打垒房）为主。建场初期，这里的住户有原开荒建屯的老住户，以及双辽县衙门村高级社成员；有 1952 年初第一批来此地垦荒建场的老荣军；有以朝鲜族为主的衙门屯双辽县农场成员；有 1960 年总场分配来的山东移民。这里以水稻生产为主，养殖及多种经营并存。到 2021 年末，耕地面积为 117 公顷，其中水田 106 公顷、旱田 11 公顷。聚落为东西走向，呈块状长方形结构。

历任生产队长：张文德、李占生、潘立勇、赵修文、李春林、朱广德、赵贵祉、刘连举、李发、刘海博、赵红军。

历任财务人员：魏秀良、刘连成、徐灵高、张长海、刘连举。

第三节 前衙门屯腰街

该队东邻本分场一小队，南邻本分场二小队。该屯建于清朝时期，当时只有村民金成山一家居住。1913 年，双山县（今双辽市双山镇）就开始种植水稻。1931 年，日本侵略占领东北后，日本开拓团进驻并开垦水田，现 16 号地开垦水田 15 公顷和一小队的八大格子开垦水田 10 公顷。到 2021 年末，有耕地面积 75 公顷，其中水田 60 公顷、旱田 15 公顷。主要农作物为水稻、玉米。聚落为东西走向，呈块状长方形结构，交通方便。

历任生产队长：贾云甫、李英明、马占田、林占清、于伯海、姚振山、王连昌、刘连举、徐红军。

历任财务人员：李占清、朱文华、刘连举、张长海、林长玉。

第四节 后衙门屯

后衙门屯东距双辽农场四分场八里营子屯 3 公里，西距双辽市水利管理所 1 公里，南距前衙门2公里，北邻双辽农场总场新场部。该屯始建于清代，是蒙古族达尔罕王围猎放马的地方。建屯时因与前衙门遥遥相对，故取名后衙门屯。1960年春，从双辽县三合乡的衙门大队（大队支部书记王文玉）划归双辽农场第三生产大队第四生产小队。2021年末，后衙门有两个生产小队：四小队有耕地面积48公顷，全部是水田；五小队有耕地68公顷，其中水田53公顷、旱田15公顷，主要作物水稻、玉米。

聚落为东西走向，呈块状长方形结构，交通方便。

历任生产队长（四小队、五小队）：王荣、王守本、刘志臣、徐录、殷万江、徐仁、赵国祥、林占清、朱孝德、尚殿生、李仁、尚洪涛、李强、徐贵臣、李忠真。

历任财务人员：赵振民、赵国祥、徐仁、孙永发、董占有、刘连举、张长海、张殿斌、王灵久、孙洪古。

第五节　第六生产小队

六小队坐落在一小队域内，其前身是1977年1月，三大队建立的综合厂。这个厂建厂时有皮匠铺、木匠铺、铁匠铺、草编厂等，共有职工13人。厂长张文德，财务由大队统一管理。1978年12月，因经营亏损下马，组建第六生产小队，生产队由综合厂和一小队部分职工组成。2021年末，耕地面积为63公顷，其中水田54公顷、旱田8公顷，主要作物水稻、玉米。

历任生产队长：张文德、贾云普、张文、潘红有。会计：盖丙全。

第六节　组织机构

一、历届领导班子更迭

1949—1951年，三分场场长（连长）闫自安。

1952年，第三生产大队队长（连长）赵振玉。

1953年，划归二分场领导。

1954年，第三生产大队队长（连长）郭兴久。

1955年，第三生产大队队长（连长）赵振玉；党支部书记刘本财（荣军，抗美援朝老兵）。

1956年，第三生产大队队长郭兴久，副队长金洪九（女，朝鲜族）。

1957年，第三生产大队队长董利民，党支部书记薛怀庭。

1958年，双辽农场划分三个农场。三大队归三合农场管理，队长周全章。

1959年，吉林省农业厅撤销三合农场，恢复双辽农场。第三生产队队长祝洪英，党支部书记王占山。

1960—1982年（1978年4月改为三分场），三大队历任大队长（1968—1978年3月为革命委员会主任、1978年4月为分场场长）、党支部（党总支）书记：祝洪英、杨泽、李向仁、孙玉琢、梁硕柱（朝鲜族）、赵万荣、郭兴久（荣军）、苑广才、徐少华、闫海文。

1960—1979年，三大队历任副大队长（革命委员会副主任、分场副场长）、党支部（党总支）副书记：于伦、孙玉琢、王凤义、王贵山、赵万荣、闫海文、贺培金。

1980—1991年，三分场划归二分场。1992年三分场从二分场划出，恢复三分场。

1992—2021年，三分场历任场长、党总支（党支部）书记：潘喜忠、徐少华、刘连富、李英贤、姚振友、姚振库。

1992年—2021年，历任副场长、党总支（党支部）副书记：单亦正、刘连富（1992年副场长）、魏秀良、王满堂、王玉森、王永海、孙洪古、王长利、王连昌、商敬民、赵贵祉、孙国臣、任永庆、李仁、王灵久。

2018—2021年，双辽农场划归双辽市管理，其社会职能划归所在区域双辽市双山镇。三分场所在地，成立双山镇衙门社区，社区党支部书记兼主任臧永丽。分场以下党的组织关系由所在社区管理。

二、历届团支部书记

1960年，根据共青团双辽农场委员会意见，三大队成立团支部。

历任团支部书记：李淑英、潘喜忠、陈洪华、苗立军、邹福生、田玉杰、任永庆。

三、历任妇女主任

1960年成立双辽农场三大队妇女联合会。

历任妇女主任：洪玉杰、刘艳芬、陈洪华、刘连荣、王秀玲、张桂云、潘洪霞、孙立红。

四、历任财务人员

1960年之后历任财务人员：李德、张文、巨景昌、郝俊峰、刘志孝、赵万荣、朱文华、刘连成、魏秀良、王宇南、刘晓艳、马秋、臧永丽、李晓琼。

第七节　教　育

1950年3月，衙门屯县农场（双辽县）成立衙门屯朝鲜族学校，校长裴东珠（朝鲜族）。设小学1～6年级，均为朝鲜族学生。

1959年，衙门屯朝鲜族学校更名为双辽农场衙门屯小学（子弟学校），开始招收7周岁以上职工子女入学，设1～4年级。1960年，因种种原因，农场买不起学生的桌椅板凳，一年级新生的教室设施非常简陋。学生的座位上铺的是乱稻草，课桌是基建盖房子用的长跳板，跳板两边及中间用土坯搭成适合小学生学习的高度（30厘米左右），每桌5～6名学生。教师的讲台是用土坯垒的。

1968年，更名为双辽农场三大队（三分场）小学，设小学1～6年级。

1996年，双辽农场将双辽农场中心小学设在双辽农场新场部，将三分场小学合并到中心校。

历任小学校长：裴东珠（朝鲜族）、宫会、王守信、赵云祉、庄英才、王宇、夏中学。

1964年9月，吉林省国营双辽农场半工半读农业中学正式成立，简称"农中"。校址设在衙门屯。

1970年7月，双辽农场中学在三大队衙门屯正式成立。1992年，双辽农场中学搬迁到新场部，即长郑公路101公里处北侧。

第八节　学子成长录

自1950年成立以来，在三分场（三大队）小学读书的小学生先后考入双辽第三中学（双山中学）、双辽农场中学、双辽第一中学读书，到2021年，共有48人考入全日制大学，其中研究生有2名。

三分场二小队会计张长海女儿张晶，1973年11月出生。1993年，在双辽一中，以高分考入东北师范大学成年教育管理专业，并在该校读硕士学位。2000年硕士毕业后，被分配到天津师范大学任教。2003年，到加拿大继续深造学习财务，毕业后留在加拿大多伦多从事法律税收工作，是双辽农场唯——个出国留学的职工子女。

原三分场场长刘连富的女儿刘海鹏，1981年2月出生，中共党员。先后获得吉林师范大学文学学士学位、东北师范大学教育硕士学位，被评为高级教师职称。大学毕业后，她被分配到大连担任高中语文教师，并先后兼任校团委书记、教务处副主任、政教处主任，多次获得大连市优秀团干部,并获得大连市首届"我最喜爱的青年教师"称号。2016 年 8 月,刘海鹏任共青团大连市委团校副校长,其间获得大连市职工职业道德十佳个人、大连市巾帼建功标兵。2013 年 6 月,当选共青团十七届中央候补委员,同年获得大连市首届"俊"青年。2015 年 1 月,当选共青团十七届中央委员。2019 年 12 月,任中共大连市直属机关工作委员会办公室副主任(副处级)。2020 年,获得大连市优秀公务员、大连市直机关优秀共产党员等荣誉。

第四章　四　分　场

四分场（四大队）成立于 1952 年，当时叫作辽西荣军农场第四生产大队，场址设在三家子。1994 年迁入八里营子。

八里营子，是清代时蒙古达尔罕王的兵营，因距上一个兵站八华里而取名八里营子。八里营子东邻双山鸭场，西邻双辽农场三分场，南邻双辽市新立乡荷花村，北邻大哈拉巴山。2021 年，耕地面积为 378 公顷，其中水田 357.1 公顷、旱田 20.9 公顷，林地面积为 20 公顷。场部办公占地面积 10000 平方米，建筑面积 320 平方米；有 3 个自然屯：八里营子屯，三家子屯，29 号地屯。5 个小队，总户数 435 户，党员 32 人，人口 1556 人，职工 567 人（包括退休职工 362 人）。人均年收入 7000 元。

1952 年 1 月，经辽西省政府批准，新立乡三家子一部分农民，带地 300 公顷，划归到辽西荣军农场第四生产大队。

20 世纪 60 年代起，随着水田面积不断扩大，先后建立了 23 号地、29 号地村屯。

1960 年，接收了双山人民公社三合大队八里营子，两个集体所有制生产队。

1960 年，接收山东移民 14 户，56 人。（详见附录）

1965 年 11 月，双辽农场党委，根据全场水田开发不断增长的实际情况，解散总场机耕队，筹建各大队机耕队。四大队（分场）机耕队于 1966 年正式成立，全面负责全分场的水田秋翻地、春耙地、秋收、粮食运输等任务。成立初期，机耕队有 1 台苏联生产的斯大林 80 号链轨拖拉机，1 台 75 马力东方红链轨拖拉机。到 1983 年，共有 5 台拖拉机，即 1 台苏联生产的斯大林 80 号链轨拖拉机，3 台东方红链轨拖拉机（分别为 65 马力、54 马力、28 马力），1 台捷克斯洛伐克生产的胶轮热特（运输车）。共有职工 18 人，其中拖拉机驾驶员 16 人（链轨拖拉机每台配 4 名驾驶员，胶轮拖拉机每台配 2 名驾驶员），队长 1 人，核算员兼保管员 1 人。历任机耕队长：梁纯、李洪沛、韩海龙、刘丙德、周立章，核算员陈会民。其财务及工人工资由大队（分场）统一管理。

1984 年，第一轮土地联产承包后，机耕队解散，其人员回到各居住生产队承包土地。其拖拉机和配套农机具优先卖给拖拉机驾驶员，购买者分三年还清购买农机款。

1966 年，接收长春知识青年 129 名；1974 年，接收双辽知识青年 11 人。

1980 年 3 月 27 日，根据吉林省农垦局决定，局长朱瑞平代表的工作组宣布：双辽农场四大队的 23 号（原第七生产小队）划归双山鸭场，共划出土地面积 105 公顷。

1980—1991 年，原三分场合并到二分场，四分场改为三分场。1992 年，原三分场从二分场划出恢复三分场，同时恢复四分场。

1983 年，借鉴农村实行联产承包责任制的经验，开始兴办家庭农场，把农田、马匹、农具等分到职工各户。由于引进先进的大棚旱育苗技术，加之机械器具的大规模使用，人畜力转为使用机械，手工劳动被机械操作所取代，提高了劳动生产率，减轻了农工的劳动强度，提高了水稻产量。到 2021 年，亩产已达 600 公斤以上。全分场水稻产量达 10169 吨，首次突破万吨大关。

这里民风淳朴，人们勤劳肯干，相对经济富庶。20 世纪 80 年代末，很多职工家庭盖上了"北京平"。2000 年后，国家的危旧房改造政策的实施和低保政策的兜底，农工上缴费用被大幅度减免。土地和良种补贴的实行，以及新的水稻种植技术的推广，进一步增强了农工种植的积极性。1981 年前，全分场人均年收入只有 200 元左右。第一轮土地承包以后的 1983 年，人均年收入达到 3000 元。第二轮土地承包后到 2021 年，人均年收入增长到 14416 元。退休工人实行社保发工资，实现了老有所养，老有所乐。

区域内坐落双辽农场四分场小学 1 所、卫生室 1 个。

农场内有通往双辽市、四平市、长春市的长途客车，交通便利。

20 世纪 80 年代初，出现了大量的剩余劳动力。当时又没有外出打工这一说，为了安排剩余劳动力，双辽农场四分场胶丸厂便应运而生。

2018 年 7 月 2 日，四平市农垦改革，社会职能划归双辽市双山镇管理，成立八里社区。四分场与八里社区，在同一场所办公。分场以下党的组织关系由所在社区管理。

第一节　三　家　子

三家子屯，位于双辽农场东南部。三家子屯，是借用近邻双辽县新立乡荷花村的三家子屯子名。1952 年 1 月，双辽荣军农场开始在这里建场。首先动员双辽县新立乡荷花泡村的村民委员会主任王守德，带领 100 多户荷花泡村民带土地、车马、农具加入了辽西省荣军农场，成立了第四生产大队第一生产队，并出任第一任生产队长。村民合营入场时，自带旱田熟地 200 公顷，当年又开垦出 100 公顷，能种植水稻的田地均改成稻田地。初始种稻，当地人不会，王守德又亲赴梅河口、柳河，招募来十几户会种水稻的朝鲜族农民来场做技术员，使三家子农场水稻种植获得成功。三家子农场成为荣军农场的先进单位，曾参加白城专区先进表彰大会（双辽县 1957 年 8 月—1959 年 2 月归属吉林省白城专署管辖）。

建场以来，四分场（四大队）先后在三家子建立第一、第三、第四生产队。2000 年，根据新的市场形势需要，将三个生产小队重新组合为两个生产小队，即第一、第四生产小队。到 2021 年，三家子屯共有居民 148 户，531 口人。耕地面积达到 194 公顷，其中水田 193.4 公顷。其中，一小队耕地面积 96.2 公顷，均为水田；四小队 97.8 公顷，水田 97.2 公顷。

第一生产小队历任队长：吴连生、马占田、王道平、郭军、王成福、王新春、徐汉青、龙海义、郭东、李德发、潘生友、刘德宽、朱连栋。

历任财务人员：崔井玉、李德仁、刘春燕、李新。

第四生产小队历任队长：王宝树、邢国贵、吴连生、喻判武、闫中信、闫海文、潘生有、王成福、朱德龙、周景龙、王新春、胡永全、顾学军。

历任财务人员：王福荣、顾连才、王新春、葛永文、胡井权。

第二节　八里营子

早在 1913 年，时任双山县安垦局局长的牛尔裕首次将南方水稻引入东北平原。在怀德县（今公主岭市）冷家屯建立渠首闸门，通过一条旱河把辽河水引到三家子屯、八里营子屯、衙门屯，改善了这里原来单一种植旱田的传统。1931 年 9 月 22 日，日本侵略军侵占了双山县，进驻开拓团在三家子、衙门屯、八里营子等地开垦水田。一直到 1945 年 8 月 15 日，日本投降后，日本开拓团才离开。

1960 年，双辽县双山人民公社三合大队八里营子的两个集体所有制生产队，正式划归双辽农场，为四大队第五、第六生产队，其社员成为双辽农场正式职工。至此，双辽农场集体经营体制部分全部归属国有。

2000 年，该屯两个生产队改为第三、第五生产队。2021 年，第三生产小队共有居民 135 户，430 口人。耕地面积为 68 公顷，其中水田 56 公顷、旱田 12 公顷，林地面积 12 公顷。人均年收入 7000 元。

2021 年，第三生产小队共有居民 114 户，443 口人。耕地面积 61 公顷，其中水田 53.3 公顷、旱田 7.7 公顷。

第三生产小队历任生产队长：王德金、刘文、李守才、潘义、孟宪良、潘宏佳、戴立双。

历任生产队财务人员：孟兆庆、张德秀、徐江、朱连双。

第五生产小队历任生产队长：路好云、管海令、戴礼、曹治正、曹永正、李德仁、陈海、李发、费丹丹。

历任财务人员：孟兆庆、张德秀、徐江、朱连双。

第三节　29 号地

因这里在建队时，是双辽农场规划内的待开垦大片芦苇荡和柳条沟，位于双辽农场水田整体规划的最东面，双辽农场旱河一支渠所在地，也是总场区域内，水田开发的排在最后的一个地号 29 号地，故取名 29 号地屯，归属四分场（四大队）的第二生产小队。20 世纪 60 年代，四大队抽调全大队各生产小队强壮劳力，开垦 29 号地。为解决农工们就近就地开荒种地和保障日常生活秩序，在此地选择一个高地建起了一个新村庄。国家投资建起了干打垒职工住宅 12 栋，每栋 2 户。到 2021 年底，共有居民 38 户，152 口人。耕地面积为 54.1 公顷，均是水稻。人均年收入 7000 元。

聚落为东西走向，呈块状长方形结构，交通方便。

第二生产小队历任队长：肖广才、王成福、辛庆东、曹治发、曹国军。

历任生产队财务人员：曹顺华、薛金胜、曹志胜、薛德友。

1964 年 1 月，队长肖广才被双辽农场树立为全场劳动模范，并记二等功。总场场党委书记裴志夏、场长王守权亲自为其披红戴花。

第四节　23 号地屯

23 号地原来没有屯落，20 世纪 60 年代初期双辽农场按照垦荒规划把拖拉机开进了这片土地，盖起了干打垒职工住宅，成立了双辽农场四大队第七生产小队。首任队长是具有丰富水稻技术的队长王宝树。他带领全队职工家属经过两三年的艰苦奋斗，硬是把这里变成了米粮川。他的妻子张桂英成为双辽农场的第一位女劳动模范。到 1979 年，共开垦耕地 105 公顷，其中旱田 70 公顷、水田 35 公顷。1980 年，双山鸭场独立后，作为鸭场的职工口粮供应基地连人带地整体划归双山鸭场。

历任生产小队队长：王宝树、李英明、邵景双、喻判武。

历任财务人员：丁春和、杨奎。

第五节　组织机构

一、历届领导班子更迭

1952—1953 年，第四生产大队队长（连长）吴章根。

1954 年，第四生产大队队长王守德，副大队长李世信。

1955 年，第四生产大队队长郭兴久，副大队长赵树槐。

1956 年，第四生产大队队长李天立，副大队长陈凤岐。党支部书记齐忠选。

1957 年，第四生产大队队长陈凤岐。党支部书记郭兴久。

1958 年，下设三个农场。第四生产大队改为三家子农场，场址三家子，管辖原第四生产大队、第五生产大队、畜牧场。场长王守权，党总支书记邓云泽，第四生产大队队长李天立。

1959 年，双辽农场恢复第四生产大队。大队队长喻判文，党支部书记王宝树。

1960—1981 年，四大队历任大队长、党支部（党总支）书记：刘彦英、白贵祥、刘祖业、王宝琢、于伦。

1960—1981 年，四大队历任副大队长、党支部（党总支）副书记：于伦、闫海文、赵淑芬。

1982 年—2021 年，四大队改为四分场。历任场长、党总支（党支部）书记：辛学发、闫海文、贺培金、曹永正、杨平、李德仁、戴德、潘义。

1982 年—2021 年，历任副场长、党总支（党支部）副书记：戴礼、彭占山、曹永正、王立田、李德仁、徐大海、毕长山、李海、龙海义、王贵山、李忠良、王福文、刘有、李德松、戴德、杨平、李普、李亚芹、姚振库、孙忠礼、王永海、潘义。

2018—2020 年，双辽农场划归双辽市管理，其社会职能划归所在区域双辽市双山镇，四分场所在地成立双山镇八里社区。分场以下党组织关系，由所在社区管理。社区党支部书记兼主任龙海义。第一书记吴甲国（镇政府下派）。

二、历届团支部书记

赵淑芬、梁化明、毕长山、刘友。

三、历任妇女主任

张桂英、陈芝娴、赵淑芬、李亚琴、闫玉香。

四、历任财务人员

韩少奎、杨福、王国兴、隋占山、高义、肖广富、刘伟、刘友、滕淑杰、戴德、张莉、王丽、孙强。

第六节 教 育

1956年，成立三家子小学，校址选在三家子屯，设小学1~4年级。1965年，增设5~6年级，共6个班级。1968年10月，根据国家有关中小学生就近就地入学的规定，双辽农场在四大队小学设立四大队小学附设初中班，学生来自三大队、四大队、五大队的初中一二年级，共两个班级。抽调双辽农场在校初中教师张喜鹏、郭淑兰，长春高中毕业知识青年杨惠、王珏、杨广志、申建任教。1969年12月末，双辽农场党委宣布，初中三年级学生毕业返回父母所在地参加劳动。1970年1月，四大队首届（1969届）初中班27名学生正式毕业，当时人们对他们的称谓是"返乡知识青年"。

1970年下学期，双辽农场中学正式成立，四大队初中班在校就读的初中一二年级的学生转入双辽农场中学。

2021年，四分场小学拥有10间教室，总面积750平方米。历任校长：王维彬、周凤林、李英才、曲兴远、闫世魁、左玉国、刘才、王淑贤、朱之秋、姜德。

第五章　五　分　场

五分场（曾用名畜牧场、五大队）成立于 1949 年 6 月，场址设在卧虎屯。1950 年 4 月，五分场从卧虎屯迁到双山东部的大哈拉巴山脚下，距双辽农场场部 10 公里。东西长约 3.5 公里，南北宽约 4 公里。东邻公主岭市桑树台镇耿家屯，西邻双山镇玉尺村永安屯，南邻双山鸭场，北邻双辽市双山镇秀水村大井沿屯。

刚建场时，这里地广人稀。大哈拉巴山还没有被开采，人烟稀少，一片荒凉。荣军农场首先在哈拉巴山山北 3 公里的草原上建了四栋（每栋九间）青砖红瓦的砖瓦房，人称"红房子"。先安排 8 户人家和单身荣军入住。随后在红房子东侧修建了 500 平方米的"干打垒"（土房，因当地呈碱性土质，干打垒建成的房子坚固耐用），作为羊舍；在红房子西侧，修建了 500 平方米干打垒土房，饲养军马；红房子西北侧建了一个牛圈，饲养蒙古牛和朝鲜牛；红房子北处 50 米，挖了一口大井，修建一个水泥大槽子，用来饮马饮牛。

1960 年，安置山东移民 7 户，32 人（详见附录）；1968 年，接收长春知识青年 27 人（详见附录）；1971 年，接收双辽县双山镇知识青年 21 人（详见附录）。

区域内有卫生室一个，方便了广大群众就医。五分场小学因生源较少，于 2010 年撤销，学生到农场中心小学就读。

2021 年，全分场总户数 380 户，人口 970 人，职工 703 人（包括退休职工 245 人）。有耕地面积 568.84 公顷，都是旱田，以种植玉米为主；林地 134 公顷，以白杨树为主。

辖 7 个自然屯，分别为：靠山东屯、靠山西屯、腰街（gai）、北洼子屯、小马队屯、林业队。本分场以牧业为主、农业为辅，兼有多种经营。居民有汉族、满族、蒙古族、朝鲜族等，以汉族人口居多。

第一节　畜　牧　业

建场初期，主要以发展畜牧业（养马、养牛、养羊、养猪）为主，种地为辅。

1950 年，哈拉巴山下的畜牧场也称作独立一排。场长（排长）经国成。这里共有 30 名荣军，他们当中有护山的、有护大泡子的、有护草原的、有饲养放牧的、有种地的等。生活井井有条，饲养管理着这些马、牛、羊。

畜牧场，主要是饲养军马和细毛羊，当时叫作中国细毛羊。因改良技术先进，从而在全国牧区推广，经常有全国各地的畜牧业考察团，来场参观，还曾接待过来自东欧的参观团。1958 年秋，吉林省农业厅将双辽农场畜牧场的全部羊只和技术人员一起调往吉林省双辽种羊场。20 世纪 90 年代，养羊户遍布全分场各生产队，以小尾寒羊等肉食羊为主。

建场初期的 20 世纪 50—80 年代，主要是由分场、生产队集体饲养蒙古红牛和朝鲜牛（均为肉食牛）。20 世纪 90 年代，随着家庭联产承包责任制的实施，一些养牛大户应运而生，他们的饲养规模多则十几头，少则 3～5 头。饲养商品牛，是职工增加收入的主要经济渠道。

20 世纪 50—60 年代，曾尝试过集体养鸡。1958 年秋，在建设猪场的同时建鸡舍 9 间，共 270 平方米。以产蛋鸡为主，保证分场和总场机关食堂使用。剩余部分，分配给全分场职工。20 世纪 90 年代，随着家庭联产承包责任制的实施，一些养鸡大户相继兴起，蛋鸡、食用鸡、品种鸡多样化。

1961 年，为充分利用大哈拉巴山的柞树资源，吉林省农业厅根据国家的"调整、巩固、充实、提高"的发展方针，在省直属的国营双辽农场的哈拉巴山建起了一个年存栏 500 只梅花鹿的鹿场（详见第三编经济　第五章　畜牧业）。

20 世纪 60 年代初，为充分利用大山泡子水资源，发展经济，总场投资在这里兴建了一个养鱼场。

一、养马

建场初期，主要饲养三河马作为基础母马，种公马使用的是洋马（顿河马），繁殖军马。1958 年春，由吉林省农业厅下令，将这部分军马全部调往白城军马场。放牧员、饲养员同时转入白城军马场。在计划经济时期，双辽农场虽小，但五脏俱全，好多产业体现了自给自足。20 世纪 50 年代末期，农场有 27 个农业生产队，每个生产队至少有 3 台马车，耕马就要有 10 多匹，负责拉运种子、肥料。春天水田需要马耙、运苗，秋后需要拉运、送粮，马车是不可缺少的重要运输工具。由于马匹也会有伤亡，因此每年都要补充不少的马匹。全靠国家调拨是很困难的，在这种情况下，随着生产的扩大，就必须有自己的后备畜力。20 世纪 60 年代初，双辽农场先后在哈拉巴山下的畜牧场（五分场），建立了小马队和大马队。

小马队 1960 年初开始建设，到 1962 年在哈拉巴山脚下的泡子北沿新盖了 4 栋马舍，均是泥坯建造。职工住宅 2 栋 20 间，泥坯土房；办公室 1 栋，共 10 间泥坯土房。

1960年，从内蒙古一次性引进了上百匹马。这种马虽体型小，但爆发力强。马匹从少到多，由开始的十几匹军马，到几十匹、上百匹。饲养的种公马有顿河马和三河马，基础母马有三河马和蒙古马。山北有一片湿地，湿地上杂草丛生，是天然牧场。马队只有二十几号人，白天每班有2～3人负责在甸子上放马，晚间有两位饲养员负责喂马。后来，又从外地引进一匹身高体壮的蒙古种马，由专人饲养，负责配种。几年时间，马场已达到四五百匹的规模，每年春秋两季，都有很多生产队来这里选马，放牧员会用套马杆将马缚住，交给生产队自行驯服上车拉套。这样场内耕用马匹基本实现了自给自足有余，还可以对外销售一部分。可以说，小马队的成立有力地保证了生产的发展。后来他们又从苏联引进了新的品种，称为苏重挽马。这种马体型高大健壮，1匹马可以拉1台车，很适合生产队里积肥和零星的活计，深受职工们欢迎。

1965年春，畜牧场为了进一步扩大养马规模，自繁自养，以求降低饲养成本。在上级有关部门的大力支持下，选定在大山泡子东侧兴建一个种马场，取名为大马队。同年6月，在省农业厅的关怀下，从敦化大石头垦殖场调进20多匹苏重挽公母种马。为使公母马比例适中和品种改良，又购进20余匹三河马做基础母马。1966年，建马舍4栋40间，1440平方米土坯房，用于饲养种马和调料、仓储等，修建办公室、食堂、单身宿舍10间200平方米砖平房。职工宿舍12栋48间，960平方米土坯平房。职工40余人，成立时单身职工、老职工、荣军较多。大马队有30多公顷土地，以种植玉米为主。由于有马粪和先进的种植技术，产量较高。当时玉米每公顷产量在0.6万公斤以上，这在当时是较高的产量。饲养的马匹主要是苏重挽种公马、基础母马苏重挽马和一些改良的三河基础母马，这些苏重挽马是从敦化大石头垦殖场调来的。马的繁殖采取人工授精的方法，清晨饲养种公马的饲养员骑着种公马行走十几里，回来休息一下采收精液进行人工授精。同时，也对附近的农村公社进行支援，在配种期每天都有社员赶马过来进行授精。

大小马队运行了十几年，直到1979年，随着农场耕作机械化水平的不断提高，双辽农场党委决定，停止饲养该马，几十匹种公、种母马被全部卖掉。自此，大马队结束养马，大小马队才完成了它的历史使命。此间，政治队长高在民、生产队长高才、范秘武（长春知青）。

1980年3月，双山鸭场从双辽农场划出，大马队划归双山鸭场，后大马队建成双山鸭场种禽场，饲养种鸭。

二、养猪

1958年秋，吉林省农业厅投资在双辽农场畜牧场，筹建年出栏1000头的养猪场。雇佣社会上的农民劳动力，建筑猪舍。在红房子南 2 公里，哈拉巴山北 1.5 公里处的较高的二洼地上，开始打围墙（干打垒土墙）。院内建猪舍 12 栋，9600 平方米；饲料房 3 座，360 平方米；猪舍院外西侧修建办公室一栋六间 120 平方米，库房一栋七间 210 平方米。养猪场饲养的猪主要有吉林白猪、长白猪、巴克夏、约克夏、吉林民猪等，最多时年出栏千余头肥猪给国家。

1959 年春，开始饲养种猪和育肥，抽调畜牧场当地和山东支边青年 20 余人组建成猪场。

1960 年，在猪场院外东侧建了 4 栋 80 间隔离猪舍和 1 栋 120 平方米的饲料调剂房。同时，建立粉房漏粉，将糟粕喂猪，粉丝卖给国家。

1959—1961 年，国家配发饲料，生猪得以发展。

1962 年，国家政策调整，不再配给养猪饲料。双辽农场自身无法解决饲料问题，猪场下马。

1966 年，双辽农场又恢复到原来的体制形式。原畜牧场改称第五大队。

1973 年秋，畜牧场成立猪林队，从本大队各生产小队调剂男女职工 35 人。建调料室一栋 100 平方米，猪舍 2 栋。饲养长白猪、吉林黑猪（也称六白，四个蹄白，两耳间光，其余毛色皆黑）、吉林白猪等优质母猪。栽种苹果 10 公顷，葡萄 10 公顷，枸杞 10 公顷，还有土地 20 公顷。双辽农场所有的林地，统一归猪林队管理。各分场的护林员调配给猪林队。

1979 年，猪林队分为猪队和林业队。猪队以养猪、养兔、种地为主；林业队建在距哈拉巴山西 2.5 公里处，归双辽农场总场管理。

1983 年，分田到户后，猪队改为双辽农场五分场二小队。

第二节 农 业

在种植业上，由于建场初期以牧业为主，农业为辅，开垦了几十公顷荒地，种植一些旱田作物，如玉米、高粱、大豆、杂粮等，主要用于畜禽饲料。

1958 年，由部分工人及其家属、无业人员组成农业队，开荒种地。以种植玉米为主。当时正式工人二十余人和十几位家属。当年种植玉米 50 多公顷。秋后开始大兵团作战（集中人力去搞深翻），将男职工抽去外地搞深翻地，家中只留十几名妇女抢收粮食。

1983 年，双辽农场实行了第一轮分田到户承包经营。五分场根据新的生产经营方式，共设置三个生产小队。

第一生产小队，坐落在五分场北洼子屯和五分场场部街道东部分的原猪队，东邻公主岭市桑树台镇耿家屯，西邻双辽市双山镇的永安屯，北邻双辽市秀水乡大井沿子屯。该小队始建于1952年，因这里地势早期低洼，人称北洼子。这里曾有一个古屯落，名叫丰收里，后来此处被撂荒，人员撤离。根据双辽农场开垦计划，1989年开始开垦水田，尝试小井种稻，充分利用地下水资源，改变了五分场单一旱田种植的耕种历史。畜牧业以养羊为主，是职工家庭收入的主要来源之一，提高了职工的生活水平。2021年，耕地面积273.73公顷，以种植玉米为主。聚落为东西走向，交通方便。

第二生产小队，位于哈拉巴山下，五分场场部公路西侧。原队为小马队和林业队，成立于1983年。东邻双辽农场五分场场部，西邻双辽市的玉尺村，南邻双辽农场总场部，北邻本分场第三生产小队。2021年，耕地面积209.43公顷。聚落为东西走向，呈块状长方形结构，交通方便。

第三生产小队，坐落在哈拉巴山下，腰街屯和靠山屯。东邻双辽市双山鸭场，西邻双辽农场总场部，南邻双辽农场四分场八里屯，北邻双辽农场五分场场部。前身是双辽农场的小马队（泡子沿腰街）。土地承包给职工以后，这里原来居住的鹿场职工和采石场职工，都因企业解体而承包农田种地。后来生产队重新划分腰街屯（原泡子沿）、靠山屯（含山东南、山西南、采石场职工住宅也称靠山屯）合并成立第三生产队。2021年，耕地面积85.68公顷。聚落为东西走向，交通方便。

三个农业队历任队长：陈友德、王立堂、马玉伦、李怀德、王国兴、高再民、齐保德、刘振祥、刘昌、杜振远等。

1988年，五分场在北洼子尝试小井种稻试验成功。1989年，在北洼子大面积开发水田，打小井灌溉，共开发120公顷，当年每公顷产水稻9000公斤。农工尝到了甜头，继续扩大水田面积。1990年，水田面积达到200公顷，使草原变为良田。1993年后，因地下水源枯竭，水田面积逐年减少。到1999年，全部水田都改为旱田，以种植玉米为主。

从1984年起，经济发展结构有了重大调整，职工生活水平上了一个新台阶。农业方面，1983年前，农业属于全民性质经营，生产资料全民所有，农业工人每天挣工分，吃供应粮，俗称"大帮哄"。1984年，第一轮土地承包，把生产资料也包括土地按人口分田到户，极大地调动了农民种地积极性，产量大幅度提高，生活得到了改善。1999年，开始第二轮土地承包。1999年以前，农作物品种基本以玉米、水稻为主。2000年，为适应经济发展新形势，在部分地块开始种植香瓜、西瓜等收入较高的经济作物。在生产方式上，玉米采用机种机收。畜牧业方面，畜禽养殖作为农民的一项副业，是家庭收入的一部分，主要以牛、羊、猪、鸡为主。牛、羊以放养为主，猪、鸡多为圈养。农户根据养殖的种类不同，定期防疫、消毒，逐渐科学化、规模化，已经发展为家庭收入不可缺少的一部分。林业方面，以种植杨树为主，响应国家号召，残次林更新，退耕还林还草面积达 81 公顷，使林地面积达到了 134 公顷，森林覆盖率达到了 20%。村民生活水平方面，1983 年以前，国家实行供给制，主食以粗粮为主，生活必需品采用布票、粮票、线票等限量供应。1983 年以后，农村实行了联产承包责任制，自主经营，多种经营，改变了生产关系，发展了生产力，粮食产量大幅度提高，人们的生活水平得到改善。村民以农业、养殖业、外出务工作为家庭收入来源，人均纯收入 1 万元。村民消费支出一般以日常生活消费为主，即柴、米、油、盐、酱、醋、茶及子女升学支出，医疗支出等。人均消费水平在 0.8 万元。1983 年以前，以泥草房居多，人多住房少，十来口人睡在一铺火炕上十分常见，生活条件很差。道路坑洼不平，雨天泥泞难行。1983 年以后，随着人们生活水平的提高，才陆续出现砖平房、砖瓦房等。

2005 年 10 月，中国共产党十六届五中全会通过《中共中央关于制定国民经济和社会发展第十一个五年规划的建议》，提出要按照"生产发展、生活宽裕、乡风文明、村容整洁、管理民主"的要求，扎实推进社会主义新农村建设。五分场在全面发展农村生产的基础上，建立农民增收长效机制，在千方百计增加农民收入的同时，每年大力进行环境整治，做到垃圾定点堆放，按时统一回收处理，村屯道路及两侧杂草、杂物定期清理。在道路两侧栽了风景树，还举行了"干净人家，美丽庭院"活动，村容整洁一新。在加强农村公共文化建设的基础上，开展多种形式的、体现农村地方特色的群众文化活动。每当晚饭后，广场上音乐响起，人们翩翩起舞，篮球场上你争我夺，围观的群众不断响起喝彩声。

第三节　组织机构

一、历届领导班子更迭

1949 年 6 月—1953 年 3 月，牧畜场（当时叫独立一排）场址设在卧虎屯。场长经国成（荣军）。

1953 年 4 月—1954 年，畜牧场从卧虎迁入哈拉巴山北。场长齐忠选（荣军），副场长王庭立（荣军），支部书记薛怀庭（荣军）。

1955 年，畜牧场场长王占元（荣军，后调至梨树农场），副场长王庭立（荣军，兼兽医）。

1956 年，畜牧场场长王庭立（荣军），支部书记李怀德（荣军）。

1957 年，畜牧场改为畜牧队，队长王德忠（荣军），支部书记王守德。

1958—1959 年，畜牧场场长高殿阁，党支部书记樊荣廷。1958 年畜牧场划归三家子农场管辖。1959 年初，双辽农场恢复畜牧场，是双辽农场直属基层生产单位。

1960—2021 年，畜牧场改为五大队（五分场）。历任大队长（场长）、党支部（党总支）书记王守德、周志刚、齐忠选、赵兴洲、关朝林、房子新、沈玉奇、李敬书、白玉厚、吴宝堂、喻判文、郭玉坤、于伦、辛学发、滕万荣、杨明才、吕国军、王长利、王福荣、吴甲国、邵景微。

1960—2021 年，五大队历任副大队长（场长）、党支部（党总支）副书记：沈玉奇、吴宝堂、李树森、高在民、孙志革、杜振远、吕作歧、滕万荣、李德生、杨文、王庭立、李湘洲、杜振远、宋国良、王宇南、姚振库、单继忠、李忠良、吴甲国、孙友林。

2018—2021 年，双辽农场划归双辽市管理，其社会职能划归所在区域双辽市双山镇。双山镇在五分场成立鹿场社区，主任李忠良。

二、历届财务人员

历任财务人员：杜玉坤、王瑞云、郭纯贵、王立田、王丽珍、杨文、阚惠林、李丽、李秀奇、孙宝云、王瑞芳、魏静娴、于文海、李丽、于树伟、田永琴、马秋、李秀琦、喻兰秋。

三、历任团支部书记

1960 年，双辽农场畜牧场成立团支部，支部书记王立堂。

1967 年，团支部书记范秘武（长春知青）。

1974 年，双辽农场五大队团支部书记王立田。

1979 年，双辽农场五大队团总支书记付友和。

四、历任妇女主任

因人员较少，畜牧场历史上没有设置妇女主任。1975 年开始设置妇女主任：第一任妇女主任孙志革，第二任妇女主任王秀芬，第三任妇女主任李莉，第四任妇女主任温春红。

第四节　教　育

1960 年，成立畜牧场小学，校址在哈拉巴山东北泡子沿。有教室 3 间，教师办公室 2 间，设 2 个复合班，即 1~2 年级一个班，3~4 年级一个班。1967 年，设 1~6 年级。

1977 年，在哈拉巴山山北建了 18 间 360 平方米砖瓦校舍。教学班设为 1～6 年级。

2010 年，因生源不足，五分场小学撤销，全分场职工子女到农场中心小学读书。小学成为五分场的办公室。

历任小学校长：李树森、刘才、宫会、杨振友、闫世魁、彭玉霞、宋文瑞。

五分场建场以来，特别重视教育，人们的文化素质得以提高。自 1960 年成立小学以来，在此读书的小学生，后来在双辽县第三中学、双辽农场中学、双辽第一中学读书考上了大学。改革开放以来，走出去的大学生有 40 多人，大学毕业生累计占总人口数 3% 以上。其中，荣飞毕业于石家庄铁道大学，现任华北钢铁集团石家庄分公司职员；岳立坤毕业于长春飞行学院，任西安空军 04028 部队飞行员；任玲毕业于吉林工商学院，任吉林省梨树县梨树镇组宣办科员；高思远毕业于河北沧州医专，辽宁省瓦房店市第三人民医院护士；李丹鹤毕业于延边大学生物制药专业，任吉林省普瑞纳饲料公司质检部经理；刘亚桐毕业于北华大学，任沈阳市日报社编辑；常乐毕业于吉林铁路学院，任吉林市铁路局货运调度员；陈磊毕业于吉林工商学院，任长春市榜一培训中心教师；李文轩毕业于吉林大学，在北京新东方培训中心任教师。

第六章　博爱分场

　　博爱分场，东邻双辽市双山镇哈拉海吐村，西邻双辽市柳条乡柳条村，北邻双辽市八一水库，南邻柳条乡通德村。有两个生产小队。2021 年，耕地面积 211 公顷，都是水田，水稻产量 1688 吨。总户数 196 户，人口 435 人，在册职工 74 人。

　　博爱，顾名思义"居民互敬互爱，像爱自己一样爱他人"。该屯始建于 1910 年，据《双山县乡土志》记载，清宣统二年实行"安垦拓边"之策；经当任县知事牛尔裕编撰的"安庄表"，将此屯定为"实"字乡；博爱有两个自然屯。现在的小岗屯原名"单立村"，曾居住曹家大户，后来一伙胡子（土匪）常来侵犯，曹家更夫被胡子打死，曹家被迫离开此地，因此很久无人居住。1949 年，中华人民共和国成立后，人民过上了安居乐业的生活。1958 年，成立柳条人民公社，博爱为柳条公社博爱大队。

　　1978 年，根据双辽县委意见（当时双辽农场归双辽县管），柳条乡博爱大队和双山镇祥云大队两个生产队，双辽农场以场带队的名义管理。划归后，博爱大队解散，人员划归到双辽农场一分场各生产小队。为解决"八一"水库浸润，房无法住、地无法种的问题，搬迁后由双辽县水利局每间房补助 100 元，第二年又给加了 100 元，共补助 200 元。当时有 70 户搬到一分场。留在博爱的只有 26 户，130 口人。他们每天到一分场上班要走十多里路，因在一分场上班也没多少收入，后又有人回去开荒种水稻。为解决博爱人员的生活问题，1987 年总场决定增设博爱分场。下设两个生产队，总场派李永成任博爱分场场长。在身份上因这部分劳动力是带地入场，根据当时的国营农场招工政策，符合招工条件的年轻劳动力被转为国营农场工人。对年龄超过 45 周岁的劳动力，根据四平市农业局文件规定，到法定退休年龄时作为内退处理。每人每月内退工资 800 元，每增加一年增加内退工资 30 元。为解决职工住宅问题，总场与"八一"水库领导协商，在岗子上为博爱人员盖房，这样博爱人员基本安顿下来。为安排好生产，1988 年春，总场组织全场各分场强壮劳动力 1100 多人的大兵团，为博爱分场的农田道路、引水渠、排水渠进行了整修，解决了农业生产中的实际问题。

　　20 世纪 70 年代，因双辽县修建"八一"水库，居民搬迁，断电，群众的生产生活都非常不方便。1987 年春节前，总场投资 3 万元，安装电力设施，在年三十晚上给博爱送电时，群众欢呼跳跃，放鞭炮庆祝。

2008 年，当时的企业主管部门辽河垦区根据国家关于补偿水库移民的相关规定，凡是在 1978 年划归双辽农场的博爱分场移民，每人每年一次性补贴 600 元，按 20 年计算，每人享受一次性国家补贴 1.2 万元。之后，这些人员逐年享受这项补贴，死亡后补贴取消。

2018 年 7 月 2 日，由于农垦系统改革，政企分开，双山镇在博爱设立博爱社区，划归双辽市双山镇管辖。分场以下党的组织关系归社区管理。

第一节　组织机构

一、历届领导班子成员

1958—1977 年，双辽县（双辽市）柳条乡（柳条人民公社）博爱大队书记高文玉，副书记程远信，会计张振和。1978 年划归双辽农场后，博爱大队解散。

1988 年，双辽农场增设博爱分场。

历任场长、党支部书记：李永成、邢国权、姚振山、张富、柴国平、臧涛。

历任副场长、党支部副书记：柴国平、李成玉、陈玉金、张良。

社企分设，双山镇成立博爱社区。2018 年 7 月—2021 年，社区居民委员会主任陈玉金，副主任张良。

二、历任财务人员

柴国平、戚秀发、王宇南、高文玉、陈玉金、宫文杰、邢志红、张良、臧涛。

三、历任妇女主任

陈雅芝、刘艳。

四、历任生产小队干部

博爱分场共有两个生产小队，分别建在八一水库的两个高岗上。

划归双辽农场后，第一生产小队历任队长：左书龙、刘万贵、张良、张宝红、赵海义；历任财务人员：陈玉金、廉德、张宝红。

第二生产小队历任队长：刘万贵、朱孝德、陈玉满、戚秀发、陈玉金、于海涛、左书龙；历任财务人员：张良、廉德、姜守军、陈玉满。

第二节　教育与医疗卫生

1. 教育　1991年，为了让孩子们能够就近上学，双辽农场成立博爱小学，校舍面积168平方米，至此孩子们再也不用跑到外地上学。博爱分校的园丁们用辛勤的汗水为孩子们的学习打下了坚实的基础，孩子们的德智体美得到全面发展。

历任校长：邵景林、陈友金、王建勇、张颖。

从分场建立以来，共有20名在博爱小学的学生，经双山中学、双辽一中学习，考入大学。他们分别是：陈静、张春明、张春光、刘佳瑶、刘佳敏、陈超、李楠、闫开旭、杨歌、殷丽华、张倩、刘兆奇、程洋洋、刘丹、吴辛兴、宋喜竹、张欢欢、戚欣悦、白硕、戚美晨。

2. 医疗卫生　1993年，分场在博爱开设了第一家诊所，自负盈亏，解决了职工家属看病远、看病难的问题。百姓们有钱无钱都可以先看病，"金钱名利淡如水，医德医道大于天"也成为博爱诊所治病救人的原则。

第三节　村风村貌

博爱分场建场以来，在各级党委政府的正确领导下，生产发展，生活富裕，乡风文明，村容整洁，扎实推进社会主义新农村建设，在全面发展农业生产的基础上，建立农民增收长效机制。在千方百计增加农民收入的同时，每年大力进行环境整治，做到垃圾定点堆放，建了五个垃圾池，按时统一回收处理，村屯道路杂草杂物，定期清理。2019年，在道路两侧栽了风景树，开展干净人家、美丽庭院活动，村容整洁一新。2008—2016年，国家为博爱分场196户人家拨款改造泥草房和危房改造资金共313.2万元，昔日的土平房、土瓦房，如今焕然一新，盖成了砖瓦房、彩钢房，生活水平有了很大改善。昔日的土路，晴天一身灰，雨天一身泥，如今的混凝土水泥路面贯穿全分场生产小队，给人们出行带来方便。村容村貌绿化美化，环境整治工作的加强，使博爱分场更加宜居。

在加强农村公共文化建设的基础上，开展多种形式的特色群众活动。2017年，四平辽河农垦管理区移民项目为博爱分场建造2400平方米文化广场。每天晚上，广场上音乐响起，老年人扭起大秧歌，青年人跳起广场舞，丰富了农民群众文化生活。

第五编

教育、卫生、文化、体育事业

中国农垦农场志

第一章 教　育

　　辽西省荣军农场组建初期，很多荣军指战员没有成家立业，属于中国人民解放军部队编制。1952 年后，随着衙门屯县农场、双辽县新立区荷花泡村农民，带地带资合营加入荣军农场，辽西省荣军农场自此有了部分家属子弟。后来荣军们婚娶生养子女，家属子女越来越多。由于农场没有学校，学生都就近自寻学校上学读书，一般均在新立乡、荷花泡村、双山镇、三合屯等地上学。

　　1959 年，双辽农场在总场所在地（老场部）成立了双辽农场子弟小学。1961—1966 年高小毕业生，经过会考，到双辽第三中学读初中。双辽三中校址在双山镇，是双辽县四所中学之一。

第一节　半工半读中学

　　1964 年 9 月，为培养提高农场子女文化水平，促进农场各项发展的需要，经吉林省农业厅的批准，双辽农场成立了"吉林省国营双辽农场半工半读农业中学"，简称"农中"。校址设在双辽农场的中心，第三生产大队的衙门屯。校舍有四栋，教室一栋（80 平方米）、活动室一栋（120 平方米）、食堂、宿舍一栋（120 平方米）、教师宿舍一栋（80 平方米）。1966 年，学生自力更生自建一栋砖瓦教室（200 平方米）。

　　农中的领导、教师都是从本场机关、学校选拔的优秀人才，共 8 名。校长兼植物课教师李志达，是农场稀有的大学本科毕业生。

　　此外，还有 7 名教师，分别为：1964 年级的班主任曲洪臻；1965—1966 年级班主任张喜鹏；数学教师吕作岐；科任教师李文博、滕万荣、关克、王富。校长和老师吃住在学校，白天黑夜地陪着学生。学生以学习为主，劳动为辅。春节和重大节日放几天假，其余时间上课。

　　春天，从水稻插秧开始，老师带领学生参加劳动。一年劳动四个月，其中插秧除草两个月，秋季收割一个月，其他劳动一个月。实际上相当于学生勤工俭学，边劳动挣钱，边上课学习，自己养活自己。学校将学生的劳动收入，用作伙食费、校服及生活必需品等支出，基本满足了学校的日常教学和师生们集体生活需要。自己养猪、自己种菜、自己种粮食，用来改善伙食，充分体现了农中的优越性，令县内所有中学生所向往。在双辽县创办的学校中，农中是一所教育质量好、教学条件好、生活及福利待遇最优越的一所中学。在全县几次会考中，学生的学习总成绩均超过双辽第三中学。

农中的生源主要来自场内没能考上全日制中学的应届毕业生。1964 年级招收 39 名，其中男生 22 人、女生 17 人，1 个教学班。1965 年级招收 31 人；1966 年招收 40 人，这批学生于 1967 年 3 月回到双辽农场中心小学附设初中班学习。

1968 年秋，1964 年、1965 年入学的学生同时毕业，被分配到各自父母所在地参加劳动。作为国营双辽农场自己培养的"知识青年"，他们在各自的岗位上为国营双辽农场的事业发展和经济建设做出了应有贡献，并逐渐成为农场各个战线的骨干。这些人中先后有 15 人参军，2 人在部队上大学。其中，赵文山就读于北京外国语学院，学习阿尔巴尼亚语和英语，毕业后被分配到上海第二军医大学，大校军衔；中小学教师的有 13 人；副科级以上的有 15 人；副县团职级以上 3 人：王立田、刘炜、陈洪亮。1964 年入学的王立田，先后任双辽农场、双山鸭场、梨树农场副场长和四平市种鹿场场长，并在四平市农业机械化研究所任副所级领导职务至退休。

第二节　小学初中班

1967 年 3 月，春季中小学开学时，为贯彻国家有关农村子弟就近就地读中学的政策，在双辽第三中学读书的 1966 年农场的初中一年级学生、农中的初中一年级学生和已经到生产队劳动的 1966 届高小毕业生，返回高小毕业所在小学初中班读书。

1967 年 8 月，为了适应"九年一贯制"教育体制改革新形势，小学和初中实行一体化教育，学生在小学毕业后直升初中。双辽农场中心小学和四大队小学 1967 年的高小毕业生，可直升初中一年级。由于生源不足，两校分别将本校的高小毕业生与原初中一年级学生，合并为新的初中一年级。10 月，为了适应全国教育改革的新形势，双辽农场在农场中心小学成立"双辽农场小学初中班"。把农场中心小学初中班、四大队小学初中班和一大队符合初中一年级条件的学生，合并到"双辽农场小学初中班"，共设两个班。校长王富。教师有五名，分别为：王富、张喜鹏、王均、张艳华、曲兴远，他们分别担任语文、数学、文体课教师。其中，1966 届为初中一年级一班，班主任张喜鹏。共 48 名学生，男生 35 名，女生 13 名；1967 届为初中一年二班，班主任王均。共 52 名学生，男生 38 名，女生 14 名。家在一大队、四大队、五大队的学生在校住宿。

1968 年 10 月，为进一步贯彻落实国家有关农村子女就近就地读书的政策，双辽农场将双辽农场中心小学初中班，改为二大队小学初中班。把四大队、五大队的初中一二年级的学生，集中到四大队所在地三家子，成立四大队初中班一二年级。一大队的学生到附近的双山中学读书。三大队的学生自己任选到二大队小学初中班或四大队初中班学习。初中班除语文、数学外，增设了物理、化学课。选调长春师范大学附属中等学校的高中毕业生杨惠、王珏、张志平、袁胜先、杨广志、申建，以及四平师范学院的大学专科毕业生郭淑兰、金海楼等，下乡到农场任两个学校的初中教师。

1970 年 1 月，双辽农场党委宣布二大队小学初中三年级、四大队小学初中三年级学生毕业，返回父母所在地参加劳动。当时，双辽农场将他们称为"返乡知识青年"。这批毕业生是双辽农场子弟中最有文化的青年，毕业后经过一段锻炼，他们在各自的工作岗位上积极上进，成为双辽农场一支有文化、有作为的"垦荒二代"。刘连成、马和荣先后作为返乡知识青年代表出席了双辽农场"活学活用毛主席著作积极分子代表大会"，成为双辽农场"五好职工"。很多同学陆续被推荐选拔到省内大专院校、双辽县工商业、农场各小学、总场、大队直属单位学习工作。高真福、陶元良、葛晶、白薇、邓晓云等，被推荐到省内各大专科院校读书；王文发、刘连成、齐彦德、张玉福、樊玉林、赵艳茹、张桂芬、曹福才、魏敬贤等，相继被推荐到双辽县供销系统、双辽县油酒厂、双辽县委招待所、双辽县公安局、双辽县卫生系统等单位工作；马和荣、闫世魁、贾丽荣、祝荣华、喻判福等，被选拔到农场小学任教师；宫启、孙真、宋国才、崔寿贵、马光岩等十余名同学，成为双辽农场直属企业的产业工人；张正春等，在场直机关从事农业技术员、兽医等工作；杨明才、郝春杰、王福荣、李亚琴等，分别成为生产大队、总场实体经营公司的领导干部；还有的同学由于在各自工作岗位业绩突出被提拔到县处以上机关事业单位的领导岗位。郭双平先后任中共四平市委宣传部副部长、四平日报总编、中共四平市委办公室主任；高真福先后任中共双辽市委常委农村工作部部长、农林党委书记、双辽种羊场党委副书记、四平农业科学研究所副所长、吉林省农业科学院处长（高级农艺师）；刘连成先后任双辽县制酒厂副厂长、四平市农业局农场科副科长、双辽种羊场党委副书记、中共四平市委工作委员会干部科长、中共四平市委农村工作办公室政治部副主任、主任助理、党委副书记等职务；马和荣任双辽农业广播学校副校长（副处级），被评为高级农艺师。

第三节　中　　学

一、自然情况

四平市国营双辽农场中学，坐落于双辽农场域内长郑公路 101 公里处北侧，如图 5-1-1 所示。占地面积29875平方米，建筑面积5564平方米，体育运动场面积6000平方米。2021年有6个教学班，159名学生。专任教师36人，均达到初中教师资格学历标准。另外，高级教师15人，一级教师11人。

图5-1-1　双辽农场中学大门（李润植摄）

时光荏苒，斗转星移。经过几代人的不懈努力，学校各方面已发生了巨大的变化。

1970年7月，双辽农场中学第一栋砖瓦结构的校舍在三大队衙门屯建成。秋季开学，二大队小学初中班、四大队小学初中班，以及在双山中学读书的一大队初中一年级和初中二年级的学生，被集中到双辽农场中学读书。共有4个教学班，张培德任双辽农场中学革命委员会主任（校长）。至此，双辽农场有了自己的全日制中学。

1984年始，农场中学开始逐年维修校舍。学校4栋房屋墙外全面抹水泥、水刷石，室外的联合攀登架、单杠、双杠矗立起来，学校的绿化工作初具规模。之后，又对教室进行了内部维修，白灰墙壁、水泥地面、砖围墙。此外，学校还自筹资金，盖了3间门卫室，添置了热饭器，打了2眼井；增设了投影仪2台，电唱机、录音机各1台。实验员张文彬自制部分教具，绘制了近百幅幻灯片。

1984年，双辽农场中学筹措资金购进大量图书，充实了学校图书室。

1992年5月，农场开始筹建新的中学校舍。选地在长郑公路101公里处北侧。教学楼4层15个教室。资金来源有3个渠道；上级拨一部分，农场自筹一部分，全场职工集资一部分。当时的一般干部（包括中小学教师），非农职工每人100元，有承包田的按面积出资。

1994年11月，双辽农场教学楼基本建成，在内部设施尚未完善的情况下，中学校址从衙门屯正式迁入新校址。

1998年，双辽农场中学加强后勤管理，着手校园绿化工作。首先解决用水问题，自筹资金打了1眼机井，用水问题从根本上得以解决。冬季，楼内取暖明显好于以前。同时积极筹建学生宿舍。

1999年，改造食堂、学生寝室，生活区和教学区完全隔离，方便管理。在此期间，植树3000余株，成活率95％以上。大楼的正前方，修建了长方形的大花坛，并改建了自行车棚，美化了环境，使校园更加整洁美观。

2000年，学校自筹资金，对学生的住宿条件进行了改善。将几十人的大寝室，改为分别容纳6～12人的小房间，并制作了双人双层牢固耐用的铁管床。

2002年起，双辽农场积极筹措资金将教师办公桌椅全部更换一新。教学楼整体维修刷新，并铺设1000平方米水泥篮球场地，添置多种体育健身器材（图5-1-2）。在教学楼北侧建造了720平方米礼堂，极大地改善了学校的办学条件。

图5-1-2　双辽农场中学学生课间操（李润植摄）

2014年，在教学楼东侧建造了一栋1100平方米的宿舍楼，2016年正式竣工并交付使用。

2016年9月，为迎接国家义务教育质量均衡发展检测，时归四平辽河农垦管理局管理的双辽农场中学，请示四平辽河农垦管理区财政拨款，为学校添置了理化生实验室、体音美器材室各1个，以及多媒体、图书室、微机室等多个功能室，并配备了相关器材物品，达到了国家义务教育均衡发展的标准，使学校顺利通过各项检测。

2018年8月，双辽农场中学根据新的行政规划，划归双辽市管理。由双辽市财政拨款，对教学楼进行维修，将教学楼顶已有部分脱落的红瓦全部更换。

2018年11月，双辽市教育局为学校共安装了7个电子白板，使教育教学条件得到了进一步改善。

2020年，对包括教学楼在内的3栋房舍进行了全面维修，新建1个门卫室。在暑假前，完成了食堂（图5-1-3）、宿舍的维修改造，并投入使用。11月16日，教学楼整体恢复使用。

图 5-1-3　双辽农场中学餐厅（李润植摄）

二、历史沿革

1967年12月，双辽农场筹划建立中学，校址选在前衙门西北空地。

1970年7月，双辽农场中学正式建立，共有4个教学班，一年级2个，二年级2个。

1976—1979年，学校将初中学过英语的7名长春来双辽农场下乡的知识青年调入中学任英语课，还有农场返乡的优秀知识青年任课。在此期间，共有21名长春下乡知识青年在双辽农场中学任教，他们为双辽农场中学的教育做出了贡献。

从 1981 年开始，双辽农场中学的教师开始参加高师函授，农场进行了相应的鼓励规定，支持教师参加自学，并且在经济上给予支持，学习的各项费用全部报销，按正常出差补助费发放。

1983 年，学校开始调整办学体制，主要是变学科教研组为学年组。当时的 3 个学年组长都是长春知识青年，具备较强的能力。3 个学年组的教师，也都具备大循环教学的能力，分配均匀适当。

1994 年 11 月，双辽农场中学由三分场的前卫门老校址乔迁至新校舍。3 个学年组重组为语文、数学、外语、理化生（物理、化学、生物）、政史地（政治、历史、地理）及体音美（体育、音乐、美术）六个学科教研组。

1998 年 8 月，为了学校的教育教学等各方面事务便于管理，赵文超校长重新将学科教研组恢复为初一、初二、初三 3 个学年组，这种形式一直延续至今。

2000 年 6 月 12 日，经省人民政府开发区办公室批准成立四平辽河农垦管理区。由于改革的需要，双辽农场中学随同农场企业被划归为管理区管辖，同时更名为四平辽河农垦管理区双辽农场中学。

2005 年之前，学校教师分为国家财政开支的公办教师和农场场内开支的场办教师。2005 年之后，根据国家关于国营农场民办教师与国家教师同工同酬相关文件精神，实现了场内教师的同工同酬，并于 2011 年，实现了场办教师身份的转变，正式纳入国家教师编制。

2016 年，按国家六部委《关于印发农垦国有农场办社会职能改革实施方案的通知》（农垦发〔2016〕1 号文件）执行情况，明确将辽河垦区的 5 个国营农场按属地分别整体划转给梨树县和双辽市。2018 年 4 月，双辽农场中学归属双辽市教育局管辖。

三、历届领导更迭情况

1970 年 7 月，张培德任双辽农场中学革命委员会主任（校长）。

1978 年，白玉厚任双辽农场中学校长。王宝琢任党支部书记。

1982 年，语文组组长王维范被提拔为副校长，主管教学教研。

1983 年，王维范任校长。

1989 年，王富任校长。宫会任党支部书记。

1989 年 8 月，李万财任校长。

1990 年，刘元祥任校长。

1992 年，庄英才任副校长主持工作。刘岚春任副书记。

1994 年 9 月，李宗江从新立中学调入任校长兼党支部书记。

1998 年 8 月，赵文超任校长。李宗江任专职党支部书记。

2005 年 6 月，白长林任校长。邓中云任党支部书记。

2014 年 4 月，王玉久任校长。蔡向东任党支部书记。

2021 年 2 月，许学军任校长。孙志军、丁云才任副校长。

四、教学成果

1983 年，双辽农场中学应届初中毕业生第一次参加吉林省中考统考，有 12 人升入双辽重点高中。

1984 年春夏之交，学校实行了毕业班全体学生住校管理，每晚安排两位老师进行辅导。这一举措大大地增加了学生们的有效学习时间，同时激发了学生们的潜能，使学习效果得到了明显提升。当年升学人数也有了新的提高，有 16 人升入双辽重点高中。

1985 年，由于农场中学继续实行毕业班学生住校管理，当年参加"中考"的 59 名学生中，有 33 名升入双辽一中，1 名升入梨树师范学校。1985 年是农场中学建校以来，中考升学人数最多的一年。

1987 年，双辽农场中学开始搞实践教育。活动内容有养殖、水稻育苗、食用菌栽培，培植速生丰产林。秋季开学后不久，学校进行了一次教学反馈，效果良好。

1991 年，出版了油印校刊《春华秋实》，主编高殿鹏。

1999 年 8 月，为全面提高教学质量，全校每周由双休改为单休，学生全员住宿，实行半封闭式管理。

2002 年，中考成绩在全双辽市名列前茅。8 月份开学新生报到时，学校门口出现车水马龙的景象。通过入学考试优先录取新生，生源除本场内学生外，很多来自新立、双山、乌兰、桑树台等周边乡镇甚至市里。学校有学生近 600 人，达到空前的办学规模。

2011 年，在双辽市初三考前测试中，总成绩位居全市榜首，其中语文平均分 112.3 分，超过多所学校的最高分。2011 年，双辽农场中学的中考成绩在双辽市名列前茅。王婷婷同学以总分 586.3 分进入双辽市前 20 名。

2013 年，在双辽全市（各校、各科中考平均分统计中）排名第一。

2014 年，参加中考 45 人，升入双辽一中 25 人，其中曹书宁同学以 583.25 分位居全市第三名。

2017 年，参加中考 61 人，升入双辽一中 20 人。

2018 年，参加中考 64 人，升入双辽一中 18 人。

2021 年，学校没有受新型冠状病毒感染疫情的影响，尽最大努力，创造条件，开展网上教学，既克服了学习方面的重重困难，又保障了学生们的身心健康。参加中考 48 人，考前体育测试 2 人满分，升入双辽一中 16 人、双辽二中 17 人、双辽市卧虎职业中专 15 人。

五、长春知识青年对双辽农场基础教育的贡献

农场中学曾经有过两个师资和教育教学质量高峰期，都与长春知青密切相关。

（一）第一个高峰期

1972 年前后，抽调到农场中学任教师的知青以高三毕业生为主。例如，杨慧、王珏、袁胜先、张志平等，他们毕业于长春市重点高中，分别任课物理、化学、数学、语文。他们文化水平高，学识渊博，爱岗敬业，头脑聪慧，传授知识能力和责任心强，受到全县同行和本校学生的连连称赞。

（二）第二个高峰期

1977 年恢复高考后，全国各级各类学校迅速恢复了按考试成绩招生录取的传统制度。各省、市、县恢复了重点初中和高中。面对如此发展形势，家长对孩子的学习成绩和教师的教学质量水平，给予了高度关注。考入县城重点高中的学生数量多少，也成为评价一所学校教学质量高低的主要标志。

1977—1980 年，农场中学因为师资力量不足，教学质量处于低谷。因此，许多农场小学生宁可转到双山、桑树台中学读书，也不来农场中学读书。

为提高农场中学的教育教学质量，农场党委决定，抽调长春知识青年充实加强农场中学力量，以期改变落后局面，摆脱困境。为此，先后抽调了赵敬生、王鸿举、王春台、李肖毛、赵文超、纪述志、李迎春、董世坤、高殿鹏、李雨林、徐卫东、张凤兰、李白薇、袁洪勤等到农场中学任教。他们具有较强的教学能力和组织能力，以及丰富的教学经验。

1978 年秋，农场中学成立了第一个实验班（班主任老师跟班走），李肖毛任班主任。经过三年的不懈努力，该届毕业班在 1981 年中考中取得了语文平均分、英语平均分、升学率全县第一的优异成绩，实现了历史性突破。从此，农场子弟再没有人外出读初中。相反，周边公社学生纷纷到农场中学读初中。

从 1983 开始，学校调整了办学体制，主要是变学科教研组为学年组。当时 3 个学年组组长都是由长春知青担任，具备较强的教学和组织能力。其中，李肖毛任初一学年组组长，纪述志任初二学年组组长，袁洪勤任初三学年组组长，是大循环。3 个学年组的老师也具备了大循环的教学能力，分配均匀适当。从新生入学初一开始教起，到初三中考毕业

结束。这种方式方法，极大调动了任课老师的积极性和工作热情。中考成绩的好坏高低，是检验教师三年来教学质量的试金石，调动了参与大循环任课教师的积极性，掀起了学校内部"比、学、赶、帮、超"的局面。农场中学的多年教学实践和中考成绩证明，三年一循环的教学体制改革是科学正确的。农场中学的教育教学质量迅速提高，取得了前所未有的中考好成绩。

为此，语文教师王维范被提拔为副校长，长春知青纪述志被提拔为副校长。农场党委奖励校长白玉厚一套三间住房。

农场中学教育教学质量的迅速提高，使大批农场子女考入县城重点高中，再升入高等学府或名牌大学深造，从此改变了一生的命运。农场有很多孩子，因此而走出了农场，毕业后找到了一个理想的工作单位，回馈了父母含辛茹苦的养育之恩，同时也给农场莘莘学子带来巨大的鼓励和鞭策。其中，董愚、王澍、吕南、安伟、王凤、牛思宇、杨晓林等，就是其中的佼佼者。长春知青教师是铺就这条康庄大道的最有功者。

1998年8月，赵文超任农场中学校长，为提高教学质量和巩固教学成果，他重新将学校教研组恢复为初一、初二、初三3个学年组，这种形式一直延续至今。截至2014年，在双辽市的应届中考中，各学科考试成绩及升学率连续七年居双辽市农村中学之首。

根据教学工作需要，结合本校实际。1978年，场党委从长春知青中选拔了具有一定英语基础、口语好、素质高的李白薇、张凤兰、徐卫东、纪树志、李雨林到农场中学任英语教员，同时成立英语组。他们扎实的基本功和勤学互助的教研风气，使英语学科的中考成绩在双辽屡次中考中强势夺冠。

1978年3月，经双辽农场党委推荐，徐卫东和纪述志两位长春知青去上海参加由国家农垦部主办的英语培训班学习。经过7个月的英语培训，结业合格、身体健康的前往美国衣华州农场学习养猪、农业技术栽培等，学习时间为一年。一年后学成归来，他仍然回到农场中学教英语。纪述志英语结业合格，后因为身体检查有问题，错失了去美国学习的良机。

从1981年开始，农场领导很重视农场中学师资水平的再提高，当时正值吉林省函授学院面向全省中学老师招生，经考试合格后，参加函授学习。农场领导进行了相应的鼓励规定，支持教师参加自学考试，并且在经济上给予支持，学习各项费用全部报销，按正常出差发放补助费。在这些优厚的鼓励政策鞭策下，经过五年的刻苦学习，知青王鸿举获得数学本科毕业证书。知青董世坤、李肖毛、袁洪勤获得中文本科毕业证书。

在1979年双辽县招收140名公办老师考试中，长春知青王春台、李肖毛、赵文超、王鸿举、李白薇、袁洪勤顺利通过考试，转为国家公办教师。其中，王春台、李肖毛考试成绩为县第二名、第三名，为农场争得了一份荣誉。

在政治思想教育上，农场党委对知识青年教师的进步成长给予了热切的关怀和培养。在 1985 年全国第一个教师节前，农场党委根据李肖毛、袁洪勤的一贯表现和政治思想进步的实际情况，破格批准他们成为中国共产党预备党员。

六、办学宗旨及师资力量

（一）办学宗旨

让学生开心　让家长放心　让社会满意

校风：勤奋进取　文明和谐

教风：严谨博爱　善教学生

学风：勤学善思　探究笃行

（二）师资力量

从建校初至 2000 年，共有四批教师成为学校教师队伍的主力军。

第一批：建校之初，从场内抽调以吉林省农业学校（九站农校）毕业生为主的教师。

第二批：20 世纪 70 年代，以上山下乡的老三届吉林省长春知识青年为主的教师。

第三批：20 世纪 80 年代，以场内双辽一中高中毕业生为主的教师。

第四批：20 世纪 90 年代至 21 世纪 20 年代，以吉林省梨树师范学院毕业生为主的教师。

每年学校教师均参加各级各类相关培训，均达到每学年要求培训学时。2014—2016 年，全部教师分三批完成第一轮国培计划任务并结业。

七、荣誉

多年来，在双辽农场党委和当地教育局的领导下，学校标准化建设工作逐步取得成效，先后获得"吉林省电教工作先进单位""四平市德育先进单位""辽河农垦管理区教育教学工作先进单位""辽河农垦管理区先进基层党组织""辽河农垦管理区先进工会""双辽市教学提升先进单位"等荣誉（图 5-1-4）。

图 5-1-4　双辽农场中学所获荣誉

第四节 小 学

一、学校基本情况

双辽农场小学始建于 1950 年 3 月，前身为衙门屯朝鲜族小学，1959 年后改为双辽农场小学。1963 年，改为双辽农场中心小学（图 5-1-5、图 5-1-6）。

图 5-1-5 双辽农场中心小学大门（李润植摄）

图 5-1-6 双辽农场中心小学操场

双辽农场中心小学校现址为长通公路南，双辽农场三分场与双辽农场总场场部交接地带。四周绿树掩映，生态环保。双辽农场中心小学占地面积 25000 余平方米，其中绿化面积 7000 余平方米，建筑面积 2900 平方米，体育场面积 8400 平方米，篮球场地 3 个，足球场场地一个，少年宫活动大厅一个。2021 年，下设 4 个分校，一个中心幼儿园，其中中心校教学班级 12 个，学生 500 余人，教师 62 人。

2021 年，双辽农场中心小学有教学班 13 个，教师 40 人，学生 240 人。此外，下设三个分校：一分校（双辽农场一分场）教师 3 人，学生 3 人；二分校（双辽农场二分场）教师 9 人，学生 35 人；三分校（双辽农场四分场）教师 3 人，学生 3 人。

二、历史沿革

双辽农场小学是在衙门屯朝鲜族小学基础上建立的。1959 年暑期开学后，双辽农场在场部所在地成立双辽农场小学，有两栋青砖瓦房，每栋五间教室，共 300 平方米。衙门屯朝鲜族小学师生全体迁移到双辽农场小学，并开始招收汉族班在附近新立、三合、双山等乡镇读书的学生相继回到双辽农场读书。1961 年 7 月，第一届双辽农场高小毕业生只有 11 名。张德才、曹桂荣同学以优异成绩考入位于双辽县双山镇的双辽第三中学。1964 年初中毕业后，张德才回到了家乡，先后担任小学教师、农场政工干部、组织科长、副场长等。

1963 年，双辽农场小学改为双辽农场中心小学，共设 1～6 年级六个教学班，每个班 30～40 名学生；双辽农场四个生产大队分别成立初级小学，每个小学只设 1～4 年级。后来，双辽农场中心小学和四大队小学增设初中班。

1967 年 7 月，双辽农场中心小学在场部老供销社西侧选新址，新建 2000 余平方米的砖瓦结构校舍。该校舍为周边农村最好的校舍。

1970—1978 年，双辽农场中心小学改为二大队小学。总场设教育组管理各大队学校。

1979 年 8 月，在二大队小学的基础上，恢复双辽农场中心小学。总场投资扩大学校规模，相继建设校舍 1000 余平方米，开设 18 个教学班。同时，办育红班（即幼儿班），初期有大、中、小三个班，后改为托儿所，并逐步扩大，解决了职工的后顾之忧。其中，中心校设南岗子教学点，一分校设西坨和博爱教学点。

1992 年 8 月，成立博爱分校。

1996 年，双辽农场根据小城镇建设的需要，在新场部及现大理石新区，成立了双辽农场中心小学，新建校舍 1400 平方米，占地面积 25000 余平方米。同时，将原三分校（校址在前衙门）与中心校合并，原场部中心小学更名为双辽农场二分校。

2004 年，双辽农场中心小学根据双辽农场管理体制变更划归辽河管理区教育局管理。

2018 年 4 月，双辽农场划归双辽市管理，双辽农场中心小学由双辽教育局管理。

三、组织沿革

历任校领导班子

1950—1959 年 7 月，双辽县衙门屯朝鲜族小学校长裴东珠（朝鲜族）；

1959 年 8 月—1966 年 12 月，双辽农场中心小学校长裴东珠（朝鲜族）；

1967 年 1 月—1969 年 12 月，校长王富；

1970 年 1 月—1975 年 7 月，双辽农场第二生产大队小学负责人石宝光、李登富（工宣队相结合进入学校班子）；

1975 年 8 月—1979 年 7 月，双辽农场第二生产大队小学校长李森林；

1979 年 8 月—1982 年 7 月，双辽农场第二生产大队小学恢复双辽农场中心校，校长尹逊科，辛凤桐兼任党支部书记，副校长齐淑云，教导主任曲兴远；

1982 年 8 月—1990 年 7 月，双辽农场中心小学校长王富，党支部书记白玉厚，副校长郭殿恩；

1990 年 8 月—1991 年 7 月，双辽农场中心小学校长宫会，党支部书记白玉厚，副校长郭殿恩，教导主任肖雨勤，后勤主任喻判福；

1991 年 8 月—1992 年 7 月，双辽农场中心小学校长郭殿恩，党支部书记宫会，副校长杨喜林，教导主任肖雨勤；

1992 年 7 月—1993 年 2 月，双辽农场中心小学负责人杨喜林，党支部书记宫会，教导主任肖雨勤；

1993 年 3 月—1998 年 7 月，双辽农场中心小学校长赵文超，党支部书记刘岚春，副校长杨喜林，教导主任肖雨勤；

1998 年 7 月—2001 年 12 月，双辽农场中心小学校长杨喜林，党支部书记刘岚春，副校长刘成伟，教导主任祝荣华，后勤主任赵广文；

2002 年 1 月—2014 年 4 月，双辽农场中心小学校长刘成伟，党支部书记孙宝兰，副校长姚永存（2007 年调出），副校长张春雨（2010 年调出），副校长于世英（2008 年任职），副校长刘海峰（2010 任职），教导主任祝荣华（2007 退休），教导主任辛亚凤（2007 年任职），后勤主任赵广文，少先大队辅导员刘岩；

2014 年 5 月—2020 年 12 月，双辽农场中心小学校长刘成伟，党支部书记白长林，副校长于世英，副校长辛亚凤，工会主席刘岩，后勤主任赵广文；教导主任王建勇、夏艳文。

2021 年 2 月 28 日，双辽市教育局小学校长岗位交流，双辽农场中心小学校长刘成伟到双辽种羊场任校长，双辽种羊场中心小学校长韩红伟到双辽农场中心小学任校长。教导主任刘英辉。

四、队伍建设

双辽农场中心小学师资力量雄厚。全校教师 56 人，其中中师学历 2 人，专科 21 人，本科 32 人；高级教师 10 人，一级教师 25 人，二级教师 21 人；县级骨干教师 35 人，市级骨干教师 3 人。

1998 年，翟淑霞被吉林省农垦局授予先进教师称号。

"十一五"期间，刘成伟为四平市骨干校长；庄敏为四平市优秀教师；张荣光四平市扫盲先进个人；辛亚凤、赵宇环为四平市骨干教师；夏艳文为吉林省优秀少先大队辅导员；刘英辉获四平市班主任和谐育人征文一等奖；于世英获吉林省音乐基本功大赛一等奖。

"十二五"期间，刘成伟被遴选为吉林省首批专家型校长培养对象（2012—2014 年）期间，多次参加吉林省百名专家型校长的培训学习、参观访学；2013 年 1 月，学校被吉林省教育厅确立为吉林省农村校长义务培训基地校；同时，刘成伟被省教育厅聘为吉林省农村校长义务培训基地校研修导师，被聘为吉林省小学语文黄宝国名师工作室成员；2012 年10 月，刘成伟参加了教育部天津影子校长培训班跟岗学习；2013 年 10 月，参加教育部第八期中西部农村小学校长研修班；2014 年，参加教育部第 61 期全国小学骨干校长高级研修班学习；翟淑霞、张颖被授予四平市教书育人模范；辛亚凤为四平市优秀教师；岳进为四平市学雷锋先进个人；张淑霞为四平市未成年人思想道德建设工作先进个人；杨明书为辽河农垦管理区教学能手；刘英辉辽河农垦管理区教学标兵。

"十三五"期间，刘成伟被聘为四平市基础教育校本科研特聘专家，被聘为吉林省李凤华名校长工作室成员，被授予四平市科研型名校长，被评为四平市优秀教育工作者；辛亚凤、李春英、田永梅为四平市骨干教师。

五、学校大事记

1959 年，双辽农场将原来衙门屯朝鲜族小学迁址到场部，开设汉族班，成立双辽农场小学，至 1963 年 3 月开学，变完全小学。从 1959 年秋天开始，陆续接回在新立、三合小学就读的农场子弟。

1966 年 8 月，由于适龄儿童不断增加，原有校舍已经很难满足教学需要，经双辽农场党委会研究，选场部所在地供销社西侧为双辽农场中心小学校址。双辽农场中心小学占地 15000 余平方米，由省农业厅投资，新建砖瓦房 1500 余平方米，是当时双辽农场，也是周边最好的房舍。

1968 年 10 月—1979 年 7 月，双辽农场中心小学更名为双辽农场第二生产大队小学。各大队小学归大队管理。

1979 年 1 月，在原第二生产大队小学的基础上，恢复双辽农场中心小学。下辖四个分校及三个教学点，学生总数 2600 余人，学校教育教学管理进入了发展的快车道，一大批优秀的长春知青和当地的优秀青年成为学校教学骨干，总场也对教育大力投入，设施设备比较先进。

1991 年，随着博爱分场人口的增多，双辽农场设立了博爱分校。建校之初，有 4 个教师，教学班级 3 个（实行隔年招生），学生近百人。

1995 年，双辽农场党委在新区开始筹建双辽农场中心小学新校址，新建校舍 1200 平方米，辅助用房 300 平方米。1996 年 7 月，双辽农场中心小学校正式迁址，将前衙门的三分校同时撤并，原场部学校更名为双辽农场二分校。

2008 年，建立双辽农场中心幼儿园，2014 年与四平市政府机关幼儿园，结成手拉手联谊园，新建幼儿园舍 437 平方米。

2011 年 7 月，光明支教团 17 名大学生利用暑假来到双辽农场中心小学支教，领队为吉林大学学生会副主席王铮，加拿大西安大略大学的殷雨佳、英国萨里大学的刘洋洋、美国南新罕布尔大学的周子皓等 17 名大学生陪孩子们度过了两周的假期。

2011 年，辽河农垦管理区投资 37 万元，新建双辽农场中心小学校舍 456 平方米，改善了教师办公条件，解决了图书室、科学实验室用房；新建了双辽农场三分校 221 平方米和双辽农场二分校 263 平方米教学用房。

图 5-1-7　加拿大大学生殷雨佳与校学生合影

2012 年，辽河农垦管理区投资 21 万元，新建双辽农场中心小学校舍 500 平方米，解决了校乡村少年宫，音美专用教室和多媒体教室。

2013 年 1 月，双辽农场中心小学被吉林省教育厅确立为吉林省农村校长义务培训基地校。

2013 年 4 月，双辽农场中心小学被吉林省差点教育研究会确立为"差点教育"实验校，学校正式开始"差点教育"的办学理念研究。

2013 年，辽河农垦管理区投资 70 余万元，对双辽农场中心小学和幼儿园的基础设施、设备进行了补充和更换，极大地改善了办学办园条件，深受广大家长们的称赞。

2015 年 1 月，全国第十届、第十一届全国人大代表、吉林省教育学院副院长龚玲来校调研。

2016 年，辽河农垦管理区维修改造了双辽农场二分校 220 平方米和双辽农场一分校 510 平方米教学用房。

2016 年 4 月，辽河农垦管理区教育局在双辽场中心小学召开了全区迎国检现场会。

2016 年 6 月，四平市政协副主席刘忠宝，四平市教育局党委书记、局长赵青山，政府副秘书长李宁源、教育局调研员刘绍国一行来双辽农场中心小学检查学校均衡发展情况。

2016 年 9 月，双辽农场中心小学获辽河农垦管理区艺术节会演一等奖。

图 5-1-8　双辽农场中心小学参加辽河农垦管理区艺术节会演

2016年10月，辽河农垦管理区投资144万元新建塑胶跑道及操场硬化项目正式完工。

2017年5月，辽河农垦管理区委书记王佰营来双辽农场中心小学调研。

2018年4月20日，双辽农场中心小学，正式由辽河农垦管理区划出，归属双辽市教育局管理。

2018年7月，双辽市副市长栾波、教育局副局长刘元春、纪检书记殷志柱，来双辽农场中心小学检查工作。

2019年6月，双辽市关工委主任胡续源、副主任李国林等来校检查儿童之家情况。

图 5-1-9 《吉林双辽农场志》主编刘连成、副主编任永庆到双辽农场小学采访（李润植摄）

六、办学理念、校训、校风、学风、教风

学校办学理念：差点教育——为每个孩子的幸福人生奠基（尊重差异，研究差点，缩小差距，共享差别）

校训：做最好的自己

校风：教书育人，读书做人

学风：诚实友爱，善学尊师

教风：严谨求实，乐教爱生

校歌：《雏鹰起飞在松辽大地上》，于世英作词作曲。

七、取得的荣誉

2002年10月，双辽农场中心小学被双辽市教育局授予毕业年级先进单位称号（学校毕业年级成绩名列第五）。

2005—2017年，双辽农场中心小学被连续评为四平市辽河农垦管理区教育教学先进单位。

2006年3月，双辽农场中心小学被四平市教育局评为2001—2005年度教育科研先进单位。

2009年12月，双辽农场中心小学被吉林省教育学会评为2007—2009年度教育学会系统先进集体。

2011年7月，双辽农场中心小学党支部被中共辽河农垦管理区委员会授予先进党组织。

2012年11月，双辽农场中心小学被四平市教育局、四平市环保局评为市级绿色学校。

2012年12月，双辽农场中心小学被四平市教育局评为2010—2012年度中小学德育工作先进单位。

2013年2月，双辽农场中心小学被四平教育局评为四平市中小学校园文化建设示范校。

2014年9月，双辽农场中心小学取得四平辽河农垦管理区全区田径运动会小学组第二名。

2015年1月，双辽农场中心小学被吉林省教育厅评为绿色校园。

2015年3月，双辽农场中心小学被四平市教育工会授予先进工会。

2015年9月，双辽农场中心小学被吉林省公务员局、吉林省教育厅授予吉林省教育系统先进集体。

2015年12月，双辽农场中心小学被四平市委宣传部、四平市教育局评为全市未成年人思想道德建设工作先进单位。

2017年1月，双辽农场中心小学被四平市精神文明建设委员会评为2013—2016年度全市文明单位。

第二章　卫　　生

第一节　卫　生　所

双辽农场建场初期，是以解放战争中受伤的残疾官兵为主体的荣军农场。他们中的大多数人，在解放四平战役和辽沈战役中身负重伤不能重返战场，响应党中央和中央军委号召来到偏僻的吉林省双辽县垦荒建场。为确保他们的身体健康，早在辽西省荣军农场（双辽农场前身）建场时就成立了卫生所。第一任所长（1949—1950年）刘殿瑛兼医生，医生曹庆吉，他们都是荣军战士；第二任所长张炳炎（1951年），在解放战争中失去一只胳膊，被称为"独臂医生"；第三任所长姚志新（1952—1953年），副所长曹庆吉。医护人员8人；第四任所长曹庆吉（1954—1961年）。

1949—1961年，卫生所主要负责全场职工家属（侧重荣军）的卫生保健、防病治病，同时也为当地群众治病。

第二节　职工医院

1972年，随着双辽农场的逐渐发展壮大，区域人口的日益增加，卫生所远远不能满足全场职工家属防病治病的需要。双辽农场党委经请示双辽县卫生行政部门批准，成立了双辽农场职工医院。各农业生产大队设立卫生所。院长由原卫生所所长曹庆吉担任。

国营双辽农场职工医院坐落在场部中心（老场部二分场所在地）。红砖瓦房，占地面积6000余平方米。门前有两棵大柳树，房后两行大杨树，院内几十棵高大挺拔、枝叶繁茂的糖槭树，周围小榆树种植成墙。每逢春暖花开季节，院内大花池中的花草争相斗艳、芳香四溢，令人心旷神怡、赏心悦目。

职工医院服务于广大患者，场内职工全部公费医疗，家属半价（特殊情况免费）。从1972年建立以来，不断壮大。20世纪70年代初具规模，医护人员达30余名，设有门诊（全科一诊室、二诊室、三诊室）、妇产科、齿科、眼科、中医科、防疫科（卫生组）、注射室、处置室、药房、检验科、放射线科（超声、心电图）、财会科、住院部等 15 个科室及一个制药厂。住院部有 3 个病室，10 张病床。

院内的医务人员中，有许多业务骨干，他们精通业务，医技娴熟、责任心强，深受广大患者的爱戴和院内医务人员的敬仰。检验科医生熊志光（荣军）自学成才，热爱学习，刻苦钻研，工作认真负责，业务精益求精，性格开朗，常助人为乐，深受众人好评（详见熊志光材料）；药剂师鄢德文，毕业于沈阳医药学院药学专业，既有牢固的药学理论基础，又具备丰富的制剂、制药经验，是职工医院难得的人才。他负责药房调剂、药厂制药处方的配比、药品生产、药品检验及动物实验等全过程的指导监督，保证了所生产药品的有效性和安全性。特别是以鹿副产品［鹿胎、鹿茸血和鹿茸、鹿心、鹿角帽（也叫作"鹿花盘"）］为主的中成药，深受广大患者的青睐。妇产科医生李淑琴，具有丰富的产科接生和妇科疾病的临床诊治经验。建院之初，妇产科医生只有她一人，她忙里忙外，还经常亲临产妇家里接生。她热衷于妇产工作，热心服务于群众，任劳任怨，和善可亲，是一位让领导放心、群众满意的好医生。检验科医生杨晓星天资聪颖，敏而好学。1972 年调入职工医院后，杨晓星在检验科医生熊志光的指导带领下，从事临床检验工作。他虽身患脊髓灰质炎后遗症，走路靠双拐支撑，行动不便，但他身残志坚，刚毅好学，仅仅半年时间就掌握了大量医学基础理论知识和临床检验技能并独立开展工作。除血、尿常规检验外，根据临床工作实际需要，他还自学并开展了部分生化检验和免疫学检验，从而扩大了检验范围，增加了检验项目，为广大患者提供了方便，同时为临床医生提供了大量准确可靠的诊断依据。中医内科医生赵锡延，毕业于长春中医学院。内科医生李秀媛毕业于吉林省白求恩医科大学，梁玉清毕业于吉林医科专科学院。外科医生张达生来自郑家屯铁路医院，"6.26"下派到农场职工医院做医生。外科医生杨忠金毕业于长春卫生学校。石淑云原是郑家屯铁路医院儿科医生，"6.26"下派农场职工医院。护理科护士长刘慧志（荣军）。防疫科医生孙喜林毕业于四平卫生学校。他们除完成本职工作以外，为方便患者，经常步行到附近的西山、窑地等村屯职工家中，为行动不便的患者看病、打针。

这一时期农场职工医院各科室人员配置如下。

X 光室：熊志光。化验室：杨晓星。处置室：刘慧志、郝占星。助产室：李淑琴。内科：杨忠金、申淑芹、李秀媛。中医科：赵锡延。防疫科孙喜林。手术室：杨忠金、葛晶。药房：金桂贤。财会室：夏淑珍、杨桂兰。

到 1990 年，农场职工医院已经发展为集医疗、预防、制剂于一体的党团组织健全的农村综合医疗卫生机构。全院共有职工 43 人。其中书记 1 人；团支部书记 1 人（兼）；财务 2 人；后勤 2 人；药厂工人 7 人；卫生技术人员 31 人。中级职称 6 人，初级职称 25 人，其中助理（师）级6人、士（员）级19人。设有门诊（全科一诊室、二诊室、三诊室）、妇产科、眼科、口腔科、中医科、药房。另有检验科、放射线科（超声、心电图）、电诊科室、卫生防疫组、后勤组。住院处设2个病室，8张床位。在原有一、三、四、五分场卫生所的基础上，增设了采石场卫生所。

第三节　卫生防疫组

职工医院卫生防疫组的职责是，在上级卫生行政部门和卫生防疫机构（双辽县卫生防疫站）的领导下，负责卫生防疫工作，并根据卫生防疫工作计划，按标准完成各项工作任务。

1. **灭鼠拔源**　中华人民共和国成立初期，东北地区鼠疫流行，给东北人民带来了很大的危害和灾难。为了防治鼠疫，保护人民群众身体健康，各级党和政府都建立了专业性的鼠疫防治机构和队伍，并积极采取有效措施，消灭传染源（灭鼠）。这里所说的"鼠"，指的是黄鼠（大眼贼），它是鼠疫杆菌的主要宿主。只有把黄鼠密度降下来，才能有效控制鼠疫疫情的发生。根据国家卫生部有关要求，在全国历史鼠疫疫区，打响了"灭鼠拔源"的战争。

双辽县是历史鼠疫疫区，灭鼠工作任务艰巨，形势严峻。20世纪70年代，职工医院防疫组人员根据实地调查结果统计，农场区域内，黄鼠密度平均达到每十公顷2.3只。和其他乡镇比，密度较高，风险较大。每逢春夏秋季节，按照场党委的统一部署，各分场从每个生产小队中抽调6～8人组成分场灭鼠队，在辖区内捕鼠（野外黄鼠）。捕鼠的方式以布放夹子为主，烟炮为辅。夹子是金属制作的弓形捕鼠工具，具有制作成本低、经久耐用、小巧玲珑、携带方便、实用性强等特点，当地人称这种夹子为"对撸子"。烟炮的灭鼠原理是，将点燃后的烟炮放入黄鼠洞内，用烟熏的办法使黄鼠窒息而亡。因烟炮的使用成本高，且有一定的盲目性，造成无必要的浪费。使用3年后，陆续被淘汰。到了20世纪80年代初，为有效控制和降低黄鼠密度，早日达到国家"拔源"标准（每十公顷0.5只以下），场党委按照"全民参与、综合防治"的要求本着"有鼠灭、无鼠防"的原则，利用会议、广播、传单等形式，宣传群众，教育群众，增强人民群众的自我保护意识并自觉参与"灭鼠拔源"行动，果断采取了行之有效的激励措施。全场范围内，每人每灭掉一只黄鼠奖励一元钱（以活鼠或鼠尾为据）。活黄鼠送到医院的指定地点，进行消毒、采血，标本由县防疫站派专人取走，进行细菌学检验。死鼠（不明死鼠要立即报告并送检）就地掩埋。这一举措收到了立竿见影的效果，受到了县防疫站的表扬。

2. **计划免疫工作**　计划免疫是按照科学免疫程序，有计划地利用疫苗接种于婴幼儿体内，确保被接种者获得可靠的免疫力，预防相应传染病发生。在卫生组工作人员监督指导下，各分场卫生所承担本分场计划免疫工作，职工医院负责场部及场直各单位、二分场在内的计划免疫工作。具体工作是：0～7周岁的婴幼儿和儿童登记造册；按免疫程序和时限要求，按时完成接种任务；按保存条件要求，保管好疫苗以免造成浪费；做好统计并及时上报。那个时期基础免疫的主要疫苗有：卡介苗（预防结核病）、百白破疫苗（预防百日咳、白喉、破伤风）、麻疹疫苗（预防麻疹）、脊髓灰质炎疫苗（预防小儿麻痹症）。因当时分场各小队和场直各单位都配备了卫生员，使这项工作得到了顺利开展，有效地遏制了相应传染病的发生。1980—1990年，全场范围内连续10年，无一例相应传染病的发生。

3. **食品卫生管理**　加强食品卫生管理，提高食品质量，防止食品污染，确保食品安全，预防食物中毒是食品卫生管理的中心任务。进入20世纪80年代后，小卖店、饭店、食品加工厂、雪糕厂、酒厂等食品加工、生产企业及销售网点不断增加，给管理工作带来了沉重负担。卫生组工作人员经常骑着自行车，不辞辛苦地奔赴五个分场和场部所在地包括二分场，对食品经销网点、饭店、食品加工厂、冷饮厂、酒厂等进行监督检查，发现变质、发霉、污染、过期的食品及食品添加剂，立即销毁。无照经营者，责令其关门停业。从业人员进行健康检查，符合要求者办理健康证，持证上岗。坚决杜绝体检不合格人员进入食品企业及销售网点，并为符合标准的饭店、卖店及食品企业办理卫生许可证。在上级有关部门的大力支持下，经过两年的全面治理和整顿，使这些食品企业和生产经营单位及从业人员规范了职业行为，极大地提高了食品的安全性，连续十余年，未发生过食物中毒及食品安全事故，确保了人民群众的身心健康。

4. **学校卫生管理**　学校卫生是公共卫生管理不可忽视的一部分，也是公共卫生管理工作中的重中之重。为响应县卫生防疫站的号召，从1985年起，职工医院为全场中小学校建立"学生健康档案"。经医院领导同意，卫生组组织本组人员，并在本院有关科室人员的积极配合下，带着小型X光机，深入各分场小学校、场部中心校和农场中学，进行健康检查，并建立学生健康档案，受到了师生及学生家长的赞扬。在一分场小学健康检查中，发现了两例学生患有先天性疾病，其中一例病情严重，须手术治疗，否则性命难保。医务人员立即向班主任老师做了汇报，并由校方与学生家长取得联系，及时为学生做了手术。学生的健康检查每年一次，确保发现问题及时解决。这一行动得到了广大师生们的赞许。

第四节　职工医院组织机构

院长：曹庆吉、杨忠金、曹中山、刘志平、王满堂、崔伟。

支部书记：白贵祥（兼）、刘志平、吕作岐、宫会、杨桂兰。

副院长：刘志平、杜尚奎、李镭。

合作医疗管理办公室：主任姚永利、李晓光。

医疗组组长：张达生、崔伟。

医生：杨忠金、曹庆吉、熊志光、赵锡延、曹中山、程莉玲、赵晶杰、李秀媛、申淑琴、孟凡洁、徐淑春、刘瑞琴、张达生、赵信、刘志平、梁玉清、石淑云、孙永林、杜尚奎、刘志平、王满堂、崔伟、王德厚、郭力军、李镭、杨晓星、孙喜林、张继荣、魏秀霞、李海凤、尚殿文、车贵荣、胡亚香、罗炳辉、杨桂娟、马光华、侯春霞、崔华山、梁志刚、宫文超、李晓红、李晓迁。

卫生组组长（防保所所长）：孙永林、李镭、李世民。

后勤组组长：鄢德文、车贵荣。

制剂室（药厂厂长）主任：鄢德文。

财务人员：张德才、夏淑珍、李鹏瑞、魏静娴、王丽珍、王兴发、孟宪凤、杨晓伟。

第五节　职工医院药厂（制剂室）

双辽农场职工医院制药厂始建于1970年10月，厂址设在卫生院对面的两栋砖平房内，占地面积1000平方米。厂长李江，药剂师鄢德文。场内优秀青年宋国才、何平（长春知青）、李迎春（长春知青）、柴秀英、关玉茹（长春知青）、常月坤、葛晶、王艳茹等为药厂工人。

建厂初期，厂房设备简陋，但干净安全。生产车间设有西药制剂、中药制剂两个车间。

西药制剂车间配设了水质净化蒸馏室、配药室、制药灌装室、高压灭菌室等。生产的西药有注射用水、5%葡萄糖注射液、0.9%氯化钠注射液、阿尼利定注射液、苯甲醇等职工医院自用药品。

中药制剂生产车间有切割、熬制、烘干、粉碎、制作、安检、包装等室。主要负责人是鄢德文。

虽然条件设备不够完善，但员工们在场党委的重视关怀和厂长李江、药剂师鄢德文的直接指导帮助下，大家刻苦学习，钻研业务，团结一心，努力工作。因条件所限，生产过程大多靠手工作业，工作场面真是热火朝天。职工医院制药厂生产的药品以鹿副产品为主。农场鹿场负责供应整只鹿胎、鹿茸血、鹿茸、鹿花盘、鹿心等。生产的风湿药酒、参茸五味子酒、全鹿丸、参茸丸、鹿胎膏、鹿心镇静丸、全鹿大补丸、八珍益母丸、柴胡注射液等中成药及中药制剂和西药氢氧化铝凝胶口服液等多种西药，在临床上得到了广泛应用，收到了较为满意的效果。该药厂生产的药品主要是自产自用，为职工医院临床使用上带来极大方便，基本满足了广大患者的需求，也为本院在药品采购方面，节约了大量资金，收到良好的社会效益和经济效益，得到场领导表扬，深受群众好评。

1997 年，根据农场党委总体改革方案，职工医院承包给职工。2021 年，与双山鸭场职工医院合并，院址设在双山鸭场，由双辽市卫生局直接管理。

第三章　文　　化

第一节　南腔北调　"联欢会"

双辽农场建场以来一直重视职工（荣军）的业余文化生活，通过开展各种文体活动，丰富职工家属的业余生活。建场初期，农场职工的组成是以荣军为主体，这些荣军来自全国各地，用"五湖四海"这个形容词来描述双辽农场的组成成分应该还算恰当。《毛主席语录》中曾有过这样一句话："我们都是来自五湖四海，为了一个共同的革命目标，走到一起来了。"荣军们来自全国15个省份，而以辽宁、吉林、四川、广东、广西、河南、河北居多。来自五湖四海的荣军们既带来了各地风俗，也发生了很多妙趣横生的故事。各种口音相互碰撞、各种酸甜苦辣的交集，使荣军这个大团体内部发生了许多开心的故事。大家相互谦让、相互理解、相互关照，呈现出安定团结的大好局面。开联欢会是共产党军队中的一个老传统，一直在荣军农场延续下来。联欢会的场景热闹非凡，欢声笑语，见证了垦荒人苦中有乐的生活。联欢会上有唱粤剧的，有唱豫剧的，有河北大口唠子，有说山东快书的，还有演东北地方戏的，也有唱山西小调的……此外，还有每逢集会的拉歌比赛，中华文化异彩纷呈的南腔北调在这里亲密地交织在一起。

第一任党委书记裴志夏是山西籍的老表。联欢会上大家呼喊着让他唱一段山西小调，他也不推辞，而是张口就来。人们虽然听不懂，但看他的表情，一定是在颂扬他们山西人民，不管他唱得好坏大家还是报以热烈的掌声。

每逢春节、国庆节或场庆的喜庆日子，总场都要组织专场文艺演出。最热闹的是春节，从场部机关到各大队都要组织东北大秧歌队，循环穿插表演，一支支秧歌队走屯串户，引来无数观众，好不热闹。

第二节　电　影　队

用现在的话说，什么事都在国营双辽农场先行先试。最先组建的电影放映队让周围的乡村望尘莫及。早在 20 世纪 50 年代初期，双辽农场让多才多艺的李文博组建了双辽农场的电影放映队。当时，放映队只有李文博和徐震师徒二人。第一场电影在场部院内的小广场播放。刚刚落日，职工家属们就迫不及待地来到广场等待，很快小广场就坐满了人。夜幕下播放的电影是《白毛女》，农村人第一次在家门口看到宽宽的白色银幕上出现活生生会说话的影像，脸上笑开了花，至此电影队在十里八村传开了。除了成为农场职工家属不可缺少的一项娱乐生活，也是职工家属了解国家大事，接受爱国主义教育的一种时尚文化。每逢演电影的日子，附近乡村的农民都会早早地赶到农场场部小广场占座位。后来，农场把放映地点挪到场部院墙外更宽阔的场地。人们像赶集一样汇聚在这里，等待观看。

随着农场各项事业的发展和人口的增加，农场放映队也充实了力量，从新招收的职工中选拔了一名叫李桂珍的女青年进入了放映队。李文博一个师傅带两个徒弟，大徒弟徐震成为主力。为了满足远离场部的各生产大队的业余文化生活需要，放映队开始在各分场（大队）巡回放映，师徒三人成为双辽农场家喻户晓的"名人"。每到一地，各分场（大队）职工食堂就像招待客人一样，多加两个菜，让他们吃好吃饱。他们还时常被附近的双山、新立、秀水等乡镇请去放映，成为座上宾。

第三节　文艺宣传队

双辽农场自建场以来始终重视职工群众的文化生活。20 世纪 50 年代中期，在建场初期的节日联欢会基础上成立的双辽农场文艺宣传队，经常深入各分场（大队）演出。最鼎盛时期是 20 世纪 60—70 年代，除总场有文艺宣传队外，各分场也有自己的业余文艺宣传队。文艺宣传队把双辽农场的先进模范人物事迹编成快板书、二人转、三句半、诗朗诵、话剧等在全场演出。其中，四大队职工张殿生一家的遭遇，被农场才子李文博编成话剧《张殿生的苦难史》。由总场文艺宣传队、二大队、四大队文艺宣传队先后在全场范围内演出，激发了全场职工家属不忘苦难史，热爱社会主义的情怀。

1966 年，长春知识青年的到来，给这个偏僻的荒原农场注入了新的生机。这里和省城相比，落后很多，信息闭塞，交通不便。自从长春知青来到这里，气氛一下子变得活跃起来，田间地头能听到歌声，知青宿舍里还不时地传出琴声和笛声。农场顺势而为地把具有文艺专长的长春知青充实到总场文艺宣传队，扩大了文艺队伍，增加了节目种类，提高了演出质量。其中，女高音刘英欣的唱功和歌唱家不相上下。他们唱的样板戏也很是有板有眼，赢得了广大职工交口称赞。

1968 年 10 月，在王绍文和张釜的带领下，活跃在长春市的"长春市中学红代会宣传队"部分宣传队队员来到国营双辽农场。到农场后，他们先给场领导表演了文艺节目，因演出水平较高，得到了农场革命委员会主任黄明玺的重视，破格招收这些有文艺特长的中学生为农工，全体并入到双辽农场文艺宣传队。这些人被安排到第五大队边劳动，边排练，边演出，他们的足迹遍布双辽农场及周边人民公社，受到老百姓的热烈欢迎。双辽农场文艺宣传队也多次受到县革命委员会的表扬。双辽农场文艺宣传队成员包括男女各 12名。男生：王绍文（话剧、歌舞、手风琴），刘继书（话剧、导演），徐明（主持、话剧、歌舞），宋德林（歌舞），赵久鸣（编剧、导演），薛治学（笛子），王全德（二胡），张惠斌（二胡），孟晓东（琵琶），郭瑞祥（扬琴），张釜（琵琶、扬琴），刘志宏（大提琴）。女生：王亚非（独唱、歌舞），贝绍菊（独唱、歌舞），曹阳（话剧、歌舞），张淑华（歌舞），崔桂琴（歌舞），傅逸洁（主持、歌舞），高乃莹（歌舞），张惠君（京剧、歌舞），苗鸿媛（歌舞），李亚兰（歌舞），杨铮（歌舞），贾立文（琵琶）。

1969 年，队长王绍文被安排在双辽农场宣传科任宣传干事，为宣传农场、宣传双辽做了大量工作。在他的组织下，双辽农场宣传队享誉双辽县乃至四平地区。他们除了在场内巡演，还参加县里的会演。每一次会演，农场队都能夺得第一名。此外，还有几位知青演员被县剧团收编。他们自编自演的歌曲《我的家乡双辽农场》，至今双辽农场职工群众仍在劳动中广为传唱。其歌词是：我的家乡双辽农场，田里水稻长得壮，稻花香歌声甜，天天把毛主席想，水稻离开太阳怎能生长，毛主席给我们带来雨露阳光。感谢您呀毛主席，您领导我们建设农场。

党的十一届三中全会后，双辽农场的业余文化活动在职工群众中悄然兴起，各分场都有一两支秧歌队、广场舞队（图 5-3-1）活跃在文化广场和村屯。

图 5-3-1　双辽农场机关舞蹈队

21 世纪 20 年代，每当夜幕来临，音乐响起，活跃在各社区文化广场上的人们便翩翩起舞。

第四章 体 育

双辽农场各届领导班子都非常重视职工群众的体育运动。场工会 20 世纪 50—90 年代，都会不定期地组织全场运动会。每逢双辽农场举行运动会，各基层单位都会派出通过层层选拔的优秀代表参加，吸引全场职工群众观看助威。

第一节 篮 球

篮球运动，是双辽农场群众性体育的重要活动之一。20 世纪 50 年代初期，荣军农场的场部机关科室就开始开展篮球竞赛活动，到 60 年代长春知识青年的到来，篮球运动达到了顶峰。每个分场（大队）都有自己的篮球队，每年总场都要举行比赛。

从 1969 学生放暑假开始，双辽农场职工篮球比赛连续举行了 5 年。这一时期，也是长春知青下乡到双辽农场人数最多时期，他们是双辽农场一年一度职工篮球比赛中的主力军。20 世纪 80—90 年代，虽然大批知识青年陆续返城，但这一活动从未间断。

每次篮球比赛提前半个月，农场工会组织就下发通知到全场各个单位。接到通知后，各单位立刻行动起来，组建由 12 人组成的篮球代表队。各基层单位的领导都十分重视每年一次的篮球比赛，统一购买了运动服和鞋，印上了单位名称和号码，并有计划地开始组织训练，有时还会到各大队之间进行邀请比赛，提前练兵，力争在比赛中取得更好的成绩。

每次篮球比赛共有 11 个代表队参加。五个分场（大队）均有代表队参加，再加上小学代表队，中学代表队，场部机关代表队，采石场代表队，综合厂和鸭场代表队。比赛规定首先进行小组循环赛，11 个代表队抽签决定分成两组进行大循环比赛。两组的前三名进入第二阶段循环比赛，按胜负场次积分，取前三名球队获奖。

在场部门前的广场上，设置了两个篮球场地。观看的人很多，有中小学生、附近的居民、邻近的几个大队职工等。各单位代表队的队员，服饰整齐，坐成一排观战，比赛场地被包围得水泄不通。

比赛前的准备工作，做得井井有条：用白石灰划成规范清晰的比赛场地、专业的篮球裁判员、计时计分员，以及正规的记分牌。

主裁判一声哨响，宣布比赛正式开始。双方队员投入到激烈的比赛之中。他们互相争抢，互相断球，攻防转换，互不相让。你一个三步篮成功得分，他一个虚晃过人低手上篮得分，他一个中投命中，你一个三分线外远投命中三分。

只要是双方投篮命中得分，场外的观众都会响起热烈的掌声和欢呼声，为双方的队员呐喊加油助威。

再看场上双方队员，精神抖擞，拼命抢断，力求发挥出自己的最佳水平，为自己的球队取得最好成绩。

按规定，比赛时间分上半场和下半场各 20 分钟。参赛队员都感觉时间过得很快，不知不觉半场结束了。

体育比赛总有胜负，11 个球队都打出了自己的特点和风格。赛前双方队员握手，结束时双方队员拥抱，真正体现了"友谊第一，比赛第二"的良好体育比赛风格。

每次历时三天的农场职工篮球赛结束，双方都会相互留下难忘的友谊情怀和精湛的球技。更重要的是，比赛培养了队员们勇于拼搏的精神，增强了团队的团结协作意识。

第二节 荒原上的灯光球场

双辽农场有灯光球场，这是不可想象的事。这源于一个人，那就是双辽农场第五届党委副书记（主持工作）曾宪山。曾宪山毕业于吉林农校，曾在梨树农场三塔分场工作多年。调入双辽农场后，他发现双辽农场人酷爱篮球，很多场直单位及分场有篮球架子，并有自己的篮球队。每年夏秋农闲之际，双辽农场都要组织篮球比赛，数量多时全场可达到十五六个球队。为了鼓励职工的这一爱好，也为了丰富职工的业余文化生活，他决定在场俱乐部门前建一个灯光球场。

建立之初，有一些干部职工曾提过意见。曾宪山却认为这是在活跃职工业余文化生活，是场党委与职工群众拉近距离的一种有效方式，并说服党委一班人要把这件事办好。很快 8 根铁管子竖起来了，并在上面安上了 8 盏碘钨灯，接通了电源。在灯光球场上的首场比赛是机关队对造纸厂队。比赛还未开始，闻讯而来的职工家属和学生便里三层外三层地把球场围了个水泄不通，一场球赛仿佛就像演一场大戏一样热闹。

以后持续多年，每当晚上听说有赛事，人们都是吃过晚饭早早地搬着小板凳来这里先占上地方，选好最佳观球位置。在每一场比赛中，每当出现一个好球，人们总是欢呼雀跃掌声雷动。

灯光球场只投资了几千元钱，由场工会负责管理，后期费用也只是换换灯泡而已。但它的外溢效应是很大的，它不但提高了双辽农场的知名度，丰富了职工的业余生活，也凝聚了建设农场的蓬勃力量。甚至有好多外乡镇的篮球精英也被破格吸收到各个基层单位的篮球队中。双辽农场篮球发展到鼎盛时期，那段激情燃烧的岁月至今仍留在双辽农场人的美好记忆中。

第三节　乒　乓　球

1972 年 6 月末，双辽县教育局决定在 1974 年暑假期间举行双辽县农村小学男女队篮球、乒乓球比赛，并要求各农村公社（农场）小学部自接到此通知时开始，迅速组建男女篮球、乒乓球参赛队伍，参加比赛活动。双辽县教育局强调："双辽农场经济条件较好，要承担赛事的一切准备工作。同时，县教育局和体委，在经济条件允许情况下，适当调配相关物资，如比赛用的篮球、乒乓球及球网等，确保首届篮球、乒乓球运动赛事圆满成功。"

接到通知后，双辽农场党委决定，抽调当时任一大队小学音体美教师、长春知青袁洪勤为专职乒乓球队教练。袁洪勤，从小热爱乒乓球活动，小学二年级开始学习打乒乓球，到初中毕业为止，多次参加基层比赛。到双辽农场以后，多次参加农场知青比赛和双辽县职工比赛，积累了一定的打乒乓球经验，有利于训练和提高球队的技术水平。双辽农场党委明确提出："双辽农场小学乒乓球队在两年后的农村小学乒乓球比赛农场赛区，确保男女乒乓球队团体赛全胜排名第一。男女生单打比赛全部进入前八名（县里要求只奖励前八）。"

袁洪勤上任后，在农场文教助理穆维喜的领导下，积极筹建双辽农场第一支业余小学乒乓球队。训练场地先暂时安排在农场场部会议室，那里正好有唯一的一张球台（非标准）。暑假开学后，把一大队小学打制的球台运到场部会议室使用。由于球台太少，经农场领导同意决定，很快又新订制了四张崭新的乒乓球球台。

乒乓球队名单选定以二大队小学四年级学生为主，两年后暑假比赛结束，升入中学，继续进行乒乓球训练。计划时间为 5 年。

这支乒乓球队共有 12 人组成，其中女队 4 人：李森芝、郑小燕、曹健梅、熊燕；男队 8 人：刘长华、杨会峰、杨晓林、常东亮、鄢长安、赵新民、李森启、孙长山。

训练时间安排在午休时间、下午放学后及晚饭后、寒暑假、节假日。为了尽快提高训练成绩，袁洪勤把小球员划分甲乙两个小队，每隔 15 分钟，换一个同学，这种方法很合适少年队员。训练的时候，大家都很卖力气，技术水平有了较快提高。

训练时间是队员们最高兴的时候了，晚上则是球队最热闹的时刻。有几位家长几乎天天到训练场地，主要是想看看孩子打球的进展情况。也有家长顺便和袁洪勤随便聊几句，而队员们此刻是最卖力气的时候，目的是在家长面前显示自己是如何训练打乒乓球的。

1973年寒假，距离农场分区赛只剩下5个多月的时间，正好赶上四平地区青少年乒乓球比赛在双辽郑家屯举行，赛事两天。知道消息后，袁洪勤在征得农场主管领导同意后，带领12名球队学生去县里住宿一宿，观看两天精彩的比赛。通过观看比赛，激发了队员们打球的积极性，训练更加紧张认真。距离比赛还有两个多月时间时，袁洪勤再次带领球队同学去县里和双辽县业余体校的同学一起训练交流，让队员们大开眼界，不但提高了训练的积极性，而且技术水平也迅速提高。

1974年暑假，双辽农场农村小学篮球、乒乓球分区比赛如期举行。这是双辽县和双辽农场前所未有的一场比赛。比赛的开幕式在场部大仓库门前举行，农村各小学的男女篮球队和乒乓球队整齐列队，县体委主任一声令下，比赛开始。不少农场领导、农场场部的家长，加上各大队的小学生、农场中学生，聚集一起，观看比赛。

乒乓球比赛被安排在废弃的大礼堂内举行。六张球台，一字排开，很有气势，吸引了众多人来观看。

比赛结果是农场小学男子代表队，以绝对优势获得本次比赛男子团体第一名。农场小学女子代表队，获本次比赛女子团体第一名；女子单打比赛，双辽农场4名女选手，包揽了前4名：第1名李森芝，第2名熊燕，第3名曹健梅，第4名郑小燕。男子单打比赛，农场的8名选手包揽了全部8个奖项（前8名）：第1名刘长华，第2名杨会峰，第3名杨晓林，第4名李森启，第5名常东亮，第6名鄢长安，第7名赵新民，第8名孙长山。

至此，双辽农场承办的全县农村小学农场赛区乒乓球比赛圆满结束。农场小学乒乓球代表队从零基础开始，通过历时两年的不懈努力和艰苦训练，取得了优异战绩，受到四平市教育局和双辽县教育局的表彰。

当年各公社小学代表队的老师、领导对农场孩子们的表现赞不绝口，纷纷说："农场真有钱，小学有6张球台，就是四平地区的高校也买不起呀！还配有专职的长春知青当教练，训练打乒乓球两年时间，谁能打过农场学生，除非把双辽县体校的乒乓球队请来，才能有一打呀！"

1974年暑假农场分区赛结束后，袁洪勤和学生一起，连同6张乒乓球台来到了农场中学。他们利用中午休息时间继续练球。农场孩子们从来没有看见过这么多乒乓球台，也很少有人看过打乒乓球，因此吸引了很多学生围观。因场地有限，有少数同学端着饭盒在室内看；大多数学生站在窗外往里看，纷纷露出了羡慕的神情。因为有众多同学在关注，队员们训练得格外认真。从此开始，农场中学展开了三年热火朝天的打乒乓球热潮。参加文体活动训练，有利于孩子的身心健康发展，有助于提高学习成绩。他们走上工作岗位后，也有大显身手的机会，受益终身。

有了那时的基础，全场乒乓球运动从来没有停止，至今场部机关仍保留着两张球台，每天晚上都有干部、职工打球健身（图5-4-1）。

图 5-4-1　袁洪勤（左三）与场部机关乒乓球队队员合影

第四节　中学生冰上运动

由于双辽农场成功举办了农村小学篮球和乒乓球的分区比赛，在全县和四平地区产生了良好的影响，受到了上级领导的重视和关注。1976年深秋时节，双辽县教委和体委决定，在农场中学开展全校性的冬季滑冰活动。农场党委研究决定，同意在农场中学开展这项活动。

为满足训练需要，总场出资，在双辽县体委沟通协调下，从长春市体委以内部以优惠价格购置60双正规的速滑冰鞋。

在校园内的西边菜地旁边，修建了一个长70米、宽60米的冰场。在封冰之前，仅用了两个下午时间，各班级就保质保量顺利完成了所分配的修冰场任务。

体育老师陈凤学不辞劳苦，不怕严寒，用了三天时间，两次放水，浇灌成功了农场中学历史上第一个冰场。此外，每周还要浇两次冰场，每次大约两小时，确保冰面无裂纹，保证学生滑冰安全，创造了吉林省农村中小学浇灌冰场的新纪录。

第一个穿上冰鞋，在冰场上试滑的是长春知青袁洪勤。当年农场中学只有他一个人学习过速滑。

起跑、加速滑、弯道滑行、冲刺，一系列熟练的动作，让围观的师生不断地鼓掌叫好。从此，农场中学滑冰活动的序幕拉开了。

开始上滑冰课前，袁洪勤让同学预先准备好一个稍厚点的小坐垫、一双适合自己用的鞋垫、一双手套。穿冰鞋时，同学们把垫子放在冰场的土埂子上，穿脱鞋时使用。

接下来，袁洪勤指导学生怎么样系冰鞋鞋带，同时再三告诉同学，不要用手去摸冰刀的刀刃，避免划伤手指。穿上冰鞋后，要首先站稳，身体稍微前倾，两脚呈八字形站立，防止跌倒，要像学走路一样，一脚一脚向前走。要摔倒时，千万不要往后仰，否则后脑先碰冰面，会发生危险。一旦摔倒了，不要着急，刀尖千万不能朝上，冰鞋必须放平在冰面上，防止伤害别人。每个人要与他人保持一定距离，以免碰撞。

第一次穿上冰鞋，走进冰场的感觉可想而知。大家不知道摔倒了多少次，不知道又爬起来多少次，冰场上充满了一阵阵欢笑声。时间不知不觉就过去了，同学恋恋不舍地脱下冰鞋时候，下一个班的同学早已准备好抓紧时间，按要求穿好冰鞋，上冰场练习去了。

自从冰场投入使用以来，冰场便成了师生心中的乐园。就连课间休息，同学们也会到冰场旁边站上一会儿，看上一会儿。听到上课铃声响了，才恋恋不舍地跑回到教室上课。节假日休息时间，也会有人来冰场练习滑冰。朔风吹，瑞雪飘，农场中学的滑冰场上成了一道亮丽的风景线。双辽农场中学的滑冰活动，坚持了整整四个寒冬。

第五节　世界举重冠军李亚娟

李亚娟，女，1970年10月出生于双辽农场三大队（三分场）衙门屯。中共党员，大学学历，世界女子举重冠军，吉林省举重教练。她的父亲李德会是三大队的电工，身材高大苗壮，李亚娟受父亲的基因影响，从小就长的膀大腰圆，浑身是力。

李亚娟性格开朗，活泼好动，从小喜爱体育活动。1978年开始就读于双辽农场小学，1984年就读于双辽农场中学。在学校里，她是个非常喜爱体育活动的学生，是班级中的体育骨干。李亚娟从小体质健壮、充满力量，上中学一年级时体重便达到75公斤。学校体育老师说她特别爱上体育课，别人练一次，她练两次、三次。1984年，双辽县召开第十二届田径运动会，以乡、场、镇为单位组队参赛，农场先进行选拔，她参加中学生铅球、铁饼项目选拔，当时她的铅球成绩是4公斤8.20米，这个成绩相当不错。

经过近两个月的集训，1984年6月份，李亚娟参加了双辽县第十二届田径运动会。

在农村中学组铅球比赛中，她荣获第一名，成绩是 8.65 米。体校教练员看完农村中学组铅球比赛后，和李亚娟及李亚娟农场中学的体育教师商量，准备让她到双辽体校参加铅球、铁饼项目的训练，并在场地内对李亚娟的身体形态等一般的身体素质进行了简单测试，并认为她是个很有发展潜力的苗子，1984 年 6 月中旬，李亚娟被选入双辽县体校，在教练的指导下专门进行铅球、铁饼项目训练。入选双辽体校后，教练对她的身体形态及身体素质进行了全面细致测试，并针对她制定了科学合理的训练计划。1985 年 6 月，李亚娟参加了四平市少年田径分龄赛，获乙组女子铅球第一名，成绩是 11.35 米，打破了双辽县中学女子铅球纪录。7 月份，她又参加了吉林省少年田径分龄赛，获乙组女子铅球第六名。随着李亚娟年龄的增长及所训练项目的发展，教练认为她需要改换训练项目。当时我国在女子举重项目上发展较快，四平市体校设立了女子举重项目。于是，1985 年 8 月，李亚娟来到了四平市体校女子举重队。由于她先期在双辽体校训练素质基础打得好，进入举重项目训练后，成绩提高很快，当年 10 月份就参加了全省少年女子举重比赛，获 82.5 公斤以上级别冠军。1988 年 10 月，李亚娟被选入国家女子举重队，随着训练条件逐步改变，她的训练成绩也在不断提高。

1990 年，她第一次代表国家参加了在南斯拉夫举行的世界女子举重锦标赛，夺得女子 82.5 公斤以上级别挺举总成绩二项冠军，抓举亚军。打破挺举总成绩二项世界纪录，被世界举重联合会誉为"世界第一女力士""世界女子举重巨无霸"称号（图 5-4-2）。1991—1994 年，李亚娟连续代表国家参加世界女子举重锦标赛、亚运会，共 11 次获世界冠军、亚运会冠军，17 次打破世界纪录。1995 年，李亚娟任国家女子举重队队长，被国家授予体育运动荣誉奖章。

图 5-4-2　世界举重冠军李亚娟

1992 年，李亚娟获国家级运动健将称号。

2000 年，李亚娟退役，任吉林省体工队女子举重队教练。她任教练期间，已有多名运动员获全国比赛前 6 名。

注：此文摘自长春市出版社出版的《俊采星驰—双辽游子群英集》。

中国农垦农场志丛

第六编

基本建设

中国农垦农场志

第一章 国家历年固定资产投资

第一节 建场初期

据双辽农场 1959 年建场 10 周年财务报表统计，1952—1959 年，国家对双辽农场固定资产及基本建设总投资 136.1 万元，主要用于职工家属住宅、职工宿舍、办公室、仓库（粮库）等固定资产建设和畜牧舍建设。其中，国家投资建设职工家属住宅（包括职工宿舍）14964 平方米。

1950—1952 年，国家固定资产总投资 26.9 万元。1950 年，房屋面积 1858 平方米，其中职工宿舍 1680 平方米，办公室 178 平方米。1951 年，房屋面积增加到 3099 平方米，其中职工住宅 1656 平方米，新建 1056 平方米（全部是干打垒土平房）。新建职工住宅分布在衙门屯、三家子及双山镇南的西坨两地。牛羊马舍 1142 平方米，其他房屋（文化娱乐、食堂等）336 平方米。1952 年，建家属住宅 1546 平方米，建牛羊马舍 1573 平方米，建仓库 381 平方米。

1953 年，国家固定资产总投资 11.8 万元，建家属住宅 4590 平方米。

1954 年，国家固定资产总投资 6.2 万元。总场仓库增加面积 395 平方米，建牛羊马舍 1393 平方米，建猪舍 220 平方米。

1955 年，国家固定资产总投资 24.2 万元。总场仓库增加面积 160 平方米，建家属住宅 495 平方米，建牛羊马舍 600 平方米，建猪舍 110 平方米。

1956 年，国家固定资产总投资 13.6 万元。建家属住宅 495 平方米，总场仓库增加面积 300 平方米，建猪舍 1581 平方米。

1957 年，国家固定资产总投资 13.5 万元。建家属住宅 1661 平方米，建职工宿舍 400 平方米。

1958 年，国家固定资产总投资 10.4 万元。总场仓库增加面积 420 平方米，总场办公室增加面积 153 平方米，建家属住宅 500 平方米，建职工宿舍 428 平方米。

1959 年，国家固定资产总投资 29.5 万元。总场办公室增加面积 91 平方米，建家属住宅 1587 平方米，建职工宿舍 526 平方米。

第二节　建场中期

1965 年，国家固定资产总投资 10.6 万元，新建场部党委办公室 200 平方米。

1975 年，总场共申请国家投资固定资产资金 44.4 万元。其中：新建老场部办公室 300 平方米，投资 12.4 万元；新建老场部食堂 250 平方米，投资 11 万元；建车库 70 平方米，投资 3 万元；建招待所 425 平方米，投资 18 万元。

1975—1977 年，吉林省财政厅共投资 258 万元建鸭场。其中：1975 年投资 82 万元，1976 年投资 85 万元，1977 年投资 91 万元。

1980—1989 年，总场共申请国家投资固定资产资金 25.6 万元。其中：1982 年，建老场部大俱乐部 350 平方米，投资 9.6 万元；1986 年，新建老场部西平台 260 平方米，总场投资 16 万元。1990—1999 年，总场共申请国家投资固定资产资金 990 万元。其中：1995 年，农场建设中学教学楼工程，新建教学楼 3284 平方米，资金投入 273 万元；1995 年，双辽农场新区建设，建设办公楼 2556 平方米，食堂 577 平方米，投资 550 万元；1995 年，新建自来水工程，投资 13 万元；新建自来水办公室 170 平方米，投资 7 万元；1996 年，新建中心校教室 600 平方米、办公室 600 平方米，投资 102 万元；新建五分校校舍 160 平方米，投资 13 万元；新建一分校校舍 320 平方米，投资 32 万元。

第三节　21 世纪前 20 年

2004—2009 年，总场共申请国家投资固定资产资金 70 万元。其中：2004 年，新建中学食堂 720 平方米，投资 33 万元；2005 年，新建二分场农道桥 1 座，投资 15 万元；2007 年，新建中小学篮球场 2 个，投资 22 万元。

2013 年，用自有资金建设新区路灯 46 盏，投资 25 万元。

2010—2021 年，总场共申请国家投资固定资产资金 25 万元。

第二章　国家历年农田基本建设投资

据财务报表统计，20 世纪 80—90 年代，国家给双辽农场农田基本建设投资情况如下：1980 年，农田建设投资 22 万元；1981 年，农田建设投资 16 万元；1982 年，农田建设投资 12 万元，水稻大棚（日本产）建设国家投资 60 万元；1983 年，农田建设投资 12 万元；1984 年，农田建设投资 10 万元；1985 年，农田建设投资 11 万元；1986 年，农田建设投资 11 万元；1987 年，农田建设投资 18 万元；1988 年，农田建设投资 10 万元；1989 年，新建老场部试验站，投资 37 万元。1990 年，农田建设投资 41 万元；1991 年，农田建设投资 13 万元；1992 年，农田建设投资 7 万元；1993 年，农田建设投资 20 万元；1994 年，农田建设投资 12 万元；1995 年，农田建设投资 2 万元。

第三章 国家对职工住房、道路建设等投资

一、泥草房改造

2008—2011 年，全场国家投资泥草房改造共 437 户，其中一般户 275 户，困难户 162 户；累计下达改造资金 190.2 万元。

2008 年，泥草房改造 24 户，其中一般户 13 户，困难户 11 户，一般户每户 6000 元，困难户每户 12000 元，改造资金共计 21 万元。

2009 年，泥草房改造 70 户，其中一般户 42 户，困难户 28 户，一般户每户 3000 元，困难户每户 6000 元，改造资金共计 29.4 万元。

2010 年，泥草房改造 80 户，其中一般户 26 户，困难户 54 户，一般户每户 3000 元，困难户每户 6000 元，改造资金共计 40.2 万元。

2011 年，泥草房改造 263 户，其中一般户 194 户，困难户 69 户，一般户每户 3000 元，困难户每户 6000 元，改造资金共计 99.6 万元。

二、廉租房改造

2009—2011 年，全场国家投资廉租房改造 344 户，建房补助资金 856 万元。2009 年，127 户，每户 2.125 万元建房补助资金，合计约 270 万元；2010 年，165 户，其中 74 户每户 2.125 万元，91 户每户 3 万元建房补助资金，合计约 430 万元；2011 年 52 户，每户 3 万元建房补助资金，合计 156 万元。

三、危房改造

从 2011 年开始，国家对农垦企业辖区内职工，进行保障性安居工程，分两部分。

（一）对危旧房屋改造

总计 3517 户，改造补助资金 5178 万元，改造住房面积 229764 平方米。

2011 年，650 户，每户 13500 元，合计 877.5 万元，改造住房面积 45500 平方米；2012 年，637 户，每户 15000 元，合计 955.5 万元，改造住房面积 44590 平方米；2013 年，1000

户，每户 15000 元，合计 1500 万元，改造住房面积 70000 平方米；2014 年，438 户，每户 15000 元，合计 657 万元，改造住房面积 24528 平方米；2015 年，397 户，每户 15000 元，合计 595.5 万元，改造住房面积 23026 平方米；2016 年，395 户，每户 15000 元，合计 592.5 万元，改造住房面积 22120 平方米。

（二）对辖区内基础设施进行建设

2012—2016 年，双辽农场辖区内共修建水泥路 26.99 公里、沥青公路 13.7 公里，国家总投资 1611 万元。安装路灯 288 盏、监控摄像 16 个，国家总投资 194 万元。

2012 年，新建水泥路 4.25 公里，国家投资 166 万元。

2013 年，安装路灯 162 盏，监控摄像 16 个，国家投资 95 万元。

2014 年，修建一分场水泥路 1.24 公里，投资 48 万元。

2015 年，修建水泥路（一分场、二分场、三分场、五分场）18 公里，国家投资 644 万元。

2016 年，修建水泥路（五分场、三分场、一分场）3.5 公里，国家投资 127 万元。

2016 年，新建新区路灯 126 盏，国家投资 99 万元。

2016 年，铺设沥青路 13.7 公里，国家投资 626 万元。

四、公租房项目

2016 年，为改善全场贫困职工居住条件，投资建设公租房 31 户，改善住房面积 1800 平方米，国家投资 149 万元。

第四章 "十二五"规划和"十三五"规划项目

第一节 "十二五"规划农垦贫困农场项目

2011—2015年，国家对农垦贫困农场项目总投资361万元，农场自投资金50万元。

2011年，在五分场修建水泥路1.5公里，国家投资50万元；2012年，在五分场修建水泥路1.6公里，国家投资65万元；2013年，在二分场老场区新建排水管线长1470米，铺水泥路573米，国家投资80万元；2014年，对二分场水田渠道衬砌850米，新建盖板桥4座，分水闸5座，国家投资86万元；2015年，博爱分场机电井高压线路铺装工程，将博爱分场所有耕地灌溉，由柴油车抽水灌溉改为用电机井灌溉，改善农业生产，铺设高压线路5660米，配电变压器11台，配电容量10千伏安。该工程国家投资80万元，农场用自有资金投资50万元。

第二节 "十三五"规划农垦贫困农场项目

2016—2020年，国家对农垦农场贫困项目总投资999万元，农场自投资金43万元。2017年，光伏发电项目，安装太阳能电池板832块，逆变器4台，国家投资147万元，农场用自有资金投入26万元；2019年，1000公顷玉米收割深松及秸秆打包项目，建设农机具库房495平方米，购置旱田农机具16台，总投资289万元。其中，国家投资272万元，企业自筹17万元；每年净收益22万元，提高了农业生产机械化利用率，实现了大规模机械作业，解决了辖区内焚烧秸秆造成的环境污染问题；2020年，水田农机服务项目，购入水稻收割机10台，604拖拉机8台，稻草打捆机22台，农机具托运车2台。项目总投资580万元，每年净收益22万元，降低了项目区农户水稻收割价格，增加了农户收入。

第五章　农业开发国家投入

2002年，经过四平市农业综合开发办公室批复，通过双辽农场2002年1万亩中低产田改造项目，项目区在五分场，项目总投资346万元。其中，财政资金154万元，省市配套126万元，群众自筹66万元。项目内容：打机电井40眼，配套建设井房40座，修建盖板桥5座，涵管桥40座，土埋管112节，修建排水渠道38.6公里，机耕路7.5公里，营造防护林174亩。项目建成后，改善了农业生产条件和项目区生态环境，提高了粮食产量，年增产粮食200万公斤，农民年增加收入72万元，改变了靠天吃饭的现状。

2003—2004年，农业开发改造中低产田1万亩，项目总投资155万元。其中，财政资金155万元，打机电井30眼，修建盖板桥5座，架设输变电线路3公里，修机耕路16公里，铺砂石5200立方米，植树5万株。

2005年，农业开发改造中低产田1万亩，项目总投资70万元，其中财政资金70万元；修建进水闸2座，盖板桥1座，分水闸8座，衬砌渠道2.5公里，疏浚渠道5公里，修机耕路35公里。

2008年，修建农田水利U型槽工程，国家投入20万元。

2008年，修建"三通一平"，建设资金52万元。

2020年，高标准农田建设2.5万亩；投资总额3408万元。其中，中央财政资金2480万元，地方财政资金928万元。衬砌渠道6.36公里，修建水闸172个、渡槽1个、倒虹吸2个、盖板桥10个、涵管桥195个、土埋管6个、地下通42个、分水口21座、渠下涵6座，地下埋灌溉管13座。

第六章　省拨商品粮基地建设资金

　　2000—2008 年，在商品粮基地建设上，国家总投资 70 万元。2000 年，省拨商品粮基地建设资金 35 万元；2001 年，省拨商品粮基地建设资金 15 万元；2007 年，水稻标准化项目，国家投入 20 万元。

第七章　其他类别国家投资

2012—2014 年，国家对维修双辽农场小学校舍、修建水泥路、修建排水工程、建设文化广场等共投资 501 万元。2007 年，双辽农场中心小学校舍维修资金，国家投入 15 万元；2012 年，修建一分场水泥路 4 公里，国家投资 160 万元；2014 年，新区修建小城镇排水工程 6181 米，国家投资 223 万元；2014 年，新区新建文化广场 1 个，国家投资 103 万元。

中国农垦农场志丛

第七编

各届领导班子及
内设机构

中国农垦农场志

第一章　第一届领导班子及内设机构

第一节　总场领导班子

辽西省荣军农场领导班子任期为1949年6月到1958年1月。党总支书记、场长为贾巨文。

辽西省荣军农场于1949年6月筹建，1949年11月15日在辽西省双辽县（现双辽市）卧虎屯正式挂牌成立。1950年4月，将场部从卧虎屯迁到现双辽市双山镇三合村南东山屯，直属东北荣军工作委员会辽西省荣军管理处领导。其经营方针是自给自足，实行供给制分配方式。生产组织实行军事化管理，连、排、班建制。

1949年6月—1950年12月，党总支书记、场长贾巨文；党总支副书记王文明、周立英；副场长吕兆行、周立英。

1951年，经辽西省政府批准，辽西省荣军农场的领导班子进行了如下调整：党总支书记、场长贾巨文；党总支副书记于方和。不设副场长职务。

1952年，党总支书记、场长贾巨文；党总支副书记于方和。总场成立工会，由党总支副书记于方和兼任工会主席。

1953年，党总支书记、场长贾巨文；党总支副书记付忠；工会主席于方和。

1954年7月上旬，东北行政委员会关于贯彻中央人民政府《关于撤销大区一级行政机构和合并若干省市建制的决定》的实施方案确定，将原辽西省双辽县划归吉林省直辖。辽西省荣军农场更名为吉林省国营双辽农场。吉林省人民委员会任命贾巨文任党总支书记、场长；党总支副书记霍发明。工会主席于方和。

1955年，党总支书记贾巨文；总支副书记霍发明；场长贾巨文、张国栋。

1956年，党总支书记贾巨文；党总支副书记柳植；场长贾巨文、张国栋。

1957年，党总支书记贾巨文；党总支副书记霍发明。9月，党总支书记兼场长贾巨文离职到吉林省工农干部学校学习，吉林省农业厅党组对双辽农场领导班子调整如下：场长张国栋，副场长王守权；党总支副书记霍发明；工会主席于方和。

第二节　机关科室　基层单位

一、1949—1950 年

（一）机关科室

秘书室：秘书时付合、李天立；

组织教育科：科长王文明；

业务科：科长马成林；

供管科：科长王永开，副科长姜鹤。

（二）基层单位

一分场（一连）：1949 年，场址设在六家子。场长（连长）郭振华，副场长（副连长）王树奎。1950 年春，迁到现址腰坨屯，距双山镇驻地南 3 公里；

二分场（二连）：1949 年，场址设在林马场。场长（连长）王占元，指导员王德忠。1950 年，先后迁到双辽县新立屯、怀德县二丘屯和双辽农场新场址东山屯；

三分场（三连）：场址设在场部所在地卧虎屯。场长（连长）闫自安；

牧畜场（独立一排）：1949 年，场址设在卧虎屯。场长（排长）经国成。1950 年 4 月，畜牧场从卧虎屯迁到现双辽农场东部的大哈拉巴山脚下。

卫生所：所长刘殿琜；

福利工厂：厂长徐殿武。

二、1951 年

（一）机关科室

秘书室：秘书时付合、李天立；

组织教育科：科长于方和；

业务科：科长马成林；

供管科：科长姜鹤，副科长单甘亮。

（二）基层单位

一分场（一连）：场长郭计庄，副场长王树奎、申殿有；

二分场（二连）：场长先后由王占元、王炳越担任。指导员王德忠；

三分场（三连）：场长闫自安。为了领导集中，便利生产，三分场从原卧虎屯场部，迁到双山东三合屯前荣誉新村；

牧畜场：场长经国成；

拖拉机队：队长王茂林；

卫生所：所长张炳炎；

福利工厂：厂长徐殿武；

双辽县衙门屯农场朝鲜族小学：校长裴东珠（朝鲜族）。

三、1952 年

（一）机关科室

办公室：主任付忠。下设三个组：文书组组长杨忠，人事组组长王德忠，计统组组长李天立；

供销股：股长王精凯；

财务股：股长田世成；

农业股：股长张启勋。

（二）基层单位

农业生产单位由分场改为生产大队，牧畜场划归第四生产大队。

第一生产大队：队长齐忠选；

第二生产大队：队长闫贵芝；

第三生产大队：队长赵振玉；

第四生产大队：队长吴章根；

拖拉机队：队长张东祥；

福利工厂：厂长先后由徐殿武、张景新担任；

作业大队：队长先后由马成林、闫自安担任；

双山油坊：经理郭兴久；

卫生所：所长姚志新；

双辽县衙门屯农场朝鲜族小学：校长裴东珠（朝鲜族）。

四、1953 年

（一）机关科室

政治室：主任付忠；

秘书室：秘书李天立；

会计室：主任田世诚；

供销室：主任郭兴久，副主任王精凯；

农业室：主任闫自安，副主任张启勋。

（二）基层单位

拖拉机队：队长张东祥；

福利工厂：厂长张景新，支部书记裴世学；

大车队（马车）：队长刘忠书；

农业生产队由四个改为两个农业分场和一个牧畜场；

一分场：场长王德忠，副场长王树奎；

二分场：场长王占元，副场长赵振玉、杨光宇、高殿阁；

牧畜场：场长齐忠选，党支部书记薛怀廷，副场长王庭立；

卫生所：所长姚志新、曹庆吉；

双辽县衙门屯农场朝鲜族小学：校长裴东珠（朝鲜族）。

五、1954 年

（一）机关科室

办公室：主任张庆吉，秘书李天立；

农业科：科长闫自安，副科长张启勋；

财经科：副科长杨国义（主持工作）；

工会：秘书高崇山。

（二）基层单位

拖拉机队：队长王德忠；

福利工厂：厂长张景新，党支部书记裴世学；

大车队：队长赵兴洲；

第一生产大队：队长王树奎，党支部书记薛怀廷；

第二生产大队：队长先后由赵振玉、董利民担任，党支部书记杨忠；

第三生产大队：队长郭兴久；

第四生产大队：队长先后由王守德、李世信担任；

牧畜场：场长齐忠选，副场长王庭立；

卫生所：所长曹庆吉；

双辽县衙门屯农场朝鲜族小学：校长裴东珠（朝鲜族）。

六、1955 年

（一）机关科室

办公室：主任张庆吉，副主任邓云泽；

财经科：科长闻自安，副科长杨国义；

农业科：副科长张启勋（主持工作）；

工会：秘书高崇山。

（二）基层单位

拖拉机队：队长王德忠；

大车队：队长赵兴洲；

第一生产大队：队长王树奎，党支部书记刘志；

第二生产大队：队长董利民，党支部书记杨忠；

第三生产大队：队长赵振玉，党支部书记刘本财；

第四生产大队：队长郭兴久，副队长赵树槐；

第五生产大队：队长陈凤岐，党支部书记齐忠选；

第六生产大队：队长薛怀廷；

畜牧场：场长王占元，副场长王庭立；

卫生所：所长曹庆吉；

双辽县衙门屯农场朝鲜族小学：校长裴东珠（朝鲜族）。

七、1956 年

（一）机关设科室

办公室：主任邓云泽；

会计室：会计总技师杨国义；

农业科：农业总艺师张启勋；

畜牧室：畜牧总技师王庭立；

经理室：经理王德忠。

（二）基层单位

拖拉机队：机务技术员杨久成；

第一生产大队：队长王树奎，党支部书记杨忠，副队长赵树槐；

第二生产大队：队长赵振玉，党支部书记刘本财，副队长蔡逢春；

第三生产大队：队长郭兴久，副队长金洪九（女、朝鲜族）；

第四生产大队：队长李天立、陈凤岐。党支部书记齐忠选；

牧畜大队：队长王庭立，党支部书记李怀德；

卫生所：所长曹庆吉；

双辽县衙门屯农场朝鲜族小学：校长裴东珠（朝鲜族）。

八、1957 年

（一）机关科室

办公室：主任邓云泽；

农业组：组长张国栋；

财经组：组长杨国义。

（二）基层单位

拖拉机队：技术员杨久成；

第一生产大队：队长蔡逢春，党支部书记刘志；

第二生产大队：队长张启勋，党支部书记刘本财；

第三生产大队：队长董利民，党支部书记薛怀廷；

第四生产大队：队长陈凤岐，党支部书记郭兴久；

第五生产大队：队长李天立，党支部书记王树奎；

牧畜队：大队长王德忠，党支部书记王守德；

卫生所：所长曹庆吉；

双辽县衙门屯农场朝鲜族小学：校长裴东珠（朝鲜族）。

第二章　第二届领导班子及内设机构

第一节　总场领导班子

双辽农场本届领导班子从 1958 年 2 月到 1966 年 3 月。党委书记裴志夏。场长王守权。副场长李秀石、于方和。党委副书记霍发明。

1958 年，吉林省农业厅决定将双辽农场一分为三，即双山农场、三合农场、三家子农场，直接归农业厅领导。

1959 年，吉林省农业厅恢复吉林省国营双辽农场原建制，下设生产大队。吉林省农业厅对双辽农场领导班子进行了如下调整。

党委书记裴志夏，党委副书记霍发明；场长王守权，副场长李秀石。

第二节　1958 年双辽农场分设三个独立农场

1958 年，吉林省农业厅将双辽农场一分为三，成立三个独立农场，总场机关科室不变。各农场领导成员由吉林省农业厅任命，各农场基层单位设置和领导班子，由各农场自行决定。

一、双山农场

双山农场场址位于双山南腰坨，即双辽农场第一生产大队。场长霍发明，党总支书记王占元。

基层生产单位有如下 6 个。

第一生产队：队长刘本财；

第二生产队：队长王化学；

第三生产队：队长齐忠选；

第四生产队：队长张君发；

第五生产队：队长吴章根；

大车队：队长赵树槐。

二、三合农场

三合农场场址位于总场场部，由原第二生产大队和第三生产大队组成。场长张国栋，党总支书记裴世学。

基层生产单位有如下5个。

第一生产队：队长梁汉书；

第二生产队：队长赵振玉；

第三生产队：队长周全章；

第四生产队：队长路好云；

第五生产队：队长薛怀廷。

三、三家子农场

三家子农场场址位于三家子，由第四生产大队、第五生产大队、牧畜场组成。场长王守权，党总支书记邓润泽。

基层生产单位有如下6个。

第一生产队：队长王德忠；

第二生产队：队长贾忠和；

第三生产队：队长王宝树；

第四生产队：队长李天立；

第五生产队：队长先后由王树奎、陈凤岐担任；

拖拉机队：队长王培德、孙振友。

第三节 机关科室

场长办公室：主任裴世学、邓润泽；

行政办公室：主任邓润泽（兼）；

生产室：主任杨泽；

财会室：主任杨国义；

供销室：主任王德忠；

党委办公室：主任王占山；

武装部：部长孙传福；

工会：主席白贵祥（1963 年）。

第四节　基层单位

1959 年，吉林省农业厅撤销双山农场、三合农场、三家子农场，恢复吉林省双辽农场。

第一生产大队：队长赵兴洲，副队长王化学，党支部书记王德忠，党支部副支书贾忠和；

第二生产大队：队长先后由赵振玉、蔡逢春担任，党支部书记王占元；

第三生产大队：队长祝洪英，党支部书记王占山；

第四生产大队：队长喻判文，党支部书记王宝树；

牧畜场（五大队）：场长高殿阁，党支部书记樊荣庭，白玉厚党支部书记（1962 年 5 月）；

鸭场：场长周全章（1959—1960 年）；

联合工厂（综合厂）：厂长裴世学、常英；

基建队：党支部书记路好云；

种子站：党支部书记吴章根；

机耕队（拖拉机队）队长：王培德，副队长：孙振友；

卫生所：所长曹庆吉；

农业中学：校长李志达；

双辽农场中心小学：校长裴东珠（朝鲜族）。

第三章　第三届领导班子及内设机构

第一节　总场领导班子

双辽农场本届领导班子从 1966 年 3 月到 1976 年 10 月。党委书记董彦平，场长张志政。

1966 年 3 月，吉林省农业厅任命董彦平为双辽农场党委书记，张志政（又名张志正）为场长。

1968 年 8 月，双辽农场由吉林省农业厅下放到双辽县领导。经四平军分区委批准，成立了双辽农场革命委员会。军代表黄明玺任国营双辽农场革命委员会主任，裴世学、赵文秀、张培德任副主任委员。党委书记董彦平任生产组副组长，到第二生产大队劳动改造。场长张志政调双辽县农机修造厂工作。

1969 年 11 月 6 日，双辽农场党委恢复工作。党委书记董彦平。

1971 年 1 月 13 日，双辽农场第四次党代表大会召开，组建了党委班子，董彦平任党委书记，刘彦英、侯英任副书记。

1974 年 12 月，张志政从双辽县农机修造厂调回到双辽农场，任革命委员会主任，主抓筹建鸭场工作。

1976 年 6 月，中共双辽县委组织部，任命董彦平为双辽农场党委书记，张志政为党委副书记、革命委员会主任。何金山、于兆金为党委副书记。革命委员会副主任为刘震海（下放干部，原中共四平地委宣传部部长）、王书林（双辽县知识青年）、陈洪华（女）、杨泽。

1976 年 9 月 26 日，双辽农场召开第五次全场党员代表大会。选举董彦平为党委书记。张志政、何金山、于兆金、贺培金为党委副书记。

第二节　机关科室及基层单位

一、1968—1970 年

（一）1968 年机关科室

1968 年 8 月 22 日，双辽农场革命委员会常委会会议研究，革命委员会成立后具体工作如下。

革命委员会下设三个组、一个部。

政工组：组长刘彦英，副组长常贵才；

生产组：组长裴世学，副组长董彦平（双辽农场党委书记）；

办事组：组长任学祯，副组长于方和；

武装部长：曲天春。

（二）1969 年机关科室

1969 年 12 月 1 日，双辽农场革命委员会结合农场实际情况，调整明确总场机关组织机构和编制。组织机构为三个组、一个部。

政治工作组：组长赵春雷，副组长常贵才；

生产组：组长裴世学（兼），副组长张志政（兼）（双辽农场场长）；

办事组：组长董彦平（兼）。

武装部：部长赵文秀。

（三）基层单位

第一生产大队：革命委员会主任刘彦英（兼）；

第二生产大队：革命委员会主任王德忠；

第三生产大队：革命委员会主任杨泽；

第四生产大队：革命委员会主任白贵祥；

第五生产大队：革命委员会主任周志刚（群众代表）；

拖拉机站：革命委员会主任孙振友（群众代表）；

卫生所：组长于方和（兼）。

中心小学：校长裴东珠（朝鲜族）（1966 年 12 月）、王富（1967 年 1 月）。

双辽农场中学：革命委员会主任张培德（兼）（1970 年 7 月）。

二、1971—1978 年

1971 年，双辽农场重新理顺了机关科室、基层单位设置及主要领导干部职务。

（一）机关科室

政工组：组长常贵才；

生产组：组长杨泽；

办公室：主任李向仁；

财经组：组长翟连芝；

供销组：组长王德忠；

机电组：组长先后由刘祖业、张培德担任（1976 年 6 月）；

工业组：组长杨文义；

工会：副主席王学友；

团委：书记先后由王书林（1976 年 6 月）、赵玉环（1976 年 10 月），王顺（兼）担任；

妇联：主任先后由闫玉琴、李卫荣（1976 年 6 月）担任；

派出所：所长朱月宝；

武装部：部长赵文秀；

教育组：组长辛凤桐。

（二）基层单位

第一生产大队：党支部书记、革命委员会主任先后由刘彦英、喻判文、王伦德（1974 年 12 月）、赵万荣（1975 年 10 月）担任；

第二生产大队：党支部书记、革命委员会主任先后由王德忠、邹大志（1971 年 2 月）、牛长贵（1974 年 12 月）担任；

第三生产大队：党支部书记、革命委员会主任先后由杨泽、孙玉琢担任，之后革命委员会主任赵万荣（1974 年），党支部书记梁硕柱（朝鲜族，1976 年 8 月）；

第四生产大队：党支部书记、革命委员会主任白贵祥，之后革命委员会主任先后由王宝琢（1974 年 12 月）、于伦（1976 年 2 月）担任；

第五生产大队：党支部书记、革命委员会主任先后由周志刚、吴宝堂、房子新、喻判文（1974 年 12 月）担任；

鸭场：党支部书记、场长邹大志（1974 年 12 月）；

综合厂：书记孙振友；

造纸厂：厂长先后由曹中山、杨文义担任；

基建队：书记商胜来；

卫生所（卫生院）：所长曹庆吉（1972 年改任卫生院长）；

供销社：书记李素金；

中学：革命委员会主任张培德，党支部书记先后由王宝琢（1975 年 7 月）、宫会（1976 年 8 月）担任；

农业试验站：站长先后由王均、梁硕柱（朝鲜族）、张启勋担任；

拖拉机站（机耕队）：站长先后由孙振友、张培德、孙忠信担任；

汽车队：队长先后由马景贵、孙振友、孙忠信、翟喜彬、李树春担任。

第四章　第四届领导班子及内设机构

第一节　总场领导班子

双辽农场本届领导班子从 1978 年 5 月到 1979 年 12 月。党委副书记、场长（革命委员会副主任）张志政主持工作。党委副书记于兆金、贺培金；革命委员会副主任于兆金、贺培金、陈洪华。副场长王德忠、杨泽、常贵才、李向仁。

1978 年 3 月 18 日，中共双辽县委组织部任命于兆金、贺培金为双辽农场党委副书记、革命委员会副主任。

1978 年 12 月 12 日，中共四平地委组织部任命张志政为双辽农场场长，任命常贵才、王德忠、李向仁、杨泽为双辽农场副场长。

第二节　机关科室

1978 年 5 月 9 日，双辽农场党委研究将机关办事组改为科室。

工会：主任常贵才；

政工科：科长先后由常贵才（兼）、翟连芝担任；

办公室：主任先后由李向仁（兼）、张培德担任；

生产科：科长先后由杨泽（兼）、刘祖业担任；

计划供销科：先后由科长翟连芝、邹大志（1979 年 7 月）担任；

工业科：科长杨文义；

武装部：部长赵文秀；

派出所：所长朱月宝；

教育科：科长辛凤桐；

团委：副书记赵玉环（主持工作）。

第三节　基层单位

1978年5月9日，双辽农场党委研究将农业生产大队改为农业分场。

一分场：党总支书记、场长先后由贺培金、赵万荣（1978年1月）担任；

二分场：党总支书记、场长牛长贵；

三分场：党总支书记、场长先后由梁硕柱（朝族）、苑广才（1978年11月）、赵万荣（1979年2月）担任；

四分场：党总支书记、场长于伦；

五分场：党总支书记、场长喻判文；

鸭场：党总支书记、场长先后由邹大志、孙玉琢（1979年2月）担任；

造纸厂：党支部书记先后由张国权、杨文义（1979年2月）担任；

酒厂：党支部书记、厂长孙传福；

综合厂：党支部书记褚凤发，厂长常英；

汽车队：党支部书记孙振友、张惠春；

农业实验站：站长杨泽（兼）、张启勋；

采石场：党支部书记杨文义（1978年12月），场长苑广才（1979年2月）；

卫生院：党支部书记刘志平，院长曹庆吉；

仓库：党支部书记吕昌学；

中心小学：校长先后由尹逊科（1979年2月）、李森林（1979年8月），党支部书记辛凤桐（兼）担任；

双辽农场中学：革命委员会主任（校长）张培德，校长白玉厚（1978年），党支部书记王宝琢。

第五章　第五届领导班子及内设机构

第一节　总场领导班子

双辽农场本届领导班子从 1980 年 1 月到 1983 年 8 月（曾宪山副场长主持工作）。组成人员：党委副书记曾宪山、于兆金、赵连友；副场长赵连友、王德忠、杨泽、牛长贵、常贵才、李向仁。

1980 年 1 月 14 日，中共四平地委组织部任命曾宪山为党委副书记，并主持工作［四地组发（1980）3 号］。

1981 年 8 月 26 日，召开第六次党代表大会，组成第六届党委，曾宪山任党委副书记，主持工作。党委委员包括杨泽、牛长贵、王德忠、常贵才。

1982 年，赵连友任双辽农场党委副书记、副场长。

第二节　机关科室

组织科：科长翟连芝；

办公室：主任先后由张培德、吕作岐担任；

工会：副主席先后由王学友、王宝琢、张德才担任；

团委：书记王顺；

妇联：主任闫玉琴；

武装部：部长先后由赵文秀、荣新明担任；

农业科：科长唐恩华；

生产科：科长先后由赵广学、曹福恩担任；

计财科：科长先后由邹大志、赵志芳担任；

派出所：所长先后由朱月宝、李英贤担任；

计划生育办公室：主任先后由王学友、王淑芳担任。

第三节 基层单位

一分场：党总支书记张惠春（1981年2月），场长贺培金（1981年9月）。党总支书记、场长赵万荣；

二分场：党总支书记、场长牛长贵；

三分场：党总支书记、场长先后由梁硕柱（朝鲜族）、郭兴久（荣军）担任；

四分场：党总支书记杨泽（兼）。场长先后由刘祖业、于伦担任；

五分场：党总支书记、场长先后由喻判文、郭玉坤担任；

鹿场：党总支书记于伦，场长王庭立；

造纸厂：党支部书记张国权；

酒厂：党支部书记孙传福；

粮库：党支部书记、主任先后由吕昌学（荣军）、孙传福（荣军担任）；

综合厂：党支部书记褚凤发，厂长先后由常英、孙振友担任；

汽车队：党支部书记、队长先后由孙振友、孙忠信、张惠春担任；

采石场：党支部书记先后由杨文义、苑广才、邹大志（1980年9月）担任；场长闫海文（1980年9月）；

机砖厂：党支部书记、厂长丁荣义；

中心小学：校长先后由尹逊科、王富（1982年）担任，党支部书记辛凤桐（兼）、白玉厚（1982年）；

中学：校长先后由白玉厚、吕作岐、王维范（1983年）担任，党支部书记白玉厚、王宝琢；

卫生院：院长先后由曹庆吉（荣军）、王满堂（1980年9月）担任，党支部书记刘志平。

第六章 第六届领导班子及内设机构

第一节 总场领导班子

双辽农场本届领导班子从 1983 年 9 月至 1986 年 11 月。

党委书记孙福生，场长先后由杨文江（1983 年 8 月）、唐恩华（1985 年 3 月）担任。

党委副书记杨文江、赵连有、赵志芳、辛凤水。

副场长：常贵才、李向仁、牛长贵、唐恩华、刘祖业、赵志芳、胡忠诚、辛凤水、张德才。调研室主任杨泽（副场级）。

纪检委书记兼工会主席赵秀云。纪检委员贺培金（副场级）。

1983 年 8 月 27 日，中共四平地委组织部下发《关于孙福生等任免职务的通知》：孙福生任国营双辽农场党委书记，杨文江任国营双辽农场场长兼党委副书记，免去曾宪山国营双辽农场党委副书记职务。

副场长常贵才、李向仁、牛长贵、唐恩华。调研室主任杨泽（副场级）。

1984 年，孙福生任党委书记，杨文江任场长，赵连有任副书记，唐恩华、李向仁、刘祖业、赵志芳任副场长。

1985 年 3 月 7 日，中共四平市委农村工作委员会任命孙福生为双辽农场党委书记，唐恩华为场长。党委副书记赵连有、赵志芳。副场长胡忠诚、辛凤水、张德才。调研室主任杨泽（副场级）。

第二节 机关科室

行政办公室：主任先后由翟连芝（1984 年）、李英才担任；

计财粮食科：科长先后由赵志芳、（1984 年 3 月）、胡忠诚（1984 年 9 月）、王立田担任；

劳资科：副科长李喜文（主持工作）；

科协（多种经营科）：科长吕作岐；

农牧科：科长先后由刘祖业、唐恩华、杨文义（1984 年 9 月）、张喜鹏（1985 年 3 月）担任；

宣教科：科长马国柱；

综合性办公室：主任翟连芝；

物资科（物资供应站）：科长兼党支部书记赵万荣；

工交科：科长先后由刘祖业、赵广学（1984 年 3 月）担任；

党委办公室（组织科）：主任先后由张德才（1984 年）、赵秀云、王顺担任；

机关党支部：书记郭兴久；

老干部活动室：主任辛凤桐；

派出所：所长赵文秀；

工会：副主席先后由杨文义、张惠春、喻判文担任；

武装部：副部长荣新明（主持工作）；

法庭：庭长单亦正；

团委：书记杨明才（1984 年 4 月）；

计划生育办公室：主任先后由尹逊科（1984 年）、王满堂担任；

妇联：主任先后由杨桂兰、闫玉琴担任。

第三节　基层生产单位

一分场：党总支书记、场长先后由王伦德、臧远德担任；

二分场：党总支书记、场长先后由牛长贵、丁荣义、辛凤水（1984 年 2 月）担任、张喜鹏（1984 年 2 月）任场长、贺培金（1986 年）任二分场党总支书记；

三分场：党总支书记、场长辛学发；

四分场：党总支书记、场长曹永正；

五分场：党总支书记、场长先后由杨明才、滕万荣担任；

鹿场：党总支书记于伦，场长吕作岐；

造纸厂：党支部书记、厂长赵广山；

酒厂：厂长先后由孙传福、薛海平担任，厂长兼党支部书记张培德（1984 年）；

采石场：党支部书记、场长闫海文；

供电所：所长先后由张万贵（1984 年）、邹方科担任。党支部书记孙传福；

砖厂：党支部书记先后由张惠春（1983年）、于兆金（1984年）担任，厂长丁荣义；

工程队：党支部书记、队长商胜来；

粮库：党支部书记、主任马景贵；

粮油公司：党支部书记、经理邹大志；

建材公司：经理褚凤发，党支部书记商胜来（1984年12月）；

物资供销公司（生产资料公司）：党支部书记、经理赵万荣；

工交公司：党支部书记、经理喻判文（1984年）；

农机厂：党支部书记孙振友，厂长刘连友；

畜禽公司：党总支书记、经理于伦；

农机公司：经理于兆金；

农业试验站：站长郝春杰；

畜牧站：站长郭玉坤；

变电所：党支部书记褚凤发，所长先后由张万贵、张培德（1983年）担任；

中心小学：校长王富，党支部书记先后由宫会、白玉厚担任；

中学：校长王维范，党支部书记先后由宫会、白玉厚、辛凤桐（1984年2月）、王宝琢（1984年12月）担任；

卫生院：院长先后由王满堂（1984年）、曹中山、刘治平担任。党支部书记白玉厚（1984年2月）；

供销社：党支部书记杨明德。

第七章　第七届领导班子及内设机构

第一节　总场领导班子

双辽农场本届领导班子从 1986 年 11 月到 1988 年 12 月。党委书记唐恩华，场长赵志芳；副场长胡忠诚、辛凤水、张德才、杨泽、宿录瑞、黄志远（下放干部，原四平地委副书记）、王立田（1988 年 3 月）。党委副书记张金、辛凤水；纪检委书记、工会主席赵秀云（女）。

第二节　机关科室

纪检委：副书记马景贵（正科级）；

行政办公室：主任李英才；

计财科：科长先后由王立田、张文才（1988 年 4 月）担任；

农林科：科长张喜鹏；

工交科：科长先后由喻判文（副场级）、刘连友、赵广学担任；

多种经营科：科长吕作岐；

宣教科：科长先后由马国柱、刘炜担任；

组织科：科长王顺；

劳资科：副科长李喜文（主持工作）；

武装部：副部长李英贤（主持工作）；

法庭：庭长单亦正；

计划生育办公室：主任王满堂；

派出所：所长赵文秀；

老龄委员会：主任白玉厚；

机关党支部：书记郭兴久；

妇联：副主任庄桂英（主持工作）；

团委：副书记牟福和（主持工作）。

第三节　基层单位

一分场：党总支书记、场长先后由王伦德（1986 年）、臧远德担任；

二分场：党总支书记、场长贺培金；

三分场（因原二三分场合并，四分场改为三分场）：党总支书记、场长曹永正；

四分场（原五分场）：党总支书记、场长辛学发（1986 年）；

博爱分场：党总支书记、场长李永成（1987 年）；

造纸厂：党支部书记、厂长赵广山；

酒厂：厂长薛海平，党支部书记张培德；

综合厂：党支部书记、厂长刘连友；

汽车队：党支部书记、队长宋国民；

采石场：党支部书记、场长闫海文；

地毯厂：厂长先后由宫月凤（女）、姜学义担任；

塑料彩印包装材料厂：厂长陈凤学；

机砖厂：厂长袁光池；

预制板厂：厂长张文君；

农业生产资料公司（物资科）：经理、党支部书记赵万荣；

农机公司：经理刘昌林；

物资供应公司（贸易货栈）：经理唐景和；

建筑公司：经理商胜来；

粮油公司：经理王伦德、党支部书记邹大志；

畜禽公司：经理党支部书记于伦；

变电所：党支部书记孙传福；

中心小学：校长王富，党支部书记白玉厚；

中学：校长王维范，党支部书记宫会、王宝琢（1986 年）；

卫生院：院长崔伟，党支部书记杨桂兰（女）。

第八章 第八届领导班子及内设机构

第一节 总场领导班子

双辽农场本届领导班子从 1988 年 12 月到 1991 年 7 月。从本届领导班子开始实施场长负责制，场长为双辽农场主要领导，党委书记协助场长工作。场长赵志芳，党委书记唐恩华、孙玉琢（1989 年 12 月）。党委副书记沈占明（1991 年 3 月）、赵秀云（女）；纪检委书记先后由赵秀云（女）、王顺（1990 年 3 月）担任；副场长胡忠诚、李英才、张喜鹏、杜景生；工会主席马国柱；副场级待遇翟连芝。

1991 年 2 月 22 日，四平市农业局任命胡忠诚、李英才、张喜鹏为双辽农场副场长。

1991 年 3 月 2 日，中共四平市委组织部任命沈占明为双辽农场党委副书记（正场级）。

第二节 机关科室

行政办：主任牟福山；

政研室：主任吕作歧；

计财科：科长张文才；

生产科：科长张庆志；

工业科：科长刘连友；

审计科：科长高义；

劳资科：科长李喜文；

土地管理科：科长贺培金；

档案室：主任王顺（兼）；

教育科：科长李万才；

商贸科：科长邹方科；

纪检委：副书记单亦正；

党委办：主任刘有；

宣传科：科长孙宝岩；

武装部：部长修虹；

农业试验站党支部：书记郝春杰；

林业站：站长宋国良；

变电所：副所长熊波（主持工作）；

派出所：所长赵文秀；

法庭：庭长单亦正；

妇联：主任庄桂英；

团委：书记单继胜。

第三节　基层单位

一分场：场长、党总支书记臧远德；

二分场：场长、党总支书记先后由辛学发、潘喜忠担任；

三分场：场长、党总支书记先后由曹永正、阎海文（1988年）担任；

四分场：场长、党总支书记滕万荣；

鹿场：场长蔡光裕；

博爱分场：场长李永成；

造纸厂：厂长、党支部书记赵广山；

酒厂：厂长、党支部书记张培德；

采石场：场长、党支部书记于海军；

大理石厂：厂长赵广学，党支部书记闫海文；

塑料彩印厂：厂长、党支部书记先后由陈凤学、祝荣家（1990年8月）担任；

机砖厂：厂长袁光池；

沙厂：厂长喻判福；

预制板厂：厂长刘连喜；

变电所：党支部书记孙传福，副所长张惠春（主持工作）；

农业生产资料公司：经理赵万荣；

农机公司：经理刘昌林；

物资供应公司（贸易货栈）：经理唐景和；

建筑公司：经理张万贵；

粮油公司：经理王伦德；

中心小学：校长先后由王富、宫会（1990 年）担任，党支部书记白玉厚；

中学：校长先后由王维范、王富（1989 年）、李万才（1989 年 8 月）、刘元祥（1990 年）担任；党支部书记宫会（1989 年）；

卫生院：院长王满堂。

第九章 第九届领导班子及内设机构

第一节 总场领导班子

双辽农场本届领导班子从 1991 年 7 月到 1995 年 1 月。场长沈占明；党委书记孙玉琢、王乃玉；副场长胡忠诚、李英才、张喜鹏、杜景生、张文才、马国柱；党委副书记、纪检委书记赵秀云（女）；工会主席先后由马国柱、刘连友担任。

1991 年 7 月 5 日，中共四平市委组织部任命沈占明为双辽农场场长。

第二节 机关科室

政治部：主任赵秀云（女）（兼）（1992 年 1 月 10 日）；

政治部：副主任兼纪检委副书记先后由单亦正、刘有（1992 年 11 月 20 日）担任；

政治部：副主任兼组织科长（部长）先后由刘有、郭殿恩（1992 年 11 月 20 日）担任；

政治部：副主任兼宣传科科长（部长）先后由孙宝岩、曹福恩（1994 年）担任；

工会：副主席赵文秀（副场级）；

妇联：主任先后由庄桂英、宫月凤（1994 年 6 月）担任；

团委：副书记先后由庄桂英（兼）、单继胜（主持工作）担任；

老干部活动室：主任先后由翟连芝（兼）、商胜来担任；

工业办公室：主任王成洋；

农业综合开发办：主任李英才；

计划生育办公室：主任贾云祥；

农业科：科长郝春杰（兼农科所所长）；

多种经营科：科长蔡光裕（兼畜牧兽医站站长）；

土地管理所：所长先后由贺培金、张克江（1993 年 8 月）担任；

行政办：主任刘殿生；

计财科：科长先后由张文才、阚惠林（1993 年 8 月）担任；

审计科：科长张富；

工业科：科长王成洋，兼开发办公室主任；

商贸科：科长邹方科；

基建办公室：主任樊荣德；

劳资科：科长李喜文；

派出所：所长赵文秀，指导员吕国军（1994 年 6 月）；

法庭：庭长李英明；

武装部：部长修虹；

老干部活动室：主任商胜来；

综合治理办公室：主任潘喜忠。

第三节　基层单位

一分场：场长、党总支书记臧远德；

二分场：场长、党总支书记张庆志；

三分场：场长、党总支书记先后由潘喜忠、刘连富（1993 年 4 月）担任；

四分场：场长、党总支书记曹永正；

五分场：场长、党总支书记辛学发；

博爱分场：场长、党总支书记姚振山；

大理石厂：厂长、党支部书记刘连友，厂长刘昌林（1993 年 8 月），党支部书记李英贤（1993 年 8 月）；

沙厂：厂长徐延州，党支部书记王玉森；

机关汽车队：队长孙忠信；

造纸厂：厂长赵广山，党支部书记李喜文；

汽车队：队长李永成；

胶丸厂：厂长先后由李亚芹、李德仁（1994 年）担任；

冷冻加工厂：厂长孙建民；

酒厂：党支部书记、厂长王玉森，党支部书记杨桂兰；

珍禽养殖场：场长杨平，党支部书记戴礼；

采石场：场长于海军，党支部书记滕万荣；

预制构件厂：厂长先后由张文君、刘连喜、高义担任，党支部书记先后由王福荣、张万贵担任；

蛋鸭场：场长于海军；

变电所：所长高义，党支部书记牟福山；

房屋开发公司：经理张万贵，党支部书记樊荣德；

农业生产资料公司：经理郝春杰（1994年4月）；

生产资料公司：经理王伦德，党支部书记修虹；

物资公司：经理先后由杨国良、王福荣担任，党支部书记先后由杨国良、樊荣德担任；

农机公司：经理、党支部书记先后由闫海文、刘昌林担任；

生产资料公司华星酒店：经理张仁生（1993年5月）

粮油公司：经理、党支部书记先后由王伦德、吕国军（1993年8月）、于海军（1994年4月）、祝威（1994年6月）担任，党支部书记熊波（1994年6月）；

长春办事处：主任张庆武（1993年5月）；

中心小学：校先后由长郭殿恩（1991年）、杨喜林（1992年）、赵文超（1993年）担任；党支部书记先后由宫会（1991年）、刘岚春（1993年）担任；

中学：校长庄英才（1993年），校长兼党支部书记李宗江（1994年9月）；

卫生院：院长王满堂，党支部书记宫月凤。

第十章　第十届领导班子及内设机构

第一节　总场领导班子

双辽农场本届领导班子从 1995 年 1 月到 1997 年 11 月。党委书记、场长王乃玉。党委副书记刘炜；副场长胡忠诚、李英才、祝荣家、张庆志、梁允顺、马国柱、刘连友；工会主席先后由刘连友、彭占山担任；纪检委书记郭殿恩。

1995 年 1 月 28 日，中共四平市委组织部任命王乃玉为双辽农场场长。

第二节　机关科室

工会：副主席赵文秀；

纪检委：副书记刘有；

组织部：部长兼老干部办公室主任郭殿恩；

宣传部：部长曹福恩；

劳资科：科长孙宝岩；

计财科：科长阚惠林；

审计科：科长先后由张富、王长利担任；

行政办公室：主任先后由刘殿生、王永海、郭殿恩（1995 年 5 月）、彭占山（1996 年 1 月）担任；

场长办公室：主任先后由王成洋、刘英伟担任；

林业科：科长李喜才；

土地科：科长张克江；

农机科：科长汤玉明；

武装部：部长牟福和；

团委：副书记兼妇女副主任孙宝兰（主持工作）；

法庭：副庭长王永海（主持工作），庭长修虹；

计划生育委员会：副主任李普（主持工作），主任先后由张富、王永海（1995 年 8 月）担任；

农业开发办公室：主任高义；

清欠办：常务副主任先后由李普、张富（1996 年 6 月）担任；

派出所：所长先后由潘喜忠、王立国（主持工作 1995 年 5 月）担任。

第三节　基层单位

一分场：场长、党总支书记臧远德；

二分场：场长、党总支书记先后由潘喜忠（1995 年 5 月）、辛学发、邹伟担任；

三分场：场长、党总支书记刘连富；

四分场：场长、党总支书记杨平；

五分场：场长、党总支书记吕国军；

博爱分场：场长、党支部书记先后由邢国权、柴国平、李永成担任；

鹿场：场长邓飞云，党支部书记李英贤；

农科所：所长兼党支部书记姚振山；

珍禽场：场长杨平，党支部书记邹方科；

种禽场：场长先后由彭占山、刘士心、孙治新（1996 年 1 月）担任，党支书记刘士心；

山鸡场：场长王成洋（1996 年 1 月）；

饲养场：场长刘士心（1996 年 1 月）；

采石厂：副厂长曹玉和（主持工作）；党支部书记孙建民（1995 年 8 月）；

冷冻加工厂：厂长孙建民，厂长兼党支部书记先后由梁允顺（1995 年 8 月）、李喜才（1996 年 1 月）担任；

塑料彩印厂：厂长祝威；

酒厂：厂长曹玉和；

大理石厂：党支部书记李英贤；

饲料厂：厂长梁允顺，党支部书记熊波（1996 年 1 月）；

华星木器加工厂：厂长王增金（副科级）；

纸箱厂：厂长张全和，党支部书记李喜文；

沙厂：党支部书记商胜来；

粮库：主任刘恒坡、彭占山（1995年7月）；党支部书记熊波（1995年2月）；

粮油公司：经理王伦德，党支部书记张万贵；

建筑公司：经理杨国良；

农机公司：经理兼党支部书记李英明（1996年1月），经理先后由汤玉明、祝威（1996年6月）担任；

物资公司：经理商胜来；

生产资料公司：党支部书记先后由商胜来、修虹担任；

变电所：所长李永成（1996年1月）；

畜牧兽医站：副站长陈柏春；

供水站：站长姚振国；

特产品经销部：经理李万才；

郑家屯办事处：主任刘恒坡；

生产资料公司门市部：经理迟金山（副科级）；

卫生院：党支部书记曲兴远；

中心小学：校长赵文超；党支部书记刘岚春；

中学：校长、党支部书记李宗江；党支部书记宫月凤（女）（1996年1月）。

第十一章 第十一届领导班子及内设机构

第一节 总场领导班子

双辽农场本届领导班子从 1997 年 12 月到 2001 年 1 月。场长胡忠诚；党委书记张学光；副场长梁允顺、祝荣家、张庆志、刘连友、李英才，党委副书记刘殿生；纪检委书记郭殿恩；工会主席彭占山；

副场级调研员：李英才（1999 年 8 月）、臧远德（1999 年 8 月）。

1997 年 12 月 21 日，中共四平市委组织部任命胡忠诚为双辽农场场长；张学光为双辽农场党委书记。

1999 年 8 月，中共四平市农业局委员会任命张学光为双辽农场第一副场长；梁允顺、祝荣家、张庆志、刘连友为双辽农场副场长。

第二节 机关科室

计财科：科长阚惠林；

审计科：科长王长利；

党委办公室：主任牟福和；

行政办公室：主任牟福山；

开发办公室：主任陈诚；

场长办公室：主任刘英伟；

农业科：科长黄振华、邹伟；

计划生育办公室：主任张富；

派出所：所长李英明；

法律事务所：所长王立国；

武装部：部长牟福和（兼）。

第三节　基层单位

一分场：场长、党总支书记臧远德、李永成（1999 年）；

二分场：场长、党总支书记邹伟；

三分场：场长、党总支书记刘连富；

四分场：场长、党总支书记杨平；

五分场：场长、党总支书记辛学发；

博爱分场：场长、党总支书记柴国平；

畜牧站：站长陈栢春、倪桂金；

构件厂：党支部书记、厂长高义，厂长牛宝德（1999 年）；

中心小学校：校长杨喜林，党支部书记刘岚春；

中学：校长、支部书记先后由李宗江、赵文超（1998 年 8 月）担任。

第十二章 第十二届领导班子及内设机构

第一节 总场领导班子

双辽农场本届领导班子从 2001 年 1 月到 2004 年 3 月。2001 年 1 月 12 日，四平人事局任命张学光为双辽农场场长。党委书记、场长张学光；副场长梁允顺、祝荣家、张庆志、刘连友、郑守威、刘英伟；党委副书记先后由刘殿生、彭占山、牟福和担任。工会主席先后由彭占山、刘英伟（2002 年）、牟福和担任。纪检委书记牟福和。副场级调研员阚惠林。场长助理邹伟（2002 年）。

第二节 机关科室

综合科：科长刘士心；

党委办公室：主任牟福和（兼）；

行政办公室：主任先后由刘英伟（兼）、王宇南（2003 年）担任；

计财科：科长商敬军；

农业开发办公室：主任王宇南（兼）；

农业（农林）科：科长先后由黄振华、毕长山担任；

审计科：科长王长利；

教育科：科长孙宝岩；

教育管理委员会：主任彭占山（兼），常务副主任孙宝岩；

计划生育办公室：主任先后由张贤、邢国权担任；

司法所：所长李英明；

林业站：站长徐大海；

畜牧站：站长戴德；

武装部：部长王立国；

派出所：所长先后由赵平、李英明、张学先担任，指导员先后由王春智、王立国担任；

工会：副主席姚振忠（兼招商办主任）；

妇联：主任兼团委书记孙宝兰。

第三节　基层单位

一分场：场长、党总支书记李永成；

二分场：场长、党总支书记邹伟，党总支书记王永海（2001年）；

三分场：场长、党总支书记刘连富，党总支书记先后由李英贤（2001年）、王长利（2002年）担任；

四分场：场长、党总支书记李德仁；

五分场：场长、党总支书记先后由辛学发、王长利（2003年）担任；

博爱分场：场长、党总支部书记柴国平；

采石场：场长先后由曹永正、衣龙（2002年）担任，党支部书记先后由李普、陈诚（2003年）担任；

畜禽总公司：总经理、党总支书记先后由梁允顺（兼）、郑守威（2001年）担任；

种禽场：场长、党支部书记孙治新；

冷冻加工厂：厂长、党支部书记陈惠友；

珍禽场：场长、党支部书记吕国军；

鹿场：场长、党支部书记邓飞云；

农业技术推广站：站长兼党支部书记杨平；

农科所：所长先后由姚振山、杨平（2002年）、黄振华（2003年）担任，党支部书记先后由姚振山、王连昌（2002年）担任；

林业管理站：党支部书记潘喜忠，副站长徐大海（2003年主持工作）；

土地水管所（土地供水站）：所长张克江。党支部书记先后由牟福山、白长林（2002年）担任；

生产资料经销处：经理郝春杰；

化肥供应站：经理迟金山；

农用物资供应站：经理祝威；

农业服务中心：经理张庆武；

生产资料供应站：经理姚念元；

粮油公司：经理先后由王伦德、张富担任，党支部书记修虹；

建筑公司：经理赵长影；

农机公司：经理陶元臣；

农机商店：经理汤玉明；

变电所：所长、党支部书记先后由孙建民、姚振忠、姚振友（2003 年）担任；

营养米厂：厂长王立国（2002 年）

中学：校长赵文超，党支部书记先后由赵文超、李宗江担任；

小学：校长杨喜林，党支部书记先后由刘岚春、孙宝兰、刘成伟担任；

广播电视管理站：站长熊波；

畜牧站：站长闫海权（副科级）；

白城开发办：主任先后由陈诚、韩先礼担任；

防疫站：站长李士民；

敬老院：院长先后由贾云祥、戚秀发担任；

职工医院一院：院长郭艳彬（副科级）；

职工医院二院：院长赵庆贤。

第十三章 第十三届领导班子及内设机构

第一节 总场领导班子

双辽农场本届领导班子从 2004 年 3 月到 2017 年 3 月。

2004 年 3 月，中共辽河农垦管理区委任命：党委书记、场长彭占山；党委副书记、副场长郑守威；党委副书记、纪检委书记、工会主席牟福和；副场长梁允顺、祝荣家、张庆志、刘英伟、商敬军、王宇南、王长利、赵平；调研员刘连友（2010 年退休）。

2011 年 3 月 15 日，中共辽河农垦管理区委任命彭占山为双辽农场场长、党委书记；梁允顺为副场长（正场级），郑守威为党委副书记、副场长；祝荣家、张庆志、刘英伟为副场长；牟福和为党委副书记、纪检委书记、工会主席；刘连友、郭殿恩改为非领导职务（享受正场级待遇）。

2011 年 9 月 29 日，中共辽河农垦管理区委任命王宇南、王长利为双辽农场副场长；赵平为双辽农场场长助理兼任二分场场长、党总支书记。

2013 年 2 月 8 日，中共辽河农垦管理区委任命赵平为双辽农场副场长。

第二节 机关科室

场长办公室：主任商敬民；

行政办公室：主任先后由王宇南、彭任飞、吴甲国担任；

党委办公室：主任先后由白长林、杨喜林（2005 年 6 月）、姚永纯（2007 年）、李晓旻（2010 年）担任；

纪检监察室：主任李晓旻（2014 年 4 月）；

计财科（财务、审计科）：科长田永春；

农业科：科长毕长山；

劳动社会保障科：科长先后由李瑞丰、曹宇（副科长主持工作）担任；

计划生育办公室：主任王旭；

司法所：所长王春智；

派出所：所长张学先；

合作医疗办：主任姚永纯（兼）（2009 年）；

民政科：科长先后由张晓军（2007 年）、曹顺海（2009 年 4 月，副科长主持工作）担任；

团委书记、妇联：主任邢志红；

武装部：部长先后由杨喜林（兼信访办主任）、姚永利（2007 年）担任。

第三节　基层单位

一分场：场长、党总支书记先后由李永成、李春山（2009 年）担任；

二分场：场长、党总支书记先后由邹伟、赵平（2004 年 3 月）、单继忠（2012 年 2 月）担任；

三分场：场长、党总支书记先后由刘连富、姚振友（2004 年 9 月）、姚振库（2009 年 10 月）担任。

四分场：场长、党支部书记先后由李德仁、戴德（2010 年 3 月）担任；

五分场：场长、党总支书记先后由王长利、吴甲国（2012 年 2 月）、邵景微担任；

博爱分场：场长、党总支书记柴国平；

鹿场：场长邓飞云；

农业科学研究所：所长黄振华、王刚（2014 年）；

畜禽公司：经理戴德（兼辽河牧业有限公司经理）；

土地所：所长姚振国，党支部书记单继胜；

变电所：所长姚振友；

消防站：站长姚永利。

林业站：站长徐大海；

畜牧站：站长、党支部书记高顺安；

合作医疗办公室：主任、党支部书记先后由姚振忠兼医院党支部书记（2007 年）、李晓光（2012 年）担任；

农机管理服务站：副站长杨宏亮（主持工作，2015 年 6 月）。

敬老院：院长孙治富，党支部书记先后由王立国、姚振友（2009 年 10 月）担任；

中心小学：校长刘成伟，党支部书记孙宝兰、白长林；

中学：校长先后由赵文超、白长林（2005年6月）、王玉久（2014年4月）担任，党支部书记先后由李宗江、邓中云、蔡向东担任。

第十四章　第十四届领导班子及内设机构

第一节　总场领导班子

双辽农场本届领导班子从 2017 年 3 月到 2018 年 8 月。

2017 年 3 月 20 日，中共四平辽河农垦管理区委员会任命梁宏臣为双辽农场场长、党委书记（2017 年 3 月—2017 年 7 月）。副场长郑守威、商敬军、王宇南、王长利、赵平。党委副书记郑守威、牟福和。纪检书记、工会主席牟福和。调研员彭占山（正场级）。

2017 年 7 月，中共四平辽河农垦管理区委员会免去梁宏臣双辽农场场长、党委书记职务，明确由党委副书记、副场长郑守威主持工作（2017 年 8 月—2018 年 6 月）。

第二节　机关科室

计财科：科长田永春；

场长办公室：主任商敬民；

行政办公室：主任吴甲国；

党委办公室：主任李晓旻；

纪检监察室：主任先后由李晓旻（2014 年）、任永庆担任；

社保科：副科长曹宇（主持工作）；

农业科：科长毕长山；

派出所：所长张学先；

计划生育办公室：主任王旭；

司法所：所长王春智；

民政科：科长曹顺海；

团委书记、妇联主任邢志红。

第三节 基层单位

一分场：场长李春山；

二分场：场长单继忠；

三分场：场长姚振库；

四分场：场长戴德；

五分场：场长邵景微；

博爱分场：场长柴国平、臧涛；

鹿场：场长邓飞云；

林业站：站长徐大海；

畜牧站：站长高顺安，党支部书记王淑波；

合作医疗办公室：主任李晓光；

消防站：站长姚永利；

农业科学研究所：所长王刚；

敬老院：院长孙治富；

中心小学：校长刘成伟，党支部书记白长林；

中学：校长王玉久，党支部书记蔡向东。

第十五章　第十五届领导班子及内设机构

第一节　总场领导班子

双辽农场本届领导班子从 2018 年 6 月到 2021 年 12 月。

2018 年 6 月 26 日，中共双辽市委组织部任命王长利为双辽农场场长、党委书记。副场长郑守威、王宇南。党委副书记郑守威。调研员彭占山（正场级）。

第二节　机关科室

计财科：科长田永春；

场长办公室：主任商敬民；

行政办公室：主任单继忠；

党委办公室、纪检监察室：主任任永庆；

社保科：副科长曹宇（主持工作）；

人居环境管理办公室：主任曹顺海；

农业科：科长毕长山。

第三节　基层单位

一分场：场长李春山；

二分场：场长先后由单继忠、王庆宾、李仁（2021 年）担任；

三分场：场长姚振库；

四分场：场长戴德；

五分场：场长邵景微；

博爱分场：场长臧涛；

鹿场：场长邓飞云；

农业科学研究所：所长王刚。

第八编

改　革

中国农垦农场志

第一章　领导管理体制的变革

第一节　1949—1968 年

1949 年 11 月 15 日，历时 5 个多月的筹建，辽西省荣军农场在双辽县卧虎屯正式挂牌成立。辽西省荣军农场隶属东北荣军工作委员会辽西省荣军管理处领导，为正团级军垦企业。贾巨文任场长兼党支部书记（1949 年 6 月—1957 年 9 月）。其经营方针是自给自足，实行供给制分配方式，生产组织实行军事化管理。20 世纪 50—60 年代，全国国营农场领导管理体制的主要特点是由国家主管部门高度集中，以行政手段为主，实行统一领导、分级管理。各级农场管理部门，统一主管所属国营农场的计划、生产、财务、投资、物资、产品、劳动工资、人员调动等。

1952 年 1 月，辽西省荣军农场由辽西省农业厅领导，改名为辽西省人民政府农业厅荣军农场（简称辽西荣军农场），为正县级省直农垦企业。经营方式改为企业经营，变军事化生产组为生产队组，改供给制为工资制。

1954 年 7 月，东北行政委员会关于贯彻中央人民政府《关于撤销大区一级行政机构和合并若干省市建制的决定》的实施方案确定，原辽西省双辽县划归吉林省直辖。辽西省荣军农场更名为吉林省国营双辽农场。

1956 年 1 月，根据中央军委批示，参与垦荒的官兵集体转为地方，由军事管理体制改为地方管理。

1956 年 7 月 3 日，双辽县由吉林省直辖县划归白城专区管辖。双辽荣军农场仍归吉林省农业厅直属管理。

1958 年 2 月，根据双辽农场事业发展的需要，吉林省农业厅党组决定，在双辽农场组建中国共产党双辽农场委员会，任命裴志夏为中共双辽农场党委书记（1958 年 2 月—1968 年 7 月）。党的组织关系和社会职能由所在县管理。

1958 年 10 月 23 日，吉林省设立四平专区，将原白城专区管辖的双辽县划归四平专区管辖。双辽农场仍归吉林省农业厅直属管理。

第二节　1968—1995 年

1968 年 8 月，双辽农场由吉林省农业厅下放到双辽县管理，为正县级农垦企业。双辽农场成立革命委员会。中共四平军分区委员会任命军代表黄明玺等 21 人任革命委员会委员。

1978 年 4 月 27 日，四平地区革命委员会批转地区农林办公室《关于梨树、双辽农场收归地区领导有关几个问题的请示报告》（四地革发〔1978〕40 号文件），双辽农场划归四平地区管理。

吉林省人民政府关于梨树、双辽农场仍归地区管理的通知

省农垦局、四平地区行政公署：

省人民政府决定：撤销吉政发〔1981〕237 号文《关于将梨树、双辽农场划归省农垦局直接管理的通知》，梨树、双辽农场仍由四平地区行政公署领导和管理，农场的所有制、包干补贴以及计划、生产、财务、人事、劳资等仍维持一九八一年九月三十日前的关系不变。望你们做好农场的交接工作和社员的思想政治工作，保证农业生产的正常进行。

一九八二年五月三十日

1983 年 8 月，吉林省撤销四平地区，设立四平市（地级）。双辽农场归四平市政府管理，更名为吉林省四平市国营双辽农场，党的工作由双辽县领导。

第三节　1996—2017 年

1996 年，吉林省人民政府（吉政函〔1996〕63 号）文件通知：经国务院批准，同意撤销双辽县，设立双辽市（县级），以原双辽县的行政区域为双辽市的行政区域。双辽市设立后由四平市代管，双辽农场仍归四平市政府管理。

2000 年 6 月 12 日，经吉林省人民政府开发区办公室批准成立四平辽河农垦管理区。双辽农场划归"四平辽河农垦管理区"管理。总场领导干部任免（正副职）由辽河管理区任命。

2000 年 10 月 26 日，中共四平市委下发《中共四平市委四平市人民政府关于组建四平辽河农垦管理区有关问题的通知》（四发〔2000〕15 号文件）。双辽农场划归四平辽河农垦管理区领导。

中共四平市委　四平市人民政府
关于组建四平辽河农垦管理区有关问题的通知

各县（市）、区委和人民政府：

为了推进国有农场管理体制改革，促进农垦企业经济发展和社会稳定，市委、市政府研究决定并经省政府同意将国营梨树农场作为全省农垦系统改革试点，建立四平辽河农垦管理区，现就组建四平辽河农垦管理区有关事宜通知如下：

一、管理区机构及隶属关系

（一）管理区作为全省国营农业企业改革试点，是一定区域内带有行政管理职能的社区组织，管理区机构比照省级经济开发区机构设置。

（二）管理区领导机构为管理区委和管理委员会，级别为县级建制。管理区党政班子由市委管理任用。

（三）管理区隶属四平市委、市政府领导，市直农口有关部门负责行业管理。

（四）管理区范围为国营梨树农场、梨树县孤家子镇和四平市种鹿场，正常运转后将双辽农场、双辽种羊场和绿野集团（原双山鸭场）纳入管理区。

（五）管理区和国营梨树农场暂为两块牌子一套人马，挂牌后运作农场破产，撤消孤家子镇，孤家子镇撤销前，由管理区代管。

（六）管理区按照精简、统一、效能原则，设立相应机构设置方案报市委、市政府批准后实施。管理区内设机构人员的配备，要引入竞争机制，竞争上岗，择优录用。

（七）管理区不按行政、事业编制管理、管理区机关干部工资与财政收入，经济效益挂钩。具体开支办法由管理区提出，经市财政局审核同意，报市政府批准后实施。

二、管理区的财税体制

（一）管理区建立一级财政，设县级金库，金库设在中国人民银行梨树支行。按照分税制的要求，对管理区实行"划分税种，核定收支，定额上解（补助），地方部分超收全留，一定五年不变"的财政体制。

（二）按现行预算管理级次，管理区内属于中央、省级固定收入归中央、省，其余原属县级的各项税收和纳入预算管理的各项非税收入，均作为管理区的财政固定收入。

（三）管理区内机关、教育卫生等各项支出均由管理区财政负担。

（四）管理区财政收入，税收返还、财政支出基数，按照由市财政局牵头，会同梨树县、梨树农场商定的具体意见和管理办法实施。

（五）凡驻管理区区域内的中央、省、市、县属企事业单位，必须依法向管理区财税机关缴纳税费。

（六）建立管理区财政体制后，与财政体制配套的收入征管及报解工作，由市财政局牵头，会同国税、地税、人民银行等部门制定相应的操作制度和具体办法，报市政府审查批准后实施。

（七）管理区财税体制从 2000 年 1 月 1 日起运行。

三、管理区的行政、司法管理职能

（一）赋予管理区县级经济和社会管理职权。管理区国民经济和社会发展计划纳入市直管理。

（二）管理区内的国税分局、地税分局、工商分局、公安分局、技术监督所、交通征费站等垂直管理部门经与省编委和省直厅局沟通，改变其隶属关系，由原来归梨树县局管理，划归四平市行业主管部门直接管理。四平市行业主管部门根据管理区的实际提出管理办法，在制定管理办法时要注意征求管理区的意见，并报市政府备案。

（三）对管理区内的财政所、城建所环保所、土地所（矿产）、运管所、农业、农机监理、水利、林业、畜牧、物价、民政、司法、劳动、计划生育、文化体育、广播影视、卫生等单位，实行以管理区管理为主，市直行业管理部门指导为辅的管理体制。市直有关部门要加强业务指导和行业管理，积极支持开展工作。

（四）原梨树县财政开支的梨树农场公办教师的工资，由管理区财政开支，市财政帮助调剂，工资标准不低于梨树镇教师。通过精简整编和发展经济，逐步将场办教师工资纳入管理区财政。管理区学校干部任免、人员编制、职称评聘等由管理区管理。管理区的教学业务指导、招生升学考试、中小学生学籍、师资培训、教研教改等工作仍由梨树县管理不变。

（五）孤家子粮库、粮管所由市粮食局直接管理，市粮食局、农发行要负责定购任务，收购资金等各项收购政策的落实。

（六）梨树县划归管理区的单位的人员、编制、经费，以 1999 年末在册正式职工人数为准，由市编委办公室牵头会同梨树县、市直有关部门、管理区协商办理，对原驻孤家子镇负责孤家子片若干乡镇管理工作的单位，根据管理区工作需要，按减少工作量的比例留用相应人员。

（七）管理区涉及的检察、法院职能与业务仍由梨树县实行属地管理。

四、对管理区实行优惠政策

管理区比照省级经济开发区享受优惠政策。经与省财政厅协商，国税省留存部分、土地出让金上缴省 30％部分，返还管理区使用。

市直各部门要在四平市现有优惠政策的基础上，制订对管理区特殊支持、服务的政策措施，创造更加宽松环境，积极扶持管理区的经济和社会发展。

管理区实行封闭式管理。严格控制在管理区内开展检查、评比、总结、表彰、达标、升级活动。如确需开展此类活动，要经市政府批准。严禁市、县各部门到管理区乱收费、乱罚款、乱摊派。

五、积极推进管理区的改革、发展、稳定

管理区成立后，要认真贯彻省政府"进一步解放思想，理顺关系，用好政策，抓好试点，促进发展"的批示精神，积极推进管理区的改革、发展、稳定，走出一条自力更生、自我完善、自负盈亏、自我发展壮大的路子。

（一）切实抓好农垦系统改革试点。要在农垦管理体制和财税体制改革的基础上，积极推进现代企业制度的建立。加大管理区所属企业改组、改制的力度，积极创造条件组建农垦企业集团公司、有限责任公司和股份制企业，实行投资主体多元化和完善法人治理结构。管理区抓紧提出所属企业深化改革实施方案，报市政府批准实施。市直体改、金融、税收、财政、土地等部门要给予特殊支持。

（二）加速管理区经济发展。大力调整优化产业结构，稳定发展效益农业，搞好搞活工商企业，积极发展第三产业和个体私营经济。全方位开展招商引资活动，集中精力抓好项目建设，增强经济发展后劲。进一步加快小城镇建设，使管理区小城镇建设成为全市的样板。

（三）管理区要加强内部管理。要抓紧制定落实一整套科学、严格管理的规章制度，尽早达到内部管理标准化、规范化。要切实抓好开源节流增收节支工作，加大财政收入和税费征管工作力度，严格控制各项开支。

（四）确保管理区的社会稳定。要采取有效措施，切实解决职工群众的生产生活问题。要加强思想政治工作，认真做好信访和社会稳定工作，切实负起社会稳定的政治责任。

六、加强组织领导

为了加强对组建四平辽河农垦管理区工作的具体领导，成立四平辽河农垦管理区领导小组。市委副书记吴佩军为组长、副市长徐大云为副组长，梨树县政府和市直机关有关部门负责同志为成员，具体负责四平辽河农垦管理区的组建的实施工作，确保组建工作积极稳妥进行。

中共四平市委

四平市人民政府

2000 年 10 月 26 日

第四节 2018 年

2018 年，根据国家六部委《关于印发农垦国有农场办社会职能改革实施方案的通知》（农垦发〔2016〕1 号文件）精神，中共双辽市委双市人民政府印发《双辽市农垦改革发展实施方案》。四平市撤销辽河垦区，将所属 5 个国有农场按属地分别整体划转给梨树县和双辽市。双辽农场划归双辽市政府管理，社会职能归属双山镇管理。

中共双辽市委双辽市人民政府
关于印发《双辽市农垦改革发展实施方案》的通知

各乡、镇、街党委（工委），市直各党组、党委（工委），市委各部、委、办，市政府工作部门，各人民团体，吉林双辽白鹤省级自然保护区管理局党组：

《双辽市农垦改革发展实施方案》已经市委、市政府同意，现印发给你们，请认真贯彻落实。

中共双辽市委

双辽市人民政府

2018 年 5 月 28 日

双辽市农垦改革发展实施方案

为认真贯彻落实《中共中央、国务院关于进一步推进农垦改革发展的意见》（中发〔2015〕33 号）及《中共吉林省委吉林省人民政府关于进一步推进农垦改革发展的实施意见》（吉发〔2016〕44 号）、《中共四平市委四平市人民政府关于进一步推进农垦改革发展的实施意见》（四发〔2017〕32 号）和《辽河农垦管理区农垦改革实施方案》文件精神，结合我市所辖农场（双辽种羊场、双辽农场、双山鸭场以下简称"双辽三场"）实际，制定本方案。

一、指导思想

全面贯彻党的十九大精神，以习近平新时代中国特色社会主义思想为指导，从双辽实际出发，坚持社会主义市场经济改革方向，牢固树立创新、协调、绿色、开放、共享的新发展理念，以保障国家粮食安全和重要农产品供给为核心，以推进垦区集团化、农场企业化改革为主线，理顺管理体制，激活经营机制，依靠创新驱动，加快转变发展方式，推进资源整合、资产运营、资本运作，着力打造现代农业示范基地、龙头企业、优势产业，全面增强"双辽三场"的整体实力，为推动双辽新时代全面振兴发展作出重要贡献。

二、基本原则

——坚持国有属性，服务大局。围绕发挥国有经济主导作用，完善国有农业经济实现形式，以农业生产经营为主，走规模化发展道路，促进一二三产业融合发展，做大做强农垦经济，更好服务国家战略需要。

——坚持市场导向，政府支持。着力深化"双辽三场"市场化改革，推进政企分开、社企分开，确立"双辽三场"的市场主体地位，切实保障"双辽三场"平等享有国家普惠性政策，完善与农垦履行使命相适应的支持政策，解决"双辽三场"的实际困难，提升农垦可持续发展能力。

——坚持因场施策、差异发展。注重"双辽三场"资源禀赋、产业基础、发展水平差异性，不搞"一刀切"，结合各场实际，因场制宜，突出特色，促进多样化、差异化发展，不断提高各农场内生动力、发展活力和市场竞争力。

——坚持统筹兼顾，稳步推进，坚持从实际出发，不简单照搬农村集体经济或一般国有企业的改革办法，着力解决突出矛盾，处理好国家、企业和职工的利益关系，确保干部职工队伍稳定、生产经营稳定和社会稳定。

——坚持财随事转，编随人走。严格落实国家和省各项支持、扶持政策，已经明确由"双辽三场"享受的政策性资金、项目，全部由双辽市承接。妥善做好人员和编制划转工作，本次划转到双辽的在编人员全部划归双辽接收，做到编随人走。

三、改革时限

2018 年 6 月 20 日前改革工作全面完成。

四、主要目标

到 2020 年，实现以下目标：

——集团公司建立健全适应市场经济要求、充满活力、富有效率的管理体制和经营机制，"双辽三场"企业化迈出实质步伐。

——建成稳定可靠的粮食等优势特色农产品生产加工基地，现代农业产业体系、生产体系、经营体系建设全面推进，"双辽三场"整体经济实力明显增强。

——民生显著改善，职工收入逐步提高，基础设施和公共服务进一步健全，新型城镇化水平明显提升。

五、深化农垦管理体制和经营机制改革

（一）社会管理属地化接收工作（2018 年 4 月 20 日前完成）

1. 场和事业单位的接收

（1）将双辽种羊场、双辽农场、双山鸭场按现状接收；

（2）将架树台湖国家湿地公园管理中心按现状接收代管。

2. 人员的接收

（1）将"双辽三场"的工作人员按现状接收；

（2）将辽河农垦管理区党委、管委会工作部门的工作人员中双辽籍人员按现状接收；

（3）将"双辽三场"中小学设施和工作人员按现状接收；

（4）将"双辽三场"卫生院设施和工作人员按现状接收；

（5）将"双辽三场"公安人员按现状接收。

3. 债权债务的接收

依法依规做好债权债务清理、确认工作，依据谁的债权债务跟谁走的原则，"双辽三场"的债权债务是哪个场形成的还由哪个场负责；辽河农垦管理区发生的债权债务按形成的区域，是"双辽三场"区域的按现状接收过来，划归市本级财政负责处理。

4. 企业的接收

将"双辽三场"区域内的企业按现状接收管理。

（二）人员安置

总的原则是对接收的所有人员依法依规、按相关政策安置。总体上保证开支渠道不变，即原来是垦区财政开支的，接收后由双辽市财政开支，原来是场部开支的接收后仍由场部开支；保证现有工资待遇不变，鉴于垦区教育系统和双辽在开支核定上口径有差别，相关事宜在专项工作方案中具体规定；保证省编制库内人员按事业编制参保，无编制人员但原来由垦区财政供养的，另外制定专项方案研究解决。"双辽三场"实现企业化后，原有工作人员可以双向选择，既可留在企业，也可去社区，企业或社区人员不足部分可以按规定、按程序公开招聘。对于其他特殊个例人员，可以采取一事一议办法解决。

1. 辽河农垦管理区党委、管委会工作部门的工作人员中，双辽籍人员按现状接收后，根据本人条件和工作需要，重新安排工作岗位，按相关规定保留其职级待遇。

2. "双辽三场"的工作人员，改革期间在原岗原职工作，改革结束后，根据工作需要并结合个人实际情况再行调整。

3. "双辽三场"教育系统工作人员，改革期间在原岗原职工作，改革结束后，根据工作需要并结合个人实际情况再行调整。

4. "双辽三场"卫生系统工作人员，改革期间，暂按现状运行。根据相关政策，将"双辽三场"卫生院划归双辽市卫计局，为其下属差额拨款事业单位，与乡镇卫生院同等待遇。根据相关规定对接收人员档案、身份等进行逐一审核，对相关问题另行研究解决。

5.“双辽三场”公安人员，改革期间在原岗原职工作。改革结束后，根据工作需要并结合个人实际情况再行调整。

（三）垦区区域集团化

坚持垦区集团化改革方向，依托“双辽三场”组建农业企业集团。双辽市委、市政府组建集团总部，双辽种羊场、双辽农场、双山鸭场分别组建公司，作为企业集团的子公司，企业集团是战略管理中心、投资决策中心、资本运营中心和资产监管中心，对各农场资产享有管理权和收益权。按照《公司法》和现代企业管理要求，企业集团和各子公司分别制定公司章程，设立董事会、监事会，制定董事会议事规则、监事会议事规则。在改革过渡期内，保留双辽种羊场、双辽农场、双山鸭场原有牌子，和新成立的公司实行一个机构两块牌子，逐步过渡到集团化管理，“双辽三场”管理机构人员经批准按规定可到农垦企业兼职，但应从严掌握，且严格执行兼职不兼薪政策。

牵头领导：郭志强 市政府副市长

牵头单位：市经济局

参加单位：市市场监督管理局、市财政局、市国土局、市农业局、双辽三场

完成时限：2018 年 5 月 31 日前

（四）“双辽三场”企业化

坚持农场企业化改革方向，稳步实现“双辽三场”企业化（公司化）过渡。在企业化（公司化）过程中，要完善现代企业制度，明晰产权关系，健全法人治理结构，推进董事会、经理层和监事会建设。明确企业党组织在法人治理结构中的法定地位，健全权责对等、运转协调、有效监管的决策、执行、监督机制。充分发挥董事会的决策作用、经理层的经营管理作用、监事会的监督作用。落实农场生产经营自主权，大力推进政企分开、政事分开、社企分开，建立有利于“双辽三场”产业化发展的管理体制和经营机制。鼓励支持“双辽三场”以国有土地为依托，走适度集约规模经营的道路，逐步做大做强现代农业。

牵头领导：市政府副市长郭志强

牵头单位：市市场监督管理局

参加单位：市经济局、市财政局、市农业局、市农村经济管理总站、双辽三场

完成时限：2018 年 5 月 31 日前

（五）改革“双辽三场”办社会职能

坚持社企分开改革方向，推进“双辽三场”办社会职能改革。将“双辽三场”承担的社会管理和公共服务就近纳入到乡镇政府统一管理。在双辽种羊场场部所在地和所辖的六

个分场成立七个社区委员会，划入玻璃山镇管理，承担双辽种羊场区域内所有社会管理和公共服务职能。在双辽农场场部所在地和所辖的六个分场成立七个社区委员会，划入双山镇管理，承担双辽农场区域内的社会管理和公共服务职能。将双山鸭场现有的两个社区委员会，划入新立乡管理，承担双山鸭场区域内的社会管理和公共服务职能。对"双辽三场"办社会职能形成的债务进行甄别，凡属于政府应当偿还的债务纳入政府债务统一管理，符合呆坏账核销条件的按照相关规定处理。

牵头领导：张立军 市委常委、组织部部长

牵头单位：市委组织部

参加单位：市财政局、市民政局、市编办、市人社局、市社保局、市审计局、市农业局、双辽三场

完成时限：2018 年 6 月 20 日前

（六）创新农业经营管理体制

坚持和完善以职工家庭经营为基础，积极培育新型农业经营主体，推进多种形式的农业适度规模经营。强化农业统一经营管理和服务职能，整合碎片化资源和不同功能主体，逐步构建一体化的经营管理体制、通过发展股份制、公司制等农业经营形式，引导农事企业与合作组织、职工构建紧密利益联结，建立健全合理的利益分享和风险共担机制，既要防止土地碎片化，又要防止土地过度集中。

（七）构建新型劳动用工制度

按照现代企业制度要求，赋予垦区区域集团公司用工自主权。逐步健全职工招录、培训和考核体系，逐步建立以劳动合同制为核心的市场化用工制度。按市场化需求建立人员选聘、考核、奖惩、退出管理制度，加强经营管理人才的引进和培训，着力培养一批懂市场、善经营、会管理的优秀企业家，造就一支高素质干部职工队伍。经职工代表大会通过，企业管理人员可通过考试、考核等方式面向社会招聘，并建立完善业绩与薪酬相适应的考核激励机制。除已签订劳动合同的职工外，对长期在农场从事农业生产经营的职工子女、外来落户人员等从业人员，可结合农场改革发展进程，根据实际需要，由集团公司自主依法确定用工形式。加强技能培训和就业服务，加大政策扶持力度，拓展就业渠道。

（八）完善社会保障机制

按照属地管理原则，将农场职工和居民纳入相应的社会保险、社会救助等社会保障体系，与"双辽三场"签订劳动合同的农业从业人员，根据农场实际，可以执行当地统一的企业职工社会保障政策，也可以实行符合农业生产特点的参保缴费办法。强化农场及其职

工按时足额缴费义务和地方政府主体责任，积极将未参加养老和医疗保险或中途断保的农场企业职工，按规定纳入参保范围。对符合条件的农场失业人员及时进行失业登记，并按规定享受失业保险待遇；对符合就业困难人员条件的，按规定纳入就业援助范围。进一步加大社会保障投入力度，支持落实好农工和农场居民的社会保障政策。

（九）健全国有资产监管体制

要按照完善国有资产管理体制的总要求，明晰"双辽三场"国有资产权属关系，建立符合农垦特点、以管资本为主的监管体制，实现以管企业为主向以管包括土地在内的资本为主的转变。"双辽三场"管理部门要按照政府授权，加强和改进对农场的监管，注重把握"双辽三场"承担农业生产经营、保障国家粮食安全和重要农产品有效供给的发展方向，在履行好行业指导职能的同时，重点加强对"双辽三场"国有资源资产的监管，实现所有权与经营权分离。在完成土地确权发证的基础上，全面开展包括土地在内的国有资产清产核资工作。要加大对国有资本投向的专项监督力度，促进国有资产保值增值，放大国有资本功能，提升国有资本运行效率和效益。鼓励和支持"双辽三场"国有资产通过投融资平台在金融机构或债券市场融资，用于农场的建设和发展，并采取有力措施防范金融风险。

六、创新"双辽三场"土地资源管理方式

（一）完善"双辽三场"土地管理制度。"双辽三场"土地归国家所有，是"双辽三场"最重要的生产资料，是"双辽三场"生存与发展的基础。要加强土地利用总体规划及年度计划管理，禁止擅自将农用地转为建设用地，将"双辽三场"国有土地总体规划纳入双辽市整体土地规划，统筹考虑企业土地利用需求。对"双辽三场"一二三产融合、重大基础设施项目和现代服务业、战略性新兴产业、大众创业万众创新等新经济增长点的项目用地计划，市政府应积极予以支持。

（二）加强农场耕地保护。严格执行基本农田保护政策，加快划定永久基本农田。强化"双辽三场"国有土地权益保护，严肃查处非法侵占农垦国有土地行为，严格执行土地用途管制制度，实行分类管理，土地利用总体规划确定的基本农田保护区，任何单位和个人不得擅自占用或改变用途。切实落实耕地占补平衡制度，鼓励和支持"双辽三场"利用自有资金开展土地整理、复垦、开发。

（三）构建权利义务关系清晰的国有土地经营制度。健全完善职工承包租赁经营管理制度，可根据实际选择作物承包、土地承包或土地股权承包的方式完善职工家庭承包经营，建立健全经营面积。收费标准、承包租赁期限等与职工身份相适应的衔接机制。职工承包租赁土地期限不得超过其退休年限，防止简单固化承包租赁关系。职工退休时，社会保障政策落实到位，其承包租赁的土地要交还。开展农场农用地使用规范清理专项工作。"双辽三场"新开垦的土地、退休职工交还的承包地以及以其他方式得到的土地，可由"双辽三场"统一经营或按市场价对外租赁经营，实行市场化运作，参照当地市场价格，公开竞价发包。同等条件下，按照先农工、后家属；先场内、后场外的顺序发包。所得收益用于职工社保、改善职工生产生活条件及农场基础设施建设等。

（四）理顺不合理土地承包关系。重点解决土地承包租期过长、租金过低等问题，加强承包和租赁收费管理，全面推进收支公开，强化审计监督。对超法定期限承包租赁经营土地等违法情形，要依法进行清理和调整；对拖欠租金、擅自改变土地用途、破坏土地资源、长期闲置弃耕、私下流转等违约情形，要依法解除合同并收回土地；对一些租金过低的合同，要逐步规范清理，可结合实际区别不同情况，按承包租赁经营面积逐年阶梯提高租金。"双辽三场"干部要带头将不合理承包土地退回农垦企业。坚决依法收回被私垦私占的土地，清理调整不合理土地租赁要及时公示清理结果，接受群众举报和监督。

（五）推进"双辽三场"土地资源资产化和资本化。创新土地资源配置方式。对农场的国有划拨建设用地，可按需要依法采取国有土地使用权出让、租赁、作价出资（入股）和保留划拨用地等方式处置。依法有序开展国有农用地使用权抵押、担保工作。

七、加快推进"双辽三场"现代农业发展

（一）建设特色优质农产品基地，积极推进联合联盟联营工作，发挥"双辽三场"统一经营优势，大力发展粮食生产、畜牧养殖、园艺特产业和农产品加工业，建设优质安全食品生产供应基地。鼓励"双辽三场"通过土地托管、代耕代种代收、股份合作等方式，与农户形成紧密型的利益联结机制，提高规模经营效益。结合实施《全国高标准农田建设总体规划》，积极推进"双辽三场"高标准农田建设，加大土地治理保护力度。依托"双辽三场"各自特点和比较优势建设优势特色农产品生产基地。

（二）大力发展农产品加工流通业。发挥"双辽三场"区域集团优势，围绕"双辽三场"的羊、鸭、稻米等产业推进联合联盟联营工作，打造农业全产业链，率先推动一二三产业融合发展，实现农业持续增值增效，建立和培育一批具有驰名、著名品牌效应的农垦基地和农副产品。完善农产品质量安全监管体系，推进农业生产全程标准化，严格农业投入品准入，强化水土流失治理和环境监测。建立从田间到餐桌的农产品质量安全追溯体系。鼓励"双辽三场"在符合土地利用总体规划的前提下，加快粮食晾晒、烘干、仓储设施和现代物流中心建设，大力发展农产品产地初加工和精深加工，建设食品、饲料等专用原料基地和加工产业园区，辐射带动周边农民增收致富。推进农产品流通网络优化布局，促进与全国流通体系对接融合，加快发展冷链物流、电子商务、连锁经营等流通业态推进品牌建设。支持"双辽三场"按照有关规定参与国家大宗农产品政策性收储。以政府性资金为引导，鼓励符合条件的金融机构、农垦企业集团和社会资本等投入，探索设立投资于"双辽三场"产业发展领域的股权投资基金。

（三）提升科技创新和推广应用能力。"双辽三场"要在良种化、机械化、信息化等科技创新和农业新品种、新模式、新业态，新技术推广方面发挥优势。加强与高等院校和科研院所的交流合作，推动种业发展，推进农业机械化和生产经营管理全程信息化，不断加强农业科技创新能力建设，加大研发投入力度，强化农业科技攻关，着力解决重大共性关键技术和产品、设施装备难题，培育战略性新兴产业。统筹人才、项目和基地建设，推动"双辽三场"发展方式转变，推进协同创新组织模式，组建以企业为主体的农业产业技术创新联盟，搭建农业科技创新和成果转化推广平台。整合种业基地和科研资源，实施联合联盟联营，通过市场运作方式，引导各方面资金，做大做强育繁推一体化种子企业。加大农机购置补贴支持力度，优先支持"双辽三场"购置大型农业机械，提高装备水平，扩大农用航空作业范围，建设标准化机务区。加强"双辽三场"农业技术推广服务体系建设，重点开展高产高效技术集成示范，加强示范基地建设，推动绿色、高效、可持续现代农业发展。围绕发展主导产业，加快生物育种、生态化种养、病虫害综合防治、农产品采收及保质、农产品精深加工等，加快科技成果转化应用。将"双辽三场"职工的技能培训、农技推广、新型职业农民培育等服务纳入政府有关部门的技术服务体系建设。

（四）示范带动现代农业发展。加强"双辽三场"现代农业示范区建设，试验示范农业新技术、新装备和生产经营新模式，为推进新型农业现代化积累经验。推进生产经营管理全程信息化，大力开展"双辽三场"农产品质量安全追溯体系建设，全力打造"双辽三场"特色农业物联网等信息技术集成应用和试验示范。积极培育生态农业、认养农业、休闲农业和都市农业等特色农业新模式，开发富有农垦特色的旅游产品，引领农业发展方式转变和现代农业发展。引导"双辽三场"为周边农民提供大型农机作业、农业投入品供应、农产品加工和购销等社会化服务，增强对周边区域辐射带动能力。

八、改善"双辽三场"民生和基础设施建设

（一）大力推进区域新型城镇化发展。推动具有农垦特色、文化传承的新型城镇化建设，把"双辽三场"与地方新型城镇化发展规划同步规划、同步实施。将"双辽三场"小城镇建设纳入城镇化发展规划，完善城镇功能，提升综合承载能力。要加大种羊场和茂林镇、玻璃山镇，双辽农场、双山鸭场和双山镇、新立乡区域资源共享共建力度，推动场镇融合发展。

（二）优先支持美丽宜居示范场建设。将"双辽三场"纳入地方政府美丽乡村建设统一规划和实施范围，统筹协调推进美丽宜居示范场建设。科学把握好农场功能分区、产业空间布局、公共服务设施配套，统筹"双辽三场"经济社会发展，切实解决好"双辽三场"经济发展规划与双辽市土地利用总体规划协调衔接，确保"双辽三场"林地、基本农田、存量建设用地在土地利用总体规划中科学落位。"双辽三场"职工聚居区公共租赁住房、危房改造、饮水安全、道路建设、电网改造、管网修建等建设项目纳入市财政资金支持范围。把"双辽三场"投资重点纳入财政预算，在谋划重大项目、重大工程、重大政策时向"双辽三场"倾斜。要按照新型城镇化和美丽乡村建设标准完善"双辽三场"公共设施配套。鼓励社会资本以 PPP 等多种模式参与"双辽三场"公共服务和基础设施建设，共同建设美丽宜居示范农场，努力把"双辽三场"建设成为生态宜居、文明和谐、职工安居乐业的美好家园。

九、工作要求

一要强化组织领导。农垦改革发展涉及面广、情况复杂、任务艰巨，成立由市委书记、市长任双组长的市农垦改革工作领导小组，领导小组下设 7 个专项工作组。全市上下要牢固树立一盘棋思想，切实把推进农垦改革发展摆上重要位置，牢牢抓在手上，要坚持问题导向和底线思维，及时认真研究解决农垦改革发展的新情况、新问题。要加强基层党组织建设，严格落实党建工作责任制，不断加强思想作风和反腐倡廉建设，切实履行全面从严治党责任，确保改革稳步有序推进、"双辽三场"经济持续健康发展和社会和谐稳定。

二要层层落实责任。市农垦改革领导小组对全市农垦改革负总责，"双辽三场"是全市农垦改革工作的主体部门，"双辽三场"的一把手是推进农垦改革发展工作的第一责任人。市农业局作为"双辽三场"行业主管部门，要抓好日常工作的综合协调，加强与"双辽三场"和有关部门的沟通联系，全面掌握改革发展工作动态，及时调度"双辽三场"和部门相关工作进展情况，认真抓好督导和落实。各有关部门和单位要增强大局意识，全力做好推进农垦改革发展各项工作。

三要严肃工作纪律。在改革过程中，严格执行组织人事纪律，严格落实中央八项规定精神，认真遵守党风廉政建设的各项规定，任何人不得借改革之机谋取任何私利。严禁国有资产流失，严禁突击花钱，严禁突击提拔干部。

四要大力弘扬农垦精神，推进"双辽三场"改革发展，根本上要靠"双辽三场"自身努力。"双辽三场"领导班子要切实增强责任感、使命感和紧迫感，率先垂范、廉洁奉公、敢于担当，以饱满的精神状态，团结带领广大干部职工积极投身全市农垦改革发展。"双辽三场"的干部职工要以主人翁精神，牢固树立开拓创新和市场竞争意识，克服"等靠要"思想，增强推进"双辽三场"改革发展的自觉性和主动性。要大力弘扬"艰苦奋斗、勇于开拓"的农垦精神，全面推进"双辽三场"文化建设，汇聚起推动"双辽三场"改革发展的强大精神力量。

五要维护社会稳定。稳定是改革的前提，"双辽三场"和市直相关部门要高度重视信访稳定工作，抽调专人、采取得力措施，及时化解矛盾，避免小问题演变成大问题，杜绝集体访、越级访现象发生，确保农垦改革工作平稳有序完成。

中共双辽市委 双辽市人民政府
关于印发《双辽农场、双山鸭场、双辽种羊场
办社会职能改革实施方案》的通知

各乡、镇、街党委（工委），市直各党组、党委（工委），市委各部、委、办，市政府工作部门，各人民团体，吉林双辽白鹤省级自然保护区管理局党组：

《双辽农场、双山鸭场、双辽种羊场办社会职能改革实施方案》已经市委、市政府同意，现印发给你们，请认真贯彻落实。

中共双辽市委 双辽市人民政府

2018 年 6 月 8 日

双辽种羊场、双辽农场、双山鸭场办社会职能改革实施方案

为进一步推进农垦国有农场办社会职能改革，根据《中共吉林省委吉林省人民政府关于进一步推进农垦改革发展的实施意见》（吉发〔2016〕44 号）和《中共四平市委四平市人民政府关于进一步推进农垦改革发展的实施意见》（四发〔2017〕32 号）精神，结合我市实际，现就推进双辽种羊场、双辽农场和双山鸭场（以下简称"双辽三场"）办社会职能改革工作，制定如下方案。

一、指导思想、主要目标、基本原则

（一）指导思想：全面贯彻落实党的十九大精神，以习近平新时代中国特色社会主义思想为指导，按照省委、省政府和四平市委、市政府关于推进农垦改革发展的决策部署，以推进垦区集团化、农场企业化改革为主线，加快推进"双辽三场"生产经营企业化和社会管理属地化，着力消除束缚国有农场发展的体制机制性障碍，推动"双辽三场"与周边区域享有同等待遇，促进国有农场经济和社会各项事业可持续发展，为"双辽三场"率先实现农业农村现代化、率先全面建成小康社会、双辽全面振兴发展作出贡献。

（二）主要目标：实现"双辽三场"与周边区域社会管理和公共服务享有同等待遇，资源配置进一步优化，垦地协同发展新格局基本形成，国有农场政企、社企不分问题得到有效解决；"双辽三场"承担的社会管理和公共服务职能，纳入属地政府发展规划和各级公共财政保障范围；基本建立起"双辽三场"行政管理、生产经营、社区服务管理有效统筹的新型治理机构，市场主体地位得以充分彰显。

（三）基本原则。一是坚持方向，分类施策。坚持社企分开改革方向，在改革内容、改革方式上，要区别对待、因地制宜、因场施策、分类实施。二是统筹谋划，政策衔接。"双辽三场"办社会职能改革要与国有企业分离办社会职能改革、国有农场税费改革等国家和省相关领域改革及民生改善等政策相衔接，与"双辽三场"内部管理体制改革相结合，注重改革整体性和政策连续性。三是积极稳妥，务求实效。坚持从实际出发，充分考虑属地政府的财力状况和各方面承受能力，切实处理好改革相关主体的利益关系，稳步推进改革，确保取得实效，保持社会稳定。四是权责一致，协同推进。"双辽三场"办社会职能改革按隶属关系由属地政府负责实施。

二、改革任务

本次改革的主要工作内容是将"双辽三场"承担的社会管理职能纳入属地政府统一管理，实现政企分开、社企分离的目标，有效减轻农场负担，使农场居民平等享受基本公共服务，促进"双辽三场"经济社会健康发展。农垦国有农场办社会职能是指由国有农场承担的属于政府职能范围内的各类社会行政性、事业性和服务性职能，包括教育、卫生和计划生育管理、社会综合治理、民政、基本医疗、公共卫生、环境卫生与绿化管理、居民自治管理、社区党建、社区矫正、群众信访、民事调解、民兵训练等。

（一）加强"双辽三场"社区建设。各相关乡镇政府根据公共服务资源配置、人口规模、管理幅度等因素划分社区，提升社区公共服务供给水平，推动政府社会管理和公共服务覆盖到社区。坚持"人随事走""财随事转"的原则，维护各有关方面合法权益，确保改革工作稳步有序推进。同时加强工作指导，确保工作有序衔接，职能履行到位。从"双辽三场"分离出去的办社会职能机构，要纳入当地政府区域发展规划和公共财政保障范围，并逐步提高管理水平和办事效率。移交过程中要建立稳定的财政保障机制，确保"双辽三场"原有社会管理和公共服务水平不降低且整体水平不低于周边区域，维护社会和谐稳定，切实发挥社区居民自我管理、自我教育、自我服务功能。

（二）完善"双辽三场"社会事业发展保障机制。各相关乡镇政府将"双辽三场"社区的社会事业和公共服务统一纳入当地区域发展规划并明确相应的投资来源，实现与属地政府统一规划、同步发展。根据"双辽三场"改革发展需要，稳步加大资金投入。加强区域资源共享共建，提高区域社会事业整体效益。鼓励社会资本参与"双辽三场"社会事业和公共服务基础设施建设。

（三）妥善处理"双辽三场"办社会职能形成的债务。各属地乡镇要对"双辽三场"办社会职能形成的债务清理甄别审核，原则上以移交前一年"双辽三场"财务决算数值为依据，对资产进行整体移交，无偿划转，并妥善处理好债权债务关系。凡属于政府应当偿还的债务按照政府债务统一要求规范管理。符合呆坏账核销条件的要按相关规定予以处理。

三、机构设置和组成人员

（一）机构设置。根据《双辽市农垦改革发展实施方案》的要求，将"双辽三场"承担的社会管理和公共服务就近纳入到乡镇政府统一管理。在双辽种羊场场部所在地和所辖的六个分场成立七个社区，划归玻璃山镇管理。在双辽农场场部所在地和所辖的六个分场成立七个社区，划归双山镇管理。在双山鸭场成立两个社区，划归新立乡管理。在每个社区分别成立社区党组织；设立过渡社区机构。过渡社区机构保留至下届全省社区换届选举止。

（二）成员职数、来源及待遇

1. 成员职数。各过渡社区机构配置五名工作人员，提倡社区党组织和过渡社区机构成员交叉任职。

2. 成员来源。过渡社区机构组成人员，由"双辽三场"党委负责在分场和场部工作人员中择优选派。过渡社区机构归各属地乡镇管理。

3. 成员待遇。过渡社区机构工作人员工资由双辽市财政局列资并保持原工资标准，执行到全省社区换届。下届全省社区换届选举时，过渡社区机构成员可选择参加社区换届选举或回集团子公司工作。参加社区选举的，当选后享受与全市城市社区工作人员同等待遇；未当选人员可回集团子公司工作。回集团子公司工作人员享受企业工资待遇。

4. 办公场所。各分场现有办公用房划拨给社区使用。场部所在地社区由各场部提供办公场所。

四、改革时间安排

按照《双辽市农垦改革发展实施方案》的要求，此项工作计划到 2018 年 6 月 20 日前完成，分四个阶段进行：

（一）2018 年 4 月 20 日前完成对接工作。按照方案的安排部署，各相关部门要与三场完成对接工作，调查清楚底数。要对所辖国有农场办社会机构、人员、资产、债务基本情况进行全面清查核实。在进行资产、债务清查时，账内外挂账的社会性支出均应纳入清查范围，对每个国有农场、每项社会职能逐个登记造册，并将清查结果报市委深化农垦改革领导小组办公室。

（二）2018年5月31日前完成方案制定。各相关乡镇结合本方案要求，制定本地国有农场办社会职能改革具体实施方案，明确改革范围、改革内容、改革方式、工作步骤和社会职能分离、移交时间（过渡期限）、政府接管及机构编制、债务处理和经费保障等内容，逐一明确推进改革办法和时间节点，确定任务分工和具体负责人，细化工作步骤、路线图、时间表，确保各项改革任务按照时间节点完成。各乡镇要将本单位的实施方案报市委深化农垦改革领导小组办公室备案。

（三）2018年6月20日前为组织实施阶段。各相关乡镇、农场做好辖区内农垦国有农场社会职能单位移交接收工作，并切实承担起经费保障和统一管理的主体责任。按照具体实施方案要求，落实移交机构人员、经费保障、资产移交等相关事宜。

（四）2018年6月底前进行全面总结。各相关乡镇、农场要对改革工作采取的做法、取得的经验和成效进行全面总结，并将总结报告于2018年6月30日前以政府名义上报市委深化农垦改革领导小组办公室。

五、加强组织领导

（一）强化组织领导工作。"双辽三场"办社会职能改革，事关国有农场的发展和稳定，政策性强，工作量大，涉及面广，情况复杂。各相关单位要切实承担起主体责任，加强对改革工作的组织领导，统筹安排、周密部署、全力推动，按时完成"双辽三场"办社会职能改革，确保社会稳定。明确目标任务，分工负责、密切配合、加强沟通，确保"双辽三场"各项社会管理和公共服务职能平稳过渡，人员妥善安置，改革政策全面落实，为推进改革提供有力支撑。

（二）做好基础调查工作。各乡镇、农场及相关部门要做好调查摸底、数据分析、资料归档等相关基础工作。全面梳理"双辽三场"承担的各项社会职能，科学界定职能范围，及时收集整理相关资料，建立专门档案卷宗，做好资料的保管和利用工作，确保档案的完整性和系统性。

（三）增强部门责任意识。市委深化农垦改革领导小组办公室抓好日常综合协调工作，加强与各乡镇、农场及相关部门的沟通联系，全面掌握推进"双辽三场"办社会职能改革的工作动态，及时调度工作进展情况，抓好督导落实统筹协调。市直各有关部门要切实各司其职、各负其责，充分发挥职能作用，全力做好"双辽三场"办社会职能改革的业务指导、方案审核把关等各项工作。各相关乡镇切实负担起"双辽三场"办社会职能改革主体责任，做好方案的制定和实施。

（四）做好宣传总结工作。要充分利用各类新闻媒介，加大对"双辽三场"办社会职能改革工作的宣传解读，提高改革的透明度，调动各工作主体的积极性。及时宣传总结改革过程中涌现出来的典型经验和好的做法，全面展示改革成效，完善改革措施，推动改革不断深入。

（五）做好维稳和舆情监控。各乡镇、农场及各相关部门要做好信访维稳工作，明确责任。对来信来访人员热情接待、耐心解释，及时上报。同时加强网络舆情的监控，对发现苗头性舆论要及时引导，及时上报。对因工作失职造成的集访、非访将追究有关人员责任，对改革中发生的违纪违法行为，要依法依纪追究有关人员的责任，涉嫌犯罪的，要移送司法机关予以处理。

第二章　多种经济形式并存

农垦事业是在特定历史条件下，为承担国家使命而建立和发展起来的。双辽农场（辽西荣军农场）是以成建制的人民解放军伤残荣转官兵为主体，通过不断垦荒接收了附近乡村农民入场，引进了省内农业大专院校知识分子、山东支边青年和移民等城市知识青年组成农垦大军，开始了大规模兴办国有农场的创业历程。改革开放前，全国农垦系统主要实行"高度集中、以行政管理为主"的计划经济体制，在屯垦戍边、开荒创业初期充分发挥了"集中力量办大事"的体制优势，但后期也存在平均主义盛行、劳动生产效率低下、管理秩序混乱、经营效益不佳等问题，双辽农场也不例外。尤其是 1964—1979 年连续 15 年经营亏损，1964 年亏损 45.1 万元，1979 年亏损 61.2 万元，亏损最多的是 1969 年，达120.3 万元。全场经济陷入十分困难的境地。

为扭转企业连年亏损的局面，双辽农场历届领导班子多次尝试管理体制改革，采取多种管理经济形式，促进生产发展，降低亏损额度。

1949—1979 年，随着农场的建立和发展，职工队伍迅速壮大，职工家属和子女也逐渐增多。到 1964 年，职工人数达 3503 人。为适应不断发展的经济形势和职工群众队伍的增长速度，总场不断寻找扩大经营渠道，扩大经营项目，安置剩余劳动力。1957 年起，认真贯彻执行国务院副总理邓子恢明确指出的"国营农场应组织和动员职工家属参加生产。由农场划给他们一定的土地，种植蔬菜和饲养家禽、家畜。畜禽粪便，由农场按质论价，作价收购。农忙时，吸收职工家属参加临时工作。这样既可以解决农场所需肥料和临时工的困难，又增加了职工的收入，对农场和职工都有好处"指示，把有劳动能力的职工家属和子女组织起来，农忙时参加农业劳动，领取临时工工资，同时还要从附近农村雇用季节工、临时工。农闲时搞副业生产，实行分别核算，自负盈亏。这就在全民所有制的国营农场中，出现了集体经济组织。很多生产队办起了豆腐坊、皮匠铺、铁匠炉、草绳厂等创收小企业。

1961 年，根据农垦部关于"在农场试行种自用地（或叫园田地和自给地）制度，即对农场职工及其家属按人口每人给 2 亩地作为口粮田，3 分地作为种植瓜菜的园田，多产多吃，少产少吃，自给地从大田中划出来，由职工家属组成小集体进行生产，并在生产队中指定一个副队长专责管理"的指示精神，双辽农场允许职工经营家庭副业。在农业生产队的职工，每户都分了1亩左右的自留地（按家庭人口分地）。

1965年2月，农垦部制定的《关于改革国营农场经营管理制度的规定（草案）》（简称"十六条"）中指出："农场职工，在不影响集体生产的原则下，可以经营少量的家庭副业。"明确肯定了农场职工经营少量家庭副业的合法性。

同时，还千方百计地在加工农副产品、拓宽职工家属就业范围上寻找经营渠道。从建场初期，总场就开始办起了为农业生产及职工生活服务的粮食加工厂、农机修造厂（综合厂）、造纸厂（加工水稻副产品稻草）、制酒厂等场办工业，安置了农业生产剩余劳动力。1968年，为解决双辽农场总场机关和场直工商业职工家属就业，总场把二大队一小队的1号地、2号地划出20公顷水田，成立"五七家属生产队"，共安置职工家属50名，归属二大队领导，抽调二大队业绩突出的生产队长王树奇出任队长。他不负众望地把家属队的工作做得井井有条，带领家属们种水田、开菜园，与双辽县玻璃纤维厂联合办厂，既安排了农业生产剩余劳动力，又增加了"五七家属生产队"的收入。

这一阶段参加场办集体经济组织的成员，只限于职工家属，主要是从事自给性的生产和服务。

双辽农场场办工业、集体经济和个体经济的出现，对充分利用农场的劳动力资源，发展生产，增加职工家庭收入，方便群众生活，起到了一定的作用。

第三章　建场初期生产经营责任制选编

　　1949—1952 年，辽西省荣军农场曾一度沿用了战争年代的供给制。1952 年以后，全国国营农场的分配形式由供给制改为等级工资制。为了克服平均分配制度的弊病，调动广大职工的生产积极性。在 20 世纪 50 年代中期到 1978 年，农场开始实行了定额管理、"三包一奖""大包干"、评工记分等生产经营责任制。这些责任制，基本由两部分组成，即农场对基层生产单位实行的责任制和基层生产单位对职工个人实行的责任制。责任制形式与分配形式紧密相关，它的变化决定着分配形式的变化，是调动职工积极性，促进农场经济发展的重要措施。

第一节　"三包一奖" 制度

　　1957 年 10 月，国务院副总理邓子恢在党的八届三中全会上指出："以后新建农场，职工工资一般应实行包工包产制，或部分发固定工资，部分由超产超成支付。现有场固定工资一时难以改变，则采取逐步过渡办法，工资的 60％或 70％由地方按月支付，其余 30％～40％则由包工包产，超产提成中支付之，遇特殊灾害减产者另行补贴。"同年 12 月，农垦部计划局召开了国营农场劳动工资座谈会，根据邓子恢的意见，确定在国营农场试行"三包"（包工、包产、包成本）责任制。会后，双辽农场在固定土地、劳力、耕畜、农机具的前提下，把用工、产量、成本包给基层生产队，并制定超额奖励办法，成为"定、包、奖"生产责任制。"定、包、奖"责任制就是在土地、农机具、耕畜、劳动力固定的前提下，农场将产量、成本、产值、利润等指标包给生产队；生产队完成或超额完成承包指标，按承包合同提取一定比例的奖励基金，在职工中进行分配；实施作业工资与产量工资相结合的工资制度，即将标准工资的 70％～80％作为作业工资，按月发给职工，其余 20％～30％作为产量工资，年终按产量任务完成情况发给超产奖励，减产少发或不发。

　　"定、包、奖"责任制的实施，使农场职工的责任心加强了，积极性提高了，生产有起色。

　　1960 年 3 月，在中共吉林省委驻双辽农场工作组的指导下，双辽农场在 20 世纪 50 年代，农业生产实施的"定、包、奖"责任制的基础上，在各单位、各行业、全体职工全部试行"三包一奖"制度。中心内容是以"包产量、包成本、包产值、超额奖励"的制度为标准，全场推行工资加奖励的分配方式，来衡量和确定每个干部职工的工作业绩和工资标准，按月评定。一是场部根据各嘉奖单位工资级差、人员出勤率和完成生产任务确定加奖面；二是工资加奖面不低于25％，最高的不超过40％；三是按月核算，事前将指标比例落实到小队或车间。经评定后，根据嘉奖条件发给个人；四是对获得工资加奖者成绩优异的可逐级加奖；五是嘉奖的比例根据本人的等级工资，按级差奖励。

1961年3月10日，正式制定实施《国营双辽农场"三包一奖"制度》。

一、"三包"范围

场属各单位，不分经营项目多少、规模大小，一律实行"三包一奖"制度。农场所有职工均参加"三包一奖"制度，辅助生产人员，如伙夫、更夫、理发、重点人员等，以及其他编制和辅助生产人员均随同所在单位参加"三包一奖"制度。基本建设单位也实行农场所规定的"三包一奖"制度。

二、"三包"单位

农场是一个"三包"单位，场内分若干"三包"单位。根据经营项目多少、规模大小、管理水平高低，利于生产，便于核算而确定。根据多年来的经验，采取层层如此办法为宜，也就是农场包到队、队包到组。

场部的辅助部门和非生产部门的职工，一律列入核算。

三、"三包"内容

"三包"的中心内容是：以包产量、包成本、包产值、超额奖励的"三包一奖"制度，因生产经营种类的不同，在包产量方面也应根据生产的目标和要求，具体确定内容。例如，农业应包作物的产量；畜禽包群、包繁殖、成活率、包产品；工业如油、酒、米、面、纸，包产量、成本、产值；维修单位包产值、利润。

四、工资支付和奖励

实行"三包"单位的职工，支付工资采取按月预支、年终结算的办法。支付工资办法：每月支付工资的90％，对保留工资的10％，年终按"三包"单位的生产财务计划完成情况核清保留工资。

根据多奖少罚、奖惩兑现的精神，对超额完成计划的单位给予奖励，对个别职工有特殊贡献的，可高于一般得奖职工的比例。奖励比例的提取：农业按 40％（30％旱田），畜牧所猪牛 70％；鸭、马 10％。工副业 5％～10％。对未完成计划，但经营质量达到了派发平衡，其保留工资全部发给。其中并有利润的，奖给利润部分的 5％。对未完成计划的单位，按完成计划的比例发给工资（但最少不得少于预付工资）。

个人得奖仍根据思想觉悟、贡献大小、克勤克俭、服从领导态度、事业心如何、协作精神等条件评定。奖金在超额部分中提取、分配。一般的个人得奖金额最多不得超过本人工资的两个月工资总额。因"三包"单位未完成计划或亏损的单位，而个人少发的工资，也应该根据思想情况、劳动态度、出勤率高低等，具体情况以示区别。

为使"三包"制度坚持常年一包到底，贯彻奖惩兑现精神，因此在平时要注意积累资料，以便为年终总结创造必要条件。根据以上要求，各"三包"单位要采取日计工时、月评等年终结算的办法。

五、具体问题

实行"三包"后，工人的工资支付一律按国家规定的现行工资发放，实行"月薪日记"，即日工资额等于月工资额除以 25.5 天。病假工资按国营农场暂行发放办法规定的比例发放。事假、旷工（婚丧嫁娶除外）按日工资 100％扣除。法定假日工作时按 200％发放。公休、假日工作时，按日发放日工资。婚丧嫁娶假期三天，工资照发。中途退场或被开除、法办的职工，其保留工资不予补发。

"三包"单位之间，互相支援用工和一切材料等，由所用单位负担。外单位的下放干部等，由原单位开工资的以假定工资列入成本。经过批准调出的工资（包括工资调转、调干、学习），"三包"在调转的同时，一次结清退给保留工资。

职工疾病超过三个月以后，由劳保支付工资，为了照顾职工生活起居，凡由劳保开工资的，不扣保留工资。

为了计算方便起见，其保留工资部分，按原月工资总额保留 10％，不按实得工资额计算。

关于"月薪日记"的问题。干部（包括生产队、联合工厂干部）不执行"月薪日记"，仍执行月薪制。工人（包括组长、车间主任）执行"月薪日记"，但有的工人因工作的特殊性，而不计算"月薪日记"，仍执行月薪制。

"三包"单位因受到外力不可抗拒的自然灾害，灾后又积极生产，增加收入，但仍然亏损的，其保留工资部分全部发给。

第二节 "大包干"责任制

1961 年前后,邓子恢、王震等国家领导人曾多次带领工作组到黑龙江、新疆、海南岛等垦区国营农场,进行深入调查研究。1962 年 2 月,在广西南宁召开的全国农垦工作会议上,与会的大多数代表认为:"定、包、奖"责任制,是和农业生产上的分散性、野外作业、手工劳动比重大、生产周期长等特点相适应的。它能使农场的年度生产计划,真正落实到生产队;能明确区分农场内部各级的职责、权限;能在一定程度上,使职工个人的利益和国家利益结合起来,调动职工群众的生产积极性。因此,它是在当时条件下加强农场生产管理,提高企业管理水平的必要措施。这次会议以后,双辽农场恢复和发展了"定、包、奖"责任制。但是,不久后,因种种原因,责任制没有得到广泛推广。

1965 年 4 月,党中央批转了农垦部《关于改革国营农场经营管理制度的规定(试行草案)》,重申国营农场对生产队实行"三定一奖"责任制。双辽农场认真总结前几年实行的"定、包、奖"责任制经验教训,从本场实际出发,制定了《国营双辽农场大包干方案》,并在全场实施。

为了充分调动职工的生产积极性和自觉性,把农场办得更好,彻底改变低产、赔钱的局面。根据省直农牧场三级干部会议精神,结合农场具体情况,经过全场职工代表大会讨论决定,从 1965 年起,各农业生产队实行大包干,畜牧生产队实行"包、定、奖"。服务部门实行独立核算,自负盈亏。

一、农业生产

以生产队为承包单位,在"四固定"的基础上,实行包商品粮,保利润上死下活的大包干办法。

商品粮指计划总产量,减去三留(口粮、饲料、种子)。

利润指计划总收入,减去总支出(生产费、管理费、学校经费、农业税)。

上死指上缴的商品粮和利润,由生产队包死,多产、少产或多收、少收上缴的数字不变。

下活指从总收入中扣除国家总投资、利润、学校经费、农业税费,剩余部分是活的,多产多收,多分;少产少收,少分。

生产队饲养的牲畜(役畜和牧畜),实行包繁殖、包费用、包积肥,超额奖励的办法。

包繁殖:年初按母畜的头数和繁殖能力,制订繁殖计划。产仔畜归场部,生产队按计划多产马驹得奖 20 元，少产一匹受罚 10 元；多产一头牛犊奖 5 元，少产一头罚 3 元，奖罚相抵，纳入生产队分配。

包费用：年初按牲畜种类、头数、年龄规定饲养费用，交给生产队使用，节约归队，超过不补。

包积肥：年初按牲畜种类、头数、年龄规定积肥任务，役畜每头每年 20 吨，牧畜 10 吨，2 岁以下的都减半，节约的费用，归生产队使用。

生产队根据需要和可能，每队要发展养猪，扩大肥源，每头猪（出售仔猪除外）每年积肥 10 吨，保质保量，归生产队使用。养猪饲料自己买卖，精饲料今年由场部按标准卖给。同时，根据需要拨给饲料地，由生产队出工耕种，解决明年饲料问题。分给生产队的种公猪、母猪、保头保质。繁殖出售仔猪和育肥猪收入，归生产队，纳入年终分配。猪舍原则上由生产队自己解决，如缺木料，场部给予必要的投资，逐年折旧，修建维修由生产队出工。

职工家属养猪不得超过 3 头，不准养母猪，也不准开荒种饲料。猪肉按国家规定价格出售，并建立职工交肥制度，每户每年 2 吨，多者不限，按质按量定分，参加年终分配。

生产队使用的车辆，农闲期可以搞副业。其收入除向场部提出 20％用于农田基本建设外，剩余部分归生产队用于牲畜治疗。采买绳套等开支，结余归生产队。个人使用的小农具（如：镰刀、锄头、铁锹等）规定价格和使用年限，场部投资，个人保管使用，节约归己。超过不补。

职工家属根据体力情况，规定基本劳动日。凡是能够参加劳动的人，最少在插秧阶段参加一个月的劳动。一般在整地、插秧、除草、收割阶段参加三个月劳动。农闲期根据条件和可能，也可以组织职工家属，参加集体副业生产。职工家属评功记分，预借和分配办法和工人同样。

评功记分办法：根据技术高低（适当照顾老工人）、体力强弱、劳动态度好坏，实行按农事活动以人定等、按等定分和以定额定分相结合的办法。

平时预借办法：根据个人所得工分多少和家庭收入程度，每年预借两次，解决冬季换季问题，每次借款额不得超过半年内假定工资分值的 20％。

独身职工在食堂吃饭，可按物价工分多少和个人生活情况，另外每月预借本月内假定工资分值的 30％作为伙食费。

年终分配办法：从总收入（农林牧副渔）中，扣除国家投入的费用（生产费、管理费、学校经费）、上缴利润、农业税外，剩余部分分配，同时按每户领取口粮多少，分别扣回口粮欠缺。

二、畜牧生产队

畜牧生产队（养鹿和养马）实行统一领导，单独核算。

养鹿组：实行包利润、包繁殖、包产茸，定费用、定积肥，超利润奖励的"三包、两定、一奖"办法。年初制订"包、定、奖"计划，超利润计划部分奖给养鹿组15％，完不成利润计划部分罚10％。另外，规定每只鹿每年积肥5吨，2岁以下的仔鹿减半。按计划超过1吨奖2角，少积1吨罚1角，奖罚相抵后，奖励额不超过全组职工平均2个月的假定工资，一般罚款额不超过1个月的假定工资。

养马组：实行包繁殖成活、包费用，定积肥，超额奖励的"两包、一定、一奖"办法。年初制订"包、定、奖"计划，产马驹归场部，养马组按计划多产1匹马驹得奖20元，少产1匹受罚10元，并规定每匹马每年积肥20吨，2岁以下马驹减半，按计划超过1吨奖2角，少积1吨罚1角，奖罚相抵后，奖励额不超过全组职工平均2个月的假定工资，一般罚款额不超过1个月的假定工资。

养马和养鹿组个人对繁殖仔畜和饲养管理有突出贡献的，分别由小组适当奖分，个人造成人为事故，按实际损失部分现值罚10％，其中：罚个人7％，罚小组3％，但最多不得罚全组职工平均2个月的假定工资。

畜牧生产队干部的奖罚标准，按养鹿组、养马组职工平均奖罚数计算。

畜牧生产队所积鹿粪、马粪，除本人需要外，可由场部调给其他生产队使用。其收入归场部。

畜牧生产队饲养的种马要三顶一参加使役，增加部分收入，马驹和仔鹿按实际成本作价，不搞虚假利润。

劳动报酬：畜牧生产队职工实行打乱固定的等级工资，根据技术高低（适当照顾老技工）、体力强弱、劳动态度好坏，评工记分预借办法和农业工人相同，按分付酬，年终结算。

三、口粮标准和分配方法

职工口粮一次发放到户（独身职工除外），工人（包括家属）年终结算，干部（包括家属）按月扣款，口粮发放以后，场部根据资金情况和各队实际需要，给予投资，由生产队负责购买碾磨，职工自己加工或由场部代为加工，按成本收费，糠麸归自己。

超产的农业生产队可适当多吃，但最多每口人平均每年不得超过 250 公斤，多余部分卖给国家。畜牧生产队职工和大队干部（包括职工、干部家属），按本大队产量计算，超产时可以参照农业生产队的标准。拖拉机站、卫生所等场直属部门职工、场部干部及家属，按全场产量计算，超产也可以参照农业生产队的标准适当多吃，但需个人花钱。

遇有特大的自然灾害，粮食严重减产，经过积极抗灾自救后，产量仍然很低，"三留"严重不足，国家给予适当补助，留出种子、饲料等，保证最低口粮标准。畜牧生产队、场直属部门职工和场部、大队干部及家属口粮，也随之降到最低标准。

为了鼓励职工参加劳动，1965 年在每人 210 公斤口粮中，拿出 10％作为劳动补助粮，对参加劳动的工人、家属、干部，按劳动天数给予补助。除此之外，独身职工因为没有园田地，在口粮上应给予适当照顾。

1965 年 5 月 10 日，吉林省农业厅工作组向吉林省农业厅党组呈报《国营双辽农场改革制度以来工作情况的报告》。

1965 年计划播种粮食作物 1330 公顷，总产量 3800 吨，上交商品粮 1800 吨。其中播种水稻 1100 公顷，平均每公顷产 3280 公斤。各个生产队自己制定的指标是总产量 4000 吨，上交商品粮 2000 吨。全场争取上缴利润 3 万元。全年平均每个劳动力收入 500 元以上。从产量上来看，建场 15 年中就有 5 年水稻平均每公顷产量达到 3500 公斤。1965 年又采取了一些新的措施。绝大部分工人认为，1965 年的产量指标只要不受特大的灾害是比较有把握的。再从成本上来看，1965 年水稻计划每公顷投入 633 元，比 1964 年的 814 元降低22％。1～5 月的实际开支就比 1964 年同期减少 9 万多元。工人最关心的产量和收入两笔大账，通过任务落实和算细账，工人初步托住了底。加上几个月的实践，大部分工人反映，1965 年领导决心大，工作抓得准、抓得早、抓得实，大家努力干，新的措施逐步看到了效果，因此大家情绪稳定，积极参加劳动。新的春耕生产高潮在全场范围内普遍地开展起来。

四、改革制度以来的新气象

1. **职工干劲足，人人关心生产**　改革工资制度以后，生产好坏、产量高低和每个人的收入都有密切关系，而且不分工人和家属一律实行评工记分。劳动报酬合理，充分调动了广大职工和家属的生产积极性和责任感。从春耕生产开始以来，工人们早晨不等太阳出来了就下地，晚上太阳落山后才收工，改变了拖拖拉拉的现象。不仅出工早，出勤率也高。据统计，1965 年 4 月的出勤率达 95.7％，比 1964 年同期提高 10％。过去少数工人拿轻躲重，一年干不上半年，现在也都坚持天天出勤。病号也少了，如工人尚海洲1964年借口腰痛没干多少活，现在天天干活儿，腰也不痛了。工人刘万库从入场以来，一直不好好劳动，经常调皮捣蛋，不服从领导。现在不但挑重活干，假日还给生产队编土篮子、安装锹把，成为全队的一等劳动力。为了增加田间的劳动力，不少大车老板主动要求取消跟车，赶车、喂马、装卸都是自己干。有些饲养员，除完成自己的工作任务外，还主动找零活干。不仅工人的劳动积极性提高了，许多家属也积极参加了劳动。据统计4月份各生产队家属参加生产的达60％以上。第一大队最高，达80％，这是历年来插秧前阶段没有过的。家属参加劳动最好的是第一大队第三生产队。全队17户，共21名妇女劳动力。除3名生孩子和生病以外，其余18名全部参加了劳动。连生产队仅有的3名老太太也都组织起来，帮下地干活的妇女看家、带孩子。1965年无论工人还是家属，在劳动中不仅效率高、质量好，而且责任心普遍增强了。过去发现效率低、质量差的谁也不愿意讲，反正挣钱都差不多，何必多管闲事，弄不好还得受讽刺。现在不同了，在劳动中，大家互相督促、互相监督，劳动率和作业质量都大大提高了。以第二大队第七生产队为例，1964年育苗前防风帐每人每天只夹50米，1965年最少的完成80米，最多的完成120米，劳动效率提高1倍多。经过大队联合检查认为，各项作业进度和质量都比其他队强。第二大队第七生产队由几年来的后进队，一跃成为优秀队。

2. **加大增产措施，实行精耕细作** 为了夺取1965年更大的丰收，首先大搞农田基本建设。从1964年冬天以来，先后组织五六百名劳动力，共修水利6万多土方。营造农田防护林5条，面积达20公顷。埋柏树干11万株，共建设稳产高产农田110公顷。水稻计划每公顷产5000公斤，旱田每公顷产3000公斤。同时，还恢复了200多公顷水田，这是建场以来空前的一次建设。其次。施肥比1964年增加了，特别是水田施底肥面积由1964年的100多公顷增加到300多公顷，比1964年增加两倍。1965年春天，有些生产队在已经施肥的地里，又增加了施肥，每公顷施肥量达40～50吨，已经基本上实现了良种化。最后，1965年全场共使用塑料薄膜十几吨，比1964年增加一倍半，有的生产队为了扩大水稻薄膜育苗面积，还从兄弟农场借用薄膜400公斤。

在积极做好备耕生产的基础上，1965年春季一开始，就抓住了适时早播，提高质量，保证全苗，以"早"字为中心的各项增产措施，水稻塑料薄膜育苗从4月15日开始到4月23日结束。从播种时间上看，比1964年提早5～7天，并且普遍做到催芽播种。从稻苗生育情况上看，比1964年没催芽的提前十天左右。各生产队水床育苗到5月4日、5日已经全部播完，也比1964年提前十天。现在早育的秧苗已高达二三寸，长出3～4片叶，秧苗健壮，叶色正常，为适时插秧创造了条件。

3. **精简了非生产人员，降低了生产费用** 随着制度的改革，大力精简机构，压缩了非生产人员。场部科室取消了，全场共精简非生产人员 150 多名，充实了生产第一线。其中，管理干部由 124 名减少到 52 名。精简后，只留职工总数的 5.5%。1965 年的企业管理费和共同生产费比 1964 年减少 6 万多元，由 1964 年占总费用的 15% 降低到 7%。特别是各生产队职工，发起了自力更生、规模办厂的精神，积极增加收入，节约开支，降低成本。往年春季的副业收入不足 1 万元左右，1965 年一跃增加到 6 万多元。超过 1964 年的 5 倍多，相当于每名工人一个半月的工资。1965 年各生产队使用的小农工具和草织品等，凡是能够自己动手做的，都没有外买。据统计，各生产队自己修理牛拉耙、编土篮子、织草包、纺草绳等共计 34 种 17000 多件，节约开支 3300 多元。尤其是由于提高了劳动效率，各项作业都大量节约了用工。据统计，全场仅打池梗子一项，就比 1964 年节省了 2000 多个工。1965 年 1~5 月，各项生产任务都比 1964 年同期提前完成了。

4. **干部参加生产劳动，转变了机关化作风** 1965 年场部和大队干部经常深入基层参加生产、领导生产。场部附属部门职工为了便利基层、为了生产服务，做到了职工有事随来随办，并且挤出时间参加劳动。特别是生产队干部以身作则，大大地激发了职工和家属的生产积极性。生产队长肖广才、于伦等在薄膜育苗时期，由于胶靴不足，他们把胶靴让给工人穿，自己则赤脚下水，踏着冰水和工人一起劳动，使工人很感动。生产队长保连发不仅自己带头劳动，还把爱人（5 个孩子的妈妈）动员出来，带动家属们参加劳动，使各项农活争得了主动。

五、遇到的一些问题和解决意见

1. **双辽农场改革工资制度以后，绝大部分工人都很稳定** 一小部分工人开始难免有些情绪，经过教育也逐渐地稳定下来。只有极少数人，几年来就不断地要待遇、要退场，一贯不爱劳动、躺着不动。改革工资制度之后，已经有 3 名自动离场。

2. **改革工资制度以后，口粮一次发放到户的问题解决了** 座谈时，有的工人说"别的没什么问题，就是一年预支两次，花钱紧一些"。据调查，多数工人预支基本上可以解决换季问题，平时有粮吃，用鸡蛋换点儿油盐，生活也过得去，只是约有 10% 的户，因人口多、劳力少、负担重或有病人，依靠预支确实有些困难。我们把原规定从假定工资总数中的 2% 工会经费拨出一部分，发给生产队，以互助金的形式，通过民主讨论，解决职工的生活困难问题。年终再根据具体情况，确定返还或核销。

3. **改革制度以后，职工普遍反映农场的福利待遇降低了** 劳动保护用品还得工人自已花钱。农场认为，必要的劳动保护用品，如早春下水用的胶靴、夏季防皮炎用的防护套等需要适当解决。农场先补助了一部分布票胶靴等，先购给工人使用。

4. 双辽农场的前身是荣军农场，现有 43 名老荣军，他们体格弱、劳动差　其中，除 24 名能够在生产队内从事一些轻微劳动维持生活外，有 19 名已基本上失去了劳动能力，依靠工人收入生活实在维持不下。这 19 名中有 7 名，根据本人要求，经厅批准已经退职返乡。还有 12 名无家可归的，组织他们经营草塘、看护山林，列编外开支。

第三节　评工记分办法

1973 年 7 月 1 日，根据中央、省、地、县委对农村基本经济政策的指示精神，为了进一步调动广大职工群众的社会主义积极性，执行"各尽所能、按劳分配、多劳多得、不劳者不得食"的社会主义分配原则。双辽农场革命委员会制定了《关于实行在工资总额控制下评工记分的暂行办法》，在工资支付形式上，实行等级工资的工资总额控制下的评工记分，年终结算的办法。实行评工记分后，工人仍是国家工人（保留原工人等级）享受国营农场原有的职工福利待遇。

一、关于农业生产队工资支付办法

农业生产队仍实行在工资总额控制下评工记分，年终结算办法。

（一）关于劳动日的计算

凡是常年参加劳动的男、女整劳动力（男 250 天以上，女 180 天以上），出勤一天为一个工日，季节性参加劳动的辅助劳动力，按出动工日，换算成为整劳动力。

（二）关于利润的提取

每个劳动日平均收入 1 元至 1 元 6 角的生产队，不提取利润，按实际收入分配；超过 1 元 6 角的部分为利润，要上缴国家，但从上缴利润中给生产队留 40％参加工分分配。

（三）关于低收入的补贴

对平均每个劳动日实际收入不足 1 元的低收队，由国家补贴；不足 1 元部分的 80％，没有收入的生产队，补贴额为 8 角。

（四）关于对老工人的级差补助

对三级以上的老工人，实行级差补助补贴，补贴办法以全场农业生产农工的平均工资为基数（平均工资为××元），本生产队日值正好是平均工资的三级工、四级工的日工资减去平均工资额，为三级、四级工的补贴数；低于平均工资的生产队的补贴额，补贴基数仍在平均工资的基础上进行补贴；生产队收入达到或超过四级工的工资标准，不给补贴；如达到或超过三级标准，四级工的补贴额为四级工工资减去实际收入的差额，为四级工的补贴额；在生产队原工资执行技术工种的人员工资按技术工资补差。

（五）关于工分的评定

评工记分必须坚持政治挂帅，思想领先，贯彻社会主义按劳分配的原则和体现男女同工同酬的政策。凡是条件允许的农活，应实行定额管理。不能搞定额的可评等级，一般可分为四等，级差可在一分或在半分之间。

二、关于其他行业工资的支付办法

根据农场的实际情况，按照不同特点，确定不同的工资办法。

全场国家干部、大队会计、管理员、卫生院及大队卫生所工作人员、兽医、电影放映员、广播员、广播接线员、场部以工代干的干部和以工代干的党支部书记、副书记，副主任、中学教员实行月薪。

综合厂、造纸厂、汽车队、变电所、仓库工人、机耕队、制药厂、招待所，场部炊事员、电话员、电话机线员均实行月薪日记，但每月必须保证三天休息。采取轮休、串休，多者不予发工资；特殊情况经场领导批准后，可加发工资。基建队、综合厂核定工资总额，各队机耕队农间串休。

鹿队、马队、鸭场各队实行定人员、定费用、定产值、定利润，并实行定额管理，工资场部按利润完成情况发放。

马队、鹿队、猪队养畜牧工，按国家规定饲养任务，定人员、定费用（包括工资总额）、定利润，完成任务的工资发 100%，超额完成的，超多少给多少，最多不超过 1 元 6 角，没完成的按比例减少工资，最低 8 角。

马队、鹿队、猪队的工人和家属种地的，单独核算，分配方法与农业队同。

机械化试验队的农工：一、三、四大队抽调的机械试验队农工，按其完成的产量定分配，将本大队各小队分为三等，超产的按上等，完成产量的按中等，完不成产量的按下等。老工人实行与生产队相同的级差补助。二大队机械化试验队，单独核算，以经济收入和粮食产量完成情况进行分配。分配日值超过平均工资的，又完成产量的，按本大队上等队进行分配。如果超过本大队农业队日值，可按本队实际进行分配。分配低于平均工资，但超额完成产量，按全大队平均日值进行分配，完不成产量，按实际经济收入进行分配，最低日值八角，补贴办法与农业队相同。

各大队的果园、综合厂、"五七"家属队的分配与农业生产队相同。

全场中小学校，除教职员工的工资场部拨给，其他一切费用，根据毛主席的"五七"指示，学校搞勤工俭学自行解决。小学场办教员，按等级及实际出勤发放工资。病假、事假、产假不计工，在寒暑假和节假日均算出勤日。工资按 30 天计算拨工资，年末一次拨给。

一、三、四大队，各一名赤脚医生。每个大队的医生或赤脚医生，不能超过两人。超过的队要减下去。二、三大队的赤脚兽医和每个大队一名炊事员的工资，支付办法根据其表现评等，表现好的，为本大队的上等队标准，一般的为中等队标准，差的为下等队标准。评差后的工资由场部付给。

生产队职工参加场、县的大型会议（党代会、团代会、职工代表）均由生产队记工分，参加县召开的会议，必须把会议补贴工资交生产队作收入，方可记工分，不交者不记工分。参加场的上述会议，按县的标准拨给工资，由队记工分。其他一般性会议、学习班、政治性活动或上级指派的义务性劳动，均由生产队记工分，不另补贴。

四类分子每人每年出义务工 20 个，由场部支配 15 个，大队支配 5 个。

综合厂必须为农业生产服务。立足点必须放在农业生产上，实行单独核算，降低成本，厉行节约。年初定人员、定任务、定产值。

制药厂、机耕队实行单独核算，年初定人员、定任务、定利润、定费用。

积极发展畜牧业，认真保护繁殖大牲畜，大力改良牲畜品种，对于当年繁殖的幼畜（必须是改良品种），每头场部拨给饲养员 500 元；两年马驹场部给 300 元饲养费；三年生的拨给 200 元饲养费。调整或出售由场部管理。要加强畜牧管理，如因管理、饲养或使役下羔造成死亡，要查清责任。经群众评议由有关人员赔偿损失。因为管理太差或医疗不及时造成死亡，列入生产队支出，每头 1000 元。

三、关于福利待遇问题

农场是国有农业企业，它与工业不同，福利待遇不能与其他行业一样，但仍基本享受原有农场职工福利待遇。

福利基金。提取工资总额的 7% 或 10% 作为福利基金，以解决职工医疗、困难补助、丧葬费、因公死亡抚恤金、场部文娱、公共场所的维修费用等。

非生产单位的职工（工资执行月薪的）实行公费医疗，其家属实行自费，

如果家属参加劳动 180 天以上的享受半费医疗。

生产单位的职工（挣工分和工资执行月薪日记的）家属，实行半费医疗，在大队工作挣工分的职工与生产单位职工相同。

职工的口粮补贴、取暖费按国家规定发给，劳动保护按国家规定发给，长年参加水田作业的职工（男250天，女180天），每年一双胶靴，均列为生产费用，不足自备。

第四章　改革开放初期经济新体制

第一节　农业生产经营方式改革

1979 年，农垦部颁布的《国营农场工作条例（试行草案）》等有关文件规定"根据实际需要和可能，职工家属可种少量的自用地、饲养少量的家畜和家禽""农场职工家属可以经营家庭副业（包括饲养家畜家禽、种菜、种树、编织及其他副业生产，牧区可养少量自用大牲畜），产品除自用有余，可以出售"。双辽农场审时度势，为促进经济发展，尝试多种经济形式并存，并试行"承包到劳、联产计酬责任制"。

首先，恢复了自留地制度和发展职工家庭副业。相继制定了有关的政策和措施，主要内容包括：

① 由农场根据每户人口的多少和本单位的土地情况，划给一定数量的自用地、饲料地或零星荒地等，归职工家庭自主经营。

② 职工家庭副业的产品归个人所有，自产自用，有余的可以交售给农场，也可以到集市出售。

③ 职工经营家庭副业所需要的原材料，可到集市上去采购。

④ 经过工商行政管理部门允许，职工家属、子女可以自筹资金、自找场地开设修理、缝纫、理发、加工、饮食、小卖店等服务性业务，自负盈亏，照章纳税。

⑤ 对职工经营家庭副业遇到的困难，应积极地帮助解决。

⑥ 从事集体或个体经营的劳动者，同农场职工一样，享有同等的政治权利和社会地位。这些政策和措施，受到广大职工群众的欢迎，使职工家庭副业又迅速地、普遍地恢复和发展起来，显示出强大的生命力。

其次，发展职工家庭经营的专业化或兼业的各项商品生产。1981 年起，借鉴农村中发展"专业户"的经验，允许有一技之长的职工"停薪留职"，和家属一起，从事商品性的个体经营。国营农场中的个体经济形式，从过去只限于经营家庭副业，发展成为家庭经营的主业；从主要搞自给性的生产发展，成为搞专业化的商品生产。在农场内出现了由职工个体经营的小型的畜禽饲养场、水产养殖场、果树园艺场以及砖瓦厂、小卖店等小型工商企业和各种服务业。这些工商企业和服务业大多收到投资少、见效快、收益大、商品率高的效果，促进了多种经营的迅速发展，为农场安排剩余劳动力和增加职工收入开辟了新门路。

鼓励职工家庭发展庭院经济。在广泛推行家庭联产承包责任制的同时，从1983年起，大力提倡和鼓励职工家庭在分得的少量自用地、宅基地上，实行高度的集约经营。既栽培蔬菜、果树、花卉、食用菌类，又饲养猪、鸡、鸭、兔、貂、牛、羊等。前园后圈，生机勃勃，单位面积的经济收益往往几倍、十几倍于大田种植业。

第二节　试行 "承包到劳、 联产计酬责任制"

1979年，随着十一届三中全会的召开，总场制定了在经济工作中实施经济手段的一系列政策。尽管当时人们还不能完全摆脱"左"的束缚，行动时显得畏首畏尾，但毕竟是向前迈了一大步，在一定程度上减少了亏损因素。粮食总产量由1970年的1875吨增长到1979年的5144吨，工农业总产值由1970年的120.6万元提高到1979年的284.8万元，鸭场建成了省内最大规模的畜禽生产基地。

1980年，四平地区农场管理局，借鉴四平地区农村联产承包责任制经验，在双辽农场等国营农牧场推行"承包到劳、联产计酬责任制"试点。经过一段时间的运行，效果良好，证明乡镇农村的联产承包责任制，同样适用于国营农牧场。1981年9月，四平地区农场局国营农场改革工作组成员刘连成撰写了《从实际出发确定不同形式的责任制——四平地区农垦系统落实生产责任制情况的调查》一文，充分肯定了双辽农场"承包到劳、联产计酬责任制"的经验。

第五章　家庭联产承包责任制

第一节　第一轮家庭联产承包责任制

1983年，双辽农场开始落实联产承包责任制的改革，此前全国大多农村集体经济组织都已经改革完毕。

国营农垦企业经过了30余年，全民所有的思想根深蒂固。30余年国营农垦企业积累了雄厚的财富，这里包括公有办公设施，80％以上的公有住宅，大型农业机械包括汽车、拖拉机、四轮车、马车。如果都打乱平分，很多职工无法接受。特别是一些老荣军、老干部、老职工，对国营农垦企业的感情太深了，他们对以后的生存有众多的后顾之忧，所以国营农场的改革阻力很大。甚至当政的干部们也是谈"改"色变，迟迟没有任何动作，改革没有一点起色。

但改革是大局，是党中央的重大决策，而且在大部分农村获得了极大的成功。1983年夏季，以四平地委农村工作部副部长李清涛为领导的工作组，进入了三分场（原四分场）第三生产小队，进行改革试点。此时是6月份，水稻已完成了插秧。工作组召开职工大会进行动员。派人统计三小队的在册人口，丈量三小队的土地面积，并决定分青苗，把稻田后期管理交给承包户。这样总算在铁壁铜墙的固有思维中撕开了一个口子。实践证明，由于责任到位管理加强，当年三小队的粮食总产增加了三成。双辽农场的干部和群众看到了改革的曙光。

至此，双辽农场的经济体制改革正式开始。场党委认真总结三分场三小队试点经验，制定了《双辽农场家庭联产承包责任制》方案。

双辽农场家庭联产承包责任制方案

自从党的十一届三中全会和十二大以来，各项方针、政策正在贯彻落实，深入人心。原来由于生产责任制还没有真正地建立起来，也不够健全和完善，因此农场还是低产亏损。依据省、市委有关会议精神，结合双辽农场实际情况，为彻底扭亏增盈，从1984年起，实行全场性的土地承包到户的生产责任制。其他工业生产也实行承包或者定利润包干的责任制。

经研究承包的原则是：必须充分兼顾国家、企业、职工三者利益。实行承包责任制，实行统一领导、统一计划、统一管理，并且国营企业的性质不变，职工的身份不变（转正、调级、外调、退休的待遇不变；五级以上的老工人享受级差补助）生产资料的公有制性质不变。制订方案如下：

一、关于承包口粮田的范围、标准及注意事项

（一）凡是总场、分场机关工作人员、后勤人员，场直的采石场、砖厂、修造厂、工程队、贸易货栈、造纸厂、酒厂、中小学校、卫生院的职工，一律不给口粮田，也不承包责任田，口粮由总场制定标准供应。

（二）凡是一、二、三分场，鹿场的职工家属，长期顶岗的临时工及家属，一律给口粮田。

已经退职、退休的人员，原在小队留量的给口粮田。

原在小队留量的户，虽然没有承包生产责任田能力，但是给口粮田。在同一户的职工中，有的承包责任田，又有的不承包责任田，其中有承包责任田任务的本人及直接供养的人口，给口粮田，不再由场供给口粮。

人在，户口粮食关系等不在农场的，农场不供应口粮，也不给口粮田。

（三）口粮田的标准

根据农场的实际状况，水、旱田都有。水、旱田之间土地条件差别较大，因此标准不一样。水田各分场口粮田每口人为6分地。

农场的口粮田一般为每口人7分至1亩。

（四）要注意的问题

① 有在部队服（现）役的户，多给水田口粮田1分，旱田1分半。农场供应的户多给25公斤大米，平价买。

② 已领取独生子女证的，独生子女的口粮田多给1分5，农场供应的户多给25公斤大米，平价买。

③ 单身的口粮田多加1分地。

④ 口粮田分后，合法生育的子女由场供应口粮。

⑤ 口粮田分后，女方到场结婚，开户口粮食关系由场供应口粮。

⑥ 人员出现死亡，口粮田交队或变为责任田。

⑦ 上述第一、二、五点，在口粮田调整时按规定再分给口粮田。

各水田分地的机耕队、小综合厂、水旱田都有的生产队，承包旱田的户，可给水田为口粮田。

鹿场的职工口粮水稻部分与场兑换时，粮食水稻都按加价处理。

砖厂、采石场的口粮标准，由总场按规定制定。

凡给口粮田的户一律三年不变。

二、承包责任田的范围、标准及注意事项

凡是在一、二、三分场、鹿场的职工家属、长期顶岗的临时工及其家属，有劳动能力必须承包责任田。

各分场的土地情况不同，原则上不再平衡，各分场的队与队之间也不做调整，根据本队的实际情况进行承包土地测量。承包的土地可连同口粮田一起划定。在水稻田分场的，可承包做责任田的面积，除去约400公顷的口粮田外，尚有800公顷的责任田。

各水稻田队的旱田部分和鹿场的旱田计320公顷可承包。

要注意的问题如下。

1. 土地是国家所有的生产资料，承包的责任田、口粮田只有使用权，不准出租、买卖、典当或转让，不准弃耕，不准埋坟、建房、植树、挖养鱼池。不准破坏现有的水利工程，防护林带、林树、交通设施，违者可给予经济法律制裁。

2. 承包的土地根据土地的实际情况可分为3～4类，根据定量，承认差别，从便于经营者管理出发，进行合理分配。承包到户的地块不宜过碎，应注意适当的连片地块。

3. 土地承包的办法：首先总场、分场、小队抽人组成土地丈量评定领导小组，按小队逐地块丈量，要数字准确，绘出简图，有专人负责，然后按人合理地承包到户。

4. 为了更好地调动职工的积极性，土地承包后1～5年不变。有荒地的分场，可以不留机动地。没有荒地的分场可留5%的土地作为机动地。留的机动地留给由劳力多的户包种。产品除按合同规定上交外，全归自己，以后可根据需要收回另行承包处理。原来的农田规划，尚未完成的水利工程、林网、公路、预计要种的土地，各分场做到心中有数，不做责任田和口粮田，以防止施工时不好串段。各承包户，要多施农家肥，不减地力。

各分场严格禁止个人开荒，凡需开垦的荒地，由小队、分场写出报告后，经党委批准后方可开垦。

开垦的荒地作机动田或作责任田。水田的熟荒地，头两年每公顷只向场无代价交1000公斤水稻，所开的水稻田的荒地，头两年无代价向场交750公斤水稻。从第三年开

始视为责任田对待。

5. 各分场有可养殖的水面，根据实际承包到户，要收获的根据面积大小，也要承包给一户或几户。

6. 土地承包后，要建立土地户卡，把各户的土地登记造册。记清边界四至，一式三份，个人、小队、分场各一份。

有技术专长的能工巧匠，经分场批准，签订合同后，可以外出或自谋职业，但不影响转正、晋级、退休。

三、实行包干后的总产量留比例及其注意的问题

实行承包责任制的各分场，经近三年来的平均产量核产到户，产量较高的分场核产时稍低些，产量低的分场核产时稍高些。一分场核定产量750公斤，所上交的粮食必须保证一等粮标准。二分场定产量为4250公斤（其中老三分场部分3000公斤）。各分场又可以根据当时的不同地块，适当高于或低于总场指标，但必须保证完成总场下达的指标。

生产责任制的落实，生产积极性得到提高，一分场每年粮食产量递增指数为2%，二、三分场每年粮食产量递增指数为2%。旱田每公顷核定产量为2000～3000公斤。

旱田生产队，每公顷核定产量为2500公斤左右，每年递增5%。

为了加强领导，更好地管理生产，全场每年要支付1万元的生产管理等间接费用，以上的费用从承包责任田和口粮田中提取。

旱田承包责任田产量，具体办法是顺着承包的责任田或口粮田中提取。水田核定的标准产量每斤交管理费6厘5，费用由上缴的粮食收入中扣除。规定的责任田量交场每0.5公斤价格为2角6分，为一等水稻。

旱田承包的责任田、口粮田的定产标准每0.5公斤玉米1角3分2厘5。费用支出从应上缴的每斤玉米价格为1角5分，标准为一等玉米。

按合同完成上缴后，还愿意卖给农场的，按国家规定加价收购。

承包责任田的户，每垧地必须向场交整捆稻草，每吨按60元付给（责任田和口粮田都在内）。

四、成本的投放

为了投放生产、发展生产，场要贷款给承包责任田的户，水田每公顷成本投资500元，旱田每公顷投资150元，原则上春借秋还，由上交粮款中扣回。成本投放只有1983年一年，以后自行解决。有现款的户，可不使用贷款，自行解决。

五、关于大牲畜、大车、手扶拖拉机、房屋的处理意见

① 关于大牲畜的处理意见。现在各分场、小队之间，大牲畜存栏不相同。分场小队之间都不做调整。就按小队牲畜的编号，小队抓阄，抓到大牲畜的劳力的户，再进行一次抓阄。就具体落实到抓到哪头牲畜，由总场抽人，组成评价小组，负责评定价格。

大牲畜抓走后，自行饲养管理，作价后三年还齐"3、3、4"的比例。

有偿还能力而到期不还款的，收回牲畜并扣折旧费。有牛群的分场，经总场批准合理作价卖给个人。

价值过高，又没有人要的牲畜，由总场负责处理。

对于已经成形的羊群要加强管理、扶持，要实行专业承包。

鹿队可按原来的承包办法执行。

② 大车的处理问题。各小队的大车可合理作价，处理给一户或几户合买，车款可用2～3年还完。

对现存的小型农机具和物资作价处理。

③ 手扶拖拉机。各小队的手扶拖拉机，由场、分场鉴定，合理作价处理给承包户，还款当时交一半，剩余2年还清。

④ 大中型农业机械仍由国家所有，不准拆散、毁坏和变卖，也实行承包，实行单机核算，采取定任务、定利润、定油耗、定上交总数、定超产奖、减产罚款的办法。也可以采取大包的办法包给个人，一定3年不变。

以上的作业机械，不处理给个人，原则上归小队，实行专业承包。

⑤ 房屋处理问题。生产队的房屋，每个小队除了一栋房屋和文化站，其余的可以合理作价给个人。处理不了的也可以进行维修，房权是分场的。

六、关于义务工

为了保证总场的大型用工，确定承包劳力每年义务工20个。其中小队支配5个，分场或总场用工15个，其中农田建设1～15个给报酬，用时必须出，如果不出工罚款1元。

七、关于物资供应

为了促进生产、保障供给，总场设内部银行，实行代金券，内部结算。

建筑材料、生产资料、五金用料等统一购进，入大库，按计划保证供应。

八、组织机构

各分场为总场的派出机构，代场执行工作。本着既便利工作，又精简机构的原则，分场可留配备总支书记、场长、会计、现金、技术员、妇女主任为宜。群团民兵等组织，因公误工用补工的办法解决。

生产小队的人员配备应当从方便工作、减轻群众负担的原则上配备。居住集中又不太大的自然屯可变为一个生产队，设支部书记、队长、会计等职，由小队建立起来。

同时，各级组织要认识到领导的担子不是轻松了，而是沉重了，对自己的要求更高了。根据包干到户分散经营的特点，必须加强具体的领导工作。小队的领导生活中常沟通情况，做好以下工作：传达贯彻执行上级下达落实的国家计划，签订督促执行合同；组织必要的协作；掌握生产环节，指导科学种田；解决烈士户、困难户的生产、生活困难；解决邻里纠纷和维护好秩序；组织收益分配；抓好计划生育工作。

生产队的领导待遇问题：给予补贴，每月25元，共计365天，不到3级的工人，没有工人级别的按3级工的工资待遇，3级或3级以上的按原级别支付。平时生活预借70％，留30％作为预留工资，根据完成工作情况，年末兑现。生产队不负担口粮倒挂。

九、关于签订合同与兑现问题

合同是兼顾国家、集体、个人三者的纽带，合同的范围要细致全面。合同必须在双方经过协商的基础上，取得一致意见，才能签字，共同遵守。

承包的户和小队签订合同后，由分场审核后盖章生效。

在签订合同期间，五年不变。若遇减产，当年还不清的交粮食，原则上不免，可缓交，下年或过年扣回所欠部分。

合同一经签订，就要维护其严肃性。

家庭联产承包责任制，比以前其他形式的责任制具有三个特点。第一，职工家庭有了明确而具体的责任制，每个家庭成员都关心生产经营成果。第二，职工家庭在国家计划指导和恪守承包合同的前提下，可以按照国家需要和市场的需求进行商品生产经营活动。有了一定的经营自主权。第三，由于实行定额上交，剩余归己的包干分配制度，既合理地确定了上交给国家和企业的经济收益，又更好地体现了按劳分配原则，为职工家庭搞好生产经营，提高经济效益注入了强大的内在动力，开辟出一条通过辛勤劳动致富的途径。这三个特点总起来就是责、权、利三者密切结合，而且具体落实到了每个职工家庭，这是农垦经济管理体制上的一项重大改革。开办家庭农场，第一次打破了建场 30 多年来统收统支、统一经营的模式，从根本上改变了干多干少一个样、干好干坏一个样、干与不干一个样的局面。职工踊跃承包土地，劳动热情普遍高涨。1983 年，全场办起家庭农场 1000 多个，当年的粮食总产量达 5200 吨，工农业总产值 404 万元，实现纯利润 1.8 万元，人均收入 260 元。至此，结束了双辽农场建立以来多年连续亏损的局面。

农业上，进一步稳定政策，取信于民，让农工休养生息，充实后劲。在粮食生产，特别是水稻生产连年丰收的情况下，基本上不增加家庭农场利费指标，稳定和调动农工种粮的积极性。到 1990 年，家庭农场的数量已发展到 1700 余个。为鼓励农工开荒，扩大经营面积，发挥规模效益，总场根据上级有关精神，制定了一系列优惠政策，激发了广大农工开垦荒地的劳动热情。全场掀起了多包地、多开荒的热潮。1983 年全场水田面积 1700 公顷，1990 年增加到 2000 公顷，7 年间扩大面积 400 多公顷。

在稳定政策的条件下，大力普及科学种田新技术，不断提高农工的科技素质，先后推广了营养土庭院早育苗、机械插秧和药剂除草等技术，促进了水稻高产稳定。全场农工对科学种田有了较高的认识，基本掌握了这几项新技术，提高了劳动效率，减轻了劳动强度，保证了农时。通过不断引进水稻良种，增加高产中晚熟品种的种植面积，同时实行适时早种，从 4 月上旬开始浸种、育苗，5 月末结束插秧，使水稻单位面积产量逐年上升。以前，平均亩产只有 300 公斤，1989 年已达 500 公斤以上。1990 年，双辽农场作为四平市 "双千公顷竞赛" 的参赛单位，水稻长势更加喜人。由于单位面积产量的提高，粮食总产量年年登上新台阶。1987 年首次突破了万吨大关，达 10160 吨，1988 年达 11317 吨，1989 年在春旱、夏涝、秋吊，自然灾害频繁的情况下，仍创造了 11862 吨的建场以来的最高纪录。

第二节　第二轮家庭联产承包责任制与深化工商改革

1998 年，首轮土地调整历时 15 年，全场新增 600 户，新增人口 2000 人。为进一步解决人地矛盾十分突出的问题，在 1999 年召开的 "双辽农场第十五届职代会" 上，讨论通过了《双辽农场第二轮土地承包方案》，并报请四平市政府批准实施。从 2 月 25 日至 4 月底，历经两个月，全场 6 个农业分场、30 个生产队土地调整全部结束。合同签订工作全面完成。通过二轮土地调整，共为 7379 人分得承包田 2168 公顷，为 2376 人分得基本生活田 209 公顷，预留地 125 公顷也得到合理承包。全场参加分田人口平均分得土地 2.94 亩，较首轮土地承包人均增加 0.86 亩，增长 41.3%。

通过二轮土地调整，充分显示了"公开、公平、公正"原则的威力。整体工作做到了精心组织，合理安排，秉公办事，取信于民，密切了党群干群关系。

通过二轮土地调整，妥善解决了祥云、博爱集体所有制入场社员的养老待遇，五分场小井种稻以地补偿等历史遗留问题。二轮土地调整工作的全面结束，给农工吃了一颗定心丸。

同时，进一步深化工商业及牧业企业改革。一是巩固改革成果，工商企业继续推行利费上打租的经营模式。在编人员由总场调配，既解决了干部职工再就业，又强化了国有资产管理，确保国有资产不流失。全年工商企业上缴利费36.5万元；二是养殖业转换经营机制，全行业推向市场、撤销畜禽公司建制，下属6家企业划归总场管理，独立核算。原公司的债权债务由总场承担，与企业割断脐带，企业轻装上阵，增强了竞争力、遏制了亏损、提高了效益。1999年直接经济效益11万元，与1998年相比增盈81万元。

1999年，全场粮食总产量达1.8万吨，比1998年增产一成，创历史最好水平；工农业总产值4000万元；商业销售总额达1500万元；个体私营经济产值达1050万元；招商引资总额534万元，是初期指标300万元的178%，最终指标500万元的107%；全场干部职工工资全部兑现；年终经营成果亏损740万元，较1998年减亏20%，全场减亏了190万元。总体上，完成了四平市农业局、财政局下达的减亏任务指标。

第六章　新世纪新办法开启新篇章

第一节　《双辽农场 2000 年生产经营管理办法》

在 2000 年 3 月 7 日召开的"双辽农场第十六届职工代表大会"上，代表们一致通过了《双辽农场 2000 年生产经营管理办法》，开启了双辽农场新世纪生产经营的新篇章。

根据社会主义市场经济的需要，在深入贯彻党的十五届四中全会精神的前提下，按照省市农村工作会议的部署及省国有企业改革的有关文件精神，结合农垦企业实际，本着深化改革，节本增效的原则，制定本办法。

2000 年全场工作的指导思想是：以十五大和十五届四中全会精神为指针，以建立现代企业制度为载体，以加快小城镇建设为重点，调整巩固充实提高农业转型增效、工商牧转制增效、招商引资见成效、争创文明高效，团结奋进高效求实，夺取"五个攻坚战"的新胜利。

坚持实行场（厂）长、经理负责制。多种经济形式并存，充分发挥党组织的监督保证作用，根据国有企业改革的有关文件精神，建立适应农垦企业发展的企业运行机制。

坚持两个文明一起抓，坚持以经济工作为中心，坚持安全生产、计划生育和社会治安综合治理一票否决制度。

一、农业管理

农业分场执行总场派出机构职能，负责分场的农业生产管理及日常工作。继续加大农业科技投入、搞好种植结构调整，大力发展效益农业、实施节本增效工程巩固农业基础产业地位。

农业分场继续实行独立核算，以队为基础，三级管理的经营模式。

农工责任田承包费实行以粮顶款的方式，合同兑现由分场负责，年末一次性上缴总场，价格执行 1999 年国家粮食收购价。

（1）水田派交粮（以一等水稻为准）：

一类水田：每公顷 1200 公斤；

二类水田：每公顷 1000 公斤；

三类水田：每公顷 900 公斤；

四类水田：每公顷 800 公斤。

上缴国家合同定购粮数量执行 1999 年标准。

（2）旱田派交粮（以二等玉米为准）：

一类旱田：每公顷 1000 公斤；

二类旱田：每公顷 800 公斤；

一分场旱田：每公顷 500 公斤。

各分场计划面积及类别划分执行 1999 年末调整后标准。

农业税按国家调整后标准执行。

农业分场实行定编、定员、定费用。计生人员实行岗位工资，治保人员实行补贴工资，小队长、小队会计实行面积工资。工资标准，费用执行 1999 年标准不变，由总场核定后拨给，节余留用，超支不补。

农业分场负责辖区内的林业管理和道路维修。护林护道员要认真工作、并制定严格的奖罚措施。林木营造和采伐由总场统一规划，营造费用由分场负责、采伐销售款归分场，以解决护林护路人员工资。

各分场在管理好现有林木的同时，鼓励农工对宜林地进行承包，以调动农工植树造林积极性。承包合同可以签 15～20 年。

基本生活田和预留地的发包与管理按 1999 年办法执行，缴费方式不变。基本生活田费用执行承包田费用标准．预留地发包费用可参照承包田费用提高 5％～10％。基本生活田费用和预留地费用由分场制定，报总场审批后执行。

分场负责辖区内的计划生育工作，计生罚没款执行 2000 年计生工作有关规定。

1999 年未兑现合同和未按要求偿还欠款的农户，分场依法收回承包田，另行发包，只留基本生活田。待兑现完合同并完成欠款回收任务后，再承包给本人。

各农业分场在搞好日常工作的同时。积极搞好种植结构调整和农业产业化工作，实施“户均一亩效益田”工程。发展绿色食品生产。旱田分场要压缩普通玉米种植面积，并搞好节本增效工作。

农科所实行所长负责制。利费上打租，在总场指导下搞好良种繁育，具体执行《双辽农场良种繁育实施细则》。

白城开发区实行定编、工资和管理费由总场核定，年末自收自付。同时搞好陈欠回收工作。

二、工、商、养殖业管理

全场所有工、商、养殖企业均采取资产租赁责任制和租赁制等经营形式。租赁期内，自主经营，自负盈亏，独立承担经济责任及法律责任。各企业租金指标由总场核定，年初一次交齐租金后，与总场签订租赁合同，合同期限原则上一年，特殊情况可适当延长。

承租人的条件

场内、场外人员均可投标租赁场属工、商、养殖企业。

原法人代表延续承包，必须满足以下条件：第一，必须完成1999年利费指标；第二，企业1999年职工工资全部兑现；第三，企业资产本年度未受损失；第四，经总场组织部门考核，符合条件的法人代表具备上岗资格。

承租人必须具备一定的经营管理素质，具备管理企业的能力。

水磨石厂、大理石机修、大理石饭店、木器厂采取租赁经营的形式，年初交齐租金与总场签订租赁合同。

胶丸厂采取出售的方式，一次性作价出售给购买者，交齐款项后转为私营。

各租赁企业（包括对外租赁及招商引资企业）必须接受总场委派的管理人员管理。管理人员在为承租人工作的同时，对国有资产负有监管责任，以确保国有资产不受损失。

三、站所及事业单位管理

变电所、土地给水站实行所（站）长负责制，自负盈亏。

变电所收支平衡，在搞好电费收缴改革的同时搞好安全用电工作，并尽量降低电价，搞好输电线路的维修，维修费自理。用电管理执行《2000年双辽农场用电管理办法》。

土地给水站由总场确定利费指标，由所长交齐费用后，与总场签订合同，上岗经营。

土地给水站负责会同农业分场搞好全场村屯规划工作，经分场同意后负责办理建房审批手续，并按规定收费。

土地给水站负责宅基地超占部分及规划区域内空闲的零星土地使用费的收缴。

土地给水站在总场领导下负责搞好小城镇建设工作，并负责新区卫生管理，按规定收取卫生费。

计生办、派出所实行所长（主任）负责制。在编人员工资随机关发放。计生办经费执行1999年标准，由总场拨给。新区计生工作由三分场管理，同时给三分场增加一名专职线人员。派出所与法律服务所合并，负责全场治安管理、法律咨询及民事纠纷等工作。经费在罚没款和服务费中解决。派出所罚没款和服务费必须设账管理，接受总场财务审计监督。

中小学实行校长负责制。在搞好教育改革的同时，加快素质教育工作进程，财务上实行经费包干。年初由总场核定标准，超支由校长个人承担，节余留用。中小学加强流失生管理，积极完成"普九"教育工作，并由总场制定具体办法，以明确学生监护人的责任和义务。

卫生防疫站负责全场的卫生防疫工作，人员工资在防疫费和服务费中解决。

四、财务管理

全场各单位要加强财务管理，严格执行农业企业财务制度，依法计算和缴纳国家税金，认真履行经济合同，接受上级财政部门的检查管理和上级审计部门的审计监督。

加强经济合同的管理，全场各单位的各种经济合同签订后交总场计财科一份，统一管理备案。各项经济合同经主管场长签字并加盖总场合同专用章，否则视为无效合同，造成经济损失，责任自负。

为便于财务管理，对停产半停产企业和租赁企业进行债务剥离。全场停产企业、租赁企业、出售企业的账务由总场清欠办收回，负责债权债务处理。各企业账务剥离年限视企业法人代表任职时间另定。

做好财务基础工作。企事业单位的各项生产经营活动要有原始记录，原始记录要合理合法，各项经济活动手续要健全，不准白条入账，不准设账外账。场下派机构（农业分场）政法及福利事业单位（中学、小学、敬老院、计生委、派出所）发生的所有经济业务，必须在账内管理，不准搞小金库。

继续执行销售实现制。生产经营单位货款不能跨年度赊销，如年末不能收回，由承包人以现金补齐。严禁发生新的往来欠款。

全场统一使用有吉林省财政厅检印章的账簿和凭证，账簿自购，凭证由总场统一印购。

总场设计财科。计财科作为财务业务职能部门，负责全场所属各单位的财务管理和财务监督；检查财务会计核算、指导财务业务；汇集、编报全场财务计划和财务决算；编报统计报表，参与企事业单位经济指标的核定，并负责各单位财会主管人员工作变动的业务交接工作。

总场设审计科。审计科是场内财务业务监督部门，对全场所属企事业财务工作行使监督职能，查处财务违纪问题，审计验收企业生产经营成果，对所属企事业法人变动进行离任审计。

总场设清欠办公室（清欠办）。清欠办负责全场的清欠工作，并负责停产企业财务业务应收应付的账务处理和租赁单位以前年度的账务管理及应收应付款项的账务处理，负责处理对外经济纠纷。财务业务的变化情况，每月末以报表形式报给计财科。

总场机关设财会室。财会室负责总场机关食堂、招待所等招待费用的收支核算，以及机关各科室办公用品的购储发放。各项费用的收支按机关后勤管理办法执行，并在月末以报表形式报场计财科。

职工及家属医疗费按下列标准执行。

工人和家属每人每年3元，独生子女每人每年6元，但在农业分场多分得半份土地的独生子女按每人每年3元执行。

退休职工每人每月8元，年末随工资发放。

在岗干部每人每月6元，年末随工资发放。

离休老干部每人每月166.66元，随工资发放。

农业分场、总场机关、事业单位由总场核拨，工商业、站所、养殖业等经济实体单位由企业自行解决。

独生子女保健费发放标准为每人每月8元，由女方所在单位发放；女方无工作单位的，由男方所在单位发放。农业分场、中小学、总场机关的独生子女保健费，由场计生委审核做表，由总场核拨。工商业、养殖业、站所等经济实体单位，由企业自己负担。在农业分场多分得半份土地的独生子女，不再发给独生子女保健费。

加强义务工管理。义务工按耕种土地面积分配，即每公顷土地承担义务人工15个，义务车工1个（义务人工、车工不包括防汛抗洪、抢险救灾以及双辽市统一分派的用工），每个义务人工按日值5元计价。每个义务车工按日值50元计价。各分场收取的义务人工、车工金额的30%上缴总场，由总场统一安排使用。总场用工，工程完了由主管人员出具用工工票，报主管财务场长审批，并及时到计财科办理财务手续。义务人工、车工收取的70%留给分场安排使用，计划生育用工，留给分场部分列支。对分场安排使用的义务工需严加管理，合理使用。分场用工，必须严格审批手续，义务工款节余留用、超支分场自补。

加强固定资产管理。固定资产实行谁使用谁管理的原则，并建立健全固定资产卡片和台账。2000年总场原则上不再增投固定资产，如确需新增固定资产，要由需用单位向总场提出书面申请，经主管财务场长审批后方可购建。各单位固定资产的购建、变卖及调出调入，必须经主管财务场长审批后实施，并及时到计财科办理变动手续，租赁承包单位必须确保固定资产完好无损。年末由场长办、计财科对各单位进行清点验收。发现损失，由租赁承包人承担全部经济责任。

经营单位对所使用的固定资产要按农业企业财务制度规定的折旧方法和折旧率提取折旧，计入当期成本费用（租赁承包单位按承包合同执行）。

严格控制成本费用支出，因公出差或购物，必须在业务完结一周内凭据及时报账，逾期不报、财务部门拒绝受理，一切后果自负。

总场对农业分场下达指令性清欠指标，并采取相应的优惠政策（具体方法按场2000年三清工作方案执行）。清回指标的7.3%上缴总场，其余部分留给分场安排使用，主要用于丧葬费、独生子女保健费、现役军人补贴、分场以前年度的奖金和以前年度拖欠的应付款等。

五、干部人事管理

在定编、定岗、定员的基础上，党群部门实行任命制，行政及经营管理干部实行任命、招标、聘任相结合的办法。

按规定办理干部转正、调转、晋级、退休手续，建立健全干部使用、教育培训考核和奖惩制度。

干部范围指国家干部、合同制干部、以工代干人员。包括：

副科级以上领导干部；总场机关各科室的工作人员；场属各单位的会计员、出纳员和技术员；中小学教师；原干部岗位（不含以工代干）的分流、下岗、解聘人员。

合同制干部审批、晋升职称，必须符合条件。由组织部门统一办理，通过其他关系办理的，总场不予承认。合同制干部到工人岗位工作，保留合同制干部身份，享受工人待遇。

凡参加各类函授、刊授、电大等学习的干部，学习费用自理。国家承认学历者，可享受同等的大中专毕业生待遇。

解聘的干部原则上由原单位就地安排。安排不了的纳入人才库管理。国家干部、合同制干部保留干部身份。以工代干取消代干资格。

各单位的分流干部保留干部身份和原来级别（不含以工代干）。竞标上岗的企业承包人（工人身份）合同终止，恢复原来身份。

凡分流、下岗、解聘（不含以工代干）干部及大中专毕业生，纳入人才储备库备案管理。设管理干部、专业干部人才库。总场任用及场属单位选聘人员，须在人才储备库中择优任用聘任，并经场党政班子讨论同意后，履行任用聘任手续。

干部调入，由总场党政班子讨论批准。干部调出由场长和分管干部工作的领导批准。干部调出前须由计财、清欠部门出具还清欠款证明、交清工作，方可办理调转手续。

六、劳动工资管理

大力加强劳动用工管理，严格按照定编、定岗、定员的规定，大力压缩非生产人员，减员增效。

租赁承包企业要优先聘用场内职工（达到80％以上），聘用场外人员须经主管领导批准，报劳资科备案，严禁私招滥雇。

工人调转工作，须经部门主管领导和劳资主管领导批准，方可到劳资科办理调转手续（有欠款者须结清欠款方可办理）。

总场机关及总场拨款单位定编人员的工资执行1995年档案工资标准，其他人员可实行岗位工资、计件工资、效益工资等多种分配形式。岗位工资可根据工作的劳动量及技术含量定为每工作日8～12元。租赁承包企业副职月最低工资标准为420元，会计为390元，现金员为330元，按月发放，允许基层企业依据《劳动法》制定岗位责任制，不许放假。

离休老干部养老金和医疗费由总场负责按月全额发放。老荣军和解放前参加工作的退休工人的退休金按100％发给；其他退休人员（含内退人员）一律按其退休金总额的80％发给生活费；采石场、农科所、土地给水站、变电所的退休人员由本单位发给；其他退休人员一律按辖区分配到农业分场，年终结算。

总场机关及拨款单位人员工资实行工效挂钩的分配形式，从工资总额中提出20％作为效益工资幅度，年末按完成农财两局的财务指标情况兑现效益工资。

有大专以上学历并取得专业技术职称的在岗干部（含以工代干）学历津贴、技术津贴只能享受一项。

执行档案工资的人员，可享受国家和总场规定的津贴和补贴。

总场机关、拨款单位人员工资以及按辖区分配到分场的退休人员生活费，年终一次性结算，按以粮顶款方式，由分场负责发放。

独立核算单位均由会计兼劳资员，负责本单位劳动工资的月报、季报和年报。

凡停薪留职、自谋职业人员，必须按规定向所属单位缴纳管理费，否则不予晋升工资、不予办理退休手续。

七、奖惩办法

生产经营单位（包括站所）。

完成总场下达的利费指标，当年职工工资全部兑现；企业依法经营，国有资产保持完好，不受损失；听从总场的指挥，积极参加总场的各项活动；搞好党建工作和精神文明建设，搞好环境的美化；安全生产、计划生育、社会治安综合治理工作成绩显著。企业在以上几项工作中成绩突出的，由总场在年终对企业承包人（或负责人）给予讲评，作为年终评选先进的条件。

生产经营单位未完成指标或经营亏损的，由承包人全额承担。实行财务包干及所（站）长负责制的事业单位，站、所执行本规定。

农业分场实行综合达标奖。

综合达标奖金额为5000元。由总场发给，实行百分考核。主要考核指标：合同兑现、农业税上缴、欠款回收、计划生育、安全生产、社会治安综合治理等。考核细则由总场制定，但合同兑现必须满分，否则不能获得奖金。

分场参加奖金分配的人员是分场管理人员及小队长、小队会计。

中小学奖惩执行《2000年双辽农场教育实施细则》。

计划生育奖惩执行《2000年双辽农场计划生育实施细则》。

第二节　《农垦国有农场办社会职能改革实施方案》

农业部、财政部、教育部、国家卫生和计划生育委员会、民政部、中国人民银行关于印发《农垦国有农场办社会职能改革实施方案的通知》。

为贯彻落实《中共中央　国务院关于进一步推进农垦改革发展的意见》提出的"用3年左右时间，将国有农场承担的社会管理和公共服务职能纳入地方政府统一管理"的要求，农业部、财政部、教育部、国家卫生和计划生育委员会、民政部、中国人民银行共同研究起草了《农垦国有农场办社会职能改革实施方案》。

一、指导思想

全面贯彻落实党的十八大和十八届三中、四中、五中全会精神，按照中央关于推进农垦改革发展的决策部署，以推进社企分开为方向，以服务垦区集团化、农场企业化改革为主线，加快推进国有农场生产经营企业化和社会管理属地化，着力消除束缚国有农场发展的体制机制性障碍，推动国有农场与周边区域享受同等待遇，促进国有农场经济和各项社会事业可持续发展，为垦区率先基本实现农业现代化、率先全面建成小康社会、更好服务国家战略需要提供重要支撑。

二、改革目标

从 2016 年起，用 3 年左右时间，将国有农场承担的社会管理和公共服务职能纳入地方政府统一管理，实现国有农场与周边区域社会管理和公共服务共享共建水平得到明显提高，资源配置进一步优化。垦地协同发展新格局基本形成。

三、基本原则

（一）坚持方向，分类实施

立足于国有农场的企业基本属性，坚持社企分开改革方向，坚定不移推进国有农场办社会职能改革。在具体改革内容、改革方式上，要根据不同地区、不同国有农场的具体情况，因地制宜、分类实施，不搞一刀切、一种模式。

（二）统筹谋划，政策衔接

国有农场办社会职能改革要与国家相关领域改革和民生改善等政策相衔接，与农场内部管理体制改革相结合，做好顶层设计、方案制订和政策落实。全面系统推进国有农场管理体制改革和经营机制创新。

（三）积极稳妥，务求实效

充分考虑地方政府的财力状况和各方面对改革的承受能力。根据地方和农场的实际情况，明确人员、编制、资产、债务、经费等方面的政策安排，切实处理好改革相关主体的利益关系，稳步推进改革，确保取得实效。

（四）权责一致，协同推进

国有农场办社会职能改革由各级人民政府负责。按照隶属关系，地方国有农场办社会职能改革由地方各级人民政府负责组织实施。中央直属垦区国有农场办社会职能改革由国务院有关部门与所在地省级政府共同负责组织实施。

四、改革任务

国有农场办社会职能是指国有农场承担的属于政府职能范围的非企业经营性事务，主要包括公检法、社会综合治理、计划生育管理、司法、民政、人武、基础教育、基本医疗、公共卫生、"三供一业"等各类社会行政性、事业性和服务性职能。

（一）因地制宜推进国有农场办社会职能改革

在充分考虑当地经济社会发展水平和国有农场区位条件等因素基础上，采取多种方式推进国有农场社会管理和公共服务职能纳入地方政府统一管理，妥善解决其机构编制、人员安置、所需经费等问题，确保工作有序衔接，职能履行到位。

经济社会发展水平较高、经费保障和人员安置能力较强、具备社会职能整体移交条件的地方，积极推进国有农场将所承担的全部社会职能一次性移交地方政府管理。原则上以移交前一年底国有农场财务决算数值为依据，对资产进行整体移交，无偿划转，并妥善处理好债权债务关系。按照以人为本的原则，同步研究制定人员安置政策，妥善做好人员安置工作，确保社会稳定。

情况复杂、暂不具备整体移交条件的地方，可采取分步分项移交的办法。移交过程中要建立稳定的经费保障机制，确保国有农场原有社会管理和公共服务水平不降低整体水平不低于周边区域，维护社会和谐稳定。

远离中心城镇等不具备社会职能移交条件的国有农场，可采取内部分开、管办分离的办法。在地方政府指导下，梳理整合国有农场办社会职能，与生产经营实行机构、人员、资产。债务、财务核算分开。地方政府可采取授权委托、购买服务等方式赋予国有农场相应的管理权限和提供公共服务。在地方政府的统一指导和管理下，国有农场具体承办农场区域范围内的社会管理和公共服务事务，地方政府应科学合理地测算所需经费并安排购买服务支出。

（二）加强国有农场社区建设

国有农场社区是国有农场社会服务管理的基本单元。地方政府要指导农场根据公共服务资源配置、人口规模、管理幅度等因素，合理划分农场区域内各个社区，健全国有农场社区服务设施和服务体系，提升国有农场社区公共服务供给水平。推动政府社会管理和公共服务覆盖到社区。按照《中共中央办公厅—国务院办公厅关于加强和改进城市社区居民委员会建设的意见》（以下简称《意见》）的有关精神，加强对国有农场社区居民委员会建设工作的指导，并按照便于管理、便于服务、便于居民自治的原则设置居民委员会，将国有农场居民委员会的工作经费以及服务设施等建设经费纳入公共财政保障范围，切实发挥农场社区居民自我管理、自我教育、自我服务功能。

（三）完善国有农场社会事业发展保障机制

地方政府应将农场区域范围内的社会事业和公共服务统一纳入规划并明确相应的投资来源，实现与地方统一规划、同步发展。支持远离中心城镇的国有农场，逐步发展成为功能设施齐全、公共服务配套的新型小城镇，加强区域资源共享共建，提高区域社会事业整体效益。鼓励社会资本参与国有农场社会事业和公共服务基础设施建设。

（四）妥善处理国有农场办社会职能形成的债务

对国有农场办社会职能形成的债务，经清理甄别纳入政府债务的部分，应按照政府债务统一要求规范管理。符合呆坏账核销条件的按照相关规定予以处理。

五、工作要求

(一) 加强组织领导

国有农场办社会职能改革是落实中央推进国有农场企业化改革要求的重要举措，事关农垦改革发展稳定大局，政策性强，涉及面广，工作量大，情况复杂。各级地方政府要按照《意见》有关要求，切实承担起主体责任，加强对改革工作的组织领导明确目标任务和分工责任，精心谋划、全力推动。各级农业（农垦）、财政、编制、教育、卫生、民政、公检法等部门要各司其职、各负其责，密切配合，确保农垦区域内各项社会管理和公共服务职能平稳过渡，人员妥善安置，改革政策全面落实。各级农垦管理部门要积极配合当地政府有关部门开展工作，为推进改革提供有力支撑。

(二) 科学制订方案

各地要按照《意见》精神，结合本方案要求，制订本地区农垦国有农场办社会职能改革具体实施方案，明确改革范围、改革内容、改革方式及机构编制、人员安置、债务处理和经费保障等方面的制度安排，细化3年工作步骤、路线图和时间表，确定任务分工和具体责任人，确保各项改革任务得以落实。各省（区、市）实施方案请于2016年12月底前报农业部备案。

(三) 强化基础工作

各级人民政府及相关部门要加强调查摸底、数据分析、资料归档等相关基础工作。全面梳理国有农场承担的各项社会职能，科学界定职能范围、机构及人员，以改革前一年底的国有农场决算数为依据，核定办社会职能机构的资产、债务、收入及支出（包括人员经费、公用经费、基本建设在内的全部支出），结合拟采取的改革方式，锁定各类职能改革成本及承担主体。在进行资产、债务清查时，账内外挂账的社会性支出均应纳入清查范围。及时收集整理相关资料，建立专门档案卷宗，做好资料的保管和利用工作，确保档案的完整和系统性。

(四) 建立激励机制

农垦国有农场办社会职能改革成本原则上由地方财政承担。为调动地方政府推进国有农场办社会职能改革的积极性，中央财政根据各地农场区域面积、人口数量、地方财政状况等客观因素，以及各省（区、市）3年改革任务完成情况，通过先改后补的方式给予适当补助。具体补助办法由财政部会同农业部另行制定。

（五）搞好宣传引导

要充分利用各类新闻媒介，加大对国有农场办社会职能改革工作的宣传解读力度，提高改革的透明度，调动各工作主体的积极性。及时总结宣传改革过程中涌现出来的典型经验和好的做法，全面展示改革成效，完善改革措施，推动改革工作不断深入。

（六）强化监督检查

根据中央深改办统一部署，农业部、财政部等相关部委将建立督察制度，对各地国有农场办社会职能改革3年工作方案落实情况进行督察。各地要加强工作指导和督导，全面推进工作任务和政策措施落实到位。要重点加强对国有农场办社会职能改革补助资金使用情况的监管，确保财政补助资金使用规范、安全、有效。对改革中发生的违法违纪行为，要依法依纪追究有关人员的责任，涉嫌犯罪的，要移交司法机关予以处理。

吉林省四平市国营双辽农场2018年4月，从四平市辽河垦区划归双辽市管理。其社会职能划归所在地双辽市双山镇。双山镇在双辽农场境内设腰坨社区、老场部社区、大理石社区、衙门社区、八里社区、鹿场社区、博爱社区，共七个社区。

第九编

党群工作

中国农垦农场志

第一章　党组织建设

第一节　第一届党总支领导成员

本届国营双辽农场（辽西省双辽荣军农场）党总支从 1949 年 6 月—1958 年 1 月。党总支书记贾巨文；党总支副书记王文明、周立英、于方和、付忠、霍发明、柳植等。

中国共产党辽西省双辽荣军农场党总支委员会成立于 1949 年 6 月。建场时有党员 19 名。党总支书记贾巨文；党总支副书记王文明、周立英；党总支委员马成林、王占元、郭振华、闫自安。

下属一个党支部，即机关党支部，是农场的第一个党支部。机关支部书记王文明。机关党支部下设两个党小组。

1950 年开始在本场发展党员，当年发展党员 3 名。

1951 年，贾巨文任党总支书记；于方和任党总支副书记。党总支委员马成林、王占元、郭振华、闫自安、徐殿武。

1952 年，贾巨文任党总支书记；党总支副书记于方和；党总支委员付忠、闫自安、王德忠。

1953 年，贾巨文任党总支书记，付忠任党总支副书记。党总支委员于方和、王占元、闫自安、王德忠。

1954 年，贾巨文任党总支书记；霍发明任党总支副书记；党总支委员张庆伟、于方和、王德忠。

1955 年，贾巨文任党总支书记；霍发明任党总支副书记；党总支委员王占元、王德忠、徐殿武、于方和、张国栋。

1956 年，贾巨文任党总支书记；柳植任党总支副书记；党总支委员王德忠、于方和、王占元、张庆吉、张国栋。

1957 年，贾巨文任党总支书记；党总支副书记霍发明，党支总委员王占元、王德忠、张国栋、于方和、邓云泽。9 月，党总支书记贾巨文离职到吉林省工农干部学校学习。

第二节　各届党委班子成员

一、1958 年 2 月—1966 年 3 月

本届双辽农场党委班子 1958 年 2 月—1966 年 3 月。党委书记裴志夏，党委副书记霍发明。

1958 年 2 月，根据吉林省农业厅党组意见，经中共双辽县委批准，吉林省国营双辽农场成立中国共产党双辽农场委员会。党委书记裴志夏；党委委员：霍发明、王占元、王守权、邓云泽、张国栋、裴世学。

下属 6 个党支部。全场党员人数发展到 78 名。党的组织关系归中共双辽县委。

1959 年，裴志夏任党委书记，霍发明任党委副书记。

二、1966 年 3 月—1976 年 10 月

本届双辽农场党委领导班子 1966 年 3 月—1976 年 10 月，党委书记董彦平。

下属 8 个基层党支部，全场党员总数 194 名。

1966 年 3 月，党委班子进行了调整，党委书记董彦平。1966 年 9 月"文革"开始，党委开始处于被动、半瘫痪状态。

1968 年 8 月 6 日，经四平军分区党委批准，成立了双辽农场革命委员会，原党委班子解体。

1971 年 1 月 13 日，在中共双辽农场第四次党代会上，选举董彦平为党委书记，刘彦英、侯英为副书记。党组织关系隶属双辽县委领导。

1974 年，董彦平任党委书记，何金山、朱玉峰任党委副书记，隶属关系不变。

1976 年 6 月，中共双辽县委组织部任命董彦平为双辽农场党委书记，张志政、何金山、于兆金为党委副书记。党委委员：刘震海（四平地委下放干部）、王书林（双辽县知识青年）、陈洪华（女）、杨泽。

1976 年 9 月 26 日，在双辽农场召开的第五次全体党员代表大会上，选举董彦平为党委书记。张志政、何金山、于兆金、贺培金为党委副书记。

三、1976 年 10 月—1979 年 12 月

本届双辽农场党委领导班子 1976 年 10 月—1979 年 12 月。党委副书记张志政主持工

作。党委副书记于兆金、贺培金；党委委员：刘震海、王书林、陈洪华（女）、常贵才、杨泽、张培德、李向仁、牛长贵。

下属基层党支部 10 个，全场党员 262 名。

1978 年，四个农业大队改为农业分场，分场设党总支委员会。

四、1980 年 1 月—1983 年 8 月

本届双辽农场党委领导班子 1980 年 1 月—1983 年 8 月。党委副书记曾宪山（主持工作）；党委副书记于兆金、赵连友（1982 年）。

1980 年党委委员：王德忠、杨泽、牛长贵、常贵才、李向仁、赵文秀、张培德。

下属党总支 4 个，支部 30 个，党员总数 342 名。

1980 年 1 月 10 日，曾宪山任双辽农场党委副书记。

1981 年 8 月 26 日，在双辽农场召开第六次全体党员代表大会上，选举曾宪山为党委副书记。党委委员：杨泽、牛长贵、王德忠、常贵才。党的组织关系隶属中共双辽县委领导。

1982 年曾宪山任党委副书记（主持工作），赵连友任副书记。党的组织关系隶属中共四平地委领导。

五、1983 年 9 月—1986 年 11 月

本届双辽农场党委领导班子 1983 年 9 月—1986 年 11 月。党委书记孙福生；党委副书记赵连友、赵志芳。纪检委书记赵秀云（女）、纪检委员贺培金（副场级）。

下属总支 5 个，支部 32 个，党员总数 331 名。

1983 年 9 月 13 日，党委班子进行了调整，孙福生任党委书记，赵连友任副书记。

1985 年 3 月 7 日，中共四平市委农村工作委员会下发《关于国营双辽农场领导班子配备的通知》，党委书记孙福生；党委副书记赵连友、赵志芳；党委委员：唐恩华、辛凤水、张德才、赵秀云（女）、贺培金。

下属总支 5 个，支部 32 个，党员总数 339 名。

六、1986 年 11 月—1989 年 11 月

本届双辽农场党委领导班子 1986 年 11 月—1989 年 11 月。党委书记唐恩华；党委副书记黄志远（下放干部，原四平地委副书记）、张金、辛凤水。纪检委书记赵秀云（女）。党委委员：胡忠诚、张德才、杨泽、宿录瑞、赵秀云（女）、李英才、张喜鹏、马国柱。

七、1989 年 12 月—1991 年 7 月

本届双辽农场党委领导班子 1989 年 12 月—1991 年 7 月。党委书记孙玉琢（1989 年 12 月）；党委副书记赵志芳、沈占明（1991 年 3 月）。党委副书记兼纪检委书记赵秀云。纪检委书记王顺（1990 年 9 月）；党委委员：胡忠诚、李英才、张喜鹏、杜景生、张文才、赵广学。

下属总支 5 个，支部 32 个。党员总数 350 名。

1990 年 9 月，经中共四平市委农村工作委员会批准，成立中共双辽农场纪律检查委员会。委员：王顺、刘有、李英贤、牟福和、单亦正、赵文秀。纪检委书记王顺。

八、1991 年 8 月—1997 年 11 月

本届双辽农场党委领导班子 1991 年 8 月—1997 年 11 月。党委书记王乃玉；党委副书记刘炜；纪检委书记郭殿恩；党委委员：胡忠诚、李英才、祝荣家、张庆志、梁允顺、马国柱、刘连友、彭占山、郭殿恩。

下属总支 5 个，支部 32 个。党员总数 340 名。

九、1997 年 12 月—2004 年 3 月

本届双辽农场党委领导班子 1997 年 12 月—2004 年 3 月。党委书记张学光；党委副书记刘殿生；党委委员：祝荣家、张庆志、李英才、梁允顺、刘连友、彭占山。纪检委书记郭殿恩。

2002 年 1 月—2004 年 3 月。党委书记张学光；党委副书记刘殿生、彭占山；党委副书记兼纪检委书记牟福和；党委委员：梁允顺、祝荣家、张庆志、刘连友、郑守威、刘英伟。

下属总支 5 个，支部 32 个。党员总数 301 名。

十、2004 年 3 月—2017 年 3 月

本届双辽农场党委领导班子从 2004 年 3 月—2017 年 3 月。党委书记彭占山；党委副书记郑守威；党委副书记兼纪检委书记牟福和；党委委员：梁允顺、祝荣家、张庆志、刘连友、刘英伟、商敬军、王宇南、王长利、赵平。

下属总支 5 个，支部 32 个名。党员总数 437 名。

十一、2017 年 3 月—2018 年 8 月

本届双辽农场领导班子从 2017 年 3 月—2018 年 8 月。2017 年 3 月党委书记梁宏臣（2017 年 3 月—2017 年 7 月）；党委副书记郑守威（2017 年 7 月—2018 年 8 月主持工作）；党委副书记、纪检书记牟福和；党委委员：商敬军、王宇南、王长利、赵平。

下属总支 5 个，支部 32 个。党员总数 437 名。

十二、2018 年 8 月—2021 年 12 月

本届双辽农场领导班子从 2018 年 8 月—2021 年 12 月。党委书记：王长利；党委副书记郑守威；2018 年，根据国家六部委《关于印发农垦国有农场办社会职能改革实施方案的通知》即农垦发〔2016〕1 号文件精神，四平市撤销辽河垦区，将所属 5 个国有农场按属地分别整体划转给梨树县和双辽市。双辽农场划归双辽市政府管理。党的组织关系隶属于双辽市委组织部，总场设机关党支部，党支部书记任永庆。农业联合党支部书记郑守威（兼），共有党员 46 名。各分场职工党员由各社区党支部直接领导。全场共有党员 440 名。

第三节 党 代 会

1958 年 3 月，召开中共双辽农场第一次全体党员大会。全场党员人数 78 人。会议选举产生了中共双辽农场委员会。裴志夏任第一届党委书记。

1963 年 12 月，召开中共双辽农场第二次党员大会，党委书记裴志夏主持。会议选举产生了中共双辽农场第二届委员会，裴志夏任党委书记。

1965 年 7 月 1 日，召开中共双辽农场第三次党员大会。党委书记裴志夏主持。会议选举产生了中共双辽农场第三届委员会。裴志夏连任党委书记。

1971 年 1 月 13 日，中共双辽农场第四次党代会召开，参加会议代表 60 名。党委书记董彦平作工作报告。组建了第四届党委班子，董彦平任党委书记，刘彦英、侯英任副书记。

1976 年 9 月 26 日—27 日，中共双辽农场第五次党代会召开，会期两天。张志政致开幕词，董彦平作报告。出席代表 101 名，其中妇女代表 13 名。会议选举产生了双辽农场第五届党委班子。党委书记董彦平。

1981 年 8 月 26 日，中共双辽农场第六次党代会召开。党委副书记曾宪山做工作报告。组建了第六届党委班子，下属党总支 4 个，支部 30 个，党员总数 342 名。曾宪山任

党委副书记（主持工作）。

1987年2月4日，召开中共双辽农场第七次党员代表大会，选举产生了中共双辽农场第七届委员会。唐恩华任党委书记，辛风水任党委副书记。

选举产生了中共双辽农场纪律检查委员会。翟连芝任纪律检查委员会书记，马景贵任纪律检查委员会副书记。

1990年9月，中共双辽农场第八次党代会召开，选举产生了中共双辽农场第八届委员会。孙玉琢当选为双辽农场党委书记。党委副书记沈占明（1991年3月）、赵秀云。纪检委书记王顺。

第四节　党员教育

1955年以前，主要结合各个时期的形势、任务，针对党员思想状况，组织党员进行学习，开展政治教育。

1956年，健全"三会一课制度"即每月召开一次党小组会，一次支委会，一次支部大会。每季度上一次党课，党课的主要内容是学习党的基本知识。

1957—1962年，主要结合反右派、"反右倾""新三反"等，学习有关文件。

1963年10月，开展"做一个好党员"的系统教育活动。党委举办培训班，培养宣讲骨干，提高了教育效果。

1963—1965年，先后进行两次规模较大的社会主义教育运动。党员开展批评与自我批评，并逐个进行鉴定登记。

1978—1980年，结合党的十一届三中全会精神，拨乱反正，进行党的实事求是的思想路线教育。

1981年8月14日，召开全场党员大会，传达中共中央《关于建国以来党的若干历史问题的决议》（简称《决议》）精神。会后党委成员分头深入党总支宣讲《决议》，把《决议》分为8个专题，用半年的时间对全体党员进行系统教育。

1983年，围绕党的改革开放的方针，组织党员学习有关文件，教育党员参与改革，促进改革。在全场开展党员联系户活动。

1986年，根据中共四平市委统一部署，在四平市委农委整党巡视组指导下，双辽农场从6月20日在全场开展整党工作。整党主要目的是坚持以思想整顿为主，提高党员素质和党组织的战斗力。12月31日经四平市委整党办验收，为"搞得好的单位"。

1987年，党员教育主要学习党的基本知识、中共党史、哲学和政治经济学等内容。

1988—1989 年，对党员进行全面从严治党教育，坚持四项基本原则教育，要求党员在思想上、政治上同党中央保持一致。

1990 年 4 月始，在全场开展半年的民主评议党员活动。下半年在党员中广泛开展马克思主义基本理论、党的基本路线、党的基础知识教育。举办分场级以上党员干部培训班三期，学习《社会主义若干问题学习纲要》。

1991 年，场党委在全场党员中开展党纪专项教育，组织全场党员、干部学习江泽民讲话、中纪委颁布的七个纪律处分暂行规定，结合学习《党章》《准则》进行十项纪律教育。

1993 年，在全场党员、干部中深入开展学习《邓小平文选》第三卷活动。开展建设有中国特色社会主义理论教育。在加强反腐倡廉教育活动中，开展了全场党员干部"十佳公仆"评选活动。

1996 年 5 月，农场党委号召全场广大党员学习孔繁森先进事迹，在全场掀起学习孔繁森的高潮。

1997 年 2 月，在全场党员干部中开展党员干部"十不准"教育：不准接受非亲属宴请；不准婚丧喜事大操办；不准接受回扣及礼品礼金；不准违反规定建私房；不准从事第二职业；不准传播谣言；不准公车私用；不准搞小团体；不准弄虚作假、虚报浮夸；不准搞任何形式的摊派。3 月在全场党员中开展学习邓小平建设有中国特色社会主义理论和党的基本理论教育，提高党员干部的素质，增强党性观念，提高党的战斗力。

1998 年 9 月，组织广大党员学习中共十五大会议文件精神，全场党员参学率达 98% 以上。

1999 年继续抓好邓小平理论和十五大精神的学习，以整风精神，开展"讲学习、讲政治、讲正气"为主要内容的党性党风与纪律教育。提高党员干部自觉遵守纪律的自觉性，做到思想上政治上行动上同党中央保持一致。

2000 年 4 月，农场党委制订出党员干部理论学习专题计划，以学习邓小平理论和党的十五届三中、四中全会精神为重点，紧密结合新时期的形势和任务，开展专题学习和研讨。11 月，在场党员干部中贯彻十五届五中全会精神，学习十五届五中全会《公报》《中共中央关于制定国民经济和社会发展第十个五年计划的决议》和总书记江泽民在五中全会上的重要讲话。

2001 年 3 月，在全场广大党员中开展"三个代表"重要思想的学习教育。10 月组织党员学习十五届六中全会通过的《中共中央关于加强和改进党的作风建设的决定》和总书记江泽民在中国共产党成立 80 周年庆祝大会上重要讲话。

2002 年 4 月，开展"建一座堡垒，树一面旗帜"活动，在广大党员中继续开展学习《中共中央关于加强改进党的作风建设的决定》，掀起"三个代表"重要思想的学习高潮，坚持以保持党的先进性和增强党组织的凝聚力、战斗力为目标，加强党员教育。11 月，在全场党员干部中开展十六大精神的学习，场举办副科级以上党员干部十六大知识培训班。12 月中旬，场党委组织党员参加十六大知识问卷考试，利用广播、电视、板报、画廊等宣传阵地进行十六大精神的宣传教育。

2003 年 3 月，组织全场党员干部进行为期半年的"两个务必"的主题教育，认真学习胡锦涛同志考察西柏坡时的重要讲话，对党员干部进行深化权力观教育，进一步增强党员领导干部立党为公、执政为民意识。

2004 年 3 月，在党员干部中开展"增强纪律观念，自觉接受监督"的主题教育，通过动员辅导、学习讨论、警示教育、知识竞赛等形式，提高党员干部遵纪守法、接受监督的自觉性，提高各级党组织的战斗力。

2005 年 7—12 月，在广大党员中开展保持党的先进性教育活动。农场成立领导小组，抽调有关部门的党员干部成立先进性教育督导组。党员参学率达 99％。

2006 年 3 月 17 日，双辽农场组织全体党员开展学习贯彻党章活动，学习时间一周，并将其贯穿到今后党建活动全过程。要求要重温入党誓词及集中学习和座谈讨论，并撰写学习体会，每个党员至少要写一篇学习心得。

这次党章的学习，引导广大党员对照党章的要求，进一步坚定理想信念，加强党性修养，找差距、查不足，并及时整改。营造学习党章的良好氛围，推动学习党章活动的深入开展。

2006 年 3 月 20 日，双辽农场开展保持共产党员先进性教育活动，以党的十六大精神和"三个代表"重要思想为指导，以"内强素质、外塑形象"为基本要求，结合本场工作实际，建立先进性教育的长效机制，妥善解决群众反映的热点、难点问题，坚决打击损害群众切身利益的问题。

通过这次系统的学习，双辽农场干部职工队伍的整体素质进一步提高了，强化了"廉洁、务实、高效、服务"的公仆意识，进一步巩固先进性教育成果，切实改变双辽农场的工作作风。

2007 年 5 月 10 日，双辽农场在全场领导干部中开展"树新风正气，促和谐发展"主题教育。这次活动是以邓小平理论和"三个代表"重要思想为指导，全面落实科学发展观，构建社会主义和谐社会等重大战略思想，贯彻胡锦涛同志在中央纪委七次全会上的重要讲话精神，坚持正面教育为主，不断密切联系党群干群关系，提高党的执政能力和拒腐防变的能力，全面加强干部作风建设，大力倡导八个方面的良好风气，营造风清气正的政治环境。

通过这次的主题教育，双辽农场领导干部作风进一步转变，思想统一到中央、省委、市委的部署和要求上来，推动了全场各项工作的落实，促进了全场经济和社会事业的快速发展。

2008年，在全体党员干部中开展深入学习实践科学发展观活动。

2010—2012年，开展创先争优活动。

2013—2015年，开展学习党的群众路线教育实践活动，历时3年。

2016年，开展"两学一做"和"三严三实"专题教育。

第二章 群团组织

第一节 工 会

一、历任工会主席

1952年1月，双辽农场成立工会，由党总支副书记于方和兼任工会主席（荣军）。

1953—1958年，于方和任专职工会主席。各分场（大队）成立工会分会，主席由专职副书记兼任。

1963—1973年，工会主席白贵祥。

1974—1978年，工会主任白贵祥，副主任王学友。1974年3月29日，经中共双辽县委组织部批准，双辽农场工会委员会由11人组成。白贵祥任工会主任委员。王学友任工会副主任委员；王伦德、王德忠、李淑金、房子新、赵万荣、宫月凤、崔振、常英、杨文义等为工会委员。

1979年，工会主任常贵才，副主任王学友。

1980—1983年，工会主任王学友、张德才、赵秀云。

1983—1988年，工会主席赵秀云。

1989—1995年，工会主席马国柱、刘连友。

1995—1999年，工会主席刘连友。

2000—2002年，工会主席彭占山。

2003—2004年，工会主席刘英伟。

2005—2018年，工会主席牟福和。

2019—2021年，工会主席郑守威。

基层各单位，都建立了工会分会。工会主席由专职党总支或党支部书记担任。

二、职工代表大会资料选编

从1969—2010年，双辽农场共召开职工代表大会22次。

（一）第一届职工代表大会

1969 年 7 月 26 日，召开首届职工代表大会与活学活用毛主席著作积极分子代表大会，会期 3 天，共有 121 名代表出席会议。其中：四好代表 10 个，五好职工代表 93 名，五好家庭代表 6 名，中小学生代表 12 名，树立活学活用毛泽东思想先进典型。二大队革命委员会副主任张玉珍（长春知识青年），拖拉机站司机李树春，三大队革命委员会委员李淑英，职工家属尹开芝，工人代表崔振，小学生代表周忠兴等分别在大会作经验介绍。大会通过了向四好单位、五好职工、活学活用毛泽东思想先进典型学习的倡议书。

四好单位的标准是：政治思想好，工作作风好，完成任务好，生活管理好。

五好职工标准是：政治思想好，本职工作好，三八作风好，完成任务好，锻炼身体好。

（二）第七届职工代表大会

1987 年 2 月 9 日，召开双辽农场第七届职工代表大会，场长赵志芳做了 1986 年全场工作总结，并提出了 1987 年的经济指标和工作重点。

1986 年全场粮食总产量达到 8623 吨，比 1985 年增产 816 吨，增长幅度为 10.4％；工农业总产值达到 707 万元，比 1985 年的 524 万元增加 183 万元，增长幅度为 3.5％，实现利润 25 万元，比 1985 年的 21.4 万元增长 17.4％。

表彰大理石厂等先进集体 33 个，先进个人赵广山、张万贵等 63 个。

（三）第十届职工代表大会

1994 年 3 月 30 日，召开了双辽农场第十届职工代表大会，场长沈占明做了 1993 年的工作回顾，并提出了 1994 年的经济指标和工作重点。

1993 年，实现工农业总产值 2613 万元，比上年增加 819 万元，增长 45.65％，其中工业产值实现 1148 万元，比上年增加了 167 万元，增长 16.5％，建筑工业产值实现 119 万元，比上年增长近 90 万元，增长了三倍多。农业总产值实现 1271 万元，比上年增加 487 万元，增长 62％。多种经营总产值实现 75 万元，比上年增加 59 万元，增长 3.7 倍。商业商品销售额实现 609 万元，比上年减少 104.9 万元，下降 14.7％，商品购入额达到 700 万元，比上年增加 400 万元，增长 1.3 倍。全场实现利税 62.19 万元，比上年略有下降，其中利润 22.19 万元。

（四）第十三届职工代表大会

1997 年 3 月 5 日，召开了双辽农场第十三届职工代表大会，场长王乃玉做了 1996 年的工作回顾，并提出了 1997 年的经济指标和工作重点。

1996 年全场各项工作都取得了新的进展，工农业总产值达到 3051 万元，粮食总产量达到16300吨，饲养填鸭13万只，生产块石18792立方米，碎石4552立方米，农业、养殖业和主要工商企业都呈现出良好的发展势头。

（五）第十五届职工代表大会

1999年4月26日，召开了双辽农场第十五届职工代表大会，场长胡忠诚做了1998年的工作回顾，并提出了1999年的经济指标和工作重点。

1998年，全场工农业总产值达3800万元，比上年大幅度增长，创历史高产。粮食总产量达到1.7万吨，比上年增长4000吨，提高幅度为30.8%，商业销售总额1000万元；上缴税金79万元；全场减亏240万元，减亏20.8%。圆满完成了市农财两局下达的减亏指标，被四平市政府授予"扭亏增盈先进单位"。

贯彻落实四平市委〔1997〕20号文件，实施二轮土地承包。部门科室走家串户，开展调研，对全场在籍人口、在册职工等进行了全面清查摸底，总场科室所有男同志都参加了耕地重新丈量工作，锻炼了意志，增长了才干，密切了党群干群关系，全场水旱田增加到4000公顷。依据四平市委〔1997〕20号文件，并借鉴周边县、乡镇、场调整土地的实践经验，场领导班子13次例会，6次修订定稿，形成了《双辽农场第二轮土地承包方案》，报请市委、市政府同意执行。

生产资料公司、农机公司等12家企业实行利费上打租招标，年初上缴利润48.94万元，同时强化了责任，规范了经营管理；鹿场实行先租后售，明晰了产权关系，当年完成上缴费用30万元。

7月份对畜禽总公司进行资产重组，下属3家养殖企业负债剥离，遏制了行业亏损，为养殖业全面走向市场铺平了道路。

先进集体6个：四分场、生产资料门市部、土地水管所、种禽场、采石场、中学。

先进个人46人：王宇南、姚振友、王宝昌、王树祥、杨平、王新春、潘喜忠、王玉、迟金川、曹志胜、刘连富、辛学发、孙友林、孙向福、柴国平、张良、孙治新、曹永正、田佰夫、胡永明、赵玉东、李晓琼、刘兆平、迟金山、张庆武、张克江、邹福贵、赵文超、王玉久、曲静、董淑娟、刘岚春、姚永纯、张影、丛艳芬、周华、朱海双、苟会媛、牟福和、孙宝岩、刘英伟、王长利、阚惠林、孙宝兰、牟福山、商敬忠。

（六）第十九届职工代表大会

2003年3月6日，召开了双辽农场第十九届职工代表大会，场长张学光做了2002年的工作回顾，并提出了2003年的经济指标和工作重点。

2002年，粮食总产量创下1.8万吨历史新高，工业总产值完成4500万元，商业销售总额2000万元，个体私营经济产值3000万元，招商引资突破2000万元，全场社会总产值达 1.2 亿元，实现减亏 95 万元，减亏幅度 21%。

先进集体 8 个：一分场、采石场、生产资料经销处、变电所、冷冻加工厂、中学、综合科、开发办。

先进个人：李永成、李春山等 47 人。

通过了《2003 年生产经营管理办法》《财务管理办法》《林业管理实施细则》《畜禽养殖业管理实施细则》《职工培训方案》《职工包保方案》

（七）第二十二届职工代表大会

2010 年 4 月 9 日双辽农场第二十二届职工代表大会召开。场长兼党委书记彭占山做工作报告。

报告指出：过去的三年，双辽农场在推进跨越发展，科学发展的征程上，克服了有效资源不足的困难和矛盾，完成了农场产业结构的重大调整，实现了经济社会持续健康发展，深感成绩来之不易。几年来，在四平辽河农垦管理区区委的正确领导及社会各界人士支持关心下，全场广大干部职工群众凝心聚力、团结奋斗、共克难关，为今后的发展奠定了坚实的基础。所有成绩的取得得益于以苦为乐、勤勉务实、埋头苦干的奉献精神；得益于开拓进取、迎难而上、勇挑重担的创新精神；得益于精诚团结、自强不息、锐意拼搏的协作精神。

新的一年，国家继续实施积极的财政政策和适度宽松的货币政策，中央坚持把解决"三农"问题作为全党工作的重中之重，统筹城乡发展，加大支农力度。今年，国务院将重点研究农垦改革发展问题。作为农业战线的"国家队"，发挥现代农业建设示范带动作用，是新时期农垦事业面临的艰巨任务。面对这样好的形势，我们对双辽农场的跨越发展增强了信心。面对新的形势，必须要有更宽的视野，更新的目标，更高的追求，全力推进新一轮大发展。

信访工作。三年来全场无一起集体上访，越级上访事件发生，连续三年被评为市级"信访工作先进单位"，2 人被评为市级"信访工作先进个人"。

精神文明建设扎实推进，各项事业全面进步。

强化领导班子和干部队伍建设，坚持党委学习制度、民主生活会制度和集体领导、分工负责相结合的组织原则。干部任用上不拘学历、资历，大胆起用年轻干部，提升了全场干部队伍的工作能力。2009 年，二分场、四分场、博爱分场等受到中共辽河农垦管理区党委表彰。场长彭占山被授予吉林省劳动模范。7 人被中共辽河农垦管理区党委评为优秀党务工作者标兵、优秀党员标兵、优秀党务工作者、优秀党员等称号。双辽农场连续三年被评为四平市文明单位，双辽农场妇联被四平市妇联评为"先进妇女组织"。

宣传工作成绩显著。宣传工作跃上新台阶，2009 年，在各级媒体上发表稿件 21 篇，提高了农场的知名度和影响力。2009 年，双辽农场被辽河农垦区评为"宣传工作先进单位"。

党风廉政建设加强。2009 年，健全纪检监察机构，加强了效能监察，确定了"教育先行，制度跟上，监管并重"的工作思路。场党委与各单位签订了党风廉政建设责任状。

社会更加和谐稳定。社会综合治理工作成效显著。认真落实信访工作制度，加大民事调解力度，全年民事调解 43 起，调解率达到 100%，协助破获刑事案件 2 起，起诉 2 人，有效地维护了农场稳定团结。1 人被辽河垦区评为"政法工作先进个人"。严格安全生产责任制度，安全生产继续实现无因公死亡，无因公重伤、无重大事故的"三无"目标，全场安全生产形势继续保持稳定。

第二节　共　青　团

一、历任团干部

1958 年，党委副书记霍发明兼任团委书记。

1961 年，团委专职干事丁国富。

1966 年，团委副书记王钧（主持工作）。

1973 年，团委副书记赵玉芬（主持工作）。

1976 年，团委书记赵玉环。

1980 年，团委书记王顺。

1983 年，团委书记杨明才。

1988 年，团委书记单继胜。

1992 年，团委书记庄桂英（兼）。

1995 年，团委书记孙宝兰。

2004 年，团委书记邢志红。

二、共青团活动大事记

中国共产主义青年团国营双辽农场委员会建于 1958 年，由党委副书记霍发明兼任团委书记。1961 年丁国富任专职团委干事。场直机关和各基层单位都成立了团支部，共 11 个。

1963 年 5 月 4 日，共青团国营双辽农场委员会下发《关于开展学习好头行人—马玉峰的教育活动的通知》。

好头行人，优秀的共青团员，社会主义建设积极分子红旗手，东一生产队（二大队）三小队的小队长马玉峰，在农场十年干出了优异成绩，给全场共青团员和广大青年树立了榜样。

场党委批示在全场开展学习马玉峰事迹的教育活动。全场各级团组织都应积极响应这一号召，在党支部的直接领导下，在广大团员青年之中广泛深入地开展学习马玉峰事迹的教育活动。

马玉峰的事迹是突出的，成绩是显著的，是值得我们全场共青团员和广大青年学习的。要学习马玉峰的大公无私，以身作则，认真贯彻执行党的各项方针政策，顾大局，识大体，关心同志，助人为乐，舍己为人的共产主义风格，努力学习政治理论，听党的话，党指到哪里，就战斗在哪里，模范地完成工作任务。为了搞好这项教育活动，团支部要做好如下几项工作。

团支部要以团课、座谈等多种多样形式进行活动，并组织团员青年反复学习讨论，学习他的先进思想和事迹。

紧密地结合当前春耕生产和各项工作开展教育活动。通过学习提高青年的思想觉悟，引导他们以实际行动，在工作中起模范带头作用，搞好全年生产。

这次学习活动要踏踏实实，注重效果。针对青年的思想问题，紧密联系实际，在学习活动中，要树立一批五好青年。

学习马玉峰的教育活动，各团支部要请示党支部统一安排，紧密结合当前工作，深入地、广泛地开展起来，及时向团委反馈开展的情况和问题。

1973年1月16日，双辽农场党委副书记侯英带领共青团双辽农场团委副书记王钧等14名优秀共青团员，出席共青团双辽县第八届代表大会（图9-2-1）。

图 9-2-1　共青团双辽县第八届代表大会留影

〔第一排左起：常月坤、刘凤荣、赵淑芬、侯英（双辽农场党委副书记）、宫月凤、陈洪华、马和荣；

第二排左起：王军、于永福、韩先礼、金海楼、宋国才、张永顺、范秘武〕

1975 年 10 月 27 日，双辽农场党委任命王书林为双辽农场团委副书记。决定在一、二、三、四、五大队、鸭场、中学建立团总支。一大队团总支书记赵君，二大队团总支书记常伦芝，三大队团总支书记邹福生，四大队团总支书记梁化明，五大队团总支书记苗立军，中学团总支书记王力，综合厂团总支书记董愚，采石队团总支书记王增金，鸭场团总支书记于文化。

1976 年 3 月，双辽农场党委组建共青团双辽农场委员会。团委委员：赵君、常伦芝、苗立军、梁化明、于文化、王力、韩春雨。

1977 年 1 月 4 日，双辽农场召开共青团代表会议，选举产生双辽农场共青团委员会，委员会由 11 人组成，专职团委副书记赵玉环；委员：胡景雯、董淑珍、邹福生、杨明才、陈栢春、孙秀清、王力、曹玉和、王顺、闫玉芹。

第三节　妇　　女

一、历任妇联主任

从 20 世纪 60 年代起，双辽农场的妇女工作由专职副书记负责。总场机关指定一名女干部兼管妇女工作。

1965 年，妇联干事俞桂云。各生产大队都成立了妇女联合会。

1976 年，设置了专职妇女主任。第一任妇女主任闫玉琴。

1977 年 1 月 3 日，双辽农场召开妇女代表大会，选举产生双辽农场妇女委员会。专职主任闫玉琴；副主任俞桂云、杨桂兰；委员：宫月凤、郭艳秋、张亚芬、王秀玲、张淑芳、滕淑艳、吉凤波。

1983 年，第二任妇女主任杨桂兰。

1986 年，第三任妇女主任庄桂英。

1994 年，第四任妇女主任宫月凤。

1996 年，第五任妇女主任孙宝兰。

2004 年，第六任妇女主任邢志红。

二、女劳模及优秀女干部

（一）吉林省女劳模金洪九

金洪九，女，朝鲜族。双辽农场第一位女干部，第一位吉林省劳动模范。1956 年水稻除草季节，第三生产队朝鲜族生产小组组长金洪九，在衙门屯的 17 号地、18 号地实施

《水稻直播幼苗深水淹稗草》新技术，当年每公顷产量达到 5000 公斤（大亩计算）。1957 年吉林省农业厅在双辽农场召开全省《水稻直播幼苗深水淹稗草》新技术现场会，在吉林省水田产区全面推广。

金洪九因此贡献，1956 年被提为第三生产大队副大队长。1957 年被评为吉林省劳动模范。

（二）双辽农场妇女典型

张亚芬，女，中共党员。历任二大队一小队队长、主任；20 世纪 60 年代被双辽农场党委授予双辽农场劳动模范称号。

张桂英，女，四大队妇女主任；20 世纪 60 年代被双辽农场党委授予双辽农场劳动模范称号。

李淑英，女，中共党员，三大队团支部书记、妇女主任；1970 年被双辽农场革委会树立为双辽农场活学活用毛主席著作积极分子典型。

张玉珍，女，长春知识青年，二大队革委会副主任；1970 年被双辽农场革委会树立为双辽农场活学活用毛主席著作积极分子典型。

陈洪华，女，山东移民，高小毕业，中共党员；1966 年 9 月在双辽农场三大队三小队参加工作，历任三大队妇女主任、团支部书记；1976 年任双辽农场党委委员、革委会副主任。

赵秀云，女，1949 年 7 月出生于双辽农场西山屯，中共党员，大学专科学历，高级政工师，在双山鸭场党委副书记岗位退休。

1966 年 8 月，赵秀云从双辽三中毕业返乡，在二大队一小队参加生产劳动。1969 年 2 月，赵秀云在农场二大队小学教学；1974 年 10 月，被农场推荐到吉林大学历史系专业学习；1977 年 8 月，毕业后回到双辽农场，先后在总场计财科、派出所工作；1984 年 2 月，任中共国营双辽农场委员会党委办公室主任；1985 年 12 月，被中共四平市组织部任命为国营双辽农场工会主席、纪检委书记；1990 年 3 月被市委组织部任命为国营双辽农场党委副书记。

赵秀云在双辽农场任职期间，多次受到上级部门的表彰奖励：1989 年，被四平市总工会评为市直农林系统优秀工会干部；1990 年，被四平市农委评为老干部工作先进个人；1991 年，被评为双辽县优秀党务工作者，并光荣地出席了双辽县党代会和人民代表大会。

1995 年 5 月，赵秀云任双山鸭场党委副书记、工会主席，2004 年 8 月在双山鸭场退休。

第四节 武装部 民兵 征兵

1956年1月，参与垦荒的官兵集体转为地方，由军事管理体制改为地方，吉林省双辽荣军农场改名为吉林省国营双辽农场。至此荣军们脱下了军装。总场成立武装部，部长孙传福，荣军们改为民兵，是连排建制。每个分场（大队）为一个民兵连，各生产小队为民兵排；场直属单位为一个独立连，总场机关、各直属工业企业为独立排。

一、历任武装部长

孙传福（1956年）、曲天春（1966年）、赵文秀（1969年）、荣新明（1982年）、李英贤（1986年，主持工作）、修虹（1988年）、牟福和（1995年）。王立国（2000年）、杨喜林（2004年）、姚永利（2007年）。

二、基层民兵组织

（一）各农业基层单位历任民兵干部

一分场（一大队）历任连长：周全章、王学友、王伦德、滕万荣、常国军、潘喜忠。

二分场（二大队）历任连长：于伦、李荣富、邹方科、孟昭江、辛凤水、赵广友、辛学发、李荣福、徐晓辉、沈荣志。

三分场（三大队）历任连长：王凤义、王守信、潘喜忠、苗立军、李成玉、白长宏、王灵久、任永庆。

四分场（四大队）历任连长：李德、肖广富、辛学发、郑发、曲平、龙海军、王荣海。

五分场（五大队）历任连长：李树森、王立堂、于文化、高义、付友和。

博爱分场民兵连长：陈玉金。

（二）1970年正式组建各基层单位民兵组织

1970年3月25日，为了加强民兵组织建设，以适应当时的全国"反帝反修"（即：反对美帝国主义，反对苏联修正主义）和备战备荒形势的需要，国营双辽农场革命委员会、国营双辽农场人民武装部联合发文，对各基层民兵连队连排干部进行了任命。其连排干部由生产大队、生产小队适龄干部担任。

《关于王学友等同志任职的决定》（〔70〕农革农武发第1号）

连级干部：（农业生产大队）

王学友为国营双辽农场一大队民兵连长；

刘彦英为国营双辽农场一大队民兵指导员；

周全章为国营双辽农场一大队民兵连副连长；

王晶丽为国营双辽农场一大队民兵副指导员；

李荣富为国营双辽农场二大队民兵连连长；

王德忠为国营双辽农场二大队民兵连指导员；

牛长贵为国营双辽农场二大队民兵连副连长；

张玉珍为国营双辽场二大队民兵连副指导员；

王凤义为国营双辽农场三大队民兵连连长；

孙玉琢为国营双辽农场三大队民兵指导员；

王守信为国营双辽农场三大队民兵连副连长；

李淑英为国营双辽农场三大队民兵连副指导员；

李德力国营双辽农场四大队民兵连连长；

闫海文为国营双辽农场四大队民兵连指导员；

肖广富为国营双辽农场四大队民兵连副连长；

陈芝贤为国营双辽农场四大队民兵连副指导员；

李树森为国营双辽农场五大队民兵连连长；

周志刚为国营双辽农场五大队民兵连指导员；

王立堂为国营双辽农场五大队民兵连副连长；

吴宝堂为国营双辽农场五大队民兵连副指导员；

排级干部：（场直属机关、工业企业、农业生产小队）

商胜来为国营双辽农场综合厂民兵排排长；

孙振友为国营双辽农场综合厂民兵排副排长；

弋启合为国营双辽农场机关民兵排排长；

杨桂兰为国营双辽农场机关民兵排副排长；

高真有为国营双辽农场机关民兵排副排长；

王伦德为国营双辽农场民兵独立一连一排长；

周志为国营双辽农场民兵独立一连一排副排长；

时凤池为国营双辽农场民兵独立一连二排长；

张发为国营双辽农场民兵独立一连二排副排长；

张文和为国营双辽农场民兵独立一连三排排长；

赵敬生为国营双辽农场民兵独立一连三排副排长；

王道平为国营双辽农场民兵独立一连四排排长；

王成福为国营双辽农场民兵独立一连四排副排长；

田伯付为国营双辽农场民兵独立一连五排排长；

王绍文为国营双辽农场民兵独立一连五排副排长；

邹方科为国营双辽农场民兵独立二连一排排长；

田海江为国营双辽农场民兵独立二连一排副排长；

赵贵祉为国营双辽农场民兵独立二连二排排长；

陈洪明为国营双辽农场民兵独立二连二排副排长；

宋发为国营双辽农场民兵独立二连三排排长；

周景龙为国营双辽农场民兵独立二连三排副排长；

郭凤发为国营双辽农场民兵独立二连四排排长；

冯贵为国营双辽农场民兵独立二连四排副排长；

宫会为国营双辽农场民兵独立三连一排排长；

冯义军为国营双辽农场民兵独立三连一排副排长；

吴国付为国营双辽农场民兵独立三连二排排长；

石宝光为国营双辽农场民兵独立三连二排副排长；

马占林为国营双辽农场民兵独立三连三排排长；

马占田为国营双辽农场民兵独立三连三排副排长；

吴连生为国营双辽农场民兵独立三连四排排长；

尹逊科为国营双辽农场民兵独立三连四排副排长。

三、民兵训练

（一）为期十天的正规民兵训练

1970 年 7 月末，双辽农场武装部利用农闲季节，为适应当时反对美帝国主义和苏联修正主义的形势需要，在全场组织了以大队为单位的民兵训练活动。各大队的基干民兵集中在大队部进行为期十天的集训，吃、住都在连部（也就是大队部）。时任三大队民兵连通讯员的刘连成回忆说："我被安排在连里当通讯员。白天，我们有时练正步走、跑步等军事科目。有时进行拉练，像军人一样背着行李扛着枪，从大队部出发向大哈拉巴山、向总场、向双山烈士陵园等地进发……一天下来，不比参加大田里的劳动清闲。晚上，连里还时不时搞一些夜间训练。"

（二）　"七人背"

1970 年军训过后，总场武装部在各大队组织基干民兵进行"七人背"训练。9 月上旬，各大队"七人背"班在总场武装部干事商胜来的带领下，来到县城参加双辽县武装部组织的全县民兵大比武竞赛。其中，三大队民兵连的"七人背"班基干民兵：刘连成、郭景库、马志贵、邹金明、董占友、尚殿文、齐作华。所谓"七人背"，就是一支由七个民兵组成的队伍，现场制作手榴弹，现场向确定目标投掷。七个人的分工是：力量大些的背着自制的小锅炉，三个人背着生碎铁，两个人背着准备好的木炭，一个人背着火药等材料，到达指定的军事地点后，互相配合，现场制作手榴弹。训练一个月后，各大队"七人背"小分队在总场武装部指挥长商胜来的带领下，来到双辽县郑家屯西郊接受县人民武装部的检阅。西郊外的演兵场，一个漆黑的夜晚，各民兵班各就各位。总指挥一声令下，借着月光，一个个临时兵工厂开工了。各分队七个人不声不响地各司其职。指挥长命令下达几分钟以后，小锅炉中的炭火已经烧得通红通红。炭火在燃烧，炉中的铁在融化，一会儿工夫就炼出满满的一小炉红红的铁水。铁水经过浇铸、冷却，在他们的手中变成了手榴弹壳。转眼间，七个手榴弹制作成功了。

（三）　烈士刘志兰

1972 年冬季，双辽农场武装部根据四平军分区的统一部署，抽调了各大队优秀人才组成男女炮班，一共 10 人，男女各 5 人。每个班设一名班长，二炮手负责装炮弹，三炮手负责瞄准发射，四炮手负责运送炮弹。当时女班长马和荣回忆说："我当时是女炮班的班长兼一炮手，二炮手刘志兰，三炮手翟红侠，四炮手刘连荣。经过了一个冬天的训练，1973 年开春到四平真枪实弹训练。表演前，军区领导怕女孩子胆小，所以决定靶子过来后女炮先发射。结果靶子过来后，女炮还没有发射，男炮响了。作为女炮二炮手的刘志兰，觉得炮响了她有责任，再装第二发炮弹。她急忙跑上来，就在她上来的一瞬间女炮响了。因为当时用的是'七五'无后作用力、向后喷火的炮，所以刘志兰被炮后的火力给喷飞了起来。刘志兰也为此献出了生命，她的遗体被葬在四平北山烈士陵园。"

四、征兵

建场以来，双辽农场武装部积极动员适龄青年应征入伍，保家卫国。从 1950 年至 2021 年共有 217 名（包括外地转来的复员退伍军人）。

一分场（一大队）45 人：郝荣德、鲁万发、李春安、王百发、徐宝文、王子军、殷凤亮、赵文付、潘长春、孙长义、隋继成、谢云胜、黄友才、陈思友、闫广建、李财、刘胜海、董万春、杨钦增、李春湖、季凤才、张福春、刘子学、张福刚、张宪超、王占江、李博岩、李钰杰、张向吉、詹乃忱、王殿力、李清林、张志军、张志刚、陈炳然、潘喜利、王昊、杨殿发、喻功志、陈洪权、洪守海、刘子贵、张友忠、贾军、王发成。

二分场（二大队）65人：王景山、吴国富、杨成仁、刘金焕、秦亚根、薛海平、王有余、商胜来、弋启和、张君发、唐永、邹福祥、杨发、张才、王双久、王志付、迟金山、葛德付、赵波、赵文山、赵月秋、曲继光、刘有、梁景荣、姜长宏、修虹、王才、王海、王春利、李志伟、曹顺志、贾云祥、于先库、刘景玉、戴兵、马国华、宫起、戴和仁、岳振生、郭艳军、隋战军、张春辉、王阳、褚广志、刘长海、付德奎、于斌、王春志、李荣福、高峰、金海山、王云峰、蒋展彬、蒋朝文、蒋朝武、刘海泉、刘海燕、常波、沈荣志、常旭、房利军、王礁石、王夕军、丁国军、杨晓宇。

三分场（三大队）42人：潘敦礼（抗美援朝）、张文和、马占林、陈洪举、王守田（团职）、孙凤岐、高国祥、陈洪亮、赵云祉、王金富、刘连友、齐凤才、周福臣、王贵山、赵胜祉、沈海玉、高真福、赵秀清、金水、郭景库、张国友、邹金明、马志贵、林长玉、张殿斌、姚振国、姚振库、刘连武（副团职）、张仁生、徐贵君、李仁、姚振国、姚振库、邹德仁、邹德库、王晓刚（副团职）、冯广超、徐桂、郭伟光、高立兵、薛东林、徐英飞。

四分场（四大队）34人：马占田、李英贤、李英明、李英志、陈海、徐江、吴中良、冯武、刘德福、孙路、辛学发、李忠、王忠民、赵月秋、王广山、孟繁生（团职）、张建国、胡景奎、徐少奎、孙凤志、郑发、徐志才、王丰、王荣海、徐大力、邓士军、李志刚、李志伟、李传和、李志龙、张文、王云武（团职）、李显、李奎。

五分场（五大队）26人：郭凤发、曹福林、曹福才、孙玉海、徐凤武、薛玉江、尚学臣、邵才、闫德章、高峰、张连湖、刘国安、白玉珍（女）、梁曰（yue）义、丁敬军、刘凤军、房立兵、祝秀武、何文武、陈万山、高勇、邵胜、单联聪、单联俊、岳立坤（团职）、现役军人荣新明。

博爱分场共有4人：张振海（抗美援朝）、张炳昌、王尚志、宋宝玉。

第十编

精神文明建设

中国农垦农场志

第一章　奖励先进　表彰劳模

建场以来，场党委在精神文明建设上，注重调动职工积极性，在各个行业发现典型、培养典型。每次职工代表大会，场党委都把奖励先进、树立典型列入会议重要议程，使职工学有榜样，赶有目标，形成了奋发向上，积极为农垦事业发展贡献力量的良好氛围。值得大书特书的是建场初期，场党委召开的两次轰动全场、骑马戴花褒奖劳模的大型表彰大会。

第一次，是在建场 10 年的 1959 年。经过屯垦戍边官兵和全场职工十年的开荒斩草艰苦奋斗，双辽农场在规模、条件改善、职工生活上都发生了天翻地覆的变化。实践证明双辽农场（双辽荣军农场）在茫茫的北大荒上站稳了脚跟。为了庆祝这个伟大的胜利，场党委决定为在 10 年大开发中建功立业的英雄们开一次表彰大会。可怎么奖励他们呢？那时没有什么金钱和物质奖励，要奖励也多半是精神上的，如发给流动红旗、先进个人发个奖状、口头表彰、上黑板报等。后经反复研究，有人提出给劳动模范佩戴红花，更优秀的劳模让他们骑马戴花。这项建议得到了党委成员全票通过。

那是 1959 年初秋的一个早晨，双辽农场场部红房子门前聚集了几百人。有劳动模范，有职工代表，也有看热闹的群众（当时没有大会议室或俱乐部）。会议开始，场党委书记裴志夏首先致辞，他总结了建场 10 年取得的成绩，历数了广大职工的奉献精神，特别对劳动模范给予了充分的肯定。表彰大会的压轴戏就是为特等劳模骑马戴花。

壮观的一刻来到了，从畜牧场优选的马匹被牵到了现场。每匹马都配备了彩色马鞍，马头处系以红绸。

从党委书记开始，场长、副书记、副场长、党委委员，每人牵着精选的高头大马，缓缓走了过来。在场领导们亲自提缰坠镫下，这些特等劳模登上了威武的马背，好不威风。这时，全场响起了雷鸣般的掌声。但仪式还没有结束，各路劳模排成整齐的队伍。走在最前面的是骑马戴花的特等劳模，后面是佩戴红花的优秀劳模和职工代表们。他们从总场出发，沿着场部主要街道游行，每到一处，都受到了围观群众的热烈欢迎。劳模们无不热泪盈眶。

第二次，是在 1964 年 1 月。1963 年，双辽农场的粮食获得了大丰收，水稻产量达

2855 吨，创造了建场以来粮食丰产的光辉历史。为了表彰全场职工在农业生产上的贡献，场党委决定给全体职工每户奖励一袋大米（100 公斤），大力宣扬突出贡献的先进模范人物。场党委书记裴志夏、场长王守权及总场领导班子其他成员，亲自为做出突出贡献的双辽农场劳动模范一等功臣马玉峰（小队长）、二等功臣肖广才（小队长）、三等功臣喻判文（大队书记）等披红戴花。牵着马，把这些模范从二大队一小队所在地西山，一直送到一等功臣马玉峰所在的生产队窑地（2 公里）。其场面颇为壮观。极大地鼓舞了职工的开荒种地积极性，至今说起这件事，许多见证人无不交口称赞。

曾经享受这种荣誉的有喻判文、周志刚、肖广才、祝洪英、马玉峰、张雅芬（女）等。他们思想政治觉悟和正确的世界观、人生观、价值观将进一步激励后人，牢固树立社会主义和共产主义远大理想，全心全意地为人民服务。他们建立的功业将会永垂青史。

第二章　精神文明建设成果

双辽农场建场 72 年来，特别是自 20 世纪 80 年代改革开放以来，在各级党委政府的正确领导下，生产发展、生活富裕、乡风文明、村容整洁，扎实推进社会主义新农村建设。在全面发展农业生产的基础上，精神文明建设也取得了丰硕成果。

第一节　开展 "新风户" 活动

在国营农场开展精神文明建设 "新风户" 活动，中共四平市委农村工作委员会（简称市委农委）主抓的一项四平市市直农口精神文明建设的竞赛活动。这是苏州精神文明建设的成功经验。1990 年 10 月，市委农委精神文明建设办公室主任刘连成，组织市直农口 10 个单位的党委书记，到江苏省苏州市考察了那里的 "新风户" 活动。时任双辽农场党委副书记赵秀云应邀参加了这次考察。考察归来后，市委农委确定于 1990 年 11 月在双辽农场进行试点。并制订了《四平市市直农口 "新风户" 活动实施方案》。在具体操作中，根据四平地区国营农牧企业的实际，增加了一些新的内容，使创建 "新风户" 活动更加深入人心。

新风户，就是在农户中开展 "十无十好" 的竞赛活动。

"十无十好" 具体明确、一目了然、易记易做、便于执行，把思想工作的 "软任务" 变成 "硬指标"。把创建 "新风户" 活动与经济利益挂钩，真正体现了两个文明一起抓。使精神文明建设摸得着、看得见，深入人心，极大地推动了双辽农场的精神文明建设。一时间双辽农场掀起了人人争当精神文明先进工作者，户户争创 "新风户" 热潮。这项活动在双辽农场蔚然成风。当 "新风户" 的牌子挂在各户的门楣上方的那一刻，职工脸上乐开了花。一些没有娶上媳妇的小伙家庭 "媒婆" 盈门，迎来了新娘；不孝敬老人的家庭开始孝敬老人；不愿意参加劳动的 "懒蛋子" 也逐渐勤奋起来……这项活动的开展，得到了四平市委农委和四平市精神文明建设办公室的充分肯定。市委农委 1991 年 11 月在双辽农场召开了 "四平市市直农口新风户现场会"。会上时任双辽农场党委书记孙玉琢及 "新风户" 代表作了经验介绍。场长赵志芳亲自陪同与会人员到三分场参观 "新风户"。四平市精神文明建设办公室领导光临大会指导。

第二节　以活动为载体　提高职工素质

为丰富职工群众文化生活，从 20 世纪 50 年代起，总场经常举办职工运动会，开展歌咏比赛活动。2000 年以前每年都要举办一次全场篮球赛。

20 世纪 50 年代至 80 年代，场电影放映队坚持每个月到全场各村屯放映电影。1989 年后总场成立了一支秧歌队，逐屯逐队巡回表演，使大家一饱眼福。

场直机关业余乒乓球队、女职工广场舞每天晚上都有活动。

组织老干部学气功及体育健身，受到老年人的欢迎。

与此同时，全场在职干部通过岗位培训、离职进修和各种函授，干部基本达到大专以上学历文化程度。职工通过文化补习，基本达到初中以上文化水平。为尽快掌握生产技能、学习先进技术创造了条件。他们当中，许多人通过实践锻炼，成为行家里手或技术尖子，在各自岗位上发挥着光和热。许多青年职工被送往各类专业院校深造或培训，提高了理论水平和业务能力。他们撰写的论文和理论性文章在省、市各级各类报刊上发表，成为新时期社会主义新农村的理论学习骨干和业务能手。另外，涌现出一大批入党积极分子，许多人光荣地加入了中国共产党，壮大了党员队伍，党组织也随之不断扩大和发展。到 1990 年，全场已有党总支 5 个，直属党支部 16 个，党员 327 名；多人被评为省、市、县的"优秀企业家""劳动模范""精神文明建设先进工作者""先进个人"。其中一部分先进个人走上了领导岗位。2018 年农场实施社企分设体制改革后，双辽农场的社会主义精神文明建设，无论思想道德建设还是科学文化建设都在健康发展。

1989 年总场工会建立了职工浴池和理发烫发部等福利设施。场内职工可以随时理发、烫发和洗浴。老、弱、病、残、孤、寡职工也得到较好的呵护，对离退休老干部实行了公费医疗。

场容场貌建设取得了显著成效。原来一条条狭窄、凸凹不平的道路已不能适应生产生活运输的需要，总场每年投资几万元进行修整，宽阔平坦、四通八达的公路网交织在农场的土地上，场区布局进一步合理。老村屯改造以惊人的速度有条不紊地进行着，一幢幢格局新、美观实用的职工住宅建设起来。绿化、美化成绩斐然，基本上达到了"春有花，夏有荫，秋有果，冬有绿"的要求。总场暨场中学被评为吉林省"绿化红旗单位"；场部大院被评为双辽市"绿化红旗庭院"；招待所被命名为"文明窗口单位"。中学坚持两个文明建设一起抓，被双辽市委、市政府命名为"文明单位"。中学在全县统考中始终名列前茅，建校以来共为上级高中校输送学生数百名。开展实践教育为当地培养人才近千名，有几十名教师被省、市、县评为"先进教师""优秀教师"或荣获"园丁奖"荣誉称号。1989年，有1名教师被评为全国农垦系统"优秀教师"。小学普及六年级义务教育工作，经省、市、县有关部门验收合格；开发儿童智力，总场建立了学前班和托儿所。

国家确立教师节以来，9月10日前夕，场党委总要举行会议，场主要领导坚持到会讲话并向广大教师们表示慰问。在提高教师工资福利待遇上也做出了积极努力。1988年，在资金比较紧张的情况下，总场为全体中小学教师每人拨付资金300元，全场累计拨付资金共4万余元，用作教师教学奖励。教学奖励额度逐年有所提高，总场还为中小学全体教师统一着了装，树立了良好的精神风貌，提高了教师们的自信心，同时进一步加强了教师们对企业文化的理解，加深了对企业的认同感和归属感。统一着装不但凸显了团队整体的精神面貌，也体现出教师队伍团结一致、和睦相处、共同协作的工作状态，极大地激发了广大教师的工作热情，促进了教育事业的发展。1989年，双辽农场被省农业厅授予"尊师重教先进单位"称号。

双辽农场从无到有，从小到大，事业不断发展。1984年被市企业整顿小组授予"企业全面整顿合格单位"称号；1986年被市委、市政府命名为"文明单位"；1988年被省农业厅、财政厅授予农牧渔企事业场"扭亏增盈先进单位"称号，被市政府第三届先进集体、劳动模范代表大会授予"先进单位"称号，被评为市委农委系统"精神文明建设先进单位"；1989年在四平市"双增双节"活动中荣立特等功。

职工的物质文化生活水平有了明显提高。2021年全场职工衣、食、住、行等条件得到了根本改善。职工住宅普遍砖瓦（石）化。有的盖起了楼房；洗衣机、电视机走进了千家万户；自行车、轻骑摩托车、小轿车加快了生活的节奏。据统计，全场2100多户职工家庭中，30％有电脑。

第三章 荣 誉

本章介绍的是建场以来总场所获得的县以上机关奖励情况；干部职工出席县以上党代会代表、人民代表大会代表、政协委员名单；受到县级以上党委、政府表彰的先进人物名单。

第一节 集体荣誉

1973年12月10日，双辽农场出席双辽县农业学大寨群英会先进集体名单：

双辽农场第五大队；

双辽农场第五大队马队；

双辽农场综合厂"五七"家属队；

双辽农场第四大队七小队；

双辽农场第三大队一小队；

双辽农场第一大队一小队；

双辽农场第一大队机耕队；

双辽农场第三大队民兵连；

双辽农场第三大队团支部。

第二节 各级各类先进、模范人物

1953年，荣军赵勇被评为辽西省劳动模范。

1957年，三大队朝鲜族女大队长金洪九被评为吉林省劳动模范。

1959年10月1日，党委书记裴志夏荣获全国劳动光荣勋章。

1973年12月10日，双辽农场出席双辽县农业学大寨群英会先进个人名单（24人）：

王伦德、贺培金、陈万良、张淑华、范秘武、崔振、刘丽华、张亚香、于佰海、赵万荣、王守本、倪长林、韩海龙、张桂英、王淑芳、迟玉亮、孙喜林、李怀德、张学志、蔺德民、赵广山、秦海根、熊志光、金海楼。

1982年5月，二分场第一生产队队长王树奇被评为吉林省劳动模范。

1984年，曹福才、孟兆江被双辽县委、县政府授予先进工作者称号。

1986年5月，场党委书记孙福生被四平市委、四平市政府评为四平市劳动模范。

1985年9月，王维范、李肖毛出席吉林省、四平市、双辽县先进教师表彰大会；宣玉兰出席吉林省、双辽县先进教师表彰大会；王维范、宣玉兰出席市、县先进教师表彰大会；纪述志、刘玉芬、常东亮等出席双辽县先进教师表彰大会。

1989年5月，双辽农场粮库主任吕昌学被四平市政府评为市劳动模范。

1992年5月，徐少贵被四平市政府评为"四平市劳动模范"。

1992年5月，副场长祝荣家被四平市政府评为劳动模范。

2001年2月，副场长张庆志被选入《中国当代科技专家大典》。

2009年5月，场长彭占山被授予吉林省劳动模范称号。

第三节　出席县以上党代会、人民代表大会及政协委员名单

1977年12月，王树奇出席吉林省第二届人民代表大会。

1980年9月，双辽农场出席双辽县第六届党代会人员名单：曾宪山，常贵才，牛长贵，赵广山，杨桂兰，李英才，于伦，潘生有。

1982年，双辽农场二分场党总支书记牛长贵当选为中共双辽县党代会代表。

1984年3月31日，场长杨文江当选为四平市人民代表大会代表。

1985年8月15日，唐恩华当选为双辽县人民代表大会代表。

1992年，沈占明当选为双辽县第十三届人民代表大会代表。

2007—2016年，彭占山当选为四平市第六届、第七届人民代表大会代表；同时连续两届当选双辽市人民代表大会代表。

2017年，郑守威当选为四平市第八届人民代表大会代表。

2021年9月，任永庆当选为中共双辽市第十六次党代会代表。

附：双辽农场荣获的各类奖牌如图10-3-1所示。

图 10-3-1　双辽农场获得的荣誉奖牌

第十一编

垦荒者足迹

中国农垦农场志

第一章　垦荒开路人

一、贾巨文

贾巨文，辽西省双辽荣军农场第一任场长，1918年2月3日生于山西省原平县大营乡土屯寨村；1935年7月参加山西原平县抗日游击队，1937年10月参加八路军，同年12月加入中国共产党；抗日战争时期，历任三五九旅教导营学员，冀中军区民航纵队三十二团某连指导员，晋绥军区三十二团某连指导员；解放战争时期，历任东北民主联军保安第一旅一团三营教导员，西满独立一师二团二营教导员，七纵十九师二团二营教导员。1948年10月，他在辽沈战役的黑山阻击战中，因腿部负重伤而造成残疾，不能重返前线，离开了战场。伤愈后，上级派他在辽西省铁岭县组建辽西省荣军学校，担任首任校长。荣军学校即残疾军

图 11-1-1　第一任场长贾巨文（荣军）

人学校，为团级单位，设校长和政治委员。经过短时间的学习，中国共产党辽西省委为了安置这些毕业学员，决定组建辽西省荣军农场。这些学员因革命有功，有的人摆老资格，必须选一名能管得住的场长，把他们顺利地带走。于是，1938年曾跟随王震将军"三五九"旅在延安开垦南泥湾的校长贾巨文，放弃了组织派他去天津工作的机会，主动请缨，要求从铁岭县去北大荒建场。1949年6月3日，贾巨文带领550名在辽沈战役伤残的辽西省荣军学校两个学员连和湖南省调回部队原编的两个大车连的解放军官兵奉命北上，从辽西省铁岭县（今辽宁省铁岭市）乘火车来到人烟稀少的辽西省双辽县城郑家屯镇（今吉林省双辽市老税务局暂住）。在当地政府的协助下，选址筹建辽西省荣军农场，休整半月后，贾巨文率领部队来到位于双辽县城北端30公里处的卧虎屯镇筹建辽西省荣军农场。至此，贾巨文开启了辽西省双辽荣军农场的垦荒之旅，一干就是9年，书写了一部可歌可泣的壮丽史篇。

（一）破土开疆　夯实基础

1949 年 6 月 20 日，在距离郑家屯 30 公里外郑齐线上的卧虎屯车站，一群身着中国人民解放军四野军装的军人从车厢里走了下来。他们有的拄着拐杖，有的吊着臂膀，明眼人一看就知道他们是伤兵。

这群军人簇拥着一位年纪稍长的军人。这位军人拄着一根拐杖，消瘦黝黑的脸上挂着坚毅，仍不失军人的威风。他就是这群军人的领头人，曾叱咤抗日战场和解放战争战场的英雄贾巨文，时年 31 岁。他，率领着这 550 名伤残病弱的荣誉军人，肩负着奔赴垦荒的重任，来到这荒凉的科尔沁草原垦荒种地，生产粮食支援前线。

卧虎屯安顿好之后，贾巨文在地方代表的陪同下，带领他的荣军学校学员（筹建阶段仍叫辽西省荣军学校学员）赵振玉、王德忠、王占山等几个营连级干部和秘书李天立到双辽各地踏查。他们选中了卧虎、茂林、双山、新立、永加、秀水等乡镇的草原荒地、沼泽湿地，计划在这些地方建场开荒。那时刚搞完土改，除分给农民的土地外，其余的荒山野岭、草甸子、湖河都归国有。荣军农场获批可以随便征用。

一踏入卧虎屯，贾巨文就殚精竭虑筹划垦荒，亲上垦荒第一线指挥。鉴于当时的熟地已分到农户手中，所以国家绝不允许与翻身农民争利，决定荣军农场自己开荒。荣军官兵们先后奔赴卧虎屯内的六家子、林马场、沈家窝棚等地，破土开疆。他们以军事化生产队（营级分场）形式管理。垦荒就是战场，官兵以前线作战的姿态，在这人迹罕至的北大荒摆开了战场。红旗招展，人欢马叫的劳动场面震撼人心，鼓舞斗志。在一穷二白、一无所有的情况下，全凭这不足的 550 双手（有的手残臂断）和百十匹战马，不惧风吹雨打酷暑日晒，硬是开垦出大片良田。荣垦官兵心中只有一个信念："垦荒种地多打粮，支援前线，建设新中国"。

这个以整营整连编制手持轻武器的队伍，有着屯垦戍边的双重任务。虽然即将建国，但江南半壁仍在战火之中。如有需要这些人是完全有可能重返战场的。但是，建立巩固的东北大后方，多打粮食、支援前线，同样是迫在眉睫的战斗任务。他们既是垦荒者又是不脱军装的战士，响应党和毛主席发出的"扩大生产，荣军参加经济建设"的指示，以前线作战姿态，肩挎步枪，手持铁锹、镐头列队出工，高唱军歌奔赴垦荒目的地。到了目的地后，大家把枪支立在田间地头，拿起锹镐在方圆几十里没有人烟、没有道路、常年积水的荒野上一锹一镐地劳作。

为了解决住宿，除少数人暂住老百姓家，住帐篷外，官兵们利用农闲之隙挖地窖子，解决住的问题。这种房子地下和地上部分约各占一半。屋内空间高两米以上，或砌火炕或搭板铺在地中央生火取暖。房顶四周再围以一定高度的土墙或木障，以防牲畜踩踏。有了地窨子，荣军们有了自己的家，一个班住在一处，便于管理，更便于就地就近垦荒。同时也减轻了附近老百姓的负担。

为了确保这些残疾荣军们以饱满的战斗姿态投入垦荒战斗，贾巨文把提高荣军指战员的生活水平和身体健康放在第一位，建立了福利厂，成立了卫生所。福利厂饲养奶牛、奶羊、猪和鸡、鸭、鹅，开地种菜，自给自足，丰富了食堂餐桌。卫生所的医生护士都是随军配备的，他们是这些荣军的天使，保护着他们的身体健康。

垦荒工具更是简单，就是镐刨锹挖马犁翻。为了开垦出一片片良田，贾巨文既是指挥员，又是战斗员，哪里有困难，哪里就有贾场长的身影，率先垂范。雨天一身泥，晴天一身汗。遇树刨根，遇坑填平。饿了啃口苞米面大饼子，渴了喝口附近小河里的水，累了席地而坐稍事休息，又开始了劳作。他们的心里只有一个信念："垦荒种地多打粮，支援前线，建设新中国！"垦荒中，由于这些土地长年积水，每天人马弄得满身是泥。不少人鞋子掉了底，脚掌被扎破，干裂的手上满是老茧。80台马拉机干了十几天，就拉坏30余台。为了不误农时，他们立即转入人力开荒，用镐头刨尽地里的树墩子和野草。夜间打着灯笼播种。他，硬是带着这些缺胳膊断腿、耳聋眼残的伤病员，发挥南泥湾精神，在杂草丛生的荒草甸子上刨出了一片片良田，在新开垦的荒地上播种了大豆和玉米。

有耕耘就有收获。贾巨文和他的伤残指战员仅用了一个半月，就胜利地完成了建场的工作，收获苇子1000多吨，烧柴150多吨，粪肥1000多马车和几万元东北币（当时东北流通的货币）的拉脚（运输费）副业收入，给农场打下了初期的生产物质基础。坚定了官兵垦荒的信心，为建场奠定了基础积累了经验。

1949年11月15日，辽西省双辽荣军农场在卧虎屯正式挂牌，直属东北荣军工作委员会辽西省荣军管理处领导。东北荣军工作委员会任命贾巨文为党支部书记兼场长。其经营方针是自给自足，实行供给制分配方式，生产组织实行军事化管理。生产组织是连排班建制，也是分场和生产队。

（二）安营扎寨　扩延疆土

1950年春，贾巨文带领这支在卧虎屯取得垦荒经验的指战员向东南挺进，在双山镇以东十公里处的马宝屯东头落户。大部队首先驻扎在双山区的三合村，借住在老百姓家。

双山区，1949年5月，辽北、辽西两省合并划归辽西省管辖，地处辽西省的边陲，比较荒凉，有大片的荒原草场，牧业比较发达，适合饲养牛、猪和鸡、鸭、鹅等。荒野生长着桑、杨、柳、榆等树种。肥沃的黑土地适合种植高粱、玉米、水稻、小麦、大豆、谷子等粮食作物和白菜、萝卜、胡萝卜、茄子、土豆等蔬菜作物。一望无边的沙土适宜种植大麦、小豆、绿豆、芝麻等小杂粮作物。有了粮食和蔬菜，这里的人民生活得到了保障。

　　这里是一片荒原，东西长度有三十多公里，南北十余公里，是有着大片没有开垦过的处女地，属于小辽河流域，宜于水稻生长。1950年初春乍暖还寒，这里搭起帐篷、燃起篝火、穿黄棉袄的荣军战士正式落户，向荒原宣战。惊天动地的伟大创业由此拉开了序幕。

　　荒原上的植被以芦苇和柳树墩子为主，多年盘根错节、一望无际。人在这里想要走出一条路都十分困难。但是这些难不倒从枪林弹雨中走出来的英雄贾巨文。他率领他的队伍铸剑为犁，放下三八大盖拿起了锹镐，三人一组，十人一队，百人一道人墙，向荒原杀去。一时间军号响、红旗飘，野鸡腾空、跳兔奔跑，野狼嚎叫，狐狸潜逃。这古老荒原由它的新主人主宰沉浮。

　　可这区区500多人，又多有伤残，仅有的百余匹骡马也都老掉了牙。怎能担此重任？怎么办？招人。人多力量大，什么困难也不怕。于是贾巨文组织机关干部在附近区里、乡里、屯里广贴告示。在农民中挑选有文化的、出身贫苦的、体力好的、没有历史污点的人。这样在一两年时间内，就有近千人应征入场。一个规模宏大的开荒大军形成了，沉睡的荒原沸腾了。

　　建场初期实行了两年的共产主义（即供给制），吃食堂、住宿舍（工棚），实行工资制。干部和工人有了区别，按参加革命年限确定了等级，按月发放工资。这一待遇对新招收的场员有很大的吸引力，不足的是没有住房——这些荣军都到了该娶妻生子的岁数。当务之急是给他们解决住房、安上家。贾巨文亲自乘火车到辽西省政府所在地锦州，向东北荣军工作委员会和辽西省人民政府申请国家援助。在得到辽西省调拨的大批木材后，贾巨文便开始了艰苦卓绝的筑窝工程。

　　筑窝就得先开路，没有路的乱泥塘是没法运送建筑材料的。这时贾巨文和他的智囊班子在确定分场场址的基础上，由总场统一规划，一条又一条土路开始施工。这些路全是靠职工用大铁锹完成的。插上小旗、每人一段，开展劳动竞赛。棒劳力每天可以甩上20多个立方米的土方。路基成型后，跑10多公里路去附近的石头山，用马车拉回沙砾，铺上厚厚的一层，经碾压后，土路就完成了。筑路人的手上血泡一茬接着一茬，最后转化为厚厚的老茧。

　　所有的土坯房都是就地取材，找长满碱包的地块，设立坯场和泥脱坯。碱土加上毛草混合后脱的大坯经久耐用，几十年都不变形。短短3年时间，在7—8个土坨子上，盖起了上百栋的干打垒。每栋房子10小间，每间房安排1户。因当时各户人口较少，所以样式一致。进屋就是灶台厨房，开二道门，一铺顺山大炕。因这些连排的房子都建在高处，隔远望去整齐划一、非常壮观。这些集中连片的房子建在沙岗上，成为荣军农场居住区。

给人的感觉有点像城里的楼群，特别是夜晚掌灯时，从远处观看，恰似天边星光闪烁，成为农场人们的骄傲。这是几十里荒原上一道又一道亮丽的风景，绝对有别于解放前当地老百姓的民房，和那些低矮简陋的窝棚式房子及地窖子相比，有天壤之别。高耸漂亮、横竖成行，一排都三四栋连在一起，所以至今还有人念念不忘。虽然这些房子到了21世纪已经破落，却永远留在老一辈人的记忆里。

职工住宅区是一个团结奋斗的大集体。土坯房里的人像一家人一样，有说有笑地生活着。吃过饭后大家走出家门，三五成群地嬉戏打闹。孩子们弹琉琉、跳绳子、丢手绢。大人们也有自己的玩法，打扑克、下象棋、唱东北二人转。每个分场都有个小食铺，卖一些日常生活用品。傍晚时这里聚集了好多年轻人，在这玩耍取乐，这是那个时代特有的娱乐方式。

1952年，为了扩大荣军农场经营范围，贾巨文积极与当地政府沟通，将垦荒域内的衙门屯朝鲜族合营户、衙门屯县农场、三家子一部分农民，带地划归辽西荣军农场。这三股力量合成了一个强大的农垦企业，随之改为企业化经营，改军队为生产队，改供给制为工资制，从而壮大了荣军农场的基础设施，增加了土地面积和职工人数数量。其中农田300多公顷。特别是朝鲜族合营户的加入，给农场的水稻生产带来了新技术，提高了农场的水稻生产水平。

（三）惊天动地　搅动乾坤

让贾巨文下定决心把荣军农场从最初的卧虎屯迁移到双山以东的哈拉巴山下的是连片肥沃的黑土地。早在1913年，时任双山县知事（也就是县长）的牛尔裕，首次引进小辽河水，将南方水稻引入衙门屯。1931年9月日本侵略军侵占双山县，进驻开拓团在衙门屯、三家子、八里及双山南等地，拓展开垦水田面积。14年间，仅衙门屯就开发了25公顷水田，即现在的双辽农场三分场一小队的八大格子和三小队的16号地。

1950年春天，贾巨文和他率领的荣军们一来到这里，首先就理顺了水利工程体系，利用东辽河水源，在位于梨树县的二龙湖水库，沿着怀德（今公主岭）小辽河经过与荣军农场接壤的冷家屯水渠，修建防水闸门，扩建了旱河，也叫北干线，保证入水口畅通，为开发水田生产奠定基础。其次，接收了原双山南部的大面积芦荡，筹建了第一分场。总面积超过其他三个水田分场的总和，使荣军农场的疆域进一步得到扩展。到20世纪50年代中期，已完成对所辖土地的整治。田成方，渠成网，若干个高产稳产地块依次排开。在辽西省政府的支持下，引进了3台苏联制造并援助给我国的纳齐拖拉机。当拖拉机队长张东祥在苏联专家的指导下，和他的徒弟刘慧志（女）、杨泽等人驾驶着斯大林80号拖拉机开进了荒原时，隆隆巨响回荡在天地之间，仿佛大地都在颤抖。沉睡远古的土地被唤醒了，这片与世隔绝的荒原，随着国营农场的诞生而被赋予了新的生命。那黑土抓在手里，油汪汪、轻飘飘，内含丰富的腐殖质，终于可以为人类做出自己的贡献。

在垦荒第一线，人们经常看到一个熟悉的身影，高高的个子，瘦瘦的脸庞，威武的身姿，一瘸一拐地走在田野间，指挥垦荒战斗。一匹随他一起转业到地方的大青马是他的代步工具，朝夕相伴。这个人就是场长贾巨文。人们称他"贾瘸子"，不是贬义词，是对他的敬佩。人们永远记住这个在"四战四平""辽沈战役"中屡建战功的老英雄和建场功勋。建场初期，大家都不会种植水稻，甚至有的人都没有吃过大米。尽管引进了水稻种植领域的技术人员，但耕作者也付出了难以想象的代价和遇到了无法回避的困难。最初是采用直播的方法，将土地平整后，把种子用人工撒下去，让水稻自然生长。可苗是出来了，草比苗长得更快。只几天工夫，地里便只见草不见苗了。所以水田拔草是头等大事。贾巨文和他的领导班子决定雇短工拔草，附近有很多妇女孩子来这里拔草，一天一结账，发现钱。农工们没有水靴等劳动保护品，为了防寒只能打绑腿。贾巨文和他的领导班子成员带头下田，他们有时在水里一站就是一天。腿泡肿了吃点药顶着，手被芦苇和草叶割破，就拿医用胶布缠上，每个人都是伤痕累累。天暖了，卸了绑腿，又会遭到蚊虫的叮咬，特别是水中的蚂蟥非常多，被咬后腿部很痛，必须马上站到田埂上用手掌拍掉，此时叮咬处会有丝丝鲜血流出。在农田劳动现场看不出谁是当官的，大家都是垦荒者。

（四）知人善任　选贤任能

为了加速荣军农场的建设步伐，贾巨文夜以继日，费尽了脑汁。首先，选准各基层单位的领头人，好钢用在刀刃上。王占元、王德忠、郭振华、闫自安、赵振玉等都是战场上的杀敌英雄，有勇有谋。贾巨文就让他们担任各农业分场的场长。他们带领荣军们在荒原披荆斩棘，让荒原变粮仓。

选用张启勋、曹庆吉、张东祥等专业技术人才，在垦荒重要岗位发光发热。

张启勋，是荣军农场最先引进的农业技师。1952年4月，为大力发展双辽农场水田生产，提高水稻生产技术，贾巨文同双辽县政府协商，聘用毕业于日本早稻田大学的农艺师张启勋技师担任农业股股长。张启勋技师一到任，就根据场管委会的开发水田计划，带领农业股的荣军们测绘农场可开发的水田规划路径。经过一年的踏查，绘制了辽西荣军农场的水田开发蓝图，并开始逐步实施。

曹庆吉，是一位1938年参加革命的红小鬼。在几百名荣军中算是参加革命比较早的一位。他15岁就在部队当卫生员、当兽医，随着八路军和解放军纵横在大江南北长城内外。辽西省荣军农场的人员组成的最大特点就是伤残人员多，卫生所所长这个岗位尤为重要。贾巨文让曹庆吉出任卫生所所长，那是选对了人。建场初期，为了便于服务，救治病人，总场给曹庆吉配备了一匹快马。各分场的电话，从20世纪50年代就已开通，所以只要接到电话，那匹快马便撒开四蹄狂奔，马上坐着的就是这位从硝烟战火中走过来的所长。他就像在战场上救死扶伤一样，一年四季奔波在五个分场之间。全场职工家属都认得这位风尘满面、外号叫"大埋汰"的所长。

张东祥，是荣军农场少有的几位懂得机械操作的荣军之一，爱动脑筋。在垦荒急需拖拉机驾驶员之际，贾巨文让他出任拖拉机队队长，培养驾驶员。他培养了荣军农场第一位女驾驶员，是一名荣军农场的女兵刘慧志；培养的男驾驶员有杨泽、马占良等。他们都是响当当的拖拉机手，为荣军农场的垦荒事业做出了很大贡献，功不可没。

1954年10月，因行政区划调整，辽西省荣军农场划归吉林省，改名为吉林省国营双辽荣军农场。1956年1月，中央军委批示，参与垦荒的官兵集体转为地方，由军事管理体制改为地方管理体制。吉林省政府正式任命贾巨文为吉林省国营双辽农场场长兼任党总支书记。到1956年底，经过贾巨文率领的荣军官兵8年的辛勤开发，吉林省国营双辽农场已初具规模。形成了从二龙湖引水自流灌溉的中型水稻种植农场，还有一个饲养改良三河马、改良牛、改良细毛羊的畜牧场，成为屯垦、戍边、商品粮基地、农业科技示范的样板。双辽农场旧貌换新颜，一改那原始荒凉的景象，"到处是庄稼，遍地是牛羊；再不是旧模样，是塞北的好江南"。

贾巨文成了荣军农场（双辽农场）人心中的英雄。他经常拄着棍子，瘸着一条腿，到地里检查工作或劳动，走到哪里，人们都欢呼着："贾场长！贾场长！"人们那时对领导的爱戴、尊敬是发自内心的，是鱼水情深的体现。贾巨文用他那无私奉献的精神赢得了荣军官兵及农工们的信任。

1957年9月至1959年8月，贾巨文在吉林省工农干部学校脱产学习两年。毕业后，他婉言谢绝了组织把他留在省农业厅任职的意见，要求回到垦荒第一线。吉林省政府任命他为吉林省国营梨树农场场长兼党委书记。

1981年6月，他出任四平市政协副主席，1983年9月份离休。

1999年4月24日，他因病在四平市政府安排的"红军家属楼"去世，享年81岁。临终前，他对他的子女们说："父亲没有给你们留下更多的遗产，有三件遗物都献给了四平战役纪念馆。第一件是四平保卫战结束后和三营长钟建兴在阵地前的合影；第二件是四平攻坚战结束后，部队首长奖励给我使用的照相机；第三件也是四平攻坚战结束后，上级首长奖励给我的缴获敌军的军被面。你们要是想我了，就到四平战役纪念馆走一走，看一看。"子女们根据父亲临终遗嘱："我原本愿望是，我去世后能去四平烈士陵园陪伴我那些牺牲的战友们。可叹四平烈士陵园的占地面积和管理资金都有限，就不要给政府添麻烦了。就把我的骨灰撒到北辽河吧！我要陪伴那些为解放全中国战死在辽河两岸的战友们，生死在一起，永不分离"。儿女们遵照他的遗愿，把他的骨灰撒在了他曾经战斗过的北辽河（东辽河的分支，位于梨树农场内）。

图 11-1-2 1948 年四平保卫战结束后时任东北民主联军保安第一旅一团三营教导员贾巨文（上）和
三营长钟建兴在阵地前的合影

贾巨文的一生是革命的一生，战斗的一生，为新中国的诞生和祖国的农垦建设贡献了毕生精力！

二、张启勋

张启勋，男，出生于 1911 年 2 月 5 日；留日学者，高级农艺师；终生从事水稻技术研发，被誉为双辽农场"水稻之父"。

他出生在辽宁省盖县（今盖州市）双台子镇芦家屯村一个普通的农户家庭。当年父亲靠着几亩薄地勉强维持着全家 6 口人的生活，日子过得非常清贫。日子虽然艰辛，他还是把 4 个孩子中的唯一男孩张启勋送去私塾读书。他非常珍惜上学的机会，学习很努力，也很能吃苦。因为学校离家有 5 公里，他每天都是起早贪黑，不管是严寒酷暑，还是风天雨天，从不耽误上学。夏天由于舍不得穿母亲给做的鞋，都是光着脚、拎着鞋走在上学的路上。放学后他还要帮父亲干一些农活。读完小学后，他又去熊岳城里的辽东省立农业学校去读书。1928 年、1930 年他先后两次去日本早稻田大学进修，回国后曾经在辽宁省的奉天（沈阳）、抚顺，吉林省的新京（长春）、东丰，黑龙江省的哈尔滨、牡丹江、佳木斯等地工作。1948 年东北全境解放后，他在辽西省会锦州参加革命工作。1949 年 10 月，他带着长春特别市市长张文海和邬大鹏开的调令，来到辽西省荣军农场报到。至此，他为荣军农场（双辽农场）的水稻研究开发贡献了毕生精力于 1983 年 2 月 72 岁高龄时光荣离休，中华人民共和国农牧渔业部向他颁发了《农技推广荣誉证章》，表彰他在农业战线上艰苦奋斗了 34 年的突出业绩。1988 年 11 月 10 日，他在吉林省四平市中心医院去世，享年 77 周岁。

（一）边测量、边设计、边开垦

张启勋一来到荣军农场，就和广大官兵一起投入了一边搞基础设施建设，一边垦荒生产的劳动之中。新中国成立初期的双辽荣军农场，人烟稀少。几十里都没有村屯人家，到处都是盐碱地、沼泽地、荒草和芦苇荡。时任农业股股长的张启勋技师，每天都是和荣军战士、职工忙着边测量、边设计、边开垦。不分昼夜地开着拖拉机，耕耘在北大荒肥沃的黑土地上。特别是到了夜晚，在广袤的原野上，隆隆轰鸣拖拉机声和偶尔的野狼嚎叫声，汇成了一曲有趣的月夜交响曲。

1952 年，荣军农场新垦荒的水田面积已经辐射到了衙门屯、三家子、双山以南的东坨、西坨等地方。水田种植与旱田种植完全不一样，整个种植过程是一个系统复杂的工程。种植的科学技术含量也是非常高。种植的地块要条格化，要设有引水灌溉渠、排水渠。渠和渠之间，沟和沟之间，要有一定的合理距离。而且地块的选择上，要地势平坦的黑土地。在育种栽培、插秧、灌溉、施肥、除草、病虫害防治上的生产管理要求更加专业化。所以自从张启勋来到双辽荣军农场，工作总是忙忙碌碌，非常辛苦。

随着农场每年水田面积的不断扩大，张启勋就把这里的地块进行了编号。在场部所在地二分场（二大队），从西至东把开垦地块，排序为号，为 1～29 号地。这个规划一直沿用至今。双辽农场水稻种植的水源，主要是引自二龙湖水库。其源头是在离总场十余公里处的"狼洞子"（水闸口），修一条几十公里长的引水干线（北干线），河床宽 10 余米，深 2～3 米。然后再分布支渠，每条支渠相隔有几公里。连接支渠再修入田间的上水斗渠，每条斗渠之间大约 100 米宽，直接引水入田。在每块地的下游建总排水沟。排水沟 10 米宽，2～3 米深。这样设计便于上水快、用时短，同时排水顺畅。做到了需要灌水时，水能及时注满水池，需要排除时，也不需很长时间即把水放干。因为水稻生长期对于水层的管理是非常重要的。总之，种水田就是用引水渠，把整个地域分成纵横的方块田。

（二）贯彻实施农业生产"八字宪法"

早在新中国成立初期，中央政府对全国水田国有农场，（包括养殖繁殖场、橡胶林场等）每年都发文件通知，或开会进行部署指导。毛泽东在 1954 年就提出了对农业生产具有巨大指导意义的"八字宪法"，即"土、肥、水、种、密、保、管、工"，来确保农业作物产量的提高。水稻种植的每一个程序也离不开这八个字所包含的内容。有了广袤的水田耕地，张启勋技师着手解决水稻种植工作的每个重要环节。首先建起了简陋的小型气象站，随时了解掌握气候变化的第一手资料，以利于指导农业生产。

他在总场场部附近建立了试验田，成立了种子队（相当于一个生产小队），专门负责试验田的种植、管理和研发。东北气候环境恶劣，冬季严寒气温都在零下 30～40℃；春季较干燥，且多风，年平均 7～8 级以上大风 89 天。特别是在春季育苗季节，平均每隔4～5 天就刮一场 6 级大风；夏季炎热，秋季霜来得早；全年无霜期短，平均无霜期 140～145 天，平均年降水量 460 毫米。这些不利的自然条件都给水稻的种植和生长带来了不利影响。如何较好地避免和解决这些困难，是摆在垦荒者面前的一大关键问题。水稻种植的本身就是一个技术含量较高的系统性生产过程。它涵盖了毛泽东对农业生产所提出的"八字宪法"的整个内容。针对当时要解决的黑土地盐碱化的酸碱成分问题，张启勋技师提出在全场开展大积农家肥活动，号召全体职工家属，不管男女老少，妇女儿童全动员，把各家的柴草灰、炕洞土、炉灰渣，鸡、鸭、鹅、猪、羊、狗的粪便，还有生产队的牛、马、骡、驴的粪便都积存起来，通过发酵全部运送到田地里。有的生产队还把豆饼粉碎了用水泡，沤成肥料撒在稻田里，成为很好的肥料。经过多年的努力，全场水田地土壤的成分结构有了很好的改善，土壤的 pH 达到了 4.5～5.5，达到了水稻生长所需的土壤环境标准。

在选用水稻优良品种上，张启勋技师针对当时吉林省早期气温低，无霜期短的特点，在种子队的试验田里优选了适合这一气候环境的稻种。他相继组织推广了"长白号""吉梗号""农林号""九稻号""延梗号"等优良品种。这些品种都是在实践种植过程中，用优良的母本和优良的父本杂交而成的。把稻穗长、籽粒饱满的优选出来，秋收时把优选出来的稻穗割下来，集中在一起晾晒，作为下一年的稻种，以繁衍下代。当时条件艰苦，特别是春天播种时节的 4 月份，东北气温还很低，张启勋技师和职工们便在光着的腿上打上绑腿（因为当时的 20 世纪 50 年代还没有水靴），进入稻田，站在冰凉的泥水中，辛勤地劳动着。他们先修起苗床，再把用药水泡过发了芽的种子播撒在苗床上。春季播种时，正是春风刮起的时节，他们要在苗床的四周，用玉米或高粱秸秆夹上防风障，每天的劳动都是十二三个小时，又苦又累。每当这个时期，也是张启勋最忙碌的时候。他要到地里亲自指导，有时要经常跑遍各个生产队，近的骑自行车，远的就骑马。他每天都要观察气象，听取天气预报，到小气象站查看本地的气象情况，观察播种后的稻苗生长状况、温度、水层和田间管理。水稻种植管理是一个技术含量非常高的生产过程，张启勋技师就是农作物的一个"好大夫"，无论出现什么问题，都能够及时地解决好。

（三）日记，见证了农场水稻技术发展历程

张启勋技师有一个良好的习惯，就是记日记。打开他的日记，密密麻麻的一组组数据，一篇篇手记，不难看出他几十年来工作是兢兢业业、认认真真的。日记记载，早在20世纪60年代初期，他就是吉林省农作物协会的委员。他经常参加国家、吉林省召开的农作物研讨会和各地的水稻种植经验交流会，把各地的水稻种植经验运用到双辽农场的水稻生产实践来。日记中，有双辽农场农作物生长的每个重要环节及所需要做的工作，有上级开会的精神内容和落实的步骤，有去外地参观学习的经验，还有当地每天的气候变化记录等。还有几十年来，全场每年的耕地面积、粮食总产量、单产量、职工人数、人均生产粮食数量等。这里摘取农场1959年至1961年（也就是三年严重困难时）的一些数据如下："1959年职工人数532人，耕地面积1424公顷，粮食总产量158.94万公斤，人均生产粮食2987公斤；1960年职工人数743人，耕地面积1900公顷，粮食总产量112.72万公斤，人均生产粮食1517公斤；1961年职工人数829人，耕地面积3137公顷，粮食总产163.43万公斤，人均生产粮食1972公斤。"

日记记载，新中国成立初期荣军农场的农业生产条件、气候环境非常艰苦。特别是水田职工的劳动更是艰苦劳累。首先，从春天4月份开始，人们要把选好的稻种用水浸泡发芽：把种子装在草袋子里，用有一定比例的药水浸泡后，放在具有一定温度、适合种子发芽的屋子里，也有的是浸泡在大水缸里。等到种子都发芽后，再把种子播撒到大地里的苗床上。那个时候的职工还没有橡胶水靴，只能打着绑腿，站在水田地里播种。初春的东北是非常寒冷的，腿插在冰冷的泥水里是多么的刺骨，而且每天起早贪黑要工作十几个小时。到了5月中旬，稻苗长到20多厘米高的时候，把它从苗床上薅出来。冲刷掉根部的泥土，裸露出稻苗的须根，再用人工把它们按照一定的行距插在水田地里。工人们早上4点多就下到田地里干活，晚上干到7点多钟才收工。每到这个季节，张启勋技师都起早贪黑地，下到每个生产大队或小队去亲自检查指导。到了6月份的中下旬，水田的插秧工作基本结束（当时全是人工用手插秧，劳动强度大，所以进展速度较慢）。插秧后期的田间管理更显重要，要随时掌控好水层的管理，需要了解白天与夜间水温度的差异，并适时进行田间灌溉，对于水层的深浅也有一定的技术要求。一般如果白天水温较高，可在傍晚进行灌水。

纵观农场水稻种植情况，20世纪50年代主要是开垦耕地、设计、规划、试种水田时期，人们一边生产，一边摸索总结经验。20世纪60年代，随着国家建设的不断深入，在

图 11 - 1 - 3　20 世纪 50 年代中期，张启勋技师（后排中）与试验队的工人及技术人员合影

农业生产资料、生产工具和职工劳动保护等方面都有了很大的改善。职工下水田地时也穿上了橡胶水靴，生产队也有了一定数量的塑料薄膜和化肥。这个时期是双辽农场农业生产快速发展的时期。这个时期国家的各项运动也较多。1964 年的社会主义教育运动，张启勋技师也被派去梨树县沈洋公社搞"社教"，支援当地的社员搞好农业生产。1966 年的下半年，受"文化大革命"的影响，张启勋技师被停止了干部身份，下放到双辽农场三大队一小队参加劳动改造。

　　1972 年张启勋技师得到了平反，工作也得以恢复。62 岁的张启勋技师被安排在三大队担任技术员，干起了老本行。他又捡起了每天必记日记的习惯。他在三大队三小队的稻田里，选择了一块靠道边的（是大队去总场部的大道旁）田地作为试验田，每天起早贪黑地泡在试验田中，进行着各种试验。有的是行距的宽窄，有的是株距的远近，有的一株是 2～3 棵苗，有的是 4～5 棵、7～8 棵的，也就是不同密植的试验；还有的是不同品种的试验，比如，建场初期双辽农场的水稻品种比较杂，有长芒的长白号品种，也有后来经过杂交后的无芒的公陆 4 号和公陆 5 号。它们的生长期都是 130 天左右。因吉林省气候大部是无霜期 140～145 天，所以比较适合。这些品种都有耐肥、抗倒伏、抗稻瘟病比较强、出米率高（81%）的优点；还有的是从外省和日本引进的品种，如农林 34 号（日本引进）、万宝 21 号（延边安图县引进）、合江 12 号（黑龙江省引进），等等。

　　1978 年张启勋技师回到总场，建立了农场水稻试验站，出任站长。总场在靠近场干线（总上水河）的附近划出了 15 公顷的水田地作为试验田，他每天都忙碌在试验田里。

图 11-1-4　张启勋技师和技术人员一起研究水稻苗期管理技术

在这个时期全场的水稻生产的各种条件、种植方法也有了很大的改善。各种农机具也多了起来。春季的播种在苗床上使用了塑料布覆盖苗床，周围是玉米、高粱秸秆遮挡的防风障。到了插秧时，大家选用了一种特殊简易的工具"锸子"。用锸子把苗床上的秧苗锸下来，并带有一寸左右厚的土层，把秧苗带土插到地里。这种插秧技术特点，一是秧苗缓苗快，成活率高；二是苗下面有一层一寸厚的土层，插下去不易漂秧。另外各个生产队的化肥使用量也有了一定的增加。还有了一些从日本进口的尿素肥料，大大地加快了秧苗的返青。工人的劳动强度虽然还是比较繁重，但是粮食的产量是逐年提高。

在此期间，张启勋注重培养新的技术人员，热情地进行"传、帮、带"。他们中间有的是吉林农校毕业的学生，有的是本地的青年工人。他的四儿子张庆志就是其中之一，后来继承了他的所学所长，从一个普通的工人成长为生产队小组长、三大队农业技术员、二分场场长、双辽农场主管农业生产的副场长。

1979 年，国务院副总理王震在吉林省公主岭农科院主持召开了中日水稻技术交流会。会议代表来自全国各省的各大建设兵团，国有农场和一些水稻的技术骨干农业科研人员。双辽农场派张启勋技师参加了此次会议。这次会议主要是要引进日本的旱育稻（塑料大棚育苗技术）。会后，以日本田中和大昭为正副团长的代表团一行十几人，来到公主岭的二十家子公社水田地里搞培训、做试验。在全国 20 余名参加培训学习的技术人员中，张启勋技师的年龄是最大的（当时已经 68 周岁），但也是日语水平和专业技术最高的学员。田中团长和大昭副团长除授课之外，更多的是和他交流，还有其他的日本技术人员同样喜欢和他交流。因为他不仅懂日语而且专业技术也是比较高的。他们一边上理论课，一边到稻田地里去实践。经过近一年的学习培训，大家从理论上和实践中基本掌握了水稻塑料大棚旱育稻苗的整个生产环节过程和技术要求。

学习结束，张启勋技师把有关的技术材料翻译整理归纳后，在农场的试验站进行了实地操作。通过塑料大棚培育出来的秧苗，都是生长在一个塑料底盘中的。每个底盘都有一定厚度的复合肥土层，而且在插秧的过程中，全部用插秧机来操作。这样从育苗到插秧，就把农场职工从以前繁重的体力劳动中解放出来了。同时提高了生产效率，保证了质量，缩短了插秧期，保证了水稻稳产。经过 1980—1982 年的努力，他把所学来的塑料大棚旱育稻的栽培技术在全场各生产大队全面推广开来；并落实了"大棚育苗""机械插秧""药剂灭草"三项较先进的种植水稻技术的推广；突破了育苗、插秧、除草"三关"，基本解决了低温冷害，劳动强度大、效率低、工作艰苦，草荒危害限制水稻增产的关键技术难题，保证粮食产量逐步上升。同时他也加大力度改良品种，引进各种优良品种，使双辽农场的水稻单产，从新中国成立初期的每公顷 3000 公斤，上升到 6000～8000 公斤，粮食总产跨上一个新的台阶，向国家上缴了更多更好的商品粮。

（四）其子张庆华的追忆

张庆华，是张启勋技师的三儿子，曾在双辽农场小学当教师。在追忆父亲生平时评价道：父亲的一生，特别是从 1948 年参加革命后的 40 年，亲身参加了双辽农场建场和国家的农垦建设。建场初期父亲和他的同事们那种战天斗地的革命精神，那种与天斗其乐无穷，与地斗其乐无穷，与艰难困苦斗其乐无穷的大无畏精神，永远值得我们很好地继承下去。父亲的后半生，伴随我国农垦事业的发展。他亲眼见证了双辽农场的农业生产从无到有，从小到大，从落后到现代化的历程。他的后半生是伴随着我国的农垦事业不断发展壮大而终结的。他把后半生的大部分精力都献给了国家农垦事业。他在工作上兢兢业业，勤勤恳恳，认真细心的精神，努力钻研水稻技术不断提高的精神，值得我们去学习。我们的青少年时代是在农场度过的，是农场的黑土地，喷香的大米饭哺育了我们。我们应该继承和发扬中国农垦精神，在改革开放的今天仍然不忘记过去。回顾农场农垦事业的发展，尤其是"改革开放"以后，通过引进国外先进的水稻种植生产栽培技术，才有了后来的翻天覆地的变化和粮食产量的大幅度的提高，我们这一辈不应该忘记前辈的"农垦"精神，秉承"农垦"精神，并继续发扬光大。

三、曹庆吉

曹庆吉，1923 年 12 月 23 日出生在山东省东平县高家范村，一个普通的农民家庭；1938 年私塾毕业后在本县参加革命，是八路军 115 师 686 团的红小鬼，当时只有 15 岁；1940 年 9 月 14 日加入中国共产党；1939 年1—7 月，在 686 团短期护士班学习后，任该团一营四连卫生所卫生员；先后任护士班长、护士长、一纵一师卫生队附属所医生，随着八路军和解放军纵横在大江南北长城内外；1942 年在山东省诸城县游击战时，所负责的卫生队两次被授予模范卫生队；1946 年在白延战役中负伤；在 1948 年解放四平战役中，因救急治疗立功两次；1947 年 1 月至 1950 年 1 月，在长春军医大学修业学习，

图 11-1-5　双辽农场职工医院院长
曹庆吉（荣军）

毕业后来到辽西省荣军农场卫生所担任医师；1953 年出任卫生所所长。

建场初期，为了应急，总场给他配备了一匹快马。只要接到电话，那匹快马便撒开四蹄狂奔，而马上坐着的就是这位从硝烟战火中走过来的所长。他就像在战场上救死扶伤一样，一年四季奔波在五个分场。所以很多职工家属都认得这位灰尘满面，外号叫"曹大埋汰"的所长。1972 年卫生所升级为职工医院，曹庆吉任院长。他在这个岗位奋斗一生，直到他在 1979 年 8 月离职休养，可谓终身院长。

1989 年 4 月因病去世，双辽农场党委为他举行了隆重的追悼会，以寄托人们对这位功勋卓著的人民医生的哀思。追悼会就在他生前的那两间砖平房门前的开阔地上举行，他的棺椁上覆盖着中国共产党党旗。

他走了，才 66 岁。这位 15 岁就参加革命的老战士就这样静悄悄地走了。那面鲜红的党旗就是他一生的写照。当年他追随着这面红旗，出生入死。他安息在党旗之下，一无所求。还叫他"大埋汰吗"？不！他是个干干净净的人。他的一生都毫不保留地向人民袒露着胸怀。他就这样赤条条地来赤条条地走了，他用四十多年不停的脚步践行了一个真正共产党员的初心和使命。

双辽农场党委在曹庆吉的悼词中写道："悼词是对逝者一生的追忆，大多是充满溢美之词。写之前翻看了这个人的档案，他参加革命后的若干履历。发现他的最高职务是双辽农场党委委员、场卫生院的院长。时间跨度达 30 年，直到离休，可称为终身院长。"

曹庆吉是山东人，性格急躁。但心地坦荡，让人一看就是一位心口如一的人，是一个

优秀的共产党员。

人们管他叫"曹大埋汰"，只是因为他衣着朴实，除了在医院披上白大褂，下乡就穿着一身破旧的衣服，满脸灰尘。要是不背着他那十字药箱，谁也不会相信他会是一位医生。说是大埋汰那是外表，打针输液那还是按规程办的，只是在用药上比较狠。吃氯霉素治肠道感染，一般患者一次只能服两片，他一次就加到四片或六片。他喜欢下猛药治重症，这可能是他从军过程中常用的手法，目的是让患病的战士在最短的时间里恢复身体，投入战斗。

当时全场就一位正规的接生员，是位女同志。可在那个没有计划生育的生育高峰期，真的是忙不过来。特别是交通不便、远离总场的分场和生产队。这时应急的，往往是这位骑着快马的所长。在给妇女接生时很多妇女不好意思，他吼道："要面子还是要孩子？要命，就不要害羞。"那匹快马究竟迎接了多少个新生儿，抢救过多少条生命，没有人统计过。

他经常走村串户，赶上饭时有什么就吃什么，常常是一个大饼子，一个地瓜，两个烧土豆，就是招待这位院长最好的伙食。

人们每每谈到双辽农场医生，谈到医院，都难免要对"曹大埋汰"肃然起敬。想想当年的这位军人出身的老院长，那真是把为人民服务的五个大字精神演绎得淋漓尽致。终其一生，心里装着的都是人民群众的安危和病痛。采访中原二大队党总支书记牛长贵说："眼见为实，传说为虚。当年的曹院长在双辽农场医院，是一个全面手。内科、外科、儿科、妇科无所不能，有求必应。人们说他是神医，是活菩萨。那是1974年11月水稻脱谷季节，我去位于西山的四小队检查工作，当时脱谷现场只有年轻工人艾民一个人。艾民说，'牛书记，方才停电了，大家都在队部休息，队长让我在这里值班。这会估计电该来了。'说话间，艾民推上了电闸。可忙中出乱，他不小心被电动机传输带带了进去，一只脚在电动机传动轮转了一圈之后，把人甩到地面。瞬间听到'哎呀'一声，只见他的一只脚转了180度，脚跟朝前、脚背朝后。我急忙和队长一起把他送进农场医院救治，正赶上曹院长当班。曹院长像战场上急救伤员那样，不用挂号，也不去办理任何入院手续，二话没说就投入急救中。只见他用手捋一下，'咔嚓'一声，小艾的脚扶正了。他笑着说，'小伙子，没事了，我给你开点红药水（老百姓叫二百二）敷一敷就好了。'我佩服地对他竖起大拇指：'曹院长，您真是一个手到病除的神医！在您的身上我看到了当年的老八路作风。'"双辽农场原副场长张德才在回忆中说："我曾亲眼见过他手举着吊针，把病人护送到担架上。亲眼见过他把患阑尾炎的职工从10余公里的路程拉回到场卫生院手术。亲眼见过他坐在敞篷大解放上，护送一位大出血的妇女去县医院就诊。亲眼见过他为抢救下乡支援插秧的县中学的患脑膜炎的女学生，两天两夜没有合眼……""全场一万多人口，两万多只眼睛。我的两只眼睛看到的真是九牛一毛啊。应该说还有无数个救死扶伤的案例没有被发掘出来。"

他是一个老八路，更是一个人民医生，有着蜡烛一样的一生，始终为人们奉献着光明。

四、吕昌学

（一）解放战争中的勇士

吕昌学，男，汉族，中国共产党党员；1930年2月18日出生在吉林省双辽县五区（兴隆乡）典城堡；从小务农，曾在吉林省双辽县五区（兴隆乡）连珠堡小学读书2年；参加工作后，曾在辽西省行政干校学习3年，中专文化水平。

1946年6月，吕昌学参加东北民主联军辽西军区保安第二旅；1947年4月，在辽吉军区纵队保安第一旅、第二旅炮兵连当炮兵，同年5月中旬，随队先后攻克玻璃山、双山、榆树台等地；1947年6月中旬，参加了辽吉军区纵队"三战"四平（四平攻坚战），由于作战英勇，敢于冲锋，于1947年7月火线入党；1947年8月，吕昌学所在的部队被编为东北解放军第七纵队，被提拔为炮兵连班长；共参加大小战役15次，多次立功受奖。

1948年9月12日，辽沈战役打响，吕昌学随队参加了解放锦州的战役。在这次进攻核心阵地的战斗中，吕昌学不幸腹部中弹，被抬下火线，送往后方热河省28野战医院，养伤治疗。1949年3月出院，他被评定为三等乙级残疾。

（二）荣军农场的红色保管员

吕昌学自1949年3月在野战医院出院后，被分配到辽西省荣军学校学习。1949年10月被安排到辽西省荣军农场工作，任荣军农场通讯班长兼场长警卫员；1950年7月，任荣军农场总仓库保管员；1950年12月，在辽西省行政干校学习3年；1953年12月结业后，继续担任荣军农场总仓库保管员；1955年7月，在双辽农场第四大队（三家子）任出纳员、管理员；1956年8月，在总场场部担任现金出纳员工作；1959年12月，在双辽农场总仓库担任保管员；1965年9月至1966年8月，被省里抽调赴延边敦化大石头林业局搞"社会主义教育"；1966年9月"社教"结束后，任双辽农场总仓库保管员。自此到退休，他一直担任双辽农场总场的仓库保管员（粮库）。

他就像大库的一把铁锁、钢锁，对工作一丝不苟，手里掌握的是全场的命根子"粮食"，被称为"红色管家"。

荣军农场总仓库是贮存除交售国家粮食以外的所有粮食，加工成成品粮供应全场职工。除粮食外，仓库还要供应生产资料、种子、饲料、化肥、农膜、农药等。业务非常繁忙，吕昌学等人工作出色，保证供给；由于当时的条件，入库的粮食只能有个大数，出入很难对账。在这种情况下，仓库保管员显得尤为重要，必须对党忠诚，如果稍稍萌动一点私心，别人根本无法觉察。他又是一个对下属体贴入微的长者，原三大队二小队仓库保管员刘连成回忆说：吕昌学是双辽农场粮库保管员，我当生产小队保管员时，他就是总场粮库保管员。对我们这些后辈也是关爱有加。记得那时，我每个月都要到总场粮库领粮，之后再一户一户地分给职工家。他的衣兜、裤兜总是揣着麻绳和针线，发现哪个基层库保管员的袋子破了，就用针线给补上。他总是对我说："小刘，你这个孩子很实诚，我把秤给你高高的，再多给你一二斤，省得大秤来、小秤走，短斤少两，让职工、家属信任你。"这话现在回忆起来都心里暖暖的。

吕昌学在双辽农场粮库保管员的岗位上干了四十多年，没有一丝差错。他本应脱产当干部，但他从未脱产，身先士卒，工作积极肯干，任劳任怨，几十年一直在工人的岗位上，几经变动，从未向组织提出过脱产的请求。他多次被评为先进工作者，年年被评为优秀党员，1989 年 5 月被四平市政府评为市劳动模范。他为双辽农场的物资管理工作奉献了一生，是荣军中的典范，是双辽农场职工中的典范。

五、赵振玉

（一）战斗英雄

赵振玉，是 1949 年 6 月，随贾巨文到辽西省双辽县的哈拉巴山一带筹建辽西省荣军农场的功勋之一，是荣军农场骨干"四大麻子"中的赵大麻子。

他，1923 年 11 月 17 日出生于辽宁省黑山县的一个贫苦农民家庭，因生天花，落下一脸麻子，人生得英武壮硕。

1944 年，日寇在中国和太平洋战场屡遭失败，战争资源和日本国内资源严重匮乏，遂加剧了对中国资源的掠夺，大肆抓捕青壮年劳工为其开采煤矿。赵振玉就是被抓到大圪墶（现辽源市）煤矿的一员。

图 11-1-6　垦荒开路人之一
赵振玉（荣军）

1945 年 7 月的一天，日本劳工头目虐打一名工友。赵振玉怒火中烧，带领几名工友打死劳工头目，逃出大圪墶。他们几个人昼伏夜出，朝着西南家乡的方向逃去。一天夜晚，他们几个人正匆匆赶路，忽听一声断喝："什么人？站住！"几个持枪的人靠上来盘问。原来他们几个人已不知不觉跑到赤峰一带，碰上了冀热辽的八路军。听说是打鬼子的队伍，就毅然参军了。他在履历表上清晰地填写：1945 年 8 月 1 日参加八路军。

1945 年 10 月底到 11 月下旬，山东解放军第一师和第二师抵达东北，分别改称为东北民主联军直属第一师、第二师。赵振玉被编入万毅部当机枪手。

八路军出关同国民党军打的第一仗，是秀水河子歼灭战。一师担任主攻。1946 年 2 月 13 日黄昏，一师首先发起进攻，英勇的战士们不顾敌人的火力封锁，前仆后继、奋勇冲击，终于在第二天拂晓和七旅在敌人指挥部会师。这就是解放军战史上有名的"秀水河子战斗"。赵振玉在此战斗中表现英勇，受到嘉奖，并光荣地加入中国共产党。

1946 年 3 月 17 日拂晓，四平解放战（一战四平）打响，由东北民主联军保安第一旅主攻，赵振玉所在部队配合。赵振玉参加了这次战役，仅用 10 个小时解放了四平，生俘国民党辽北省主席刘瀚东，保安司令张凯，毙伤生俘 3000 余人。

4 月 18 日，国民党新一军三十师率先向四平西郊的海丰屯、玻林子等阵地发起正面进攻，"四平保卫战"（二战四平）正式打响。国民党军集中了 5 个军 11 个师，国民党保安副司令郑洞国、梁华盛亲临前线指挥。根据毛泽东的一系列命令，林彪主持东北民主联军指挥部开会，落实毛泽东的作战意图，从东满、南满、西满调集主力到四平南部集结，摆开百里战场，同杜聿明集团打了场大仗。赵振玉所在的阵地每分钟受到少至 600 发多至 3000 发的炸弹炮弹袭击，伤亡严重。炮轰过后，国民党军采用人海战术，成营成团地进行集团冲锋。赵振玉所在的机枪连在阵地的最前沿，向冲过来的敌群猛烈扫射，敌人成片倒下去，杀退敌人无数次进攻。赵振玉负伤后仍没有下火线，因作战勇敢，战场上被指定为班长。

5 月 18 日拂晓，塔子山阻击阵地被敌新六军在飞机大炮坦克的配合下攻陷。高地失守，四平街失去屏障。中共中央果断决定守城部队全部撤离四平。部队撤出四平后退至吉林敦化地区，第一师、第二师全部及第七纵队一部编成东北民主联军第一纵队。赵振玉随组建后的一纵先后参加了新站、拉法战斗、三下江南、公怀路歼灭敌七十一军等战役。一纵后又参加两次四平攻坚战和辽沈战役，战功卓著，成为东野第一主力部队（后来的 38 军）。

1947 年 6 月，东北民主联军展开夏季攻势，先占领长春、吉林、四平周围数十个中小城市。6 月 11 日外围战斗打响，西满纵队一师师长马仁兴指挥攻占了四平西郊飞机场；6 月 13 日一纵二师攻占国民党军四平西北方的新立屯据点。赵振玉所在部队移兵新立屯。东北民主联军攻城部队决定以铁路西向市区为重点突破进攻。6 月 14 日晚 8 时，李天佑一声令下，各参战部队冒着倾盆大雨，向四平街守敌发起了猛攻。15 日晨一纵从海丰方向突入市区；16日西满纵队从四平西北面突破二麦路防线；17日攻城预备队投入战斗；6月21日林彪命令参战部队全部投入战斗用一个礼拜时间收复四平。此战役非常残酷，双方共伤亡3万多人。血掺着雨水，变成红红的血水染红了四平大地；血水汇聚成流，淌入南北河，河水都变成了红色，真可谓血流成河。赵振玉带着机枪一班战士冒雨冲锋，时不时就有人倒下。他们是机枪班，必须冲在前面开路，掩护爆破突击队突击爆破。他们打一阵冲一段，顾不上自己的安全，随手拉过几个"死倒"作掩体，架起机枪向敌扫射。机枪成为敌人重点打击目标，敌人集中炮火轰击。炮弹覆盖了整个机枪阵地，赵振玉奋不顾身往前冲。不幸几颗炮弹连续在赵振玉身旁爆炸，他被弹片击中，身负重伤，被抬下战场。

1948年10月23至25日，黑山阻击战打响，时任机枪排长的赵振玉参加了这次战役。

国民党廖耀湘兵团为突破防线几近疯狂，飞机大炮轮番轰炸，甚至不惜炸死正在白刃肉搏的两军官兵，战场打成了一片火海。赵振玉带领机枪排像钉子一样钉在阵地上，不退让半步，打退了敌人一次又一次的集团冲锋。忽然又一阵炮响，敌人又开始新一轮的狂轰滥炸。赵振玉再次被炮弹炸成重伤，屁股被炸掉一半。之后被抬下战场，送到阜新后方医院治疗。

1948年11月2日沈阳、营口宣告解放，锦西、葫芦岛之敌从海上撤至关内，东北全面解放。在阜新后方医院养伤的赵振玉得以给家写信，告诉自己已是八路军（解放军），因受伤正在阜新疗伤。阔别五年之久的父亲和弟弟才知他的音讯，急忙从黑山老家赶往阜新会面。

（二）垦荒先锋

1949年6月，在辽西省荣军学校疗养学习的赵振玉一行，在校长贾巨文的带领下，来到辽西省双辽县哈拉巴山下垦荒建场。

赵振玉是500余名荣军中少有的几个军官之一。初来农场时，因黑山阻击战被国民党军炮轰炸成重伤未痊愈，他边休养边工作；1952年伤愈后，被派到第三生产队（现双辽农场四分场）任队长。他所在的生产队地名三家子，地处哈拉巴山西南，清朝时是蒙古达尔罕亲王的领地，开发很晚，地广人稀，山峦、湖泊、草原、沙丘、沼泽都还是处女之地。赵振玉率领众伤残荣军，来到这里干的第一件事就是挖地窖子、盖土房，先把大家安顿下来。当时他们还是军人，生产生活都是军事化，按军队建制管理，实行供给制。

早春稻田水凉，一些战士和临时工们不肯下水，赵振玉挽起受过伤的腿上裤脚，带头跳下水去。其他人见领导带伤领头下水了，也都纷纷跟着下水劳动。在荣军农场，哪里有困难，哪里就会出现赵振玉的身影，党指向哪里他就奔向哪里。他先后任三大队、二大队队长，工作中毫无怨言，带领职工开荒、种稻、修路、挖渠、植树、建房。那时的干部不脱产，走到哪里干到哪里，晴天一身土，雨天一身泥。

赵振玉本人曾多次被评为地区（市级）、双辽农场先进人物，受到省、专区、总场的表彰。

1960 年秋，吉林省农业厅选调赵振玉到新组建的德惠县种马场，任西（种）马场场长，后任总场副场长、调研员等职务。1983 年他在德惠市（原德惠县）按县团级离休，2017 年 8 月去世，享年 95 岁。火化后在他的骨灰里，还散落着几片弹片，好似向人们宣告："这是英雄最光辉的勋章"。

如今，双辽农场在赵振玉这些垦荒前辈的辛勤耕耘下，在几代垦荒人的共同努力下，由昔日的荒原变成了盛产双辽大米的粮仓，旧貌换新颜。

土生土长的双辽农场垦荒二代才子王立田用这样一首诗描述道：黑虎山高辽水长，沃野千顷稻花香。湖光潋滟鱼鸭肥，锦绣草原牧牛羊。（"黑虎"是蒙古语哈拉巴山的汉语名）

第二章　垦荒群芳谱

本章记录 21 位建场以来垦荒荣军和为双辽农场经济建设做出贡献的人。他们有的是解放战争中叱咤风云的战斗英雄，有的是在战争中受了伤，成为残疾人。新中国成立后，他们不负使命，来到荒无人迹的科尔沁草原的哈拉巴山下，为社会主义建设默默地奉献，把自己的一生都献给了双辽农场。还有当地土生土长的农垦工人，在双辽农场的经济建设中敢于探索，无私奉献……

他们在平凡岗位上的功绩，永远写在社会主义建设的史册上。

一、王德忠

王德忠，1920 年 10 月出生于山东省德州西南大吴录村，因家境贫寒，从小就给地主放牛放羊。到了成年以后父母双逝，他被迫到外地去打零工，流浪于青岛与大连之间。后他为生计被国民党招募为国民党兵，其间因不忍其国民党的腐败，在关外行军中偷偷逃走。1945 年 10 月他加入了东北抗日联军，从此走上了革命道路。他对旧社会有着深仇大恨，渴望过上新的生活，所以加入革命队伍后，在同反动派的斗争中表现得英勇顽强。他的性格中有山东人的倔强，又由于长得人高马大，所以每次对敌作战，都奋勇当先，不久就被任命为班长。在"四平保卫战"火线上被提拔为排长。如今的四平铁东、铁西两区和塔子山的阻击战遗址上，都曾经留下了他的带血的足迹。他于 1948 年 3 月加入中国共产党。辽沈战役开始后他随部队开赴辽西黑山，参加了著名的黑山阻击战，不幸在战斗中腰部受伤，被紧急运送到后方医院进行救治。后他因伤势过重，留有后遗症，无法返回战场。在 1948 年 10 月，他转入辽西省铁岭荣军学校学习休养，1949 年 6 月随军来到辽西省荣军农场。他是五百余名荣军官兵中重要的一员，是建场元勋。由于他在部队中的职务，建场初期就担任辽西省荣军农场党总支委员。其间他曾担任过二分场指导员、朝鲜族队党支部书记及畜牧场党支部书记等职务。随着年龄的增长，他从基层进入总场机关，先后担任办公室主任、财经室负责人和供销科长，料理全场的生产和职工生活。他认真完成党交派的工作，严于律己、宽以待人，为中华民族的解放，为国营农场的事业发展贡献了毕生的精力。

1977 年他被任命为双辽农场副场长，20 世纪 80 年代初光荣离休。在那个艰苦卓绝的开荒建场战斗中，他一直是群众的主心骨，总场的顶梁柱。

二、郝双银

郝双银，河南省清丰县人，中农成分，早年曾在家中种地兼做些小买卖；1948 年初推着架子车外出购货，途中被已闹兵荒的国民党抓兵，随后去了山西太原；当年秋，西北野战军打响了收复太原战役，郝双银被俘；后辗转进入辽西省荣军学校；之后便随着贾巨文场长来到了双辽县卧虎屯火车站。因国家援建双辽农场的各种生产生活物资必须卸货于此，荣军农场在卧虎屯设立办事处，任命郝双银为办事处主任。在此期间他任劳任怨，为农场接送生产生活用品和来往人员食宿做了大量工作。被戏称为"郝掌柜"。在此工作了十几年，他把河南老家的老婆接了过来。后因从农场到郑家屯的道路升级为县道，农场把货场转至郑家屯火车站。此时郝双银被调回总场，任哈拉巴山看山员。1968 年在双辽农场清理阶级队伍的运动中，忽然从河南清丰转来一个清理阶级队伍通知书，认定郝双银为逃亡地主。因为当时的政治环境，随即郝双银被押往五大队革委会的"牛棚"。他白天跟着职工下地干活，歇气时就在地头上接受群众对他的批判斗争。有的女职工还往他的秃头上吐口水，晚上连续批斗到半夜，还有动手动脚的。郝双银这位河南老汉又特别倔强，不忍受辱。在进"牛棚"的第三天早晨天蒙蒙亮，去食堂吃饭的路上，他毅然跳入了七八米深的水井，虽经打捞，但最终溺水死亡。当时的场革委会做出了错误的决定，定性为郝双银自绝于党，畏罪自杀，并将郝双银尸体推入一树坑内草草掩埋。

10 年后的 1978 年，国家开始了清理"三种人"和落实政策的工作。农场党委很重视郝双银致死事件，派人去了河南省清丰县并去河南省郑州市档案馆查阅了敌伪档案。最终经当地政府出具证明，郝双银为中农。至此还了郝双银的清白，后按政策国家为郝双银平反，补发了部分工资，并由总场出资，对郝双银遗骨进行了重新安葬。

三、付景和

付景和，出身贫农。老家在内蒙古科左中旗曹家围子村。1947 年 10 月参加东北民主联军，在七纵二十师六十团三营四连当战士，后因作战勇敢被提拔为班长；参加过四平保卫战，在辽沈战役中被提拔为排长；1948 年加入中国共产党；在攻打锦州的战斗中，腿部受重伤，被人抬下了战场，进入当地的朝阳医院疗伤。但残腿无法完全治愈，一个活蹦乱跳的付景和则变成了"付瘸子"，留下了永远的战争创伤；后转入西安（今辽源）、锦州荣军学校学习和疗养；20 世纪 50 年代初，曾在双辽县政府短暂工作过。辽西省荣军农场建立后，他找到老首长贾巨文重新归队，成为一名光荣的垦荒战士。他先是被分配在二大队劳动。早春冰冷的水不时地袭击受伤的腿部，他硬是咬着牙坚持着。他说："这点苦算什么，垦荒再苦再艰难，也比不上解放战争苦。战争中我们很多战友为了新中国牺牲了，我们每个幸存活着的人，都要努力实现他们的愿望，为新中国建设出力。"为了激励自己在垦荒中的坚强意志，他给自己的两个儿子取名"付铁""付钢"。后来由于他有腿疾，不能长期从事水田地劳动，总场分配他看护场内道路的工作。在这个岗位上，他一干就是几十年。有人看到他拖着病腿，整年在路上挥汗如雨地劳作很辛苦，就背地里鼓动他找组织，想当年在民主联军当过排长，也算是干部，应该得到更好的安排。然而他说，我大字不识几个，连个文件都看不懂，当不了干部。我给地主扛活出身，现在为人民修道，没人管我，凭自己良心干活，公家又一分不少给我开着工资，也娶妻生子啦，挺好挺好的。就这样，他不知走破了多少鞋子，不知磨没了多少把铁锹，一生的心血都洒在了农场的公路上。场党委考虑到付景和身体差，家庭负担重，后来把他的大儿子付铁安排在制酒厂工作；二儿子付钢则努力学习考上了吉林大学水产系，毕业后分配到四平市水利局工作；小儿子也被安排到场内的食品厂就业。晚年的付景和满怀深情地说，没有共产党就没有我今天的付景和，我就是一个平凡的人，能干好自己的工作，也就问心无愧了。

四、李天立

李天立，1925 年 12 月 30 日出生于江苏省宿迁县（今宿迁市），家庭出身贫农，文化程度九年，是荣军中的文化人。李天立的历史比较复杂。他既在 1943 年参加了宿迁县抗日游击队，又在 1945 年参加了宿迁县的汪伪政府工作，1948 年又加入了国民党队伍。同年作为国民党军新兵被送到台湾受训了 3 个月。返回大陆后，他在解放战争中被俘，成为解放军战士，并随着荣校伤残军人来到了当时的辽西省荣军农场。由于他有文化并且字写得非常好，刚到荣军农场就担任了首任场长贾巨文的秘书、四大队大队长等职务。现有历史档案中留下了很多他的字迹。以后李天立便从事会计工作多年，先后在五分场、采石场担任会计工作。尽管他在 1956 年的自传中叙述了他的履历，并没有向党隐瞒，但是"文化大革命"这一特殊历史时期，他还是未能幸免，被戴上了"右派、历史反革命、国民党特务等"三顶帽子。造反组织抓住他去台湾受训三个月的事情穷追不舍，以特嫌名义将他打入"牛棚"，非法关押近一年之久。子女们的进步也遭受到了影响。李天立带着不少的冤屈离开了这个世界。他的子女们从此没有受到什么影响，在农场很多重要的岗位上，努力工作进取。二儿子李镭曾任双辽农场职工医院副院长。三儿子李普曾分别任双辽农场计生委主任、双辽农场采石场党支部书记兼副场长。

五、张东祥

在荣军农场的档案里，有一位名叫张东祥的垦荒荣军，懂机务、会管理，1952 年担任辽西省荣军农场拖拉机队队长。在荒原垦荒的队伍中，人们总能见到他驾驶拖拉机的身影。他是一颗火种，为双辽农场培养了若干拖拉机驾驶员，马占良、杨泽、刘慧志等是他的得意门生。他和他的徒弟们在苏联专家的指导下，与留日农业技师张启勋一起，驾驶着拖拉机，从规划好的农场水田 1 号地起步，到 18 号地，开发着每一片荒原。他用言行践行一位垦荒者的宏远志向。如今双辽农场已经是稻谷飘香的米粮川，人们永远不会忘记他。他最早把家属从辽宁带到双辽农场安家落户，坚定了他扎根农场的信心。他坚信农场的出路在于培养有文化的下一代，带头把年幼的儿子张德江送到离家三四里地的三合小学读书，其他荣军、农场职工子弟也纷纷效仿。后来张德江成长为中共吉林省委书记，中共中央政治局常委、全国人大常委会委员长。张德江担任吉林省委书记期间，不忘家乡的养育之恩，曾经视察他就读过的双辽县双山镇三合小学。双辽农场人每每谈起张东祥总有一种敬佩之意，敬佩他为双辽农场经济建设所做出的贡献。

六、刘慧志

刘慧志，女，汉族，辽西省台安县人，1933 年 7 月出生；1949 年 6 月，在皖南革命干部学校学习；同年 12 月 12 日加入中国新民主主义青年团；1949 年 12 月—1950 年 6 月在皖南军分区政治部文工团工作；1950 年 7 月—1951 年 12 月先后在皖南军区直属医院、皖南军区司令部、皖南徽州军分区司令部、皖南军分区司令部后勤处医务训练班、皖南徽州军分区招待所等单位从事医护工作；1952 年 1 月，转业辽西省荣军农场；因十分喜爱拖拉机，师从拖拉机队长张东祥，成为双辽农场第一位女拖拉机手。那个年代会开拖拉机的人很少，女拖拉机手更是凤毛麟角。她爱拖拉机，更爱这片未曾开垦的黑土地。她和她的师哥杨泽驾驶的拖拉机驰骋在一望无际的荒原上，成为一道亮丽的风景线。20 世纪 60 年代初，她转行到农场卫生所当过护士、会计。她的师哥、丈夫杨泽成为双辽农场的大队书记、农场副场长。无论在哪个岗位，她都尽职尽责，默默奉献，直到离休。

七、赵永

赵永（曾用名赵勇），1928 年 3 月 12 日出生在河北省蓟县（今蓟州区）一个普通农民家庭；10 岁左右父母相继去世，他只能靠给地主扛活维持生计；1947 年 5 月他参加了中国人民解放军四野九纵队二十六师二十六团三营九连，跟随部队南征北战；1949 年随荣军学校指战员一起来到辽西荣军农场。每每谈到荣军农场的发展史，仍然健在的他总是侃侃而谈。他说："当时双辽农场一片荒凉，人烟稀少。我和战友们顶烈日、战严寒地开垦每一块土地。累了躺在地上就睡，渴了喝口身旁河沟里的水，饿了啃啃苞米面大饼子。手破了顺便在裤脚上扯下一块布，缠一缠止住了血……无论条件怎么艰苦，大家都不叫一声苦，想一想战场上牺牲的那些战友们，我们每一个活着的人，还有什么理由不为新中国建设出力？这就是我们当时的初心。"由于他工作肯干，曾担任过生产组长、生产小队

图 11-2-1　老荣军赵永（摄于 2021 年）

长，1953 年因工作成绩突出，出席辽西省劳动模范大会；1955—1956 年被辽西荣军农场推荐到铁岭农职学校学习文化；1956 年 12 月学习毕业后被分配到吉林省前郭农垦管理局红旗农场工作。他历任生产小队政治队长、大队长、党支部书记、党委委员；1963 年，在前郭农垦管理局红旗农场出席了吉林省劳模大会；1979 年 12 月任吉林省前郭农垦管理局红光农场副场长、党委委员；2021 年居住在前郭农垦管理局红光农场，身体硬朗，是辽西荣军农场建场时仍然健在的荣军战士。

八、熊志光

熊志光，广西柳州人，从小家境贫寒，16 岁便到柳州亲属家的门铺当店员（跑堂的），从此接触了文化，学习打算盘、记账本。1949 年国民党兵败如山倒，解放大军兵临广西，国民党把正在街上走的熊志光抓走充军。可是仅仅两个多月后广西便解放了，随即熊志光便加入了中国人民解放军，又辗转从祖国南疆来到北疆的辽西省荣军农场，成为整个荣军队伍里最年轻的军垦战士。他文化基础好，勤奋好学，多谋善虑，很多新生事物以及场内的一些小发明都出自他手。于是，他被安排到场部卫生所工作，并与青年财务会计苟慧彬结为夫妻，开始了长达 60 年的垦荒生活。他多次被医院派往外地医院学习进修，掌握了 B 超、X 光、心电图等多项诊疗技术，他所做的各项检查结果，准确性绝不亚于省内大医院的水平。他不但一人兼多个学科的检查项目，还掌握了大量的诊断技术。比如，拍片显影后的读片能力，也是衡量一个专业人员水平高低的主要标志之一。片子拍得再好，读片人识别能力和判断能力是关键，否则就会误诊。心电和超声也是如此。熊志光在农场职工医院中，所肩负的工作任务可谓是以一当十。他是一名特别出色的好医生，是人民的好公仆。他全心全意为广大患者服务了 40 余年。由于熊志光的突出贡献，20 世纪 70

年代，党组织接收他为中国共产党党员，并多次在全场职工代表大会上被表彰为先进工作者。他肯于钻研和创新，自行设计了土暖气，利用烧水做饭时炉内产生的热能，一边烧水做饭，一边使土锅炉内循环水受热后供暖，既节约了能源，又方便了生活。不久全场兴起了自制土锅炉，安装土暖气热潮。只三年时间，全场约80％的户数自行安装了熊志光发明的土暖气，解决了取暖问题。他还发明了柴油空气照明灯具（利用空气中的氧气助燃原理，使灯芯中间呈管状，上下通气。灯捻围绕中心管四周，点燃后，灯火四周燃起，中芯部供氧。火焰供氧后燃烧得更加充分，不但没有柴油味儿，也不起烟，且火焰明亮，照明效果相当于普通煤油灯的三倍以上），引来了广大职工的效仿。大家无不称赞熊志光真是双辽农场的科技带头人和生活中的科学家。

熊志光以场为家，几十年如一日坚守在他所深爱的这片荒原上，在这里育有二子一女，大儿子是位优秀的电工，二儿子入伍参了军。都成为国家有用的人才。

九、戴吉联

戴吉联（又名代吉联），曾是国民党统治区一般职员，有一定的文化基础和工作经历；解放战争时期集体被解放军俘虏；1947—1948年在第四野战军74团一连担任文书；在辽沈战役中参加了塔山阻击战，新立屯歼灭战；集体转业到辽西省荣军农场后，成为一名垦荒战士，曾担任农场基本建设设计员、财务股长，农场驻双辽（郑家屯）办事处主管等。荣军农场建立在一片荒原上，需要方方面面的人才。最初他参与了农场的总体设计工作。一根米绳伴随他走遍了全部荒原。在漫无边际的草原上他会同其他人一起绘制了农场第一张发展蓝图。没有技术资料自己买，刻苦钻研，精打细算。哪里修路，哪里开渠，哪里为居所，哪里为耕地。从总场附近排列的第1号地到四分场的29号地的规划测量足迹中，都留下了他的汗水。总场水田从主干渠以下设了9条支渠和数不清的斗渠，都要按比例测算好并进行施工，他就是施工的总负责人。各个渠道都需要有控制流量的闸门，按当时的情况，既没有图纸又没有专家，他是唯一的一位身兼多职的技术人才。横过支渠的道路需要无数座桥梁，也是他因地制宜地一个个设计出来并组织施工的。直到现在使用的桥梁、闸门、涵洞都是他留下的作品。可以说，他为农场的基础设施建设立下了汗马功劳，从不计较个人得失。

"文化大革命"中，他的身心受到严重摧残。1970年党组织给予平反，恢复原职。他初心不改，继续为建设农场、建设鸭场兢兢业业、勤勤恳恳地工作。他所设计的建筑文件、图纸等从未出现过差错，所担负的各种施工工程也是质量达优。可以说，戴吉联不但是一名老荣军、老干部，也是双辽农场中一位杰出的技术人才。

晚年，为争取老荣军的安家费，他奔波数年。这是个历史遗留问题，按当年政策，荣誉军人返乡后是可以得到适当安家费的，但农场荣军是整营整连集体转业的，当时并没有获此待遇。直到 20 世纪 80 年代初，以戴吉联为主要负责人的"申请安家费工作小组"才开始工作。他查阅文件，上访省市政府，直至中央军委总政治部，又不辞辛苦地核实老荣军的资料，向分布多省的老荣军发出调查函，并一一整理成册，最后报请中央有关部门审批。功夫不负有心人，在戴吉联等老荣军的努力和各级政府的大力支持下，这件事最终有了结果，中央财政全部兑现补发了老荣军的安家费，总金额为 65475 元，了却了老荣军们几十年的心愿，享受到了应该享受的待遇。也不同程度地改善了他们的生活条件。在这项工作中，戴吉联做了大量工作，功不可没。（详见附录）

十、白玉珍

白玉珍，男，蒙古族，外号白蒙古。他曾是一名国民党军队的骑兵，参加过抗日战争；1948 年成为解放军战士，后分配到荣军农场畜牧队（后改为第五大队）从事畜牧养殖工作。1961 年以后，国家为了适应农场农业发展，在哈拉巴山下的泡子沿建立了小马队，专门为各生产队培育后备耕马。当时的主要品种是蒙古马，体型很小，但性情刚烈，不好驯服，捕获时需要使用蒙古人使用的套马杆。为了改良这种野性马，马队当时从外地引进了一匹高大的棕色种马，与蒙古马杂交后可大大改变马的习性。当时马队就把这匹大种马的管理工作交给了驯马有素的蒙古族老骑兵白玉珍。白玉珍是位十分负责的人，他非常细心地料理这匹马。每天清晨他都要把种马牵出来，有时牵着，有时骑在马背上去训练马，以增强它的体质。这匹马由他一人单槽饲养，粗精饲料合理搭配，每天还要吃十几枚鸡蛋，以保证营养和精液质量。他日夜与这匹马为伴，几年如一日，为种马梳理打扮，把大种马饲养得油光发亮，为整个小马队的品种改良做出了杰出的贡献。

后来白玉珍因病双眼失明，被调往大马队休养。虽然家庭生活困难，但总场领导并没有忘记这位牧马人，逢年过节都把温暖送到他的家里。20 世纪 80 年代初，这位兢兢业业的牧马老荣军长眠在双辽农场的土地上。

十一、吴永禄

吴永禄，广西人。身材矮小，伤残军人，身高只有 1 米 60 左右，不能从事重体力劳动。从 20 世纪 60 年代起，到 80 年代他一直在场部后勤工作。说得具体点就是一位养猪的工人。场部食堂平时几十人甚至上百人用餐。淘米做饭时会产生很多泔水，还有残汤剩菜。场部就是利用这些有利条件，再买入磨米厂的糠皮，每年饲养 10 来头肥猪。吴永禄每天 3 次喂猪，总是扎着一个大围裙，挑着两桶猪食，慢悠悠地来来去去。那时实行统购统销，就连生产队都有收购猪的任务，而且落实到户。不经批准是不允许随便杀猪的，一年下来吃不上几顿猪肉。但场部大院里每逢节日都会屠宰一头猪，自然就是吴永禄养的大肥猪了。职工们在欢喜之余自然会感激这位猪倌。他是位伤残荣誉军人，又是共产党员，从不计较自己的职业，兢兢业业干了几十年，一直与猪打交道。看到职工们过节时，每户能分到 5 斤猪肉，他的脸上总是挂着甜美的笑容。他多次出席总场的职代会、党代会，多次被评为场级的优秀党员和先进生产者。荣军农场是个多产业相融合的群体。像吴永禄这样坚守特殊岗位的人比比皆是。吴永禄是其中杰出的代表。他的祖籍广西，但并没有落叶归根，马革裹尸还，而是同五湖四海的战友们一起，将生命留给了第二故乡——双辽农场。

十二、吴章根

吴章根，1923 年出生在四川省，贫农出身；1932—1942 年给地主扛活；1943 年参加新四军，当了两年小兵；1946 年被国民党抓兵，在国民党第 49 军炮兵团山炮营当战士；1947 年在杨杖子接受改编，加入东北民主联军第十一纵队三十三师二营二连三班当战士，在辽沈战役中负伤进入荣军学校休养；后转入辽西省荣军农场，成为一名垦荒战士，并在 1950 年 10 月 14 日转为中国共产党正式党员。

吴章根是荣军队伍里的中坚力量，在农场初建时不怕劳累，勇挑重担，多次受到表扬。20 世纪 60 年代初，他任总场场部直属的种子队队长。该队是农场第一个种子队。他们把 50 余公顷的稻田培育的水稻良种供应全场，提高了全场水稻单产量。20 世纪 60 年代中后期，他调到农场接收不久的后衙门屯做党支部书记兼队长。他率领这些新场员，在涝洼地开垦了稻田，在荒岗沙坨地大搞植树造林，使被接收的后衙门屯很快融入了农场大家庭，也为该队以后的发展打下了坚实的基础。

吴章根全家一直居住在干打垒的茅屋里，场部拨款新盖的住宅，他都让给了新场员。吴章根在这片土地上战斗到生命的最后一刻。他的子女们仍住在双辽农场后衙门屯，继承着他的事业。

十三、王焕勋

王焕勋，黑龙江省双城县十四区和平村人。1946 年黑龙江省双城县被东北民主联军控制。此时王焕勋便就地加入了民主联军独立 7 师 3 团供给处，先后任上士战士，管理排长。管理处的主要工作就是为部队做军鞋，1948 年改编为 39 军 152 师供给部。他继续担任管理排长，带领部分后勤人员和当地老百姓继续为部队做军鞋，为民主联军解放东北和开展辽沈战役后勤保障工作做出了突出贡献。1948 年 10 月他到荣军学校；1949 年 6 月参加辽西省荣军农场，先后任生产作业队管理员和总场部后勤管理员；勤勤恳恳工作，默默无闻奉献，赢得了职工群众的赞誉，是一个红色管家人；离休后经常来往于农场和老家黑龙江省双城县。其子女在双辽农场就业安家。

十四、杜文华

杜文华，外号"杜老改"，贫农出身，辽宁省新民县姚家平房人；1946 年 11 月在吉林省吉北军区军工科，为兵工厂木工；1948 年 6 月在原松江省（现黑龙江省）五常县三合屯加入中国共产党，后在辽宁省黑山荣获十纵二十九师工作模范，立小功两次；1949 年随军南下河南省范县，在 47 军 140 师获得工作模范称号，立小功两次。当年杜文华主要从事木工工作，就是跟随部队前进，修理马车和其他载具，战斗打到哪里，他人就跟到哪里，有力地保障了后勤服务。他工作地点多变，从黑龙江省五常走起，到辽宁黑山 140 师辎重营，后又赴塘沽东部队、涿川阮家桥、沙市、北安等地，转战在长城内外。1948 年他转业到辽西荣军学校；1949 年 6 月随队开赴辽西省荣军农场，先后任后勤木工，木工组副组长，组长；荣军农场建场初期大兴土木，建职工宿舍，修办公室，在应运而生的总场建筑工程队担当木工组负责人。凭着精湛的木工手艺他获得了大家拥护，并带了多名小徒弟。他对工作认真负责，对学员从严要求，带出了一大批木工骨干，为农场的早期基本建设项目建功立业。采访中当年的老工人说："杜老改的徒子徒孙满农场，农场的木匠几乎都是他的门生。"

年岁大了以后，他又从事办公用品和家具制作，被称为场内头等高手。他打制和油漆过的木器别具一格，深受职工们的欢迎。

1974 年他光荣离休，这位地道的辽宁人最后长眠在他的第二故乡吉林省四平市双辽农场。

十五、郭兴久

郭兴久是东北民主联军的老战士，也是新中国成立前入党的老党员，三级残疾军人，是 1949 年 6 月建场时的第一批军垦战士。他有组织能力，会做群众工作，在建场初期就曾担任过当时的作业队队长，是个能打硬仗的干部。

20 世纪 70 年代末和 80 年代初，他从一线岗位上退下来长期休养。而恰恰在这个时段社会上一度不正之风盛行，作为农垦企业的双辽农场也难免受到波及。首先是省、地、县有的部门盯上了农场的大米。当时是城里人吃红本，每个月只供应 1 公斤大米，微不足道，所以他们凭借着权力以为职工搞福利为名，到农场购买廉价大米。每到新年春节，外地拉米车你来我往，场内干部群众对此也很有意见，但没人出头去制止。场领导面对这些事实也是勉为其难。这时郭兴久站了出来，自己买了一把锁，把粮库大门上了锁，拉米的车出不来进不去，一时间惊动了全场。当然群众是拍手称快的，但场领导陷入了难堪的境地。

20 世纪 80 年代，大吃大喝风非常盛行，很多人把大吃大喝美其名曰为"企业行为"，实际上是在为腐败现象贴合理标签。郭兴久很是气愤，经常到场部小食堂去"巡视"，到附近小饭店去"探访"，发现问题后当场发声，使一些领导干部下不来台，甚至不能理解郭兴久的做法。

可仔细想过之后，干部群众最后还是一致认为郭兴久是正确的，尽管方法欠妥，但意义重大。

郭兴久仗义执言的行为，彰显了一位老党员、老荣军的铮铮铁骨，一度成为农场广大职工群众茶余饭后的美谈。

十六、曹万江

曹万江，男，1920 年 2 月 16 日，出生于黑龙江省巴彦县，是双辽农场众多老荣军中唯一的一位参加过渡江战役的人。1948 年 11 月辽沈战役结束后，四野部分纵队秘密入关，完成平津战役后开赴长江边。这队伍里面就有曹万江，但鲜为人知。直到解放后的电影中，出现人民解放军百万雄师横渡长江的画面，曹万江才敞开心扉向人们述说了他参加渡江战役的情况并展示了一枚渡江战役纪念章。据他回忆，四野的官兵大多是东北人，没见过大江大河，更不会摆弄船只。当时渡江的船夫都是江边的渔民，有男有女有老有少。他们拥护共产党痛恨蒋介石，所以不顾枪林弹雨奋勇直前，他亲眼见到有的船夫就牺牲在长江里。曹万江在渡江战役中负伤后，辗转回到东北大后方并加入了辽西省荣军农场队伍，并第一个把家属接到荣军农场安家落户。

曹万江老实巴交，为人诚实憨厚，工作认真负责。20 世纪 50 年代至 60 年代，他一直在二大队食堂（也就是总场食堂）当炊事员。那时食堂的主食就是大米饭，一般情况下食堂就是一饭一菜。曹万江负责做饭，用两口大锅，每口锅要煮 150 斤大米。要保证按时煮熟又不煳锅是一项技术。经过长期实践，曹万江熟练地掌握了做饭的技术，十几年如一日，为广大就餐的职工提供了可口的大米饭。这虽然是件很平凡的工作，但曹万江坚守在自己的岗位上，为广大职工群众树立了榜样。20 世纪 80 年代末，曹万江逝世。曹万江的子女们也很争气，有三个儿子参加了中国人民解放军。女儿曹桂荣是双辽农场第一个从双辽农场中心小学考入双辽三中的才女。大儿子曹福林在部队官至正团。二儿子曹福才在农场中学当过教师，后来在双辽农场派出所工作，之后调到双辽市公安局基层派出所任所长。

十七、李怀德

李怀德，男，1922年7月1日，出生在山东省济宁市，中共党员；1940年参加八路军，1945年秋随着东野政委罗荣桓元帅率10万大军在开赴东北，建立东北根据地的；从北到南参加过大大小小的战斗几十次，四战四平，辽沈战役，他早已把生命置之度外，伤痕累累。他是建场时的第一批军垦战士。在双辽农场工作了40余年，非干部身份。他一直兢兢业业在农场的基层。40多年来他开过荒、修过路，在山泡子里打过鱼，在哈拉巴山打过石头，后来还养过北京鸭，当过更夫。不管在任何一个岗位上，他都与众不同，身上有着无数个共产党员的闪光点。对于分配给他的工作，每一位领导都是放心的。在单独工作时他总是早来晚走，从不让领导操心。1964年双辽农场党委考虑到他身上有伤，把他分配到组织照顾的老弱残队。但他身残志坚，要求上山采石。他带着一名刚毕业的青年学生负责一个采石点，青年学生力气小，他就吩咐他只负责用撬杠撬石头，而他手拿一把14磅大铁锤负责打石头。那时没有炸药，要把大块石打开，要生火去烤，采用热胀冷缩的原理。他每天都上山砍柴，亲自生火，光着膀子一天抡几百下大锤。那时又不是计件工资，打多打少没人检查，但他从不偷懒。就这样他无怨无悔地从事着重体力劳动，心甘情愿地付出。有一次他同一位青年学生划铁皮船在山泡子里巡查时，青年学生看到芦苇荡的水面上一窝又一窝鸟蛋，准备去拣拾时，他制止了，他说鸟儿也不容易，我们还是放过它们吧。这个举动使青年学生很受教育。

他多年来好像就那么一两套黑色衣服，而且看起来又旧又破，但就是这样的穿戴陪伴了他的一生。他的心是红色的，他把毕生的精力献给了他所热爱的双辽农场。

十八、三位终生未娶的老荣军

战争是残酷的，特别抗日战争，日本侵略者实行了灭绝人性的"杀光、抢光、烧光"政策。有的整个村庄、整个屯的人全部被杀害。逃出来的，有的当了共产党的兵，有的当了国民党的兵。所以到战争结束，他们已失去了家中的亲人，已无心回家了。他们以荣军农场为家，终生没有落叶归根。又因为他们身有残疾，年龄又大，讨不到媳妇，所以他们下决心不娶了，单身到底。

其中之一的叫田巴轩，是位老八路战士，南征北战多年。在一次战斗中，一颗炮弹就落在了他的身旁，他被埋在了土里。当人们找到他时，人处在昏迷中。后经急救治疗苏醒后，他的双耳鼓膜被气浪击穿，造成终身性耳聋，已经听不到外面的声音，突如其来的巨响和复杂的战场环境，致使他精神错乱，无法进行工作了。到了荣军农场工作后，组织上象征性地给他安排看护大哈拉巴山的工作，主要是让他好好疗养。这样的人谁会去给他当老婆呢？所以田巴轩终生未娶。晚年，组织上与他的叔伯侄子取得联系，但是他坚决不回老家，最终农场安排了他的后事。原双辽农场副场长张德才回忆说："最近（2022 年 6月），回了一趟老家，是因为参与《吉林双辽农场志》的编写翻一下有关资料。突然间一个熟悉的名字跳入了我的眼帘，田巴轩，三个字，让我的思绪一下子回到了六十多年前。我和他相识时，只有十二三岁。我住在哈拉巴山脚下，他是一位看山的老头。说是老头大概也就 50 岁。我放学后就去山上用耙子搂树叶，往往和他不期而遇。开始听大人们说这人有精神病，叫我别靠近他。后来时间长了我没发现他有什么异常。慢慢地，我就自动解除了警戒，想和他攀谈一下，可他似乎听不到我说什么，只是善意地一笑，算是对我的回报。"

"田巴轩住在鹿场的饲料房旁边的一个小屋子里，吃饭时到鹿场的小食堂吃着单调的一饭一菜。他经常嘴边叼着一个小烟袋，烟杆上还吊着一个装旱烟的小布口袋。也许这是他唯一的爱好和陪伴。至于他是哪里人，今天也说不清楚，因为他的档案早已无踪。他是个孤儿，父母早逝在 20 世纪 20 年代。他流浪街头，国民党抓兵，他为了讨口饭吃，稀里糊涂当上国兵。又不知过了几年，鬼使神差地加入了共产党的队伍。也许是他当时觉悟到了什么吧。在人民解放战争中的一次战斗中，国军的一枚炮弹就落在了他的身旁。当战友把他从泥土中拉扯出来时，弹皮还插在他的腰间。同志们问他话时他也说不清、精神恍惚。这时才发现他的双耳被强烈的爆炸震聋了，人也被突然的惊吓变傻了。"之后他便撤到了后方，进了伤残军人疗养院，再后来，随队来到了辽西省荣军农场，也就是现在双辽农场的前身。

500 多名伤残军人，哪里有修身养性的场所呀！所以农场党委给他安排了象征性的工作，看山。山有什么可看的呀！他只是每天吃了饭以后，叼上小烟袋到山边遛上一圈而已，但是绝对没有人嫉妒他。

20 世纪 70 年代初期，田巴轩的一位侄子找来了，想接他回老家。他婉拒了，永远留在了第二故乡双辽农场哈拉巴山的脚下。

与田巴轩一样因身有残疾终生未娶的老荣军还有两位。一位叫王青云，个子不高，约1.5 米，不能参加重体力劳动，自告奋勇去当厨师，给单身的职工做饭。这人性格温和，待人亲切,很受职工欢迎,先后在鹿场、五大队食堂、马队食堂做饭。当有人为他提亲时他总是坚定拒绝,不想为组织和自己增加负担,最终未娶;另一位叫马先远,也因战争残疾,只能做更夫工作。他在哪里打更,便在哪里独立起伙,不吃食堂,逐渐养成了自给自足的习惯,不想再娶妻生子。退休后总场把马先远在农场招待所安排了一个单间,由他自己维持简单的生活直至病逝。

十九、赵广山

赵广山,祖籍山东省长清县(今长清区),1936 年 11 月 19 日出生在吉林省双辽县双山镇,毕业于双辽三中;1958 年加入双辽农场;1958 年至 1959 年,进入农场自办的农业机械学校学习;一年后,被安排在农场自办的农机修造厂当工人,拜老厂长常英为师,学习制图、识图、翻砂等技术。后来农机厂扩大经营项目,引进了各种机床,此时的赵广山求知欲极强,每台机床他都想试一试。几年下来车、钳、铆、电、焊他无所不精,成了农机厂的骨干力量。1975 年双辽农场决定建立造纸厂,总场派以常英为首赵广山为骨干的筹备小组人员,赴梨树农场造纸厂学习。他们深入车间一个一个部件进行绘图、丈量、记录在案。回场后他们自己在一张白纸上进行设计、制图,并依图自己翻砂制作零件,用车床进行加工。经过近一年的努力,他们终于完成了造纸厂的建设,第一次试车就获得成功。自此双辽农场有了自己的年产两千吨原纸的造纸厂,同时赵广山也被任命为造纸厂厂长,长达 20 余年。在漫长的经营过程中,赵广山以厂为家,总是第一个到厂子上班,遇到纸机故障总是第一个冲在前头。经营上,他根据市场需求要不断调整产品品种,相应地改变生产流程。赵广山总是成竹在胸,自行设计改装,每一次都获得了成功。造纸厂以稻草为基本原料,有时适当加入木浆和破布原料,先后生产出油毡原纸、黄板纸、箱板纸。造纸厂每年可消化职工农田稻草 3000 余吨。每年间接使种田职工副产品收入增收达 20 万元,并养活了造纸厂 150 多名职工和家属。造纸厂每年给总场上缴利润 10 万元。他是造纸厂的号脉师,坐在办公室里听到机器运行失常,马上就能找到问题症结并很快就能排除故障,深受职工的信任。他曾多次受到总场的表彰,被评为总场优秀共产党员和先进生产者。20 世纪 80 年代后期,以民选的办法被选举为厂长,获得了大家的信任。20 世纪 90 年代,赵广山光荣退休,造纸厂也因环保问题被迫停产。历史会记住这位对社会有卓越贡献的人。

第三章 有突出贡献的带头人

一、裴志夏

（一）投身革命 屡建战功

裴志夏，1919年3月出生在山西省夏县牛庄村；小时候因家穷，没有读过书；1937年开始为地下党传送情报，以给地主放羊身份来掩护自己。这一年日本侵略者和汉奸把他的父亲、姑姑、舅舅等六位中共地下党员当众活埋。裴志夏毅然决然地含泪投身当地的抗日队伍，并参加了"台儿庄战役"；1939年至1941年，在山西省夏县军分区区干队当战士，参加了著名的"百团大战"；1941年10月，加入中国共产党；1942年至1943年，在山西省夏县军分区区大队任班长；1943年至1945年，在山西省军分区县大队任副排长；抗日战争结束后任晋冀鲁豫边区，太岳军分区五五团，二连任排长；1946年至1952年，历任

图11-3-1 裴志夏

排长、连长、营长等职务；先后参加了同浦路战役、台梁战役、汾孝战役、闻夏战役、太原战役、淮海战役、渡江战役、川康地区剿匪战、抗美援朝金城战役9次大规模的战役，由于他在各次战役中杀敌勇猛，屡立战功；先后获得中国人民解放军西北军区人民功臣奖章、中华人民共和国独立自由奖章和中华人民共和国三级解放勋章；被授予大校军衔。

1953年6月从朝鲜回国后，他所在的中国人民解放军186师改建为101高炮师，进入辽宁省鞍山市保卫鞍钢。裴志夏任师保卫科科长。

1957年5月，裴志夏积极申请转业到地方工作。任中共吉林省双辽县委常务委员、双山公社党委书记（正团职务行政干部14级）。

1958年2月，根据国营双辽农场事业发展的需要，吉林省农业厅党组决定在双辽农场组建中国共产党双辽农场委员会，任命裴志夏为中共双辽农场党委书记。

1959年10月1日，荣获全国劳动光荣勋章。

（二）深入基层　心系职工

裴志夏在双辽农场任党委书记8年，不忘初心、不负使命、心系职工，为群众办了多少好事、实事很难说清。本文只能列举一些大家都熟知且不能忘记的五个事例。

第一，他到任后，首先抓的事是筹建双辽农场科学技术普及协会，亲自出任协会主席。协会下设农具改革研究室（修理厂）、农作物综合技术研究室、畜牧技术研究室、工业综合技术研究室和卫生防治技术研究室五个研究室，为双辽农场工、农、牧业、科学技术和卫生事业发展奠定基础，并使各项工作逐步走上了科学化、正规化、健康化发展的轨道。

第二，重视职工家属及子女的文化素质教育。1958年刚上任不久，针对农场职工和家属都是从旧中国走过来的，很多人没有文化的实际，他借鉴八路军队伍扫盲经验，在全场开展全员扫盲，普及提高职工家属的文化水平。他指派党委秘书高崇山做文化教员，在各生产大队办起了夜校，利用晚上时间给职工家属讲文化课，从识字入手，逐渐提高。一时间全场各生产大队都办起了夜校。每到晚上，高崇山都要到各大队讲课，五个大队每周巡讲一次。经过近两年时间的扫盲夜校学习，他在全场范围内基本扫除了文盲。年轻一些的职工，还能在生产队开会时给大家读报纸。

第三，教育从娃娃抓起，兴办子弟小学。20世纪50年代，荣军农场刚建场时，只有一所1950年双辽县衙门屯县农场建立的朝鲜族学校。学生都是该农场朝鲜族子女。农场职工子女只能到附近的新立、三合、双山等地小学读书。1959年8月，场党委决定在场部所在地成立双辽农场小学。校长由衙门屯朝鲜族小学校裴东珠（朝鲜族）担任，并相继把在新立、三合读书的职工子女接回农场小学读书，改变了双辽农场没有学校的历史。1961年7月，第一届双辽农场小学12名小学生高小毕业。之后，各生产大队逐渐建立了子弟小学，每所小学设一至四年级。五至六年级的学生到场部所在地或附近乡镇中心小学读书。1964年9月，为了培养有文化、有技术的职工队伍，场党委决定在双辽农场的中心三大队的衙门屯建起一所"吉林省国营双辽农场半工半读农业中学"，简称"农中"，选调本场吉林农校优秀毕业生任教。学生都是没有考入县里正式中学的职工之女。他们既学文化，又结合农场发展需要培养专业技能。这些学生中很多人后来成为双辽农场生产建设的骨干，是双辽农场一支有文化、有作为的生力军。

第四，活跃职工业余文体活动。他组织工青妇群团组织，在职工中开展丰富多彩的体育文化活动。场部机关成立了篮球队，每周都有比赛；电影队每月都要到各生产队巡回放映，不仅吸引了场内职工家属观看，也引来了附近乡镇村民共享。他建起了文化室、图书室，给青壮年职工创造了良好的学习环境；广播站及时播报国际国内及场内发生的大事，及时传播党和国家的重大决定和重要新闻，报道场内发生的好人好事，对各种不良倾向及时揭露、批评和纠正，很好地发挥了舆论工具的宣传和导向作用。总场及各生产大队的业余文艺宣传队，每逢重大节日及纪念日都要组织会演，使职工们增强了信心，鼓舞了斗志，也进一步增强了企业的凝聚力和向心力。

第五，深入基层蹲点调研，与民同吃同住，发现问题及时解决。1960年在三大队蹲点时，他为解决职工食堂粮食不足，从总场粮库调配细稻糠分给职工，用作掺白面做馒头，受到百姓赞扬，并在全场职工食堂推广使用。这弥补了粮食不足。为解决职工吃菜难的问题，他在全场各大队、小队办起了菜园，除保证职工食堂用菜外，还把多余的菜分给职工家庭。

（三）前赴后继　续写辉煌

裴志夏上任后，继续发扬前任党总支书记、场长贾巨文的垦荒精神，前赴后继，续写辉煌。从1958年至1965年，他在任的8年中，虽然经历"大跃进"的影响和国家三年困难时期，但他与场长王守权一起带领双辽农场领导班子、荣军官兵、农场职工扩大垦荒面积，以水稻生产为主，畜牧业、工副业齐头并进。

一是继续实施建场初期的水田垦荒计划，将区域内的双山人民公社三合大队前后衙门生产队及八里营子生产队划归农场，既扩大了粮食作物面积，又实现双辽农场全面国有化；与双辽县政府协商，在双辽县永加乡洪源村开发土地500公顷，以种植大豆为主，全部实行机械化作业。在双辽县秀水公社川头大队开垦荒地100公顷，以种植玉米为主，主要解决畜牧场牲畜饲料问题。

二是实施《三包一奖制度》，推行《工资加奖励分配方式》《大包干责任制》等激励机制，调动了职工生产积极性。

三是开展劳动竞赛，弘扬正气，增强凝聚力。1953年5月16日，农场党总支向全场职工发出《学习好头行人——马玉峰的决定》，号召全场职工学习马玉峰那种大公无私，以身作则，认真贯彻执行党的各项方针政策，顾大局、识大体，关心同志，助人为乐，舍己为人的共产主义风格，号召大家努力学习政治理论，听党的话，勇于克服困难的革命乐观主义精神，自觉完成党交给的各项工作。这在全场掀起了学先进争做农场建设先进工作者的热潮。在1964年1月召开的双辽农场劳动模范表彰大会上，裴志夏书记与党委其他领导给获得一等功臣的马玉峰（小队长）、二等功臣肖广才（小队长）、三等功臣喻判文（大队书记）披红戴花，牵着马把这些模范从总场送到所在生产队，其场面颇为壮观；同时奖给全场在职员工每户一袋大米（100公斤），极大地鼓舞了职工开荒种地的积极性，至今说起这件事，许多见证人无不交口称赞。

　　四是大力发展畜牧业。20 世纪 60 年代初期，总场有养马场、养猪场、养鱼场，各生产小队有牛群、有鱼塘。其中养鸭业发展较快。双辽农场的养鸭事业起源于 1960 年，各生产大队相继建起了养鸡场和养鸭场。鸭场主要饲养北京填鸭。正如他在 1963 年 12 月 19 日的报告《国营双辽农场关于开展社会主义教育运动的动员报告》中所说"1963 年末全场有黄牛 247 头，奶牛 32 头，马、骡 260 匹（头），猪 369 头，饲养并交售北京鸭 25000只，推广种鸭 15000 只，交售鲜蛋 10000 公斤（鸡蛋、鸭蛋）……"

　　五是特产业初见成效。充分利用哈拉巴山的独特资源发展鹿业、渔业，1962 年 4 月双辽农场哈拉巴山鹿场正式成立；在省农业厅的大力支持下，将吉林省农业学校（九站农校）的 34 头梅花鹿划拨给双辽农场哈拉巴山鹿场；选调吉林农校的优秀教师、驯养梅花鹿专家邓再修到双辽农场鹿场驯养梅花鹿；利用哈拉巴山大山泡子发展养鱼业；1964 年秋，农闲季节，争取到了吉林省农业厅投资，集全场之力，在山泡子修建环湖路；修筑了近两米高的围堰，截住了放任的桃花水和汹涌的夏汛；形成独立水系，山泡子形成天然渔场。每逢重大节日，农场都把大批的鱼产品分配给全场的各个生产大队职工食堂和每个职工住户，成了双辽农场生生不息的菜篮子。

　　六是酒厂、造纸厂、农机修造厂等，既充分利用了农副产品进行再加工，又安置了剩余劳动力。

　　裴志夏在双辽农场任职的 8 年中，带领领导班子和职工群众继承发扬荣军农场时期的垦荒精神，克服重重困难，奋发图强，把荒芜的双辽农场建成鱼米之乡。1965 年夏秋之交，长春电影制片厂在这里拍摄了纪录片《哈拉巴山下的鱼米之乡》。

（四）兢兢业业　克己奉公

　　多年的革命战争和工作经历，使裴志夏不忘初心，时刻把党的事业放在第一位。只要是农场的事情，没有小事，他都想千方设百计地去解决。无论是什么时间、什么地点，只要发生问题，他都毫不迟疑地加以解决，受到了百姓们的一致认同。他的长子裴署生回忆说："我父亲的一生是革命的一生，是为党的事业奋斗的一生。特别是在双辽农场工作期间，只要是接到场部电话，无论是吃饭，还是半夜，总是立即起身前去解决。记得那是 1961 年春季的一天深夜，听说远在十公里的双山与农场一大队连接的木桥桥板被盗。他连夜赶往到现场解决。母亲担心得一夜没有睡觉。类似这样的例子数不胜数。我们很少见到父亲在家休息，毫不夸张地说，小时候有时我们都忘记了爸爸的模样，因为他很少陪伴我们。""爸爸是个铁面无私，不近人情的人。1958 年我母亲正在怀孕，父亲让我母亲带头到农场的水田地干活。我母亲怕得病，就没去下地干活，父亲给母亲关了一个星期的禁闭。我陪着母亲在小黑屋里住了一个星期。这件事我记忆犹新。""父亲从来不搞特殊化，还经常教育我们要与民同甘共苦。20 世纪 60 年代的困难时期，双辽农场生产的水稻一粒不少地交到国库。特别是 1960 年各家各户的口粮都不够，我们家里照样吃玉米瓤子面的菜团子。那时由于没有一点油水，吃得我大便干燥，急得母亲用手指头给我往外扣。缺少家里做饭的烧柴，我就和小伙伴们去场部综合厂、食堂等处捡煤核，总是灰尘满面……"

"父亲作为农场的一把手，国家行政 14 级的干部，工资除家庭正常开销外，还要时不时地接济困难群众，自己却没有一点积蓄。1966 年父亲被打成'走资派'后，我也被迫辍学。秋季为了渡过生活难关，我一个只有 12 岁的孩子到郑家屯坐火车到辽宁鞍山舅舅家借钱。回来时把钱藏到裤头里。半夜途经四平正赶上红卫兵占领火车站，好心的铁路警察怕我受伤，把我领到值班室，算是安全度过一夜。"

1966 年，因裴志夏在双辽农场任职 8 年政绩突出，组织上准备把他安置到四平地委机关工作，正在即将赴任期间，"文化大革命"便开始了。直到 1969 年初双辽农场恢复党委后，裴志夏才从"牛棚"解放出来。1969 年 11 月下旬，作为双辽县的"五七"干部，他被下放到双辽县柳条公社农阁大队劳动。1973 年初他恢复原正县级职务，被调到双辽种羊场任党委书记（县团级）；1979 年任双辽县科委副主任兼地震局局长；2000 年 1 月因病去世，享年 81 岁。中共双辽县委在双辽县殡仪馆为他举行了隆重的追悼会，他身盖党旗安详离去。

二、王守权

（一）大局为重　艰辛前行

王守权，男，汉族，中国共产党党员；1928 年 2 月 18 日出生于辽宁省辽中县于家房乡代家房村，初中文化；1949 年中华人民共和国成立前夕，在家乡参加革命；1957 年 12 月，任国营双辽农场第一副场长。

1958 年 2 月，吉林省农业厅党组下文成立中国共产党吉林省国营双辽农场委员会。党委书记为裴志夏，王守权为党委委员。吉林省农业厅把双辽农场一分为三，成立双山农场（位于双山南的第一生产队）、三合农场（包括第二生产队、第三生产队和总场直属企事业单位）、三家子农场（包括第四生产队、畜牧场）王守权任三家子农场场长。场址设在八里营子。

他以大局为重，不计较官位大小，组织三家子农场职工参加双辽县的"大炼钢铁"会战。同时在秋季他坚持做好场内土地深翻和兴修水利工程，清理本场的水渠。

1959 年 1 月份，吉林省农业厅党组下文，取消了 1958 年双辽农场内的三个农场建制，恢复 1957 年的建制，任命王守权为双辽农场场长。总场下设四个水稻生产大队、畜牧场、鸭场、联合工厂、拖拉机队及卫生所等 10 个基层单位。

王守权任期内面对的第二个挑战，是全国三年困难时期。农场自留口粮标准下降，由"三定"时的 260 公斤一下降到最高标准不超过 180 公斤。生产队大牲畜留量标准普遍降低。人畜体力不佳，严重影响了农业生产。在这种粮食十分短缺的情况下，王守权作为场长，只好动员群众搞好"瓜菜代"。所谓"瓜菜代"，就是根据忙闲季节，分月落实口粮标准。忙时多吃，闲时少吃，干稀调剂，粮菜混吃，学会做饭增量法和代食品加工法。为解决职工群众吃饱肚子和提高家庭收入两大难题，1961 年，根据国家农垦部关于"在农场试行种自用地（或叫园田地和自给地）制度，给农场职工及其家属按人口每人分 2 亩地作为口粮田，3 分地作为种植瓜菜的园田。多产多吃、少产少吃，自给地从大田中划出来，由职工家属组成小集体进行生产，并在生产队中指定一个副队长专责管理"的指示，王守权向党委提议从双辽农场的实际出发，允许职工经营家庭副业，农业生产大队职工按家庭人口分自留地，根据各大队实际情况每人分 1～2 分地。这一政策的实施，解决了职工粮食不够吃的实际问题。

（二）理顺关系　扩大开发

1959 年前，双辽农场经过不断开发和整合，一个以种植水稻为主的国营农场已初具规模。但区域内仍然存在国营经济和集体经济共存的问题。1960 年，为实现双辽农场域内农场国营经济一体化，王守权与党委书记裴志夏一起多次到双辽县政府、吉林省农业厅沟通，申请将域内归双辽县双山人民公社三合大队的前后衙门屯两个生产队、八里营子集体经济生产队并入双辽农场，得到了吉林省政府的批准。其中前后衙门屯划归三大队、八里营子划归四大队。生产队农民也随之转为国营农场职工，既扩大了粮食作物面积，又实现双辽农场全面国有化，便于整体垦荒计划的实施，从而壮大了荣军农场的基础设施，增加了土地面积和职工人数。

在继续实施荣军农场前辈贾巨文场长制定的水田开发规划的基础上，他探索尝试扩大旱田开发。1961 年在双辽县永加乡的洪源村，他组建双辽农场第六生产大队，选派得力干部为大队长，并抽调强壮劳力和优秀拖拉机手，充实到开发的队伍中。以机械化开垦旱田为主，主要作物是黄豆。虽然是机械化播种，但由于当时的农业机械化还是初级阶段，除翻耙地、播种和脱粒外，夏锄、秋收大部分靠手工劳动。这里是科尔沁大草原，土质瘠薄，土地一眼望不到边。夏锄铲地时人们从早晨 5 点开工到中午 11 点 30 分，一条垄才能铲到头（人们称为大长垄）。到 1964 年的四年间，机械化开垦土地 400 公顷。

1961 年争取双辽县政府的支持，他在牧畜场附近的双辽县秀水公社川头大队胜利屯开垦荒地 120 公顷。他抽调各农业大队 20 名劳动骨干，组建双辽农场畜牧场川头生产小队，同时配备一台大马车、一台牛车。总场机耕队派出四台拖拉机，日夜翻耙荒地，以种植小麦、黄豆、玉米为主，主要解决牧畜场牲畜饲料问题。

（三）心系农场　甘洒热血

王守权，1米90的大个，身体魁梧高健，职工们亲切地叫他"王大个子"。那时农场为了主要领导下基层方便，专门给他配备了一匹马，但他从来不骑。他总是靠两条腿，步行到各分场检查指导工作。每逢农忙季节，每天早上天刚亮，他便由总场办公室出发，先到二大队的水田地，再到三大队、四大队、畜牧场（五大队）。职工们会经常见到他的身影，行走在池埂、稻田间。他一路劳动，一路访问，雷厉风行，说到做到，从不拖泥带水。在水田地里，他把脱下的鞋子插在后裤腰带上，挽起裤腿，光着脚下田同工人们同劳动。中午他同工人们一起吃食堂，成为职工们的好朋友。

1960年初冬一个早上，由于驾驶员在拖拉机库房添加机油，不慎引起拖拉机燃烧爆炸。王守权场长得知后立即奔赴现场，跑了300米后冲进车库，把停在机库里的一台热特（即二十八马力的胶轮拖拉机）开了出来。尽管火舌烧焦了他的头发，但车保住了，国家的财产没受到损失。他同时一边组织群众救火，一边与前来救火的职工们一起冲进火海抢救库房物资，冒着生命危险扑灭了一场大火，把损失降到最低程度，挽救了人民群众的生命和财产安全。大火扑灭后，人们发现眼前的"大个子场长"衣服被烧破了很多洞，他的鞋上、身上沾满了黑色的烟尘，双手、面颊被"染"成了黑色，手也被划破了。但他没有顾及脏、累、疼，心中只有救险成功的庆幸。被救的拖拉机驾驶员握着他的手激动地说："场长您是个大英雄，是我们的主心骨。"他说："是大家齐心协力把火扑灭的。只要没有烧伤烧死人，就是万幸。"大火过后，他不顾疲劳，立即召开全场大会总结事故的教训，表彰了这次事故中受重伤的庞守仁等救火英雄，增强了全场干部工人的安全生产意识。同时他向省农业厅打报告，检讨自己的过失，积极争取省里资金补贴。

1962年，在他的努力下，吉林省农业厅为了充分利用大哈拉巴山的天然资源，决定在双辽农场发展梅花鹿养殖事业。农业厅把吉林农校的34头梅花鹿全部划拨到双辽农场哈拉巴山鹿场，同时将吉林农校的优秀教师、驯养梅花鹿的专家邓再修老师调来指导驯养梅花鹿，其家属子女也一并随迁。他亲自到大哈拉巴山选址建设梅花鹿饲养场，之后与省农业厅沟通，从东丰县、延边的敦化大石头垦殖场引进梅花鹿。

1962年11月，吉林省农业厅从吉林省国营敦化大清沟鹿场给双辽农场调拨120只梅花鹿。为了确保这批鹿安全到达，王守权场长亲自指挥调鹿全过程。前往调鹿的牛长贵回忆说"王场长为双辽农场的经济发展真是操碎了心，处处精打细算。他亲自从场木工班选调两名优秀木工，到现场制作装鹿的木笼子。对木工千叮咛万嘱咐，制作的木笼子一定要选最好的红松，不要用一颗铁钉。木笼用过后作为建鹿舍的门窗口料。"

1965 年 4 月末，王守权调至吉林省国营梨树农场任场长。

王守权场长在双辽农场任职 7 年，生活从不搞特殊化。他把家安在职工住宅区的大筒房（一栋房居住五六家，每家只有一两间居室），与职工共用一个大通道（走廊）。他日夜奋战在工作第一线，积劳成疾，落下了胃病和老寒腿，仍无怨无悔，深受干部职工爱戴。政绩上，双辽农场的各项事业发展迅速，其领导能力在吉林省农业厅直属的 11 个国营农林牧副渔场中数一数二。财务报表显示，到 1964 年，全场总人口 4687 人，比建场初期1950 年的 500 人增加了 4187 人。职工人数 1112 人，比 1950 年的 461 人增加了 651 人；全场播种面积达到 1900 公顷，比 1950 年的 1163 公顷增加了 737 公顷。其中水稻面积1200 公顷，占总播种面积的 63.15%，全场从以开发旱田为主，转到以开垦水田为主；粮食总产量 2305 吨，比 1950 年的 704 吨增加了 1601 吨；1964 年工农业总产值达 57.1 万元，上交国家税金 4.2 万元，上交国家商品粮 580 吨，都是历史之最。

1976 年王守权调到四平地区机关工作，先后任四平地区农机局局长、四平地区水利局局长，1988 年从副地级岗位离休。离休后，他继续发挥余热，听说双辽农场在哈拉巴山北甸子开发了小井种稻，感到这是个新生事物，需要关注一下，于是申请农场给他划了一块地种了起来。因地下水是凉的，直接灌溉稻田会影响稻苗生长，他反复观察后，决定挖一个蓄水池，底部铺上塑料布，把地下水提到水池里提早预温后再灌溉到田里。他还以此向省、市科委申报了科研立项，不但争取到了市里的资金支持，在水资源缺少的旱田地尝试节电、节能、节水的节水灌溉小井种稻模式，取得了成功。1988 年开发 120 公顷，当年每公顷产水稻 9000 公斤。农工尝到了甜头，继续扩大水田面积，1990 年水田面积达到 200 公顷，使草原变为良田。职工们说："五大队的水田开发，老场长王守权功不可没。"

三、董彦平

（一）参加革命　不忘初心

董彦平，1927 年 2 月 21 日生于黑龙江省明水县；儿时家境较好，其父是殷实的开荒种田人，且重视子女文化教育；念私塾时（小学）父亲去世，母亲带着他兄弟二人在其三叔的接济下生活；小时候在私塾读书，后到齐齐哈尔市读中学，因为学习成绩优异，又有组织能力肯吃苦，被推举为齐市联合中学学生会主席。

董彦平 1945 年 12 月参加革命，1947 年 2 月加入中国共产党；在东北公安部任侦查员

图 11-3-2　董彦平

期间，曾参加东北抗日联军政委李兆麟将军被敌特暗杀等重大刑事案件侦破工作。1947 年解放战争期间，东北公安部组建了沈阳市公安局，董彦平先后任沈阳市皇姑区公安分局长、沈阳市公安局政治部主任，1960 年出任中共中央东北局组织部巡视员。

1964 年他作为东北局骨干带职参加"四清"运动，任东北四大灌区之一的吉林省梨树灌区管理局党委副书记（灌区下设四个国营农场，一个水利管理处，一个地方区委）。"四清"结束后，因东北局撤销，干部分散下到农村基层工作。1965 年 4 月末，董彦平从梨树灌区调到吉林省国营双辽农场任党委书记。

一年后"文化大革命"开始，董彦平与原党委书记裴志夏等全场大小领导干部一起被"靠边站"。因为他刚到双辽农场任职，在"文化大革命"审查期间，受到了职工的保护。在此期间。他虽然被革去了党委书记职务，但仍然在场革委会安排的生产组副组长、办事组组长的岗位上无怨无悔，尽职尽责。他只身住在二大队安排的职工宿舍。在参加劳动改造的过程中，他与工人们同甘共苦，同心同德，休戚与共。原二大队党总支书记牛长贵评价说："董书记在双辽农场任职十一年，为双辽农场的建设立下了汗马功劳。身为农场领导，一点架子也没有，吃住在二大队，和我们一样参加劳动。发现生产中出现问题后，总是及时提醒我们怎样去解决。在他的身上，我学到了怎样当好领导干部的方法，终身受益。"

1969 年 12 月，双辽农场由吉林省农业厅划归到双辽县管理，恢复中共双辽农场党委会。根据国家有关落实解放老干部的政策，恢复了董彦平的国营双辽农场党委书记职务。

（二）勤政奉公　鞠躬尽瘁

他的理念是，以人为本，来自民众，服务民众。

双辽农场坐落在东辽河西畔，以东北杂交水稻为主要农产品。每年的春耕生产是农场上下最繁忙的时节。育苗和插秧则是这个节气中最劳累的两个环节。水田工人们每天凌晨 5 点钟，就来到田间插秧。为确保插秧质量，董彦平书记深入调查研究，带领团队，制定了一整套田间秧苗质量管理标准。在插秧季节里，他总是身先士卒，冲在第一线，既做指挥员也做战斗员。他能担起 50 多公斤重的稻苗担子走在泥泞的水田埂子上。一次他不小心，一个趔趄滑倒在水田地里，弄了一身泥水，他风趣地调侃，咱们是"抹泥之交"，逗得在场的人哈哈大笑。1973 年 7 月份，"五七"队从大干线引水，造成干线决堤。20 余公顷的水田全被水淹，白茫茫一片。得知此情后，他第一时间来到现场，与几十名工人一起，堵挡决堤的口子，从早上 7 点多钟一直干到中午 11 点，将决口的堤坝堵好。他就是这样一个随和幽默、贴近群众、亲力亲为、为民着想的人。

盛夏季节的双辽，水田地又潮又湿，很多职工都患有风湿或类风湿病。他实地考察走访，了解情况，并责成有关人员请来专家到农场，为职工宣传预防知识，并积极采取治疗措施，收到了很好的效果。夏日的水田地里，蚂蟥横行肆虐，吸食人畜血液。它是一种软体水生动物，常附在人、畜皮肤上吸食血液，严重危害人畜健康。他请来了防疫部门到农场，以防血吸虫病的发生和传播。

每逢秋收季节、动镰收割的当天，他都要通过农场广播站，召开全场职工动员大会。要求各级各类领导干部以身作则，带领职工奋战秋收，抢在冰雪到来之前颗粒归仓。秋收会战一打响，他像勇士一样冲在前面，动员全体机关干部冲到秋收第一线，号召中小学生放农忙假，跟在大人身后拾稻穗。全场上下齐上阵，颗粒归仓保丰收。他亲临农场粮库检查稻谷入仓情况，指示要晾晒充分，除去水分，囤放安妥，控制粮垛内温度、湿度，确保粮食质量安全。

在治理风沙灾害上，1965 年初秋，董彦平书记与场长张志政在五大队走访调查时，赶上了一场大风暴。疯狂呼啸的大风卷着黄沙和草叶漫天飞舞，天地一片暗黄。于是他们决定一定要通过植树造林压住风沙。五大队当时是全场人口最少、土地面积最大的生产大队。哈拉巴山、大山泡子、草原湿地、南北沙岗子都归五大队管理，面积近双辽农场的五分之二。尤其是山西面和山北面几千公顷沙岗子干旱，无树无草，不断侵蚀着草原良田。1965 年 10 月下旬，他和场长带着拖拉机来到双辽农场五大队，按规划设计好的图纸，从东（大泡子北）到西（大沙岗子）开始开沟造林。五大队出动职工百余人、农业中学学生 50 余人，奋战十余天。大泡子北和五大队队部北面都是当时的二洼地良田，这里有双辽农场当时最好的 50 公顷样板田。因没有树木，土壤经常被大风吹走，禾苗受害。因这里是二洼地，适宜栽种柳树，他便组织全场人力物力在这里埋干植柳，栽植 80 多公顷防护林带。十年后，树大成林，挡住了风沙。五大队职工拉黑土压沙，使这片饱受风沙欺凌的土地变成了良田。

在兴修水利等基本建设上，他组织职工用铁锹、镐头等家常用具疏通河道水渠，确保水稻种植蓄水、引流、灌溉和民用四大环节畅通无阻。每年疏通河道水渠土方量都在 10 万立方米以上。1971 年春季，二大队的支渠因年久失修，淤泥沉沙拥堵严重，影响灌溉。他组织民兵突击营，日夜奋战在疏通渠道第一线。一次，孩子们看见父亲扎着绷带一瘸一拐地回家时，兄妹三人赶紧搀扶进屋，这才得知父亲被镐头砸伤了左腿。看见殷红的绷带，小女儿居然吓哭了起来。父亲慈祥地摸着她的头说没事儿，没事儿，只是碰破了点儿皮。他笑着对孩子们说："要改变农工们笨重的手工劳作，将来必须要用农业机械化"。

推广农业机械化是那个年代的时髦词汇。他在职工们艰苦的劳作中悟出这样的道理：农场若想从农村小作坊模式中走出来，必须实现农业生产机械化，国营农场应该做农业机械化的领头人。本着这样的理念，他组织召开领导班子会议，讨论如何建立第一个全机械化生产示范生产队。会议决定，将"五七"队作为示范队，并选派精明强干的大队干部出任机械化生产示范生产队队长在招纳刚刚初高中毕业生数十人，在吉林省农业机械化研究所专业人员的指导下，进行插秧机的工作原理、使用方法、故障处理等方面的理论与操作技能培训后，"五七"队首次使用插秧机替代人工插秧，效率提升了6～7倍，节省了大量劳力，解决了春季插秧人力短缺问题，保证了"不插六月秧"成为现实。尝到甜头之后，他致力于在全农场范围推广农业机械化。实现了春天有插秧机、夏天有施肥机、秋天有收割机、冬天有脱粒机的目标。20世纪70年代，双辽农场在他的带领下，从当年的荣军农场马拉犁耕时代，迈入了一个推广机械化的时代。

双辽农场机械化进程取得重大转型，并解放相当一部分劳动力之后，如何拓展经营思路，安置剩余劳动力是当务之急。他每天要思考和谋划的事情很多很多，冥思苦想的他，有一天的饭后茶余，被在中学读书的儿子一句话所启发。儿子跟父亲聊起老师在课堂上讲的，"山上水里都是宝，人参鹿茸乌拉草"。他拉着儿子的手让他再说一遍。一拍大腿说："对啊！要走多种经营之路，才能进一步带领大家走上富裕路。"

于是他带领干部职工集全农场之力，创建和扩大了农场多种经营事业范围。决定继续发展和壮大哈拉巴山梅花鹿场、养鱼场、养猪场等养殖企业规模，再建立几个多种经营基地和机械化作业相适应的配套工厂。他亲自与省市农垦局和财政部门陈情，以获取到政府的大力支持。

当务之急，农机维修显得十分重要，原有打铁烘炉式的原始小作坊已经不能满足现代工农业的发展需要。他决定在原有的铁匠炉基础上扩建成农机修造厂，包括车、钳、铆、电、焊、洗、刨、机械加工、翻砂铸造、电机修理、农机大修等，为实现农业机械化现代化做好了后勤保障。

根据农业专家建议，他借鉴原老酒厂经验，在场部所在地新建一个制酒厂，酿造当地原浆白酒。他亲自组织领导，讨论制订具体实施方案，调配得力干部任酒厂领导。招聘有一定知识才能的高中毕业生，充实到酒厂的各个生产岗位，有汽锅工、吊酒工，曲子工、酵母工，加强了酒厂的技术力量。酒厂成为当地的一张名片，产品远销省内外。

（三）心系职工　关注民生

他常说"农场要翻身，教育是关键。必须培养自己的人才，让农垦二代成为有文化、有知识、有才能、有作为的生产者和建设者"。针对当时中学教育点少、不集中、走读不便等特点，他组织重新规划了农场的中小学校的设置，恢复农场中心小学校，撤销分散在二大队、四大队的小学初中班；在农场中心地区的三大队衙门屯，建立起初高中一体化的双辽农场中学；选拔长春下乡到农场的优秀知识青年和省内大专院校毕业生为骨干教师。为农场培育后备人才，他作了充分的准备。

为解决农场职工家属就医难的问题，他力主加强与完善农场职工卫生院技术力量和基础设施，购置X光机、超声波诊断仪、动态心电图仪等医疗设备，配设了检验室；聘请中高级医务人员，从而提高了农场职工医院的整体医疗水平，被上级医疗主管部门评选为农村标杆卫生院。

为满足职工日常生活需要，场部先后建立和新增了供销社、招待所、饭店、菜场、理发、裁缝等为民服务的农场第三产业。逢年过节，政工部门组织秧歌比赛、工会组织篮球赛、农场田径运动会、歌舞会演。农场电影放映队在各个分场循环放映有关部门下发的影片，丰富了职工业余生活。

他时刻把职工生活放在心上。有一位山东籍的职工要求家属来场落户。他了解到这位工人只身到农场已经多年，妻子与他两地分居，符合落户标准，就与相关部门研究后批准迁入。这位工人接到通知十分感谢，便携带山东老家自产的二斤花生米送来答谢。他说："你是多年在农场的老职工，妻子要求来落户，经场党委研究应予解决。这是我们的工作，不需要感谢。这包花生米也是山东家人辛苦劳累种收的，东西虽小，我们也不能收下。你的实际困难，我们一定要解决的，不用客气，不要感谢。"这位工人连连道谢。此事虽小，居住在对面屋的老荣军听到后，就把这件小事传播出去，说："咱们的党委书记为人办事不收礼，是位廉洁奉公，一心为群众办实事的好书记。"

（四）言传身教　以身作则

在双辽农场工作期间，他经常嘱咐家人："虽然基层工作生活比较艰苦，但是我们是来帮助基层干部管理好辖区工作，改善职工和家属生活，改变农村基层面貌的，所以我们全家人一定要俭朴生活，与职工群众同甘共苦，关心群众疾苦，帮助解决实际困难，工作要做到最好。孩子们上学要尊敬老师、团结同学。全家人都要放下城市优越身份，要置身于群众中。"

他是这样说的，也是这样做的。

1971年家里养了一口猪，从一个小猪仔开始，养了一年多，孩子们像普通职工家庭的孩子一样到野外打猪草喂猪。年底妻子本打算杀猪过个好年，犒劳孩子们。可是董彦平响应上级政府号召，说服妻子、孩子，把这头出栏猪按要求出售给了国家。

由于工作繁忙，经常在外，他每天都很晚回家，对孩子们管教不多。但只要有机会或饭后茶余，总会鼓励孩子们多读书、多看报。他教育孩子们的一句至理名言是："机遇是给有准备的人的最好礼物"。就是这句话，让他的三个子女增强了上进心和学习的动力。20世纪70年代，读书是一种奢望，更不必说身居偏僻的农村了。孩子们就向下乡知青大哥哥大姐姐们借书读，有普希金的名著《欢乐颂》、有尼古拉·奥斯特洛夫斯基所著的《钢铁是怎样炼成的》、有马背作家乌兰巴干的《草原烽火》，还有军旅作家高玉宝的作品《半夜鸡叫》。这些文学作品，为孩子们的成长奠定了基础。若干年后他的长子董愚不仅考取了清华大学，而且还被国家公派到国外读取博士，成为国际知名的汽车技术专家。董愚深有感触地说："至今我们哥仨聚到一起时，每每说起这些，总会缅怀父亲当年的殷切期望和谆谆教诲。"

1978年5月，按党的政策和工作需要，董彦平奉调四平，组建四平地区检察院，任检察长。从此他离开了工作生活多年的农垦战线，转入他的老本行政法战线继续工作。

1985年6月29日，58岁的董彦平终因多年坎坷劳碌、积劳成疾，在工作中病倒，殉职辞世。他在双辽农场的功绩，人们永远不会忘记，名垂史册。

四、张志政

张志政（又名张志正），吉林省舒兰县人，1929年出生，国营双辽农场第四任场长；1966年4月来到双辽农场任职之前，是吉林省农业厅财务处副处长。凭着在省农业厅工作多年的经历，有着广泛的人际关系。他怀着一颗为双辽农场的事业做贡献的初心，来到双辽农场就扎扎实实地投入工作中。但是，一场"文化大革命"让他的雄心壮志化为泡影。1973年11月30日，双辽县革委会一纸任命，免去了张志政双辽农场场长职务，任双辽县农机厂党支部书记，革委会主任（双辽县股级厂长）。1974年10月吉林省委副书记张世英视察双辽农场，决定要建养鸭场时问道："张志政怎么没来？"党委书记董彦平回答说："张志政被调到双辽县大修厂任厂长去了。（当时双辽农场归双辽县管理）"省农垦朱瑞平厅长气愤地说："真是乱弹琴，一个正处级农场场长调到一个双辽小厂，这不是人才的浪费吗！必须马上调回来，继续任双辽农场场长，筹划养鸭场的建立。"并立即给双辽县委打电话。1974年12月6日，中共双辽县委下文恢复了张志政双辽农场场长职务。回到农场后，他出任双辽农场筹建鸭场领导小组组长。到任后首先组织人员到河南、辽宁等地考察养鸭企业，组建了双辽农场鸭场领导班子。他还多次带场财务科负责人到省农业厅、省计划委员会、省财政厅争取资金。1975—1977年共向省里争取投资258万元。其中1975年当年投资为82万元。由于资金到位，鸭场边建设边生产，1977—1979年养鸭

10万余只，建成了省内最大规模的家禽养殖基地。

1978年5月党委书记董彦平调到四平地区检察院工作后，张志政任党委副书记、场长，主持双辽农场第四届领导班子工作，一直到1979年12月调回吉林省农垦局物资处任处长。这一期间，双辽农场的各项工作在张志政的主持下取得了很大成绩。

1975年在筹建鸭场的同时，通过多方考察，他与四平地委下放干部刘震海（原中共四平地委宣传部部长）一起，筹建年加工3000吨稻草的造纸厂。他多次到省财政厅，争取资金120多万元。造纸厂的主要产品是箱板纸，瓦楞纸，油毡原纸等。到1979年，该厂已形成2000吨的生产能力，是场内规模较大的一家企业。该厂不仅安排了150余人就业，同时间接使农工每年卖稻草收入在20万元左右。

其他工业项目也取得了长足发展。到1979年，全场工副业产值提高到152.3万元，年递增50%以上。

1978年新建10千伏安的变电所，为发展场办工业奠定了基础。

为保证农业的丰产丰收，他于1976年恢复了农业试验站，在提供良种、科技示范方面发挥了积极作用。

1979年全场粮食总产量达到5144吨，创双辽农场建场以来的最高产量纪录。

五、孙福生

孙福生，1940年11月25日出生在吉林省双辽县新立乡；1978年7月加入中国共产党；曾任双辽农场近邻的双辽县新立乡党委书记；1983年8月至1986年11月任双辽农场党委书记。

孙福生在国营双辽农场任职期间，最大的功绩就是在农业经营敢为人先，深化农业改革。在市委农村工作委员会的直接指导下，他开始实施联产承包责任制。双辽农场落实联产承包责任制的改革，确切地说是从1983年初夏开始的。以四平市委农村工作委员会副书记李清涛为首的工作组，进入了四分场第三生产小队，进行改革试点。当时已进入6月份，水稻已完成了插秧。工作组召开职工大会进行动员。派人统计三小队的在册人口，丈量三小队的土地面积，并决定分青苗，把稻田后期管理交给承包户。这样总算在铁壁铜墙的固有思维中撕开了一个口子。实践证明，由于责任到位，管理加强，当年三小队的粮食总产增加了三成。至此双辽农场的干部和群众才看到了改革的曙光。

图11-3-3 孙福生

8月，四平市委农委及时地调整了国营双辽农场总场领导班子。从附近的新立乡调来了熟悉农村改革的孙福生、杨文江，分别任双辽农场党委书记和场长。新班子新气象，他们以四分场三小队联产承包责任制试点为范本，将改革迅速在全场推开。制订了《双辽农场家庭联产承包责任制》方案，并开始实施，之后又对国有固定资产制定了相关的政策，分配和处理给广大职工。至此基础性改革才尘埃落定。很多原来不理解的人，看到了生产力发生了明显的变化，慢慢地思想才转过来。

以孙福生为核心的领导班子，在之后的几年间彻底地改变了农场的面貌。粮食总产实现了历史性的突破，由原来的总产2千多吨增加到4千多吨，翻了一番。水稻单产由原来的每公顷4千公斤增加到8千公斤。双辽农场的经济也从几十年的亏损状态首次实现了盈利。实践再一次证明，是伟大的改革使多年徘徊不前的双辽农场走出了泥潭，踏上了健康发展的轨道。改革虽然有阵痛，但最大限度地解放了生产力，彻底打破铁饭碗、大锅饭，让广大职工群众过上好日子。

孙福生书记在双辽农场工作期间，还有一段饶有兴趣的"福生路"佳话。1983年8月，孙福生人虽然调到双辽农场，但家仍然居住在新立乡的五段屯。他上下班就骑着一辆自行车，不用农场的吉普车接送。他发现新立乡与农场接壤处有近一公里的断头路，非常泥泞难走。路边有农场的一个新建队，住着三十几户人家。新立乡那边有一个自然屯叫三家马架。恰恰是这两屯之间的路没人修筑和管护。孙福生敏锐地觉察到这是一段场乡之间的"三不管"地方。作为前任新立乡党委书记他有责任，作为现任双辽农场党委书记他更有责任。他同班子商量后，决定将这段分心路打造成友谊路。说干就干，他调动了二分场的职工和车辆，从附近高岗子上运来黄沙土并组织人力平整加宽路基，动员大小车辆从哈拉巴山拉来大量山皮土和石屑，铺在路面上。他亲自现场指挥，经过短短20余天的苦战，把这条多年的断头路打通了，不但方便了场乡之间的交流，也大大方便了新建队和三家马架屯近70多户人的出行和田间生产所需的物资运输。两个屯的群众都拍手称赞。后来由于这条路不但是孙福生指挥修的，也是他上下班常年走的，附近的人们都异口同声地把这段路就叫成了"福生"路。

30多年过去了，这条路已变成了水泥路。尽管孙福生在双辽市人大常委会副主任任上已逝世多年。但这条路的原名"福生"路，还存储在农场老人和三家马架屯老人的脑海中。

六、沈占明

沈占明是双辽农场第九任场长，双辽农场新场区建设的功臣；1945年6月16日出生在吉林省双辽县新立乡后头段一个军人家庭，其父沈继贤早年参加八路军，之后随解放军南下；1962年8月初中毕业后的沈占明在新立乡刘家村小学任教，并担任小学负责人；1965年7月—1966年12月，在怀德县（现公主岭市）毛城子公社、伊通县营城子公社参加社会主义社教工作，其间的1965年12月加入中国共产党；1967年1月先后任双辽县新立乡刘家大队党支部书记。新立公社、东明公社、服先公社党委副书记；1981年4月任双辽县兴隆乡党委书记；1983年1月任双辽县农业局局长；1991年3月任双辽农场党委副书记（正场级）；1991年7月任双辽农场场长。

20岁在"社教"中入党的他，始终怀着一颗扎扎实实为党工作的初心，无论是当大队党支部书记，还是任公社党委副书记、党委书记、农业局局长，总能开拓新局面，创造新业绩，干部和农民送给他一个绰号"沈大干"。他来到双辽农场工作后，抓的第一件事就是双辽农场的新区建设。谋划新场区的建设始于他的前任赵志芳场长。1987年双辽农场的经济逐渐向好。家庭联产承包责任制改善了农工家庭的生活水平，场办工业如火如荼地发展。当时的农场领导班子意识到农场需要改变一下环境，向长通公路靠拢。这里交通方便，地下水源充足，是薄收的沙岗土质，不占用高产耕地，因为临路也可以提高双

图 11 - 3 - 4　沈占明

辽农场的知名度。于是他便确定把场部迁移到交通便利的105省道路104公里处的后衙门屯北。由于当时资金有限，先搬迁了大理石厂，盖了办公楼和大厂房，打了40米的深井，修了水塔；引进了山东博兴产的金刚石圆盘切割机和贵阳都匀产的大理石八头磨床，购置了铲车、叉车，使大理石新厂很快投入正常生产。与此同时场部又搬迁了构件厂，主要产品是预制应力楼板。以满足本场和周边爆发式的建筑需求，取名为华星新区。当时这里没有地名，没有居民和住户，只有大理石厂，所以人们习惯上把双辽农场新场部称为大理石。场部又确定路北为办公区和工业区，路南为居民区。

1992年沈占明场长亲自任总指挥，大兴土木工程。带领领导班子在新区建起了总场办公楼、农场中学办公楼和农场中心小学。同时并举的还有农行双辽农场办事处办公楼和塑料彩印厂的新厂区。建成后的新场部道南第一排有二层小楼25座，第二第三排都是砖石结构的平台或瓦房。如今的总场场部汇集了3000余人口。同时逐步完善扩展了水泥路面，安上了太阳能路灯。街市边各种商业网点俱全，这里通往长春、内蒙古、四平的客运班车交叉运行。职工出行非常方便。标志着老荣军所开创的基业仍在蓬勃地发展。当人们走进新场部办公楼，站在四楼文体活动室宽敞的窗前，远眺新区景象时无不感慨："感谢

沈占明场长的远见卓识，给后人留下了这样一座宏大建筑，一个欣欣向荣的新区。"

　　沈占明场长任职期间非常重视后备人才的培养和使用。1991年7月，前任领导班子送到通化农业学校会计统计专业学习的34名同学，顺利毕业回到农场。经过半年的实习，1992年2月末，时任双辽农场场长沈占明及党委一班人经过研究，从双辽农场可持续发展的角度考虑，将其中的17人先行安排充实到了双辽农场的各基层单位，分别担任了会计、出纳员、记账员。除了当时自行安排工作离开农场的人员以外，双辽农场随后又陆续将这些毕业生全部安排充实到了双辽农场的各基层单位财务岗位，为后续双辽农场在会计岗位储备了一大批专业人才。到2021年，这些学生有的在双辽市机关担任领导，有的在双辽农场担任主要领导。双辽农场各基层单位的财务工作人员也是以这批通化农校毕业生为主，他们在各自的岗位上发挥着重要的作用。王长利任双辽农场场长、党委书记；王宇南任双辽农场副场长；宋国栋任双辽市统计局局长；邹伟任双辽市财政局党委成员（副科局级）；唐建博任四平市农业农村局农业综合行政执法支队副支队长；单继忠任双辽农场行政办公室主任；田永春（女）任双辽农场计财科科长；商敬民任双辽农场场长办公室主任。

第四章　平凡而伟大的垦荒人

一、马占良

马占良，1931年出生在国营双辽农场马宝屯（现二分场西山屯）。1900年河北石家庄闹蝗虫灾害，马占良的爷爷马成海挑着担子来到东北。他一边讨饭一边赶路，不知走了多少天后，来到了马宝屯，砍来木棍子，架起个窝棚住了下来，算是安了家。后来，自己开荒种粮，总算不饿肚子了。由于一起逃荒来到这里的几户人家都姓马，大伙在一起吃饱饭时，取名为马饱屯，后来叫白了就叫成现在的马宝屯。

1950年4月，辽西荣军农场场长贾巨文带领秘书李天立，骑着马来到哈拉巴山附近选择场址。在认真探查后，经辽西省政府批准，确定把辽西省荣军农场场部建在距马宝屯东一公里的一片向阳高岗空地上，至此辽西荣军农场落户在哈拉巴山下，开启了垦荒建场的新征程。场部把马占良、马占江、马占友三兄弟等十余名当地农民，吸收为农场的第一批工人。后来，19岁的马占良成为农场的一名场部自己培养的拖拉机驾驶员。老马家也都成了农场的工人和家属，马宝屯也由此改为辽西荣军农场的西山屯。

马占良和他的伙伴们携手垦荒建场的老荣军，把青春和汗水都献给了双辽农场。2021年冬季，90岁高龄的马占良寿终正寝。他没有留下更多的财富，却给子孙后代留下了战天斗地的垦荒者足迹和艰苦奋斗的垦荒人精神。每每回忆当年开荒建场的情景，马占良挂在口头上的一句话就是"那叫个苦啊！"他回忆说："当时的双辽农场真是天苍苍，地茫茫，荒甸、苇塘、野狼……铺天盖地的蚊子在耳边不停地嗡嗡地叫。可想而知在这样的条件下建场是何等的艰苦啊！""1950年春天，贾场长带领这些老荣军一锹一镐地开始造水田，很难实现大面积播种水稻的愿望。新中国成立初期，我们国家遭受了严重的战争创伤，百废待兴，还没有能力生产拖拉机，后来国家为了支持农场建设，调拨了三台苏联产的拖拉机纳齐和斯大林80号，场领导和工人们第一次看到了拖拉机，就像战士们在战场上有了新武器一样。别提多高兴了。我作为农场自己培养第一名拖拉机驾驶员，感到无比自豪！每当我驾驶拖拉机耕田翻地时，激动的心情无法形容。"

马占良的师父叫张东祥，是一名荣军。每天都不辞辛苦地手把手教这些青年人，使他们很快掌握了驾驶、维修、保养等技术。年轻聪明的马占良很快就能独立驾驶拖拉机了。当他第一次把拖拉机开到田间的时候，场领导和荣军们都前来助阵，共同见证这历史性的时刻。听说农场用"铁牛"开垦荒地，附近的农民扶老携幼奔赴耕作现场。百姓们看着这大"铁牛"，都说农场人真行，有门道。芦苇长得比人高，"铁牛"一走全翻倒。一天耕地180亩，抵上黄牛上百条。

由于当时驾驶员缺少，为了早日把水田开垦出来，驾驶员们不分昼夜，每天吃饭有人送，吃在车上，睡在田间，轮流驾驶，轮番休息。晚上开荒时，拖拉机后面常跟随着野狼，搜寻着被拖拉机翻出来老鼠等小动物吃，时不时双眼放出蓝色目光，在阴森漆黑的夜里令人毛骨悚然。驾驶员们有时几天几夜不回家，根本没时间顾及家里的老婆和孩子，心里想的只是抢时间、抢进度，多开荒、多翻地，造良田。当时他们的口号是："不完成任务不回家，一切困难踩在脚下！"就这样，三台拖拉机像"铁牛"一样，日夜不停地在田野上耕耘。荒地上马达轰鸣，成片成片的黑土地一一展现在人们面前。看到这些，工人们脸上露出了笑容。马占良这一代人，以他们满腔的豪情，冲天的干劲，用他们勤劳的双手和智慧，开启了双辽农场良田开发和建设的先河。他们从不计较个人得失，当时工资虽然只有二十几元，但是他们从来就没有怨言，也没有拿到什么加班费，只是不图名，不图利，默默地奉献着。每次回家，他们虽然是满身的泥巴和弄脏的脸上滚动着汗珠，但是脸上总是带着幸福的微笑，和家人们分享着劳动给他们带来的幸福和快乐。马占良热爱自己的岗位，更爱他驾驶的拖拉机。他经常说："我这大铁牛，力气真大，没有它我们不可能在这么短的时间内，开发出这么多的稻田，产不了这么多的大米"。工作之余，无论有多累，他总是先把这台红色大"铁牛"擦得干干净净。上车前，总是习惯性地在"铁牛"身边绕一圈，检查一下是否有异常情况。他不但学会了驾驶拖拉机，还经常向师父请教拖拉机的机械工作原理，易出现问题的关键部件，以及各种异常情况的处理等相关知识，对拖拉机的整体情况基本做到了心中有数。多年的工作经历使他从一个普通人锻炼成为一个思想进步、意志坚强、工作严谨、本领过硬的技术人才。每当子女回家时，他都要讲述那些垦荒人的故事和自己亲身经历的往事，让子女们深受感动，百听不厌。同时也让后人们深深感受到老一代农场垦荒精神的伟大和垦荒人在骨子里的豪迈激情。激励后人传承农场拓荒者的精神，传承他们不服输、不怕苦、不怕累的劲头，并把他们的战天斗地、艰苦创业、不负使命、勇往直前的大无畏精神发扬光大。

二、王守德

双辽农场的发展初期，辽西省荣军农场建场时只有500余名荣誉军人。后来另外两支队伍相继加入，一是衙门屯县农场；二是荷花泡村农民合营户入场。加入后的农场扩大了土地面积，增加了人口数量。自此，由荣军、衙门屯县农场、荷花泡村合营户壮大了当时这个新生事物——荣军农场。三股力量拧成一股绳，团结奋斗，共同开发建设荣军农场。

为了进一步扩大农场的范围和解决会种地的农工不足问题，经辽西省政府批准，吸收场区内、场周边村屯农民带土地、车马等生产资料加入农场，搞公私合营，当时称合营户。

农民过惯了"两垧地，一头牛，老婆孩子热炕头"自由自在的生活，眷恋刚刚分到手的土地，怎肯将土地入场充公，抵触情绪很大。哈拉巴山下，荣军农场周边有几十个村庄，如边家店、八里营子、前后衙门、毛家营子、三合屯、长发屯等土地已被农场开垦的土地包围，村屯被围在场区之中，也拒不入场。

图 11-4-1 王守德

双辽县政府受命于辽西省政府的指令，协助荣军农场做当地农民的工作。县里派来的工作队长荣生，原来就是哈拉巴山南荷花泡村的人，早年参加革命，曾在新立区领导过土改，是王守德的直接领导。他会同荣军农场场长贾巨文等领导来荷花泡村做村民委员会主任王守德的工作。在县、区、荣军农场领导的多次劝说下，王守德答应做村民工作。1953 年正月，王守德辞去村民委员会主任职务，带领 100 多户荷花泡村民与农场签约，带土地、车马、农具加入了辽西省荣军农场，王守德被列为建场功臣。

王守德，1911 年 2 月 25 日生于梨树县孤家子镇王龙街的一户农民家庭。1947 年 5 月 24 日，辽西省辽源县（今吉林省双辽市）得以解放，双山县与辽源县合并为辽西省双辽县。中共双辽县委组织工作队分赴各区，进入村屯，走访农户，发动农民参加革命。各村成立工农会（农会），打土豪、分田地，进行土改。王守德经当地农民推选，被中共双辽县新立区委任命为荷花泡村首任村民委员会主任。

王守德带领农民搞土改，分青苗（时值夏天，土地上已长出庄稼，带苗分地）、房屋、牲畜、农具、浮财等。那时的时尚话叫"斗争"，斗争搞得如火如荼。

荷花泡村当时是区、县的模范村。王守德被评为模范村民委员会主任，1949 年被批准加入中国共产党。他心潮澎湃，决心跟党走，为党奋斗一生。

他说到做到，当组织让他带领村民加入辽西省荣军农场时，他毫不犹豫地答应下来："听党的话，跟党走，党叫干啥就干啥。"他用实际行动兑现诺言。

他带领的队伍就近就地安顿下来，成立了三家子（原荷花泡村的一个屯）生产队（今双辽农场四分场，当时又名三家子农场），他担任队长。

村民合营入场时自带旱田熟地 200 多公顷，当年又开垦出 100 多公顷，能种植水稻的田地均改成稻田地。初始种稻，当地人不会，王守德又亲赴梅河口、柳河招募来十几户会种水稻的朝鲜族农民来场做技术员，使三家子农场（现双辽农场四分场）水稻种植获得成功，成为荣军农场的先进单位，曾参加白城专区先进表彰大会。

那时当干部的不脱产，亲力亲为，带头参加劳动，干时一身土，湿时一身泥。农闲时节王守德带领职工修整道路，修建场房和职工宿舍，不到三年时间三家子面貌焕然一新，一幢幢场房、一栋栋宿舍、一行行树木、一条条街道整齐划一。水田地农忙时活计集中，本场职工干不过来，于是场部大量雇用临时工，人多很难管理。王守德亲到现场参与管理，安排食宿。

由于王守德工作出色，1955 年 1 月调总场大仓库任库长。在任二年，兢兢业业，受到总场领导好评。

1957 年春他被调到畜牧场（今双辽农场五分场）任书记兼场长。

当时饲养的有顿河马、三河马种马和改良的军马 100 多匹；美丽奴细毛羊、内蒙古绵羊种羊和基础母羊 500 多只；100 多头朝鲜黄牛。王守德同牧工们一起放牧，有时还替有事生病请假的牧工放夜马，还带领看山护林护湖护草的民兵队日夜巡逻，深受职工们的爱戴。

王守德为双辽农场的建设做出了很大贡献，不愧为建场功勋。

1991 年他因病卧床，原辽西省荣军农场首任场长贾巨文、第二任场长王守权前往探望，感谢他为荣军农场做出的奉献。

1991 年 10 月 26 日王守德病逝，享年 81 岁。他抱着对荣军农场（双辽农场）、畜牧场的无限眷恋和期望与世长辞。他的骨灰葬在双辽农场五分场的高岗上，俯瞰农场的大地，关注农场的未来，其志不移。

三、马玉峰

马玉峰是国营双辽农场党委，树立的第一个双辽农场劳动模范。1963 年 5 月 13 日中共双辽农场党委下发《关于向马玉峰学习的通知》，号召全场职工向马玉峰学习。并将其事迹形成材料发到全场各基层单位。

图 11-4-2　马玉峰

《通知》原文是："马玉峰的先进事迹很好，是值得我们全体职工学习的。主要学习他那种大公无私，以身作则，认真贯彻我党的各项方针政策，顾大局，识大体，关心同志，助人为乐，努力学习政治理论，听党的话，勇于克服困难的革命乐观主义精神，自觉地完成党交给的各项工作。各级党的组织，要积极行动起来，认真组织全体职工家属进行学习和讨论。掀起一个学习马玉峰先进事迹的高潮，并以马玉峰的先进思想、先进事迹来衡量自己，要求自己，努力完成党交给的各项工作、生产任务，争取做个好工人。"

附事迹材料如下：

马玉峰

共青团员马玉峰是二大队一生产队的小队长，共青团一支部书记。

他在1953年高小毕业后，响应祖国建设新农村的伟大号召，毅然走向了农业战线，参加了国营农场当工人。入场后不久，他就当了生产组长。他以忘我的劳动做出了突出的成绩，先后多次被评为（双辽农场）劳动模范和先进生产者。

1960年，根据组织需要，做大队管理员工作。每天与工人一样，起早贪黑地工作。他管理的食堂井井有条，工具损失很少。三年中，他所管理的现金收支达20多万元，没出过一次差错。食堂既清洁卫生，饭菜又适口，做到了领导、职工、家属三满意，被评为全场的先进食堂。

他连续几年做团支部书记，在1961—1962年两次被评为四好支部。在宣传工作中，他又是党的一个优秀宣传员，被评为模范宣传员。

马玉峰在几年工作中，成绩是显著的。从1959年以来，二大队第一团支部被评为当年标兵，他本人先后被评为优秀团员两次，五好干部一次，全县社会主义建设积极分子红旗手一次。1960年他被评为共青团双辽县优秀团员。

马玉峰之所以能忘我劳动，在几年工作中取得优异成绩，是他好了伤疤没忘了疼，没忘了党对他的培养和教育，更没忘了他苦难的童年和阶级之苦。1936年冬天，他出生在梨树县的一个贫农家里，出生时连一块尿布都没有，身上被冻得红一块紫一块，每天妈妈用腹部给他取暖。他11岁的时候，给人放猪，受尽了地主的剥削和压迫，过着贫困的生活。1947年马玉峰的家乡解放了，他家分了田地，分得了房屋。在党的培养和教育下，他得到了读书机会，提高了觉悟。马玉峰常说："共产党救了我，我今后要把一生的精力献给党，献给革命事业。"因此，他从入场以来，表现出高度的革命事业心和责任感，以忘我的劳动完成了党赋予的各项光荣任务，取得了优异成绩，其主要表现如下。

（一）贵在大公无私，以身作则

1962 年春天，党委根据中央关于加强农业第一线的指示，向全场职工提出了各行各业支援农业的号召，当时马玉峰在思想上有些顾虑，认为自己腿上有毛病，恐怕在劳动中跟不上别人。经党支部的教育，他提高了认识，积极响应了这一号召，要求下派到生产小队当工人。当时有人对他说："你还是别来了，你腿有毛病能下水吗？不如当干部好。"马玉峰听了说："不，我是共青团员，这点困难我能克服。"他毫无畏惧地走上前去。以后被组织调到二大队二小队任小队队长。二小队是个实力比较弱的小队，全小队的 40 多名工人思想比较复杂，在各项生产工作上都处于被动。面对这种情况，马玉峰并没有动摇退缩，而干劲更足了。为了搞好 1962 年生产，扭转被动局面，改变落后状态，从到小队后，他凡事以身作则，处处带头，给大家做出了榜样。

当时任务很紧，天气非常冷，又刮着西北风，稻田里还有冰碴子，工人不敢下水、互相观望。马玉峰毫不犹豫地跳进稻田，踏着冰碴子干起来。接着共青团员田洪亮也跳进稻田里。时间久了大家腿冻得发紫，但仍然坚持在稻田里劳动。部分不愿下稻田的工人，最终在他的带领下也纷纷地下稻田劳动。

在播种紧张的时候，他就在上工前事先往地里扛稻种。在他的带动下，全小队都行动起来了。60 多公顷的稻种全部由工人扛到田间地头，既给农场节省下 20 多个车工、30 多个人工，又及时地完成运稻种任务。

正在播种的关键时刻，他曾接到家里的电报，说他妹妹得了重病，要他马上回家。当时组织决定给他假期，但他再三考虑当时正处在播种关键的时期，如果回家看妹妹，对播种任务会有很大影响，恐怕不能按时完成任务，误了农时，损失就更大了。他为了国家利益，并未回家，结果提前十多天完成了播种任务，做到了适时播种。不幸的是他妹妹病故，未见着面。但马玉峰并没有消极，仍积极工作，由于在他的带动下，终于改变了二小队的被动局面和落后状态。

（二）贵在认真贯彻执行党的方针政策

马玉峰对党的方针政策一贯坚决认真地执行。比如，自建立小队以来，一直坚持评工记分，执行按劳分配的政策，做到了人人评工记分。小队开始评工记分时，有部分工人不重视，有的工人说："评不评分有什么用处，大家就好好干呗。"马玉峰对这些人讲明评工记分的重大意义，同时采取了一些执行评工记分的办法。评基本工资加奖励，评"五好工人"等都用评分计算。他又组织工人反复讨论，使全体职工对评工记分有了认识，并且在执行中，对个别不按作息时间，迟到、早退、旷工和出工不出力的人，除进行严厉地批评教育外，严格地按评工记分办法进行严肃处理，做到了奖惩兑现。这样一来，发挥了互相监督作用，使工人们能按时下田劳动，提高了劳动效率。仅育苗一项工作，每公顷从清理水沟开始到供水才只用59.5个工日，比计划90个工日节约了30.5个工日，并且在质量上达到要求。

根据吉林省农业厅的意见，从年初一开始，党委号召个人不准开小片荒。马玉峰不但自己坚决不开荒，而且动员全小队人员不开小片荒。当时有的工人想不通，个别工人说："我今年要多开点荒，多打点粮。"后来经过他的劝说，提高了认识，表示坚决不开小片荒，又组织全小队工人反复讨论，大家一致表示：今后一定把力量用到工作上去，不搞个人小片荒，国家分多少就种多少。

1962年12月份，为完成总场下达的收购出口猪的任务，大队的个别人因国家的生猪收购价格低，不情愿出售。马玉峰认为，出口任务是有着政治意义和经济意义的，必须执行好这一政策，他把自己唯有的一头猪第一个交售给国家，在全大队带了个好头，工人们在他的带动下，踊跃出售，很快就完成了22头生猪派购任务。

（三）贵在有全局观点，舍己为民

各小队长都反映说马玉峰没有本位主义思想，顾大局、识大体，处处为全局着想，为集体着想，宁可自己小队还没有完成任务，也去支援兄弟小队。正如大家所评价的那样："只要是对集体有益的事，对个人有帮助的事，马玉峰都是有求必应。能帮助的就帮助。帮助不成的也会尽力而为。"1962年收割时，他们小队提前完成了任务后，马玉峰主动提出支援一小队。当时有的职工说，咱们不支援他们，抽出时间大家打点儿柴火。他针对这种思想分别做了教育动员工作，使大家统一了思想，积极地参加支援一小队的劳动，顺利地帮助一小队完成了生产任务。

在脱谷时，按场党委要求，各大队必须在12月末前完成脱谷任务。当时本小队在还没有完成全部任务的情况下，就主动抽人去支援劳力薄弱的一小队，共完成15公顷所产水稻的脱谷任务，全大队提前五六天全面完成了脱谷任务，使劳动能力比较薄弱的一小队没有拖大队的后腿。

马玉峰不满足于仅仅完成自己的本职工作。对于大队的活动，他也积极参加，做过团支部书记、大队治保委员、团课教员。他还买书籍给大家看，给大家读报，宣传国家政策和国内外大事。虽然他身兼数职，但每项工作都做得一丝不苟，井井有条，按时完成上级交给他的工作和任务。

这里记述的是马玉峰的一些小事：

在1962年2月14日晚上7点多钟，马玉峰去队部开会。途中捡到40元钱，当时就给了党支部。不过半小时，丁守清匆忙地从外边跑到大队，脸色苍白，急急忙忙地对喻判文书记报告说："喻支书，工会发给我的困难补助费全部弄丢了，谁捡到没有？"当喻判文书记把钱如数交给他时，他感动得流出了热泪，并说："马玉峰真是个拾金不昧的好共青团员"。

有一次过春节时，新工人车西玉、唐忠春和王树海没有钱买过春节的东西。马玉峰就把自己过节准备的猪肉给了车西玉、唐忠春过春节。他还借给王树海五块钱。王树海当时感动地说："我今后一定要好好工作，坚决完成党交给的任务。"

还有一次，孙文革去双山给小孩儿看病，没有钱，到处借也借不到，这时马玉峰正要去双山买东西，看到孙文革焦躁不安的样子，就主动上前问究竟，得知情况后，他毫不犹豫地将口袋里的钱全部掏出来交到孙文革的手中，说："你先拿去用，别着急，把孩子的病治好是大事。"当时孙文革感慨地说："队长啊队长，你真是个大好人！是共产党的好干部！我们全家人谢谢你了！"

在1962年夏天。小队工人贺太清因家里缺少粮食，每天忍饥挨饿，体力不支，不能劳动。马玉峰了解到情况后就把自己节省下来的30公斤粮食借给他25公斤。贺太清对马玉峰说："你救了我和我的全家，我们不会忘记你的大恩大德，今后我一定要精打细算，计划用粮，节约用粮，把工作做好。"刘廷海因过冬衣服单薄，马云峰宁愿自己受凉，把自己一件棉袄送给刘廷海。

（四）贵在努力学习，努力锻炼自己

马玉峰入场以来就严格要求自己，几年来努力学习了毛主席著作中的《矛盾论》《实践论》。以毛主席的思想来武装自己，去解决问题，听党的话，党指到哪儿就战斗到哪儿，完成了党交给的各项工作任务。

马玉峰是团课教员，腰里经常揣着《党章》《团章》，随时随地进行学习。1960年到1963年他一直坚持团课教育，组织团员学习党的八届十中全会文件，学习国内外的形势，又详细地学习雷锋的事迹。他经常给大家买报纸，使职工不出门就了解国内外大事。

他忠实于党，忠实于人民，埋头苦干，全身心地投入生产劳动中。对工作像夏天般的火热，对同志像春天般的温暖。他那种埋头苦干，认真执行党的方针政策，团结同志，助人为乐的共产主义精神是值得我们学习的。

四、马志

马志，男，1938年5出生，中共党员，国营双辽农场第二生产大队第一生产小队政治队长，是双辽农场出了名的"好队长"。早在1961年1月他就奉命奔赴双辽县永加乡的洪源村参加组建双辽农场第六生产大队，四年间大队机械化开垦土地400公顷，以种植黄豆为主。虽然是机械化播种，但由于当时的农业机械化还处于初级阶段，夏锄、秋收、收割大部分靠手工劳动。年仅23岁的马志既是副大队长，又是"打头"的。这里是科尔沁大草原，土质瘠薄，土地一眼望不到边。夏锄铲地时，从早晨5点开工到中午11点30分，一条垄才能铲到头（人们称之为大长垄）。马志和他的工友们日复一日地辛勤劳作，为农场的土地开发呕心沥血，为双辽农场经济做出了很大贡献。4年后的1964年末，双辽农场的种植业转移到以开发水田为主，舍弃了洪源的旱田。马志和他所带领的农工们各自回到了原来的生产队。1965年初，马志出任双辽农场二大队二小队生产队长。

1960年，双辽农场二大队接收了双辽县郑家屯镇无业青年18名，解决了城镇青年就业问题。这批青年来农场后，先是集中住在二大队集体宿舍，在二大队大食堂就餐，当时人们把他们的居住地叫"大食堂"。大队安排他们到距离分场所在地两公里的四号地开发水田。1965年，为了减轻农工们往返劳作的负担，二大队经请示总场同意，单独在四号地成立一个生产小队，即双辽农场二大队第二生产小队（当时二大队西山是一小队，四号地为二小队）。大队选派最有领导能力的苑广才、马志分别任政治队长和生产队长。到任后，他们带领青年工友们把一片一片苇塘和荒地变成了稻田。队部和职工家属宿舍就建在水田地附近的高岗上，农工就地就近参加劳动，不需再往返几公里路程进行田间劳动了。夏季施肥也不用车辆运送，节省了很多劳动时间和运输费用。每逢水稻施肥季节，马志都一马当先地扛起40公斤的化肥袋，别人扛一袋，他和几个青壮年扛两袋，到生产队田间地头。在此期间，作为生产队长的马志在水稻育苗上采取先进的育苗技术和科学的管理方法，不仅确保了本生产队的水稻秧苗数量和质量，而且每年都向二大队其他生产队提供七八公顷的优质秧苗。由于水稻秧苗肥壮不缺苗，加之田间管理井井有条，第二生产队水稻每亩（大亩）单产达到400公斤以上，当时叫"过长江"。职工生活得到了改善。然而"文化大革命"期间的1968年末，马志和政治队长苑广才被"造反派"解除了队长职务，靠边站。1972年春节期间因二小队队长不务正业设赌抽红，被总场免职处理。在总场、大队领导正为选派谁去第一生产小队任队长为难时，已经靠边站的原生产队长马志主动找到大队党总支书记牛长贵，请缨出山，挑起了二大队第一生产小队队长的担子。他家所在的四号地距离第一生产小队（西山）2公里。每天他都要起早贪黑步行于两地之间，组织劳动、指挥生产、布置任务，并身先士卒，言传身教地早上第一个来到田地，晚上最后一个离开生产岗位。他把一小队的各项工作抓得扎扎实实，深受全小队职工和家属的拥护。为了提高他的工作效率，减少他的往返疲劳，大队党支部书记牛长贵托人找到当时的农村供销社和双辽县商业局，给他申请了永久牌自行车购买券和上海牌手表购买券（这两样商品都是当时的紧缺物资，凭票供应），由他自己出钱购买。他对书记牛长贵说："有了这两样东西，我上下班就方便多了，时间的利用上也会更有效了。我不会辜负组织上的关爱，尽最大努力把时间运用好，把自行车的通行优势发挥好，把工作做得更好！"在生活上，心系百姓，谁家有个大事小情，他都积极帮忙解决。1976 年，春季双辽农场一度口粮紧缺，马志通过关系从四平面粉厂买回来 1000 公斤麦麸子，用筛子筛出细粉分给生产队各职工户，粗的麦麸子留给自己和生产队的队干部掺着玉米面做菜团子吃。职工们无不感动。

1977 年 7 月初的一天，马志在与工人们一起为水稻锄草的劳动中，突发急性脑炎，经双辽县医院抢救无效病逝，时年 39 周岁。为了表彰他生前对双辽农场的贡献，双辽农场党委在双辽农场职工医院召开"好队长马志追悼会"。场直机关、各大小队领导和二大队一小队全体职工共 80 余人参加。追悼会由二大队党支部书记牛长贵主持，总场场长张志政致悼词，号召全场各级干部向好队长马志学习，学习他爱场如家敬岗敬业的精神，把毕生的精力都用在双辽农场农业生产和建设上。

五、王树奇

王树奇，男，1940 年 4 月出生在山东省诸城县，中共党员，山东支边青年；先后任国营双辽农场二大队一小队及二小队队长、"五七"家属队队长、一分场及二分场副场长；1977 年 12 月作为农业工人代表出席吉林省第五届人民代表大会（据双辽农场 1979 年 7 月 2 日党委会记录记载：王树奇继续参加 1980 年 3 月召开的吉林省第五届人民代表大会第二次会议）；1982 年 5 月被评为吉林省劳动模范。

原二分场第三生产小队老队长苑广才说："王树奇这个人的最大特点就是干什么活都要样，干啥像啥。"原二分场党总支书记牛长贵评价说："王树奇是一头老黄牛，工作扎扎实实，执行上级决议一丝不苟，为群众办事全心全意，在工作上敢于创新，有超前意识。他所在的生产队总是走在全分场乃至全双辽农场的前头"。

他是双辽农场山东支边青年中的佼佼者，1959 年 6 月 19 日响应"国家支援边疆、支援农业大搞粮食生产"的号召，踏上了支援双辽农场生产建设的火车。他从山东诸城县，来到吉林省双辽农场二大队一小队（西山屯）。由于他工作踏实肯干，有一把好力气，干起农活来有窍门，很快就引起了生产队长的重视，不到半年就担任生产小组长，也就是所谓"打头的"。

1968 年，为解决双辽农场总场机关和场直工商业职工家属就业，双辽农场把二大队一小队的 1 号地、2 号地划出 20 公顷水田，成立"五七"家属生产队，共安置职工家属

50名，归属二大队领导。王树奇出任队长。在此期间，他带领家属们种水田、开菜园，与双辽县玻璃纤维厂联合办厂，既安排了农业生产剩余劳动力，又增加了"五·七"家属队的收入。

1979年他担任二大队一小队队长后，所在的生产队各项工作都大有起色。

为了增加生产队职工收入，根据生产需要，他又在生产队办起了小水泥管厂，生产1~1.5米的水田排水管，不仅节省了本生产队外买排水管道的费用，还把生产的排水管出售给本大队和全场的其他生产队，开辟了副业收入的新途径。

1981年，他所领导的二大队一小队在全农场第一个推广水稻旱育苗新技术。就是把在大田培育水稻秧苗的技术，挪到生产队院内搞塑料大棚育苗。小队建起了8栋旱育苗大棚，4栋铁管大棚，每栋320平方米；4栋竹竿大棚，每栋240平方米。一是解决了防风防寒的问题，院内风力小，日照充足，利于水稻苗期生长，缩短了育苗期。二是节约用水，不用像大地育苗那样，整个育苗期都离不开水，旱育苗是根据秧苗生长情况决定放水数量。三是大大减少了农业工人的劳动强度和水凉伤身的困扰。人们不用跑到几里地以外的大田劳作，还解决了春季带冰碴作业的实际问题（吉林省每逢育苗季节，都有零下几度甚至十度以下的寒潮袭来。以前，许多老工人由于受潮湿、寒冷气候影响，患有关节炎和静脉曲张）。四是苗全苗壮。由于采用了旱育苗技术，二大队一小队当年的水稻平均亩产（大亩，1公顷10亩）达到400公斤，比往年提高100公斤。有的地块亩产达到500公斤（5号地、7号地、13号地）。这在当时是一个了不起的数字，创造了双辽农场的水稻单产历史记录。第二年，这项旱育苗技术在双辽农场各生产小队全面推广。

1984年前，一小队与4号地接壤的一片苇塘由于排水沟浅，每到夏天逢雨期，苇塘内积水四溢，致使附近农道满是泥水，泥泞难行。为了彻底根除水患，王树奇和他的职工们在1985年利用农闲时间兴修水利工程，把该苇塘靠农道一侧的620米的排水沟加宽加深，宽度加到3米开口，沟深加到1.5米。挖出的土用于铺路。此路程从4号地一直延伸到西北街（gai），总长2600米。同时他们又加宽了域内8支渠排水沟，共挖出土方1.5万立方米。苇塘和8支渠再也不跑水了，无论遇到多大的雨，路也是平坦无水，既畅通了水田排水，又改善了农道环境，方便了农工劳作出行，至今人们都受益。

由于他为农场经济发展做出的突出贡献，1987年被总场党委提拔为分场副职，并先后到双辽农场一分场、二分场任副场长。在分场副职的岗位上他一直主抓农业生产，深受分场领导和当地群众的好评。

六、徐少贵

徐少贵，男，汉族，1941年11月出生在双辽农场衙门屯；小学文化，农业工人；

1973年1月从双辽农场三大队调入一大队（现一分场）第一生产小队（东坨）。

他是一个殷实肯干的庄稼汉。虽然读书不多，但是有一颗慈善之心。他不仅是一个生产能手，而且乐于助人。他的爱人韩桂莲和他同龄，嫁给徐少贵之前的1965年，在娘家所在地怀德县（现公主岭市）桑树台镇二丘大队当妇女主任时就加入了中国共产党。1973年她随爱人徐少贵来到一大队后，两口子一起热心地接济本生产队一个外号叫"老八路"王尚志的智障家庭。

王尚志曾当过八路军，因此人们都叫他"老八路"，稍有智障的老婆生了四个智力有障碍的儿子。老大叫王桂山（小名大嘎）、老二叫王桂林（小名二嘎）、老三叫王桂军（小名小四，其姐姐是老三嫁人后早亡）、老四叫王桂海（小名赖五）。全家只有王尚志和他的大嘎、小四两个儿子能从事一些简单劳动，二嘎、赖五连简单的自理能力都没有。联产承包前，一家六口人靠农场和生产队补助过日子。那时，因徐少贵和"老八路"两家是近邻，每逢年节，徐少贵两口子都要多做出一份饭菜送到"老八路"家。每逢冬夏，徐少贵爱人韩桂莲都要帮助那一家人整理换季衣服。

1984年，双辽农场实行了土地承包到户。"老八路"一家6口人的1.5公顷水稻承包田由谁来种，总场规定的三项指标怎么去完成呢？所谓三项指标：一是派交粮，即每公顷向总场无偿缴纳派交粮1200公斤，是农工必交总场的企业管理费；二是派购粮，即每公顷向总场有偿上交派购粮600公斤，这600公斤总场作为企业管理费的补充部分，按当时的价格的三分之一作价收购；三是国家征购粮，即除了前两项指标，剩余部分是以地定产的国家征购粮。这三项指标加起来，"老八路"一家每年要向总场和国家交售水稻5250公斤（东坨的土地是二等地，每公顷定产3500公斤）。这可是一个不小的数字。一时间分场、生产队领导犯了难。此时徐少贵挺身而出，主动向生产队和分场申请承包"老八路"一家的1.5公顷责任田（包括口粮田），并承诺"老八路"一家的生活由他家供养（当时老大27岁，小的才13岁，不久"老八路"的老伴也去世了）。同时分场、生产队经与徐少贵协商，把他所在生产队的机动地都交由他来承包耕种，并保证完成总场"三项指标"。

徐少贵不愧是一条东北硬汉，担起了这个别人不愿意挑起的重担。这一年（1984年），他共承包水田10公顷，当年产水稻65000公斤，单产比联产承包前翻了一番。同时他还承包了生产队苇塘，建起了小酒厂，养猪、养鸡，开商店，办小型粮米加工厂，成为当地致富能手。

由于他对农场、对国家的突出贡献和关心照顾智障家庭的辛勤付出，1992年被四平市政府评为"四平市劳动模范"，获太平洋保险奖励一份，并出席了1992年四平市政府召开的"四平市劳动模范代表大会"。本志主编刘连成，作为中共四平市委农村工作办公室负责人，在四平接待了"劳模"徐少贵，为同乡的荣誉而自豪。

2006 年春，不满 65 周岁的徐少贵因积劳成疾，肺癌晚期医治无效，不幸离世。他的老伴儿韩桂莲和儿子继续照顾"老八路"一家，不负徐少贵的遗愿，将陆续离世的"老八路"一家五口体面送终。现在还在继续收养 53 岁的"小四"。徐少贵的子女们亲切地叫他"四叔"，大家朝夕和睦相处、其乐融融。

记者采访时，原生产队长王树祥这样说，徐少贵是个好人，他的媳妇更是贤妻良母。自从他们两口子来到东坨，"老八路"一家就遇到了"菩萨"，年节有温暖，日常有体贴。两家人像一家人，几个傻孩子有了爹娘。"老八路"一家六口有五口相继离世，都是徐少贵一家负责送终的。现在"老八路"一家只剩下一个"小四"。徐少贵故去后，他的爱人韩桂莲把"小四"当亲儿子养。他的儿子徐彦春五年前举家到内蒙古承包土地，娘俩把"小四"当作亲人随迁。

七、张庆志

张庆志，1954 年 7 月生，辽宁盖县人，吉林省四平市国营双辽农场副场长，农艺师，中国农垦北方稻作技术协会理事；1999 年于吉林农大函授毕业；主要论文《碱盐地小井灌溉种稻高产稳产技术要点》《低洼冷浆地种稻高产途径》发表于《垦殖与稻作》1997 年第 2 期和 1999 年第 1 期；1988 年研究成果被吉林省政府授予"农业技术推广成果二等奖"，1994 年被吉林省农垦局授予"全国农牧渔业丰收奖一等奖"。（摘自《中国当代科技专家大典》第 936 页。）

图 11 - 4 - 3　双辽农场第一个入选
《中国当代科技专家大典》
的农业专家张庆志

张庆志 1972 年年末毕业于双辽县第二中学，毕业后返乡回到国营双辽农场三分场三小队参加农业生产劳动。由于受其父亲张启勋的熏陶，在生产队劳动期间，他对水稻栽培产生了广泛的兴趣，不久就当上了劳动小组长。经过了 5 年的劳动锻炼，他掌握了对水稻的育苗、插秧、田间管理及施肥、除草、病虫害发生及防治等方面的农业知识。有不懂的地方和问题他就向父亲请教，通过脚踏实地的努力工作，积累了一整套水稻生产过程的经验。1977 年 11 月起，他担任双辽农场的农业技术员，在水田地里搞起了试验田，进行了水稻品种对比试验和药剂除草试验，选出了吉粳60、早锦等优良品种，同时也对禾大壮、杀草丹等新农药进行了推广。1981 年至 1984 年他被派往双辽农场四分场任技术员。在此期间，1981年至1985年他参加了中央农业广播学校的函授学习，并作为主要技术负责人主持水稻大棚旱育苗工作。1985年他调到总场农业试验站任副站长并负责技术工作。1986年他参与双辽农场推广水稻营养土旱育苗及新农药的试验和水稻机械插秧示范、推广工作；1987年至1989年，任双辽农场农业科副科长；1990年至1991年任双农场农业科科长。1992年至1995年4月，他任双辽农场二分场场长兼党总支书记，晋升为农艺师；1995年5月任双辽农场副场长兼农业总公司经理、书记，主管双辽农场农业生产。2015年1月2日他因病去世，享年61岁。

张庆志是双辽农场培养的土生土长农业专家。他42年的工作，就是一个不断学习提高业务能力，不断实践的过程，同时也是不断提高普及科学种田，增产增收的过程。在这期间，由于他在双辽农场科技岗位上不断强化科学管理，普及科学种田和普及农业机械化耕种知识，农场的水稻产量由20世纪70年代末每公顷5000多公斤，提高到20世纪末的每公顷7500公斤。21世纪第一个10年期，水稻最高地块每公顷产量达到1万公斤。农场不仅提高了全场粮食总产量，同时降低了水田工人的劳动强度和艰苦度，增加了职工的收入。他本人多次被国家及省市地方政府授予各种荣誉：

1986年9月，在农牧渔业部农垦局主办的北方国营农场水稻技术协作会刊物上发表《水稻庭院式营养土旱育苗技术总结》（详见第三编　经济　第一章第二节　农业技术推广）。

1987年，在吉林省农垦系统开展的"全省农垦系统水稻高产"竞赛中，进行高产栽培技术指导，成绩显著，被吉林省农业厅农垦局授予荣誉证书。

1988年9月，在农牧渔业部农垦局主办的北方国营农场水稻技术协作会刊物上发表《轻碱地水稻超稀植栽培试验分析》（详见第三编　经济　第一章第三节　农业机械化）。

1989年4月，荣获吉林省政府1988年《水稻规范化高产栽培技术推广项目》农业技术推广成果二等奖。

1991年10月，被四平市水稻办评为先进工作者。

1991年12月30日，被四平市农业局评为先进个人。

1992年1月，荣获吉林省农业厅农垦局荣誉证书。

1993年，论文《吉林省盐碱地开发区和老稻区旱育超稀植高产栽培技术》荣获全国农牧渔业丰收奖一等奖。

1995年，获《吉林省人民政府科教兴农推广》一等奖。

1997年1月19日，《水稻"吉天3号"推广工程》获1996年吉林省人民政府科教兴农竞赛一等奖。

1997年，被评为中国农垦北方商作协会理事。

1998 年 8 月 30 日，参与撰写的《北方盐碱地水稻旱育苗防治立枯病特效药—灭枯灵的使用与推广》被中国农垦北方稻作协会评为优秀论文二等奖。

1997 年 8 月 19 日，参与撰写的《盐碱地小井灌溉种稻高产稳产技术要点》被评为中国农垦北方稻作协会 1997 年优秀论文一等奖。

1999 年 9 月 5 日，撰写的《低洼冷浆地种稻高产途径》一文被评为《中国北方 1998 稻作技术经验交流会》优秀论文一等奖；（详见第三编第二章第二节）。

2001 年 9 月 8 日，主持的《低洼冷凉盐碱地种稻技术》荣获吉林省人民政府颁发的《1999—2000 年度吉林省农业技术推广奖三等奖》。

2001 年 2 月 1 日，鉴于他在几十年的工作中所取得的工作成绩，被选入《中国当代科技专家大典》。

第五章　游子英才

双辽农场自建立以来，已经跨越了 72 年的时空。72 年，双辽农场的面貌已经发生了翻天覆地的变化，经济建设和各项社会事业都得到了飞速发展，一个崭新的双辽农场犹如镶嵌在吉林西部的一颗明珠，熠熠生辉。

双辽农场今日之辉煌，是党和政府及双辽农场一届领导班子带领全场职工解放思想、努力拼搏、开拓进取、艰苦奋斗的结果，也是远在他乡的诸多游子饱含乡情、思恋热土、甘于奉献，并始终以不同形式关心关注家乡、服务家乡、推介家乡、回馈家乡，与家乡人民血脉相融、情感共牵、鼎力支持的结果。在故乡人民用时空书写的历史长卷中，将永远记录从故乡走出的游子和曾经工作生活在双辽农场并为之贡献的人们。

自古一方水土养育一方英才。双辽农场厚重的历史渊源和优秀的文化积淀，造就出一大批英才，亦属必然。为了彰显出所有游子们的业绩风采，丰富和传承半个多世纪以来双辽农场的人文史料，达到存史、资政与教化之目的，为宣传双辽农场，树立双辽农场形象，起到积极的推动作用。本章记述 17 位英才是众多双辽农场游子的代表，犹如俊采星驰，遍及祖国各地。在不同年代，不同领域，不同岗位，胸怀大志，奋发拼搏，建功立业，在为共和国的繁荣富强做出突出贡献的同时，也为故乡赢得了至高无上的荣誉，让故乡人民引以为骄傲和自豪。

（以下以姓氏笔画排序）

丁国富，男，1941 年 1 月生于双辽市，中共党员，大专学历，高级经济师，吉林省第八届政协委员；曾任吉林省外商投资企业协会常委，长春市外商投资企业协会副会长，吉林省人参企业协会常委，吉林省人参商会副会长等职。

1956 年参加工作，在双辽农场三家子分场（四分场）当工人；1958 年由农场保送参加双辽市供电局电训班学习一年半；1959 年下半年回农场分部工作；1960 年任农场工会干事；1961 年任农场团委干事；1962 年被双辽县团县委送省团校学习半年；1964 年参加省农业厅组建的社教工作队，在梨树农场搞社教；1965 年回农场二大队任团总支书记，之后调农场负责供电线路组建及安装；1974 年调双辽种羊场变电所任所长。

1987 年任省农垦局副局长兼省农牧工商联合总公司总经理。

于文化，男，1954 年 12 月出生于双辽农场，中共党员，大学学历，高级经济师；在四平市人民检察院分别任纪检组副组长、监察处处长（三级高级检察官，正处级调研员）至岗位退休。

1961—1972 年在双辽农场小学、中学读书；1972 年在双辽农场五大队参加工作，曾任双辽农场鸭场革委会副主任职务；1980 年在双山鸭场工作，曾任双山鸭场场长。

马和荣，女，汉族，大学学历，中共党员，高级农艺师，副处级岗位退休。

1952 年 9 月 11 日出生在国营双辽农场西山（马饱屯）一个普通的工人家庭；1960 年 8 月—1969 年 12 月，在双辽农场中心小学、二大队小学初中班学习；先后用四年时间，自学读完吉林农业大学专科、吉林农大本科。

1969 年 1 月，她中学毕业后走上了返乡之路；在双辽农场第二生产大队参加劳动，领导觉得她积极肯干，又有当学生干部的经历，1970 年 1 月任命她为双辽农场二大队团委书记和妇联主任。由于工作做得很出色，多次被评为先进工作者和学习毛主席著作积极分子。

1973 年 8 月到双辽农场中心小学任教师。

1977 年 8 月在双山镇食品收购站任会计、副经理工作。

1991 年 7 月任双辽农业广播电视学校副校长，享受副处级待遇，并且被评为高级农艺师的职称；2007 年 9 月在双辽农业广播电视学校退休。

多年来，在党和人民的关怀下，她多次被评为优秀共产党员，优秀教师，先进工作者；曾被中央农业广播电视学校评为科教兴农先进工作者。

王富，男，1943 年 11 月 9 日出生于吉林省吉林市，中共党员，高级讲师；1964 年毕业于吉林省通化农业学校，毕业后分配到国营双辽农场从事教育工作；先后在双辽农场四大队小学、一大队小学、双辽农场农业中学担任教师；1972—1978 年在双辽农场中学任教导主任；1979—1989 年任农场中心小学、中学校长；其间，取得了吉林省教育学院自考学历；被评为吉林省农垦局先进教师；1984 年加入中国共产党；1990 年 8 月，调入通化农业学校任教员。

在双辽农场农业中学任教期间，他带领同学们深入农场生产队田间地头体验生活，帮助同学们掌握水稻种植技术；在农场中心小学任校长期间，充分调动教师的工作积极性，努力提高教学质量，使学校的教育质量不仅在双辽农场位于全场各分校前列，而且带动了各分校的教学水平的提高。在他任职期间，双辽农场的小学是双辽县农村小学教育系统的排头兵，为农场中学、双辽县附近中学输送了高质量的"学苗"；1989 年在双辽农场中学任职期间，组织师生开展实践教育，活动内容有养殖、水稻育苗、食用菌栽培、培植速生丰产林等。秋季开学后不久，学校搞了一次教学反馈，效果良好。1990 年上半年，他受双辽农场党委委托，与吉林通化农业学校沟通协调，为双辽农场自费培养财会专业学生 34 名。这批毕业生毕业后，成长为双辽农场的骨干力量。

王立田，男，1950 年 6 月 20 日出生，中共党员，高级经济师职称；1958 年在双辽农场小学读书；1964 年在双辽农场农业中学读书，1967 年毕业；1967 年在双辽农场五分场参加工作，任五分场农业队仓库保管员；1970 年参加双辽会计、统计班学习；1971 年任五分场农业队会计兼仓库保管员；1973 年 10 月任五分场猪林队队长；1974 年 4 月任五分场会计；1983 年 10 月任双辽农场二分场副场长；1984 年 2 月任双辽农场三分场（现四分场）党总支副书记；1984 年 11 月任双辽农场工交公司党总支副书记；1985 年 3 月任双辽农场计划财务科科长；1988 年 3 月任双辽农场副场长，之后调双山鸭场任副场长；1992 年 9 月调梨树农场任副场长；1997 年 3 月调四平市种鹿场任场长；1999 年 6 月调任四平市农业机械化研究所任副所长（副处级）。王立田在职期间基本从事财务会计工作，为企业经济发展筹措了大量资金。为双辽农场筹资组建了大理石厂。

刘连成，男，1953 年 9 月 11 日出生于双辽农场衙门屯；中共党员，大专文化，处级退休公务员；《吉林省四平市国营双辽农场场志》主编。

1960 年 8 月—1969 年 12 月，他在双辽农场小学、双辽三中、双辽农场小学初中班读书；1970 年 1 月在双辽农场三大队（三分场）二小队参加工作，先后任二小队保管员、出纳员、三大队食堂管理员；1970 年 7 月出席了双辽农场活学活用毛主席著作积极分子代表大会；1971 年，被评为双辽农场"五好职工"；1971 年 10 月，双辽农场在三大队二小队召开全场仓库管理现场会推广了他担任管理员的先进经验；1972 年 9 月—1975 年 8 月在双辽县油酒厂工作，1975 年 9 月被四平地委选拔到四平地区机关工作；先后任四平市农业局农场科副科长、中共四平市委农村工作委员会农村经济发展科科长、干部科科长（副处级）、政治部副主任、主任助理、党委副书记。

刘连武，男，1962 年 9 月 17 日出生于在双辽农场衙门屯，大学文化，中共党员，中国人民解放军正团职（上校）。

1969—1979 年他在农场三大队小学、农场中学就读；1980 年 12 月 1 日参加中国人民解放军，历任陆军第 40 集团军军需处副处长，40 集团军高射炮兵旅后勤部部长，40 集团军坦克 5 师副参谋长（正团上校）。

刘成伟，男，汉族，1968 年 2 月出生于双辽种羊场，1988 年 7 月毕业于梨树师范学校，1988 年 8 月参加工作，中共党员；东北师范大学本科学历，2007 年晋升高级教师。

1988 年 8 月—1992 年 11 月，他在双辽农场中学任教师，先后任班主任、学年组长等；1992年12月—1998年7月，先后任双辽农场宣教科教育干事，场长办公室副主任，农业服务中心副经理兼党支部副书记等职；1998年8月—2001年12月，先后任双辽农场中心小学副校长、党支部书记兼副校长；2002年1月—2021年2月，任双辽农场中心小学校长；2021年2月，任双辽市种羊场中心小学校长兼党支部书记。

他于2003年9月荣获吉林省"郝水农村优秀教师奖"；2003—2018年连续多年被评为四平辽河农垦管理区先进工作者；2014年12月被授予吉林省首批百名专家型校（园）长称号；2015年12月被全国和谐德育年会评为先进实验教师；2017年2月被评为四平市精神文明建设先进工作者；2017年12月被授予四平市教育科研型名校长称号；2019年12月被评为双辽市"教职工学习之星"；2020年9月被评为四平市全市优秀教育工作者；2020年12月被清华大学研究院评为德育科研工作先进工作者。

李镭，男，1957年1月出生于吉林省国营双辽农场；中共党员，大专学历；高级经济师、高级政工师，全国劳动英模人物（2009年5月1日）。

1964年8月—1974年6月，他在双辽农场小学、中学读书；1974年7月在双辽农场参加工作；1974年7月—1979年6月，在双辽农场采石场任团支部书记；1979年6月—1981年11月，在双辽农场职工医院任卫生组组长、团支部书记；1981年11月—1983年11月，在四平市双辽卫校读书，任学生会学习部部长兼卫生医士班班长；1983年11月—1990年6月，在双辽农场职工医院任医生、副院长；1990年6月—2000年3月，在白山市公路管理处任党委委员、党办主任；2000年3月—2017年1月，任白山市公路建设收费总站党支部书记兼副站长，党总支书记兼总站长；2009年1月被中国发展研究会、中国经贸导刊、中国品牌管理研究院等六个部门联合授予"时代先锋——第五届全国改革创新优秀人物"；2009年5月1日，被全国劳动英模五一座谈会组委会授予"全国劳动英模五一座谈会特邀嘉宾"荣誉称号并出席会议；2010年5月1日被中国近代史史科学学会、中国名人文化交流会、时代英模文化交流中心等部门授予"中华社会各界先进模范人物"；2012年被中国党史党建网授予"2012中华百业英模人物"；2013年10月1日被中国基层党组织建设网授予"全心全意为人民服务全国标兵人物"。

杨晓林，男，1960年5月15日出生于双辽农场场部，中共党员，大学本科学历；1967年8月—1978年9月，在双辽农场中心小学、双辽农场中学读书；1978年8月—1980年6月，在双辽一中读书；1980年7月于双辽一中考入沈阳第二地面炮兵学校；2020年5月于沈阳自贸区税务局正处级退休。

郑忠明，男，汉族，1954年12月出生于山东省诸城县石桥镇，大专文化，畜牧师专业技术职称，中共党员，曾任国营双山鸭场场长；1962年3月—1970年12月，在石桥镇小学、中学读书；1971年1月应征入伍；1976年7月退伍投父至吉林省国营双辽农场农业科参加工作；1977年3月抽调任双辽县委组织部基本路线教育工作队队员；1980年初调入新组建的吉林省国营双山鸭场；2004年4月任四平辽河农垦管理区主任助理（副处级）。

赵文山，男，1952年9月出生于双辽农场西山屯，中共党员，大学学历，副教授，大校军衔；1959年8月—1965年7月，在双辽农场中心小学读书；1965年8月在双辽农场农业中学读书；1968年9月返乡在双辽农场二大队参加工作；1969年1月在家乡双辽农场应征入伍；1970年7月加入中国共产党；1971年7月被推荐入学；1975年毕业于北京外国语大学。从参军、入党、入学，他仅用3年时间走完了人生至关重要的一段历程。当兵的时候，他担任过原总后勤部汽车五团司教队教练班长，同期战友年龄都比他大，故谓之"小班长"，但是在所有战友中，"小班长"先入了党。上大学的时候，由于品学兼优，他被推举为北京外国语大学东欧系学生会主席。毕业分配到解放军第二军医大学后，他一步一步、脚踏实地，越干越出色，担任过第二军医大学外训大队翻译、秘书班主任、副大队长、大队长，兼任第二军医大学外事工作领导小组秘书，校外事办公室主任，外训系副主任、主任。1996年10月他晋升为大校军衔，党内职务曾任支部书记，外训大队纪委书记，外训系党委书记，校党委委员。他先后荣获原总后勤部精神文明建设先进个人荣誉称号，荣立过三等功，多次受到嘉奖。

2002年他从部队转业到地方，在上海市对外经济贸易委员会担任投资委工会副主席、投资委专职书记；2012年9月在上海市对外经济贸易委员会投资委专职书记岗位退休。

高真福，男，汉族，大学文化，高级农艺师，中共党员，正处级退休；1952年9月出生在吉林省国营双辽农场衙门屯，1966年7月考入双辽三中；1968年12月在双辽农场应征入伍，在北京八三九四部队服役四年；1969年5月加入中国共产主义青年团，1970年12月入党；1973年1月退伍回到双辽农场三分场第一生产小队，参加劳动，由于表现出色，当年"七一"被评为全场优秀党员，当年8月被选送到吉林农业大学农学系学习；1977年1月吉林农业大学毕业后被分配回双辽县；先后在双辽县农科所、种子站、双辽种子公司从事技术员工作；1981年1月被中共双辽县委派到双山公社工作，任中共双山公社党委副书记；1983年8月任双辽县委常委、农村工作部部长、农林党委书记，在此任上自己通过大学所学专业知识，制定农业农村发展政策，指导全县农村农业工作，为全县农村经济、乡镇企业和粮食产量大幅提升做出贡献；1986年任双辽种羊场党委副书记；1990年任四平地区农科院副所长；2006年任吉林省农科院监察处副处长；2012年9月在省农科院正处级管理岗位退休。

徐贵军，男，1956年11月28日出生于双辽农场后衙门屯，中共党员，研究生学历（澳门科技大学工商管理研究生硕士学位），少校军衔；1965—1969年，在双辽农场三大队小学、双辽农场中心小学读书；1970—1974年7月，在双辽农场中学读书；1974年8月1日高中毕业后返乡，在双辽农场三大队（三分场）五小队参加农业劳动；1974年12月22日在双辽农场应征入伍；1977年1月21日加入中国共产党；在部队曾任步兵第571团2营4连排长，步兵第571团政治处干部股副连职干事，陆军第191师政治部干部科副连职干事，陆军第64军政治部干部处正连职干事，步兵第571团政治处干部股股长，陆军第64集团军政治部宣传处正营职干事；在部队期间，受陆军第64集团军嘉奖一次，荣立三等功两次；1988年在陆军第64集团军政治部被授予少校军衔。

1990年8月他从陆军第64集团军政治部转业到地方工作，先后任本溪市税务局机关党委组织干事，中共本溪市税务局党组副科级秘书，本溪市税务局办公室副主任，本溪市地方税务局办公室主任，本溪市地方税务局党组成员、副局长。

2016年，他在辽宁省本溪市地方税务局副局长岗位退休。

宿录瑞，男，1950年2月18日出生，中共党员；1968年11月毕业于梨树县第七中学，1969年1月参加中国人民解放军，1975年3月从部队复员；1975年4月—1986年6月，在梨树农场塑料厂工作；1986年调四平市双辽农场任副场长；2010年2月在吉林省农垦局任局长（正处级）。

董愚，男，1955年出生于沈阳市，博士学位；1969年5月—1970年12月，在双辽农场中学读书；1971年1月—1971年12月，在双辽县第一中学读高中；1972年1月—1975年6月，在国营双辽农场"五七"队参加工作；1975年7月在吉林工业大学内燃机专业学习；1980年5月在吉林工业大学读书；1988年5月在吉林工业大学和美国威斯康星大学读联合培养博士生，1996年6月获博士学位；2019年2月任广汽研究院院级特聘专家。董愚博士多次在中国和美国召集并主持FISITA和SAE新能源技术发展战略国际论坛和研讨会。他主编的《中国内燃机工业诞辰一百周年纪念文集（海外篇）》总结了海外发动机界华人华侨概况和发动机专家取得的杰出成就。他于2000年在美国SAE出版 *China's Engine Industry*《中国发动机工业》一书，曾为海外企业进入中国提供了翔实的信息和依据。2014年他编写的《底特律——对接中国汽车产业》一书，为中国汽车企业和零部件集团走出国门、落户海外提供了前瞻性的发展战略和思路。他先后荣获多项称号，获得美国亨利福特技术奖、DI&CAE技术成就奖、TMM技术创新奖等奖项；在汽车动力系统领域发表57篇学术论文以及320多篇工程技术报告，获31项专利。

附　录

文　献

一、历史资料

（一）关于原荣军农场转业官兵补贴资料

1981 年 8 月 1 日，双辽农场向主管部门四平地区农场局报送《关于原荣军农场转业干部、战士，申请补发转业金、生产资助金、安家费的报告》。

四平地区农场局：

双辽农场前身为辽西省荣军农场，1949 年 6 月从湖南省调回部队原编的两个大车连和辽西荣校的两个学员连会师后，保持部队编制，全副武装、生产待命。番号为辽西省荣军农场，当时实行供给制，军装粮饷全部由东北荣管会供应。1954 年 9 月由吉林省农业厅接管，改为地方国营双辽农场。1956—1957 年全国性的补办复员、转业手续时将原荣军农场这部分有军籍的干部、战士遗漏，至今仍没有领取转业金、生产资助金和安家费。近年来，这部分同志多次提出补发转业金、生产资助金和安家费的要求。经查阅 1956—1957 年全国整顿荣校、国务院补办转业、复员手续的通知，我们认为这部分同志提出的要求是合情合理的，按规定给他们补发转业金、生产资助金和安家费，对于落实拥军优属政策，发扬实事求是传统，肯定他们历史功绩，调动他们积极性是有一定意义的。目前这部分人员场内外还有 120 人，根据参加年限，按国家规定标准计算，需补发转业金 14353 元，生产资助资金 44069 元，安家费 8052 元，累计 66474 元。请主管局会同有关部门给予解决为盼。

附表 1　原荣军农场荣军补办转业安置人员名单及金额

（转业金，根据 1957 年 9 月 7 日国务院总后字第 64 号通知计算）

（安置费，根据 1965 年 4 月 23 日总政、总后〔65〕33 号文件计算）

序号	姓名	原部队级别	入伍时间	应补转业费（元）	应补安家费（元）	备注
1	贾巨文	营教导员	1937 年 10 月	1444	484	
2	曹庆吉	医助	1937 年 10 月	774	344	
3	王庭立	副营级兽医	1946 年 9 月	528	348	

（续）

序号	姓名	原部队级别	入伍时间	应补转业费（元）	应补安家费（元）	备注
4	王德忠	排长	1946年10月	468	296	1947年四平战役立功一次，24元包括在内
5	王文明	营教导员	1945年8月	783	348	
6	于方和	营教导员	1940年2月	874	388	
7	马成林	营教导员	1945年7月	783	348	
8	马占元	排长	1944年2月	783	348	
9	徐殿武	排长	1945年8月	666	296	
10	王树奎	排长	1942年6月	666	296	
11	王焕勋	排长	1946年2月	354	236	
12	赵兴洲	副排长	1945年9月	599	266	
13	杨久成	指导员	1940年2月	666	296	
14	汪精勤	连长	1946年3月	399	266	
15	邓润泽	排长	1947年5月	522	348	
16	鞠清海	排长	1946年2月	399	266	
17	左秀章	排长	1946年10月	399	266	
18	刘国顺	排长	1945年10月	399	266	
19	王秉钺	排长	1945年8月	666	296	
20	齐忠选	排长	1947年2月	399	266	
21	赵振玉	排长	1945年8月	666	296	
22	经国成	排长	1946年9月	399	266	
23	薛怀廷	排长	1947年3月	399	266	
24	付景和	排长	1947年4月	318	212	
25	戴吉联	见习会计	1948年11月		266	排级待遇
26	李天立	文化教员	1948年4月		266	
27	赵信	卫生调剂员	1947年1月		212	
合计				14353	8052	

附表2 原荣军农场荣军补办生产资助金人员名单及金额

（生产资助金：根据1957年9月7日国务院周字第64号通知计算）

序号	姓名	原部队级别	入伍时间	应补生产资助金金额（元）	备注
1	孙传福	班长	1945年8月	886	在解放战争时立大功一次，24元包括在内
2	李怀德	班长	1945年7月	868	
3	杨金明	战士	1945年8月	862	
4	张万厚	班长	1945年7月	868	

（续）

序号	姓名	原部队级别	入伍时间	应补生产资助金金额（元）	备注
5	晏守坤	班长	1945 年 10 月	469	在淮海战役时立大功一次，小功二次，24 元包括在内
6	吕昌学	班长	1946 年 4 月	427	
7	戴吉联	班级见习会计	1948 年 11 月	334	
8	王保义	班长	1946 年 1 月	436	
9	司万昌	班长	1947 年 3 月	397	
10	吴章根	班长	1947 年 1 月	400	
11	张军发	班长	1947 年 2 月	397	
12	马先远	班长	1947 年 1 月	400	
13	吴永录	班长	1947 年 3 月	394	
14	郭兴久	班长	1947 年 2 月	421	立小功一次，大功一次，24 元包括在内
15	孙荣久	班长	1947 年 1 月	424	立大功一次，24 元包括在内
16	单景生	班长	1947 年 1 月	382	
17	刘兴焕	班长	1947 年 8 月	379	
18	赵信	卫生调剂员	1947 年 11 月	400	
19	白玉珍	班长	1947 年 3 月	394	
20	唐玉奇	文书	1948 年 1 月	364	
21	李天立	文教	1948 年 4 月	355	
22	陈甲彬	班长	1947 年 2 月	397	
23	鄂吉运	文书	1947 年 2 月	397	
24	寇守荣	文书	1947 年 3 月	394	
25	刘本财	班长	1947 年 1 月	400	
26	刘宝林	班长	1948 年 1 月	344	
27	高崇山	班长	1947 年 5 月	388	
28	朱占午	班长	1945 年 5 月	862	
29	赵永	班长	1947 年 5 月	388	
30	张秀生	卫生员	1947 年 3 月	394	
31	杨成林	宣传员	1948 年 11 月	334	
32	裴世学	班长	1947 年 12 月	367	
33	朱连成	班长	1946 年 9 月	415	
34	刘志	文书	1947 年 10 月	373	
35	于广志	班长	1946 年 1 月	436	
36	王吉福	战士	1945 年 10 月	445	
37	赵春年	战士	1949 年 1 月	328	
38	王宝忠	战士	1948 年 1 月	364	
39	王青云	战士	1947 年 2 月	397	
40	王福林	战士	1947 年 1 月	400	

（续）

序号	姓名	原部队级别	入伍时间	应补生产资助金金额（元）	备注
41	戴学明	战士	1948 年 1 月	364	
42	黄年财	战士	1947 年 5 月	388	
43	张纯	战士	1947 年 2 月	397	
44	张星山	战士	1947 年 3 月	394	
45	高景祥	战士	1947 年 2 月	397	1957 年退职还乡
46	闫占光	战士	1947 年 2 月	397	
47	张立成	班长	1945 年 12 月	439	
48	崔明德	战士	1948 年 9 月	340	
49	权光礼	战士	1949 年 10 月	301	
50	刘慧志（女）	战士	1949 年 5 月	316	
51	田巴轩	班长	1942 年 3 月	1108	178 月×6 元/月＋40 元
52	郝双银	战士	1949 年 4 月	319	
53	崔广轩	战士	1945 年 7 月	868	
54	吴大福	战士	1947 年 2 月	397	
55	王大华	战士	1947 年 2 月	397	
56	宁中华	战士	1944 年 6 月	940	
57	程洪义	战士	1946 年 4 月	420	
58	韩启发	班长	1947 年 2 月	397	
59	刘青云	班长	1947 年 3 月	394	
60	王瑞芳	班长	1947 年 1 月	400	
61	陶福文	班长	1946 年 2 月	483	
62	邢吉林	战士	1945 年 8 月	862	
63	李朝瑞	战士	1947 年 3 月	394	
64	王志有	战士	1948 年 2 月	361	
65	何天成	战士	1948 年 3 月	358	
66	鄢德文	战士	1948 年 4 月	355	从东北荣军委员会调来荣军农场，与全体指战员同样穿军装、生产待命
67	王永德	战士	1948 年 3 月	358	
68	周洪吉	战士	1947 年 1 月	400	
69	李振和	战士	1945 年 3 月	358	
70	杨忠	战士	1947 年 3 月	394	
71	杨泽	班长	1948 年 7 月	346	从辽西省荣管处调到荣军农场，与全体指战员同样穿军装，供给制，生产待命
72	孟有才	班长	1945 年 8 月	862	1965 年退职还乡
73	杜文华	战士	1946 年 11 月	406	
74	李庆堂	战士	1947 年 1 月	400	
75	宋国芳	战士	1947 年 2 月	397	

（续）

序号	姓名	原部队级别	入伍时间	应补生产资助金金额（元）	备注
76	李川勇	战士	1946 年 8 月	415	
77	芦绍林	班长	1947 年 2 月	397	
78	严天增	战士	1948 年 1 月	364	
79	周国松	战士	1947 年 3 月	394	
80	王有祥	战士	1947 年 2 月	397	
81	刘焕章	战士	1947 年 1 月	400	
82	刘宝财	战士	1947 年 3 月	394	
83	路好云	战士	1948 年 2 月	361	
84	张殿云	战士	1947 年 1 月	400	
85	熊志光	战士	1949 年 8 月	307	
86	樊荣庭	战士	1946 年 8 月	433	
87	陈连举	战士	1949 年 1 月	358	
88	杜万选	战士	1947 年 2 月	397	
89	李春	战士	1948 年 1 月	364	
90	郑成仁	战士	1948 年 8 月	343	
91	张文礼	战士	1948 年 8 月	343	
92	秦海根	战士	1949 年 8 月	307	
93	王瑞云	战士	1948 年 11 月	334	
94	杨成仁	战士	1947 年 1 月	400	
95	张如生	战士	1948 年 1 月	364	
96	曹万江	战士	1946 年 2 月	433	
97	孙荣	战士	1947 年 3 月	394	1957 年退职还乡
98	胡广富	战士	1947 年 3 月	894	
99	马鸣中	解放团团员	1948 年 8 月	343	
100	梁敏慈	解放团团员	1948 年 7 月	346	
合计				44069	

（二）脱贫工作总结

2014 年，根据国家和省扶贫开发建档立卡总体工作安排，按照《吉林省扶贫开发建档立卡工作方案》的要求，在"十二五"期间，按照区发改局的部署，于 2014 年对全场的贫困人口进行了清查。清查后确认国定标准贫困人口为 717 人，省定标准贫困人口为 194 人，共计 911 人（全是当时的低保户），90％以上是因病、因残致贫，在 2014 年 10 月前进行公示公告，并对贫困人口制订了结对帮扶方案，明确了结对帮扶关系和帮扶责任人，在 2014 年 10 月完成了《扶贫手册》相关信息的录入，总场、分场各执一册。确定三分场为双辽农场省级贫困村。于 2014 年 10 月完成了省内联网运行，贫困户信息录入全国扶贫信息网络系统。

从 2011 年开始，根据国家的相关政策，对场内职工居住的危房进行改造，截止到 2015 年末，共计改造危房 3122 户，取得国家危房改造扶持资金 4585.5 万元，并争取配套资金 640 万元，用于硬化村屯路面 19 公里。于 2013 年在双辽农场二分场举行了全省危房改造现场工作会，双辽农场的危房改造工作得到了省及相关部门的表扬和肯定。此项工作改善了全场职工的居住环境，尤其使贫困户的危房得到了彻底改善，提高了职工的生活质量，为创建美丽乡村奠定了基础。

双辽农场于 2014 年根据《吉林省"十二五"期间整村推进扶贫开发规定（2012—2015）》文件通知，向区发改局争取到 2014 年整村推进白鹅养殖项目，项目总投资 300 万元，其中：取得扶持贫困资金 100 万元，项目完成后实现社会产值 445 万元，为 633 户白鹅养殖户增加纯收入 155 万元，2013 年以前确定的 450 户贫困户户均增加收入约 3000 元。通过该项目的实施，带动了双辽农场相关养殖业及饲料业的发展，促进了贫困户致富，达到扶贫的目的，社会效益显著，为贫困人口增收脱贫做出了显著贡献。

通过以上措施，加上贫困户自身发展生产，全场在 2014 年脱贫 104 人，2015 年末脱贫 130 人，到 2015 年末双辽农场贫困人口为 677 人，其中：国标 587 人，省标 90 人。

根据省市精准扶贫文件精神和管理区脱贫方案以及"回头看"工作要点的要求，从 2015 年 12 月末至 2016 年 1 月 16 日，对建档立卡贫困人口国标 587 人及省标 134 人，共计 721 人进行"回头看"工作；又于 2016 年 1 月 16 日召开了贫困人口"再回头"紧急调度会，坚决按照区扶贫方案和"回头看"工作要点执行，以"一进二看三算四比五评议"为工作方法，以"八不入"为工作原则，对建档立卡的贫困人口进行了入户核查。经查实，其中：死亡 24 人，退休或有财政供养人口 32 人，家庭年人均收入超贫困线标准（3104 元/人均）及户在人不在的共计 644 人，新增贫困人口 19 人。

最终双辽农场确认贫困人口实际还有 19 户，40 人（其中：国标 19 人，省标 2 人，新增 19 人。该贫困人口全部录入国家扶贫信息平台）。致贫原因：一是因病、因残致贫 26 人。二是无劳动能力 14 人。

2015 年末区召开了脱贫攻坚工作大会，并确定了贫困户包保责任单位和包保责任人，对全场 19 户 40 人进行了包保。于 2016 年 1 月 26 日召开了双辽农场脱贫攻坚大会，区包保单位和双辽农场各分场进行了对接。

在 1 月 22 日，对各分场和包保单位、包保科室、包保责任人做了部署并下达了送温暖活动文件。截止到 1 月 31 日，送温暖活动圆满完成，19 户贫困户无一遗漏。提供生活必需品（价值 200～300 元）减轻了贫困家庭春节的负担。为贫困家庭过上温馨祥和的春节提供保障。此次活动的物资均由包保领导、包保科室、包保责任人个人出资或捐赠。

2016 年春节后，针对 19 户贫困户制定了精准扶贫措施如下。

① 安置就业 5 户 5 人，由分场聘用为保洁员、护路工（已于 3 月末签订了劳务合同，已上岗工作，年薪 5000～6000 元/人）。

② 庭院大棚蔬菜种植 1 户，由四平环保局负责建大棚资金 5500 元。

③ 发展养殖户 6 户，由双辽农场提供扶贫资金 30000 元，为 5 户购买基础母猪 1 户 1 头。为 1 户发展养殖白鹅 200 只，由所在分场负责鹅舍建设、负责鹅雏购入、负责鹅料购入、负责专人防疫，资金由分场提供（5 月份实施）。

④ 场内务工 3 户：为 1 户提供流动资金 2000 元，为一户提供购置工具资金 1000 元。

⑤ 外出务工 3 户：月收入 1500～2000 元。

⑥ 培训技能 1 户：由四平工商联协调就读四平卫校并提供三年学费及食宿费，7 月份落实。

2016 年通过以上措施的实施，2016 年脱贫 9 户 19 人。

二、媒体及刊物发表的文章（选编）

参加四平保卫战的片段回忆

作者：贾巨文

今年是四平保卫战胜利四十周年。回忆过去、缅怀战友，我永远铭记着那段难忘的岁月。

那是在 1946 年，我们参加保卫四平城市的两个团统一由保一旅旅长马仁兴指挥。我当时是一团三营教导员，负责西南角防守，即往西新立屯、前后玻林子、海丰屯一线。这是四平西南大门，地势一马平川，只是在玻林子村前 130 多米处有一条自然沟，约一米深。村前还有一片坟地，坟地里有很多树。坟和树是仅有的可以利用的掩蔽物。我军防守难，敌人进攻也很难。毫无疑问，这儿要有一场激战。

我们几个营级干部做了分工，我与副营长龚振和负责指挥十连坚守铁路。营长钟建兴和副指导员杨云汉指挥九连坚守海丰屯。十一连做机动。战前动员会上我们讲了保卫四平的意义，并在全营开展杀敌立功竞赛活动。会后，战士们用鲜血写成的请战书、火线入党申请书纷纷交到营指挥所，战斗情绪十分高涨。

4 月 15 日，太阳偏西的时候，四平保卫战的第一枪打响了（四平保卫战开始时间应是 4 月 18 日）。这一枪是在我十连防守阵地前沿首先打响的。这一枪立刻传遍全营阵地，战斗气氛骤然紧张起来。战士们抓紧抢修未完工事。我们几个营级干部在油灯下，研究一个又一个作战方案。

16 日，敌新一军五十师向我营阵地前沿运动兵力。17 日早 8 点钟，敌人经过充分的准备，组织了近百门火炮，向我十连防守地开始猛烈的轰击。顷刻间，阵地上硝烟弥漫，弹片横飞。敌人的炮弹多种多样，有的在半空中爆炸；有的在地上爆炸；有的钻入地下后爆炸；有的把土掀到半空中，地面出现一个井口大的坑；有的能穿透好几层墙；有的落地就起火。炮弹打得天昏地暗，伸手不见五指。我打了无数次仗，从来没有见过这种场面。望远镜也失去了作用，电话线被打断了。敌人企图用炮火把我阵地轰平，步兵轻而易举占领阵地。这时敌人炮火转向纵深地带，敌人轻重机枪开始射击了，这是敌人要发起冲锋的信号。我派通讯员去十连叫他们准备好，把手榴弹盖掀开，刺刀上好，进入掩体各就各位，不到近距离绝不准开枪。约十分钟，敌人黑压压的一片端着枪迈着大步冲上来了。一百米、八十米、七十米，"打！"我大喊一声，顿时，掷弹筒，手榴弹，轻重机枪，冲锋枪组成严密的火力网，以排山倒海之势倾泻而出。不可一世的新一军三十八师立刻倒了一片，没死的号叫着，连滚带爬，丢下尸首仓皇溃逃。

敌新一军是蒋帮有名的"王牌"，赴缅远征军，全部美式机械化装备，这一次在密集炮火掩护下，也没有逃脱失败的下场。于是该军又疯狂组织三次进攻，但都被我军顽强地击退了。夜幕降临了，一天的鏖战结束了，在这不算长的战线上，敌人没能前进一步，而他们的尸体填满了沟壑。

我和副营长去十连检查阵地，挨个把战士们仔细看了一遍，他们穿的衣服挂着土，烟尘满面。有的头部受伤，有的眉毛烧焦了。战士一天没有吃上一顿饭，可他们还是那样精神抖擞。他们表示：为保卫四平城，为保卫四平人民，人在阵地在，人与阵地共存亡！这就是我们打胜仗的力量所在。

从 15 日战斗开始，十连昼夜坚守阵地五天了，指战员们太疲劳了。我和营长商量用十一连换十连下来休息，十一连进入阵地。

27 日 7 点钟，敌人又和往日一样，炮火开路，硝烟已达到面对面看不见的严重程度。在一片火海中，十一连一排副带着一个班坚守在玻林子村前的坟地上，因地势突出，敌人集中炮火向他们猛烈轰击。地堡被打塌了，战士们有伤亡，终因寡不敌众撤下来了。敌人占领了坟地，十一连连长看到这种情况非常着急，大喊："一排二排跟我冲！"指导员在西头也立刻组织三排突击，敌人看到两面夹攻，慌忙调转往回跑。一排长带领全排战士，跳出交通壕追击敌人。反击是不准出交通壕的，连长和指导员没有喊住，追出 50 多米时，敌人用火力把退路封锁了，造成了一定的伤亡，白白吃了这个亏。十一连阵地虽然夺回来了，但伤亡这样大，敌人进攻时还得失掉，我给十一连连长打电话问："情况怎么样？现在十连去一个排支援你们，由你指挥。"他说："营首长替我们想得真周到。"我又重复不准失掉一寸土地，接受血的教训，一定要按规定的战术去打。十连那个排刚到十一连阵地，敌人又开始了进攻，战斗越打越猛。为争夺阵地，敌我双方的喊声震耳欲聋。

第7天早上，我们几个营级干部商量还是叫十连上。十一连下来休整队伍，总结经验教训。十连接受阵地后，敌人用密集的炮火向我十连阵地猛压下来，特别是三班阵地是修筑在炉灰渣子的铁路基上，很不结实，工事是用草袋装土砌成的。敌人的炮火很快把全部掩体摧毁了，三班被迫撤下来，三班长受了重伤，他紧紧抓着我的手，用微弱的声音说："我没有守住阵地，请求党给我处分。"说完慢慢地闭上了双眼，为四平人民的解放事业献出了年轻的生命。

三班长的牺牲，像一桶汽油浇在战士们复仇的火焰上，战士们瞪着充血的双眼，向连长指导员请战，誓死夺回阵地，为战友报仇。当时从敌我兵力与火力对比看，从时间和地形看，我们硬攻伤亡要大，只有发挥我军夜战的长处，出其不意歼灭敌人。我和副营长商量后，立即命十连做好夜间袭击敌人的战斗准备。

夜，漆黑一片，只听风刮得呼呼作响，这正是偷袭的好时机。十连长是个大个子，虎背熊腰，有一身刺杀的硬功夫。他带领一个排，从铁路基旁敏捷地摸上去。敌人占领阵地后，抢修了一下工事和交通壕，见我阵地寂静，以为土八路不堪一击，无力夺回阵地，所以都打瞌睡了。十连长绕到敌哨兵身后，一刺刀结果了他的性命。随后，战士们迅速地跃入交通壕，经过一阵白刃战，有的敌人在睡梦中就丧了命。不到半个小时的搏斗，全部消灭了敌人，阵地又回到我十连手中。

十天的浴血奋战，敌人官兵伤亡很大，消耗了无数炮弹，除在我阵地前沿留下无数的尸体外，他们毫无所得。敌人见此处不易打开，把主攻方向转移到二营阵地。在我营十连阵地前，采取坑道作业，步步为营的战术。双方都打冷枪、冷炮，大的战斗不打了，但是枪炮声仍不间断。

在四平保卫战中，我们经过一个月零两天的激战，胜利完成了防守任务，以小的牺牲换取了大的胜利。胜利是来之不易的，是我军指战员顽强勇敢作战的结果，同时也离不开四平人民和地方政府的大力帮助，是他们及时给我们送来钢板、钢砖等，连夜帮助修补工事，做我们的坚强后盾，给了我们勇气和力量。

在纪念四平保卫战胜利四十周年之际，让我们缅怀为四平解放流血牺牲的无数先烈，继承他们的遗志，把四平建设得更美好，来告慰先烈的英灵吧！

怀念英雄贾巨文

作者：穆孟田

每当讲起英烈故事的时候，人们总是讲他们在战场上英勇杀敌的战斗场面。而我今天给大家主要讲，老英雄贾巨文战斗负伤离开战场后的事迹。

贾巨文，1918 年 2 月 3 日生于山西省原平县（现原平市）大营乡土屯寨村；1937 年 10 月参加八路军，同年 12 月加入中国共产党；抗日战争时期历任三五九旅教导营学员，冀中军区特务团支部书记，冀中军区民抗纵队三十二团某连指导员，冀中军区三十二团某连指导员，晋绥军区直属三十二团某连指导员；解放战争时期历任东北民主联军保安第一旅一团三营教导员，西满独立一师二团二营教导员，七纵十九师二团二营教导员，辽西省荣军学校校长；新中国成立后历任辽西省荣军农场场长，吉林省国营梨树农场场长兼书记，四平市政协副主席；1956 年 8 月 31 日转业；1999 年 4 月 24 日病逝于四平市，享年 82 岁。

战斗负伤离战场

1948 年 10 月，贾老参加了黑山阻击战，因腿部负伤离开了战场，到后方二十二野战医院疗伤。

伤愈后，由于他腿部残废，不能重返前线了，上级决定派贾老组建辽西省荣军学校。荣军学校即残废军人学校，为团级单位，设校长和政治委员。1949 年 2 月，辽西省荣军学校在辽西省铁岭县成立，贾老任校长。

经过短时间的学习，辽西省委为了安置这些学员，决定组建辽西省荣军农场。这些学员因革命有功，有的人摆老资格，必须选一名能管得住他们的场长，把他们顺利地带走。于是，贾老放弃了组织派他去天津工作的机会，主动请缨，要求从铁岭县去北大荒建场。

辽西省荣军农场种桑田

1949 年 6 月 15 日，贾老带领 500 多名荣转军人来到了人烟稀少的北大荒，即现在的双辽农场。其经营方针是自给自足，实行供给制分配方式，生产组织实行军事化管理，直属东北荣军工作委员会辽西省荣军管理处领导。这 500 多名荣转军人在贾老的指挥下，以前线作战的姿态，在这人迹罕至的地方展开了艰苦的建场工作。他们爬冰卧雪，露宿赶建；为了解决水源问题，不怕天寒地冻，赤身淘井，烧雪熬冰；为了解决住宿问题，挖掘窑洞。不少人的乌拉（用生牛皮制作的鞋）穿掉了底，手裂出了口子，鲜血染红了工具，从不叫一声苦，喊一声累。他们仅用一个半月的时间，就顺利地完成了建场工作。当时，场部设在卧虎屯，1951 年迁到现址。1952 年，经辽西省政府批准，衙门屯县农场划归荣军农场，并接收了三家子一部分农民带地入场及周边的朝鲜族公私合营户入场，随之改为企业经营，变军事化的连排班组织为农业生产组织，改供给制为工资制，隶属省农业厅领导，更名为辽西省人民政府农业厅荣军农场。经过三年的努力，即 1952 年，荣军农场初见成效，并涌现出了不少像张东祥那样的劳动模范。1954 年，因行政区划调整，辽西省荣军农场划归吉林省，并改名为现在的双辽农场，人口从起初的 500 多人发展到 3037 人，其中职工 867 人。贾老在辽西省荣军农场任职整九年，他的这些老兵绝对服从贾老的指挥。虽然在 1956 年 8 月 31 日集体转业脱下了军装，但他们始终没有改变部队作风和军人的本色。他们在战争年代是英雄，在和平年代即社会主义建设中也是模范。他们通过自己的努力，硬把北大荒变成了北大仓。

梨树农场显身手

1957 年 9 月至 1959 年 8 月，贾老在吉林省工农干部学校脱产学习两年。毕业后，他婉言谢绝了组织把他留在省农业厅的想法，被调入吉林省国营梨树农场任场长兼党委书记。

梨树农场是 1950 年组建的老场，人际关系非常复杂。有原国民党上校军医；有南开大学毕业的右派分子；还有黄埔军校毕业的学员。为了让这些人放下包袱，安心工作，贾老主动找他们谈心，充分调动他们的积极性，让他们发挥一技之长。在贾老的感召下，陈军医把自己的医术毫无保留地传授给了全院的医护人员。南开大学毕业的右派分子作为技术员，使梨树农场最早有了电灯。为了丰富职工业余文化生活，经场委会研究决定，成立了电影队和小剧团。小剧团这些人多才多艺，不仅会唱评剧铡美案，还能唱二人转秦香莲。就连歌剧白毛女也搬上了舞台。部分职工也可登台唱上一首《咱们工人有力量》等歌曲。小剧团不仅进车间，还去田间地头演出，更可贵的还去过松江河林业局、东辽县等多个地方慰问演出，增进相互间的交流和友谊，深受当地百姓的欢迎。

贾老领导一班人抓农业，成立了自己的农科所，使水稻产量连年递增，工业上成立了造纸厂、农机修配厂；1963 年还扩建了初具规模的电影院、农场办公楼、粮油加工厂。几年间，梨树农场工业、农业、文体活动都走在了全省其他农场的前面，出现了生机勃勃、欣欣向荣的大好局面，受到了省委和国家农垦部的表扬和肯定，并得到了百姓的称赞。

被迫退二线

时间推移，来到了 1964 年，社教工作队进入梨树农场。贾老被工作队定为"四不清"干部，于 1965 年 8 月被迫退居二线。从此，贾老的身体一天不如一天。很快满头青丝添了白发，额角的皱纹也渐渐地增多了，满口牙也掉了没剩下几颗。显得是那样的苍老，那样的憔悴。是啊，贾老在部队时，几乎天天行军、打仗，建校、建场时也整天忙于工作。他40多岁，正值年富力强，一下子没了工作，心里有一定落差。还好，经过短时间的调整，贾老很快地适应了新的生活。

1965年8月至1966年6月，贾老去外地某个县搞了近一年的社教。回来后，他又到原单位即国营梨树农场任副书记并在工业联合厂劳动锻炼，这一锻炼就是十几年。有人问贾老，为什么你当兵近二十年，职务这样低，他很严肃地回答："比起我那些牺牲的战友，职别低不算什么，我的职务是党给的，是那些先烈用鲜血换来的。"每当讲起战斗经历的时候，每当想起他那些为共和国诞生而献身的战友们，贾老总是哽咽地说不出话来。

发挥余热

1979年的春天，时任吉林省委书记的王恩茂来梨树农场检查工作，见到贾老这个三五九旅的老兵还在梨树农场，并且是在二线上，就和陪同他来梨树农场的四平地委书记霍明光商量，让贾老重返工作岗位，还在四平市给分个红军楼。起初，贾老出任梨树农场副场长，之后，1981年6月又去四平市任职，为政协副主席，直至1983年9月离休。

难忘的日子

一个难忘的日子来到了，1999年4月24日，贾老带着他对党的忠诚走完了他的人生之路，永远地离开了我们。贾老临终前对他的子女们说："父亲没给你们留下更多的遗产，有三件遗物都献给了四平战役纪念馆。第一件是四平保卫战结束后，和三营长钟建兴在阵地前的合影；第二件是四平攻坚战结束后，部队首长奖励给我使用的照相机；第三件也是四平攻坚战结束后，上级首长奖励给我的缴获敌人的军被面。你们要是想我了，就到四平战役纪念馆走一走，看一看。"是的，贾老没有给他的子女们留下更多的遗产，就连骨灰都撒在了他曾经战斗过的北辽河。贾老临终嘱托他的子女们说："我原本愿望是，我去世后能去四平烈士陵园陪伴我那些牺牲的战友们，可叹四平烈士陵园的面积和资金有限，就不要给政府添麻烦了，就把我的骨灰撒到北辽河吧！我要陪伴那些为解放全中国战死在辽河两岸的战友们，生死在一起，永不分离。"

这就是贾老英雄。贾老是个平凡的人，在我们心中却是那样的高尚，那样的伟大，那样的了不起。他是四平人的骄傲，永远值得我们怀念。

记忆中的哈拉巴山

作者：张德才

我曾住在双辽的哈拉巴山脚下的矿床上，虽几次搬家，也都围着哈拉巴山转。我在那里生活工作了 43 年，同哈拉巴山朝夕相伴、情同手足。虽然离开近 30 年了，但乡愁依旧，可是遗憾也将伴我终生。

20 世纪 50 年代，从我有记忆开始，哈拉巴山还是原生态的样子。这座海拔 250 余米的火山地貌，鹤立鸡群般地屹立在百里荒原上。它俊秀巍峨、雄伟壮观。山呈南北走向，山头那种玄武岩柱状节理直插云天，恰似云南石林的一角。由于这一带西南风历久肆虐，西侧山体的岩石大多裸露，只有一些低矮的灌木丛点缀其间。而山的东面则集聚了大量的有机泥沙，树林茂密杂草旺盛。其中以山榆，杏树和大量的柞林为主，覆盖了整个东北坡。

每当阳春四月，野杏花漫山开放，山坡一片绿意盎然。这时总有成群结队的红领巾们，高举着旗帜，唱着歌来这里旅行。孩子们登山、挖宝、野餐，徜徉在大自然的神奇里，给他们的童年留下了美好的记忆。

火山地貌的突出特点是有山必有湖。地壳变迁的规律凸起和下凹是相辅相成的。山下的小湖约有三百公顷的面积，当我见到的时候四周已被绿苇环抱，湖心处也有大片大片的芦苇荡漾其中。每当初夏，成百上千只野鸟云集于此，产卵，孵化，繁衍着下一代。

此时你撑上铁皮船，可以一览无余地欣赏那颜色各异的鸟蛋，让人心旷神怡、流连忘返。湖中有自然野生的，也有人工放养的鱼虾，勤劳者都会把它们搬上餐桌。

然而好景不长，大约是 20 世纪 60 年代初期，哈拉巴山就有了少量的开采。当时主要是解决构筑堤坝的块石和修建桥涵的碎石，用量极其有限，还不足以损坏山的全貌。

可是，后来那些既得利益者把哈拉巴山当成一块肥肉，蜂拥而上。树木被连根拔掉，植被全部被毁。哈拉巴山上炮声隆隆，久居在这里的山狐，野兔和成千上万条蛇悄无生迹。二十几个采石点像小孩子扒沙堆一样，近似疯狂地剥离着山体。山上山下车水马龙，一车车石料被运往各种基地。这种化整为零的恶举一直持续到 20 世纪 80 年代末。后来又建了玄武岩板材加工厂，黑色的大理石又流落到异国他乡，成了别人的嫁妆。到 20 世纪 90 年代，地上部分所剩无几，留下的只是被人翻倒过的山皮土。至此哈拉巴山在这个地球上已悄然被抹去。

大山的伴侣，山下的小湖不知何故也迅速地干枯。成片的芦苇不知去向，逃生的鱼虾走向了远方。残忍而贪婪的人们把它翻起种上了五谷杂粮。千百年来形成的山水合鸣的生态景观被彻底地颠覆。

人人都有乡愁，而我的那份乡愁随着哈拉巴山的消失而荡然无存。人们往往对存在的东西视而不见，一旦失去则后悔莫及。我欣赏过哈拉巴山的俊美，也目睹了哈拉巴山的颓废。几万年大自然的馈赠就毁在我们这一代人手里，何颜面对祖先，何颜面对后辈。我常常夜不能寐，泪洒床头，为被抹去的乡愁悲哀。

散文·春花烂漫　鹿鸣呦呦
作者：王立田

春天，万物复苏、生机盎然。梅花鹿也不例外，褪去厚重的冬衣，露出崭新的春装。那橙红色锦缎般的体背上金光闪闪，布满了玉白色的斑点，星星点点，成团成簇，像盛开的梅花。

春天，是母鹿的繁殖期，母鹿集中在春季产仔。刚生下来的仔鹿挣扎站起，一会的工夫就学会吃奶。仔鹿活泼好动，欢蹦乱跳，野性十足，招人喜爱。春天也是公鹿的长茸期。脱掉上年鹿茸的底盘，生出新茸，如春笋般迅速生长，鲜嫩如苞。

小小梅花鹿全身都是宝。鹿茸、鹿血、鹿角帽、鹿鞭、鹿骨、鹿胎膏、鹿肉、鹿皮全入药。鹿的经济价值很高，是回报率很高的经济动物。鹿产品是当时国家大宗出口的创汇产品，为国家经济建设做出了重大贡献。

吉林省双辽市有一座大哈拉巴山。每到春季，树绿草青，山花烂漫之时，几群梅花鹿就爬上了山坡，悠闲地在山野上觅食奇花异草，嫩叶蒿芽。吃饱后的梅花鹿淘起气来，撒欢儿跳跃，追逐嬉戏；有的引颈高歌，呦呦鸣叫，那欢快的鹿鸣好像是向人们宣告，春天来了。

这群鹿不是野生的梅花鹿，而是人工驯养的梅花鹿。1961年，吉林省农业厅根据当时国家"调整、巩固、充实、提高"的发展方针，大力发展吉林鹿业，决定在吉林省国营双辽农场的哈拉巴山建一年存栏500只以上的梅花鹿饲养场。当年从吉林省农校、东丰县皇家鹿苑调来数百头梅花鹿；1962年又从敦化大石头垦殖场调来一部分梅花鹿，作为基础种鹿。

哈拉巴山地理位置偏僻，地广人稀，很适合梅花鹿胆小喜静的生活习性。这里自然环境优美，风光秀丽，有山、有湖、有草原，水草丰盛。梅花鹿喜食的柞树叶、蒿草漫山遍野。

据记载，哈拉巴山一带历史上曾有野鹿群出没。由于清朝中晚期统治这里的内蒙古达尔罕亲王经济拮据、负债累累，经清政府批准，哈拉巴山一带开禁，允许汉人买地或租地开荒。大批汉人涌入，斩草开荒。树木被砍伐殆尽，草原被垦作农田。植被被严重破坏，野鹿无法生存，只好离开世代繁衍生息之地，迁往南山里——辽源一带。从此，这里不见了野生梅花鹿，只剩下几群傻狍子，愣愣地坚持在这里残延。

吉林省农业厅为了将哈拉巴山的梅花鹿饲养成驯鹿，特将吉林农校的优秀教师、驯养梅花鹿的专家邓再修调到双辽农场哈拉巴山鹿场驯养梅花鹿。

圈养的梅花鹿祖上是生长在长白山里的野鹿。食草动物是食物链末端动物，天性胆小机敏，警惕性极高。觅食时都时不时地抬起头来伸直脖子、瞪大双眼四望、竖起两耳细听，一有风吹草动，马上四处逃窜，很难驯养。

邓老师到职后，全身心地投入驯鹿工作中。生物的共同天性是以食为天，梅花鹿也不例外。邓老师就从鹿喜欢吃的食物入手。他背个兜子，兜里装着豆饼块、胡萝卜什么的在鹿圈里转来转去，不时地掏出食物引逗梅花鹿靠近喂食、抚摸。鹿对他渐渐地失去了警惕，他成了鹿的好朋友。之后，他扛着一面红旗进鹿舍，因为鹿最怕的颜色是红色，他结合上述喂鹿吃的办法，让鹿慢慢适应颜色；他又拿来锣鼓和其他饲养员在鹿舍里敲起来，从低到高，从小声到大声，后来又加进鞭炮声，锻炼鹿适应突发声响；喂鹿时饲养员们都扛着红旗、吹着哨子进鹿舍给鹿填草加料，慢慢地形成条件反射，鹿只要看到红旗、听到哨音就跟着打旗人走。因小鹿容易改变习性，邓老师采取从小鹿入手，先小后大，先少后多的训练方法训练。先试探性地将十几头表现好的鹿引出舍外驯化，待这些鹿适应外部环境后再往群里加鹿，慢慢地将十几头扩大到几十头、上百头，将大多数青壮雄梅花鹿驯养成可牧的鹿群。哈拉巴山又增添了一道亮丽的风景线——牧鹿。牧鹿能自然采食，食源广泛、品种多样，既节省了饲草，又增强了鹿的体质，提高了鹿茸的品质。

邓老师和他的饲养团队多年与鹿共伍，与鹿为友，悉心照料每一只鹿，哈拉巴山鹿场驯鹿牧养终获成功。我在农垦企业工作33年，在养鹿企业就工作了28年，参与管理过5个鹿场，参观、学习、走访过的鹿场很多，都没有像哈拉巴山鹿场这样放牧饲养的鹿场。老一代的哈拉巴山养鹿人为国家经济建设做出了突破性的贡献！

又是一个春天，又是树绿草青，山花烂漫之时，有幸回到阔别32年的故园，耳畔又响起那"呦呦"鹿鸣，我快步向那鹿鸣处奔去，你还好吗？我那久别的老友！

情归双辽农场

作者：张德才

感言：500余名荣誉军人转业官兵以战斗激情投入垦荒，为国家创造出一个欣欣向荣的现代化农场。

最近，我接到家乡原吉林省国营双辽农场党委的一封邀请函，请我参加今年十月建场七十周年纪念活动，并点名让我在活动中讲点什么。我的思乡之情骤然大增，夜不能寐之时，那段激情燃烧的岁月里一幅幅波澜壮阔的创业画面，再一次震撼了我的心灵；那些老"荣军"们的身影，再一次展现在我的眼前……

国营双辽荣军农场建立于1949年11月15日，与共和国同龄，原名辽西省荣军农场，有荣誉军人转业官兵500多人。这500余名"荣军"转业官兵，披着辽沈战役的硝烟战火，经过短暂的休整，以整连整营的建制，背着"三八大盖"，坐着胶轮大马车，走入了这个千古沉睡的荒原。迎接他们的是一望无际的芦苇荡、柳条通、马莲墩和一脚下去拔不出来腿的沼泽，是"棒打狍子瓢舀鱼，野鸡飞到饭锅里"的荒原之地。

点起篝火，支起帐篷，搭起马架子，用泥巴和草拧成草辫子，他们筑起了"干打垒"的土屋。一群来自四川、广西、山东、山西等地，南腔北调的人们汇集于此。他们铸剑为犁，拿起锹镐，在这里开辟了屯垦戍边的第二战场，以战斗姿态投入第二故乡的开发建设中。

1952年，我刚刚记事。奶奶领我到农场看拖拉机翻地，这个大家伙吸引了不少的乡民驻足观看。一犁下去，那肥沃得流油的黑土地便被翻过来，只一会儿工夫，黑浪滚滚的新田地就呈现在大家面前。正赶上拖拉机上的人吃午饭，那位戴黄色军帽的人还塞了半张白面饼在我手里，那香味至今难忘。他们每人胸前都佩戴着胸徽，白底黑字黑框。我问识字的爸爸，那上面写的是什么？爸爸此时已加入农场，当上了机耕队的会计。爸爸说，写的是"中国人民解放军"。

1954年，这儿正式定名为吉林省直属国营荣军农场，正县级建制。我1955年上小学一年级，有幸成为荣军农场第一届小学毕业生。后来，我和一名老"荣军"的大女儿一起考上了30里外的一所镇中学，毕业后又返回了农场，直至1990年奉调离开。

机械开荒成效显著，到1959年农场成立十周年时，已开垦荒地3000多公顷。按序排列，50公顷为一个地号，二、三、四分场就有29个地号。后来，其中的4号地、23号地、29号地还被确定为村名。用红砖垒的大场部也建成了，人们叫它"红房子"。1959年春节，我有幸在"红房子"里参加了农场举办的第一届联欢会。老"荣军"里人才辈出，有演东北二人转的，有说山东快书的，有唱山西小调的，还有用瓶子钓鱼、摸鼻子、猜谜语等游戏。我有幸收获了两个方格本，是玩游戏得的小奖品。也是在那一年，总场用柴油机组发了电，家家户户都点上了电灯，乐得我们这些孩子半宿半宿不睡觉。

我自小在双辽农场长大，见证了这个群体为国奋斗的热情、大公无私的精神。那热火朝天的年代，人人都发奋工作、学习，全力建设美好新中国。那时候，每当回收劳动工具的口哨一响，各家各户都自觉打开家门，把铁锹、木锨、笤帚等一样不少地放到门前，交给场子一并收回。敲打旧犁铧是上工的钟声，钟声一响，哪怕是嘴里正嚼着饭，人们也立刻赶到场部集合，真不愧是令行禁止的军人，那钟声就像冲锋号一样有力量。中午收工，远在田里的人听不到钟声，怎么办呢？有办法。他们制作了一面五星红旗，每当中午五星红旗在场部高高升起的时候，田里的马达声、号子声才会暂时停下来。

弹指之间，70多年过去了，在当年"干打垒"的土屋里早已走出老"荣军"的第二代、第三代甚至第四代。今天的双辽农场早已是高楼林立，农工们住进了楼房，村屯里的村舍，也白墙红瓦地掩映在绿荫中。水泥路四通八达，老人有敬老院，孩子上下学有校车接送，池塘里有鱼，山坡上有果，厨房里香味四溢，人们脸上挂着笑容……一个欣欣向荣的现代化农场展现在北国原野。

随着时间流逝，那一路走来的老"荣军"多数已经故去，尚且健在的也已耄耋老迈。有一年回家乡祭祖，恰同一老"荣军"后辈一起去上坟，我们是在农场光屁股玩到大的，我特意买了一束鲜花插在他父亲的坟头。他向我介绍，老"荣军"来自15个省份，当年是整连整营来此的，为了共同的奋斗目标，现在又一起长眠在这第二故乡，这可真是"埋骨何须桑梓地，人生无处不青山"呀。

话回开首，农场党委让我在七十年场庆时说点什么，我已有了腹稿。我也是过70岁的人啦，怀旧是老年人的常态。虽然已经退休离开农场多年，但我时常惦念着养育我的那一片稻浪，惦念那片金色稻浪的开拓者。鲁迅先生有句名言，其实世上本没有路，走的人多了，也便成了路。其实历史上本没有双辽农场，只因有了党领导下的老"荣军"，才有了国营双辽农场。老"荣军"们虽然多已长眠地下，但他们的功绩和精神长存！

崭新的"荣誉"
——辽河垦区双辽农场经济效益创历史新篇
四平日报记者：石崇

与共和国同龄的双辽农场有着特殊的历史荣誉，它的前身是荣誉军人农场。建场初期，那些在革命战争中因伤致残的军人，用激情燃烧岁月，用激情燃烧59平方公里的农场大地！党的十一届三中全会召开以后，农场走上了改革开放之路，经济形式逐渐好转。尤其党的十七大召开以后，这里发生了巨大的变化。2008年，农场的经济效益创历史最高水平。

农场共有水田2004公顷，主要种植"吉粳"系列水稻。共有旱田612.6公顷，主要种植"正单"系列品种玉米。2008年全场粮食总产量达到2.67万吨，发放粮食直补160万元，退耕还林资金54.8万元，水稻良种补贴40万元，综合补贴145万元。以上各项补贴全部实行张榜公布，并且实行以卡发放，近千万元无一笔差错。农工上缴部分，严格按照实际缴费的17.7%收取，没向职工多收一分钱。农场无一户农工欠缴管理费，无一户职工拖欠贷款，无一户职工因困难种不上地。2009年春季，农工种地面临巨大资金困难，总场组织全场干部为职工筹款 300 多万元,为农工解决了资金困难,保证承包户都能种上地,种好地。

农场水田全部实行"两推两早模式化栽培"新技术,大部分水田实现直流灌溉;旱田建立起"旱能浇、涝能排"的稳产高产体系。2008 年农场完成了科技培训教材创新,实地录制了水稻栽培生长全过程,灌制了光碟;被市政府授予"水稻种植示范单位",被省农委评为"农业技术推广植保农药管理先进单位"。农场主持的"水稻钵盘旱育稀植高产栽培技术推广"项目荣获省政府颁发的农业技术推广三等奖。

在抓好粮食生产的同时发展特色种植。农场有计划地在四、五分场建立大棚,种植花卉、香瓜等高效作物。目前农场已发展棚模 2 万平方米,年创造收入 45 万元,连续三年被市政府授予"长郑经济带开发建设先进单位"。

农场林地全部按上级有关林业政策实行公开"两权转让"退耕还林达 430 公顷,达到了上级验收标准,并把所收资金用于偿还退休人员账面存款欠款。

为增强经济总量,农场把招商引资和发展民营经济放在工作的重要位置。2008 年新引进三个项目,其中光明畜禽有限公司总投资 3200 万元,现已投入试运营生产,年生产能力 300 万只。和山肉种鸡专业合作社合作,总投资 1800 万元,设计养殖能力 80000 只,年初引进肉种鸡 20000 只,现已开始产蛋,2007 年秋天已开始孵化。德莱鹅业二期工程已经开始施工,目前已完成 300 万元工程建设。同时,场内民营企业发展迅猛,景民木业、生源米业等企业运行良好,就地安排职工上百人,既解决了就业,增加了收入,又为辽河垦区提供了新的税源。

2008 年,养殖业逐渐升温,效益不断提升,连续创历史新高。全场专业养殖户不断增加,直接经济效益达 500 万元。

三、双辽荣军农场之歌

双辽荣军农场之歌

刘连成(词)冯世英(曲)

农场啊,农场,

双辽荣军农场,

历史悠久,岁月长。

辽沈战役英雄汉,

英勇杀敌身负伤。

为了建设新中国，
双辽大地来开荒。
啊，初心使命记心上，
南泥湾精神放光芒。
艰苦奋斗结硕果，
沙漠荒原变粮仓。

农场啊，农场。
双辽荣军农场，
历史悠久，岁月长。
卧雪爬冰多壮举，
金戈铁马垦荒忙。
惊天动地乾坤搅，
拓土开源建边疆。
啊，初心使命记心上，
南泥湾精神放光芒。
艰苦奋斗结硕果，
沙漠荒原变粮仓。

农场啊，农场。
双辽荣军农场，
历史悠久，岁月长。
农工商副齐发展，
广阔草原现牛羊。
喜看田畴翻稻浪，
勠力同心奔康庄。
啊，初心使命记心上，
南泥湾精神放光芒，
艰苦奋斗结硕果，
沙漠荒原变粮仓。

双辽荣军农场之歌

1=G 或 F $\frac{2}{4}$

刘连成 词
冯世英 曲

笛（ 6̲5̲……6̲5̲6̲1̲ 2̲1̲2̲3̲ ⌒5̲……3̲2̲ | 1̲.2̲3̲5̲ 2̲1̲6̲ ᵛ | 5̲ - |

齐 5̲5̲ 3̲3̲2̲ | 3̲2̲1̲2̲3̲ | 1 - ）| 5̲3̲5̲ 6̲1̲6̲5̲ | 3̲5̲ （3̲5̲6̲5̲）

农场啊农 场，

5̲5̲6̲ 3̲2̲3̲5̲ | 1̲3̲2̲ （1̲2̲3̲2̲）| 3̲2̲1̲2̲ 3̲2̲1̲2̲ |

双辽 荣军农 场。 历 史 悠 久

7̲6̲7̲5̲6̲7̲6̲ | 6̲5̲1̲5̲ 2̲1̲7̲ | 6̲1̲ 5̲ ᵛ 6̲1̲ | 5 - | i.7̲ |

岁 月 长， 历史悠久岁 月 长。 （5̲6̲1̲2̲3̲5̲6̲5̲

6̲.i̲6̲5̲ 3̲5̲6̲i̲ | 5̲.3̲2̲ | 1̲.2̲3̲5̲ 2̲1̲6̲ | 5̲.1̲ 6̲5̲6̲1̲ | 5̲ - ）

5̲3̲ i̲6̲5̲ | 3̲2̲3̲1̲ 2 | 3̲2̲ 5̲3̲5̲ | 2̲3̲2̲6̲ 1 | 6̲5̲ 1̲6̲ |

辽沈 战 役 英 雄 汉，英勇杀敌 身 负 伤。为了 建设
卧雪 爬 冰 多 壮 举，金戈铁马 垦 荒 忙。惊天 动地
农工 商 副 齐 发 展，广阔草原 观 牛 羊。喜看 田畴

7̲6̲7̲5̲ 6̲7̲6̲ | 3̲2̲5̲ 3̲2̲1̲ | 6̲5̲1̲6̲ 5̲.1̲ | 6̲5̲1̲6̲ 5̲ |

新 中 国， 双辽大地 来 开 荒嘿！来 开 荒。
乾 坤 揽， 拓地开原 建 边 疆嘿！建 边 疆。
翻 稻 浪， 勠力同心 奔 康 庄嘿！奔 康 庄。

（5̲6̲1̲2̲ 3̲5̲6̲i̲ | 5̲.3̲2̲ | 1̲.2̲3̲5̲ 2̲1̲6̲ | 5̲.1̲6̲5̲6̲1̲ | 5̲ - ）

6̲5̲ 3̲5̲ \ 3̲.2̲3̲1̲ 2 | 6̲6̲5̲ 6̲5̲ | 3̲2̲3̲1̲ 2 | 5̲3̲5̲ i̲6̲5̲ |

初心 使命 记 心 上，南泥湾精神 放 光 芒。艰苦 奋斗

3̲2̲1̲ 5̲7̲6̲ | 3̲2̲5̲ 3̲2̲1̲ | 6̲5̲1̲6̲ 5̲5̲ | 3̲2̲5̲ 3̲2̲1̲ |

结硕 果。 沙漠荒原 变粮 仓啊。沙漠荒原

6̲5̲ 3̲5̲2̲3̲ | 5̲5̲ 0̲5̲3̲ | 2̲3̲2̲1̲ 6̲5̲1̲6̲ | 5 - |

变 粮 仓啊 咳！ 变 粮 仓

3̲2̲5̲ 3̲2̲1̲ | 6̲5̲ | 6̲i̲ 5̲6̲ ᵛ | i - | i - ‖

沙漠荒原 变 粮 仓

（结束句 渐慢）

3̲1̲ | 2̲3̲ 1̲2̲ | 3 - | 3 - ‖

名　录

一、荣军名录

贾巨文(荣军学校校长正团职)　张国栋(团长)　于广志(班长)　于占胡

于学文(战士)　于方和(教导员)　弋启和(排长)　王彤(女,战士)

王付(战士)　王强(战士)　王文明(教导员)　王占元(连长)

王志有(战士)　王福林(战士)　王茂林(排长)　王树奎(排长)

王秉钺(排长)　王德忠(排长)　王培良(厨师)　王福庆(战士)

王吉福(战士)　王保义(班长)　王有祥(战士)　王庭立(副营级兽医)

王永开(连长)　王进修(战士)　王友德(战士)　王国良(战士)

王国忠(副班长)　王瑞云(战士)　王大华(战士)　王宝忠(战士)

王焕勋(排长)　王青云(战士)　王景德(战士)　王瑞芳(班长)

王仁富(战士)　尤文生(战士)　马占元(排长)　马成林(教导员)

马宪运(战士)　马鸣中(解放团学员)　邓润泽(排长)　付　忠(副指导员)

付景和(排长)　田巴轩(班长)　宁中华(战士)　孔繁义(战士)

马先远(班长)　左秀章(排长)　兰国德(战士)　汪精勤(连长)

王精凯(排长)　刘　志(文书)　刘广俊(战士)　刘殿琜(卫生所所长)

刘慧志(女、护士)　刘本财(班长)　刘兴焕(班长)　刘恩常(战士)

刘自驹(战士)　刘青云(班长)　刘宝财(战士)　刘宝林(班长)

刘焕章(战士)　刘金才(战士)　刘国顺(排长)　刘瑞红(副指导员)

齐忠选(排长)　杜文华(战士)　杜万选(战士)　权文华(战士)

权光礼(战士)　朱连成(战士)　严天增(战士)　闫占光(战士)

闫占元(战士)　孙传福(班长)　孙　荣(战士)　孙荣久(班长)

李　春(战士)　李川勇(战士)　李天立(文化教员)　李中林(战士)

李景田(战士)　李庆堂(战士)　李怀德(班长)　李保春(班长)

李荣昌(战士)　李敬书(排长)　李朝瑞(战士)　李振和(战士)

李士信(班长)　李名实(副指导员)　李德长(副分队长)　佟金祥(保管员)

向成军(战士)　吕兆行(排长)　吕昌学(班长)　闫树奎(战士)

申殿有(排长)　白玉珍(班长 蒙古族)　闫自安(连长)　朱占午(战士)

时付合(秘书)	何天成(战士)	邢吉林(战士)	吴章根(班长)
晏守坤(班长)	吴永兴(战士)	吴永录(班长)	吴大福(战士)
司万昌(班长)	芦绍林(班长)	周立英(营长)	周国松(战士)
周洪吉(战士)	单甘亮(排长)	单景生(班长)	张纯(战士)
张万厚(班长)	张立成(班长)	张炳炎(医生)	张东祥(战士)
张东志(战士)	张如生(战士)	张秀生(卫生员)	张永兴(战士)
张军发(班长)	张文光(干事)	张文礼(厨师)	张兆真(战士)
张星山(战士)	张殿云(战士)	张殿文(炊事员)	宋国芳(战士)
经国成(排长)	杨泽(班长)	杨忠(战士)	杨金明(战士)
杨久成(连指导员)	杨殿文(战士)	杨成仁(战士)	杨成林(宣传员)
杨春新(战士)	陈甲彬(班长)	陈连举(战士)	胡广富(战士)
闫贵芝(战士)	徐殿武(排长)	赵振玉(排长)	赵兴洲(副排长)
赵永(战士)	赵春年(战士)	赵信(卫生调剂员)	赵树槐(排长)
洪庭兰(战士)	郭振华(连长)	周国松(战士)	严天增(战士)
冷忠告(文书)	曹庆吉(医助)	曹万江(战士)	黄年才(战士)
郭计庄(排长)	唐玉奇(文书)	郭兴久(班长)	高崇山(班长)
高嵩山(会计)	高景祥(战士)	项成君(战士)	程洪义(战士)
崔广轩(战士)	樊荣庭(战士)	董利民(战士)	崔明德(战士)
薛文汉(排长)	费国恒(班长)	施万全(战士)	秦海根(战士)
倪安龙(战士)	孟有才(班长)	姜鹤(副连长)	路好云(战士)
陶福文(班长)	陶贵庭(战士)	熊志光(战士)	戴吉联(会计)
戴学明(厨师)	魏广路(战士)	郝双银(战士)	郝宪德(战士)
郑成仁(战士)	曲天春(排长)	律景春(排长)	韩启发(班长)
薛怀廷(排长)	薛文汉(排长)	梁敏慈(解放团学员)	韩喜发(战士)
潘洪海(战士)	鄢德文(战士)	鞠清海(排长)	鄂吉运(班长)
寇守荣(文书)			

1950 年 11 月去抗美援朝官兵 89 人，1951—1952 年经体检，在战争中重伤重残不能参加体力劳动的 126 名荣军，被上级批准先后安置在沈阳、长春、四平、公主岭等城市养老。1952—1955 年 160 名荣军返回原籍。1950—1965 年，有辽西荣军农场管理处、黑龙江"八五三"农场及其他农场等地调入 27 人。

二、山东支边青年名录

王学友	孟宪凤	王树奇	薛海平	王玉贵	王立民
陶慧兰	孙文礼	朱德芳	赵秀芳	田洪吉	王淑芬
刘丙录	李桂才	孙德新	赵华珍	葛玉兰	郑忠仁
李明文	赵学迁	孙玉良	刘桂花	田洪杰	王新友
潘昌兰	姜际武	姜际文	姜际彬	单际阔	单亦正
单亦近	唐子青	孟凤玉	刘玉芹	宋金莲	王爱友
徐书继	孙培德	张金荣	程显文	李子凤	丁继华
王水秀	丁继跃	王西朋	王信成	葛永章	赵文祉
王有余	姜秀花	赵淑娇	王德利	王德明	贺培顺
周义兰(女)	王　兰(女)	郑玉兰(女)	孔德坤	冷艳雪(女)	王宝昌
吴秀娟(女)					

三、山东移民名录

(一) 一分场 (一大队)

王继清（夫妇）	王树美	王树成	王树祥	姜继林（夫妇）
姜龙德	姜龙茂	姜龙义	姜龙新	姜龙花
姜文明及母亲	姜文华	姜文俊	姜文冲	于庆年（夫妇）
隋继大（夫妇）	雷喜生（夫妇）	于恒新（夫妇）	贺太盛（夫妇）	贺培吉
贺兰英	付玉珍	贺培美	贺培金	贺培花
倪志勤（夫妇）	闫忠布	臧传布	臧远德	车西玉（夫妇）
车桂华	车西古（夫妇）	车桂金	车桂森	车桂生
车西文（夫妇）	车桂福	车桂琴	车桂英	潘昌池（夫妇）
潘洪奎	潘洪亮	潘洪芹	潘立胜（夫妇）	潘昌春
潘昌敬	潘昌芬	潘昌珍	仪志垂（夫妇）	仪世明
仪明秀	隋维福	陈克温（夫妇）	陈有林	陈有森
陈有芳	陈有芬	陈友金	隋维亮（夫妇）	

(二) 二分场 (二大队)

王新友（夫妇）	王玉国	王玉付	王玉林	迟凤玉（夫妇）
迟金山	迟　秀	迟　霞	曹顺华（夫妇）	曹志美

曹志云	曹智发	唐正春（夫妇）	唐祖森	唐祖国
丁家能（夫妇）				

（三）三分场（三大队）

潘福奎（夫妇）	潘立勇	潘立祥	潘立宗（夫妇）	潘昌芝
潘长芳	潘昌兰	潘洪祥（夫妇）	潘喜忠	潘喜萍
潘昌金	潘 母	潘昌进	潘昌强	潘昌亮（夫妇）
潘洪礼	潘昌元（夫妇）	潘洪花	潘洪兰	潘洪松
潘敦礼（夫妇）	潘洪香	潘洪霞	潘敦忠（夫妇）	潘洪荣
李洪元	李 母	李洪兰	孙成真（夫妇）	孙洪古
孙升古	孙立华	王山孝（夫妇）	王有余	王秀美
王秀花	王秀英	王有权	王有发	赵多志（夫妇）
赵仁祉	赵贵祉	赵胜祉	赵兰祉	赵芳祉
赵多奎（夫妇）	赵西祉	赵云祉	赵美祉	赵文祉
赵荣祉	赵红祉	赵金明	赵 姑	赵修美
赵修文	赵修武	赵修志（夫妇）	赵贵喜	赵贵有
闫增明（夫妇）	闫多芬	闫多花	闫多生	徐凌高
徐 母	邹金山	邹 父	邹金兰	邹金华
邹金明	丘君会（夫妇）	邱兴元	丘莲花	朱喜山（夫妇）
朱孝德	朱孝兰	朱孝明	朱孝中	朱孝琴

（四）四分场（四大队）

曹顺福(夫妻)	曹治胜	曹治德	曹治发	曹志兰
孙喜俊(夫妻)	孙德昌	孙德福	孙德花	邓士清
邓传福	邓一法	邓一德	邓宝权	邓壮花
王兴春	李学志	闫中宝	闫中信	闫中成
闫中军	孙洪友	唐文美	孙后福	孙后权
张世礼(夫妇)	张学义	张学志	张学光	张学先
张学仁	张学忠	张学荣(女)	张洪成	张世元
张世洪	张世利	张世真	张世强	张世花
曹母(曹永正母亲)	曹永正	孙会俊	关庆芬	孙德利
孙德胜	孙德发	孙德花	曹顺华(夫妻)	曹治英(女)
曹治云(女)	曹治莲(女)			

（五）五分场（五大队）

王亲修(夫妻)	王德好(女)	王月美(女)	单协吉(夫妻)	单连聪
单连民	单连俊	单连荣(女)	单淑华(女)	李树法(夫妻)
王青山	王春花(女)	邓传文	李克英	邓士志
邓士春	邓秀兰(女)	邓传宾(夫妻)	石中令	祝成山(祝付氏)
祝秀文	祝秀兰(女)	祝秀武	祝秀花(女)	曹顺才(夫妻)
曹顺才之母	郑玉兰(女)			

四、大中专院校毕业生名录

1962 年第一批吉林省农业学校 28 名应届毕业生来到双辽农场实习锻炼。1964 年 5 月 4 日，根据个人申请，吉林省农业厅批准，有 12 人留在农场：

牛长贵	俞桂云(女)	丘　和	张云才	刘凤茹(女)
冯淑芬(女)	张　义	刘志孝	张艳华（女）	李艳欣（女）
王　钧	尤淑珍(女)			

1964 年第二批吉林省农业学校 7 名应届毕业生留在农场：

张喜鹏	牛慧祥	宋国良	朱天录	杨桂兰(女)
赵玉新	黄富春			

其他院校毕业生：

马鸣中（兽医）	杨中兴（中国人民解放军兽医大学）	刘祖业（农机工程师）
唐恩华（吉林农业大学）	鄢德文　　刘淑芹	杨文义
张惠春	吕作岐　　王　富	费天玉
徐淑春（医生）	王满堂（医生）　王春华	刘福祥
赵万荣	滕万荣　　李喜文（1964）	赵志芳
王旭久	杨忠金（医生）	

1981 年中等专业学校毕业生到双辽农场人员名单（11 人）：

孔凡芹　王厚胜　王成洋　关传海　李喜才　黄振华　于海军　庄桂英　孙桂芬　马国柱　张文才

五、知识青年名录

（一）长春知识青年名录

1966 年至 1968 年到双辽农场落户的长春知识青年详细名单如下：

一大队：

常绥生	孙玉霞	石东风	李志云	王丽华	田忠宝	李长林	陈庆荣	任运吉
陈国硅	王继杰	谭继红	邹丽华	徐 革	应元厚	宁福军	于世伟	王宝田
李 伟	李连起	谢绍基	赵世凯	倪新建	肖文忠	孙昌义	陈树仁	陈敬民
张瑞涛	汪静丽	魏长山	潘长顺	李泉生	王 珏	常明英	李全生	苟文赠
孙友民	革宝忠	李金善	高 志	刘 源	汪静丽	魏长山	潘长顺	赵永利
尹树立	王殿武	施东红	王 萍	陈淑华				

二大队：

赵文超	赵百利	党忠儒	高殿鹏	董士昆	廉升仁	刘青岩	常 志	孟祥昆
唐丽云	张晓华	王桂华	章菊花	翟亚贤	吴显枫	滕春梅	胡久丽	关玉杰
关玉茹	刘英欣	何 平	李迎春	邰兴华	郭丽娟	习 筠	魏明莲	孙淑文
孙淑琴	付艳玲	杨 晶	杨桂云	李献芬	董桂春	张玉珍	盛广成	鞠秋华
哈丽杰	苗 青	孙 君	刘厚民	郭文生	王维书	张宪儒	梁 军	徐大光
佟长发	王鸿举	宋人楷	郝 东	康 凯	姜 平	孙荣斌	杨占祥	许振铎
王贵伦	郭景明	范国庆	张炳文	张东培	杨丽云	林淑芳	王淑文	于玉红
王中兰	张志华	井方敏	李白微	王玉莹	胡伏香	李兴仁	孙颖辰	王红雷
徐秀云	李世荣	喻 红	王树田	王玉凤	张志华	刘 斌	商学熙	万晓兰
彭国英	王立萍	刘向一	吉 岩	曲 伟	商杰之	王贺元	王凯元	赵吉云
郑向群	程重新	王吉三	王兴忠	孙天临	孙立成	韩忠国	刘 源	袁圣先
张志平	付老三	吴元革	白立新					

三大队：

张玉新	于丽洁	于冰洁	邱幽生	邱晓英	赵光武	李文娟	高桂兰	范淑珍
贾继红	李 波	刘玉芬	李明香	甫万生	徐树发	刘锦成	王建昌	王忠武
王金塔	李天民	赵敬生	张志新	马铁岭	崔秀云	史学英	刘兆平	孔繁华
苗利军	周 喆	周 兢	李冬冬	李晓荣	朱丽娜	尹慧杰	薛长平	安 新
徐龙基	高天南	程少鹏	白树仁	林景超	葛 明	刘占东	于长革	徐凤清
张喻华	沈 丽	霍秀云	张晓惠	范怀恩	吴 杰	韦长远	王冠宁	王淑芳
范国庆	常明英	孙 君						

四大队：

杨 慧	申 健	王一夫	王晓明	李 洪	邹天剑	张志玲	郑向茹	曹 奎
王意成	沈鹤峰	赵仁波	张丽光	袁文多	张 杰	王玉梅	王之琪	赵永春

袁洪勤	王 见	赵德超	鲁永学	申 莹	颜惠欣	林朝凤	张建国	张丽媛
徐卫东	王 菲	李长生	于铁林	张 丽	张淑琴	王广山	王淑琴	刘 安
李春梅	尹守平	陈晓芹	刘 健	姜庆吉	翟淑芬	白文峰	林朝阳	李世伟
孙艳荣	竹汝顺	王志平	陈芝娴	刘静儒	刘锦荣	刘锦霞	盖学惠	郭从民
王春台	刘金明	杨 砾	胡 林	兰作芳	陈瑞华	浦明昭	张长庆	沙治服
李富振	黎庆平	王 珏	王 黎	杨以萍	张佐光	孟繁生	刘佩元	郝 丽
张凤兰	曹玉范	赵万富	张国忠	范丽英	范秘武	李玉福	曹桂芹	赵铁荣
赵铁斌	赵桂兰	白金海	张晓兰	杨素梅	李宝臣	宋 文	冷俊生	李胜财
李景民	李 丰	张艳杰	王守元	王守全	丁 军	吴绮霞	刘长江	程秀华
孙继红	江秀云	王振星	鲁晓光	高明远	赵红伟	刘宏伟	张 辉	王丽华
柴铁丽	梁怀奇	袁玉兰	郑红军	臧金香	李肖毛	秦永述	马铁骑	黎爱宁
霍明山	张伟光	张振英	申亚光	纪述志	唐瑞兰	冯淑华	翟慧民	李雨林
吴春文	刘东岳	张 文	孙晓敏					

五大队：

杨广志	张 釜	张 镰	张小卉	王绍文	王亚菲	王全德	李亚兰	刘继书
刘志宏	宋德林	高乃莹	徐 明	苗鸿媛	张惠斌	张淑华	张惠君	赵久鸣
杨 铮	崔桂琴	傅逸洁	贾立文	郭瑞祥	孟晓东	薛治学	贝绍菊	曹 阳

（二）双辽知识青年名录

一大队：

王书林	荣秋媛	张淑华	付学明	张秀春	谭 生	李永成	孙加军	李永森
任淑云	胡景霞	李伟荣	赵检平	幺洪全	任喜军	仲 纯	田宝祥	田宝贵
王明利	王 影	李立华	陈贵芹	李占昌	荣秋国	陈继忠	宣玉兰	敬 涛
王淑清	徐秀香	邓春英						

二大队：

汤玉明	刘俊义	李广才	崔英杰	王金海	齐福生	赵广学	柴立明	李荫贵
王德江	王 伟	李建国	田宝贵	王 顺	李永森	许 杰	程晓辉	何金玉
苗凤兰	尹淑云	张志新	郝 兵	李云玲	王桂兰	周凤兰	陈桂芬	赵丽华
张荣芹	杜彩云	丛晓玲						

三大队：

| 赵玉环 | 王宏丽 | 王继梅 | 李亚珍 | 何淑华 | 陈淑华 | 张秀武 | 马 亮 | 高昭方 |
| 苗立军 | 张光一 | 刘希平 | 李建平 | 孟庆国 | 葛国森 | 韩春雨 | 刘艳华 | 徐玉林 |

林凤珍

四大队：

1970年四大队三小队接收安置双辽知识青年：

赵淑芬　王　宇　李桂杰　李英男　闫丽梅　范书和　艾　文　许　杰　王大权
丰　玉　臧志远　梁化明

（三）双辽双山知识青年名录

五大队：

徐生友　张　威　张文学　孙玉海　王立军　董兴海　陈学志　刘金才　张骏英
冯建民　吴国平　刘晶营　闫忠武　孔秀梅　孙淑芬　王丽红　刘玉梅　马玉霞
周淑英　郭淑霞　王丽娟　盛吉林

（四）北京市、吉林市知识青年

北京市3人：二大队　肖桐　彭放（北京统战部知青）　五大队金小林

吉林市2人：二大队　崔焕明　李月兰

编 委 简 介

　　王长利，男，1970 年 10 月出生于双辽农场，大学本科学历，中共党员；1992 年 3 月在双辽农场参加工作；先后任双辽农场三分场党总支副书记、副场长，五分场党总支书记场长，审计科科长；现任双辽农场党委书记、场长。

　　郑守威，男，1966 年 11 月出生于吉林省农安县，大学本科学历，中共党员，畜牧师，1988 年 7 月在吉林省双山鸭场参加工作；先后任双山鸭场种禽场场长，饲料加工厂厂长，双辽农场畜禽公司经理，双辽农场副场长；现任双辽农场党委副书记、副场长。

　　王宇南，男，1968 年 7 月 14 日出生在国营双辽农场二分场，中共党员，大学本科学

历，高级政工师；1990 年参加工作；1992 年 8 月—2001 年 3 月，任双辽农场三分场主管会计；2001 年 3 月—2010 年 3 月，历任双辽农场五分场副场长，总场机关行政办公室主任兼农业综合开发办公室主任及招商引资办公室主任；2010 年 3 月—2011 年 9 月，任双辽农场副场级场长助理；2011 年 10 月开始任双辽农场副场长。

刘连成，男，1953 年 7 月出生于双辽农场，大专学历，中共党员，处级退休公务员，吉林省作家学会会员；1970 年 1 月在双辽农场参加工作，先后任双辽农场三大队二小队出纳员、保管员、三大队职工食堂管理员；1972 年 9 月先后任双辽县油酒厂化验员、双辽县酒厂副厂长；1975 年 10 月选拔到四平行政公署机关工作；先后任四平地区农业局农场科科员、副科长，中共四平市委农村工作委员会农村经济发展科副科长、干部科科长（副处级）、政治部副主任、主任助理、党委副书记。

张德才，男，1948 年 11 月 7 日出生于双辽县新立乡荷花村，中共党员，经济师，长春市作家协会会员；1964 年 7 月初中毕业后返回双辽农场参加工作；1964—1971 年，在双辽农场小学当教师；1971—1983 年，任双辽农场政工科、工会、办公室组织科科员；1984 年任双辽农场组织科长、党委办公室主任；1985—1989 年，任双辽农场副场长；1990 年 1 月—1992 年 9 月，任四平市二龙山水库管理局任第一副局长；1992 年 10 月任四平市水利局水产技术推广站站长；2008 年 10 月年在市水利局退休。

　　王立田，男，1950年6月20日出生在国营双辽农场，中共党员，高级经济师、长春市作家协会会员；1967年12月在双辽农场五分场参加工作，先后任双辽农场五分场农业队会计兼仓库保管员、五分场猪林队队长、五分场会计、二分场副场长、四分场党总支副书记、双辽农场工交公司党总支副书记、双辽农场计划财务科科长；1988年3月任双辽农场副场长。

　　任永庆，1969年11月出生在吉林省双辽县双山镇，大学本科学历，农艺师，中共党员；1992年3月在双辽农场参加工作；先后任双辽农场三分场副场长兼党支部副书记、双辽农场纪检监察室主任兼党委办公室主任。

　　袁洪勤，男，1949年9月17日出生在长春市，中共党员，大学本科学历，中学高级教师；1957年8月—1963年8月，在长春市园东路小学读书；1963年8月—1966年8月，在长春市第五中学读书；1966年8月—1971年10月，下乡双辽农场插队落户参加劳动；

1971 年 10 月—1988 年 7 月，在双辽农场小学、中学任教；1988 年 7 月—1992 年 2 月，调长春二道春城学校、108 中学任教；1992 年 2 月—2009 年 8 月，调长春一汽中学任教。

杨文江，1938 年 2 月出生于双辽县新立乡，中专学历，中共党员；1958 年 7 月加入中国人民解放军；1970 年 5 月军官转业后，在双辽县新立乡任武装部长、党委委员；1982 年任双辽县柳条乡党委书记；1983 年 8 月任双辽农场场长；1986—1998 年 9 月，先后任双辽县林业局局长、双辽县纪检委书记（副处级）。

唐恩华，男，大学本科学历，中共党员，高级农艺师；1943 年 10 月出生于沈阳市，在双辽农场长大；1968 年吉林农业大学毕业后，到黑龙江解放军农场劳动锻炼；1970 年—1971 年，先后在双辽县新立中学、双辽农场中学当教师；1972 年—1985 年 2 月，先后任双辽农场农业科科员、科长；1985 年 3 月—1989 年，任双辽农场副场长、场长、党委书记；1989 年 11 月—2003 年 10 月，先后任四平市农业局四平市水稻办公室、四平市二龙山引水公司总经理、四平市水利局调研员。

赵志芳，男，1944 年 2 月出生于吉林省永吉县，1966 年毕业于吉林省农业学校会统

专业（中专），中共党员，1966年在双辽农场参加工作；先后任双辽农场综合厂会计、双辽农场主管会计、财务科长；1984—1991年，先后任双辽农场副场长、副书记、场长；1991年6月调入四平市农业局工作，先后任四平市农业局纪律检查委员会书记、四平市农业局党委副书记。

牛长贵，男，1939年9月出生于吉林省梅河口市杏岭镇，中共党员，中专学历；1962年9月在双辽农场参加工作，先后任双辽农场二大队副大队长、大队长，二分场党总支书记、场长；双辽农场副场长、党委委员；1983年11月先后任四平市良种繁育场场长，四平市种鹿场党委书记。

刘志孝，男，1943年11月出生于长春市，高级农艺师；1962年8月毕业于吉林省农业学校，毕业后在双辽农场参加工作，一直从事农业技术工作；1976年先后担任双辽县农业技术员、双辽县农业广播学校校长、双辽县水稻办公室主任等职；1991年任双辽市八届政协副主席。

王乃玉，1954年2月出生于双辽县永加乡，中共党员；1992年8月任双辽农场党委

书记；1995 年 1 月—1997 年 11 月，任双辽农场党委书记、场长。

胡忠诚，男，1945 年 4 月出生于双辽县双山镇，中共党员、会计师；1965 年双辽高中毕业后在一大队参加劳动；1968 年在双辽农场一大队小学教学；1972 年—1985 年 1 月，先后任双辽农场一大队会计、总场计财科主管会计、副科长、科长；1985 年 2 月—2001 年 1 月，先后任双辽农场常务副场长、场长；2001 年任双辽市人大副处级调研员。

张学光，1957 年 8 月出生于山东省高密县，中共党员，大学本科学历；1974 年在双辽农场参加工作；1997 年 12 月任双辽农场党委书记；2001 年 1 月—2004 年 3 月，任双辽农场场长；2001—2017 年，先后任辽河农垦管理区副区长、四平市铁西区政协主席。

彭占山，1962 年 7 月出生于双辽农场，研究生学历，中学高级教师，中共党员；1981 年 7 月参加工作；2004 年 3 月—2017 年 3 月，任双辽农场党委书记、场长。

梁洪臣，1971 年 2 月出生于梨树县孤家子镇，研究生学历，高级农艺师；1990 年 9 月在双辽种羊场参加工作；2017 年 3—7 月，任双辽农场党委书记、场长。

李镭，1957 年 1 月出生于双辽农场，中共党员，大专学历，高级经济师、高级政工师；1974 年 7 月在双辽农场参加工作，曾任双辽农场职工医院副院长；1990 年 6 月在吉林省白山市公路建设收费总站工作，曾任收费总站站长。

单继忠，1968 年 11 月出生于双辽农场，大专学历，会计员，中共党员，二分场场长兼党支部书记，现任双辽农场行政办公室主任。

田永春，1970 年 10 月出生于双辽农场，中共党员，大专学历，助理会计师，现任双辽农场财审科科长。

商敬民，1971年1月出生于双辽农场二分场，中专学历，助理会计师，现任双辽农场场长办公室主任。

曹顺海，1974年12月出生于双辽农场，大专学历，中共党员，农艺师，现任双辽农场人居环境综合治理办公室主任。

曹宇，1979年4月17日出生于双辽农场，大学本科学历，中共党员，助理农艺师，现任双辽农场劳资科副科长。

王刚，1972年3月，出生于双辽县双山镇，大学本科学历，中共党员，助理农艺师，现任双辽农场农科所所长。

李春山，1970年2月出生于双辽县红旗乡，大学本科学历，中共党员，中级农艺师，现任双辽农场一分场党支部书记兼场长。

李仁，1963年6月出生于双辽农场，中专学历，中共党员，现任双辽农场二分场党支部书记兼场长。

姚振库，1963年1月出生于双辽农场，中专学历，中共党员，初级农业技师，现任双辽农场三分场党支部书记兼场长。

潘义，1965年1月出生于双辽农场，初中学历，中共党员，现任双辽农场四分场党支部书记兼场长。

邵景微，1965年10月出生于双辽农场，初中学历，中共党员，现任双辽农场五分场党支部书记兼场长。

臧涛，1974年5月出生于双辽农场，大学本科，中共党员，助理农艺师，现任双辽农场博爱分场党支部书记兼场长。

刘大军，1971年4月出生于双辽农场，中共党员，大学本科学历，现任双辽农场行政办公室副主任。

李玉欣，1974年6月出生于双辽农场，大学本科学历，中共党员，农艺师，现任双辽农场行政办公室科员。

席晓辉，1976 年 12 月出生于公主岭市双城堡镇，大专学历，助理农艺师，现任双辽农场劳资科科员。

陈静，1971 年 12 月份出生于双辽农场，大专学历，中共党员，会计员，现任双辽农场计财科科员。

张莉，1978 年 12 月出生于双辽农场，大学本科学历，中共党员，助理会计师，现任双辽农场计财科科员。

张海艳，1972 年 10 月出生于双辽农场，大学本科学历，会计，现任双辽农场财审科科员。

赵海军，1963年4月出生于双辽县新立乡，中专学历，助理农艺师，中共党员，现任双辽农场场长办公室科员。

王占伟，1970年10月出生于双辽农场，中专学历，中共党员，农艺师，现任双辽农场人居环境综合治理办公室科员。

王庆波，1977年12月出生于双辽农场，高中学历，助理农艺师，现任双辽农场农科所技术员。

候双阳，1990年10月出生于双辽农场，大学本科学历，初级农业技师，现任双辽农场党委办公室干事。

中国农垦农场志

双

吉林双辽农场志

JILIN SHUANGLIAO NONGCHANG ZHI

后记

《吉林双辽农场志》是在农业农村部农垦局指导下，根据《农业农村部办公厅关于组织开展第二批中国农垦农场志编纂工作的通知》精神编纂的，历时两年时间，共约80万字。

《农业农村部办公厅关于组织开展第二批中国农垦农场志编纂工作的通知》下达后，双辽农场党委首先成立了吉林双辽农场志编纂委员会，编委会主任由双辽农场现任党委书记、场长王长利担任。编委副主任由双辽农场现任党委副书记、副场长郑守威、现任双辽农场副场长王宇南、原四平市委农村工作办公室党委副书记刘连成担任；编委委员由聘请的曾在双辽农场担任副场长的张德才、计划财务科科长王立田、双辽农场中学语文教师（长春知识青年）袁洪勤（副主编）及双辽农场机关现职科室长、机关干部、分场主要负责人组成。聘请原双辽农场主要领导及曾经在双辽农场工作过的老干部为顾问。他们是：杨文江、唐恩华、赵志芳、牛长贵、刘志孝、王乃玉、胡忠诚、张学光、彭占山、梁宏臣等。

主编刘连成，副主编郑守威、张德才、王立田、袁洪勤、任永庆。参编人员：单继忠、田永春、李镭、李玉欣、曹顺海、赵海军、王占伟。

《吉林双辽农场志》的编纂工作从2021年7月上旬开始，查阅档案，共查阅档案3万余页；编纂人员去双辽市档案馆、四平市档案馆、吉林省档案馆、吉林省农业厅农垦局、双辽市委组织部、四平市委组织部、四平市农业农村局查阅档案 12 次；召开各类座谈会、研讨会 13 次，其中总场研讨会 5 次，双辽农场老领导研讨会 2 次，基层单位座谈会 6 次；采访、走访 99 人次。其中老荣军 3 人：熊志光、王瑞云、赵永；离退休干部 20 人：丁国富、牛长贵、俞桂云（女）、杨桂兰（女）、李向仁、刘志孝、王庆珍、苑广才、唐恩华、赵志芳、胡忠诚、张德才、王乃玉、杨文江、王立田、刘连友、赵秀云（女）、王顺、彭占山、牟福和；知识青年 5 人：李肖毛（长春知识青年）、袁洪勤（长春知识青年）、李永成（双辽知识青年）、赵淑芬（双辽知识青年）、孙玉海（双辽县双山知识青年）；老职工、老荣军老干部之女、在职职工共 71 人：穆孟田、李洪佩、邓飞云、贾晋东、裴署生、董愚、王旭光、沈军辉、张全和、张德春、马和荣、马桂芹、沈继昌、戴和仁、李春山、杨雨、贺仁才、杨金才、韩海林、刘震、王树祥、邢国权、王文举、王非、王奎、徐淑玲、李仁、迟金川、张正春、刘连富、姚振库、李强、胡万春、徐仁、潘洪霞、刘连举、张长海、刘兆平、张庆华、纪殿武、徐贵军、赵兰祉、李晓琼、金桂香、潘义、孙强、杨贵芳、闫世魁、陈海、张洪山、邵景微、孙永林、喻兰秋、彭铁山、孙向福、邓士春、邓中云、臧涛、陈玉金、张良、李镭、葛晶、宋国才、杨晓星、王文发、王长利、郑守威、王宇南、任永庆、田永春、单继忠。

接收职工子女提供素材 9 份。他们是：穆孟田、王立田、沈继昌、戴和仁、裴署生、董愚、张庆华、沈军辉、马和荣；采用外来稿件 3 份：《双辽市双山镇镇志》《双辽农场中学志》《双辽农场小学志》。

《吉林双辽农场志》开篇由现任场长、党委书记王长利作序。主要内容：吉林凡例、大事记、概述。正文 11 编，63 章。第一编：自然地理，共 3 章；第二编：垦荒之路，共 6 章；主要记载从 1949 年 6 月辽西省荣军农场建场，到 2021 年吉林省国营四平市双辽农场垦荒创业的全过程。第三编：经济，共 7 章，翔实记载了全场农业、工业及场办副业、商业及服务业、采石业、畜牧业、渔业、林业等各业发展过程。第四编：农业分场，共 6 章；从分场（大队）、各生产小队，翔实地记载了作为总场独立经济实体产生、发展、壮大的全过程。第五编：教育、卫生、文化、体育事业，共 4 章；第六编：基本建设，共 7 章；主要记载建场 72 年中，国家对国营农场固定资产、经济建设、民生改善的投资情况。第七编：各届领导班子及内设机构，共 15 章；各届领导班子划分，以党政主要负责人任职时间起止确定；第八编：改革，共 6 章；翔实地记载了双辽农场领导体制变革、各时期经营责任制状况。第九编：党群工作，共 2 章；主要记载党的建设及群团组织发展状况。第十编：精神文明建设，共 3 章；主要内容包括奖励先进、表彰劳模、精神文明建设成果、总场获得的各种荣誉、民风民俗等。第十一编：垦荒者足迹，共 5 章；以垦荒功臣老荣军为主体，本着"生不立传"的原则，记载了为双辽农场垦荒事业做出贡献的杰出代表、贡献较大的总场带头人的事迹，同时收录了曾经在双辽农场学习、工作，并走出农场的行政副处级、职称副高级以上的人员简介。

附录有文献、名录、编委简介（配照片）。

《吉林双辽农场志》在编写过程中，得到了农业农村部农垦局的指导和中国农业出版社的大力支持；得到了双辽农场各届离退休领导及离退休老干部、老职工的大力支持，他们积极为编纂委员会提供素材，确保了质量，顺利完成编写工作。在此表示诚挚的感谢！

吉林双辽农场志编纂委员会

2022 年 12 月